정부 및 비영리회계

편 호 범

法 文 社

머리말

필자가 「정부회계론」이라는 제목으로 책을 처음 출간한지가 어언 스무 해가 다가오고 있다. 그 당시 겨우 햇병아리를 벗어난 공직자 신분으로 감사원에 근무하면서 업무에 관련된 정부회계제도를 이해할 필요가 있었다. 마침 미국유학시절 정부회계과목을 흥미있게 수강했던 터이라 우리나라 정부회계제도에 대해서도 정확하게 알고 싶었었다. 그래서 시간을 쪼개어 틈틈이 정리한 자료를 겁없이 책으로 출간하였던 기억이 생생하다. 최초 출간 당시의 정부회계제도는 현금주의 단식부기에 의한 소위 예산회계방식의 회계제도였다. 그렇기 때문에 회계의 중점이 예산이 어떻게 당초 확정된 예산대로 쓰여지는지의 절차적인 관점에서 모든 보고서가 만들어지게 되었다.

그러나 지금은 그 당시의 상황과는 비교하기 어려울 정도로 많은 변화가 일어나고 있다. 그 당시부터 조금씩 논의되어오던 발생주의에 기초한 복식부기 회계제도를 정부가 전면 도입하기 시작하였기 때문이다. 정부 재정분야에서 획기적인 전환이라고 할 만큼 큰 진전을 가져온 것이다. 그렇다고 우리 정부가 이 제도를 단시간 내에 채택한 것은 아니다. 그 당시 선진국에서 일고 있었던 재정부문에 대한 성과중심의 개혁에 대하여 우리 정부는 90년대 중반부터 관심을 갖게 되었고 이 제도의 도입 여부를 조금씩 논의해 오기 시작하였다. 그러다가 외환위기를 맞아 회계 투명성문제가 이슈가 되자 기업회계 뿐만 아니라 정부회계제도를 개편할 필요성을 느끼게 된 것이다. 이후 상당한 기간 동안 논의와 시행착오를 거치면서 2007년에 지방자치단체에서 먼저 기업회계방식의 복식부기제도를 도입하고 이어서 중앙정부도 2009년부터 발생주의에 근거한 복식부기를 전면 도입하기 시작하였다. 중앙정부에서 먼저 논의가 시작되었는데 지방자치단체가 선수를 쳐 먼저 시행하게 된 것이다. 그래도 그것이 당연하다고 여겨지는 것은 국가회계시스템이 지방자치단체 회계시스템보다 훨씬 복잡하고 다양하기 때문이다. 이러한 새로운 정부회계제도는 앞으로 시행착오를 겪으면서 계속 발전하리라 생각한다. 정부에서도 정부회계제도의 빠른 정착을 위하여 정부회계 과목을 공인회계사 시험과목으로 채택하도록 준비 중에 있는 것으로 알려져 있다.

필자는 오랫동안 이 분야에 대한 실무를 담당해 오면서 대학 강단에서도 강의를 해 왔기 때문에 그 동안 모은 강의자료를 토대로 새로운 정부회계제도에 관한 새로운 교재의 출간 필요성을 계속 마음속에 담고 있었다. 그러다가 공직에서 물러나고 마침 기획재정부 회계제도 심의위원회 위원으로 참여하면서 교재의 필요성을 더욱 느끼게 되어 이 책의 출간에 박차를 가하게 되었다. 중앙정부의 경우 올해가 새로운 복식부기에 의한 재무제표를 작성하는 첫해가 되는 해이고 내년부터는 국가의 재무제표를 국회에도 제출하여야 하기 때문이다.

그동안 정부의 새로운 회계제도를 설명한 몇몇 교재들이 이미 시중에 나와 있어 이 분야를 공부하려는 학생과 실무 공직자들에게 길잡이가 되었으리라 판단한다. 그러나 이 책의 특징은 국가와 지방자치단체 회계를 모두 망라하여 설명하였고 이들 두 회계제도를 비교하는 형식으로 서술하였다. 많은 부문에서 국가와 지방자치단체회계는 유사하지만 용어 사용 등 일부 부분에서는 두 시스템이 서로 다르기 때문이다.

근본적으로 정부회계를 이해하기 위해서는 정부재정제도를 아울러 이해하여야 한다. 그래서 이 책에서는 가급적 회계기준만 설명한 것이 아니라 국가재정법과 국가회계법 그리고 지방재정법 등 관련 규정과 거기에서 나타나는 회계용어들을 설명하고자 노력하였다.

그리고 현재 국제공공회계기준위원회에서 각국에 범용성 있게 적용할 수 있는 공공회계기준을 제정하여 발표해 오고 있어 우리나라 정부회계기준에서 부족한 부분이나 비교가 되는 부분에 대해서는 되도록 국제공공회계기준을 많이 인용하려고 노력 하였다. 미국의 정부회계기준 일부 내용도 참고삼아 인용하였다.

또한 정부회계가 비영리회계에 속하기 때문에 주로 정부회계를 다루면서도 현재 중요성이 점점 커지고 있는 기타 비영리부문, 즉 학교, 병원, 사회복지단체 및 종교단체 등에 대한 회계제도에 대해서도 별도로 다루도록 하였다.

그러나 새로운 정부회계제도가 이제 시작단계에 들어섰기 때문에 여러 부문에서 시행착오가 예상된다. 그러기에 회계제도가 아직 정착되지도 않은 상태에서 이 책을 내놓는 것도 한편으로 두렵기도 하다. 그러나 그러한 어려움을 조금이나마 덜어드리기 위해서는 길잡이가 되는 교재가 시급하게 필요하다고 본다.

이 책이 나올 수 있도록 출간을 허락하신 법문사 배효선 사장님과 전충영 상무님, 그리고 편집과 교정을 전담해 주신 이재필 이사님께 심심한 감사의 말씀을 드린다. 그리고 옆에서 묵묵히 지키면서 격려를 해준 아내와 가족들, 딜로이트 안진회계법인 동료들에게도 고마움을 표한다. 특히 기획재정부와 행정안전부에서 회계제도업무를 관장하는 공직자 여러분들에게도 이 자리를 빌어 경의를 표한다. 별로 알아주지도 않고 빛도 나지 않는 이 어려운 개혁작업을 시행일정에 맞추느라 휴일도 없이 밤새워 일하는 그 분들이 있기에 이 새로운 회계제도가 어렵사리 탄생되었다고 본다.

2010. 경인년 2월 여의도 사무실에서

저자 드림

차 례

제1장 정부 및 비영리회계 개요

제2장 정부회계의 기본구조

제3장 예산과 예산회계

제4장 수익비용회계

제5장 자산회계

제6장 부채 및 순자산회계

제7장 결산과 재무보고

CHAPTER 01

정부 및 비영리회계 개요

제 1 절 · 정부 및 비영리회계의 의의와 특성

제 2 절 · 정부회계의 발전과정과 최근동향

제1절 정부 및 비영리회계의 의의와 특성

1 정부 및 비영리회계의 의의

회계라는 용어는 흔히 사용되면서도 이를 정의한다는 것은 결코 쉬운 일이 아니다. 회계개념을 체계적으로 정의하고 발달시킨 나라의 하나가 미국이므로 미국의 회계개념의 변천을 살펴보는 것이 유용하리라 생각된다.

미국공인회계사회의 회계용어회보(Accounting Terminology Bulletin) 제1호에 의하면 회계를 다음과 같이 정의하고 있다.

> 회계란 적어도 부분적으로 재무적 성질을 갖는 거래와 사상을 화폐단위에 의해 의미있는 방식으로 기록, 분류, 요약하는 동시에 그 결과를 해석하는 기술이다.[1)]

이 정의에서는 회계대상을 재무적 성질을 갖는 거래(transaction)와 사상(events)으로 한정하고 있고 이들 거래와 사상을 기록하고 분류하고 요약하는 기술로 보고 있다. 이 정의는 전통적으로 회계를 재무회계 측면에서 보는 입장으로 널리 인용되어 왔다.

그러나 그 이후 회계개념에 대한 정의가 계속 이루어지고 있었으며 그때마다 개념정의가 변천되어 오고 있다. 1970년 미국공인회계사회(AICPA)의 회계원칙심의회(Accounting Principle Board : APB)의 정의는 다음과 같다.

> 회계는 일종의 서비스활동으로서 그 기능은 여러 가지 대체적인 방안 중에서 합리적인 선택을 하여야 할 경우, 경제적인 의사결정에 유용하도록 경제주체에 대하여 계량적인 정보 특히 재무적 정보를 제공하는 것이다. 회계는 재무회계, 관리회계, 정부회계 등과 같이 여러 회계분야를 포함하는 것이다.[2)]

---

1) Committee on Terminology, *Accounting Terminology Bulletin No. 1: Review and Resume*(New York: AICPA, 1953), p. 9.

2) AICPA, *Accounting Principles Board Statement No. 4: Basic Concepts and Accounting*

이러한 정의에서는 의사결정에 유용한 계량적 정보의 중요성을 강조함으로써 회계를 정보의 일환으로 파악하고 있다. 따라서 회계는 종래의 재무제표 중심개념에서 의사결정에 유용한 모든 계량적 정보를 아울러 포괄하는 의미로 확대 해석하고 있다.

정부회계(Government Accounting)란 사기업회계에 대응하여 정부가 수행하는 회계활동이라고 할 수 있다. 즉 정부의 재정에 관한 정보를 이해관계자의 의사결정에 유용한 자료를 제공하기 위하여 계량적인 수단으로 표시하고 보고 하는 여러 활동이라고 할 수 있다. 정부는 많은 조직단위로 구성되어 수많은 활동을 하고 있기 때문에 정부의 범위에 관해서도 논란이 있다.

비영리회계(Non-profit Accounting)란 정부를 포함한 종교 · 교육 · 의료 · 사회보장 · 자선단체 등 영리목적을 수반하지 않는 비영리 공공기관의 회계를 의미한다. 이들 비영리회계는 영리회계인 기업회계에 대칭되는 개념으로 생각할 수 있다.

2 정부 및 비영리회계의 특성

2.1 정부와 기업의 차이

정부와 기업을 비교해 보면 여러 가지 면에서 현저한 차이가 있다.

첫째 가장 기본적인 사항으로서 존립 목적 면에서 볼 때 민간부문은 이윤추구를 가장 우선적인 것으로 하고 있으나 정부부문은 국가 전체의 질서유지와 공공서비스를 제공하고 나아가 공공이익을 추구하고자 하는데 있다.

둘째로 활동재원 면에서 보면 기업의 경우에는 계속적인 판매수입이 기업유지에 필수적이며 기업가 및 일반대중의 투자를 재원으로 기업 활동을 통하여 재원이 확대되어간다. 이에 비하여 정부는 주요재원으로서 정부공권력에 의한 과세권(taxing authority)을 통하여 각 개인 및 기업단체 등에 반대급부없이 비용을 부담하게 하고 있다. 또한 일부 특정사업의 수혜자는 정부로부터의 공공서비스 제공대가로 수수료 등을 부담하게 되기도 한다. 여기에서 가장 중요한 재원인 과세권은 궁극적으로 국민의 납세능력에 따라 그 규모가 결정된다.

Principles Underlying Financial Statements of Business Enterprises(New York: AICPA, 1970), para 9 & 10.

●● 표 1-1 기업과 정부의 비교

구 분	기 업	정 부
의사결정	시장요인에 의하여 결정	시장요인 이외의 집단적 · 공공 선택적 요인에 의하여 결정
목 적	기업 및 소유자의 부의 증대를 위한 이익실현	국가 및 국민의 복지증진과 서비스 증대, 부의 이전
성공의 척도	당기순이익이 기업의 목적 달성을 위한 정보적 기업 성공척도를 구성	단년도 활동에 대해서는 잉여금 또는 결손금이며, 세대간 형평성의 척도로는 누적잉여금 또는 누적결손금임. 정부의 사업목적을 성취하기 위한 요약된 성공척도는 없음
서비스의 선 택	개인고객이 서비스 구매에 대한 선택권이 있음	개개국민이 정부서비스 제공에 대한 선택권이 거의 없음
활동재원	계속적인 판매수입이 기업유지에 필수적이며 이익을 추구하는 기업에의 자발적인 투자를 통하여 지분이익(equity interest)이 발생	정치적 과정을 통하여 특정사업의 수혜자는 서비스 비용 등에 대해서 부담케 요구. 비자발적 납세자의 납세가 주요 재원이며 반대급부를 반드시 수반하지 않고 모든 비용 내지 손실을 부담함
예 산	예산은 탄력적이고 경쟁적 환경 아래의 내부관리목적으로 사용됨	예산은 납세자로부터의 세수입 목적의 정치적 과정으로 사용되는 공식적인 외부보고서로서 사용됨
재 산	모든 재산은 현금창출을 위한 자산으로서 획득됨	대부분의 정부재산은 현금창출이 아닌 현금소비적 자산임
결 산 보고서	수익, 비용, 자산, 부채 및 자본을 나타내는 종래의 재무제표가 기업의 재정상태 및 운영성과를 나타냄	기업의 재무제표와 유사한 운영 보고서가 정부재정관리 및 납세자와 국민에 대한 보고서로서 유용한 도구가 될 수 있음. 이들 보고서는 비용과 관련하여 어느 정도의 서비스가 제공되는가 여부, 유권자의 복지를 위한 재산의 수탁책임, 세대간 평등과 사업의 효율성 등에 대한 사항에 중점을 두어야 함

자료: R.K. Mautz, "Generally Accepted Accounting Principles and Federal Government Financial Reporting", *Public Budgeting and Finance*(Winter 1991, Vol. 11, No. 4)에서 인용.

따라서 정부가 더 많은 활동재원이 필요한 경우에는 적법절차에 의한 과세권을 통하여 충당하게 되고 만일 과세가 부적정한 경우 정부는 국공채 등 채권발행 수단을 동원하여 자금을 거두어들이게 된다.

그런데 과세권이 아닌 장기채권 등에 의하여 자금을 조달하는 경우에 그 조달자금은 결국 상환시점에 있어서의 납세의무가 있는 세대의 부담이 된다. 정부가 회임기간이 긴 사회간접자본의 건설을 조세수입 등 현재 세대의 부담이 되는 재원으로 추진할 경우 건설된 사회간접자본의 혜택은 다음 세대가 주로 받게 되므로 세대간 형평성(intergenerational equity) 문제가 제기되기도 한다. 이러한 상황 아래서 기업회계기준에 따라 작성되는 재무제표가 정부 부문에 있어서 적용되기 어려운 것은 사실이다. 예컨대 과세를 하는 대신 채권을 발행하여 정부지출 수요를 충당했다고 했을 경우에 현재의 국가 재정상태가 나쁘다고 하여 그것이 정부의 지불능력이 없다고 보기는 어렵기 때문에 재정상태가 나쁘다고 한마디로 결론을 내릴 수는 없는 것이다. 오히려 재정적자를 감수하면서도 국민의 조세부담을 최소화 할 수 있는 측면도 있고 채권을 발행하여 이를 인수시킴으로써 강제로 저축하게 하는 경제적 효과도 있기 때문에 재무적 측면과 아울러 경제적 측면이 고려되어야 하는 것이다.

2.2 •• 정부 및 비영리회계의 특징

위와 같이 정부와 기업의 차이로 인하여 정부 및 비영리회계는 민간기업을 대상으로 하는 기업회계와 몇 가지 다른 점이 있다. 개념적으로는 이들 차이가 사소한 것이고 이들 차이점을 주장하는데 대한 이론적 타당성이 빈약한 경우도 있다. 흔히 지적되고 있는 주요 차이점은 다음과 같은 것들을 들 수 있다.

(1) 이윤동기의 부재

정부 및 비영리회계가 기업회계에 비하면 가장 중요한 차이점의 하나가 바로 이윤동기가 없으며 이로 인하여 회계처리에 많은 영향을 미치고 있다는 점이다. 이미 위에서 언급한 바와 같이 사기업의 궁극적인 목적은 이윤추구를 통하여 그 기업을 존속시키려는데 있기 때문에 모든 회계처리도 그 기업의 재무상태와 경영성과를 정확하게 나타내는데 있다. 이에 비하여 정부활동은 영리추구가 아닌 국가를 유지하고 국가전체의 이익을 추구하는 것을 목표로 하는 것이므로 회계자료도 단순한 예산집행 결과를 종합해 놓은 데에 불과하다.

따라서 정부회계는 정부재정, 즉 예산의 주요수입원과 지출용도가 어떻게 구성되고 증감되느냐에 더 많은 관심이 주어지게 되며 사기업 같이 어느 만큼 성장했고 이익이 발생했는가에 대한 사항은 관심의 대상에서 제외된다.[3] 다만

3) A. Premchand, *Government Budgeting and Expediture Controls* (Washington D.C.: International Monetary Fund, 1983), p. 380.

정부부문에서 공기업의 경우에는 그 기관의 공공성을 추구하기 위하여 어느 정도의 이윤추구가 허용되고 기업회계가 준용된다.

특히 정부활동 중에서 때로는 공공재(public goods)를 일부 국민에게 제공하는 경우가 있다. 여기에서 공공재란 국방, 치안, 외교, 교육 등과 같이 국가에 의해서 제공되는 재화 또는 서비스로서 일반상품에 비하여 독점성이 없고 공동소유가 가능한 것을 말한다.[4] 이러한 공공재를 제공하는 경우에는 국가의 기능상 무상으로 제공하거나 또는 일부 사용료 내지 수수료를 부과하더라도 이윤개념이 아닌 명목상의 원가보상 수준으로 결정하게 된다.

정부 외의 비영리법인 역시 자발적인 참여자들이 모여 특정 활동을 위하여 법인을 세우고 재원을 조성하여 활동하게 된다. 사회활동을 위하여 재원이 필요한 만큼 필요한 재원으로 그 활동을 영위하게 되기 때문에 이윤추구와는 거리가 멀다.

(2) 엄격한 법규주의

모든 정부활동에 관한 회계처리절차가 엄격한 법령 또는 규정에 의하여 이루어진다. 이는 정부활동의 규모가 크고 회계기관이나 담당자의 수도 많으며 이해관계자 계층이 다양하므로 이에 따라 모든 회계절차 등에 대해서도 표준적이며 엄격한 절차가 요구되기 때문이다.

특히 우리나라의 경우 행정문화가 일부 대륙법 계통의 영향을 많이 받아온 관계로 회계 관련 절차 및 내용을 대부분 법령으로 규정하였다. 이 때문에 회계제도가 크게 발달되지 못하고 단순한 세입세출의 수납과 지불의 기록에 그치고 그것이 법령의 규정에 합당하게 처리되었는가 또는 법령의 규정에 따른 절차에 따라 이루어졌는가에 중점을 두게 된 것이다.

기타 비영리법인의 경우에도 자발적이지만 나름대로의 엄격한 규범을 세워 그 절차에 따라 그 비영리활동을 수행하게 된다.

(3) 예산에 의한 영향

정부 및 비영리회계에 있어서 예산의 영향은 지대하다. 따라서 예산의 범위 내에서 지출이 이루어져야 하며 예산의 성립과 예산의 배정에 따라 회계처리절차가 추가적으로 요구된다. 따라서 이러한 추가적인 회계절차를 예산회계

---

4) J. Richard Aronson, *Public Finance* (Singapore: McGraw-Hill Book Company, 1985), p. 27.

(budgetary accounting)라고 불리우기도 한다. 정부활동에 있어서 수입은 대부분 조세로 충당된다. 그런데 정부기능의 확대로 인하여 수입에 의거한 지출이 아니라 지출을 예정한 수입이 이루어지는 경우가 많기 때문에 조세는 엄격하게 법령에 의해서만 부과가 가능하나 그 법령의 입안을 정부에서 주관하므로 국민의 대표기관인 국회에서 정부활동의 기본이 되는 예산을 통하여 통제하게 된다. 따라서 정부 및 비영리회계에 있어서 예산의 비중이 상대적으로 크다고 볼 수 있다.

(4) 회계개념의 포괄성

우리나라 정부 및 비영리회계에서 특히 회계라 함은 재무거래의 기록과 보고에 이르지 않고 그 재무활동 절차 및 내용을 포함한 포괄적인 개념으로 사용된다. 예컨대 조세 등의 부과 징수, 재산의 관리 및 처분, 물품 등의 구매 및 관리행위 등의 모두 회계라는 범주에서 보는 경향이 있다.

(5) 수익과 비용의 비연계성

기업은 철저하게 영리활동을 주로 하는 조직단위이기 때문에 수익창출을 위하여 모든 조직역량을 집결하고 수익창출을 위하여 지출이 이루어진다. 그러나 정부 및 비영리회계에 있어서 수익과 비용은 기업회계와 달리 직접 연계되지 않는다. 대부분의 수입원이 조세나 기부금에 의존하게 되고 지출은 수익과 별개로 이루어지는 경우가 많기 때문이다. 학교회계의 경우와 같이 수업료 등 수입이 교수들에 대한 인건비 등 지출과 연계되고 있다고 하더라도 그 수입은 어디까지나 조직을 유지하기 위한 최소한에 그치게 된다.

3 정부 및 비영리회계의 목적

정부의 재무활동을 기록하고 보고하는 것이 정부회계라고 한다면 이러한 정부회계의 목적이 무엇인가를 명백하게 확인하여야 하고 이에 따른 회계기록과 보고가 적정하게 이루어질 것이다. 정부회계 또는 비영리회계의 목적에 대하여 미국 재무회계기준위원회(Financial Accounting Standard Board : FASB)의 견해와 지방정부회계기준위원회(Governmental Accounting Standard Board : GASB),

그리고 연방정부회계기준자문위원회(Federal Accounting Standard Advisory Board : FASAB)의 견해를 살펴보기로 한다. 마지막으로 국제 공공회계기준위원회의 공공부문 재무보고목적과 우리나라 정부회계기준의 재무보고목적에 대해서 아울러 살펴보기로 한다.

3.1 •• 미국 재무회계기준위원회의 비영리재무보고의 목적

미국 재무회계기준위원회의 재무회계개념서 제4호에서는 비영리조직에 대한 재무보고의 목적으로 다음 4가지를 들고 있다.[5] 이들 비영리기관 회계의 목적은 오직 일반적인 외부재무보고 목적만을 다루고 있다.

① 자원배분결정에 유용한 정보 제공
② 서비스 및 서비스제공 능력의 평가에 유용한 정보 제공
③ 관리자의 수탁책임(stewardship) 및 성과측정에 유용한 정보 제공
④ 자산, 부채 및 자본의 일정시점 및 일정기간의 변경에 따른 정보 제공

3.2 •• 미국 지방정부회계기준위원회의 지방정부 재무제표의 목적

이에 대하여 지방정부회계기준위원회의 개념서 제1호에서는 정부 재무제표가 ① 책임성을 평가하고 ② 경제적 · 사회적 · 정치적 의사결정에 도움이 되는 정보를 제공해야 한다고 한다. 따라서 정부재무제표는 다음 세 가지 목적을 제공하도록 요구하고 있다.

1. 사용자로 하여금 평가할 수 있는 책임성을 실현하기 위한 수단. 특별히 다음 사항을 제공하는 정보

① 사용자가 당해 연도의 수익이 당해 연도의 서비스비용을 충당할 수 있는지 또는 미래연도의 주민들이 이전에 제공된 서비스에 대한 부담을 져야 하는지에 대한 결정을 하도록 허용
② 지방정부의 예산상의 책임성과 기타 재정관련 법적 · 계약적 요건을 이

5) Financial Accounting Standard Board, *Statement of Financial Accounting Concepts No. 4 : Objectives of Financial Reporting by Nonbusiness Organizations*(Stamford, Conn.: FASB, 1980), p. 3.

행하는지에 대한 설명

③ 사용자가 지방정부의 서비스지원, 비용과 성과를 평가할 수 있도록 지원

2. 다음 정보를 포함한 지방정부의 당해기간의 운영성과를 평가하는데 필요한 정보

① 재무자원의 원천과 사용

② 지방정부가 어떻게 그 활동재원을 조달하고 현금 보유조건을 충족하는지 여부

③ 지방정부의 재무여건이 당해기간 동안 개선되었는지 또는 악화되었는지의 결정

3. 다음 사항을 포함한 지방정부의 서비스 수준과 그 활동에 대한 재원조달과 부채를 충당할 수 있는 능력을 평가하는데 필요한 정보

① 지방정부의 재정상태와 여건에 대한 정보

② 서비스 잠재력을 평가하는데 사용될 수 있는 정보를 포함한 지방정부의 물적 · 비재무적 정보에 관한 정보

③ 재원 사용에 관한 법적 · 계약적 제한과 재원의 손실 가능성에 관한 위험성 등에 대한 공시

3.3 미국 연방정부회계기준자문위원회의 재무보고의 목적

최근 들어 미국 연방정부회계기준자문위원회는 재무보고서 이용자들의 요구를 ① 예산의 투명성(budgetary integrity), ② 운영성과(operating performance), ③ 수탁책임(stewardship), ④ 제도와 통제(system and control) 등 4가지로 구분하고 이 요구에 따라 재무보고의 목적을 4가지로 열거하고 있다. 이들 각 목적은 다시 세부적인 목적(sub objectives)으로 분류하여 각 세부목적을 달성하기 위한 자료들을 나열하였다.[6)]

목적 1 (예산의 투명성) : 연방재무보고서는 조세 및 기타수단에 의한 세입과 세출법 및 관련법규정에 의하여 이루어지는 세출에 대하여 책임있게 정부의 의무를 이행하도록 하는데 도움이 되어야 한다.

ⓐ 세입예산(budgetary resources)이 어떻게 얻어졌고 그 예산의 획득과 사용이 법적 승인에 의하여 이루어졌는지의 여부

6) Federal Accounting Standards Advisory Board, *Statement of Federal Financial Accounting Concepts Number 1: Objectives of Federal Financial Reporting*, pp. 1–20.

ⓑ 세입예산의 상태

ⓒ 세입예산 사용에 관한 정보가 사업 활동비용에 관한 정보와 어떻게 관련이 되고 세입예산 상태에 관한 정보가 다른 자산부채에 관한 회계정보와 일치하는지의 여부

목적 2 (운영성과) : 연방재무보고서는 재무보고서 이용자들에게 보고서 작성기관(reporting entity)의 서비스노력, 비용 및 성과, 이러한 노력과 성과를 위한 재원조달 방법 그리고 보고서 작성기관의 자산부채의 관리를 평가하는데 도움이 되도록 하여야 한다.

ⓐ 특정사업(프로그램)과 활동을 제고하기 위한 비용과 이들 비용의 구성 및 변동

ⓑ 연방사업과 관련된 노력과 성과 및 비용측면에서의 변동

ⓒ 정부의 자산부채관리의 경제성과 효과성

목적 3 (수탁책임) : 연방재무보고서는 이용자들에게 정부활동과 그 기간 동안의 투자가 국가에 미치는 영향, 그 결과를 정부와 국가의 재정상태가 어떻게 변동되었고 앞으로 변동될 것인가에 대한 평가를 하는데 도움이 되도록 하여야 한다.

ⓐ 일정기간 동안 정부의 재정상태가 호전되었는지 또는 악화되었는지 여부

ⓑ 장래 세입예산이 공공 서비스를 유지하고 이행이 도래한 채무를 상환하는데 충분한지의 여부

ⓒ 정부활동이 국가의 현재 및 장래의 부(well-being)에 공헌하는지의 여부

목적 4 (제도와 통제) : 연방재무보고서는

ⓐ 거래가 예산 및 재정 관련법 규정에 따라 수정되었고, 승인된 목적에 일치하고, 연방회계기준에 따라 기록되고 있으며

ⓑ 자산이 사기, 낭비와 남용을 방지하도록 적정하게 보호되고

ⓒ 성과측정정보가 적정하게 제공되고 있다는 확신이 되도록 재무관리제도와 내부회계 및 관리통제가 적정한지에 대해서 이용자가 이해하는데 도움이 되어야 한다.

3.4 •• 국제공공회계기준위원회의 일반목적 재무보고의 목적

국제공공회계기준위원회는 국제공공회계기준 제1호에서 일반목적 재무보고의 목적을 다음과 같이 정의하고 있다.[7)]

a) 공공부문의 일반목적 재무제표의 목적은 자원의 할당에 관한 결정을 수행하고 평가하는데 있어서 여러 계층의 이용자에게 유용한 보고실체의 재정상태, 성과 및 현금흐름에 대한 정보를 제공하는데 있다. 특히 다음과 같은 사항을 제공함으로써 의사결정에 유용한 정보를 제공하고 재원을 수탁받은 기관에 대한 책임성을 나타나도록 하여야 한다.

① 재무자원의 원천, 할당 및 사용에 관한 정보 제공

② 보고 실체가 어떻게 그 활동재원을 충당하고 현금요구사항을 충족하는지에 대한 정보 제공

③ 보고 실체의 활동을 위한 재원확보능력에 대한 평가와 그 채무 등을 충족시키는지에 대한 정보 제공

④ 보고 실체의 재무상태 및 그의 변동에 대한 정보 제공

⑤ 서비스원가와 효율성 및 성과측면에서의 그 기관의 성과를 평가하는데 유용한 개괄적 정보 제공

b) 또한 일반목적 재무제표는 예측 또는 예견적 역할을 하며 지속적인 활동을 하는데 요구되는 재원수준과 계속되는 활동에 의해서 획득될 수 있는 재원 그리고 관련된 위험성과 불확실성 등을 예측하는데 유용한 정보를 제공하는 역할을 한다. 재무보고는 이용자들로 하여금 다음과 같은 정보를 제공한다.

① 재원이 법적으로 채택된 예산에 따라 획득되어지고 사용되는지에 대한 정보

② 적정한 입법적 권한이 있는 기관에 의하여 설정된 재무적 사용한도를 포함한 법적·계약적 요건에 따라 재원이 획득되고 사용되는지에 대한 정보

c) 이러한 목적을 달성하기 위하여 재무제표는 보고실체의 ① 자산, ② 부채, ③ 순자산/지분, ④ 수익, ⑤ 비용, ⑥ 현금흐름 등을 나타낸다.

3.5 •• 우리나라 정부회계기준의 재무보고의 목적

▶ 국가회계기준 제5조(재무제표와 부속서류)

③ 재무제표는 국가의 재정활동에 직접적 또는 간접적으로 이해관계를 갖는 정보이용자가 국가의 재정활동 내용을 파악하고, 합리적으로 의사결정을 할

7) International Federation of Accountants, *Handbook of International Public Sector Accounting Pronouncement*(2005 Ed.), p. 29.

수 있도록 유용한 정보를 제공하는 것을 목적으로 한다.

④ 재무제표는 국가가 공공회계책임을 적절히 이행하였는지를 평가하는 데 필요한 다음 각 호의 정보를 제공하여야 한다.

1. 국가의 재정상태 및 그 변동과 재정운영결과에 관한 정보
2. 국가사업의 목적을 능률적 · 효과적으로 달성하였는 지에 관한 정보
3. 예산과 그 밖에 관련 법규의 준수에 관한 정보

▶ 지방자치단체회계기준 제4조(재무보고의 목적)

① 재무보고는 지방자치단체와 직간접적 이해관계가 있는 정보이용자가 재정활동 내용을 파악하여 합리적인 의사결정을 하는 데에 유용한 정보를 제공하는 것을 목적으로 한다.

② 재무보고는 지방자치단체가 공공회계책임을 적절히 이행하였는가 여부를 평가하는 데에 필요한 다음 각호의 정보를 제공하여야 한다.

1. 재정상태 · 재정운영성과 · 현금흐름 및 순자산 변동에 관한 정보
2. 당기(當期)의 수입이 당기(當期)의 서비스를 제공하기에 충분하였는지 또는 미래의 납세자가 과거에 제공된 서비스에 대한 부담을 지게 되는지에 대한 기간간 형평성에 관한 정보
3. 예산과 그 밖의 관련 법규의 준수에 관한 정보

우리나라의 경우 중앙정부나 지방정부의 재무보고목적은 거의 유사하다. 즉 재무보고의 기본목적으로는 다음 2가지를 들 수 있다.

① 의사결정에 유용한 정보제공

재무보고의 주된 목적의 하나는 정보이용자가 재정활동 내용을 파악하여 합리적인 의사결정을 하는 데에 유용한 정보를 제공하는 데에 있다. 정보이용자가 다양하기 때문에 그들의 관심사항도 다양할 수밖에 없다. 그러나 재무보고가 이들 다양한 정보이용자들의 요구를 모두 충족시키기란 그리 쉬운 일은 아니다. 이들 정보이용자들의 정보요구의 최대치를 재무보고가 제공할 수 있도록 회계기준이 만들어지고 재무보고가 이루어져야 한다.

② 공공회계책임 이행여부평가를 위한 정보제공

재무보고는 또한 국가가 공공회계책임을 적절히 이행하였는가 여부를 평가하는데 필요한 정보를 제공하도록 요구하고 있다. 공공회계책임(public accountability)이란 국가 또는 국가 재정업무를 수행하는 공무원이 그 맡은 업무를 적절히 수행하여야 할 책임과 그 책임의 이행여부에 관한 정보를 제공하여야 할 의무를 말한다.

국가가 공공회계책임을 이행하였는지에 대하여 파악할 수 있는 정보에 대하여 국가회계기준은 다음 3가지 사항을 요구하고 있다.

1. 국가의 재정상태 및 그 변동과 재정운영결과에 관한 정보
2. 국가사업의 목적을 능률적 · 효과적으로 달성하였는지에 관한 정보
3. 예산과 그 밖의 관련 법규의 준수에 관한 정보

이 회계책임부문에서 국가와 달리 지방자치단체회계기준은 기간간 형평성(interperiod equity)을 특히 강조하고 있다. 기간간 형평성은 세대간 형평성(intergenerational equity)이라고도 하며 현재세대가 국가로부터 혜택을 받는 만큼 그에 상응하는 비용이나 부채도 부담하여야 하며 현재세대가 부담하여야 할 비용이나 부채를 다음세대로 떠넘겨서는 세대간 형평성 차원에서 균형이 맞지 않는다는 뜻이다. 지방자치단체회계기준이 요구하는 공공회계책임 이행에 유용한 정보로서 다음 세 가지를 들고 있다.

1. 재정상태 · 재정운영성과 · 현금흐름 및 순자산변동에 관한 정보
2. 당기의 수입이 당기의 서비스를 제공하기에 충분하였는지 또는 미래의 납세자가 과거에 제공된 서비스에 대한 부담을 지게 되는지 여부에 대한 기간간 형평성에 관한 정보
3. 예산과 그 밖의 관련 법규의 준수에 관한 정보

4 회계정보의 이용자

정부회계 및 재무정보에 관련된 이해관계자들 또는 이용자들은 다양하게 여러 그룹으로 구분할 수 있다. 납세자나 증여자 그리고 투자자들은 재원을 제공하며, 공무원 등 정부에 근무하는 사람들과 상인들은 노동과 물자의 공급원이 된다. 또한 이러한 재정자원의 분배는 국회나 행정부가 국민이나 감독기관의 의뢰에 따라 결정한다.

모든 이용자들은 다양한 역할을 한다. 예를 들면 개개 국민의 경우는 선거

를 통하며 투표자로서 정부활동을 추인하며, 또한 납세자로서 국가재정에 기여하게 된다. 그 중 몇몇 국민은 공무원이 되어 정부활동을 수행하기도 한다. 그 밖에 언론기관이나 특정이익집단은 여론의 주도자로서 또는 특정집단의 이익을 추구하기 위하여 재무정보를 요구하고 분석하게 된다.[8)]

4.1 ●● 입법 및 행정부

입법부, 즉 국회는 국민을 대표하는 기관이다. 따라서 국민을 대표하여 국가에서 일어나는 모든 활동을 알 권리가 있고 활동의 기준이나 근거가 되는 법률안이나 예산안을 확정함으로써 정부활동을 유도하며 규제하기도 한다. 행정부에서 이들 법률안이나 예산안 등을 준비하기 위하여는 과거의 자료를 토대로 분석 검토하여 이를 국회에 제출하고 국회에서는 이들 자료 이외에 각종 회계 관련 자료를 근거로 하여 각종 안건을 선별 처리한다. 따라서 행정부에서 만들어내는 회계자료가 중요한 역할을 하는 점에서 이론의 여지가 없다.

행정부 역시 정책결정 준비과정이나 집행과정에서 과거의 회계자료 등의 정보를 토대로 업무처리를 효율적으로 할 수 있도록 노력하게 된다. 정책이나 사업과정에서 일어나는 문제점을 해결하기 위하여 여러 대안이 있을 수 있는데 한정된 자원을 토대로 가장 바람직스러운 대안을 선정하려면 각종의 정보가 필요하게 된다. 이들 정보의 많은 부분이 회계자료를 통하여 파악될 수 있다.

4.2 ●● 유권자

유권자들은 국가기관에 대하여 투표권을 행사함으로써 간접적으로 그들의 요구사항을 관철시키려고 한다. 물론 유권자들 각자가 서로 다른 이해관계를 갖기 때문에 그들이 요구하는 정보의 내용도 다양하다.

투표권자의 주요결정권은 선거에 의하여 선출되는 공직자를 선출하는 것이다. 따라서 이들 공직자를 선출할 때에는 그들이 과거에 공직에 있었을 때 담당했던 업무성과나 이들의 소속기관의 업적이나 재무성과 등을 참고하기도 한다.

---

8) Leonard Eugene Berry and Gordon B. Harwood, *Governmental and Nonprofit Accounting* (Homewood: Richard A. Irwin, Inc., 1984), pp. 4-21.

우리나라에서는 아직까지 국민들의 정부회계 정보에 대한 관심도가 낮았고 국민들이 직접 투표에 의하여 선출하는 공직자의 수가 대통령이나 국회의원 등 극히 일부분에 불과하였으나 이제 지방자치제가 실시된 후 유권자들의 투표권의 영향력이 종전보다 커지므로 국민들의 정부에 대한 살림살이나 정책성과를 나타내는 회계정보에 대하여 더 많은 관심을 갖는 것은 당연하다.

4.3 ●● 납세자 및 서비스 수혜자

국민들은 납세의 의무가 있으므로 그들이 납부한 세금이 정당하게 쓰여 지고 있는가에 대한 관심이 많다. 정부 또는 집권자의 입장에서는 복지정책의 확대를 통하여 국민의 지지를 획득하려고 하고 있고 그러기 위해서는 더 많은 재원이 필요하므로 과세나 채권발행을 통하여 해결하려고 한다. 국민입장에서는 더 많은 복지혜택을 요구하면서도 과세부담은 적게 하려고 한다. 이러한 속성에 따라 서로간의 갈등을 불러 일으키며 이로 인하여 정부회계정보는 좀더 많은 관심의 대상이 된다.

또한 정부로부터 부여된 서비스를 수혜 받는 자의 입장에서는 서비스에 대한 대가를 지급하게 된다. 통상 서비스 대가는 명목적인 원가나 그 이하 수준에서 결정되는 경우가 많다. 정부가 영리기관이 아니기 때문이다. 수혜자 입장에서는 그 서비스의 질이 요금에 비하여 낮은 경우 서비스의 수혜를 거부할 수 있다. 그러나 서비스가 강제로 제공되는 경우에는 그 요금의 적정여부에 대하여 좀더 많은 관심을 갖게 되고 그 요금이 결정되는 근거인 정부회계의 자료 내지 정보에 대해서 관심을 갖게 된다.

4.4 ●● 감독기관

정부활동에 있어서 하급기관은 상급기관의 감독을 받고 상급기관은 그 밖의 외부 통제기관 예컨대 국회, 감사원, 대통령 비서실 등의 기관으로부터 끊임없이 통제와 감독을 받게 된다.

특히 중앙정부는 지방정부에 대하여 각종 보조금을 지원하고 중앙정부사업을 지방정부에 위임 위탁하면서 이에 따른 감독권을 발동하게 된다. 이때에 요구되는 정보는 보조금 대상사업이나 위임위탁사업에 대한 회계정보 및 이와 관련된 모든 정보가 된다.

4.5 ●● 기　타

공무원들은 한편으로는 정부를 구성하는 구성원으로서 국민에게 책임을 지게 되지만 또 한편으로는 정부에 고용된 피고용인으로서의 지위를 갖게 되므로 정당한 노동의 대가를 요구하게 된다.

정부에 물자나 용역을 납품하는 납품업자는 특히 정부사업이 어떤 내용이며 이들 관련 사업이 어느 시기에 어느 정도의 가격으로 예산에 반영되어 있는지에 대하여 관심을 갖게 된다.

언론기관은 국민을 대변하고 여론을 조성하는 입장에서 정부에 대한 제3의 감독기관이 되고 있다. 정부의 잘잘못을 들추어내고 비판하며 대안까지 제시해 주는 언론기관은 가장 강력한 정부회계의 정보이용자가 된다.

최근 들어 증가하고 있는 시민단체나 이와 유사한 비정부단체들은 정부회계의 주요이용자가 된다. 그들이 정부활동에 대하여 감시하고 비판하기 위하여 가장 필요로 하는 것이 바로 정부회계자료이기 때문이다.

각종의 계층이나 그룹을 대변하는 이익집단 내지 특정집단의 존재도 정부정책에 막중한 영향을 미치고 있는데 이들의 요구는 갈수록 다양해지고 빈도도 높아지고 있는 것이 외국이나 우리나라의 실정이 모두 같다. 따라서 이들 집단은 그들의 요구의 관철시키기 위하여 각종의 정부회계정보를 분석하고 이를 토대로 주요 정책결정자들에게 압력 또는 로비를 수행한다.

전문가그룹이나 학계 등도 주요 정보이용자이면서 이들은 정부회계정보를 토대로 여론을 형성하는 리더가 된다.

제2절 정부회계의 발전과정과 최근동향

1 정부회계의 발전과정

1.1 외국의 정부회계의 발전

(1) 고대의 정부회계

회계의 발전과정을 살펴보면 그 시대의 사회 경제 발전과정과 밀접한 관계가 있고 경제발전에 따라 회계가 발전하며 때로는 회계방법이 그것을 낳게 한 바로 그 환경을 변혁시키는 경우도 있다. 회계는 르네상스시대의 산물이라 할 정도로 1494년에 루카스 파치올리(Lucas Pacioli)에 의하여 만들어진 복식부기는 기업회계 및 공공회계에 획기적인 영향을 미쳤다. 그러나 정부부문에 있어서는 르네상스 훨씬 이전에 국가가 존립하면서 회계제도가 같이 발전하였다고 볼 수 있다. 국가를 영위하기 위하여 과세를 하면서 엄격한 징세관리를 위하여 기록의 필요성이 인식되었고 이로 인하여 각 나라마다 나름대로의 회계제도를 발전시켜 나가게 되었다.

역사를 거슬러 올라가면 고대 바벨로니아와 앗시리아 등지에서도 상업 및 행정업무를 위한 기록관(scribe)을 두고 점토판(clay tablets)에 기록을 하도록 하였음을 알 수 있다. 이들 기록내용은 과세 및 수납에 관한 사항 뿐만 아니라 무기류, 병거, 왕실가구 등에 대한 재고내용도 포함되었다고 한다.[9)]

정부회계 즉 관청회계가 자리 잡기 시작한 것은 아마도 제대로 된 파피루스 종이를 사용한 고대 이집트 시대(BC 2000년경)가 아닌가 싶다.[10)] 이집트의 관청회계는 파피루스 종이를 사용할 수 있기 때문에 기록이 용이하여 기록관으로 하여금 세금으로 걷어 들인 물품의 수납 및 사용에 관한 모든 사항을 세심한 주의를 가지고 기록하였다. 문서에 의한 명령서 없이는 누구에게도 국고로부터 지급되는 일이 없었다. 또한 어떤 한 공무원의 기록이 다른 공무원의

9) Peter Holzer and Others, *International Accounting* (New York: Harper & Row Publishers, 1984), p. 18.

10) Eldon S. Hendriksen and Michael F. van Greda, *Accounting Theory* (5th Ed.) (Boston: Irwin, 1992), pp. 37-38.

기록과 일치되도록 요구함으로써 정밀한 내부통제조직에 의한 관리를 하고 있었다. 예컨대 나일강 연안에 사는 주민들은 관개용수를 사용하는 대가로 토지 사용에 따른 곡물(bailiffs grain)과 아마섬유(flax)를 납부하였고 그 농부의 집 담벽에 곡물납부에 따른 곡물의 그림을 형상화하여 표시해 줌으로써 영수증으로 갈음하였다. 그러나 그 당시에는 대다수가 문맹인데다가 통일된 화폐나 교환 수단이 존재하지 아니한 상태에서 단일의 물질로 이를 모든 재화를 표시할 수 없었기 때문에 집계 및 합계계산이 극히 곤란하여서 통일적인 회계제도는 사실상 성립할 수 없었다.[11)]

중국에서는 주 왕조시대(기원전 1122-256년)에 관청회계가 최고조에 달하여 복식부기의 기술이 도입될 때까지 거의 개선하지 않은 채 존속되어 왔다. 이 당시에는 주화를 사용하였기 때문에 통일된 재무기록을 용이하게 할 수 있었으며 이 시기에 내부통제, 예산 및 감사 등의 분야가 확립되어 체계적으로 관리되고 있었다. 재정활동은 주로 태부(太部: Grand Treasury)에 의하여 조세를 징수하고 다른 정부기관에 배분하여 세출을 승인하고 매 회계연도 말에 수지계산서를 작성하도록 하였다. 특히 현대적인 용어의 기금제도가 그 당시 도입되어 재정자금이 각 특정목적별로 독자적인 세원을 확보하여 그 목적대로 사용되도록 효율화를 도모하였다고 한다.

(2) 중세시대의 정부회계

중세시대에는 상업과 교역의 발달로 무역량이 증가되고 이러한 경제적 발전은 종전의 기장방법과 다른 새로운 접근방법을 요구하였다. 이때에 나타난 것이 이탈리아의 Lucas Pacioli가 그의 저서 「산술 · 기하 · 비례 및 비례총람(Summas de Arithmetica, Geometria, Proportioni et Proportionalita)」에서 소개한 복식부기방법이다. 그러나 이 복식부기는 기업회계에는 절대적인 영향을 미쳤으나 관청회계에는 큰 영향을 미쳤다고는 볼 수 없다.

영국에서는 Exchequer회계가 중세시대에 있어서 정부회계의 근간을 이루어 왔다. Exchequer란 원래 바둑판무늬의 천을 씌운 테이블을 의미하였으며 이 테이블에서 계산이 이루어짐에 따라 Exchequer회계가 유래하게 되었다. 또한 Exchequer는 영국의 국고 즉 재무성을 의미하는 바, 재무성은 왕실세입의 책임을 맡고 있는 기관으로서 중요한 역할을 하였다. 각 지방별로 주 장관이 왕실세입의 징수관 역할을 하고 있었는데 주 장관은 왕실 토지를 대여하고 그

11) Michael Hatfield, *A History of Accounting Thought*, 이정호 역 (서울: 경문사, 1985), p. 8.

지대를 회수할 책임이 있으며 또한 도로 등의 사용료, 수출입관세, 벌과금 등을 징수할 수 있는 권한을 가진 각 지방별 회계책임자였다. 각 주 장관은 연 2회 즉 부활절과 미카엘절(9월 29일)에 웨스트민스터에서 시행되는 Exchequer session에 참석하도록 소집되었다. 부활절에 각 주에 부과된 징세액의 반을 납부하고, 그 영수증으로서 나무로 된 신표(信標: tally)에 눈금을 새기고 둘로 쪼개어 한쪽을 영수증으로 가져가고 나머지 한쪽은 재무관이 보관하여 Exchequer의 기록으로 하였다. 주 장관은 미카엘절에 다시 참석하여 왕실세입의 잔액을 납입하고 감사를 받고 모든 회계를 끝내게 되었다.

(3) 근대 정부회계제도 정립

유럽에서의 정부회계는 영국의 권리장전(Bill of Right)선언과 프랑스의 프랑스혁명 이래 의회의 역할이 증대되면서 예산제도 개혁과 아울러 회계책임을 확립하기 위한 조치가 이루어졌다.

영국의 경우 18세기 중에 의회는 국왕에 대하여 자금지출을 일정한도 내에서 사용토록 왕실비(civil list)를 설정토록 하였는가 하면 국왕에 대하여 다음 연도의 국왕의 연간지출 추정서를 각 정부부처의 지출 추정서와 함께 작성토록 요청함으로써 왕권을 억제하였다. 이것이 국왕을 대변하여 재무장관이 매 회계 연도에 국가 재정에 관한 3부로 된 보고서를 의회에 제출하는 관례가 되었다.[12] 프랑스의 경우도 혁명 이후 영국의 선례에 따라 매년도 예산안을 국민의회에 제출하여 승인받은 후 사용할 수 있도록 제도화하였다. 이에 따라 각 장관은 지출액을 승인범위내에서만 사용하도록 하고 할당된 자금총액을 초과 사용하지 못하도록 하였다. 의회에서는 지출총액의 명세를 검사하기 시작하였다. 이러한 예산 및 회계, 보고제도는 원시적인 수준을 벗어나지 못하였고 여전히 회계책임을 규명하기 위한 차원에서 회계보고서가 작성되었다. 따라서 정부회계에 종사하는 사람들은 주로 예산으로 확정된 품목별 예산한도액 내에서의 지출과 그 지출의 법적 지위에 관해서만 관심을 갖게 되었다. 수입은 부수적인 업무에 불과하였다. 왜냐하면 과세권을 가지고 여러 가지 명목의 세금을 부과하면 되는 것이기 때문이다.

---

12) 예산이란 용어는 원래 국가세입을 보관하는 용어로 사용된 금고를 뜻하였으나 나중에는 재무장관이 의회에서 발표할 예산연설문을 넣은 가죽 손가방을 뜻하는 것으로 사용하였다가 드디어 가방 안에 있는 서류 및 예산연설문 자체를 뜻하는 것으로 확대되었다고 한다. *Ibid.*, pp. 270–271.

1.2 •• 우리나라 정부회계의 발전

(1) 조선왕조시대의 회계제도

조선왕조 이전까지는 회계제도에 관해서 연구된 것이 많지 않기 때문에 조선왕조 이후에 대해서 살펴본다. 조선왕조시대에 있어서는 갑오경장 이후 회계법의 시행이 되기까지 일정한 계획성 있는 재정집행이 이루어지지 못하고 있었으나 전 근대적인 방법으로나마 1년제를 기준으로 해서 일정한 계획 속에서 예산제도가 운영되고 있었다.

조선왕조의 세입 세출구조를 살펴보면 우선 세입면에서는 물납제 아래의 현물재정을 주로 하여 전통적인 조·용·조(組·庸·調) 체제 아래 전세, 대동, 삼수미 등의 조와, 민간을 대상으로 노역을 부과하는 용, 가구에 부과하는 공부인 조로 되어 있었다. 이러한 세입체제는 시대에 따라 내용이 변하여 갔으나 전반적으로 볼 때 재정수용의 증대에 따라 조목이 늘어나고 국민의 부담이 가중되어 임진왜란 이후에는 대동법의 실시에 따라 종래의 조에 속했던 공부와 요역(徭役)이 토지에 부과되는 조로 변천하여 지세화 되었다. 그 밖의 수입으로서는 환곡(還穀)[13]에 의한 수입 등을 들 수 있다.

조선시대의 세출구조 역시 현물중심으로 이루어졌으며 대개 왕실비용, 관리에 대한 녹봉, 군사비, 외무비, 교통운수비, 구황비(救荒費) 등 사회비용, 교육비, 제사비 등으로 구분할 수 있다. 이 시대의 세출구조의 특징을 보면 다음과 같다.

① 조선조 재정의 경비조달 및 지출체계가 현물중심으로 구축되어 있다.
② 경비의 조달 및 지출기구가 다원화되어 있어 경비자변(經費自辨)의 원칙 아래 대부분의 경우 경비조달 및 지출이 각 관부에 맡겨졌다.
③ 국가경비와 왕실경비가 명확히 구분되지 않고 통치비로서의 공공경비와 국왕과 그 일족의 사경제를 위한 왕실비가 혼합되어 있었다.
④ 통일적인 예산제도가 성립되지 아니하였다. 그러나 일부 세입 및 세출에 대해서는 공안(貢案)과 횡간(橫看)제도가 있어 예산서 역할을 하였다고 한다. 공안이란 공물진상에 대한 국가경상세입계획표라고 하며 횡간은 공물진상 및 전세의 일부에 대한 경상세출계획표라고 한다.[14]

---

13) 환곡이란 봄에 빈민에게 국가가 관리하는 곡식을 대출해주고 추수 후에 회수하는 제도로서 기본취지는 빈민구제에 있었으나 조선중기 이후에는 고리대로서 변질되어 갔다.

중앙재정회계 담당기구로서는 태종 이후 설립된 의정부 밑에 있는 호조(戶曹)가 중심기구라 하겠으며 호조의 구성은 판적사, 경비사 및 회계사로 구성되었다.

판적사는 가구, 토지, 조세, 부역, 공납, 농잠의 장려, 풍흉의 조사, 환곡의 진대 및 회수에 관한 업무를 맡았으며, 경비사는 경중(京中)의 제반경비의 조달과 지급 및 왜인의 식량 등에 관한 업무를 관장하였으며 회계사는 서울과 지방의 제반 전곡 잡물의 계리와 담당 관리의 교체시에 해유, 휴흠, 회창, 적몰 등을 관장하였다. 여기에서 해유(解由)란 전임관리자가 관리하던 물품에 결함이 없을 때 책임을 면제시키는 것을 말하며[15] 휴흠(虧欠)은 재고의 과부족, 회창(回創)은 재고조사에의 입회, 적몰(籍沒)은 역적 등의 재산의 몰수를 말한다. 이러한 점에서 볼 때 조선조에는 회계검사기구가 따로 있었던 것이 아니고 바로 회계사에서 담당하였다고 볼 수 있다.

지방재정회계 기관으로는 관찰사, 도호부사 및 각 수령 밑에[16] 중앙의 육조와 병행해서 육방을 두고 이 중 호방이 상사의 명령을 받아 호구, 공부, 전곡 등 재정에 관한 사무를 관장하였으며 한편 세금으로 거둬들인 곡식을 저장하는 창고와 현물을 운송할 여러 조창이 각지에 있었다.

전곡의 출납은 호조의 출납명령서에 의하여 이루어지고 있으며 출납에는 사헌부 감찰이 임검한다는 규정을 두고 있다. 이 출납명령서는 부정을 방지하기 위해서 서명날인하고 중국의 법제를 따서 감합법(勘合法)을 사용하였다. 감합법이란 공문을 원부면에 접어 붙여 그 이음에 글자를 쓰고 날인한 후 다시 떼어내 글자와 도장이 반쪽이 되도록 하고 검증시 다시 붙여보도록 하는 방법이다.[17]

만기요람에 의하면 각사의 재용(財用)출입부 등 1년간의 회계책은 매년 정초 호조의 낭청이 승정원에 가지고 가서 결재를 받은 후에 왕에게 보고하며 이때 각 재물의 출납현황과 연말재고도 보고서로서 제출된다. 지방관청에서도 각도의 전곡과 군자곡(軍資穀)의 전년도 회계를 3월에 호조에 보고하면 이를 승정원의 결재를 받아 왕에게 제출하였다.

이들 출납과 기록보고에 대한 회계검사제도의 하나로서 앞에서 잠깐 언급한 바와 같이 해유(解由)제도라는 것을 실시하였다. 이 제도는 고려말기부터 제

14) 김옥근, 조선왕조 재정사 연구(서울: 일조각, 1984), p. 167.

15) 상게서, p. 167.

16) 조선시대에는 전국을 8도로 나누어 각 도에 관찰사를 두어 모든 행정을 통할하였고 관찰사 밑에 군현을 두어 부윤, 대도호부, 목사, 군수 등의 수령을 두어 군현의 행정을 담당하게 하였다.

17) 손승태, 「조선왕조의 회계제도와 감사에 관한 고찰」, 계간감사(1988 가을호), p. 72.

도화되어 관리가 바뀔 때에는 재고조사하여 재고에 손실이 있는 경우에는 관계관청에 이첩하여 즉시 추징토록 하고 해유에 기록하여 다른 관직을 줄 때 참고하였다고 한다. 즉 해유장은 관리 교체시 인계사항에 하자가 없음을 말해주는 증서로서 왕에게 보고한 후 발부한다. 재고조사할 때에 상급관청에서 파견한 관원이 입회하게 되는데 이를 안동(眼同)이라고 한다.

(2) 조선말 개혁기와 일제통치시대의 회계제도

조선왕조 중반 이후 서서히 나타나기 시작한 봉건적 위기는 19세기에 접어들어 그 절정에 다다랐고 급기야는 외세의 압력에 굴복하여 일본과 병자수호조약을 체결한 것을 시발로 하여 선진열강에 문호를 개방하게 되었다.

개항은 이미 쇠퇴기에 접어든 봉건적 경제구조를 급속한 해체의 길로 몰아가는 계기가 되었으며 이러한 과정에서 개화파를 주체로 한 개혁운동은 1890년대에 상당한 기반을 갖게 되었고 여기에 일본의 압력에 의하여 1894년 갑오년 갑오개혁이 이루어졌고 이어 다음해인 1895년 을미년에 제2차 개혁이 이루어져 근대적 재정제도를 만드는 밑거름이 되었다.

갑오개혁은 종래의 봉건적 현물재정을 화폐재정으로 변경시켰고 이어 을미년에는 오늘날 헌법과 유사한 홍범14조를 반포함으로써 조세 금납화에 기반을 둔 회계법에 의하여 처음으로 실현된 세입 · 세출 예산제도는 형식적인 것이나마 근대적 재정제도의 창시라고 할 수 있다.[18]

1910년 8월 한일합병과 동시에 조선총독부가 설치되었고 같은 해 9월에는 한국의 재정을 경리하는 조선총독부 특별회계제도가 창설되었다. 1910년 10월 조선총독부 훈령으로 '조선총독부소속 관청회계 사무장정'을 제정 공표하였다.[19] 따라서 이들 법령 및 규정에 의하여 현행 정부회계제도의 근간을 형성하게 되었다. 이 시대의 정부회계의 특징을 살펴보면 다음과 같다.[20]

첫째, 회계연도가 매년 4월 1일에서 다음연도 3월 31일까지로 변경되었으며 장부마감 및 출납기간을 회계연도 경과 후 4월 30일까지로 변경되었다.

둘째, 예산은 일본의 조선총독부 소관 대신인 척식국장관이 작성하여 대장대신에게 제출하여 승인을 받게 한다. 결산도 마찬가지이다.

셋째, 조선말 개혁기의 회계법에 비하여 회계장부 및 재무제표가 구체화되

---

18) 김옥근, 전게서, p. 394.
19) 조선총독부 관보, 1910. 10. 26. (명치 43년) 호외분.
20) 신홍철, 「우리나라 정부회계제도의 발전과정과 개선방향에 관한 연구」 (전북대 경영대학원 석사학위논문, 1989), pp. 68-69.

고 증가되었다. 장부로서는 수입부, 지출부, 개산도정리부, 전도금정리부, 세입세출외출납내역부, 비품 등 출납부, 관유재산대장 등을 비치하여 사용하도록 하였고, 보고서로서 결산보고서 이외에 경상비결산보고서, 지급명령보고서, 과오납(과목경정)보고서 등을 규정하였다.[21]

넷째, 세입징수관과 출납관리를 구분하였고 지출관제도를 두어 수표를 발행하도록 하였다.

다섯째, 모든 재무보고서는 일본회계검사원의 결산검사를 받도록 하였는데 회계검사원은 일본 천황의 직속으로 내각에 소속되지 않은 독립된 회계검사기관이었다.

(3) 정부수립 이후의 회계제도

1948년 7월 헌법이 공포되고 그 속에 재정이라는 별도의 장을 두어 6개 조문을 두었으며 이어 1951년에 정부회계제도의 기본법이 되는 '재정법'이 제정되어 시행되었다. 그러나 이 '재정법'은 일본의 회계법과 재정법을 모방하여 두 법을 합한 형태로 만들어졌다. 이 당시의 정부회계제도의 주요내용 및 특징은 다음과 같다.

첫째, 회계연도가 종전에 4월 1일부터 3월 31일까지이던 것을 계속 적용해 오다가 1954년 미국의 원조에 많이 의존해온 관계로 미국 회계제도인 7월 1일부터 6월 30일까지로 변경되었다가[22] 다시 1956년에는 역년에 맞추기 위하여 매년 1월 1일부터 12월 말일까지로 변경하였다.[23]

둘째, 국회가 세워짐에 따라 국회의 예산결산의 심의 역할이 확립됨으로써 정부에 대한 통제를 예산 · 결산을 통해서 이루어지기 시작하였다.

셋째, 예산과 결산은 재무부장관의 소관아래 수행되었으며 국회에 제출하는 결산보고서는 독립된 회계검사기관인 심계원에 의해서 수행되었다.

5.16 이후 제3공화국이 들어서면서 회계제도에도 많은 변화가 있었다. 종전의 재정법 대신에 '예산회계법'이 1961년 공포되었고 같은 해에 '기업예산회계법'이 제정되었다. 또한 지방정부의 회계 관계 기본법인 '지방재정법'이 1963년에 제정되어 운영되기 시작하였다.[24]

---

21) 조선총독부 관보, 조선총독부 소속 관청회계사무장정(조선총독부 훈령 제53호).
22) 유 훈, 재무행정론(서울: 법문사, 1981), p. 56.
23) 김명윤, 한국재정의 구조(서울: 고려대 아세아문제연구소, 1967), p. 71.
24) 한국재정40년사 편찬위원회, 한국재정40년사(제3권)(서울: 한국개발연구원, 1990), pp. 53, 80, 99-100, 133-135.

'예산회계법'이 과거의 '재정법'과 다른 점을 요약해보면 ① 예산 배정과 자금공급의 일원화 ② 계속비 신설 ③ 예비비 계상과 긴급국고채무부담행위제도 폐지 ④ 성과주의 예산 채택 등이다.

2 정부회계제도의 최근동향

국가 재정에 대한 정보의 제공은 관행적으로 정부회계제도의 틀 속에서 이루어져 왔다. 각 나라마다 제도에 따라 다소 상이하기는 하나 일반적으로 정부회계제도는 의회에서 확정한 예산승인을 토대로 수입과 지출이 제대로 되어 있는가에 대한 내용이 주류를 이루고 있다. 이들 정보는 특히 정부정책과 예산승인 범위 내에서 입법부의 책임성 확립과 재정 통제를 위한 유용한 도구가 되어 왔다.

정부회계제도는 이러한 목적을 위하여 주로 현금주의에 의한 수입 · 지출구조로 이루어지고 있었다. 이러한 정부회계제도는 통제 측면에서 계속 중요한 기능을 수행하고 있으나, 통제적 측면의 정보만으로는 정부의 정책결정에 필요한 자료를 충분히 제공하지 못할 뿐더러 많은 자원이 소요되는 정부 재정활동에 더욱 효율적이고 효과적인 정보를 제공하기에는 미흡하다는 인식이 확산되었다. 즉 사업의 비용과 편익, 자산의 가치 평가, 부채의 발생이자 등에 관한 구체적인 데이터 등을 제공할 수 있는 수단이 요구되고 있다.

이를 뒷받침할 수 있는 수단으로서 정부회계제도를 종전의 현금주의 또는 채무부담주의에서 발생주의 회계로, 아울러 장부기록방법에 있어서도 단식부기에서 복식부기로 전환하는 것이었다.

1990년대 말부터 일기 시작한 발생주의 회계로의 전환 움직임은 2000년대에 이르러 국제통화기금(IMF)과 유럽연합(EU)에서 각 회원국가로 하여금 발생주의회계를 도입할 것을 권고하면서부터 시작되어 지금은 어느 정도 정착단계에 이르고 있다.[25] 영국과 호주, 뉴질랜드 등 연영방국가가 먼저 주도하여 발생주의회계를 채택한 후에 다른 나라로 확산되어 가고 있는 추세에 있다. 그러나 독일, 이탈리아, 일본 등 국가에서는 정부의 낮은 관심으로 아직 검토단계

25) Noel Hepworth, *Introducing accrual accounting in the public sector - some introductory remarks*, the material addressed at the second meeting of Senior Budget Officials of Central, Eastern and South Eastern European Countries, February 2006, pp. 16-17. http://www. oecd.org/searchResult/0,3400,en_2649_33725_1_1_1_1_1,00.html.

에서 머물고 있다.

이러한 정부부문에 대한 발생주의 회계의 도입은 정부활동의 복잡성에 비추어 더많은 연구가 필요하였다. 마침 국제회계사연맹(IFAC) 산하에 있었던 공공부문위원회(Public Sector Committe : PSC) 주도로 발생주의 회계기준에 대해서 연구해 오던 것을 2004년 별도 독립조직인 국제공공회계기준위원회(International Public Sector Accounting Standard Board : IPSASB)를 창설하여 본격적인 공공회계기준을 수립하도록 하고 있다.

2.1 ●● 영　국

영국정부는 중앙정부회계제도를 개혁하기 위하여 발생주의를 골간으로 하는 자원회계및예산제도(Resource Accounting and budgeting : RAB)제도를 2001년부터 도입하기 시작하였다.

여기에서 자원회계란 "중앙정부 지출 보고에 대한 발생주의 회계기법 및 각 부처별 지출 분석을 위한 기본 틀"을 의미하며 자원예산이란 "자원회계기준에 의한 공공지출을 계획하고 통제하는 것"을 의미한다고 한다. 자원회계및예산제도는 예산제도와 회계제도를 발생주의에 입각하여 작성토록 하고 있다. 이 제도의 도입 목적은 예산이 성과(value for money)를 낼 수 있는지를 측정하는 수단으로 채택된 것이다. 영국정부는 이 제도를 도입하면서 이제도가 1860년대에 이루어진 글래스톤 개혁 이래 가장 큰 개혁이라고 평가하였다.[26)]

아울러 도입준비기간인 1996년에 재무성의 새로운 회계제도에 대한 자문기관으로서 재무보고자문위원회(Financial Reporting Advisory Board : FRAB)를 설립하였다.

재무보고자문위원회는 독립된 기관으로서 그 설립근거는 정부자원회계법(Government Resources and Accounts Act 2000)이다. 이 법은 진실성과 공정성이 확보된, 그리고 일반적으로 인정된 회계기준에 의거한 자원회계를 채택하고 국가전체 재무제표(whole of government accounts : WGA)를 작성할 것을 요구하고 있다. 이 법은 또한 재무성으로 하여금 회계기준제정에 관하여 자문그룹의 자문을 받도록 요구하고 있는데 재무성은 회계검사원과의 협의를 통하여 이 재무보고자문위원회를 공식자문기구로 선정하였다.[27)]

---

26) HM Treasury Press Notice, *Step Change in Public Finance -Resource Accounting and Budgeting Fully Operational*, April 2, 2001, http://www.hm-treasury.gov.uk/press_40_01.htm.

2.2 ●● 미 국

정부부문회계에 대해서 가장 활발하게 연구 발표되고 있는 나라가 미국이다. 최근 들어 연방정부의 재정책임성을 높이기 위해서 취한 일련의 조치들을 살펴보면 미국의 회계제도가 어느 방향으로 나아가고 있는지를 파악할 수 있다. 미국정부는 1921년 '예산회계법(Budget and Accounting Act)' 제정 이래 1950년 '예산회계절차법(Budget and Accounting Procedure Act)'을 제정하여 예산회계절차를 일부 보완한 후 한 동안 별다른 변화 없이 지내다가 1978년 감찰관법(Inspector General Act)의 제정을 통하여 연방정부 각 부처의 내부감사제도를 확립하였다. 1990년에 '주임재무관법(Chief Financial Officers Act)'을 제정하여 주임재무관의 역할을 예산, 회계 및 재무관리업무를 총괄하도록 하고 이에 따른 재무 및 회계관리제도를 유지하며 재무제표를 감사받도록 의무화하였다. 또한 1993년에 '정부성과및결과에관한법률(Government Performance and Results Act)'을 제정하여 각 부처의 사업성과를 측정하고 보고하도록 제도화하였다.

또한 연방정부회계기준에 대해서는 재무성(Department of Treasury)과 회계검사원(Government Accountability Office : GAO)에서 관장해오다가 1991년에 재무성과 회계검사원 및 관리예산처(Office of Management and Budget : OMB)의 지원으로 연방정부회계기준자문위원회(Federal Accounting Standard Advisory Board : FASAB)가 설립되어 연방정부 회계기준안을 제정해 오고 있다. 연방정부회계기준자문위원회는 지방정부회계기준위원회와 비교하여 그 지위에 있어서 다소 차이가 있다. 지방정부회계기준위원회는 독자적으로 주정부 및 지방정부에 대하여 적용할 회계기준을 제정할 권한이 부여되어 있다. 반면에 연방정부회계기준자문위원회는 그 이름에서 보듯이 회계기준안을 작성하나 그 작성된 회계기준안의 최종효력은 후원기관인 재무성과 관리예산처 그리고 회계검사원의 승인을 얻어야 회계기준으로서 확정된다.[28)]

미국은 주정부 및 지방정부에 대한 통일된 회계기준 마련을 위하여 별도의 위원회를 설치하여 운영해 오고 있다. 기업회계에 관해서는 재무회계기준위원회(Financial Accounting Standard Board : FASB)가 재무회계재단(Financial Accounting Foundation)의 지원을 받아 운영되어오면서 기업회계기준을 제정해오고 있었으

27) FRAB press release, Financial Reporting Advisory Board, 22 March 2007, http://www.hm-treasury.gov.uk/d/frab_pn_755_220307.

28) 연방정부회계기준은 2010년 1월 현재 6개의 개념서와 36개의 기준서를 발표하였다. http://www.fasab.gov/standards.html 참조.

나 정부부문회계기준을 관장하는 기관을 별도로 둘 필요성이 제기되었다. 그 결과 재무회계재단 산하에 재무회계기준위원회와 같은 형태로 독립된 지방정부회계기준위원회(Governmental Accounting Standard Board : GASB)가 1984년에 설립되었다.

지방정부회계기준위원회는 1999년 6월 1일에 지방정부회계기준 제정에 있어서 획기적인 것으로 받아들여지는 지방정부회계기준 제34호를 발표하였다. 이의 주요 내용을 보면 회계책임성 제고를 위해 기업에서 사용되는 경제적 자원의 측정초점과 발생주의 회계기준을 정부 전체의 재무제표 작성에 적용토록 한 것이다. 즉 정부 전체의 통합 재무제표를 발생주의 기준에 의해 작성함으로써 정부 전체의 재정상태와 세대간 형평성을 측정하는데 도움을 주는데 여기에서 수탁기금(fiduciary fund)은 포함되지 않는다. 회계기준 제34호에서 또 하나의 획기적인 것은 사회간접자산을 포함한 자본자산(capital asset)을 취득원가로 재무제표에 포함시켜야 하며 자본자산 중 토지 등과 같이 고갈되지 않는 자산과 사회간접자본자산 중에서 수정접근방법(modified approach)을 사용하지 않는 자산은 그 추정내용연수 동안 감가상각을 실시하고 감가상각 누계액을 차감한 가액을 자산가액으로 하도록 하고 감가상각비는 활동보고서의 비용으로 처리하도록 한 것이다. 또한 새로운 재무보고 형태로서 관리자의 경영개요 및 분석(Management's Discussion and Analysis : MD&A)을 포함시키도록 하였다.

2.3 ●● 뉴질랜드

최근에 정부부문회계에 있어서 특히 중앙정부회계에 발생주의와 복식부기제도를 도입하여 운영해오고 있는 나라가 뉴질랜드이다. 뉴질랜드는 1980년대 정부개혁의 일환으로 정부 각 부처에 발생주의회계를 도입하고, 지출예산제도를 도입하는 등 정부도 성과를 측정하고 기업적 경영개념을 도입하기 시작하여 다른 나라의 관심을 끌고 있다.

1989년에 뉴질랜드는 '재정법(Public Finance Act)'을 제정하여 1992년부터 중앙정부의 재무제표를 일반적으로 인정된 회계원칙을 준수하여 모두 발생주의 회계에 의하여 작성하도록 하였다.[29]

29) 재정법에서 요구하고 있는 재무보고서로서는 ① 재무상태보고서(a statement of financial position), ② 운영보고서(an operating statement), ③ 현금흐름표(a statement of cash flows), ④ 채무상황표(a statement of borrowing), ⑤ 지출원인행위명세서(a statement of commitments), ⑥ 우발채무명세서(a statement of contingent liability), ⑦ 미승인지출 또는 발생비용보고서(a

예산의 경우도 1994년 '재정책임법(Fiscal Responsibility Act)'이 제정됨으로서 의회에 대한 재정보고체계가 강화되었고, 또한 발생주의 예산을 도입하게 되었다.

그러나 뉴질랜드 정부는 공공부문의 회계기준을 만들기를 고려하다가 이를 취소하고 민간부문의 일반적으로 인정된 회계원칙(GAAP)을 공공부문에도 그대로 적용하기로 하였다.

2.4 •• 프랑스

프랑스의 경우 최근에 획기적인 변화가 있었다. 2001년 6월 28일 프랑스 의회는 예산법률에 대한 헌법부칙(Constitutional Bylaw on Budget Acts)을 승인함으로써 프랑스의 중앙정부 회계에 2005년 1월 1일부터 발생주의 회계를 도입하도록 하였다. 그러나 예산에 있어서는 계속 수정현금주의를 유지하도록 하였다. 현재 ACCORD라는 전산시스템을 도입하여 내무부와 해외부를 시범부서로 지정하여 운영 중이며 정부 일반회계에 대해서는 1999년도부터 발생주의 재무제표로 전환하는 작업을 병행하고 있다. 2002년에 공공회계기준위원회를 설립하여 2003년에 공공회계기준을 만들도록 계획하고 있다.[30)]

2.5 •• 일 본

일본 정부는 1970년대부터 시작되어 1990년대 후반에 들어서까지 가중되는 대규모 재정적자와 아울러 국가채무의 증가 등의 영향으로 뒤늦게 외국의 재정제도 개혁에 관심을 갖게 되었다. 일본공인회계사회는 1997년 9월에 공공부문에 복식부기 도입을 위하여 「공회계원칙(시안)」을 발표하였다. 일본 대장성은 1999년 5월에 처음으로 정부에서 국가 회계에 대차대조표 도입을 검토하고 있다고 발표하였다.[31)]

---

statement of unappropriated expenditure or costs incurred), ⑧ 긴급지출 또는 발생비용보고서(a statement of emergency expenditure or costs incurred), ⑨ 회계정책보고서(a statement of accounting policies), ⑩ 정부보유신탁재산보고서(a statement of trust money hold by the crown), ⑪ 기타 재정운영과 재무상태를 적절하게 나타내는데 필요한 보고서, ⑫ ①번에서 ⑧번까지에 대한 전년도비교표, ⑬ 목표진술서(a statement of objectives), ⑭ 서비스성과보고서(a statement of service performance) 등이다.

30) IFAC/PSC, Occasional Paper 6, *The Modernization of Government Accounting in France : the Current Situation, the Issues, the Outlook*, January 2003, pp. 2-15.

2001년 4월 우리나라의 책임운영기관과 유사한 독립행정법인제도의 발족과 더불어 「독립행정법인 회계기준」에 따라 독립행정법인은 2001년도 결산부터 복식부기에 의한 재무제표를 작성하도록 하였다.[32]

이러한 복식부기 및 발생주의 회계 도입을 원활히 추진하기 위하여 2002년 12월 재무성 산하에 공식자문기관인 「재정제도 등 심의회」 밑에 「공회계기준 소위원회」를 설치하여 향후 정부회계제도개선에 관한 종합적인 작업을 수행하도록 하고 2003년 1월에 재무성 주계국 내에 「공회계실」을 설치하였다. 2003년 6월에 「특별회계 재무서류작성기준」에 따라 모든 특별회계에 대하여 새로운 발생주의 재무제표를 작성토록 하였다.

일본의 지방정부의 경우 구마모도현 등 일부 지방자치단체가 발생주의 회계를 도입하여 독자적인 재무제표를 작성하고 있고 그 제도를 도입하는 지방정부의 수가 증가하고 있다.

2.6 •• 국제공공회계기준위원회

정부 및 기타 공공부문회계기준의 제정을 위하여 1986년 국제회계사연맹 산하에 공공부문위원회를 두어 각종 공공부문회계기준을 제정해 오던 것을 2004년에 별도의 국제공공회계기준위원회(International Public Sector Accounting Standard Board : IPSASB)로 명칭을 변경하여 운영해 오고 있다.

현재까지 발생주의에 입각한 30개의 회계기준서와 현금주의에 입각한 1개의 회계기준서를 공표하여 각국으로 하여금 국제공공회계기준을 따르도록 독려하고 있다.

한편 국제공공회계기준위원회는 기업부문에 대한 국제회계기준을 제정하는 역할을 하는 국제회계기준위원회(International Accounting Standard Board : IASB)가 발표하는 국제회계기준[33](International Financial Reporting Standard : IFRS)과 기본공통사항에 대해서 통일시키는 정합화(Convergence) 작업을 계속 병행해 오고 있다. 즉 공공부문에 특유한 사항에 대해서는 별도의 회계기준을 마련하고 그밖에 공공부문과 기업부문을 구별할 필요가 없는 부문에 대해서는 기업부문

---

31) 이에 대한 기사가 1999년 (평성 11년) 5월 21일 아사히신문 1면 머리기사로 보도되었고 이후 며칠간 지방자치단체의 도입사례를 자세히 소개하였다.

32) 주일본 한국대사관 내부자료, 2003.

33) 국제회계기준의 명칭이 International Accounting Standard((IAS)에서 International Financial Reporting Standard(IFRS)로 변경되었다.

의 회계기준에 맞추도록 한다는 것이다.[34)]

●● 표 1-2 국제공공회계기준 제정내용

IPSAS 1 Presentation of Financial Statements(재무제표의 표시)
IPSAS 2 Cash Flow Statements(현금흐름표)
IPSAS 3 Accounting Policies, Changes in Accounting Estimates and Errors(회계정책, 회계추정의 변경과 오류)
IPSAS 4 The Effects of Changes in Foreign Exchanges Rates(환율변동효과)
IPSAS 5 Borrowing Costs(차입원가)
IPSAS 6 Consolidated and Separate Financial Statements(연결재무제표와 별도재무제표)
IPSAS 7 Investments in Associates(관계기업투자)
IPSAS 8 Interests in Joint Ventures(조인트벤처 투자지분)
IPSAS 9 Revenue from Exchange Transactions(교환거래 수익)
IPSAS 10 Financial Reporting in Hyperinflationary Economics(초인플레이션 경제에서의 재무보고)
IPSAS 11 Construction Contracts(건설계약)
IPSAS 12 Inventories(재고자산)
IPSAS 13 Leases(리스)
IPSAS 14 Events After the Reporting Date(재무보고일 이후 발생 사건)
IPSAS 15 Financial Instruments: Disclosure and Presentation(금융상품: 공시 및 보고)
IPSAS 16 Investment Property(투자자산)
IPSAS 17 Property, Plant and Equipment(유형자산)
IPSAS 18 Segment Reporting(부문보고)
IPSAS 19 Provisions, Contingent Liabilities and Contingent Assets(충당금, 우발부채 및 우발자산)
IPSAS 20 Related Party Disclosures(이해관계자공시)
IPSAS 21 Impairment of Non-Cash Generating Assets(현금비창출자산의 손상)
IPSAS 22 Disclosure of Information About the General Government Sector(일반정부부문에 대한 정보공시)
IPSAS 23 Revenues from Non-Exchange Transactions(비교환거래 수익)
IPSAS 24 Presentation of Budget Information in Financial Statements (재무제표상의 예산정보 표시)
IPSAS 25 Employee Benefits(종업원후생복지급여)
IPSAS 26 Impairment of Cash-Generating Assets(현금창출자산의 손상)
IPSAS 27 Agriculture(농업)
IPSAS 28 Financial Instruments: Presentation(금융상품: 표시)
IPSAS 29 Financial Instruments: Recognition and Measurement(금융상품: 인식과 측정)
IPSAS 30 Financial Instruments: Disclosure(금융상품: 공시)
Cash Basis IPSAS Financial Reporting Under the Cash Basis of Accounting(현금회계기준 아래에서의 재무보고)

자료: 국제공공회계기준위원회 홈페이지(http://www.ifac.org/store).

34) International Public Sector Accounting Standard Board, "Strategy and Operational Plan 2007-2009"; April 2007, International Federation of Accountants, pp. 6-7.

2.7 우리나라 복식부기회계도입 추진 경위[35)]

(1) 중앙정부

우리나라에서 정부회계제도의 개혁에 관심을 보이기 시작한 것은 김영삼 대통령의 문민정부 시절이라고 할 수 있다. 대통령이 취임하면서 일기 시작한 개혁 논의는 마침 선진 각국의 정부개혁 내지 정부혁신(government innovation) 운동에 영향을 받았다.

이러한 논의가 공론화되기 시작한 가운데 1997년 IMF 경제 위기사태를 맞게 되었고, 민간부문 뿐 아니라 정부부문에 있어서도 회계의 투명성이 요구되었다. 이에 따라 김대중 대통령의 국민의 정부는 1998년 5월에 복식부기 발생주의 회계의 도입방침을 공식적으로 발표하였다. 곧이어 1998년 6월 기획예산위원회에서는 복식부기 회계제도 도입을 국민의 정부 국정과제로 확정하였고, 재경부는 7월에 『재정관리제도 혁신 방안』을 발표하였다.

1998년 8월 『재정관리제도 개선을 위한 실무 작업반』이 재정경제부 국고국 내에 구성되었고, 이들의 연구결과인 『정부회계제도의 개편방향』이 재정경제부 장관에게 보고되고 공표되었다. 주요 내용은 2003년까지 모든 정부회계에 복식부기 및 발생주의 체제를 확대 도입하겠다는 것이다.

2003년 참여정부가 들어서면서 정부혁신 · 지방분권위원회가 주도적으로 복식부기 및 발생주의 회계 개혁을 주요 개혁과제의 하나로 삼아 추진하였다. 2004년 3월에 위원회가 노무현대통령에게 보고한 「디지탈 예산회계시스템」구축 계획에 의하면 예산부문에 대하여도 발생주의를 도입하는 것으로 하고 실무적인 추진기획단을 구성하여 당초보다 1년 늦추어 2006년부터 전면 도입 · 시행하는 것으로 하였다.

그러다가 예산과 회계 관련 기본법인 '예산회계법'을 없애는 대신 '국가재정법'과 '국가회계법'으로 나누기로 하고 2006년 '국가재정법'을 먼저 제정하였다. 뒤이어 2007년에 회계관련 기본법인 '국가회계법'을 제정하였다. 최초의 '국가회계법'에서는 발생주의 복식부기 회계인 재무회계의 작성근거를 마련하였다. 그리고 기존 단식부기에 의한 예산 집행방식의 예산회계와 재무회계를 별도로 구분하여 2원화된 결산서를 만들도록 하였다. 그러나 결산에 관한 사항

---

35) 이 부분은 필자의 박사학위 논문에서 일부 인용하여 최근내용으로 보완하였다. 편호범, 「정부회계의 복식부기 및 발생주의 수용요인에 관한 연구」, 성균관대학교 박사학위논문, 2004. 6, pp. 39–43.

이 '국가재정법'과 '국가회계법'에 중복되어 규정하는 등 너무 복잡하다는 비판에 따라 2008년 12월에 '국가회계법'을 대폭 개정하여 결산서를 재무회계결산서 위주로 하고 부속서류로서 예산회계보고서를 첨부하도록 하였다. 「국가회계기준에 관한 규칙」은 기획재정부령으로 2009년 3월에 공표되었다. 이에 따라 중앙정부는 2009년부터 발생주의 복식부기 방식에 의한 결산서를 만들어야 한다.

(2) 지방정부

중앙정부의 재정개혁 움직임과 마찬가지로 행정자치부도 지방정부의 회계제도에 대하여 복식부기 및 발생주의 회계의 도입을 목표로 하여 활발한 움직임을 보여 왔다. 특히 경제정의실천연합 등 시민단체들이 지방자치단체에 대해서는 발생주의를 먼저 채택하여야 한다는 강력한 요구를 하게 되었고 정부도 지방자치단체에서 먼저 시범적으로 적용할 필요성을 느꼈다. 이에 따라 1999년 2월 복식부기시범도입기관으로서 서울특별시 강남구와 경기도 부천시 등 2개 기관을 선정하였다. 곧이어 행정자치부 주관으로 복식부기제도에 대한 개발 용역이 실시되었고, 2000년 5월 행정자치부 주관으로 「지방자치단체 회계기준 시안」의 초안에 대한 전문가자문 및 실무검증을 하게 되었으며 이어서 같은 해 7월에 동 시안에 대한 공청회가 열려 의견수렴을 한 후 같은 해 7월말에 시안을 확정하여 발표하였다. 아울러 '복식부기회계 재무회계규칙(안)'과 '통합재무제표작성지침(안)'도 공표하였다.

행정자치부는 복식부기제도 시범운영기관을 당초 2개에서 2003년에는 9개로, 2004년에는 63개로 그리고 2005년에는 전 지치단체로 확대하여 시행토록 하였다. 아울러 2005년 8월에 복식부기회계제도의 법적 근거를 '지방재정법'을 개정하여 규정하였다. 이어서 행정자치부는 행정자치부령으로 「지방자치단체회계기준에 관한 규칙」을 제정 공표하였다. 이에따라 2007년부터 공식적으로 발생주의복식부기제도를 시행하고 2008년에 2007년도 재무보고서가 작성 발표되었다.

CHAPTER 02

정부회계의 기본구조

제 1 절 • 정부회계의 법적 근거 및 회계기준
제 2 절 • 정부회계의 일반원리와 구조
제 3 절 • 정부재무회계의 기초

제1절 정부회계의 법적 근거 및 회계기준

1 회계관련 법규

1.1 ●● 회계법규의 의의 및 성질

회계법규(accounting laws and regulations)는 국가의 회계에 관한 제반사항을 규제하기 위한 법규들을 총칭한 것이다. 우리나라의 법체계는 대륙법의 영향을 받아 성문법 위주로 구성되어 있으므로 회계에 관련된 모든 사항에 대해서도 법령이나 규정으로 구체화하려는 경향이 있다. 그러다 보니 최근까지 우리나라 정부에서는 회계의 의미를 회계학에서 정의하는 수준을 넘어서 계약 · 재산관리 등 회계관리 업무까지 포함하는 의미로 사용하고 있다. 따라서 이러한 사실을 뒷받침하기 위한 회계법규의 내용도 수입지출 내지 재산의 관리에 관한 절차를 총칭한 개념으로 보고 있다.

회계법규의 성질을 크게 나누어 보면 국가의 회계절차법, 국가의 내부관계를 규율하는 법규, 행정법으로서의 성질, 훈령법으로서의 성질을 띠게 된다.[1)]

(1) 국가의 회계절차법

회계는 국가의 수입지출 및 재산관리에 관한 회계처리절차를 규정한 것이므로 회계법규는 회계의 처리절차에 관하여 이의 질서를 확보하고 이를 조직화 할 수 있도록 하며 이를 규제하는 성질을 보유하게 된다. 따라서 회계절차법이라고 할 수 있다.

(2) 국가의 내부관계를 규율하는 법규

회계관계 법규는 국가의 회계에 관하여 전반적인 사항에 관한 규제목적으로 하는 법규로서 간접적으로는 국민의 권리와 의무에 관련되지만 직접적으로는 국가 내부의 회계에 관한 절차를 적정히 하기 위하여 제정된 것이다. 따라

1) 八木橋惇夫, 會計法精解(東京: 大藏財務協會, 1984), pp. 11-14.

서 외부관계를 규제하는 것을 본질로 하지는 않는다.

그러나 예외적으로 외부관계에 대하여 규제하는 조항이 존재하게 된다. 예컨대 '국가재정법' 에 의한 시효에 관한 규정[2] 등은 모두 외부관련자에게도 규제가 되는 것이다.

(3) 행정법으로서의 성질

행정법은 행정에 관한 국내 공법으로서 국가의 재무행정을 포함한 행정 전반에 관한 사무를 규율하는 법이다. 따라서 회계법규는 행정과 동등한 회계행위를 규정하기도 하며 회계관련 기관에 대하여 규정하는 양면을 모두 다루고 있기 때문에 행정법의 범주에 속한다고 볼 수 있다.

행정법은 또한 공법의 성격을 가지고 있기 때문에 회계법규도 공법적 성질을 가지고 있느냐에 대해서는 의문이 있을 수 있다. 국가가 재산권 주체로서 사인(私人)과 동등한 관계로서 이루어지는 행위는 당연히 상법의 적용을 받게 되나 회계법규는 사인과의 관계가 아닌 국가내부에 관계되는 회계관련 사항을 규정하는 것이므로 행정관계에 특수하고 고유한 법이므로 공법의 범주에 속한다고 볼 수 있다.

(4) 훈령적 법규로서의 성질

회계법규는 국가내부에 관한 회계조직과 회계행위에 관하여 일정한 절차에 따라 처리케 하도록 할 목적으로 제정된 법규이다. 그러기 위하여 회계법규는 국가 이외의 자에 대한 권리의무의 실제에 관하여 규제를 가하는 것이 아니고 국가내부에 관한 회계기관에 대한 훈령적 법규로서 해석하게 된다.

따라서 일부 예외를 제외하고는 회계기관 내부의 회계담당자가 회계법규를 위반하여 국가와 국가 이외의 자간의 법률행위를 하였다 하더라도 그 확정된 법률행위의 효력에는 영향을 미치지 않는 것으로 보아야 한다.

1.2 ●● 회계법규의 종류

회계법규는 크게 나누어 기본법규와 개별법규로 구분할 수 있다.

---

2) 국가재정법 제96조.

(1) 기본법규

기본법규로서는 헌법의 회계관련 규정이 있고 국가회계, 즉 중앙정부회계는 이에 대한 기본적인 절차 및 내용을 규정한 '국가회계법'이 있으며 이와는 별도로 국가의 재정에 관한 사항을 규정한 '국가재정법'이 있다. 지방정부회계는 '지방자치법'의 재정관련 규정과 '지방재정법'을 들 수 있다.

헌법은 국가의 최고법규로서 각종 법령은 헌법의 아래에서 헌법의 규정 범위 내에서 그 효력을 발생하며 헌법규정에 위반한 법 규정은 그 효력을 잃게 된다. 헌법에 규정한 재정관련 규정은 국가의 예산안의 심의확정권이 국회에 있음과 계속비제도, 국채 등의 국회 의결과 조세법률주의 등을 들고 있다.

국가회계에 있어서는 '국가회계법'이 회계기본법규의 하나이다. 종전에는 '예산회계법'으로 단일화 하였으나 예산과 회계부분을 분리하여 2개의 법으로 제정하였다. '국가회계법'이 회계관련 기본법규가 된다고 하는 것은 '국가회계법' 제1조의 목적에서 규정하는 바와 같이 "국가회계와 이와 관계되는 기본적인 사항을 정하여 국가회계를 투명하게 처리하고, 재정에 관한 유용하고 적정한 정보를 생산 · 제공하는 것을 목적"으로 하기 때문이다.

지방자치단체회계에 있어서는 '지방자치법'에 재무관련 조항이 언급되어 있어 국가회계에서의 헌법과 같은 역할을 하고 있다. 그리고 '지방재정법'은 지방재정 및 회계에 관한 전반적인 사항을 규정한 법규로서 국가회계에 있어서 '국가회계법', '국가재정법', '국가채권관리법' 등을 망라한 기본법인 것이다.

(2) 개별법규

개별법규로서는 크게 나누어 예산 및 회계법규, 재산회계법규, 채권채무회계법규, 공공기관회계법규, 기금회계법규, 회계감사관련법규 등으로 구분할 수 있으며 이 구분에 따라 각종의 법률과 규정들이 제정 운용되고 있다.

국가기관의 예산 및 회계관련 기본법규로서 위에서 설명한 '국가재정법'과 '국가회계법' 이외에 국가 안전보장 활동에 소요되는 예비비사용의 예산과 결산에 관한 특별절차를 규정하기 위한 '예산회계에 관한 특례법', 보조금 관리를 규정한 '보조금의 예산 및 관리에 관한 법률', 정부의 국고금의 취급 절차를 규정한 "국고금 관리법" 등이 있다.

특별회계에 관해서는 각 개별 특별회계에 대한 설립근거법이 제정되어 있다. 예컨대 교도작업특별회계는 그 특별회계를 설치하기 위하여 '교도작업특별

●● 표 2-1 정부회계의 개별근거법규

	국가회계	지방자치단체회계
예산 · 회계	국가재정법, 국가회계법 예산회계에관한특례법 국고금관리법, 보조금의예산및관리에관한법률, 정부보관금에관한법률	지방재정법 지방교부세법
특별회계 · 기금	교도작업특별회계법 등 9개 특별회계 설립법, 남북협력기금법 등 기금관련법	지방자치단체기금관리기본법
채권 · 채무	국가채권관리법 국채법	(지방재정법)
재산	물품관리법 군수품관리법 국유재산법 국유재산의현물출자에관한법률	공유재산및물품관리법
공기업	정부기업예산법 공공기관의운영에관한법률	지방공기업법
회계감사	감사원법	감사원법

회계법'이 제정되었다. 국가균형발전특별회계의 경우에는 '국가균형발전특별법'이 제정되어 그 내용 속에 그 특별회계의 설립근거를 규정하고 있다.

정부기금에 관해서는 기금을 총괄적으로 관리하기 위한 '기금관리기본법'이 있었으나 이를 폐지하고 '국가재정법'에 기금관련 규정을 마련하였다. 각종 개별기금의 근거 법률로는 '남북협력기금법'과 같이 개별 기금법을 제정하여 운영하는 경우와 국민주택기금 같이 '주택법' 등 관련된 법률조항의 일부내용 속에 기금의 설치근거 및 관리에 관한 규정을 둔 경우가 있다.

또한 정부기업회계는 '정부기업예산법'에, 정부투자기관 등 공공기관은 '공공기관의 운영에 관한 법률'에 근거를 두고 있다

채권채무회계에 있어서 '국가채권관리법'이 있고, 국채의 발행 및 관리를 위한 '국채법' 등이 있다.

재산회계에 있어서 물품회계 관련 법규로는 '물품관리법'이 있고 특히 군수품에 대해서는 '군수품관리법'으로 별도규정하고 있다. 또한 국유재산회계는 고정자산 뿐만 아니고 유가증권까지 포괄하는 것으로서 '국유재산법', '국유재산의 현물출자에 관한 법률' 등이 있다.

지방자치단체에 대한 각종 회계처리의 근거법률은 '지방재정법', '지방교부

세법’이 있다. 재산관련법규로는 ‘공유재산 및 물품관리법’, 기금에 관해서는 ‘지방자치단체 기금관리기본법’, 지방공기업에 대해서는 ‘지방공기업법’이 있다.

2 회계기준

회계기준이란 회계실무에 적용하여야 할 일반적인 원칙과 절차라고 할 수 있다. 따라서 회계기준을 좀더 구체화 한다면 다음과 같은 특성을 지니고 있다. 첫째 회계기준은 회계실무에서 준수되어야할 행위의 지침이다. 둘째 회계기준은 회계실무를 이끌어 가는 지도원리로서 회계이론과 실무를 종합적으로 집약하여 체계화한 것이다. 셋째, 회계기준은 모든 기업이나 기관에 적용가능하고 모든 사람이 받아들이는 보편타당성을 갖는다. 넷째, 회계기준은 최선의 회계실무방향을 제시하는 규범적 성격을 갖는다. 다섯째, 회계기준은 회계의 개념적 틀에 의거 논리적 추론에 의해 정립되어야 한다. 여섯째, 회계기준은 일반적으로 인정된 회계원칙을 구체화한다.

우리나라 정부회계기준은 국가회계기준과 지방자치단체회계기준 2가지가 있다. 2006년 10월에 행정안전부령으로 지방자치단체회계기준이 먼저 만들어졌고, 이어서 2009년 3월에 기획재정부령으로 국가회계기준이 뒤늦게 만들어졌다.

국가기관들은 2009년 1월부터 복식부기형태의 재무제표를 작성하여야 하기 때문에 기획재정부에서는 국가회계기준에 원론적인 사항만을 포함시키고 보다 세부적인 사항이나 쟁점이 큰 사항들에 대하여는 회계기준의 하부단계인 준칙

●● 그림 2-1 우리나라 회계기준의 구성

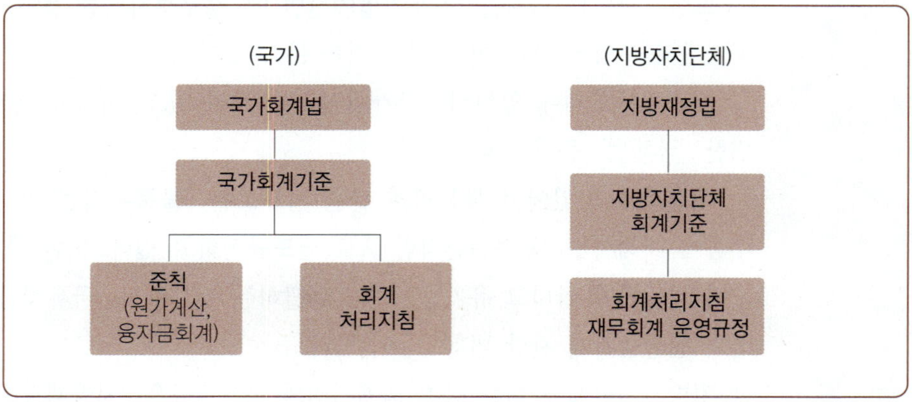

이나 지침형태로 위임하였다. 현재까지 확정된 준칙으로는 '원가계산준칙'과 '융자금회계준칙'이 제정되었고, 각종 지침으로는 아래 〈표 2-2〉 내용과 같이 '재정상태표 계정과목 작성지침' 등 12개 지침이 확정되어 실무가이드라인으로 운영되고 있다.

지방자치단체의 경우에도 지방자치단체회계기준에 이어 실무적으로 세부적인 지침이 필요하게 되어 설명형식의 '지방자치단체 발생주의 복식부기 회계처리지침'이 책자형태로 만들어져 배포되었다. 이어 2008년 12월 '지방자치단체 재무회계운영규정'이 행정안전부훈령으로 발표되어 좀더 확실한 실무운영 가이드라인으로서 활용되고 있다.

표 2-2 국가회계기준에 따른 준칙과 지침명세

구 분	내 용
준칙	• 융자금회계준칙(2009.6.11) • 원가계산준칙(2009.6.11)
세부지침	• 재무제표 계정과목별 회계처리지침 ① 재정상태표 계정과목 회계처리지침(2009.6.11) ② 재정운영표 계정과목 회계처리지침(2009.7.9) ③ 순자산변동표 및 국세징수활동표 계정과목 회계처리지침(2009.8.19) • 주요사항별 회계처리지침 ① 국고금 회계처리지침(2009.8.19) ② 국채, 차입금 및 국고채무부담행위 회계처리지침(2009.10.8) ③ 기금 회계처리지침(2009.10.8) ④ 금융 및 운용리스 회계처리지침(2009.10.8) ⑤ 세입 · 세출외거래 회계처리지침(2009.11.13) ⑥ 유 · 무형자산 감가상각 회계처리지침(2009.11.13) ⑦ 통합재무제표 작성지침(2009.11.13) ⑧ 채권 · 채무 현재가치 평가 회계처리지침(2009.12.17) ⑨ 민간투자사업(BTO · BTL) 회계처리지침(2009.12.17)

자료: 기획재정부, 「발생주의 · 복식부기 국가회계제도 금년추진실적 및 내년 운영계획」, 2009.12.

제2절 정부회계의 일반원리와 구조

1 정부회계의 개념구조와 일반원칙

1.1 회계이론의 일반개념구조

회계학에서 흔히 사용하는 용어들 가운데 회계공준, 회계관습, 회계원칙, 회계기준 등 유사한 용어들이 많이 사용되고 있다. 이들 개념은 무엇이고 이들 용어들의 관계는 무엇인가를 파악하는 것이 회계를 이해하는데 도움이 된다. 또한 회계이론은 이들의 명확한 관계를 설정함으로써 성립되고 발전된다고 볼 수 있다.

회계이론을 정립하는데 사용된 접근론이나 방법이 어떤지 간에 이론을 형성하는 준거의 틀은 결국 회계기법의 발전을 관장하는 각 요소들의 관계에 의해서 정립된다. 아래 [그림 2-2]에서 나타난 바와 같이, 회계이론의 구조는 ① 재무제표의 목적(objectives) ② 회계공준(postulates of accounting) ③ 회계개념(theoretical concepts) ④ 회계원리 또는 기준(accounting principles or standards) ⑤ 회계예규(accounting implementation guides)로 구성된다.

회계이론의 형성은 재무제표 또는 재무보고의 목적에서 출발한다. 재무정보 이용자들이 원하는 정보를 제공하는 것이 재무제표의 기본목적으로서 이미 앞장에서 설명한 바와 같다.

회계공준이란 회계를 통하여 기업 또는 기관의 경영성과와 재무상태를 측정하기 위해서는 사회적 경험에 따라 설정된 일정한 가정 또는 전제가 필요한데 이러한 가정이나 전제를 의미한다. 다시 말하면 회계공준은 회계원리나 회계이론을 성립시키는 근본적 가정이며 이론전개에서 불가피하게 요구되는 근본명제 내지 전제조건인 것이다.[3] 이를 기본가정이라고도 한다.

이러한 회계공준은 오랫 동안 회계경험에 의하여 형성된 회계이론의 기본전제로서 경제적 내지 사회적 변화에 따라 변화하는 가변적 성격을 가지고 있

3) Harry, I. Wolk, Jere R. Francis and Michael G. Tearney, *Accounting Theory*(Boston: Kent Publishing Company: 1984), p. 109.

●● 그림 2-2 회계 개념요소들의 계층구조

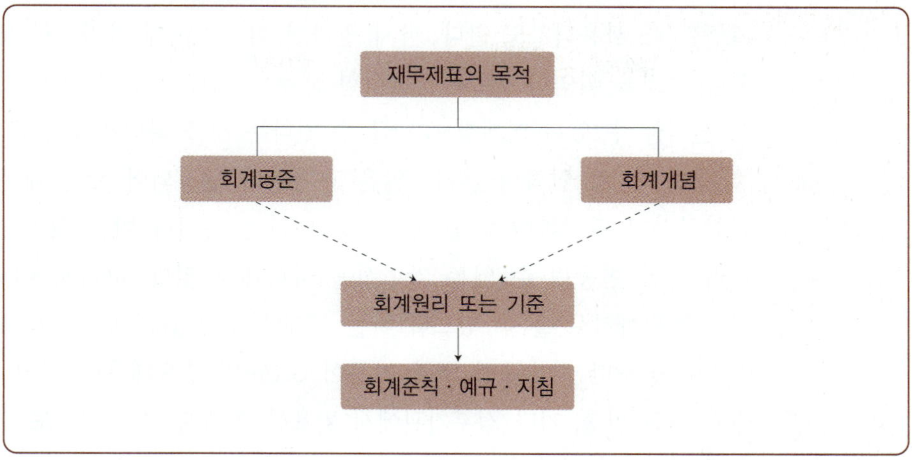

다. 회계공준으로서 들 수 있는 것은 기업실체, 계속기업, 기간별 보고 등 3가지를 들 수 있다.[4]

회계개념이란 역시 자명하다고 인정되는 명제를 구체적으로 개념 정의한 것으로서 재무제표의 작성목적에 일치하도록 일방적으로 인정된 것을 말한다.

회계원리란 회계처리에 있어서 준수해야 할 행위의 지침으로서 위에서 설명한 재무제표의 목적과 기본개념에서 파생되어 이루어지는 것을 말한다. 모든 기관이나 기업에 적용 가능한 보편타당성 있는 원리를 구체화한 것으로서 회계의 개념적 틀에서 핵심역할을 하게 된다. 따라서 회계원리와 회계기준은 동일한 차원에서 동일한 의미로 해석할 수 있다.[5] 그러나 엄격하게 말하면 회계기준을 회계원리에 근거하여 실무에서 준수하여야 할 원칙과 지침을 모두 포괄한 것으로 보는 것이 더 타당하다고 본다.

회계기준과 구별해야 할 또 하나의 용어가 "일반적으로 인정된 회계원칙"(generally accepted accounting principles : GAAP)이다. "일반적으로 인정된 회계원칙"이 무엇인가에 대해서 회계학자나 회계 관련 기관들 간에 견해가 일치된 것을 아니나 오랫 동안의 관습을 통하여 그리고 많은 사람들에 의해 받아들여질 수 있는 것으로 권위있는 전문가의 합의에 의하여 인정된 회계기준 또는 원칙을 말한다. 이 용어는 특히 감사보고서 분야에서 감사대상 기업의 재무제

4) 기업회계에서 적용하고 있는 현행 재무회계의 개념체계에서 위와 같이 3가지를 들고 있다. 이에 반하여 한국채택국제회계기준에서는 발생기준과 계속기업을 기본가정으로 들고 있다.

5) 그러나 엄밀한 의미에서 회계원리와 회계기준은 차이가 있다. 회계기준이 회계 원리를 포함하면서 회계원리의 하위 세부 실천원리까지 포함한 것으로도 해석할 수 있다.

표가 바로 이 원칙, 즉 일반적으로 인정된 회계원칙에 따라 작성되었다는 것을 확인할 때 사용되기도 한다. 다시 말하면 이 GAAP에 따라 재무제표가 작성되었다는 것을 확인함으로써 광범위한 외부의 이해관계자들에게 가장 보편적이고 신뢰할 수 있는 회계정보가 될 수 있다는 것을 확인시켜 주는 역할을 한다.

일반적으로 인정되었다는 말은 과거부터 인정되어 왔기 때문에 기준으로 적합하다고 판정하여 이를 사용하고 있다는 뜻이나 이는 회계환경의 변화에 따라 항상 변동될 수 있는 가변성을 나타내고 있다. 따라서 이러한 GAAP를 어느 범위까지로 볼 수 있느냐 하는 문제에 부딪친다. 공식적인 회계기준 제정기관이 공포한 회계규정 내지 기준이 GAAP의 주요내용이 되며 그밖에 세법, 증권 관련 법률, 기타 정부기관에서 발표한 회계 관련 규정들도 포함된다고 볼 수 있다.

우리나라의 경우 기업분야에 적용되는 일반적으로 인정된 회계원칙은 '주식회사의 외부감사에 관한 법률' 에 의거 동법의 적용을 받는 법인의 회계와 감사인의 감사에 있어서, 동일성과 객관성을 부여하기 위하여 제정된 '기업회계기준' 이 있다.

공공분야에 있어서 중앙정부에서는 「국가회계기준에 관한 규칙」이 기획재정부령으로 만들어져 있고 지방정부의 경우에도 「지방지치단체 회계기준에 관한 규칙」이 행정안전부령으로 시행되고 있으므로[6] 이들 기준과 각종 예규 등이 GAAP 역할을 하게 된다.

1.2 ●● 정부회계 일반원칙 또는 질적 특성

정부회계의 일반원칙이란 정부회계 또는 정부재무제표가 가져야 할 원칙 내지 특성이라고 할 수 있다. 이에 따라 미국의 연방정부 및 지방정부회계기준에서는 재무보고의 질적 특성(qualitative characteristics)이라고 표현하고 있다. 또한 국제공공회계기준에서도 역시 재무보고의 질적 특성으로 표현하고 있다. 그러나 우리나라에서는 질적 특성이라는 용어 대신에 일반원칙이라는 용어를 사용하고 있다.[7]

6) 행정자치부령 제348호, 제정 2006.10.17, 시행일 2007. 1. 1.
7) 우리나라의 기업회계기준에서도 일반원칙 대신에 질적 특성이라는 용어를 사용하고 있다.

(1) 미국의 연방 및 지방정부회계기준에서의 질적 특성

① 이해가능성(understandability)

정부재무보고서는 회계를 잘 모르는 사람에게도 이해할 수 있도록 가능한 한 단순하여야 한다. 그러나 이해하기 어렵다고 해서 그 내용이 제외되어야 한다는 것은 아니다.

② 신뢰성(reliability)

재무제표에 표시된 정보는 신뢰할 수 있어야 하고, 편견이 없어야 하고, 나타나고자 하는 바를 표시할 수 있어야 한다. 이러기 위해서는 재무제표가 중요한 사항들은 빠짐없이 나타나도록 포괄적이어야 한다.

③ 목적적합성(relevance)

목적적합성이란 재무제표에 나타난 정보가 그것이 의도하는 목적과 논리적인 연관성이 있어야 한다는 것이다. 즉 정보이용자가 정보에 대한 문제점 등을 평가하는데 있어서 차이점을 나타낼 수 있다면 목적에 적합한 것으로 본다.

④ 적시성(timeliness)

적시성이란 재무제표가 의사결정에 도움이 될 수 있도록 알맞은 시간내에 제공되어야 한다는 것이다. 적시성은 때로는 대단히 중요하기 때문에 상세하거나 더 정확한 정보가 되지 않더라도 적시에 제공되는 정보가 더 요구되는 경우가 있다.

⑤ 일관성(consistency)

일관성이란 한번 채택된 회계기준이나 양식은 유사한 거래에는 계속적으로 동일하게 사용되어야 한다는 것이다.

⑥ 비교가능성(comparability)

재무제표는 각 기관 간에 각 활동에 대한 비용 등을 비교하는데 있어서 합리적으로 비교될 수 있도록 하여야 한다.

(2) 국제공공회계기준에서의 질적 특성

국제공공회계기준은 회계정보의 질적 특성으로서 이해가능성, 목적적합성, 중요성, 신뢰성, 표현의 충실성, 형식보다 실질, 중립성, 신중성, 완전성 및 비교가능성 등 열 가지로 나누고 있다. 이 중에서 국제공공회계기준은 이해가능성, 목적적합성, 신뢰성, 비교가능성 등 4가지 항목을 주요한 질적 특성으로 꼽고 있다. 이들의 개념정의는 미국정부회계기준에 기술된 내용들과 거의 일치하기 때문에 더 설명할 필요가 없다.

국제공공회계기준에서는 목적적합성과 신뢰성에 대한 제약요인으로서 ① 적시성, ② 편익과 비용의 균형(balance between benefit and cost), ③ 각 질적 특성들 간의 균형(balance between qualitative characteristics)을 들고 있다.

여기에서 적시성이 제약요인이 되는 이유는 재무정보가 적시성을 잃게 되면 재무정보가 그 목적에 적합하다고 할 수 없기 때문이다. 적시성 있는 재무정보를 제공하기 위해서는 모든 정보를 완벽하게 나타낼 수가 없는 경우가 많다. 그래서 신뢰성이 떨어질 수밖에 없다. 반대로 모든 사항을 완벽하게 나타내려고 하면 신뢰성은 높아질 수 있으나 정보 이용자에게 의사결정에 유용한 정보가 되지 못할 수가 있다.

편익과 비용의 균형이란 재무정보로부터 얻어지는 이익이 정보를 획득하기 위하여 들어가는 비용보다 많아야 한다는 것이다. 이와 반대일 경우에는 재무정보가 더 이상 유용하지 않을 것이기 때문이다. 예컨대 어느 정보를 획득하면 유용한 정보가 될 수 있지만 그 정보를 얻기 위해서 감내하기 힘든 많은 비용이 들거나 그 비용이 얻어지는 정보의 편익보다 크다면 그 정보는 실익이 없어진다.

(3) 우리나라 정부회계기준에서의 일반원칙

▶ 국가회계기준 제4조(일반원칙)

국가의 회계처리는 복식부기 · 발생주의 방식으로 하여, 다음 각 호의 원칙에 따라 이루어져야 한다.

1. 회계처리는 신뢰할 수 있도록 객관적인 자료와 증거에 따라 공정하게 이루어져야 한다.
2. 재무제표의 양식, 과목 및 회계용어는 이해하기 쉽도록 간단명료하게 표시하여야 한다.
3. 중요한 회계방침, 회계처리기준, 과목 및 금액에 관하여는 그 내용을 재무제표에 충분히 표시하여야 한다.
4. 회계처리에 관한 기준 및 추정(推定)은 기간별 비교가 가능하도록 기간마다 계속하여 적용하고 정당한 사유없이 변경해서는 아니된다.
5. 회계처리와 재무제표 작성을 위한 계정과목과 금액은 그 중요성에 따라 실용적인 방법으로 결정하여야 한다.

6. 회계처리는 거래 사실과 경제적 실질을 반영할 수 있어야 한다.

▶ 지방자치단체회계기준 제5조(일반원칙)

지방자치단체의 회계처리와 재무보고는 발생주의 · 복식부기 방식에 의하며 다음 각 호의 일반원칙에 따라 이루어져야 한다.

1. 회계처리와 보고는 신뢰할 수 있도록 객관적인 자료와 증거에 의하여 공정하게 처리하여야 한다.
2. 재무제표의 양식 및 과목과 회계용어는 이해하기 쉽도록 간단명료하게 표시하여야 한다.
3. 중요한 회계방침과 회계처리기준 · 과목 및 금액에 관하여는 그 내용을 재무제표상에 충분히 표시하여야 한다.
4. 회계처리에 관한 기준과 추정은 기간별 비교가 가능하도록 기간마다 계속하여 적용하고 정당한 사유없이 이를 변경하여서는 아니된다.
5. 회계처리를 하거나 재무제표를 작성할 때 과목과 금액은 그 중요성에 따라 실용적인 방법을 통하여 결정하여야 한다.
6. 회계처리는 거래의 사실과 경제적 실질을 반영할 수 있어야 한다.

우리나라 국가와 지방자치단체 회계기준에 의한 회계처리 및 보고는 일반적으로 발생주의 방식에 의하도록 하면서 다음과 같은 6가지 원칙을 따르도록 하고 있다.[8] 따라서 발생주의 회계처리가 가장 기본이 되는 일반원칙이라고 할 수 있다. 그리고 아래 원칙들은 발생주의 회계처리를 위하여 필요한 원칙이라고 본다.

① 신뢰성

회계처리 및 보고는 신뢰할 수 있도록 객관적인 자료와 증거에 의하여 공정하게 처리하여야 한다.

② 이해가능성

재무제표의 양식, 과목 및 회계용어는 이해하기 쉽도록 간단 · 명료하게 표시한다.

③ 충분성

중요한 회계방침과 회계처리기준 · 과목 및 금액에 관하여는 그 내용을 재

8) 국가회계기준 제5조, 지방자치단체회계기준 제5조.

무제표상에 충분히 표시하여야 한다.

④ 비교가능성

회계처리에 관한 기준 및 추정은 기간별 비교가 가능하도록 매기 계속하여 적용하고 정당한 사유없이 이를 변경하여서는 아니된다.

⑤ 중요성

회계처리와 재무제표 작성을 위한 계정과목과 금액은 그 중요성에 따라 실용적인 방법에 의하여 결정한다.

⑥ 목적적합성

회계처리는 거래의 실질과 경제적 사실을 반영할 수 있어야 한다.

2 정부회계의 구조

2.1 단식부기와 복식 부기

회계내용을 기록하는 형식, 즉 기장방식에는 단식부기와 복식부기의 두 가지 방법이 있다.

먼저 단식부기란 회계거래 및 재산계산을 단순히 한쪽 측면에서 파악하는 방법이다. 모든 거래는 이중성(二重性)이 있고 바로 이 이중성이 복식부기의 원리가 되는데 어떤 회계적 사실이 발생하면 원인과 결과적 관점에서 이중으로 기입하여야 한다는 것이다. 동전이 앞뒤 양면이 있는 것처럼 거래도 양면이 있어 이를 동시에 표시해야 하는데 단식부기에서는 그러한 이중성을 고려함이 없이 발생사실만 기입하는 방식이다. 예컨대 어느 중앙부처의 회계담당직원이 컴퓨터, 복사기 등 사무용품을 구입했다고 하면 단순히 지출부에 비품 구입대금 지출로 표기하고 지출계산서에 지출내역을 포함시켜 표시하고 별도로 비품대장에 비품구입내용을 기입하면 그만이다. 비품과 그것의 현금지출과는 아무 연관성이 없다. 이러한 기장방법이 바로 단식부기이다. 이와 같이 단식부기는 거래를 한쪽 측면에만 파악하게 되므로 기록의 망라성, 완전성이 보장되지 못하고 기록의 정확성을 독자적으로 검증할 수 없는 결함을 가지고 있다.

이에 대하여 복식부기는 모든 회계거래를 원인과 결과에 따라 이중(통상 차

●● 표 2-3 단식부기 · 복식부기와 현금주의 · 발생주의 비교

단식부기	복식부기
• 수입지출사실만을 기록 – 자산부채는 별도로 비망기록 – 산출정보의 부정확가능성	• 수입지출을 자산부채와 연계 – 자산부채변동을 동시기록 – 대차평균원리에 따라 자동검증
현금주의	**발생주의**
• 현금출납시점에 기록 – 현금출납이 있어야 기록 – 취득원가로 기록후 가액불변	• 거래발생시점에 기록 – 현금출납 없어도 거래발생시 기록 – 실재가치로 자산 · 부채 표시

변과 대변의 양편에 기입하는 형식)으로 기입하게 되고 이러한 이중기록은 복식부기의 대차평균의 원리(principle of equilibrium)의 근간이 되어 자기통제의 기능이 된다. 왜냐하면 수많은 모든 거래가 양편에 발생하게 되므로 이들 모든 거래를 집계하면 차변과 대변의 합계가 동일해야 하는데 만일 동일하지 않다면 어딘가 잘못 기입되거나 잘못 처리된 것이다. 위의 예에서와 같이 컴퓨터 등 사무용품을 현금으로 구입한 경우에 소유하고 있던 현금이 줄어든 반면 컴퓨터라는 또 다른 자산이 늘어나게 된 것이다. 자금거래 측면에서 보면 어느 거래가 이루어지면 자금의 운용이 있고 그 운용의 원천이 있게 되므로 이 양면을 모두 기록하게 되는 것이 복식부기의 원리인 것이다.

복식부기를 채택하기 위해서는 현금주의회계에서 발생주의회계로 전환하는 것이 필수적이다. 따라서 발생주의형태로 전환하였다는 것은 복식부기방식에 의하여 회계처리되고 있음을 전제로 하고 있는 것이다. 여기에서 발생주의니 현금주의니 하는 것은 수익과 비용의 인식기준을 말하는데 어느 시점에서 수익이나 비용을 회계처리해야 하나 하는 문제로 귀결된다. 즉 현금이 지급된 시점에서 인식하는 것이 현금주의이고 수익비용이 발생된 시점에서 인식하는 것이 발생주의이다. '단식부기 = 현금주의' 및 '복식부기 = 발생주의' 라는 등식이 반드시 옳은 것은 아니나 통상 발생주의 회계와 복식부기는 병행된다고 보고 있다.

2.2 ●● 예산회계와 재무회계

정부회계는 기업회계와 달리 예산의 역할이 중요하며 예산승인 및 배정절차에 따라 회계처리가 동시에 수반된다. 정부예산이 조세 및 기타 재원을 토

●● 그림 2-3 예산회계와 재무회계의 연계

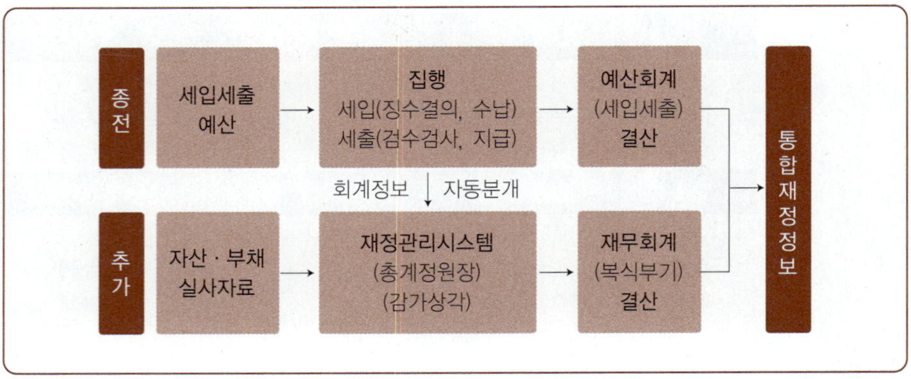

자료: 행정안전부, 「지방자치단체 발생주의 복식부기 회계처리지침」, 2006.11., p. 14.

대로 하여 지출하도록 승인된 금액인 만큼 엄격한 통제가 필요하며 이 승인된 예산을 회계처리에 포함시켜 예산이 어떻게 사용되었는지를 파악하는 것이 정부회계에서 중요한 기능의 하나이다. 따라서 예산에 관한 회계처리 부분을 예산회계(budgetary accounting)라고 하여 통상적인 재무활동을 기록하는 재무회계(proprietary accounting)에 예산회계를 추가하여 기록하도록 한다. 이 두 제도를 병행하는 이원적인 회계체제가 정부회계의 특징이 된다. 그러나 이러한 이원적 회계체제는 추가적인 분개처리 절차와 보고절차를 요구하기 때문에 더 복잡하다.

예컨대 예산이 확정되어 정부 예산을 다루는 부처에서 각 부처에 예산을 배정하고 각 부처는 다시 그 산하기관에 예산을 배정하여 예산을 사용할 수 있는 권한을 부여하였을 경우에 통상의 재무회계상의 거래는 아니지만 예산승인의 범위 내에서 분개와 기록이 이루어지게 된다. 이렇게 기록된 분개와 기장내용은 연말에 상쇄시킴으로써 비망기록의 성격으로 이루어진다.

우리나라에서는 정부회계에 복식부기방식에 의한 재무회계가 도입됨에 따라 종전의 현금회계방식에 의한 수입지출회계를 예산회계로, 발생주의방식에 의한 복식부기회계를 재무회계로 2원화하여 운영하도록 하고 있다. 이와 같이 2원화하여 운영하는 경우에는 예산회계거래는 별도의 분개절차가 이루어지지 아니한다. 단지 현금출납부, 수입부, 지출부 등에 기록만 하면 된다.

2.3 •• 기금 회계

(1) 기금회계의 개념과 측정

사기업분야에 있어서 회계주체(accounting entities)는 대개 단일기관이거나 여러기관이라 하더라도 영리활동을 하는 기관들이므로 재무제표 작성에 있어서도 큰 문제가 없다. 그러나 공공부문 특히 정부부문에 있어서는 회계단위 또는 회계주체가 다수이며 반드시 이러한 조직단위로 이루어지는 것은 아니고 기금(fund)단위로 이루어지는 경우가 많다. 여기에서 미국 지방정부회계기준위원회의 기금개념을 살펴보면 다음과 같다.

> 기금(fund)이란 특정 규정 등에 의하여 특정 목적달성을 위한 특정 활동을 수행하기 위하여 별도의 부채, 잉여금과 함께 자금 및 재무자원을 기록하는 자체균형계정을 가진 재무 및 회계주체로 정의한다.[9)]

위의 기금의 정의에서 살펴본 바와 같이 기금이 성립하기 위해서는 두 가지 요건이 갖추어져야 한다. 첫째로 특정 목적을 위하여 별도의 자원을 가진 재무주체(fiscal entity)가 있어야 한다. 이 기금회계의 주요목적은 수탁관리책임(fiduciary stewardship)을 명확히 나타내기 위한 것이다. 따라서 자원이 특정용도로 사용되도록 제한이 가하여지는 경우에 기금이 만들어진다. 그리고 위 기금의 정의에서 자체균형계정(self-balancing set of accounts)을 갖는다는 말은 재무 및 회계주체가 특정목적 활동을 원활하게 수행하기 위하여 재원의 조달과 사용이 계속균형을 유지하여 운영된다는 뜻이다.

둘째로, 재무주체를 위한 별도의 계정을 가진 독립적인 복식부기형태의 회계주체가 있어야 한다. 여기에서 기금을 독립된 회계주체로 하기 위하여는 특정자산 및 부채가 기금잔액과 연계가 되도록 각 계정들이 설정되어야 한다. 특정목적의 자금 또는 자원을 분리하여 독립적으로 계리함으로써 이 기금에 제한이 가해진 의도대로 운영되고 있다는 것을 나타낼 수 있다.

(2) 기금의 분류

기금의 분류기준은 각국마다 상이하고 관점에 따라 분류기준도 다양하다.

9) Government Accounting Standard Board, *Concepts Statement No. 1: Objectives of Financial Reporting*(Norwalk, Conn., 1987), p. 11.

통상 소모성기금인가 아닌가의 여부와 제한성이 있느냐의 여부 그리고 법령에 의하여 강제성 있는가의 여부 등으로 구분할 수 있다.

첫째 소모성 여부에 따라 소모성기금(expendable fund)과 비소모성기금(non-expendable fund)으로 구분한다. 소모성기금은 비영리 정부형 기금이 대표적인 것으로서 이익창출이나 능동적인 자금수입원을 구성하는 것이 아니라 예산이나 증여, 보조금 등의 재원을 수입으로 하여 기금의 목적에 사용하는 형태의 기금이다. 이에 비하여 비소모성기금은 스스로 수익을 창출하는 활동을 통하여 기금 수지를 유지하는 기금을 말한다.

둘째, 제한성이 있느냐의 여부에 따라 제한성기금과 비제한성기금이 있다. 통상 기금은 특정목적용도로 사용이 제한되어 있으며 특히 엄격하게 용도가 정해진 기금이 많이 있다. 이를 제한성기금이라고 한다. 그러나 어느 기관이나 조직이 몇 개의 기금을 운용하고 있을 때 각각의 특정 목적이나 용도로 사용하도록 한 기금이 있고 그 이외에 그 조직을 운영하기 위한 기금이 있어야 한다. 이 때에 특정목적이나 용도에 한정하여 사용하도록 하지 않고 기금을 담당하는 기관의 일상적인 운영경비 등을 충당하기 위한 기금이 바로 비제한성 기금으로 볼 수 있다.

셋째, 관련법령에 의하여 특정목적수행을 위해 설립된 기금으로서 그 기금의 수입과 지출 등이 엄격하게 제한된 경우가 있고 그 밖에 기금관리권자의 필요에 따라 임의적으로 만들어진 기금이 있을 수 있다.

(3) 기금 보고서

정부기관이나 지방자치단체의 경우 여러 개의 기금을 보유하여 운용하는 경우 그 기금들을 모두 통합한 기관전체의 재무제표 또는 재무보고서를 만들 필요가 있다. 다수의 기금이 각각의 개별보고서를 만드는 것도 그 기금이 특정 목적대로 사용되었는지의 여부를 확인할 수 있는 자료가 될 수 있지만 기관 전체로 볼 때는 기관 전체의 성과파악이 어렵고 이해하기 어려운 경우가 많다. 특히 기금간의 내부거래가 빈번하게 발생하는데 이 내부거래, 즉 기금간의 대체를 제거한 후의 통합된 회계보고가 요청된다.

따라서 각 기금은 각각의 독립된 회계보고서 예컨대 대차대조표, 수지계산서, 잉여금계산서를 작성한 후 이들 각 기금을 모두 통합한 통합재무제표(consolidated financial statements)를 작성한다. 이들 기금별 보고서와 통합재무제표의 양식은 결산과 재무보고편에서 별도로 설명한다.

3 회계의 인식기준

회계거래가 언제(when) 일어나서 그 거래를 인식하고 기록하느냐에 대한 기준이 회계의 인식기준(basis of accounting)이라고 불리운다.[10] 기업회계와 마찬가지로 정부회계의 경우도 세입세출 기타 재정활동에 대한 보고를 어느 기간에 귀속시킬 것인가 하는 문제는 당연한 일이라 하겠다. 회계의 인식기준은 크게 현금주의와 발생주의로 구분한다. 그러나 이러한 기준을 좀더 세분하면 수정현금주의와 채무부담주의 또는 수정발생주의로 확대되기도 한다.

회계의 인식기준에 대해서 구체적으로 설명하기 위해서는 측정초점(measurement focus)이라는 개념을 설명할 필요가 있다. 측정초점이란 무엇(what)을 재무보고에 포함시킬 것인가를 정의하는 것이다.[11] 이러한 측정초점은 미국의 정부회계에서 도입하여 사용하고 있는데 미국정부회계의 특징은 펀드회계(fund accounting)로서 펀드, 즉 기금을 정부기금과 사업형 기금으로 구분하고 정부기금에 대해서는 재무자원(financial resources)에 대해서 인식하고 사업형 기금에 대해서는 경제자원(economic resources)에 대해서 인식한다.

재무자원이란 경영자원 가운데 지불수단으로 바로 사용할 수 있는 자원을 말한다. 현금이나 그와 동등한 자산이 전형적인 것으로 여기에 시장성 높은 유가증권, 단기채권 등의 유동자산이 포함된다. 또한 회수가 확실시되는 장기성 투자와 대부금도 통상적으로 재무자원에 포함된다. 판매용 재고자산도 매각처분을 통한 준비된 현금이라는 점에서 재무자원에 포함된다. 현금 지출 측면에서 보면 차입금, 외상매입금, 미지급금 등도 포함된다. 경제자원이란 재무자원과 비재무자원을 합한 것으로서 해당 보고실체가 관리 지배하는 경제적으로 가치가 있는 모든 경영자원이 포함된다.

회계의 인식기준으로서 일반적으로 현금주의, 수정현금주의, 수정발생주의, 발생주의 등 4가지로 분류한다. 각 기준들 간의 비교는 〈표 2-4〉와 같다.

---

10) 일부 학자들은 basis of accounting을 그냥 회계의 기초라고 번역하여 사용하고 있다. 그러나 회계의 기초는 너무 광범위하여 당초 표현하려는 의미와는 동떨어진 개념이 될 우려가 있어 좀더 구체적인 개념이 필요하여 종래 사용되어 왔던 인식기준이라는 용어를 사용하기로 하였다.

11) 측정초점이라는 용어 역시 국제적으로 인정된 용어가 아니고 종전의 회계인식기준을 2분화시켜 회계기초와 함께 미국의 정부회계에서 주로 사용하고 있는 개념이다. 일반적으로 회계인식기준과 측정초점을 합한 개념으로서 비용 또는 수익 등 회계인식 기준으로 사용되는 경우가 많다. 예컨대 Jones and Pendlebury(2000)는 아직 예산회계, 현금회계, 발생회계, 채무부담회계, 펀드회계를 재무회계기법(technique)으로 구분하고 있다.

●● 표 2-4 각 기준들과의 비교

	현금주의	수정현금주의	수정발생주의	발생주의
법정예산을 이행하는지 여부	이 행	이 행	이 행	이 행
지출한도 등 법적 계약적 요건에 따르는지 여부	현금지출 한도와 관련	현금 및 준현금 지출한도와 관련	현금 및 재무자원 지출한도와 관련	현금 및 경제 자원 지출한도와 관련
재원, 배분과 재무자원 사용	현금자원	현금 및 준현금 자원	현금 및 재무자원	현금 및 재무자원
금융과 현금 요구사항	현금자원	현금과 준현금 자원	현금 및 기타 재무요구사항	현금과 기타 재무요구사항
재무조달 및 부채 등 상환 능력	현금으로부터	현금과 준현금으로부터	재무자원으로부터	경제자원으로부터
재무상태 및 이의 변동	현금잔액	현금 및 준현금 잔액	재무자원	재무 및 경제자원
서비스비용관점에서의 재무성과	관 련 정보없음	관 련 정보없음	제한적인 정보 제공	성과평가에 필요한 정보제공

자료: IFAC Study No.11, *Governmental Financial Reporting : Accounting Issues and Practices*, IFAC/PSC, May 2000, p.15.

3.1 ●● 현금주의

현금주의(cash basis) 회계거래는 말 그대로 현금이 들어오거나 나갈 때에 거래가 기록된다. 재화나 용역은 물건의 대가가 지불된 때에 소비되는 것으로 간주된다. 따라서 현금이 수납된 때에 수익 또는 수입이 이루어진 것으로 보고 현금이 지출된 경우에 비용 또는 지출이 이루어진 것으로 본다. 이 기준은 전통적으로 정부회계에서 채택되어 온 가장 단순한 방법으로 현금의 수입은 곧 수익으로, 현금의 지출은 곧 비용으로 보게 되는 것이다.

현금주의는 이해가 쉽고 확실한 측정이 가능하며 자의적 회계가 불가능하여 통제가 용이하다. 이와 반면에 위에서 언급한 바와 같이 자산과 부채 및 자본을 인식하지 않기 때문에 이들 자산과 부채를 파악하기 위해서는 별도의 장부를 마련하여 관리하여야 한다. 따라서 현금지출에 있어서 지출의 성격이 인건비와 같은 일반 소모성 지출과 토지의 매입 등과 같은 자본 비용의 지출을 구분하지 아니하여 결국 재정의 건전성 측정이나 성과 측정에 도움이 되는 정보 제공에 한계가 있다.

현금주의 회계는 다음과 같은 장점을 가지고 있다.

① 이 기준은 단순하고 관리하기 쉬우며 연도말 회계결과를 쉽게 파악할 수 있다.
② 예산과 실제 지출액과의 대비가 쉽고 이로 인하여 지출 등에 대한 통제가 용이하다. 특히 국회에서 예산대로 집행되었는지 여부의 통제가 용이하다.
③ 현금거래에 수반하는 여러 가지 통화량 분석 등에 유용한 자료를 제공해 준다.

그러나 이러한 장점에 비하여 다음과 같은 단점을 가지고 있다.

① 현금지급을 비용으로 계상하게 되므로 재고자산이나 고정자산 등 그 사용가치가 한 회계연도 이상인 경우에는 적정한 비용배분이 이루어지지 못한다.
② 경제적 비용의 측정이 정확하지 못하며 따라서 투자사업 등의 비용과 편익의 분석 등에 유용한 자료를 제공해 주지 못한다.

3.2 ●● 수정현금주의

수정현금주의(modified cash basis)란 현금주의에 의한 회계처리 대상에 회계연도말 이후 일정기간 동안 현금에 준하는 단기적 재무자원(short term financial resources)의 변동에 따른 수익 및 비용의 인식을 일부 수정 반영한 것을 말한다. 여기에서 회계연도 말 이후 일정기간 동안이라는 의미는 회계연도 말이 12월 말일인 경우 그 이후인 다음연도 중 일정기간을 부여하는 것이다. 우리나라에서는 이를 출납정리기한이라고 불리우며 원칙적으로 회계연도말까지이나 출납공무원이 보유하고 있던 수납금을 한국은행에 납부하는 등 추가적인 절차가 필요한 경우가 있기 때문에 예외적으로 15일을 허용하고 있다.[12)]

수정현금주의는 단기적 재무자원의 변동에 대한 파악이 가능하므로 결국 더 넓은 측정 초점을 가진다는 점이다. 즉 현금 이외의 단기 재무자원(재무자산과 부채)에 대한 정보를 포함시키므로 더 유용한 정보를 제공한다는 것이다.

12) 국고금관리법시행령 제2장.

3.3 •• 발생주의

회계의 인식기준에서 마지막 단계가 발생주의(accrual basis) 회계방식이다. 이 방법은 현금주의 회계인식 방법보다 더 나은 방법으로 여겨지고 있어 기업회계에서 이미 사용하고 있다. 발생주의란 재무자원을 포함한 모든 경제적 자원의 변동이 일어날 때, 즉 거래가 발생할 때(occurred) 인식하는 방법을 말한다. 따라서 수익은 경제적 자원이 획득된 때(earned) 또는 받을 수 있는 권리가 확정된 때 인식하고 비용은 발생한 때(incurred) 인식한다.

현금주의 방식과 다른 점은 현금의 수납과 지출 여부와 관계없이 수익, 비용이 발생한 때 인식한다는 점이다.

발생주의 회계를 채택하면 자산과 부채에 대한 정보를 재무보고에 포함하여 나타나기 때문에 이들에 대한 관리를 더 효율적으로 할 수 있고 기간별 성과의 비교가 가능하며 산출물에 대한 좀더 정확한 원가 내지 성과 측정이 가능하다는 점을 장점으로 보고 있다. 그러나 아직까지 오랫 동안 관행적으로 사용되어 왔던 현금주의를 쉽게 포기하지 못하는 이유는 발생주의 채택에 따른 여러 가지 변화 예컨대 추가적인 인력지원 및 재무보고서의 변경 등에 회의적인 반응을 보이고 있고 통제가 간편한 현금주의를 선호하고 있기 때문이다.

발생주의 회계는 다음과 같은 장점이 있다.[13)]

① 발생주의는 투입비용을 자원의 소비된 금액으로 보아 측정이 이루어진다.
② 경제적 비용(economic cost) 예컨대 투입자원의 소비된 비용에 대한 측정이 해당되는 회계연도의 활동결과에 반영된다.
③ 회계연도 말에 현금주의기준에 의한 경우보다 재무상태에 대한 보다 더 정확하고 종합적인 정보를 제공한다.

그러나 이러한 장점에 비하여 다음과 같은 단점을 지적할 수 있다.

① 수익의 회계처리에 있어서 채권이 발생되었다고 하더라도 이를 수익으로 계상하기에는 무리가 있고 모든 채권이 회수 가능한 것은 아니므로 회수 불가능한 채권을 계산할 가능성이 있다.
② 발생주의에 의한 회계처리를 하는 경우에 현금주의 회계처리보다도 더 복잡한 절차가 요구되므로 정부회계에서도 복식부기에 의하여 일정한

13) United Nations, *Government Accounting and Financial Reporting in Developing Countries*(New York: UN, 1988), p. 34.

회계처리 절차에 따라 기록 보고하여야 하는 번거로움이 있다.

3.4 •• 수정발생주의

수정발생주의(modified accrual basis)란 발생주의에 대한 수정된 형태의 발생주의를 의미한다. 즉 모든 경제적 자원을 인식하는 발생주의와 달리 경제적 자원 중에서 재무적 자원의 변동에 대해서만 인식하는 방법이다.[14] 재무적 자원을 인식할 때 수익은 측정가능하고(measurable) 지출을 위해 사용가능할 때(available) 인식하며 비용은 측정가능하고 재무적 부채가 발생할 때(incurred) 인식한다는 것이다. 따라서 비용의 인식에 있어서 감가상각 배분 등은 비용으로 인식되지 아니하고 또한 장기부채 등의 발생이라도 지급될 때까지는 비용으로 인식하지 아니한다. 그리고 재고자산(inventory)의 경우에도 구입 당시에 비용으로 간주되거나(purchase method) 소비될 때 비용으로 간주(consumption method)하기도 한다.

4 회계의 측정초점

인식기준과 측정초점은 서로 밀접한 관계에 있다. 인식기준에서 한 가지 방법을 선정하면 그와 관련된 측정초점이 다르게 된다. 예컨대 어느 부처가 인식기준으로서 현금주의 회계를 선택하기로 하였다면 이에 대한 측정초점 또한 현금이 될 것이다. 단지 현금만이 대차대조표에 등록되게 된다. 만일 그 부처가 발생주의를 채택하였다면 이 기관의 측정초점은 자동적으로 모든 경제자원이 될 것이고 재무제표에는 모든 자산과 부채가 포함될 것이다. 그러나 미국을 제외하고는 측정초점에 대한 개념이 아직 범용화 되지 않은 상태이고 각 나라마다 회계단위 구성이 다르므로 이 용어의 사용에 좀더 신중한 검토가 필요하다. 따라서 측정초점 또한 모든 경제자원의 순증가와 같은 순이익(net profit)으로 표기되거나 단지 재무자원의 증가와 같은 현금 흐름으로 표기되는가를 결정하게 된다.

회계인식기준과 측정초점과의 관계를 표로 나타내면 〈표 2-5〉와 같다.

---

14) 미국에서는 수정발생주의의 개념을 수정현금주의와 구분하지 아니하고 혼용된 개념으로 사용하고 있다. 왜냐하면 GASB나 FASAB의 회계기준에서 수정현금주의라는 용어는 사용되어지지 아니하고 수정발생주의를 현금주의와 발생주의의 중간 형태로 보기 때문이다.

●● 표 2-5 인식기준과 측정초점

인식기준	인식측정시기 = 회계인식기준	측정대상 = 측정초점
현금주의	입 · 출금할 때	현금예금
수정현금주의	상동(기말에만 출납정리기간 내외 입 · 출금 포함)	당좌재무자원
수정발생주의	재무자원(유동자산이나 유동부채)이 증감할 때	재무자원(유동자산이나 유동부채) ※ 고정자산 미포함
발생주의	거래나 사상이 발생할 때	모든 경제자원

5 정부회계의 분류

5.1 ●● 국가회계, 지방자치단체회계, 공공기관회계

정부회계는 정부(government)의 개념 정의가 이루어질 때 비로소 정부회계의 개념이 정립된다. 국어사전에 의하면 정부란 국가의 통치권을 행사하는 기관, 즉 입법, 행정, 사법의 세 기관을 포함한 한 나라의 통치기구의 총칭으로 정의되기도 하고 또는 재산권의 주체로서의 나라 곧 국고를 의미하기도 한다.[15] 따라서 재산권의 주체로서의 정부는 중앙정부와 지방정부는 물론 정부에서 재산권을 행사하여 정부의 정책 등을 시행하는 모든 기관 등을 의미한다고 볼 수 있다.

나아가서는 재산권 이외에 법률적으로 지배되는 모든 기관까지 정부의 범위에 포함시킬 수 있으나 여기에서는 재산권 행사를 통하여 정책을 실현시킬 수 있는 모든 기관으로 한정하여 파악하고자 한다. 따라서 편의상 협의의 정부는 '정부조직법' 상의 적용을 받는 중앙 및 지방정부를 의미하는 것으로 보고 광의의 정부는 중앙 및 지방정부 이외에 정부에서 출연 또는 출자한 공기업 등 공공기관을 포함하는 것을 말한다.

국제통화기금에서 요구하는 공공부문에 대한 재정통계에서도 공공부문을 일반정부와 공기업으로 분류하고 일반정부에는 중앙정부와 지방정부를 포괄하고 공기업회계에는 금융공기업과 비금융공기업으로 구분하여 이 들 모두를 재정규모산정에 포함하도록 하고 있다.[16]

15) 이희승, 국어대사전(서울 : 민중서림, 1986), p. 3247.

이에 따라 정부회계는 다시 국가회계, 지방자치단체회계, 공공기관회계로 분류할 수 있다.

(1) 국가(중앙정부)회계

국가기관회계라고도 하며 각 부처 중 국가기관이 단위회계기관이 되며 중앙정부회계는 수입지출, 물품, 재산회계 등을 포함한다. 현행 '국가회계법' 상 중앙관서의 장은 모두 이 중앙정부의 각 단위회계기관이 된다.

중앙정부의 회계는 다시 일반회계, 특별회계, 기금회계 등으로 그 활동의 편의에 따라 구분하여 운용된다.

(2) 지방자치단체(지방정부)회계

지방정부회계를 말하며 이는 각 지방자치단체가 단위회계기관으로서 시 · 군 · 구 지방자치단체와 시 · 도 지방자치단체 등이 모두 대상이 된다. 지방정부회계의 특징은 재정의 자립도가 완전하지 못하여 보조금 교부 등 중앙정부의 지원이 이루어지며, 중앙정부의 사업을 대행하는 경우도 있어 이들 업무와 관련한 회계처리가 상호 연관되기 때문에 중앙정부회계와 회계원칙 및 절차 등이 거의 유사하다.

(3) 공공기관회계

공공기관은 국가 또는 지방자치단체 이외의 단체나 기관이 국가의 업무를 위탁대행하거나 독점사업권을 부여받아 운영하는 기관을 의미한다. 공공기관은 공기업, 준정부기관과 기타공공기관으로 구분하며 공공기관에 대하여는 기획재정부장관이 지정한다. 공공기관회계는 정부회계의 범위에는 포함되지 않으나 통계상 광의의 정부에 포함될 수 있다.

5.2 • • 일반회계, 특별회계, 기금

정부의 일반 활동 이외에 특별한 목적을 수행하기 위하여 별도의 재원마련에 대한 회계를 필요로 하는 경우에 회계를 다양화시키고 있다. 미국의 연방정부와 주정부 및 지방정부에서 기금회계를 여러 종류로 유형화 한 것과 같은

16) 자세한 내용은 제3장 제1절에 설명되어 있다.

이유에서이다.

우리나라 중앙정부와 지방정부회계에서는 이를 크게 일반회계, 특별회계와 기금으로 구분할 수 있다. 이와 같은 구분은 정부의 단일회계원칙에서 벗어나기 위한 것이다. 단일회계원칙은 회계처리 및 보고가 단일화 되어 이해하기 쉬운 점이 있다. 그러나 정부가 여러 가지 업무를 수행하는 경우에 법령에 규정된 예산절차에 의하여 자금을 집행하려고 하는 경우에 시간적으로 빠른 시일내에 자금집행을 하거나 또는 특정자금으로 특정목적에만 한정하여 자금을 사용하도록 해야 할 필요성이 생긴다.

그러므로 '국가재정법'에서는 일반회계 이외에 특별회계 및 기금을 인정하되 요건을 엄격하게 요구하하고 있다.

(1) 일반회계

일반회계(general account)는 국가의 기본적인 제 기능을 수행하기 위하여 발생하는 세입세출을 처리하는 회계로서 세입은 주로 조세수입을 원칙으로 하고 세출은 행정기관의 유지를 위한 기본적 경비를 포함하고 있는 것이 특징이다. 따라서 모든 국가기관 및 지방자치단체는 일반회계를 통하여 재정활동을 기록하고 보고한다. 일반회계의 회계처리는 단순하여 세입과 세출의 흐름은 파악이 용이하나 재무내용을 포괄적으로 파악해 표시한 정확한 재무상태와 회계연도 기간 동안의 경영수지에 대한 활동성과를 나타내기가 어렵다.

(2) 특별회계

특별회계(special account)는 ① 국가에서 특정한 사업을 운영하고자 할 때(사업특별회계), ② 특정한 자금을 보유하여 운영하고자 할 때(자금특별회계), ③ 특정한 세입으로 특정한 세출에 충당함으로써 일반회계와 구분하여 경리할 필요가 있을 때(구분경리특별회계)에 법률로서 설치하도록 하고 있다.[17)]

위의 세 가지 형태의 특별회계에서 중요한 것이 사업특별회계이다. 사업특별회계는 그 설치목적에 비추어 독립채산제와 발생주의 회계경리방식이 적용될 때가 많다. 철도, 통신, 조달사업 등 전형적인 정부기업은 민간기업과 같은 기업적 방식으로 운영하며, 사업의 경영성과를 명백히 하기 위하여 재산의 증감 및 변동을 발생주의의 원칙에 따라 복식부기의 원리에 의하여 기록 · 경리

---

17) 국가재정법 제4조 제3항.

●● 표 2-6 **특별회계현황**

구분	특별회계명	설립근거법
기업특별회계(5)	양곡관리, 우편사업, 우체국예금, 조달, 책임운영기관	정부기업예산법, 책임운영기관의설치 · 운영에관한법률
기타특별회계(13)	우체국보험, 환경개선, 등기, 교통시설, 국가균형발전, 혁신도시건설, 농어촌구조개선, 국방 · 군사시설이전, 에너지 및 자원사업, 주한미군기지이전, 행정중심복합도시, 아시아중심도시조성	각 개별 법률

자료: 국회예산정책처, 「대한민국재정」, 2009. 6, p. 19.

하게 된다. 따라서 자산 · 자본 · 부채에 관한 계정과 수익 및 비용계정을 설치하고 원가계산을 하게 된다.

사업특별회계는 별도로 '정부기업예산법' 의 적용을 받도록 하고 있다. 이러한 사업특별회계에 속하는 것으로서는 우편사업특별회계, 우체국예금특별회계, 양곡관리특별회계, 조달특별회계 등이 있다. 그러나 '정부기업예산법' 에 규정은 되어 있지 아니하나 '책임운영기관의 설치 · 운영에 관한 법률' 에서 책임운영기관으로 지정된 기관들에 대해서는 정부기업에 준하여 운용되도록 하고 있고 따라서 '정부기업예산법' 의 내용을 준용하도록 하고 있다.[18] 이 사업특별회계는 기업성이 가미된 사업을 추구하기 때문에 공기업회계 중에서 정부기업회계로 분류된다.

자금특별회계는 회계연도를 넘어 특정한 목적 또는 용도에 충당하는 자금을 운영관리하기 위하여 설치된다. 그러나 엄격하게 말해서 자금의 운용을 사업으로 간주하면 자금특별회계는 사업회계의 일종이 된다. 과거에 재정융자특별회계가 있었으나 지금은 폐지되었다.

끝으로 구분경리특별회계는 특정한 경비를 제한하기 위하여 그 재원이 될 수입을 지정할 때 또는 특정 수입액을 제한하기 위하여 그 재원으로 지출되는 경비를 지정할 때, 특정한 공채의 원리금 상환기금으로 특정한 수입을 지정할 때, 임시적 수입을 특정한 경비의 자금으로 지정할 때 또는 특정한 공채를 특정한 임시비에 충당하도록 지정할 때에 설치된다.

현행 국가가 설치하여 운영하고 있는 특별회계는 18개로서 유사한 특별회계를 통합하는 등으로 하여 과거보다 축소시켰다.

18) 책임운영기관의설치 · 운영에관한법률 제27조, 제30조.

(3) 기 금

정부는 또한 일반회계와 특별회계 이외에 국가사업 운영상 특정한 목적을 위하여 특정한 자금을 신축적으로 운용할 필요가 있을 때에 한하여 법률로서 특별한 기금(fund)을 설치할 수 있도록 하였다.

국가가 때로는 영리사업이든 비영리사업이든 사업을 운영할 필요성이 생기게 된다. 국가의 모든 활동은 상위의 정책과 이를 수행하기 위한 각종 사업과 활동으로 이루어지고 있어 이들 사업수행을 원활하게 하기 위하여 필요한 자금을 적기에 조달하고 필요시마다 사용하는 것이 좀더 효율적인 때가 많다. 이러한 효율성과 신축성을 강조하여 세입 · 세출 외로 운용하도록 설정된 것이 기금이다. 그러나 이들 기금을 많이 만들어 사용할 경우 예산사용에 대한 자율성이 너무 커진다는 우려에 따라 이들 기금의 난립을 방지하기 위하여 엄격하게 법률에 정한 경우에 한하여 인정토록 하고 있다.[19] 즉 예산의 확정이 국회의 권한임을 감안하여 법률로서 설정함으로써 국회의 원천적인 동의가 있어야 한다는 뜻이다.

그리고 이 기금에 대하여 과거에 세입세출예산에 포함하지 아니하고 관리

●● 표 2-7 국가기금 현황

구분	기금
사회보장성(6)	고용보험기금, 공무원연금기금, 국민연금기금, 군인연금기금,사립학교교직원연금기금, 산업재해보상보험및예방기금
사업성(41)	과학기술진흥기금, 관광개발진흥기금, 국민건강증진기금, 국민주택기금, 국민체육진흥기금, 국제교류기금, 군인복지기금, 근로자복지진흥기금, 금강수계관리기금, 낙동강수계관리기금, 남북협력기금, 농산물가격안정기금, 농작물재해재보험기금, 농지관리기금, 대외경제협력기금, 문화예술진흥기금, 방사성폐물관리기금, 방송발전기금, 보훈기금, 사학진흥기금, 수산발전기금, 순국선열애국지사사업기금, 신문발전기금, 쌀소득보전변동직접지불기금, 양식수산물재해재보험기금, 여성발전기금, 영산강섬진강수계관리기금, 영화발전기금, 원자력연구개발기금, 응급의료기금, 임금채권보장기금, 자유무역협정이행지원기금, 장해인고용촉진및직업재활기금, 전력산업기반기금, 정보통신진흥기금, 중소기업진흥및산업기반기금, 지역신문발전기금, 청소년육성기금, 축산발전기금, 특정물질사용합리화기금, 한강수계관리기금
금융성(11)	신용보증기금, 기술신용보증기금, 농림수산업자신용보증기금, 주택금융신용보증기금, 국가장학기금, 산업기반신용보증기금, 농어가목돈마련저축장려기금, 부실채권정리기금, 수출보험기금, 예금보험기금채권상환기금, 구조조정기금
계정성(5)	공공자금관리기금, 공적자금상환기금, 복권기금, 양곡증권정리기금, 외국환평형기금

자료: 국회예산정책처, 「대한민국재정」, 2009. 6, pp. 39-40.

19) 국가재정법 제5조.

권자인 행정부처가 자율적으로 운용할 수 있도록 함으로써 국회심의대상에서 도 제외되어 있었다. 그러나 기금의 수가 늘어나고 규모도 팽창되어 일반회계 예산규모에 이르게 됨에 따라 기금에 대한 통제를 강화하기 위하여 '기금관리기본법'을 제정하여 국회의 엄격한 심의를 받도록 하였다. 이후에 '기금관리기본법'은 '국가재정법'이 제정됨에 따라 '국가재정법'에 흡수되었다.

기금의 유형에는 관리주체가 중앙관서의 장이냐 그렇지 않느냐에 따라 직접관리기금과 간접관리기금으로 구분하고 금융성 여부에 따라 금융성기금과 비금융성기금으로 구분한다. 현행 정부에서는 기금의 성격에 따라 사회보장성기금, 사업성기금, 금융성기금, 계정성기금으로 구분하고 있다. 참고로 국가기금현황을 살펴보면 〈표 2-7〉의 내용과 같다.

(4) 일반회계, 특별회계와 기금의 비교

위에서 살펴본 바와 같이 일반회계와 특별회계가 정부의 세입세출예산에 포함되는데 비하여 기금은 세입세출예산에 포함시키지 않고 별도로 운영되고 있다. 일반회계와 특별회계 그리고 기금의 차이점을 검토하면 다음 〈표 2-8〉과 같다.

●● 표2-8 일반회계 · 특별회계와 기금 비교

	일반회계	특별회계	기금
설치사유	• 모든 국가재정활동	• 특정사업운영 • 특정자금보유운용 • 특정세입으로 특정세출에 충당	• 특정목적을 위해 특정자금을 적용할 필요가 있을 때
재원조달 및 운용형태	• 공권력에 의한 조세수입과 무상적 급부의 제공이 원칙	• 일반회계와 기금의 운용형태 혼재	• 부담금, 출연금 등 다양한 수입원을 토대로 융자사업 등 유상적 급부를 제공
확정절차	• 정부가 예산안 편성권 • 국회가 심의 · 확정함	좌 동	• 기금관리주체가 계획안작성 • 기획재정부장관이 협의조정 • 국회가 심의확정
정부세입 세출예산에 포함여부	포 함	포 함	불 포 함
결산	국회결산심의 · 의결	좌 동	좌 동

자료: 국회예산정책처, 「대한민국재정」, 2009. 6, p. 37.

제3절 정부 재무회계의 기초

1 회계실체와 보고실체

1.1 ●● 회계실체와 보고실체의 의의

공공부문 특히 정부부문의 조직구성은 다양하다. 중앙정부를 예로 들더라도 각 부 · 처 · 청 · 위원회 등과 그 산하단체들이 수없이 많이 있고 지방정부의 경우에도 시 · 도 밑에 시 · 군 · 구 등의 지방자치단체가 있으며 이들의 직속기관이거나 관련기관들이 수없이 많다. 이러한 경우에 독자적인 회계기록 주체를 어디까지 할 것인가에 대해서 논란이 있게 된다. 더 나아가서 재무제표에 대해서 외부보고를 하는 경우 어느 조직단위로 묶어서 보고할 것인지에 대해서도 의문이 생긴다.

회계실체(accounting entity)란 회계주체라고도 하며 회계기록 단위를 독립적으로 설정하여 회계를 기록하는 주체 또는 단위를 말한다. 이에 대해서 보고실체(reporting entity)란 재무제표에 대한 독립적인 보고단위를 어느 기관 단위에서 할 것인가를 나타내며 대외적으로 보고되는 주체를 말한다. 이를 보고주체라고도 한다. 따라서 회계실체와 보고실체가 동일하기도 하나 반드시 모두 동일하다고 할 수 없다.

1.2 ●● 회계실체 및 보고실체의 결정 근거

미국의 연방정부회계기준자문위원회의 개념서 제2호에 의하면 보고실체의 결정근거로서 조직관점, 예산관점, 프로그램관점 등 세 가지를 열거하고 있다.

첫번째, 조직관점의 경우 정부는 자원을 관리하고 사업운영에 책임을 지며 서비스를 제공하는 조직체들로 이루어지고 있기 때문에 각 단위조직과 그 하위조직들을 망라하는데 하위조직은 더 작은 하위 단위로 구분할 수 있다.

두번째, 예산관점의 경우 정부는 예산계정으로 구성되어 있고 예산은 수입계정과 지출계정으로 나눌 수 있으며 이들 규모와 범위는 의회의 기호에 따라 다양하다. 예산계정은 하나의 조직체 또는 하나 이상의 하위조직과 병립할 수 있고 이와 반대로 하나의 조직체 혹은 하위조직이 몇 개의 예산계정으로 이루어질 수 있다.

세번째, 프로그램 관점의 경우 정부는 조직이 제공하는 서비스와 조직이 수행하는 구체적인 일련의 과업으로 구성되어 있다. 과업이 프로그램 형태로 이루어지며 각 프로그램은 목표하는 성과의 달성을 위해 특정 산출물의 생산을 책임지고 있다.

1.3 •• 우리나라 정부회계의 회계실체와 보고실체

▶ 국가회계기준 제2조(정의)

이 규칙에서 사용하는 용어의 뜻은 다음과 같다.

1. "국가회계실체"란 「국가재정법」 제4조에 따른 일반회계, 특별회계 및 같은 법 제5조에 따른 기금으로서 중앙관서별로 구분된 것을 말한다.

▶ 지방자치단체회계기준 제6조(회계실체)

① 회계실체는 지방자치단체의 회계구분에 따라 일반회계, 기타특별회계, 기금회계 및 지방공기업특별회계의 유형으로 구분한다.

② 회계실체는 그 활동의 성격에 따라 행정형 회계실체와 사업형 회계실체로 구분할 수 있다.

1. 행정형 회계실체는 지방자치단체의 일반적이고 고유한 행정활동을 수행하는 회계실체를 말한다.
2. 사업형 회계실체는 개별적 보상관계가 적용되는 기업적인 활동을 주된 목적으로 하는 회계실체를 말한다.

③ 지방공기업특별회계는 「지방공기업법」에서 따로 정한 경우 이 기준을 적용하지 아니한다.

(1) 국가회계

우리나라의 국가회계기준에 의하면 회계실체에 대해서만 개념정의를 하고 있다. 즉 각 중앙관서별로 구분된 일반회계, 특별회계, 기금을 각각 독립된 회계실체로 보고 있다. 국가회계기준에서는 회계실체에 대하여 행정형회계실체와 사업형회계실체에 대한 구체적인 구분에 대하여는 언급되어 있지 아니하나 개별 회계지침에서는 두가지 형태로 나누어 일부 회계처리를 달리하는 경우가 있다.

보고실체에 대하여도 국가회계기준에서는 언급되지 않고 있다. 다만 '국가재정법'과 '국가회계법'에서 결산보고서 작성 및 제출 주체를 중앙관서의 장으로 하고 있으므로 이들 각 중앙관서의 장을 보고실체로 보아야 할 것이다. 여기에서 보고실체로서의 각 중앙관서의 장은 독립적인 예산권한을 가지고 경제적 자원의 사용 및 통제에 대한 책임과 권한을 갖기 때문에 보고실체로서 자격을 갖추었다고 본다.

보고실체의 유형으로서 중앙관서 개별기관으로서의 보고실체와 국가 전체로서의 보고실체로 이원화 할 수 있다.

① 중앙관서별 보고실체

'정부회계법'의 규정에 따라 소관의 모든 회계와 기금의 재무제표를 통합하여 재무보고서를 작성하고 공표하는 보고실체를 말한다. 현행 '국가회계법'에서는 각 중앙관서의 장을 예산 편성 및 집행과 결산보고의 주체로 규정하고 있고 중앙관서의 장의 정의를 '헌법'이나 '정부조직법', 그 밖의 법률에 따라 설치된 중앙행정기관의 장과 국회사무총장, 법원행정처장, 헌법재판소사무처장 및 중앙선거관리위원회사무총장 등을 중앙관서의 장으로 보고 있다.[20]

그리고 기금관리주체는 회계실체는 될 수 있으나 보고실체는 아니다. 기금을 별도의 보고실체로 보지 아니하는 것은 각 중앙관서의 장이 기금에 관해서도 관리 책임이 있기 때문에 중앙관서의 장이 기금을 포함한 결산보고서를 작성할 의무를 부담하고 있기 때문이다.

② 정부통합 보고실체

'국가회계법'의 규정에 따라 중앙관서별 보고실체의 재무제표를 통합하여 국가 전체의 재무보고서를 작성하고 공표하는 보고실체를 말한다. 정부회계의 총괄기관이 기획재정부이므로 정부통합보고실체는 기획재정부장관이 된다.

(2) 지방자치단체회계

지방자치단체회계기준에서도 회계실체와 보고실체를 구분하고 있다. 그러나 보고실체에 대해서는 특별히 정의를 내리지 않고 회계실체만 구분하여 설명하고 있다.

20) 국가회계법 제2조.

●● 표 2-9 회계실체와 보고실체의 유형

구분	회계실체	보고실체
국가회계	• 일반회계 • 특별회계 • 기금	• 기관별 – 중앙관서의 장 • 정부통합 – 기획재정부장관
지방자치단체 회계	• 회계구분에 의한 분류 – 일반회계 – 기타특별회계 – 기금회계 – 지방공기업특별회계 • 활동성격에 따른 분류 – 행정형 – 사업형	• 광역지방자치단체 – 특별시 · 광역시 · 도 · 특별자치도 • 기초지방자치단체 – 시 · 군 · 구

① 회계실체

회계실체는 회계구분에 따른 실체와 활동성격에 따른 실체 두 종류로 구분하고 있다.

지방자치단체의 회계구분에 따른 분류로는 일반회계, 기타특별회계, 기금회계 및 지방공기업특별회계로 구분한다.

활동성격에 따른 분류로는 행정형 회계실체와 사업형 회계실체로 구분한다.

- 행정형 회계실체: 지방자치단체의 일반적이고 고유한 행정활동을 수행하는 회계실체
- 사업형 회계실체: 개별적 보상관계가 적용되는 기업적인 활동을 주된 목적으로 하는 회계실체

② 보고실체

지방자치단체의 보고실체는 개개의 지방자치단체의 장이 그 지방지치단체 내의 모든 기관을 망라하여 보고하도록 '지방재정법'에 규정되어 있다.[21] 결국 한 개의 보고실체가 되는 셈이다.

그런데 지방자치단체는 지방자치법상 2단계, 즉 특별시 · 광역시 · 도 · 특별자치도로 구성된 광역지방자치단체와 시 · 군 · 구로 구성된 기초지방자치단체로 구분되어 별개의 자치단체를 형성하고 있다.[22] 따라서 광역자치단체와 기초자치단체가 별개로 보고실체가 된다.

21) 지방재정법 제53조.
22) 지방자치법 제2조.

2 재무회계의 순환과정과 회계장부

2.1 재무회계의 순환과정

재무회계에서 거래가 일어나면 거래의 성격을 파악하고 분개가 필요하면 분개를 하게 된다. 그리고 각과목 원장에 그 내용을 기록하게 되는데 이를 전기(轉記)라고 한다. 회계연도말에 모두 기록된 내용을 토대로 결산수정분개를 실시하여 시산표를 만들게 되고 이를 토대로 재무제표가 작성된다. 재무제표가 작성되면서 동시에 장부가 마감되고 다음연도초에는 전년도결산수정분개사항을 원상태로 다시 돌려놓는 기초재수정분개를 하게 된다.

그림 2-4 회계처리 흐름도

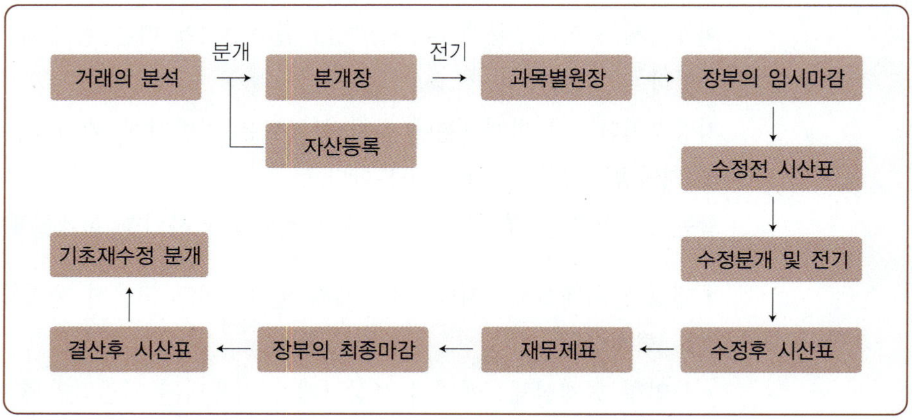

2.2 회계장부

회계장부는 예산회계장부와 재무회계장부로 구분된다. 예산회계장부는 세입부, 세출부, 지출원인행위부 등이 있다 이들 내용에 대해서는 다음장에서 별도로 설명하기로 한다. 재무회계장부로는 아래 그림에서 보는 바와 같이 분개장과 총계정원장이 기본이 되는 주요 장부이다. 그리고 총계정원장을 보조하기 위한 보조장부로서 자산대장이나, 미수세금인명별원장, 또는 예산목별원장 등을 들 수 있다.

국가나 지방자치단체에서 도입 · 사용하고 있는 재정관리시스템에 의하면

●● 그림 2-5 회계장부의 구성요소

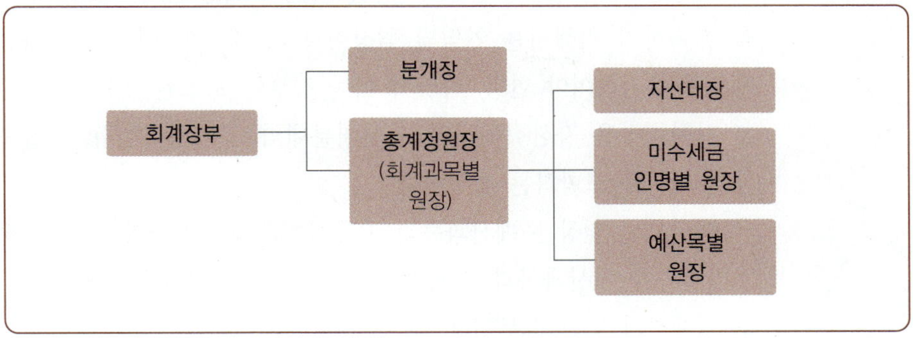

세입, 세출 및 예산외 거래를 전산매뉴얼을 참고하여 컴퓨터 화면의 형식에 따라 입력하면, 분개장과 원장 등의 모든 회계장부가 컴퓨터 데이터베이스로 자동생성 되도록 되어 있다.

(1) 분개장과 총계정원장

분개장은 회계거래가 발생하면 이를 일자별, 회계처리 순으로 최초로 기록하는 장부이다. 그리고 총계정원장은 분개장에서 회계처리한 거래를 각각의 계정별로 기록하는 장부이다. 각 계정은 회계과목과 관리과목으로 구분되어 있다.

분개장의 예시를 보면 다음과 같다.

• 회 계 명: 일반회계
• 기 간: 20xy년 1월 1일-20xy년 12월 31일

일자	예산과목번호 지출결의번호	관련부서	적요	차변			대변		
				회계과목(Ⅲ)	관리과목(Ⅳ)	금액	회계과목(Ⅲ)	관리과목(Ⅳ)	금액
05/02	XXXX-XXX-XX 01 OO-OO사업- 자산및물건	XXXX79 OO과	신발생 사무용 기기 구입	1312 집기·비품·차량 운반구	1312-02 사무용 기기	500,000	2111 기타유동 부채	2111-02 미지급금	500,000

(2) 미수세금 인명별 원장, 자산대장, 예산목별 원장

총계정원장은 많은 계정원장으로 구성되어 있다. 그 계정 중에서 미수세금

의 인명별 내역이나 주민편의시설에 속한 도서관, 공원 등에 대한 각각의 내용을 기록하기 위해서는 인명별 원장이나 각 자산에 대한 자산대장을 보조원장으로서 유지하여야 한다. 따라서 이들 장부를 보조원장이라고 부른다.

자산대장은 자산취득내역, 자산처분내역, 감가상각현황, 건설중인 자산대장 등의 기록을 포함하는 장부이다.

예산목별 원장은 예산과목과 재무회계과목과의 연계를 위한 장부로서 회계처리결과를 예산과목과 회계과목 순으로 기록하여 예산과목 중심으로 분석하고 집계하기 위한 장부이다.

(3) 시산표, 일계표 및 증빙자료

시산표(Trial Balance)는 총계정원장에 있는 계정과목별로 차변합계, 대변합계 및 잔액을 하나의 표로 집계한 것으로서 시산표의 차변총계와 대변총계는 일치하도록 되어 있다.

일계표는 일자별로 그 날짜에 발생한 거래를 분개장 및 원장에 기록한 후 각 계정별로 그 날의 변동내역을 총괄 표시한 것으로 차변합계와 대변합계가 일치하도록 되어 있는 것임.

회계증빙서류는 각 계정과목에 표시한 거래에 대하여 증명이 될 수 있는 영수증 등 증빙이 별도로 첨부되어야 한다.

3 예산회계과목과 재무회계과목의 연결

3.1 재무회계과목총괄표

재무회계과목총괄표(Chart of Accounts : COA)[23]란 재무회계를 처리하기 위한 자산, 부채, 순자산, 수익, 비용의 계정을 대분류, 중분류, 회계과목 및 관리과목으로 나누어 구성한 표를 말한다. 다시 말하면 회계기준에 설명되어 있는 재무제표의 분류기준에 따라 각 항목을 대분류와 중분류로 구분하고 그 다음에 계정과목을 회계과목과 관리과목으로 세분화하여 나타내도록 한 총괄표를 말한다.

회계과목이란 예산과목에 대응되는 재무보고의 기본단위로서 회계기준에 규

23) 국가회계에서는 '계정과목총괄표'라고 표현하고 있다.

●● 그림 2-6 재무회계과목총괄표(지방자치단체)

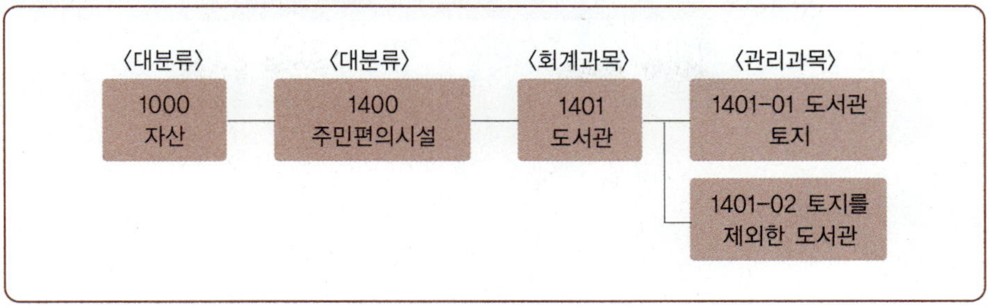

정된 재무제표상에 표시되는 과목을 의미한다. 그리고 관리과목이란 회계과목의 상세한 정보제공을 위하여 회계처리시 사용되는 기표과목을 의미한다. 따라서 하나의 회계과목은 하나 또는 그 이상 여러 개의 관리과목을 가질 수 있다.

예를 들어, 지방자치단체 회계의 경우 「1401 도서관」이라는 회계과목은 「1401-01 도서관토지」와 「1401-02 토지를 제외한 도서관」이라는 2개의 관리과목으로 구성되어 있으며, 도서관은 중분류로서 「1400 주민편의시설」, 대분류로 「1000 자산」에 포함되는 방식이다.

3.2 ●● 분개연계표

현행 정부회계는 예산회계와 재무회계로 2원화되어 있다고 앞에서 이미 설명한 바 있다. 이러한 2원화된 회계체계를 연결시키기 위한 계정과목의 연결이 필요한데 이때에 사용되는 것이 분개연계표(Journalyzing Mapping Table : JMT)이다. 즉 분개연계표는 예산과목과 재무회계와의 연결 및 분개를 위해서 예산집행에 따르는 거래유형을 예산과목, 회계처리유형, 관리과목의 차변과 대변으로 연계시킨 표이다.

분개연계표는 거래의 형태에 따라 예산거래인 수입거래연계표, 지출거래연계표로, 그리고 예산외거래인 예산외거래연계표의 3종류로 분류하고 있다.

사 례

지방자치단체에서 공무원 기본급을 지출한 경우 예산과목은 10101 기본급, 회계처리유형은 일반지출 002 기본급지출, 관리과목은 차변에 「2199-05 일반미지급비용」, 대변에 「1101-01 현금과예금」으로 회계처리하도록 되어 있다.

예산과목	회계처리유형	차변과목	대변과목
10101 기본급	일반지출 002 기본급지출	2199-05 일반미지급비용	1101-01 현금과예금

CHAPTER 03

예산과 예산회계

제 1 절 • 예산의 개요

제 2 절 • 예산회계

제1절 예산의 개요

1 예산의 기능과 유형

1.1 예산의 의의 및 기능

(1) 예산의 의의

예산(budget)이란 국가나 기관 또는 단체의 재정수요와 이를 충당하기 위한 재원을 추정하여 작성한 한 회계연도에 있어서의 수입·지출의 예정계산서를 말한다.

모든 인류의 경제 활동에는 그 종류를 불문하고 앞으로 일어날 일에 대한 예정적 계획을 수립할 필요가 있다. 개인의 경우에도 계획을 수립하고 그 실행에 필요한 금전상의 수지예산을 세워 이에 따라 활동하는 것이 일반적인 관행이다. 국가의 경우는 개인이나 사기업의 경우보다 규모가 방대하고 복잡하므로 국가의 재정적 수지의 예산을 면밀하게 수립하고 이에 따라 집행하여야 한다.

국가 재정의 핵심인 정부예산의 특성을 보면 예산의 형식적 면에 있다고 볼 수 있다. 즉 예산의 성립 내지 효력발생이 법률상의 요건에 따라 이루어진다는 것이다. 개인이나 사기업의 경우 예산은 관리계획에 불과하고 정부만큼 강제적인 효력이 적다. 예산이 성립되어도 경영자의 재량권이 많아 예산의 변경이 용이하다. 그러나 국가예산의 경우에는 국회를 통과하여 확정되면 임의로 변경할 수 없고 변경하고자 할 경우 법령이 정한 일정한 절차를 거치도록 하고 있다.

정부예산의 효력은 세입예산과 세출예산에 따라 다르다. 즉 세입예산은 세출예산의 재원으로서의 세입의 예상계획서에 불과하며 세입 자체는 법에서 정하는 범위 내에서 징수·수납하는 것이고 세입예산의 범위 내에서 징수·수납하는 것은 아니다. 이와 반면에 세출예산은 정부가 지출할 수 있는 최고한도를 설정한 것이기 때문에 절대적인 구속력을 갖는다. 따라서 그 한도를 초과하여 집행할 수 없다.

(2) 예산의 기능

예산의 기능은 크게 세 가지 계획기능, 통제 및 관리기능과 보고 및 평가기능을 하고 있다.[1)]

첫째, 계획기능은 예산이 수립되어야 대부분의 정부활동이 이루어질 수 있기 때문에 예산을 통하여 정부의 계획을 뒷받침해 주는 역할을 한다. 정부가 국방, 외교, 후생복지 등 공공서비스 즉 공공재를 제공하고 있기 때문에 계획을 세우고 예산의 뒷받침이 이루어지면 계획이 실행에 옮겨질 수가 있다. 그러므로 예산을 통하여 정부의 계획을 파악할 수 있게 된다.

둘째, 예산은 또한 통제 및 관리기능을 수행한다. 예산이 계획대로 재원확보가 이루어지고 주어진 예산액 범위 내에서 집행이 이루어지는지를 파악할 수 있다. 국회 또는 지방의회는 국회나 지방의회가 승인하여준 예산목적대로 집행되고 있는지를 감독하고 행정부에서는 주어진 예산을 산하기관에 재배정할 때 그 재배정된 예산 범위 내에서 집행하는지를 감독하고 통제한다.

셋째, 예산은 보고 및 평가기능을 수행한다. 예산이 회계연도 말에 얼마나 쓰여졌는지를 보고하고 목적대로 집행되었는지를 보고하게 함으로써 최종적으로 국민들에게 정부의 책임성 이행에 대한 평가를 받게 된다.

1.2 ●● 예산의 유형

(1) 일반회계예산과 특별회계예산

예산은 수입 지출을 명확히 하기 위하여 통일적으로 운영되는 것이 바람직하다. 그러나 정부활동의 영역이 확대됨에 따라 획일적인 운영은 오히려 불합리한 결과를 가져올 수도 있다. 이를 극복하기 위하여 특정한 세입 · 세출을 일반세입 · 세출과 구분하여 경리할 필요가 있을 때 특별회계를 설치하는 것이 인정되고 있다. 이러한 회계구분에 의하여 예산도 일반회계예산과 특별회계예산으로 구분된다.

일반회계예산이란 일반적 국가 활동에 관한 세입 · 세출을 포괄하는 예산으로서 예산이라 할 때는 일반회계예산을 말하는 경우가 많다. 일반회계예산은 국가의 고유의 기능을 수행하기 위한 예산으로서 정부예산의 근간이 된다. 그

1) Michael H. Granof, *Government and Not-for-profit Accounting: Concept and Practices*(3rd ed.), John Wiley and Sons Inc., 2006, pp. 78–79.

세입은 원칙적으로 조세수입을 재원으로 하고 그 세출은 주로 국가의 활동을 위한 기본적 경비지출로 구성된다. 기금회계형태를 취하고 있는 미국 지방정부의 경우 일반기금, 특별수입기금, 부채상환기금 관련 예산은 이 범주에 속한다고 할 수 있다.[2)]

특별회계예산이란 국가의 회계 중 특정한 세입으로서 특정한 세출에 충당함으로써 일반의 세입 · 세출과 구분 경리하는 부분을 말한다. 미국 지방정부의 경우 건설기금, 내부서비스기금, 기업기금 등에 대한 예산이 여기에 속한다고 할 수 있다.

특별회계예산의 경우 국가의 세입 · 세출은 통일적으로 경리되어야 한다는 예산단일의 원칙에는 배치되지만 정부가 운영하는 사업의 지출을 명백히 하고 행정기관에 자유재량의 범위를 넓혀줌으로써 행정능률의 증진과 사업성과를 원활히 달성할 수 있게 된다.

(2) 본예산과 추가경정예산

본예산이란 당초에 성립한 예산을 말하며 당초예산이라고도 한다. 예산이 편성 · 확정되기까지는 많은 기간이 필요하게 되므로 재정계획의 입안과 집행간에는 시차가 있어 그 간의 경제사회여건이 변화하거나 여러가지 사정에 의하여 편성된 예산안이나 성립된 예산을 수정 변경할 필요가 생기게 된다. 따라서 본예산은 수시로 변경되므로 본예산대로 집행된 경우가 오히려 드물다.

추가경정예산이란 예산 성립 후에 생긴 사유로 인하여 이미 성립된 예산에 추가 또는 변경을 가한 예산을 말한다. 원래 예산이 성립된 후 부족하면 예비비로 충당하여야 하나 부족액이 많은 경우에는 추가경정예산을 편성하지 않을 수 없다.

(3) 확정예산과 잠정예산

예산안은 회계연도 개시 전까지 통과되어야 하는데 통과되면 확정예산으로 당해 회계연도부터 효력을 발생하게 된다. 그러나 만일 통과되지 못했을 경우에 임시방편적으로 기본적인 활동을 위한 지출은 이루어져야 하므로 정부로서는 긴급하게 일시적인 예산을 편성하여 운용하여야 한다. 이때 임시로 체결할 수 있는 방법으로서 잠정예산 또는 준예산제도를 들 수 있다.

---

2) Robert J. Freeman and et al., *Governmental and Nonprofit Accounting*(8th ed.), Prentice-Hall, 2006, p. 77.

잠정예산이란 예산안이 회계연도 개시 전까지 통과되지 아니한 경우에 예산안에 성립될 수 있는 일정기간 동안 필요한 경비의 지출을 허용하도록 잠정적으로 만든 예산을 말한다. 따라서 본래의 예산이 성립되는 경우에는 잠정예산은 자동적으로 본예산에 흡수되어 그때까지 지출된 항목이나 채무부담 등은 모두 본예산에 의하여 지출된 것으로 효력이 발생한다.

우리나라에서는 잠정예산의 일종으로 준예산제도를 채택하고 있다. 준예산이란 회계연도 개시일까지 예산안이 의결되지 못한 경우에 헌법이나 법률에 의하여 설치된 기관 또는 시설의 유지 운영, 법률상 지출의무의 이행, 이미 예산으로 승인된 사업의 계속을 위한 경비를 전년도 예산에 준하여 지출할 수 있는 제도를 말한다.[3] 이 준예산의 특징은 지출할 수 있는 경비의 항목을 필요최소한으로 규정하였고, 국회에서 예산이 의결될 때까지로 한정하여 집행을 허용하고 있는 점이다.[4] 이러한 준예산으로 집행된 예산은 당해연도의 예산이 확정된 때에는 그 확정된 예산에 따라 집행된 것으로 본다

(4) 경상예산과 자본예산

정부의 지출(세출)예산의 비목별 성격을 분류해 보면 인건비, 여비 등과 같이 지출연도에 소모되어 없어지는 경비가 있는가 하면 댐, 교량, 도로 등 사회간접자본시설과 건물이나 토지의 매입과 같은 그 지출의 효과가 여러 해에 걸쳐 나타나는 경비로 구분할 수 있다. 전자를 경상예산 또는 운영예산(operational budget)이라고 하고 후자를 자본예산(capital budget)이라고 부른다.

현금회계에 있어서 현금수지측면만 고려하면 모든 지출이 한꺼번에 현금으로 지출된다는 점에서 구별할 필요가 없다. 그러나 전체예산 중에서 소모성 지출성격인 경상예산과 미래의 수익력 또는 서비스창출의 원천이 되는 자산을 형성하기 위하여 지출되는 자본예산을 구분하여 이들 두 종류의 세출예산을 적정하게 배분함으로써 정부지출의 효율성을 높일 수 있다.

이러한 제도는 당초 선진자본주의 국가에서 경제적 불안정을 극복하기 위하여 만들어진 것이었다. 오늘날에 와서는 장기재정계획을 수행하는데 도움이 된다는 판단아래 스웨덴 등 많은 나라에서 채택하고 있다.

---

3) 국가재정법 제55조, 헌법 제54조 제3항.

4) 현행 우리나라 지방자치단체의 예산불성립시의 예산집행의 경우에도 예산안이 의결될 때까지 ① 법령이나 조례에 의하여 설치된 기관 또는 시설의 유지 · 운영, ② 법령 또는 조례상 지출의무이행, ③ 이미 예산으로 승인된 사업의 계속을 위한 경비에 한하여 전년도 예산에 준하여 집행할 수 있도록 하고 있다(지방자치법 제131조).

●● 표 3-1 경상예산과 자본예산의 항목 분류

구분	세 출	세 입	구분
경상예산	인건비	정부기업수익	경상예산
	물건비	관업수익	
	이자보조금	재산소득	
	감가상각비	조세수입	
	국내경상이전	국내경상이전수입	
	해외경상이전	해외경상이전수입	
	경상계정흑자	저축(경상계정흑자)	자본예산
자본예산	고정자본형성	감가충당금	
	국내에로의 자본이전	자산세	
	해외에로의 자본이전	관유재산매각수입	
	출자 및 융자	융자회수	
	기타의 자본적 지출	차입	
		자본계정적자	

우리나라의 경우 국가예산에서는 이를 구분하지 않고 통합하여 사용하고 있다. 다만 일반회계의 성질별 세출예산 분류방법에서와 같이 자산취득비를 별도로 구분하도록 하고 있으므로 상환지출과 함께 자본예산으로 보고 나머지를 경상예산으로 구분하여 판단하면 될 것이다. 정부기업특별회계 및 정부투자기관 등에서는 운영예산과 자본예산을 구분하여 세우도록 하고 있다.

자본예산은 원래 발생주의 원칙에 따라 자본적 지출에 충당하는 자본의 조달을 가능케 하기 위해 발전된 것이다. 따라서 수입에 있어서 자본예산의 경우 자본수입으로 하되 부족한 경우에는 차입금이나 국공채 발행으로 충당하며, 경상예산의 경우에는 주로 조세수입으로 충당하게 된다. 자본예산과 경상예산의 과목분류형식을 보면 위 〈표 3-1〉과 같다.

이러한 자본예산제도의 장점을 들면 다음과 같다.[5]

첫째, 자본예산제도는 장기간 지속되는 불규칙적 사업의 재원조달에 있어 효율성과 형평성을 증대시킨다. 예를 들면 도로, 다리 등은 건설에도 장시간을 필요로 하지만 시민들이 장기적으로 이용을 할 수 있어 혜택을 보는 사람들과 건설당시 비용을 부담하는 사람이 다를 수 있다. 이때에 이들 비용을 공채 등으로 자금을 조달하여 충당하고 시설의 사용기간 동안 공채를 분할 상환한다면 불공평한 부담문제는 해소될 것이다. 이것이 세대간 형평성(intergenerational equity) 또는 수익자부담의 균등원칙이 된다.

둘째, 자본예산은 재원이 한정되어 있는 여건 속에서 매우 유용한 수단이

5) 정세욱, "자본예산제도의 도입의 전제조건," 지방재정 제5호 (1994.10.), pp. 27-28.

된다. 자본예산규모가 경상예산규모보다 상대적으로 큰 경우가 많기 때문에 사업의 우선순위를 정해서 시급하지 않거나 경제성이 낮은 사업은 가급적 피하거나 연기해서 시행하도록 함으로써 재원부족을 피할 수 있게 된다.

셋째, 자본예산은 예산의 표기와 분석에 유용한 수단을 제공한다. 경상예산과 자본예산을 별도로 작성함으로써 정부의 순자산상태의 변동과 사회간접자본의 축적 및 변동을 용이하게 나타낼 수 있다.

넷째, 국민의 이해증진에 도움이 된다. 정부예산하면 일반적으로 모두 소비되어 없어지는 것으로 일반국민들은 이해하기 쉬운데 자본예산을 구분하여 표기하는 경우에 이들 자본예산이 필요한 사유를 쉽게 설명할 수 있다. 즉 이들 예산은 결코 소비되는 예산이 아닌 사회간접자본이나 정부의 고정자산 형성을 위한 예산이라는 점이 분명히 설명된다.

이러한 장점에도 불구하고 자본예산을 도입하여 운용하는데 있어서 어려움 또한 만만치 않다. 이러한 어려움 내지 단점으로서는 다음과 같은 것들이 있다.

첫째, 자본적 지출을 위한 재원을 대부분 국채나 공채에 의존함으로써 상환능력을 고려함이 없이 무리한 지출을 정당화하기 위한 수단으로 이용될 가능성도 있다 그리고 이로 인하여 인플레이션을 가속시키고 이자비용 부담이 커지며 그 영향이 장기간에 미친다.

둘째, 운용면에 있어서 복식부기의 사용, 자산의 재평가, 감가상각비의 재조정 등 기술적으로 까다로운 절차를 요한다. 결국 자본예산제도는 발생주의와 복식부기제도에 의한 기업회계방식의 도입이 전제가 되어야 한다.

(5) 고정예산과 변동예산

고정예산이란 지출예정금액이 확정되어 있기 때문에 경제여건의 변동으로도 변경되지 않는 예산을 말한다. 예컨대 구입하고자 하는 품목의 예산단가가 변동되더라도 주어진 예산액 범위 내에서 집행하여야 한다. 이러한 예산은 통제하기 용이하기 때문에 일반적으로 대부분의 예산은 고정예산형태로 운영된다.

변동예산이란 예산액이 정해져 있다 하더라도 예산단가 등이 변동되는 경우에는 그 변동된 예산단가를 적용하여 주어진 예산을 초과하여 집행할 수 있도록 어느 정도 재량이 부여된 예산을 의미한다. 주로 정부기업회계 예산에 적용될 수 있지만 잘 사용되지 않는다.

2 예산제도

2.1 ●● 예산제도의 의의

예산을 무슨 목적으로 어떠한 형식으로 만드느냐 하는 것은 대단히 중요한 사항의 하나이다. 예산제도는 전통적으로 통제위주의 품목별 예산제도가 각국의 공통적인 예산제도로서 오랫동안 뿌리를 내려왔다. 그러다가 미국과 영국 등 선진국에서 정부지출의 증가와 더불어 입법부의 통제위주의 예산방식에 대한 문제점이 거론되면서 1950년대 이후에 예산개혁에 대한 논의가 일어나기 시작하였다. 이때부터 미국 등에서 성과주의 예산에 눈을 돌리게 되었고 선진국들의 개혁 움직임에 개발도상국들도 가세하게 되었다.[6] 계획예산제도도 이 무렵에 시행되었고 영점기준예산제도가 한때 유행했었으나 실상 적용이 쉽지 않아 예산제도로서 정착되지는 못하고 있다. 최근에는 산출예산제도가 일부국가에서 채용되고 있다.

우리나라의 경우 뚜렷하게 어느 특정제도를 채택했다고는 볼 수 없으나 최근 들어 국가재정운용계획을 수립하도록 하고 있고, '장-관-항' 으로 구분되던 투입 중심의 기존 예산체계를 성과중심의 '분야-부문-프로그램' 으로 전환하여 작성하도록 함으로써 프로그램 예산제도를 채택하고 있다고 볼 수 있다.[7]

2.2 ●● 품목별 예산제도

품목별 예산제도(line-item budget system)란 예산을 품목별로 분류하는 방식으로서 행정책임의 소재와 회계책임에 대한 감독부서의 통제가 용이하도록 하기 위한 제도이다. 즉 이 제도는 예산집행의 낭비와 부당집행방지를 위해서 품목별로 구체적인 명시를 하여 그 집행결과를 결산으로 확인하려는 제도이다. 전통적으로 각국에서 채택해 온 방법으로서 입법부에 의한 통제가 용이하도록 편성된 제도이다.

---

6) A Premchand, *Government Budgeting and Expenditure Controls: Theory and Practices* (Washington D.C.: IMF, 1983), p. 90.

7) 기획예산처, 「2007년 나라살림: 예산개요」, 2007.2, pp. 170–171.

2.3 ●● 성과주의예산제도

성과주의예산제도(performance budget system)는 종래의 품목별 예산제도를 보완하기 위하여 하나의 획기적인 전기를 마련해준 제도로서 미국에서 최초로 적용하기 시작하였다.[8)]

성과주의예산제도는 종래의 예산제도가 중요시하는 특정재화나 용역에 두지 않고 경비지출에 의한 성과와 실적에 그 역점을 두고 있다. 즉 경비를 지출하기 위한 사업이나 기능에 대하여 그 사업이나 기능을 수행하기 위하여 어느 정도의 예산이 소요되는지를 명백하게 나타내기 위한 예산제도인 것이다. 다시 말하면 품목별 예산에서는 정부가 구입하는 물품을 표시해 주기는 하나 왜 그것을 구입하는지에 대해서는 분명하게 나타내지 못했던 것이다. 이러한 단점을 보완하기 위하여 정부가 지출하려는 품목과 그 지출로서 이용하려는 사업을 연결시켜 나타내려는 제도이다.

2.4 ●● 계획예산제도(프로그램예산제도)

계획예산제도(planning, programming and budgeting system : PPBS)는 종래의 관리중심의 예산기능을 지양하고 상대적으로 경시되어 왔던 예산편성에 있어서의 계획기능을 중시하는 예산제도이다. 이는 일명 프로그램 예산이라고도 하며, 1950년대에는 미국의 랜드(RAND)연구소에서 집중적으로 연구되었으며, 1961년대에는 당시 국방장관 맥나마라에 의해 국방행정에 동 예산제도가 도입, 적용되었다. 1965년에는 존슨 대통령의 지시에 의해 각 부처에 도입된 적이 있었다.[9)] 그러나 계획예산제도는 이론상으로는 건전하다고 하겠으나 실제적으로는 실패하였으며 미국이나 기타 선진국에서 더 이상 사용되지 않는다.

우리나라에서는 품목별 예산제도의 단점이 부각되자 다시 프로그램예산제도를 채택하여 2008년부터 시행되고 있다. 지방자치단체에서는 '프로그램' 대신에 '사업예산'이라는 용어를 사용하고 있다. 종전의 품목별 예산제도와 새로이 채택된 프로그램예산제도를 비교하면 〈표 3-2〉의 내용과 같다. 즉 현행

---

8) Hoover Commission 이 구성되어 정부예산에 대한 통제방안을 연구하게 되었고, 이 위원회에서 성과주의 예산의 사용을 건의하게 되었다.

9) Rowan Jones and Maurice Pendlebury, *Public Sector Accounting*(5th ed.), London: Pitman Publishing, 2000, p. 79.

●● 표 3-2 품목별 예산과 프로그램예산 구조와의 비교

종전(품목별 예산)		개편(프로그램예산)	
장	대기능	분 야	(현행)장 · 관 · 항 → (개편)분야 · 부문
관	중기능	부 문	
항	소기능	프로그램	(현행)항 · 세항 → (개편)프로그램
세항	실 · 국	단위사업	(현행)세항 · 세세항 · 세사업 → (개편)단위사업
세세항	세부사업		
세사업	세부사업(세세항의 지역별 분류 등)		
목	예산편성비목	편성비목	예산편성시 판단비목
세목	예산심의 및 집행비목	통계비목	예산집행비목 통계참고비목

자료: 기획예산처 내부자료, 2007.

장 · 관 · 항으로 구성된 항목은 프로그램 예산에서 분야 · 부문으로 분류하고 현행 항 · 세항 관련 항목은 프로그램으로 개편된다. 그리고 프로그램은 여러 개의 단위 사업으로 구성될 수 있는데 현행 세항 · 세세항으로 구성된 항목이 단위사업이 될 수 있다.

계획예산제도는 한마디로 정책결정자들의 요구를 충족시켜 주기 위한 예산제도이다. 예산의 수요는 많고 한정된 재원으로 인하여 국가 정책 목적에 가장 많이 충족시키는 목적으로 한정된 재원이 할당되도록 선택되어야 된다는 명제를 계획예산제도가 충족시켜야 하는 것이다.

2.5 ●● 영점기준예산제도

영점기준예산제도(zero-base budgeting : ZBB)는 예산편성시 전년도 예산을 기준으로 하여 점증적으로 예산액을 책정하는 폐단을 시정하려는 데서 나온 예산제도로서 전년도 예산대비개념을 탈피하기 위하여 전년도와 유사한 사업이라도 그 사업의 수행목적, 수행방법, 수행효과, 소요경비 등을 '영의 수준',

즉 원점에서 판단하여 우선순위를 새롭게 결정하고 그에 따라 예산을 책정하는 방법을 의미한다.

이 제도는 주로 미국에서 먼저 발달하였다. 즉 지미 카터가 조지아 주지사로 있을 때와 미국대통령이 되었을 때 시행되었으며, 이후 많은 기업체 등에서도 호응을 얻어 도입 시행되었다. 그러나 그 시행상의 많은 어려움으로 인하여 미국 연방정부에서 1981년 이 제도를 폐지한 이래 이에 대한 관심이 급격히 저하되고 있다.[10)]

우리나라의 경우 1983년도 예산편성에서부터 이 제도를 일부 실시하기 시작하여 1984년 동결예산편성에 있어 이 제도는 중요한 수단으로 활용된 바 있다. 그러나 최근 들어 이 제도를 전면적으로 적용하지는 않고 다만 일부 투자사업의 경우 사업의 시행여부를 검토하는 단계에서 이 제도의 이념에 따라 검토하고 있다.

2.6 ●● 산출예산제도

산출예산제도(output based budgeting)란 투입(input)이 아닌 산출물(output)형태로 예산을 편성하는 방법을 말한다. 정부의 활동이나 서비스의 경우에는 그 활동과정을 투입(input), 활동(activity), 산출(output), 그리고 효과(effect 또는 outcome)의 과정으로 나누어 최종효과를 가지고 정부활동의 효율성 또는 효과성을 판단하고 있다. 그러나 정부활동이나 정책을 판단하기는 매우 어렵고 또한 복합적으로 나타나는 경우가 많기 때문에 적절한 평가척도가 될 수 없는 경우가 많다. 따라서 실제로 측정이 곤란한 효과(outcome) 대신 산출물(output)의 측정을 통하여 성과를 평가하려고 하고 있으며 이러한 추세에 따라 예산편성도 산출물 중심으로 예산을 세우도록 하려는 것이다. 따라서 투입예산제도,

●● 그림 3-1 **공공서비스의 생산과정**

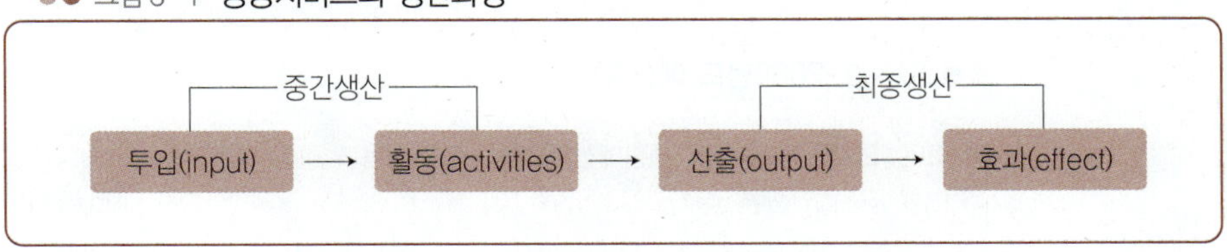

자료: 이계식, 고영선, 「아래로부터의 정부개혁」(서울: 박영사, 1997), p. 107.

10) UN, *Government Budgeting in Developing Countries*(NY: UN, 1986), p. 24.

즉 품목별 예산제도와 성과주의예산제도의 중간 형태라고 할 수 있다.

이러한 산출예산제도는 일부국가 또는 일부 국가의 지방정부에서 사용하기 시작하였기 때문에 이들의 성공여부는 아직 단정적으로 평가할 수가 없다. 다만 이 제도의 장점으로서는 산출물을 구체화함으로써 목표설정이 용이해지고 이를 토대로 실적평가를 명확하게 할 수 있다고 본다. 그러나 모든 정부활동을 산출물로 표시하는 데는 무리가 있게 된다. 사업성이 강한 업무일수록 산출물로 나타내기가 용이하나 정책업무에 대해서는 산출물로 표시하기란 극히 어렵다고 볼 수 있다.

3 우리나라 예산의 내용구분과 예산분류

3.1 예산의 내용구분

예산은 국회의 의결을 그 성립요건으로 하며 정부가 국회에 제출하는 예산은 법률에서 정한 일정한 내용을 구비해야 한다. '국가재정법'은 예산의 내용을 예산총칙, 세입세출예산, 계속비, 명시이월비, 국고채무부담행위로 구분하고 있다. '지방재정법' 역시 동일하게 규정되어 있다.[11)]

(1) 예산총칙

예산총칙(General Provision of the Budget)에는 ① 세입세출예산, 계속비, 명시이월비와 국고채무부담행위에 관한 총괄적 규정을 두도록 하고 있으며 ② 국채 또는 차입금의 한도액 ③ 재정증권의 발행과 일시차입금의 최고액 ④ 그 밖에 예산집행에 관하여 필요한 사항을 규정하고 있다.[12)] 참고로 2009년도의 예산총칙 내용을 살펴보면 〈표 3-3〉의 내용과 같다.

표 3-3 2009년도 예산총칙

제1조	2009년도 세입 · 세출예산 총액을 각각 다음과 같이 정한다. ① 일반회계 196,871,277,699,000원

11) '국가재정법'에서는 '지방재정법'과 달리 예산의 구성이라고 표현하고 있다. 국가예산법 제19조, 지방재정법 제40조.

12) 국가재정법 제20조.

② ~ ⑱ (생략)

⑲ 우체국예금특별회계 1,911,935,000,000원

제2조 2009년도 세입 · 세출예산의 명세는 별첨 〈세입 · 세출예산〉과 같다.

제3조 2009년도 국고채무부담행위는 별첨 〈국고채무부담행위〉와 같다.

제4조 국가재정법 제25조 제2항의 규정에 의한 재해복구 국고채무부담행위 한도액은 1,000,000,000,000원으로 하며, 일반회계 재해대책예비비 사용에 준하여 집행한다.

제5조 2009년도 명시이월비는 별첨 〈명시이월비〉와 같다.

제6조 2009년도 계속비는 별첨 〈계속비〉와 같다.

제7조 계속비 예산으로 총 공사계약이 체결되었을 경우에는 기획재정부장관과 사전에 협의된 한도액 범위 내에서 연부액을 초과하여 시공할 수 있다.

제8조 2009년도 중 한국은행으로부터의 일시차입 또는 재정증권을 발행할 수 있는 최고한도액은 다음과 같다.

① 통합계정(우체국보험 · 기업특별회계를 제외한 일반회계 및 12개 기타 특별회계에 적용) 15,000,000,000,000원

② ~ ④ (생략)

⑤ 공공자금관리기금 10,000,000,000,000원

제9조 2009년도 중 국가의 차입금 한도액 또는 국채발행 한도액은 다음과 같다. 다만, 당해 연도에 발행한 국채를 차환하기 위한 국채발행액은 그 한도액에 포함되지 아니한다.

① 교통시설특별회계 30,000,000,000원

② ~ ③ (생략)

④ 외국환평형기금(외화표시채권) 6,000,000,000달러(미합중국화폐)

제10조 ① 다음 경비 또는 비목에 부족이 생겼을 경우에는 국가재정법 제47조 제1항 단서규정에 의하여 당해 소관 내의 타 비목으로부터 이용할 수 있다.

1. 공무원의 보수, 기타직 보수, 일용임금

2 ~ 10 (생략)

11 국민기초생활보장급여

② 방위사업청소관 지휘통제통신사업 · 기동전력사업 · 함정사업 · 항공기사업 · 화력탄약사업 · 감시정찰정보전자사업 · 신특수유도사업 · 국방연구개발사업은 상호간 이용할 수 있다.

제11조 정부기업예산법 제19조, 우정사업운영에관한특례법 제14조 규정에 의한 수입금 마련 지출은 다음 범위 내에서 할 수 있다.

회 계	수 입	지 출
• 우체국예금특별회계 • 우체국보험특별회계 • 우편사업특별회계	금융영업수입 부가보험료수입 지식경제부공무원 교육원시설임대료	지급이자 보험보상금 수탁교육경비

제12조 일반회계예비비 중 2,860,000,000,000원은 재해대책비(재해복구 국고채무부담행위 상환액 포함), 인건비(국민건강보험부담금, 연금부담금 등 연동경비 포함), 환율변동으로 인한 원화부족액 보전, 종합부동산세법개정 등에 따른 부동산교부세 감소분 지원(1,860,000,000,000원) 이외에는 지출할 수 없다.

제13조 각종 선거경비와 법률에 의한 과거사 관련 보상금의 예비비 지출은 제12조 규정에 의한 예비비 용도 제한을 받지 아니한다.

제14조 정부기업예산법 제14조 및 제21조 단서규정에 의한 기업특별회계의 전출금은 다음과 같다.(이하 생략)

第15조	정부기업예산법 제14조의 규정에 의한 기업특별회계의 전입금은 다음과 같다.(이하 모두 생략)
第16조	원자력손해배상보상계약에관한법률 제10조의 규정에 의한 2009년도 원자력손해배상 보상계약 금액의 합계액은 207,060,000,000원 이내로 한다.
第17조	각 중앙관서의 장은 재해복구를 위해 필요한 경우 각 회계별로 제10조 제8호의 재해대책비 비목을 설치 · 운영할 수 있다.

자료: 기획재정부, 「2009 나라살림: 예산개요」, pp. 181-185.

(2) 세입세출예산

세입세출예산(Revenue and Expenditure Budget)은 예산의 가장 핵심이 되는 것으로서 한 회계연도의 모든 수입과 지출의 예정액이 표시된다. 국가의 주요 정책이나 사업계획 및 경비소요내역 등이 모두 이 세입세출예산을 통하여 산출되고 운용된다.

국가의 세입세출예산은 그 수입과 지출을 관할하는 중앙관서의 소관별로 구분한 후 소관내에서 일반회계와 특별회계로 다시 구분한다. 세입예산은 위 구분에 따라 그 내용을 성질별로 구분하고 세출예산은 위 구분에 따라 그 내용을 기능별 성질별로는 기관별로 다시 구분한다.

국가 세입세출예산에서는 예측할 수 없는 예산 외의 지출 또는 예산초과지출에 충당하기 위하여 정부는 예비비로서 상당하다고 인정되는 금액을 계상할 수 있도록 하고 있다. 과거에는 일반회계에 예비비를 계산하는 경우에는 세출예산총액의 100분의 1 이상을 계상하도록 하였으나 이후 이 규정을 삭제하고 예비비로서 상당하다고 인정되는 금액을 계상할 수 있도록 하였다가 다시 새로이 제정된 '국가재정법'에서는 일반회계예산 총액의 100분의 1 이내로 한정하여 예비비를 계상할 수 있도록 하였다.[13)]

지방자치단체의 경우도 마찬가지로 예비비로서 상당하다고 인정되는 금액을 예비비로 계상하도록 하고 있다.[14)] 다만 교육비 특별회계를 제외한 특별회계의 경우에는 예비비를 계상하지 아니할 수 있다.

(3) 계속비

공사나 제조 및 연구개발사업에 있어서 그 완성에 수년을 요하는 경우 소요경비의 총액과 연부액을 정하여 미리 국회(지방자치단체의 경우 지방의회)의

13) 국가재정법 제22조.

14) 지방재정법 제43조.

●● 표 3-4 계속비 예산내역

(단위 : 천원)

소관	회계	사업별	계속비 총액	계속비연부액										
				2003	2004	2005	2006	2007	2008	2009	2010	2011	2012	2013
		2008 예산	12,314,849,000	250,000,000	300,000,000	939,524,000	1,320,000,000	1,796,560,000	1,946,075,000	1,770,000,000	1,881,800,000	1,591,700,000	519,200,000	-
		2009 예산	24,084,480,785	-	-	222,524,000	520,000,000	1,069,250000	1,434,600,000	5,729,290,000	5,374,338,000	4,451,810,000	3,182,512,785	2,100,156,000
국토 해양부	일반회계	1. 울산신항 북방과제 (제1공구)												
		- 2008예산	-	-	-	-	-	-	-	-	-	-	-	-
		- 2009예산	163,711,000	-	-	-	-	-	-	81,181,000	61,256,000	21,274,000	-	-
		2. 국립해양 생물자원관												
		- 2008예산	-	-	-	-	-	-	-	-	-	-	-	-
		- 2009예산	93,113,785	-	-	-	-	-	-	22,580,000	25,000,000	30,000,000	15,533,785	-
	교통시설 특별회계	3. 기간국도 10차건설												
		- 2008예산	2,157,300,000	250,000,000	300,000,000	437,000,000	480,000,000	461,300,000	229,000,000	-	-	-	-	-
		- 2009예산	-	-	-	-	-	-	-	-	-	-	-	-
		4. 지역간선 1차건설												
		- 2008예산	1,867,524,000	-	-	222,524,000	300,000,000	365,000,000	398,200,000	400,000,000	181,800,000	-	-	-
		- 2009예산	2,050,724,000	-	-	222,524,000	300,000,000	365,000,000	398,200,000	411,600,000	353,400,000	-	-	-

자료: 기획재정부, 「2009 나라살림: 예산개요」, pp. 222-223.

의결을 얻은 범위 내에서 수년도에 걸쳐서 지출할 수 있는 경비를 계속비(Multi-year Expenses)라 한다. 이는 단년도 중심의 전통적인 예산제도에서 진일보한 사업중심 예산이라고 할 수 있다. 공공투자의 대형화, 장기화로 인하여 완성년도까지 수년간이 소용되는 사업이 증대하게 되자 이를 계획적으로 계속 지급하여 완공시키기 위하여 만들어진 것이다. 따라서 장기계속사업은 총액과 그 연차지출계획을 미리 국회의 의결을 얻어 일관성 있게 추진하자는 것이 그 취지이다.

이 때에 국가가 지출할 수 있는 연한은 당해 회계연도로부터 5년 이내로 한다. 따라서 연부액 중 당해연도에 지출하지 못한 것은 5년 이내의 계속비 사업 완성년도까지는 이월하여 사용할 수 있다.

그러나 계속비 총액이나 연부액에 변동이 있을 때는 다시 국회의 승인을 받아야 한다. 그리고 필요하다고 인정할 때에는 국회의 의결을 거처 다시 그 연한을 연장할 수 있도록 개정하였다. 계속비 예산 내용은 〈표 3-4〉와 같다.

(4) 명시이월비

명시이월비(Authorized Carry-over Expenses)란 단년도 예산주의에 대한 예외로서 2년 한 경비에 속한다. 세출예산 중 사업이 성질에 따라서는 그 회계연도 내에 경비지출을 끝내지 못하고 다음연도에 이월하여 지출하지 않으면 안될 것이 있을 수 있다. 따라서 '국가재정법'(또는 '지방재정법')은 세출예산 중 경비의 성질상 연도 내에 그 지출을 끝내지 못할 것이 예측될 때에는 특히 그 취지를 세입세출예산에 명시하여 국회(지방의회)의 승인을 얻어 다음연도에 이월하여 사용할 수 있도록 하였다.[15)] 이와 같이 다음연도 이월지출에 대해서 미리 국회의 승인을 얻을 것을 명시이월비라 한다.

이것은 얼핏 보면 계속비와 비슷하게 보이나 계속비는 공사나 제조 및 연구개발 사업수행에 한정하여 이들 경비가 장기 소요되는 경우에 총액과 연부액을 미리 정하고 각 연도 경비는 그 회계연도에 지출하는 것이 원칙이라는 점이 다르다.

현행 예산서상에는 예산총칙으로 "○○○○년도 명시이월비는 별첨 '명시이월비'와 같다"고 표기한 후 명시이월비 명세서를 세입세출예산에 첨부하고 있는데 여기에서 명시이월비 명세서에 포함된 사업내용은 당해 연도에 집행할 수도 있고 다음연도에 이월하여 집행할 수도 있으나 다음연도에 이월하여 집

15) 국가재정법 제24조.

●● 표 3-5 명시이월비 예산내용 (천원, $)

회계 및 소관	사 항	금 액		
		2009예산	2008예산	증(△)감
I. 일반회계		($30,810,002) 79,595,948	($54,063,136) 106,993,142	(△$23,253,134) △27,397,194
1. 국방부	군수지원 및 협력	($15,080,852) 15,080,852	($18,617,021) 17,127,660	(△$3,536,169) △2,046,808
2. 방위사업청	소 계	($15,729,150) 64,515,096	($20,907,107) 76,489,595	(△$5,177,957) △11,974,499
	기동전력	12,178,946	9,083,000	3,095,946
	함정	31,507,000	31,580,400	△73,400
	항공기	($13,966,524) 13,966,524	(-) -	($13,966,524) 13,966,524
	화력탄약	($1,762,626) 1,762,626	(-) -	($1,762,626) 1,762,626
	감시정찰	(-) -	($5,992,297) 5,849,904	(△$5,992,297) △5,849,904
	신특수유도	(-) -	($14,914,810) 24,876,291	(△$14,914,810) △24,876,291
	국방연구개발	5,100,000	5,100,000	-

자료: 기획재정부, 「2009 나라살림: 예산개요」, p. 221.

행하는 경우에는 이 범위를 초과할 수 없는 한도를 의미한다.

(5) 국고채무부담행위

국가는 법률에 의한 것과 세출예산금액 또는 계속비 총액의 범위내의 것 이외에 채무를 부담하는 행위를 할 때는 미리 예산으로서 국회의 의결을 얻어야 하는데 이것이 바로 국고채무부담행위(Action to Incur Obligation)이다. 지방자치단체에서는 이를 채무부담행위라 한다. 다시 말하면 예산지출 없이 채무부담만 인정되는 예산을 말하여 그 채무이행의 책임은 다음연도 이후에 부담됨이 원칙이다.

예를 들면 어느 지역에 국도를 포장하는 사업인 경우 그 국도의 길이가 50km이며 총사업비가 50억원이고 사업기간이 1년이라고 하자. 당해연도에 사업을 시작하여 당해연도에 25억원의 예산이 계상되어 있다면 사업을 계속 진행시키면서 25억원을 국고채무부담행위액으로서 전년도에 세출예산액과 더불어 계상하여야 한다.

●● 표 3-6 국고채무부담행위 예산내용 (천원, $)

회계 및 소관	사 항	금 액		
		2009예산	2008예산	증(△)감
		($566,500,603) 2,580,687,586	($529,354,923) 2,702,884,286	($37,145,680) △122,196,700
I. 일반회계		($566,500,603) 2,080,687,586	($529,354,923) 2,202,884,286	($37,145,680) △ 122,196,700
1. 외교통상부	재외공관국유화사업	($31,727,000) 31,727,000	($28,618,000) 26,328,560	($3,109,000) 5,398,440
2. 국방부	경상운영비 (장비유지, 병영시설 등)	($534,773,603) 1,731,183,378	($500,736,923) 1,819,692,726	($34,036,680) △88,509,348
3. 방위사업청	방위력개선비	12,792,208	15,476,000	△2,683,792

자료: 기획재정부, 「2009 나라살림: 예산개요」, p. 220.

3.2 ●● 예산분류

예산분류는 예산 항목별 구분이라고도 하며 세입과 세출예산을 어떻게 구분하고 분리하는가 하는 것이다.

예산분류의 목적은 ① 사업계획의 수립 및 예산심의를 용이하게 하고, ② 예산의 집행을 돕도록 하고, ③ 회계책임의 명확한 구분이 되도록 하며, ④ 그 밖에 정부의 활동에 대한 경제 분석을 용이하게 하기 위한 것이다.

예산의 분류방법은 기준 여하에 따라 여러 가지 방법으로 분류가 가능하나 일반적으로 조직 및 품목별 분류, 기능별 분류, 경제성질별 분류, 프로그램별 분류 등으로 나눌 수 있다.

현행 우리나라 '국가재정법'에서는 세입세출예산에 관해서는 중앙관서의 소관별 분류를 원칙으로 하고 세입예산은 성질별 분류를 추가하도록 하였다. 또한 세출예산의 경우에는 다시 그 내용을 기능별, 성질별 또는 기관별로 구분하도록 하고 있다.[16)]

(1) 조직별(소관별) 분류

조직별 분류는 정부조직에 의한 조직단위별로 분류하는 것이며 이를 소관별 분류로 보기도 한다. 그러나 엄격하게 따져서 조직단위와 소관은 구분이 되

16) 국가재정법 제21조.

나 현행 예산 편성상 세입예산과 세출예산은 모두 소관별로 구분하여 예산 편성되고 집행되고 있다

조직별 분류는 입법부의 행정부에 대한 가장 효과적인 재정통제방법으로 사용될 수 있다. 즉 경비지출의 주체를 명백히 함으로써 신속하고 능률적인 예산집행이 가능하고 그에 따른 책임소재를 분명히 할 수 있기 때문이다. 이에 비하여 단점으로서는 너무 소관에 치우치다보면 경비지출의 기능 또는 목적을 전체적으로 파악하기 어렵다는 점이다.

(2) 기능별 분류

정부의 주요기능에 따라 예산을 분류하는 방법으로서 정부활동을 주요기능에 의하여 구분하려는 의도로 분류되는 것이다. 최근에 와서 각국의 예산을 비교하기 위하여 통일적인 기능별 분류의 채택이 강조되어 왔으며 각국에서 실정에 맞게 기능별로 분류하여 운영해 오고 있다.

기능별 분류의 특징을 보면 ① 기능별 분류의 대 항목은 어떤 한 부처의 예산을 포함할 수 없고 관련부처를 망라해서 포함하기도 한다. ② 공공사업을 별개의 범주로 인정하지 않는다. ③ 실제적인 지출만을 표시하여 예산배정이나 채무부담 행위와는 관계하지 않는다. ④ 한 개 이상의 기능에 해당하는 사업이 많이 있다.

이러한 기능별 분류는 결국 행정부의 정부 예산정책수립을 용이하게 하고 입법부의 예산심의를 편리하게 하는데 주요한 목적이 있다.

우리나라의 경우도 현행 세출예산에 대하여 기능별 분류를 요구하고 있는바 그 분류내용은 〈표 3-7〉의 내용과 같다.

표 3-7 우리나라 세출예산의 기능별 분류

1. 일반공공행정	9. 보 건
2. 공공질서 및 안전	10. 농림수산
3. 통일 · 외교	11. 산업 · 중소기업 및 에너지
4. 국 방	12. 교통 및 물류
5. 교 육	13. 통 신
6. 문화 및 관광	14. 국토 및 지역개발
7. 환경	15. 과학기술
8. 사회복지	16. 예비비

자료: 기획재정부, 「2009 나라살림: 예산개요」, pp. 204-208.

●● 표3-8 우리나라 성질별 세출예산 분류

100	인건비(Personnel Expenses)
200	물건비(Goods & Services)
300	이전지출(Current Transfers)
400	자산취득(Asset Acquisition)
500	상환지출(Repayment of Loan)
600	전출금 등(Transfers)
700	예비비 및 기타(Contingency and Others)

자료: 기획재정부, 「2009년 나라살림」, p. 210.

(3) 품목별(성질별) 분류

품목별 분류(classification by object)는 세입 또는 세출의 대상이나 성질에 따라 분류하는 방법으로 우리나라에서는 성질별 분류라는 용어를 사용하고 있다. 세출예산의 경우 정부의 각 기관이 돈을 주고 사고자 하는 재화나 용역의 내역은 거의 비슷하기 때문에 이와 같은 지출대상으로 한 분류가 가능하다.

이 품목별 분류의 목적은 집행에 대한 회계책임을 명확히 하기 위한 기초자료를 제공함으로써 경비사용의 적정성을 도모하기 위한 것이다. 예컨대 여행경비는 일반적으로 제한된 규정 범위 내에서 사용되어야 하므로 경비 집행에 특별한 관심의 대상이 되는 항목이 된다. 따라서 별도 항목으로 분류함으로써 집행기준대로 사용되어 있는지의 여부를 파악하기가 용이해진다.

그러나 이러한 분류는 지출의 세부 품목에만 중점을 두어 파악함으로써 전체적으로 정부활동에 대한 전모를 파악하기가 어려워 예산의 효율적 집행 여부에 대한 검토가 소홀해질 뿐만 아니라 품목별 또는 성질별 분류 자체가 모든 기관에 유용하게 사용되어 질 수 있다고 볼 수 없는 단점이 있다.[17)]

우리나라의 경우 예산과목이 장, 관, 항, 세항, 목으로 분류되고 있는바 이 중 목이 품목별 분류에 해당하며 세항이 성질별 분류로 볼 수 있다.

4 예산편성과 집행

예산의 편성과 집행은 하나의 순환과정으로 볼 수 있으며 이 순환과정 즉 예산 사이클은 다음과 같은 순서로 이루어진다.

---

17) United Nation, *Government Budgeting in Developing Countries*(New York: UN, 1986), p. 56.

●● 그림 3-2 예산과정

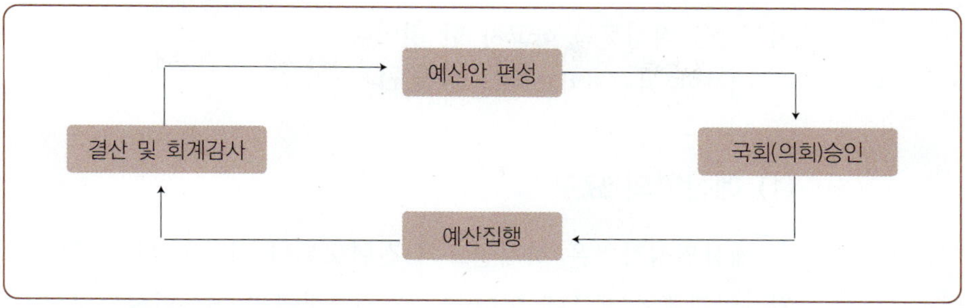

- 예산안 편성
- 국회승인 및 확정
- 예산집행
- 결산확정 및 회계감사

4.1 ●● 예산안 편성

정책의 목표와 내용을 숫자로 표현한 예산은 국회의 심의 · 의결을 거쳐 성립 확정되지만 그 과정에서 실질적으로 중요한 것은 예산안(budget bill)이다. 따라서 어떠한 국가기관, 즉 행정부 또는 국회가 예산편성의 주도권을 가질 것인가 하는 문제는 과거로부터 제도적 문제로서 논의의 대상이 되어 왔다. 그러나 예산은 본질적으로 행정적 성격이 강하고 특히 세입 · 세출의 균형을 유지하고 정부계획 전체를 반영하여야 하며 재정운용에 관한 책임의 소재를 명확히 하여야 한다는 점에서 대부분의 국가에서는 예산편성권을 행정부에 소속시키고 있다. 그리하여 보통 재무성장관이 예산안을 작성하게 된다. 그러나 예산안편성을 위하여 특별한 기관을 설치하고 있는 나라도 많다.[18] 우리나라에서는 기획재정부장관으로 하여금 예산안을 편성케 하고 있다.

지방자치단체의 예산편성권자는 지방자치단체의 장이다. 즉 도에서는 도지사가, 시군에서는 시장 또는 군수가 예산편성의 책임을 지고 소관의 예산안을 편성하여 지방의회에 제출한다. 다만 예외적으로 지방공기업의 예산안 작성권은 공기업관리자에게 부여할 수 있다. 이와 같이 예외를 인정하여 공기업 관리자에게 예산안 작성권을 부여한 것은 정부예산보다 좀더 신축적인 대응이 요

18) 미국의 경우에는 예산의 편성은 대통령 직속기관인 관리예산처(Office of Management and Budget: OMB)에서 취급한다.

구되므로 자율적으로 편성을 유도하기 위한 차원에서 공기업관리자로 하여금 예산안을 작성토록 하고자 한 것이다.

예산안 편성절차는 다음과 같다.

(1) 예산안의 요구

예산편성작업은 회계연도의 전년도부터 시작이 된다. 각 중앙관서장의 중기사업계획서 제출에 이어 기획재정부장관의 예산편성지침 시달이 있고 이의 근거에 의하여 각 중앙관서의 장은 예산요구서를 제출하는 순으로 이루어진다. 국가 및 지방자치단체에 대한 예산편성절차는 [그림 3-3]의 내용과 같다.

그림 3-3 중앙 및 지방정부의 예산편성과정

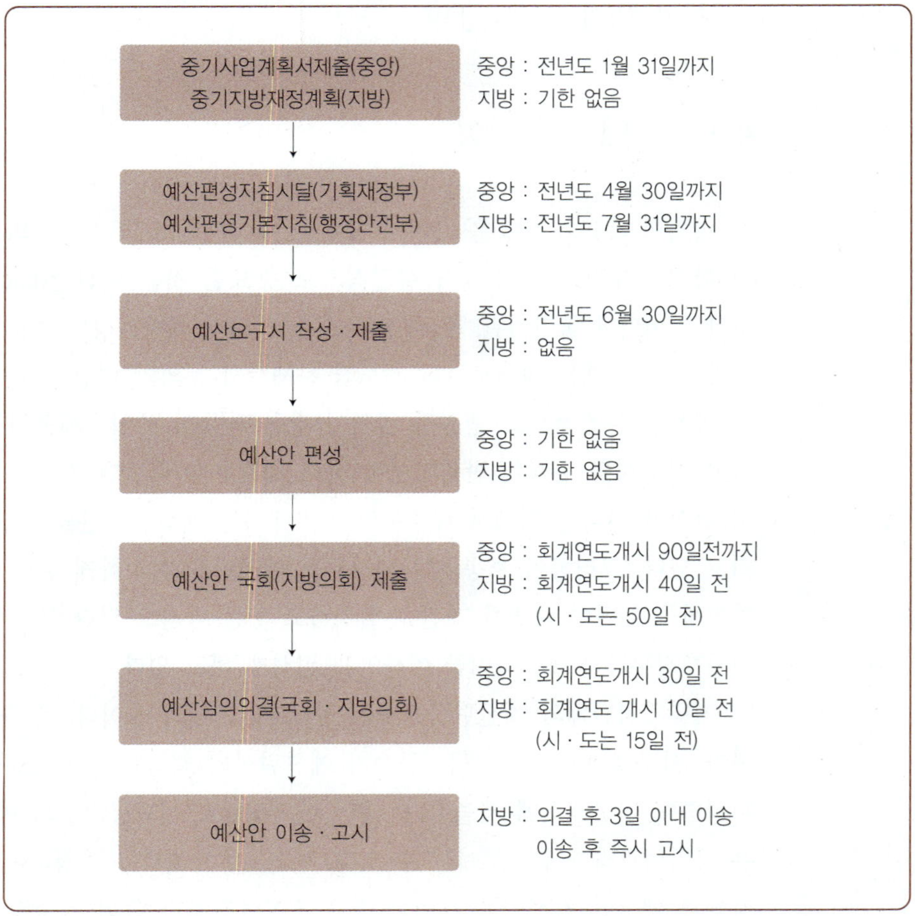

- **중기사업계획서 제출**

각 중앙관서의 장은 예산요구에 앞서서 매년 전년도 1월말까지 다음연도부터 3회계연도 이상의 기간 동안의 신규 사업 및 기획재정부장관이 정하는 주요계속사업에 대한 중기사업계획서를 기획재정부장관에게 제출하여야 한다.

- **예산안편성지침 통보**

기획재정부장관은 매년 전년도 4월 30일까지 국무회의의 심의를 거쳐 대통령의 승인을 얻은 예산안편성지침을 각 중앙관서의 장에게 통보하여야 한다.

지방자치단체의 경우에는 행정안전부장관이 예산편성기본지침을 작성하여 전년도 7월 31일까지 각 지방자치단체에 시달하여야 한다.

- **예산요구서 제출**

각 중앙관서의 장은 예산안편성지침에 따라 매 회계연도 소관에 속하는 세입세출예산, 계속비, 명시이월비 및 국고채무부담행위요구서를 작성하여 매년 전년도 6월 30일까지 기획재정부장관에게 제출한다.

(2) 예산안 사정

각 중앙관서로부터 예산요구서가 제출되면 기획재정부가 이를 종합 정리하여 전체적인 재정소요의 추세와 요구규모, 중앙관서별 및 부문별 중점시책, 그리고 주요사업계획 등을 정리하게 된다.

(3) 예산안의 확정 · 제출

예산안이 기획재정부에서 확정되면 정부차원에서 검토되고 확정되어 국회에 제출이 된다.

- **국무회의 상정, 대통령 승인**

편성된 예산안은 국무회의의 심의를 거쳐 대통령의 승인을 얻음으로써 정부안으로 확정된다.

- **국회제출**

이러한 절차가 끝나면 예산안은 국가재정법령이 정한 형식을 갖추어 회계연도 개시 90일 전까지 국회에 제출하여야 한다. 이때에 국회에 제출하는 예산안에는 예산안 편성지침, 세입세출예산사항별 설명서 등이 첨부되어야 한다.

한편 지방자치단체의 경유 예산안을 편성하여 시 · 도의 예산은 회계연도 개시 50일 전까지, 시군 및 자치구의 예산은 회계연도 개시 40일 전까지 지방의회에 제출하여야 한다.[19]

● 국회 제출중인 예산안 수정

정부는 예산안을 국회에 제출한 후 부득이한 사유로 인하여 그 내용의 일부를 수정하고자 할 경우가 생긴다. 이때에는 다시 국무회의의 심의를 거쳐 대통령의 승인을 얻은 수정예산안을 국회에 제출할 수 있다. 이것이 바로 수정예산안으로서 국회의 의결 전에 제출하는 것을 말한다.

4.2 •• 국회 심의 및 의결

● 국회 본회의 및 상임위원회의 정책질의

정부의 예산안이 회계연도 개시 90일 전까지 국회에 제출되면 정기국회가 열려 예산안 심의가 본격적으로 이루어진다. 먼저 본회의에서는 행정부의 수반인 대통령이 정부의 전반적인 정책 및 예산편성의 기본방향 등에 대하여 시정연설을 하고 이러한 정책과 예산편성의 방향에 대하여 정책질의가 있게 된다. 이어서 각 상임위원회별로 각 중앙관서의 장이 제안설명을 하게 되고 위원회별로 예산안의 예비심사가 진행된다. 이때에 각 위원회 소관의 정책질의가 아울러 행하여진다.

● 예산결산특별위원회의 종합심사

예산안의 종합심사를 위하여 예산결산특별위원회가 구성되어 활동을 시작한다. 예산결산특별위원회의 종합심사는 ① 종합정책질의, ② 분과별 심의, ③ 계수조정소위원회의 계수조정, ④ 예산결산특별위원회 전체 회의에서 소위원회의 조정안 승인의 순으로 행하여진다. 이 과정에서 가장 중요한 것은 분과별 심의와 소위원회의 계수조정이라고 할 수 있는데 이는 예산안의 실질적인 조정작업의 여기서 이루어지기 때문이다.

● 국회 본회의 의결

예산결산특별위원회의 종합심사가 끝나면 예산안은 본회의에 상정되어 본회의의 의결을 거쳐 최종적으로 국회를 통과하게 된다. 국회에서는 정부의 동

---

19) 지방자치법 제127조 제1항.

의없이는 정부가 제출한 세출예산 각항의 금액을 증가하거나 새 비목을 설치할 수 없도록 헌법에 명문화하고 있다.[20] 예산안은 회계연도 개시 30일 전까지는 의결되어야 한다.[21]

확정된 지방자치단체의 예산안은 지방의회에 제출하여 의회의 승인을 거쳐 확정되는 바, 의결기한은 시 · 도의회에서는 회계연도개시 15일 전까지, 시 · 군 및 자치구의회에서는 회계연도 개시 10일전까지 의결하여야 한다. 지방자치단체의 경우도 역시 국가의 경우와 마찬가지로 지방자치단체의 장의 동의없이 지출예산 각항의 금액을 증가하거나 새 비목을 설치할 수 없도록 하고 있다.[22]

4.3 ●● 예산의 집행

(1) 예산집행의 의의 및 절차

예산안이 국회 또는 지방의회에서 의결되면 예산은 확정된다. 이에 따라 정부는 국회가 의결한 예산 범위 내에서 집행하게 된다. 즉 예산의 집행이란 성립된 예산에 따라 수입을 조달하고 공공경비를 지출하는 모든 재정활동을 의미한다. 이러한 재정활동의 과정 속에서 예산의 효력이 발생한다.

예산은 행정부의 재정활동을 규제하는 통제적 기능을 갖고 있지만 그 효력은 세입예산과 세출예산에 있어서 다르다. 정부수입, 즉 세입은 일반적으로 법률에 의하여 징수하게 되어 있기 때문에 세입예산의 집행에 있어서는 법률에 정하여진 세율 및 징수방식을 엄격히 준수하여 수입 처리하여야 하며, 세입예산에 계상된 금액에 제한을 받지는 아니한다. 그러나 세출예산을 집행할 때는 예산에 표시된 목적과 금액의 범위 내에서 지출하여야 하는 제한을 받게 된다. 즉 예산의 각 항목은 일반적으로 법률상의 의무를 규정하는 것은 아니다. 다만 인건비, 연금 등 특정지출은 해당 법령에 의하여 지출되므로 예산으로 이를 뒷받침해 주어야 한다.

(2) 예산집행의 일반원칙

현행 '국가재정법'에서 국가회계에 관한 수입 지출을 분명히 하고 매기 계속하여 적용케 하기 위하여 명시한 원칙이 있는데 ① 회계연도 독립의 원칙,

20) 헌법 제57조.
21) 헌법 제54조 제2항.
22) 지방자치법 제127조 제2항, 제3항.

② 수입의 직접사용금지, ③ 예산총계주의 원칙 등을 들 수 있다.

(가) 회계연도독립의 원칙

● 의의

각 회계연도의 경비는 그 연도의 세입 또는 수입으로 충당하도록 하여야 한다.[23] 이것이 회계연도독립의 원칙인데 이는 현금회계뿐만 아니라 물품, 채권관리, 국공유재산에도 공통적으로 적용되는 원칙이다. 이 회계연도독립의 원칙은 일정기간에 해당하는 회계를 타기간과 구분하여 정리함으로써 그 기간에 해당하는 회계내용을 명확하게 하기 위한 것이다.

특히 정부재정에서는 경비, 즉 세출을 먼저 확정하고 이에 맞추어 세입을 결정하는 경우가 많으므로 이 원칙이 없으면 자칫 적자예산이 편성되어 운용될 가능성이 있기 때문에 세입을 초과하여 경비를 지출할 수 없도록 하기 위한 취지에서 세워진 것이다.

● 예외

회계연도독립의 원칙은 회계제도상의 제1의 원칙이지만 국가의 복잡한 재정운용을 신축적으로 처리하기 위하여는 이 원칙을 고수하는 경우보다 예외를 인정하지 않으면 안 될 경우가 발생한다. 즉 지난연도수입(국고금관리법 제14조), 지난연도지출(국고금관리법 제28조), 세출예산의 이월(국가재정법 제48조), 결산상 잉여금의 다음연도 이입(국가재정법 제90조 제8항), 지방자치단체의 앞당기어 충당(지방재정법 제7조제2항) 등이 있다.

지난연도 수입이란 출납이 완결한 연도에 속하는 수입의 경우 그 수입이 본래 소속할 연도에의 출납은 이미 완결되었으므로 모두 현금 영수일에 속하는 현 연도의 수입에 편입하는 것을 말한다.[24]

앞당기어 충당이란 지방자치단체가 당해 회계연도 내의 수입으로 경비를 충당함에 있어서 부족이 생긴 때에는 다음 연도의 수입을 미리 앞당기어 이에 충당 · 사용할 수 있다는 뜻이다. 이 경우 앞당기어 충당 · 사용한 금액은 다음 연도의 세입세출예산에 편입하여야 한다. 지방자치단체의 장이 다음 연도의 수입을 앞당기어 충당 · 사용하고자 할 때에는 미리 지방의회의 의결을 얻도록 하고 있다.

---

23) 국가재정법 제3조, 지방재정법 제7조 제1항.
24) 국고금관리법 제14조, 지방재정법 제47조.

(나) 수입의 직접사용금지 원칙

● 의의

조세 기타 국가의 모든 수입은 타 법률에 특별한 규정이 있는 경우를 제외하고는 국고에 납부하여야 하고 직접 사용하지 못하도록 한 원칙을 수입의 직접사용금지 원칙이라 한다.[25] 이를 세입세출혼동금지의 원칙이라고도 한다. 국가의 예산은 세입과 세출로 엄격하게 구분되어 있고 예산을 기능별로 구분하여 운용하고 있는데 수입을 직접 사용할 수 있도록 한다면 예산을 통한 통제를 가할 수 없기 때문에 수입의 직접사용을 금지하는 것이다.

이러한 원칙은 수입된 금액을 직접채무변제에 충당하는 경우는 물론이고 수입을 올릴 수 있는 물품을 지급하여 채무를 변제하는 경우도 포함되어 직접 사용이 금지된다.

● 예외

그러나 타 법률에 특별한 규정이 있다면 이 원칙에 대한 예외를 인정하고 있다. 지출이 직접 수입을 수반하는 수입대체경비의 지출(국고금관리법 제8조)이 대표적인 예외조항이다. 예컨대 재외공관의 경우에는 지리적으로 원거리에 있는 점을 감안하여 '재외공관 수입금 등 직접사용에 관한 법률'에 의거 재외공관의 수입금 및 일상경비사용 잔액을 당해 재외공관에서 직접 사용하게 함으로써 국고에의 납입에 따르는 사무의 번잡을 피하고 외화의 효율적인 사용을 도모하고 있다.[26]

그 밖에 정부기업에 적용되는 '국고금관리법'에 의한 선사용자금 및 수입금마련 지출(정부기업예산법 제19조)이 수입의 직접 사용금지에 대한 예외로 볼 수 있다.

선사용자금이란 수입금의 직접사용금지의 원칙에 대한 예외적인 제도로서 선사용자금출납명령관이 출납공무원으로 하여금 그가 소지하고 있는 수입금을 국고에 납입하기 전에 일시지출의 용도에 사용하고 사후 당해연도의 세출예산으로 지출하여 당해 출납공무원에게 대체 납입토록 하는 제도를 말한다.[27] 그러나 일반회계는 이 선사용자금 제도를 채택하고 있지 않고 '정부기업예산법'의 적용을 받는 특별회계만 이 제도를 채택하고 있다. 이와 같이 정부기업회계만 적용하는 이유는 정부기업활동에 있어 사업운영을 신속 원활히 하기 위하

---

25) 국고금관리법 제7조, 지방재정법 제15조.
26) 재외공관수입금등직접사용에관한법률 제1조.
27) 국고금관리법 제18조.

여 보유자금을 최대한으로 활용하기 위한 제도이다.

(다) 예산총계주의 원칙

● 의의

세입세출은 모두 빠짐없이 예산에 계상하도록 한 것이 예산총계주의 원칙이다.[28] 예산이란 일정기간에 있어서 국가의 수입과 지출의 예정적 계획을 말하며 국가의 주요정책이나 사업계획은 예산을 통하여 구체화되고 실행행동에 옮겨지기 때문에 세입세출은 모두 예산으로서 편입되고 그 범위 내에서 이루어져야 한다. 이는 예산을 통하여 국가를 통제할 수 있기 때문에 통제의 수단으로서 이용된다는 뜻을 가지고 있을 뿐만 아니라 순계주의를 배제한다는 뜻도 포함된다고 볼 수 있다. 총계주의를 채택할 경우 수입과 이에 관련된 지출의 상계나, 동일인에 대한 채권·채무의 상계 등이 이루어질 가능성이 있어 엄격하게 세입과 세출의 분리를 요구하고 있는 국가 예산체제에 상반되기 때문이다.

● 예외

그러나 예산총계주의원칙에도 ① 수입대체경비의 초과지출, ② 정부가 현물출자하는 경우, ③ 외국차관을 도입하여 전대하는 경우, ④ 차관물자대 이월액 및 환율·금리변동으로 인한 초과지출액, ⑤ 전대차관 상환시 금리변동, 조기상환에 대한 초과지출, ⑥ 국가연구개발사업의 연구 성과물 사용에 따른 대가사용 등에 대하여 예외가 인정되고 있다.[29]

그리고 지방재정법에서는 예산총계주의원칙에 대한 예외사항으로서 지방자치단체가 현물로 출자하는 경우와 기금을 운용하는 경우 그 밖에 보관할 의무가 있는 현금 또는 유가증권이 있는 경우에는 이를 세입·세출예산 외로 처리할 수 있다고 규정하였다.[30]

(3) 예산집행의 신축성을 위한 제도

정부가 예산을 집행하는데 있어서 예측할 수 없는 사유로 경비가 부족하게 된 경우나 예정된 세입이 수납되지 않을 경우, 또 예측할 수 없는 예산초과지출이나 예산 외 지출의 필요가 생길 때는 의결된 예산을 그대로 집행할 수 없

28) 국가재정법 제17조, 지방재정법 제34조.
29) 국가재정법 제53조.
30) 지방재정법 제34조 제3항.

게 된다.

이에 대비하여 몇 가지 신축적인 제도를 마련하고 있는데 예산의 이용(移用) 및 전용(轉用), 이체(移替), 이월(移越), 계속비, 예비비 등이 이에 해당된다.

(가) 예산의 이용과 전용

예산의 이용(移用)이란 예산이 정한 각 기관, 각 장(章) · 관(款) · 항(項) 사이에 상호 융통하는 것을 말하며 예산의 전용(轉用)이란 각 세항(細項) · 목(目) 사이에 상호 융통하는 것을 말한다.

예산의 이용 · 전용은 어떤 사업을 집행하고 남은 잔액을 사용 · 처분하기 위한 제도가 아니라 계획이나 여건변동에 따라 예산집행을 탄력적으로 운용함으로써 사업을 보다 효율적으로 추진하기 위한 제도이다. 이것은 예산의 목적 외 사용금지에 대한 예외 규정이다.

● 이용 절차

예산을 이용(移用)하고자 할 때에는 미리 예산으로서 국회의 의결을 얻었을 때에 한하여 기획재정부장관의 승인을 얻거나 기획재정부장관이 위임하는 범위 안에서 이용할 수 있다. 그러므로 장(章) · 관(款) · 항(項)을 입법과목이라고 부른다. 국회의 승인범위는 통상 매년 예산총칙에서 이를 규정하고 있다. 일반적으로 이용범위는 공무원 보수, 공공요금, 재해대책비 등에 국한되고 있다.[31)]

● 전용 절차

각 중앙관서의 장은 전용(轉用)을 하고자 하는 경우에는 이용과 마찬가지로 전용을 필요로 하는 과목 및 금액과 그 이유를 명백히 한 서류를 기획재정부장관에게 제출하여 승인을 얻어 전용할 수 있다. 따라서 이 세항 · 목을 행정과목이라 부른다. 기획재정부장관은 전용을 승인한 때에는 그 전용명세서를 당해 중앙관서의 장과 감사원에 송부하여야 한다.

예산을 전용하고자 할 때에는 원칙적으로 기획재정부장관의 승인을 얻어 할 수 있으나 '국가재정법'은 매 회계연도마다 기획재정부장관이 위임하는 범위 안에서 각 세항 또는 목의 금액을 전용할 수 있도록 하고 있다.

(나) 예산의 이체

예산의 이체(移替)란 정부조직 등에 관한 법령의 제정, 개정 또는 폐지로 인하여 그 직무와 권한에 변동이 있을 때에 예산도 이에 따라 변경시키는 것을

31) 2009년도 예산총칙 참조, 기획재정부, 「2009 나라살림」, p. 183.

말한다. 따라서 예산의 이체는 예산의 이용, 전용을 수반하는 경우가 많다. 예산의 이체는 기획재정부장관의 승인을 받아야 하며 기획재정부장관은 예산의 이체를 승인하였을 때에는 당해 중앙관서의 장 및 감사원에 그 내용을 통지하여야 한다.

(다) 예산의 이월

각 회계연도의 경비는 그 회계연도의 세입으로서 지출하여야 하는 것이 원칙이나 부득이한 경우 세출예산의 일정액을 다음연도에 이월(移越)하여 사용할 수 있는 제도를 예산의 이월이라고 하며 회계연도 독립의 원칙이 예외를 인정하는 것이다.

이월제도에는 명시이월, 사고이월 및 계속비연부액 이월이 있다.

● 명시이월

명시이월은 세출예산 중 경비의 성질상 연도내에 그 지출을 끝내지 못할 것이 예측된 경비로서 미리 국회의 의결을 얻어 다음연도에 사용할 수 있는 것을 말한다.

● 사고이월

사고이월은 예산 성립 후 불가피한 사유로 연도내에 지출원인행위를 하고 지출하지 못한 경비와 지출원인행위를 하지 아니한 그 부대경비의 금액에 대한 이월을 말한다.

● 계속비의 연부액 이월

계속비의 연도별 소요금액 중 당해연도에 지출하지 못한 금액은 원칙적으로 5년까지 이월할 수 있으나 국회의 의결을 얻어 연장할 수 있다.

(라) 예비비

예비비는 예측할 수 없는 예산 외의 지출 또는 예산초과지출에 충당하기 위하여 세입세출예산에 계상한 금액을 말한다. 예비비는 국가활동을 수행함에 있어서 예측할 수 없는 지출소요에 대비케 함으로써 예산운용의 탄력을 부여함은 물론 국가사업의 효율적인 추진을 도모키 위한 제도이다.

특별회계의 경우에는 별도로 각 특별회계법에 예비비설치의 법적 근거를 설치하여 특별회계 세출예산에 반영하고 있으나 모든 특별회계가 예비비를 설정하고 있는 것은 아니다.

예비비의 관리와 사용

예비비는 예산의 사전의결원칙에 대한 예외이며 기획재정부장관이 관리한다. 그러므로 각 중앙관서의 장은 예비비의 사용을 필요로 할 경우에는 그 이유, 금액과 추산의 기초를 명백히 한 명세서를 작성하여 기획재정부장관에게 제출하여야 한다. 기획재정부장관은 각 중앙관서의 장으로부터 요구를 받은 경우 이를 심사한 후 필요하다고 인정하였을 때에는 이를 조정하고 예비비사용계획명세서를 작성하여 국무회의의 심의를 거쳐 대통령의 승인을 얻어야 한다.

각 중앙관서의 장은 예비비를 사용한 후 사용명세서를 작성하여 기획재정부장관에게 제출하여야 하며 기획재정부장관은 위의 예비비 사용명세서에 의하여 예비비 사용총괄명세서를 작성하여 국무회의의 심의를 거쳐 대통령의 승인을 얻어야 하며 예비비 사용총괄명세서는 감사원에도 제출하여야 한다. 또한 정부는 예비비로서 지출한 총괄명세서를 다음연도 국회의 정기회에 제출하여 그 승인을 얻어야 한다.

예비비 사용제한

예비비는 예측할 수 없는 예산의 지출 또는 예산초과지출에 대응하기 위하여 생긴 제도이기 때문에 예비비의 사용에 있어서도 아무런 규정이 없다 하더라도 몇 가지 제한이 따르게 된다.[32)]

우선 예측할 수 없는 사유로 인하여 예산의 지출을 하거나 예산초과지출을 하는 경우에 예비비가 사용되므로 여기에서 예측할 수 없는 사유란 예산성립 후에 생긴 예측할 수 없는 사유만 인정이 되고 예산성립 전부터 생겼던 사유에 대해서는 인정되지 않는다고 보아야 한다. 또한 예비비 사용은 예외적으로 인정되는 것이므로 국회의 예산심의권을 무시하는 사항에 대한 것은 허용되지 않는다. 예컨대 국회가 삭제하거나 감액한 경비에 대하여 다시 예비비로서 부활시켜 사용하는 것은 인정되지 않는다는 것이다.

예비금제도

예비비와는 별도로 국회, 병원 및 헌법재판소의 소관별 지출항목에는 예비금이란 항목이 있다. 이 예비금은 예측할 수 없는 지출에 충당하기 위하여 '국회법', '법원조직법' 및 '헌법재판소법'의 근거규정에 의하여 예산항목에 계상된 것이다.[33)] 이 예비금이 예비비 이외에 별도로 설치된 것은 이들 기관에 대

32) 河野一之, 「新版 豫算制度」(東京: 學陽書房, 1987) pp. 147-149.
33) 국회법 제23조, 법원조직법 제82조, 헌법재판소법 제11조.

한 독립성을 보장하기 위하여 별도로 예비비를 청구하지 아니하고도 내부에서 융통성 있게 사용할 수 있도록 한 제도이다. 일본에도 국회 및 재판소에 대하여 예비금제도를 설정하여 사용하고 있다.[34)]

4.4 ●● 결산확정 및 회계감사

모든 공공기관은 배정된 예산을 집행하고 그 결과를 집계하여 결산보고서를 만들어야 한다. 그런 다음 외부 감사기관의 회계감사를 받아 최종 국민의 대의기관인 국회에 제출하게 되며 여기에서 결산서를 승인함으로써 예산집행이 마감된다고 볼 수 있다.

결산보고서 형태는 예산과 집행을 대비한 보고서가 필수적이며 이들 세입세출결산보고서를 포함한 발생주의 복식부기현금회계 방식의 재무제표를 만들어야 한다. 구체적인 내용은 다음 장부터 설명이 된다.

5 정부재정규모와 통합수지

5.1 ●● 의 의

막연하게 예산이라 하면 주로 일반회계와 특별회계의 세입세출예산을 주로 지칭하는 경우가 많다. 그러나 정부 내에는 이들 일반회계 및 특별회계뿐 아니라 기금이 존재하므로 재정규모를 파악하려면 이들 전체를 포괄적으로 파악하여야 진정한 국가 전체의 규모를 알 수 있다. 이들 예산규모는 통합예산이라고 불려 왔으며 때로는 정부재정규모라는 용어로 사용되기도 하였으나 지금은 통합재정이라고 불리우고 있다.[35)] 여기에서 통합재정이란 일반회계 · 특별회계 · 기금을 모두 포괄한 정부 전체 재정활동을 의미한다.

통합재정과 함께 사용되는 용어가 통합재정수지라는 용어이다. 통합재정수지란 정부의 본질적인 기능을 수행하는 회계 및 기금을 포괄범위로 하고 총세입 · 세출에서 회계간 내부거래 및 채무성 수지를 제거한 순계(純計) 규모에 의

34) 河野一之, 전게서, p. 143.
35) 기획재정부 홈페이지 http://www.mosf.go.kr/lib/br_tr_06.php.

해 파악된 세입과 세출의 차이를 의미한다

대부분의 회계의 경우 일반회계에서는 세계잉여금이 발생하나 특별회계나 기금에서는 결손금이 발생하기도 하는 등 공공부문 전체적으로 재정수지를 파악할 필요가 있으며 또한 각 회계나 거래 간에 이루어지는 내부거래는 상계시킴으로써 순수한 재정수지를 파악하여 그 재정의 결과가 건전한가의 여부를 파악하고자 하는 것이다.

결국 위의 두 개념, 즉 통합재정과 통합재정수지는 같은 의도로 사용되는 개념인 것이다.

5.2 ●● 재정규모의 포괄범위

국제통화기금의 정부재정통계편람(Manual on Government Finance Statistics 2001: GFS)에 의하면 국가통계는 [그림 3-4]에서와 같이 일반정부(General Government) 뿐만 아니라 그 밖에 공기업(Public Corporation)을 포괄한 공공부문 전체에 대하여 통계를 유지할 것을 권고하고 있다. 즉 공공부문은 일반정부와 공기업으로 나누고 일반정부는 다시 중앙정부, 주정부 그리고 지방정부로 구분하며, 공기업은 금융공기업(Financial Public Corporation)과 비금융공기업(Nonfinancial Public Corporation)으로 분류한다. 금융공기업은 다시 중앙은행을 포함한 통화금융공기업(Monetary Public Corporation)과 비통화금융공기업

●● 그림 3-4 IMF의 공공부문 포괄범위

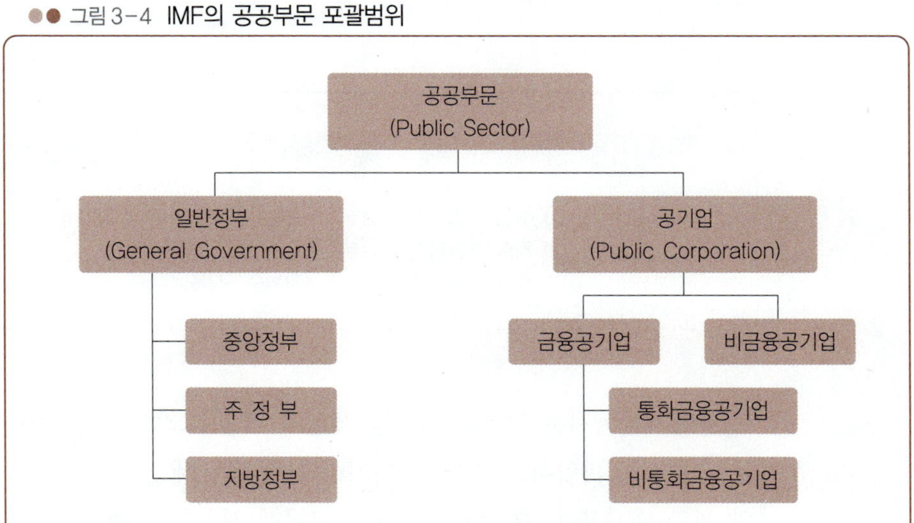

(Nonmonetary Financial Public Corporation)으로 구분하고 있다.

현행 우리나라의 재정의 포괄범위는 중앙정부의 일반회계와 특별회계 그리고 일부 비금융성기금만 포함하고 있으며, 정부의 정책활동을 수행하는 대부분의 산하기관은 재정범위에서 제외되고 있다. 아울러 기금 또는 특별회계 이외의 방법으로 운영되는 국민건강보험제도의 경우도 재정범위에서 제외되고 있다.

그 동안 통합재정에는 지방정부의 예산편성 및 결산작성의 시차, 회계과목간 상이 등의 문제로 기업특별회계를 포함한 중앙재정만 포함하고, 지방재정은 제외하여 작성해 왔다. 그러나, 정부재정의 투명성 향상 및 정부재정 전체의 포괄적 이해를 위해 통합재정에 지방재정을 포함시켜야 할 필요성이 있어, 2001년부터 지방예산과목 구조개편 및 회계별 전산시스템을 구축하였고, 2005년에 '지방재정법' 개정을 통해 통합재정 도입의 근거를 마련하였다. 이에 따라 지난 2005회계연도 분부터 지방재정과 지방교육재정까지를 포괄하는 통합재정통계를 작성하기 시작하였다.

5.3 ●● 통합재정수지 계산

통합재정수지 계산은 포괄범위내의 모든 순세입에서 순세출 및 순융자를 차감한 것을 말하며 순세입의 계산은 총세입에서 정부 내부거래수입과 채무성수입을 차감한 것으로 한다. 마찬가지로 순세출은 총세출에서 정부내부거래수입과 채무상환액을 공제한 것이며 순융자는 융자 및 출자액에서 융자회수분과 지분매각액을 공제한 금액을 말한다.

통합재정수지 = 수입(1) − 지출 및 순융자(2)

(1) 수입 = 총수입 − 정부내부거래수입 − 채무성 수입
(2) 지출 = 총지출 − 정부내부거래지출 − 채무상환
순융자 = 융자 · 출자 − 융자회수 · 지분매각

통합재정에서는 정부의 거래를 세입과 세출 그리고 보전재원 등 세 부분으로 구분하여 파악하고 있는데, 여기서의 세입과 세출은 통상적인 정부회계 상의 세입, 세출과는 개념이 다르다. 정부에서 사용하는 예산서 및 결산서에서는

회계연도내의 모든 수입과 지출을 세입과 세출로 파악하지만 통합재정에서는 정부의 수입을 세입, 보전세입, 융자회수로, 지출을 세출, 보전지출, 융자지출로 구분하고 있다.

우리나라 정부는 또한 통합재정수지개념 이외에 관리대상수지라는 개념을 도입하여 사용하고 있다. 관리대상수지란 통합재정수지에서 현재 적립단계에 있는 사회보장성 기금을 제외한 재정수지를 의미한다. 여기에서 사회보장성 기금이란 국민연금기금, 사립학교교직원연금기금, 고용보험기금, 산업재해보상보험 및 예방기금 등 4대 기금을 의미한다. 이렇게 관리대상수지개념을 파악함으로써 현재 실질적인 나라살림 규모를 파악할 수 있다는 판단에서 이 개념을 사용하고 있다.

제2절 예산회계

1 예산회계의 의의 및 필요성

예산회계란 예산확정 및 집행에 관련된 행위, 즉 예산을 배정하거나 재배정하는 등의 절차에 대하여 인식하고 회계처리하는 과정을 말한다. 기업회계와 달리 정부는 예산의 범위 내에서 재무활동이 이루어지기 때문에 예산의 역할이 중요하고 따라서 이 예산 관련 활동을 별도로 표시할 필요가 있기 때문이다.

종전에는 정부의 회계제도가 단식부기에 의한 현금주의 방식으로 이루어지는 경우가 많았기 때문에 예산관련 사항을 현금 수입 · 지출 내용과 비교 · 연결시켜 장부 내용에 단순하게 추가함으로써 용이하게 회계처리할 수가 있었다. 그러나 회계제도가 발생주의에 의한 복식부기 회계제도를 도입하는 경우 거래로 볼 수 없는 예산관련 사항을 어떻게 회계처리하여 재무회계에 연결하여야 하는 문제가 대두되고 있다.

대부분의 나라에서는 예산 자체의 활동에 대해서는 회계처리하지 않고 별도의 장부를 비치하여 예산 배정액과 집행액 내역을 파악하고 있다. 그러나 미국 정부회계는 예산관련사항을 비망계정으로 설정하여 분개처리하고 재무상태에 영향을 미치지 아니하도록 연말에 이를 상계처리시킨다.

따라서 이러한 예산회계는 세입예산재원과 권한범위를 초과하여 지출하거나 지출원인행위를 하지 아니하도록 회계장부에 기록하여 표준화된 예산보고요건을 용이하게 하는데 필요하다.[36)]

2 예산회계와 재무회계

미국의 연방정부회계에서는 예산회계와 재무회계로 이원화된 회계시스템(two track system)을 채택하고 있으므로 그 내용을 이해하는 것이 정부회계 원

36) Leon E. Hay and Earl R. Wilson, *Accounting for Government and Nonprofit Entities*(10th ed.), Richard Irwin, Inc., 1995, p. 479.

리를 파악하는데 도움이 될 것이다.

재무회계(proprietary accounting)는 정부의 재정 관리에 관한 내용을 발생주의 및 복식부기방식에 의하여 기록하고 이를 토대로 재무보고서를 작성하여 제공하는 방식을 말한다. 이에 비하여 예산회계(budgetary accounting)란 예산규정에 따라 예산을 배정하고 이를 집행하는 과정을 분개처리하고 계정별로 기록하는 과정을 말한다.

따라서 예산회계와 재무회계의 차이는 다소 애매하기는 하나 다음과 같이 구별할 수 있다. 즉 예산회계는 예산 승인 및 자금배정과 관련하여 회계처리가 이루어지고 재무회계는 예산의 집행과 원가에 관련된 회계를 처리하게 된다.

아래 〈표 3-9〉에서는 거래의 인식시점에 따라 예산회계와 재무회계의 차이를 구별하여 설명하고 있다.

표 3-9 거래인식시점에 따른 예산회계와 재무회계의 차이

예 산 회 계	재 무 회 계
1) 물품, 용역 구매전 구매위탁(계약)시에 기장 2) 물품, 용역 주문시 발생되는 지급 의무에 대해 기장	1) 기장하지 아니함 2) 주문시 부채로 기장하지 아니함
3) 세출 예산에 의한 물품, 용역을 수령할 때 언제 사용되고 언제 지급될 것인지 여부에 관계없이 '지출된 예산'으로 기장	3) 1년 이상 장기 사용가능하거나 자산으로 분류할 수 있는 요건에 맞는 물품과 용역은 어떤 예산에 의하건, 언제 지급되건 관계없이 자본지출로 하고 소비될 때 비용 처리
4) 세출예산에서 자금조치가 이루어진 거래의 예산 지출만이 기장됨	4) 물품과 용역이 당해연도에 소비되는 경우에는 그 지출이 차년도 이후까지 걸쳐 이루어지더라도 당해연도 비용으로 인식
5) 세출예산에서 자금조치가 안된 거래는 예산지출로 기장되지 아니함	5) 대금지불은 전년도에 이루어졌다 하더라도 물품과 용역의 소비가 당해연도에 이루어진 경우에는 당기비용으로 처리

3 예산회계의 수익 · 비용 인식기준

예산회계에서 수익과 비용을 인식하는데 있어서 재무회계에서와 같이 현금주의로 할 것인지 또는 발생주의로 할 것인지에 대한 검토가 필요하다. 일반적으로 널리 사용되는 인식기준으로서는 현금주의, 발생주의, 지출원인행위주의 등 3가지 방법이 있다.

3.1 ●● 현금주의 예산

가장 널리 사용되는 인식기준이 현금주의에 의한 예산이다. 현금주의 예산은 수입을 일으키고 자원을 소비하여 부채를 증가시키는 활동이 언제 일어났는지에 관계없이 현금을 수령하거나 지급할 때 이를 수입과 지출로 인식하고 기록하는 방법이다.

전통적으로 예산을 이 방법으로 사용해 오는 이유는 얼마 만큼의 지출소요가 발생하고 있는데 얼마 만큼의 수입을 얻어야 하는가 하는 자금측면을 강조하기 때문이다. 예산승인권이 있는 의회의 입장에서 보면 이 방법이 가장 통제하기 쉬운 형태이다.

3.2 ●● 발생주의 예산

발생주의 예산은 최근 들어 재무회계에 있어서 발생주의 회계를 채택함과 동시에 예산에서도 동일한 인식기준을 채택하려는 움직임에 따라 이 제도가 도입되고 있다.

발생주의 예산은 관련된 현금이 실제로 지급되거나 수령된 시점에 관계없이 수입을 일으키고 부채를 증가시키며 자원을 소비한 활동이 일어난 기간에 관련 내용을 인식하고 기록하는 방법이다.

따라서 현금주의 예산이 현금자금의 흐름에 중점을 두고 이루어지는 예산인 반면 발생주의 예산은 현금거래를 수반하지 않는 감가상각비의 계상, 자본비용의 계상 등을 수반하게 된다. 이렇게 발생주의 예산을 채택함으로써 기관별 정확한 원가를 파악하게 되고 그에 상응하는 책임성이 강화되어 결국 자원의 효율적인 사용을 유도하는 원인을 제공한다.

현재 발생주의 예산제도를 채택하고 있는 국가로는 영국, 호주, 뉴질랜드 등 그 숫자가 점점 증가하고 있다.

3.3 ●● 지출원인행위 예산

이 제도는 미국 연방정부 및 지방정부에서 채택하고 있는 제도로서 지출원인행위가 일어난 경우에 비망기록 형태로 거래를 인식하는 방법이다. 지출원인행위(encumbrance or commitment)란 물품이나 서비스를 구매하기 위하여 지시를 하거나 상대방과 계약을 체결한 경우를 말한다. 따라서 지출원인행위예산은 예산의 범위 내에서 물품이나 서비스를 구입하기로 결정했을 때 해당액만큼 다른 항목에 사용되지 않도록 별도의 계정을 두어 관리하는 시스템이다.

이 제도는 결국 책정된 예산의 범위 내에서 집행하도록 하기 위한 통제 목적의 예산방법이다.[37)]

4 예산회계사례

4.1 미국 연방정부의 예산회계

미국연방정부의 예산회계 처리절차는 지방정부의 경우와 달리 예산배정절차가 복잡하여 우선 미국 연방정부의 예산배정절차를 이해할 필요가 있다. 다음과 같은 절차에 따라서 예산 승인과 배정이 이루어진다. 이러한 절차는 우리나라의 경우도 비슷하다.

① 의회의 세출예산(Congressional appropriation)이 통과되어 법으로 확정되고(미국에서는 세출예산이 법 형식을 취하고 있음) 각 부처별 예산 확정이 이루어진다.

② 각 부처가 물품과 용역의 분기별 구매에 사용될 예산배정승인(apportionment)이 관리예산처에 의하여 이루어진다.

③ 각 부처의 장 또는 그 위임자는 물품과 용역 구매를 위한 자금배정(allotment)을 승인한다.

④ 승인받은 기관의 공무원들은 실제 물품 및 용역을 주문하기 전에 계약위탁(commitment) 형태로서의 주문에 따른 추정금액에 해당되는 배정된 예산 권한을 유보시킨다.

⑤ 물품과 용역의 획득을 위한 공식 발주가 이루어진 경우에는 자금배정의 채무의무(obligation)가 발생하며 그 금액은 발주된 물품용역의 최근의 추정원가로 부과된다.

37) Michael H. Granof, *Government and Not-for-Profit Accounting*(3rd ed.), John Wiley & Sons, Inc., 2005, pp. 100-101.

●● 표 3-10 A부처 기초시산표 20xy. 1. 1. 현재

재무회계	차 변	대 변
국고잔액 - 20xx	$675,000	
물품용역	610,000	
장 비	3,000,000	
감가충당금		$600,000
외상매입금		275,000
승인된 자본-20xx		400,000
투자자본		3,000,000
운영 수지 차		0
	4,285,000	4,285,000
예산회계		
실현된 세출예산-20xx	400,000	
미착주문-20xx		400,000
	400,000	400,000

⑥ 재화와 용역이 수령되었을 때 지출된 예산(expended appropriation)이 발생한다(여기에서 지출된 예산이란 예산권이 행사되었기 때문에 더 이상 재화와 용역을 취득할 수 없게 되었음을 의미한다).

위의 예산절차에 따라 각 기관별 당해년도 세출예산총액은 각각 '미배정된 예산권' (unapportioned authority), '배정승인' (apportionments), '자금배정' (allotments), '계약위탁' (commitment), '미착주문' (undelivered orders), '지출된 예산권' (expended authority) 등의 계정과목을 사용하여 회계처리한다. 회계처리절차 예시는 다음과 같다. 연방정부 기관인 A부처의 20xx년의 기초시산표는 〈표 3-10〉과 같다고 가정한다.

● 예산 및 재무회계 분개 예시

(1) 의회가 20xy년도 예산 법안을 통과시키고 대통령이 예산법안에 대해 서명함에 따라 재무성 재정운영국으로부터 A부처의 20xy년도 예산으로 $3,000,000 통보받다.

(예산회계)

(차) 실현된 세출예산 3,000,000 (대) 미배정된 예산권 3,000,000

(재무회계)

(차) 국고잔액 3,000,000 (대) 세출승인자본 3,000,000

(2) 관리예산처(OMB)에서 분기별 예산승인액 $700,000(연간 $2,800,000)을 통보해오고 나머지 $200,000을 유보하다(각 분기별 동일한 회계처리).

(예산회계)

(차) 미배정된 예산권 700,000 (대) 배정승인 700,000

(3) 최초분기 예산승인액을 통보 받은 즉시 A기관은 모두 자금배정을 받다(각분기별 동일한 회계처리).

(예산회계)

(차) 배정승인 700,000 (대) 자금배정 700,000

(4) 물품과 용역의 구매위탁이 첫 분기에 $298,000상당 이루어지다.

(예산회계)

(차) 자금배정 298,000 (대) 구매위탁 298,000

(5) 물품과 용역의 계약과 발주가 첫 분기에 $286,000으로 확정되다.

(예산회계)

(차) 구매위탁 286,000 (대) 미착주문 286,000

(6) 수표발행권한이 없는 A기관은 20xx년도 외상매입한 물품 및 비품대금 $275,000에 대하여 재무성에 수표발행 요청하다(아직 재무성에서 수표가 발행되지 않은 상태이므로 일시부채계정인 '미결지출'(disbursements in transit)로 처리).

(재무회계)

(차) 외상매입금 275,000 (대) 미결지출-20xx 275,000

(7) 재무성으로부터 수표발행 되었다는 통보를 받다(만일 A기관이 수표발행권이 있다고 한다면 (6)번의 미결지출 계정이 필요없이 곧바로 '국고잔액'에서 차감하면 된다).

(재무회계)

(차) 미결지출-20xx 275,000 (대) 국고잔액-20xx 275,000

(8) 전년도인 20xx년에 발주된 물품($150,000) 및 시설($250,000) 총 합계액 $400,000이 모두 금년 첫 분기에 인수되다(A기관의 기초시산표상에 예산계정으로서 '실현된 세출예산액-20xx' 및 이에 대응하는 '미착주문-20xx' 계정이 각각 $400,000으로 남아 있었다. 따라서 20xy년 채무가 청산되고 지출예산이 모두 지출 완료되었기 때문에 이에 대한 분개가 필요하다).

(예산회계)

(차) 미착주문-20xx 400,000 (대) 지출된 예산권-20xx 400,000

(재무회계)

(차) 물품용역 150,000 (대) 외상매입금 400,000
　　시　　설 250,000
(차) 승인된 자본-20xx 400,000 (대) 투자자본 400,000

(9) 1/4 분기 직원급여액 $297,000과 각종 공공요금 $30,000의 지급이 승인되어 재무성에 수표발행요청을 하다.

(예산회계)

(차) 자금배정 327,000 (대) 지출된 예산권 327,000

(재무회계)

(차) 운영/사업비용 327,000 (대) 미결지출 327,000
　　승인된 자본 327,000 　　승인된 자본사용 327,000

(10) 사업운영 중에 사용된 물품 및 용역액이 $405,000에 달하다(위 (8)번에서 물품이 취득되었을 때 투자자본(invested capital)계정에 대기(credit)하였으므로 그 물품을 소비하였을 대는 투자자본 계정에 차기(debit)하여야 한다).

(재무회계)

(차) 운영/사업비용 405,000 (대) 물품용역 405,000
　　투자자본 405,000 　　승인된 자본사용 405,000

(11) 위(8)번 거래에서 외상매입금 $400,000에 대하여 지급승인이나 재무성에 수표발행 요청하다. 이 수표는 20xx년 회계년도 부담분이다.

(재무회계)

(차) 외상매입금 400,000 (대) 미결지출-20xx 400,000

(12) 재무성으로부터 2008 외상매입금 $400,000을 포함한 $700,000이 발행교부되었다는 통보를 받다. 2009년도 국고잔액에 부과된 $300,000 중에는 $270,000이 직원급여액이고 나머지 $30,000은 공공요금이다.

(재무회계)

(차) 미결지출-20xx 400,000 (대) 국고잔액-20xx 400,000
　　미결지출 300,000 　　국고잔액 300,000

(13) - (14) 분기말 수정 분개

(13) 분기별 재무제표를 발생주의에 따라 작성하기 위하여 ① 분기 마지막 주에 발생된 급여액이 $27,000이고 ② 수령한 물품의 송장 또는 수령증

은 받았으나 지급 승인되지 않은 금액이 $105,000이고 이 물품 중 $36,000만 사용되고 나머지 $69,000은 재고로 남아있다.

(예산회계)

(차) 자금배정	27,000	(대) 지출된 예산권	132,000
미착주문	105,000		

(재무회계)

(차) 운영사업비용	63,000	(대) 외상매입금	105,000
물품용역	69,000	미지급급여및복리후생비	27,000
(차) 승인된 자본	132,000	(대) 승인된자본사용	63,000
		투자자본	69,000

⒁ 1.4분기의 시설감가상각액이 $75,000에 이르다(감가상각비는 예산에 부담시켜야 할 비용으로 보지 않기 때문에 세출예산, 배정 또는 채무 부담 등에 영향을 미치지 않고 다만 기업회계방식으로 발생주의에 따라 그 활동원가를 측정하기 위한 수단으로 본다. 따라서 감가상각비는 시설 장부가액과 투자자본을 차감시킨다).

(재무회계)

(차) 감가상각비	75,000	(대) 시설감가상각충당금	75,000
투자자본	75,000	승인된자본사용	75,000

⒂ 결산 마감분개

연도말 결산조정을 위하여 마감분개가 필요하다. 실현된 세출예산 $3,000,000 중에서 지출로 사용된 지출예산권이 $459,000이므로 나머지 미사용 세출예산은 $2,541,000이 된다. 그 내역을 각 예산계정별로 보면 다음과 같다.

미배정예산권	200,000
배정승인	2,100,000
자금배정	48,000
구매위탁	12,000
미착주문	181,000

(예산회계)

(차) 지출예산권-20xx	400,000	(대) 실현된 세출예산-20xx	400,000
지출예산권	459,000	실현된 세출예산	459,000

(재무회계)

(차) 승인된 자본사용-20xx	870,000	(대) 운영수지차	870,000
운영수지차	870,000	(대) 운영비용	795,000
		감가상각비	75,000

위와 같은 계정처리를 통하여 산출한 기말 시산표와 대차대조표는 다음 〈표 3-11〉 및 〈표 3-12〉와 같다.

표 3-11 A부처 기말시산표 20xy. 12. 31. 현재

재무회계	차 변	대 변
국고잔액	$2,700,000	
물품용역	424,000	
장 비	3,250,000	
감가충당금		$675,000
미결지출		27,000
외상매입금		105,000
종업원 급여		27,000
승인된 자본		2,541,000
투자자본		2,999,000
운영수지 차		0
승인자본 사용		870,000
운영비용	795,000	
감가상각비	75,000	
	7,244,000	7,244,000
예산회계		
실현된 세출예산-20xx	400,000	
실현된 세출예산	3,000,000	
미배정예산권		200,000
배정승인		2,100,000
자금배정		48,000
구매위탁		12,000
미착주문		181,000
지출된 예산권-20xx		400,000
지출된 예산권		459,000
	3,400,000	3,400,000

표 3-12 A부처 대차대조표 20xy. 12. 31. 현재

자 산		
국고잔액		$2,700,000
물품용역		424,000
장 비	3,250,000	
차감 : 감가충당금	675,000	2,575,000
총자산합계		5,699,000
부채 및 자본		
부 채		
미결지출	27,000	
외상매입금	105,000	
종업원 급여	27,000	
부채합계		159,000
순자산		
승인된 자본	2,544,000	
투자자본	2,999,000	
운영수지 차	0	
순자산합계		5,540,000
부채 및 순자산 총계		5,699,000

4.2 미국지방정부의 예산회계

미국지방정부의 경우는 연방정부보다 예산처리 절차가 더 간단하다. 예산 관련 회계장부로서는 분개장과 원장을 보유하고 있다. 원장은 세입원장과 세출원장을 구분할 수 있는바 세입원장에는 세입예산액(estimated revenue), 실제 세입액(actual revenue), 조정액(adjustment)과 잔액(balance)의 4가지 형태로 구분하고 있다.

예컨대 재산세 세입원장의 예를 들어보면 정부가 15백만달러의 재산세 수입을 세입재원으로 예상하였는데 4월 현재 3번에 걸쳐 3.9백만달러의 수입이 있었다면 다음 원장내용에서와 같이 4월말 현재의 세입재원은 11.1백만달러의 세입이 계속 예상된다.

마찬가지로 세출의 경우 세출승인액(appropriation), 지출원인행위액(encumbrance), 실제지출액, 조정액과 미집행지출원인행위잔액(unencumbered balance)으로 구분된다.

●● 세입 – 재산세

세입예산액 (Dr.)	실제세입액 (Cr.)	조 정 (Dr. 또는 Cr.)	잔 액 (Dr. 또는 Cr.)
15,000,000	2,300,000		12,700,000
	1,100,000		11,600,000
	500,000		11,100,000

예를 들어 지방정부 의회에서 $300,000의 범죄예방활동 예산이 승인이 되었고, 세번에 걸쳐 $120,000($50,000, $30,000, $40,000)이 지출되었고 한번에 걸쳐 구매를 위한 지출원인행위가 이루어졌다면 다음과 같은 범죄방지비용의 원장기록이 이루어진다.

●● 세출 – 범죄방지활동

세출승인액 (Cr.)	지출원인행위액 (Dr.)	비용지출액 (Dr. 또는 Cr.)	미집행지출원인 행위잔액
300,000		50,000	250,000
		30,000	220,000
	15,000	40,000	165,000

위와 같은 방식으로 원장에 기재하여 각 예산항목별로 세입에 대하여는 예산에 비하여 실제 수납이 된 실제액을 판단할 수 있고 세출의 경우도 세출승인액 대비 실제 지출원인행위예산액을 포함한 지출액을 파악할 수 있다. 따라서 세출승인예산에서 얼마나 더 사용할 수 있는지에 대한 파악이 가능하다.

실제 사례를 들어 예산 대비 실제집행에 대한 분개처리와 원장기록을 살펴보기로 한다.

사 례 1

(1) A시는 20xy년도 세입예산으로 4억 달러, 세출예산으로 3억 9천만 달러를 확정하였다(편의상 금액 백만 달러 단위로 표시함).

(차) 세입예산액	400	(대) 예산국고잔액	400
(차) 예산국고잔액	390	(대) 세출예산액	390

(2) 연도 중에 실제 수입액은 4억 2천만 달러이고, 지출액은 4억 15백만 달

러으로 집계되었다. 모두 현금으로 출납되었다.

(차) 현　금	420	(대) 세입액	420
(차) 세출액	415	(대) 현　금	415

(3) 연말에 더 이상의 거래가 없다면 마감분개는 다음과 같은 형태를 취한다.

(차) 세출예산액	390	(대) 세입예산	400
예산국고잔액	10		
(차) 세입액	420	(대) 세출액	415
국고잔액	5		

이미 앞에서 언급한 바와 같이 미국정부의 예산회계는 지출원인행위회계라고 특징지을 수 있다. 지출원인행위는 물품구입요청을 하였거나 계약이 이루어졌거나 기타 지급약정이 이루어진 경우에 이를 기록하고 그 금액 만큼은 더 사용을 못하도록 하는 통제방법으로 도입된 것이라고 볼 수 있다. 이때에 사용되는 계정이 '지출원인행위액(encumbrance)' 계정이다.

만일 연도말에 지출원인행위가 실현되지 못하고 다음연도에 이월될 경우에는 그 금액 만큼 자동적으로 이월되어 집행이 완료될 때에 비로소 그 계정이 소멸된다. 그러기 위해서는 국고잔액에서 그 부분 만큼 별도처리하기 위한 계정이 필요한데 이때 사용되는 계정을 '지출원인행위유보액(reserved for encumbrances)' 이라고 한다. 다음 사례는 20xx~20xy년도에 걸친 지출원인행위가 어떻게 분개 처리되고 계정처리와 대차대조표에 어떻게 나타나는가를 보여준다.

사 례 ②

B시의 물품관련 예산 및 구입거래는 다음과 같다

20xx.09.01. 비품구입예산액 2백만원을 배정받았다

20xx.10.01. 비품구입(2백만원)을 위하여 계약을 하고 주문을 하였다

20xx.12.10. 주문한 내용 중 1백만원의 비품이 납품되고 대금이 현금으로 지급되었다

20xy.02.01. 나머지 1백만원이 납품되었으나 기일이 지났으므로 대금을 8십만원만 지급키로 합의하고 현금으로 지급하였다.

위의 거래에 따른 일자별 분개내용은 다음과 같다.

20xx.09.01. 예산배정 받음 현금수령

(차) 현금	2,000,000	(대) 세출승인액	2,000,000
		(또는 국고잔액	2,000,000)

20xx.10.01. 비품구입 계약 및 주문

(차) 지출원인행위액	2,000,000	(대) 지출원인행위유보액	2,000,000

20xx.12.10 주문내용 중 1백만원 납품 및 현금지급

(차) 소모품비용	1,000,000	(대) 현금	1,000,000
(차) 지출원인행위유보액	1,000,000	(대) 지출원인행위액	1,000,000

20xx.12.31. 결산마감분개

(차) 세출승인액	2,000,000	(대) 국고잔액	2,000,000
(차) 국고잔액	2,000,000	(대) 지출원인행위액	1,000,000
		소모품비용	1,000,000

20xy.01.01. 개시분개

(차) 지출원인행위액	1,000,000	(대) 국고잔액	1,000,000

20xy.02.01 나머지 1백만원 어치를 80만원에 납품

(차) 소모품비용	800,000	(대) 현금	800,000
(차) 지출원인행위유보액	1,000,000	(대) 지출원인행위액	1,000,000

20xy.12.31. 결산마감

(차) 국고잔액	800,000	(대) 소모품비용	800,000

현 금

20xx.09.01.	2,000,000	20xx.12.10.	1,000,000
		잔 액	1,000,000
	2,000,000		2,000,000
20xy.01.01. 이월	1,000,000	20xy.02.01.	800,000
		잔 액	200,000
	1,000,000		1,000,000

세출승인액

20xx. 12. 31.	2,000,000	20xx. 9. 1.	2,000,000

지출원인행위액

20xx.10.1	2,000,000	20xx.12.10.	1,000,000
		20xx.12.31.	1,000,000
	2,000,000		2,000,000
20xy.01.01.	1,000,000	20xy.02.01.	1,000,000

지출원인행위유보액

20xx.12.10	1,000,000	20xx.10.1.	2,000,000
잔 액	1,000,000		
	2,000,000		2,000,000
20xy.02.01.	1,000,000	20xy.1.1 이월	1,000,000

소모품 비용

20xx.12.10	1,000,000	20xx.12.31.	1,000,000
20xy.02.01.	800,000	20xy.12.31.	800,000

비제한성 국고잔액

20xx.12.31.	2,000,000	20xx.12.31.	2,000,000
20xy.12.31.	800,000	20xy.01.01.	1,000,000
잔 액	200,000		
	1,000,000		1,000,000

위 거래에 대한 분개내용을 종합하여 대차대조표를 작성하여 비교해 보면 아래 내용과 같다. 결국 20xx년에 구입하기로 한 비품 중 1백만원이 20xy년으로 이월됨에 따라 해당액만큼 지출원인행위보유액 계정으로 이월되고 아울러 현금으로 유보된다.

20xy년도에 비품이 납품되고 대금이 1백만원 중 80만원만 지급이 되었으므로 나머지 20만원이 현금으로 남고 상대적으로 이 금액은 비제한성 국고자금으로서 다른 용도에 사용이 가능하도록 되어 있다.

●● 대차대조표(20xx년도 ~ 20xy년도)

	20xx년	20xy년
현 금	1,000,000	200,000
지출원인행위유보액	1,000,000	0
비제한성국고잔액	0	200,000
(국고잔액총계)	1,000,000	200,000

CHAPTER 04

수익비용회계

제1절 발생주의에 의한 수익회계

1 수익의 의의

국제공공회계기준의 정의에 의하면 "수익이란 회계기간 동안의 소유주 출연(contribution from owners)[1]에 의하여 증가되는 것이 아닌 순자산/자본의 증가로 인하여 유입될 경제적 효익이나 서비스잠재력의 총유입"이라고 하고 있다.[2]

이 개념정의는 국제회계기준위원회(IASB)의 수익(income) 개념을 원용한 것으로서 수입(revenue)과 차익(gain)을 포함한 개념으로 보고 있다.[3] 수입과 차익의 차이는 수입이 정상적인 활동을 통하여 얻어지는 경제적 효익 등을 의미한다면 차익은 정상활동이 아닌 비정상적 활동으로 얻어지는 경제적 효익 등을 의미한다. 그리고 보관금 수입, 즉 타기관이 대리로 수령하거나 또는 그 기관뿐만 아니라 국가 전체를 위한 자금의 수령은 수입으로 보지 않는다.

우리나라 국가회계기준에 의하면 수익을 다음과 같이 정의하고 있다.

▶ 국가회계기준 제28조(수익의 정의와 구분)

① 수익은 국가의 재정활동과 관련하여 재화 및 용역을 제공한 대가로 발생하거나, 직접적인 반대급부 없이 법적 · 행정적으로 지급을 강제하거나 또는 자발적으로 기부를 받는 등에 따른 순자산의 증가를 말한다.

위의 정의에서 보듯이 재화 및 용역의 대가로 발생하는 수익은 교환거래수익으로서 그 구분이 명확하다. 그리고 직접적인 반대급부없이 지급을 강제하여 받는 수익은 비교환거래수익으로서 대표적인 것이 조세이다. 국가의 공권

1) 소유주출연이란 정부가 정부산하 각 기관의 소유주로서 출자를 하던지, 자산을 양도하던지, 부채를 경감하던지 하는 행위를 할 수 있는데 이러한 행위를 통하여 나타나는 금전적인 부담을 소유주 분담금이라고 한다. 반대로 산하기관이 정부에게 자본잉여금 배분, 정부부채 양수 등의 행위를 소유주에 대한 배분(distribution to owners)이라 한다. IPSASB, IPSAS 1, *Presentation of Financial Statements*, para. 7을 참조하거나 UK Treasurer's Direction, Accounting-Equity, Section A 4.2: Owners Action 참조.

2) IPSASB, IPSAS 23 *Revenue from Non-exchange Transactions*(Tax and Transfer) para. 12.

3) IASB, *Framework for the Preparation and Presentation of Financial Statements*, para. 74-77.

력에 의하여 얻어지는 수익이다. 마지막으로 자발적 기부를 받는 경우도 수익에 포함한다고 하였는데 자발적 기부의 의미가 어느 범위까지인지가 논란이 된다. 법적으로 강제화된 기부채납에 관해서는 명문규정이 없으나 여기에서 제외되는 것으로 해석한다.

지방자치단체회계기준 역시 이와 비슷하게 수익을 다음과 같이 정의하고 있다.

▶ 지방자치단체회계기준 제27조(수익과 비용의 정의)

① 수익이란 자산의 증가 또는 부채의 감소를 초래하는 회계연도 동안의 거래로 인한 순자산의 증가를 말한다. 다만 관리전환이나 기부채납 등으로 생긴 순자산의 증가는 포함하지 아니한다.

위 정의에서 보듯이 수익은 순자산의 증가가 있어야 한다. 여기에서 순자산 증가는 자산의 증가로 이루어지는 경우도 있고 부채의 감소로 이루어지는 경우도 있으므로 결국 자산의 증가나 부채의 감소를 가져오는 경우를 수익으로 보고 있다.

다만 순자산의 증가 중 관리전환이나 기부채납 등으로 생긴 것은 회계주체의 변경으로 일어나거나 자발적이 아닌 실질적인 대가를 전제로 지방자치단체에 재산이 귀속되는 경우이기 때문에 수익으로 계상하지 아니하고 재정상태보고서 또는 재정상태표의 자산증가와 순자산증가로 처리한 후 수익개념에서는 제외하고 있다.

2 수익의 분류

▶ 국가회계기준 제28조(수익의 정의와 구분)

② 수익은 그 원천에 따라 다음 각 호와 같이 구분한다.

1. 교환수익: 재화나 용역을 제공한 대가로 발생하는 수익
2. 비교환수익: 직접적인 반대급부 없이 발생하는 국세, 부담금, 기부금, 무상 이전 및 제재금 등의 수익

▶ 지방자치단체회계기준 제30조(수익의 분류)

수익은 재원조달의 원천에 따라 자체조달수익, 정부간이전수익, 기타수익으로 분류한다.

2.1 ●● 국가회계에서의 분류 : 교환수익과 비교환수익

일반적으로 수익은 그 원천에 따라 상호간 반대급부가 있는 교환수익과 반대급부가 없이 정부의 공권력 등에 의하여 이루어지는 비교환수익으로 구분한다.

(1) 교환수익

교환수익은 거래 당사자 상호간에 대가를 주고 받는 거래로 인하여 발생하는 수익을 의미한다고 하였다. 여기에서 교환거래(exchange transaction)란 회계실체가 자산이나 서비스를 받거나 부채를 소멸시키거나 하며 반대급부로 같은 가치 만큼의 상품, 서비스 기타 자산형태를 지급하는 것을 의미한다.

정부도 각종 용역이나 상품을 제공하고 이에 따른 대가를 제공받는 경우가 많기 때문에 이 거래는 기업의 비즈니스와 유사하다. 다만 기업의 상품매매와 용역의 제공과 다른 점은 이윤추구가 최종적인 목적이 아니고 원가보상 차원에서 대가를 지급받는 경우가 많다는 점이다.

교환수익은 다시 프로그램과의 연관성여부에 따라 프로그램수익(또는 배분수익)과 비배분수익으로 구분하고 수익의 원천에 따라 재화및용역제공수익, 연금수익, 보험수익, 보증수익, 이자수익, 평가이익, 자산처분이익, 기타수익 등으로 구분한다.

가) 프로그램(배분)수익과 비배분수익

프로그램수익은 회계실체의 각 프로그램과 직접 관련하여 재화나 용역을 제공한 대가로 발생하는 수익을 말한다. 이 프로그램수익은 뒤에서 설명될 예정이지만 프로그램원가에서 차감해주게 된다. 비배분수익은 각 프로그램과 직접 연관성이 없거나 특정프로그램으로 분류하기 곤란한 공통적인 수익으로서 각 프로그램에 배부되지 아니한다.

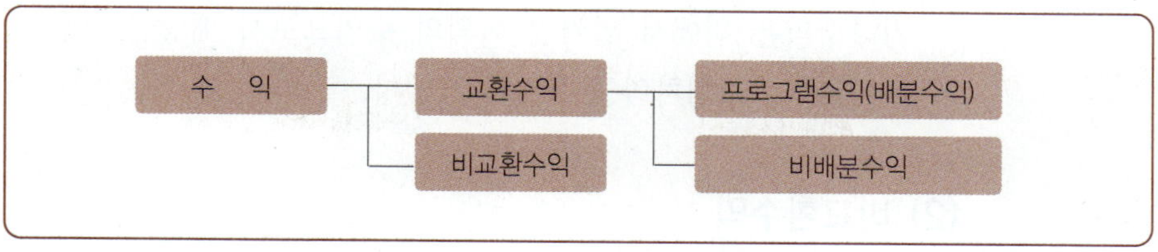

나) 수익 원천에 따른 분류

수익의 원천이 정부가 국민들에게 서비스 등을 제공하고 일부 비용으로 받는 수수료 등 재화및용역제공수익이 있고 특정기관이 전담하여 활동함에 따라 얻어지는 연금수익 · 보험수익 · 보증수익이 있다. 그리고 기타 정부활동과 관련하여 부수적으로 발생하는 이자수익 · 평가이익 · 자산처분이익 등이 있다.

① 재화 및 용역제공수익

재화 및 용역제공수익이란 재화의 판매나 용역의 제공에 대한 대가를 의미한다. 이에는 재화판매수익, 용역제공수익, 수수료 등 기타 사업수익이 있다.

② 연금수익 · 보험수익 · 보증수익

연금수익은 연금사업을 수행하는 국가회계실체 등이 사업의 수행을 위해 국가, 고용주실체 및 연금가입자로부터 징수하는 연금기여금으로 공무원연금, 군인연금, 사학연금 등에 대한 기여금수익을 말한다.

보험수익은 보험사업을 영위하는 국가회계실체 등이 수취하는 보험료수입을 말한다.

보증수익은 보증사업을 영위하는 국가회계실체 등이 수취하는 보증료를 의미한다.

③ 이자수익 · 평가이익 · 자산처분이익 · 기타수익

이자수익은 외부에 자금을 대여한 경우나 은행에 예치한 경우에 발생하는 이자 및 국채 · 공채 · 지방채 · 회사채 등 장 · 단기 투자증권에서 발생하는 수익을 의미한다.

평가이익이란 파생상품, 외화자산 및 기타자산에 대한 재정상태표일 현재 공정가액평가액과 장부가액과의 차이로 공정가액이 장부가액을 초과시 사용하는 계정을 의미한다.

자산처분이익은 자산을 처분할 때 처분가액이 장부가액보다 큰 경우 그 차이 금액을 말한다.

기타수익은 위에서 열거한 이외의 수익으로서 배당금수익, 외환차익, 파생상품거래이익, 보험차익 등을 들 수 있다.

(2) 비교환수익

비교환수익은 직접적인 반대급부 없이 법적 · 행정적으로 지급을 강제하거나 제공받은 가치에 대해 전혀 대가를 제공하지 않거나 현저히 적은 대가를 제공한 경우 발생하는 수익을 말한다. 국제공공회계기준 제23호에 의하면 비교환수익을 조세수익(tax)과 이전수익(transfer)으로 구분하고 있다.

① 조세수익

국가의 기본 기능을 수행하기 위하여 아무런 대가없이 강제적으로 국민에게 부담시키는 경제적 부담금을 조세라 한다. 따라서 국가의 강제징수권을 남용하기 위하여 헌법에서는 조세법률주의를 천명하여 법률의 근거없이는 조세를 부과할 수 없도록 하고 있다.

② 부담금수익 · 제재금수익

부담금이나 제재금수익은 준조세 성격의 수익으로서 조세수익과 함께 비교환수익의 일종이다. 부담금이란 정부의 공익사업과 관련하여 특정 이해관계인에게 그 사업에 필요한 경비의 전부 또는 일부를 부담시키기 위하여 부과하는 일종의 공법상 금전급여의무를 의미한다. 또한 경비의 일부를 분담시키는 경우에 이를 특히 분담금이라고 부르는 경우도 있다.

제재금이란 조세와는 달리 정부에 대한 의무를 이행하지 아니하는 경우에 제재적인 성격으로 부담시키는 각종 금전적 부과금을 의미한다. 이에는 변상금, 위약금, 가산금, 벌금, 몰수금으로 구분할 수 있다.

③ 사회보험수익

사회보험수익은 사회보험사업을 수행하는 국가회계실체가 사업수행을 위하여 국가, 고용주실체 및 보험가입자로부터 징수하는 부담금이나 기여금을 의미한다. 우리나라의 사회보험은 현재 4대 사회보험으로서 건강보험, 고용보험, 의료보험, 산업재해보상보험 등이 있다.

사회보험수익은 보험대상자가 보험부담금을 납부하고 보험급여를 수령하기 때문에 교환수익의 일종으로 보아야 하나 정부에서 강제로 시행한다는 점과 사회보장정책의 일환으로 보험부담금보다는 보험급여에 더 중점을 두고 있다는 점에서 비교환수익으로 분류하고 있다.

④ 채무면제이익 · 기타교환수익

채무면제이익이란 채권자가 채무자로부터 받아야 할 채권액에 대한 권리의 전부 또는 일부를 포기하고 채무이행을 면제해 준 결과로 채무자가 얻는 이익을 말한다.

기타교환수익이란 위에서 열거한 수익 이외의 수익을 말한다.

⑤ 기타재원조달및이전

비교환수익 등에 포함되는 기타재원조달및이전은 기업특별회계, 책임운영기관특별회계와 기금에서 발생하는 것으로 순자산의 증가와 감소효과를 발생시키는 거래 중 앞에서 설명한 수익과 비용을 제외한 각종 재원조달 및 이전거래를 의미한다.

정부 내로부터의 무상전 · 출입금과 정부 외로부터의 무상수증, 해당 국가회계실체가 부담하여야 하는 자원의 유출을 타회계 또는 기금 등의 국가회계실체가 대신 부담하는 경우 관련 국가회계실체에서 발생하는 재원의 조달과 이전거래 등이 포함된다.

2.2 지방자치단체회계에서의 분류: 자체조달수익 · 정부간이전수익 · 기타수익

지방자치단체 수익의 분류기준으로서 재원조달별로 구분하여 자체조달수익, 정부간이전수익, 기타수익으로 분류하도록 하고 있다.

(1) 자체조달수익

자체조달수익이란 지방자치단체가 독자적인 과세권한과 자체적인 징수활동을 통하여 조달된 수익을 말한다. 중앙정부나 타 지방정부의 의존없이 이루어지는 수익을 의미한다, 이에는 지방세수익, 경상세외수익, 임시세외수익으로 구분한다.

① 지방세수익

지방세는 국세와 마찬가지로 지방자치단체가 과세권한에 의하여 반대급부없이 징수하는 세금을 의미한다.

② 경상세외수익

경상세외수익이란 지방자치단체가 재화나 서비스를 제공하고 그 반대급부로 사용자부담 형태로 걷어 들이는 수익으로서 법령 또는 조례에 근거하여 매년 계속적 반복적으로 확보되는 세금 외의 수익이다. 따라서 교환수익의 하나로 보게 된다. 이에는 재산임대료수익, 사용료수익, 수수료수익, 사업수익, 징수교부금수익, 이자수익 등을 들 수 있다.

여기에서 징수교부금수익이란 '지방세법' 관련 규정에서 시 · 군 · 자치구가 시 · 도세 징수를 대행함에 따라 시 · 도세 징수액의 일정부분에 해당하는 부분을 징세비 명목으로 보상받은 수익[4]과 시 · 도의 사용료 · 수수료 등 세외수입에 대해 시 · 군 · 자치구가 징수를 대행함에 따라 발생하는 수익을 말한다.

③ 임시세외수익

임시세외수익이란 세외수익 중 비경상적이고 비반복적으로 발생하는 지방자치단체의 사용자부담적 수익으로서 법령 또는 조례로 정하여 징수하는 수익을 의미한다.

경상세외수익이 정기적으로 방생하는 반복적인 수익인데 비하여 임시세외수익은 비정기적 또는 비반복적으로 발생하는 수익이라는 점에서 차이가 있고 경상세외수익이 교환수익 위주인데 반하여 임시세외수익은 교환수익과 비교환수익이 혼재되어 있다.

임시세외수익으로는 국공유재산매각수수료수익, 재고자산매각이익, 일반유형자산처분이익 등 각종 자산처분이익, 일반부담금수익, 과태료 및 범칙금수익, 변상금 · 위약금 · 체납처분수익, 보상금수익 등을 들 수 있다.

(2) 정부간이전수익

정부간이전수익이란 지방자치단체가 국가 등으로부터 교부를 받아 조달한 수익을 의미한다. 이에는 지방교부세수익, 조정교부금수익, 재정보전금수익, 국고보조금수익, 시 · 도비보조금수익, 시 · 도비보조금반환금수익, 자치단체간부담금수익, 기타정부간이전수익 등이 있다.

(3) 기타수익

기타수익은 위에서 열거한 자체조달수익이나 정부간이전수익 이외에 지방

4) 지방세법 시행령 제41조.

●● 표 4-1 수익의 분류

구 분	내 용
국가	• 교환수익 – 프로그램수익, 비배분수익 – 재화및용역제공수입, 연금수익 등 • 비교환수익
지방자치단체	• 재원조달별 – 자체조달수익 : 지방세수익, 경상세외수익, 임시세외수익 – 정부간이전수익 : 지방교부세수익, 조정교부금수익, 재정보전금수익, 국고보조금수익, 시도비보조금수익 – 기타수익 : 회계간전입금수익, 기부금수익, 외화환산이익, 외환차익

자치단체가 얻는 수익을 말한다. 이에는 회계간전입금수익, 기부금수익, 외화환산이익, 외환차익 등으로 구성된다.

3 수익의 인식기준

수익을 언제 인식하느냐에 관한 기준은 기업회계에서와 마찬가지로 발생주의 회계를 적용하는 정부부문회계에서도 중요한 부분을 차지한다. 그러나 기업부문보다 정부부문의 수익인식을 측정하는 것이 용이하지 않다. 왜냐하면 기업부문은 주로 교환거래 위주이나 정부부문은 비교환거래의 비중이 상대적으로 높아 수익인식관련단계가 더 복잡하기 때문이다.

3.1 ●● 일반적 수익인식기준

국제공공회계기준 제16호 및 제17호에 의하면 자산인식기준으로서 두 가지 기준을 들고 있다. 즉 실현가능(probable)하여야 하고 합리적으로 측정가능(measure reliably)해야 한다는 것이다.[5] 따라서 수익측정은 자산의 증가의 개념으로 보기 때문에 자산측정기준이 수익측정기준에도 적용될 수 있다고 본다.

5) IPSASB, IPSAS 16 *Investment Property*, paragraph 19 및 IPSAS 17 *Property, Plant and Equipment*, paragraph 12를 참조할 것.

(1) 실현가능성

실현가능하여야 한다는 것은 자산과 관련한 미래 경제적 효익이나 서비스 잠재력이 회계실체에게 이전될 수 있는 가능성이 있어야 한다는 것이다. 예를 들면 소득세 납세의무자가 은밀하게 소득활동사업을 하는 경우에도 소득이 발생한 연도의 납세의무는 발생하나 세무당국으로서는 이를 알지 못한 경우 미리 경제적 효익이 세무당국으로 이전되었다고 할 수 있는 가능성이 없다고 본다. 따라서 이러한 경우에는 수익으로 측정할 수 없는 것은 당연하다.

미국의 지방정부회계기준(GASB)에 의하면 실현성 기준을 available이란 용어를 사용하고 있다. 즉 available이란 현행 회계연도 내에 회수되거나 곧 회수될 수 있는 상태로서 현행 회계연도의 부채에 사용될 수 있는 수준을 의미하고 있다.[6)]

(2) 합리적 측정가능성

합리적으로 측정 가능하여야(measure reliably)한다는 것은 회계주체에 대한 자산의 공정가치나 원가가 합리적으로 측정될 수 있어야 한다는 것이다. 여기에서 측정은 공정가치(fair value)를 기준으로 한다. 정부부문에서 비교환거래가 많기 때문에 이들 비교환거래에는 시장가격이 형성되지 않는 경우가 많으므로 공정가치가 적용되는 것이다.

3.2 •• 국제공공회계기준의 수익인식

(1) 교환수익인식기준

국제공공회계기준 제9호에서 규정한 교환수익의 유형별 수익인식기준은 다음과 같다.

가) 서비스 제공

19. 서비스제공에 따른 거래의 경과가 확실하게 추정되면 거래와 관련된 수익이 보고일 현재에 거래의 완성상태에 따라 인식되어야 한다. 거래의 결과는 다

6) GASB, Statement No. 33 *Accounting and Reporting for Nonexchange Transaction*(December 1998), p. 16.

음 조건이 충족되었을 때 신뢰할 수 있게 추정된다.

(a) 수익금액이 합리적으로 측정될 때

(b) 거래와 관련된 경제적 효익이나 서비스잠재력이 회계실체에게 이전될 것이 실현가능할 때

(c) 보고 일에 거래의 완성상태가 합리적으로 측정될 때

(d) 거래로 인하여 발생한 비용과 거래를 완성시키기 위한 비용이 합리적으로 측정될 때

서비스제공 수익인식기준은 앞에서 언급한 일반적인 2가지 인식기준을 근거로 좀더 상세한 기준을 요구하고 있다. 즉, 위의 4가지 요건 중 두번째 요건은 실현가능성 요건을 의미하며, 다른 3가지 요건은 합리적 측정 가능성을 구체적으로 수입금액, 거래의 완성도, 관련비용 면에서의 요건을 요구하고 있다.

만일 서비스 제공과 관련한 거래의 결과가 합리적으로 추정할 수 없는 경우에는 그 수익은 발생된 비용의 범위 정도로만 인식한다.

나) 상품의 판매

28. 상품판매수익은 다음 조건을 충족시킬 때 인식한다.

(a) 회계실체가 구매자에게 상품소유권에 대한 위험(risk)과 대가(rewards)를 이전하여야 하며

(b) 회계실체가 판매된 상품에 대하여 소유권 관련하여 계속적인 관여를 하거나 효율적인 통제를 하지 않아야 하며

(c) 수익의 금액은 합리적으로 측정할 수 있어야 하며

(d) 거래와 관련된 경제적 이익이나 서비스잠재력이 회계실체에 유입될 것이라는 실현가능성이 있어야 하며

(e) 거래와 관련하여 발생되거나 발생될 비용이 합리적으로 측정될 수 있어야 한다.

통상 소유권에 대한 위험과 대가의 이전은 소유권의 법적인 명의나 점유상태를 넘겨줌과 동시에 넘어가게 되는 경우가 대부분이나 반드시 그렇지 않은 경우도 있다. 다음의 경우에는 소유권에 대한 위험과 대가가 이전되지 않고 남아 있다고 보게 된다.

첫째, 회계실체가 보통의 보증조항에 의하여 커버되지 않은 불충분한 성과에 대하여 의무를 부담할 때

둘째, 특정 판매로부터 얻어지는 수익의 수령이 구매자의 수익에 연동 조건으로 되어 있을 때(예컨대 정부의 학교교재판매가 미판매수량 반환조건으로 되어 있을 때)

셋째, 상품이 설치조건으로 선적이 되고 그 설치가 계약의 중요한 부분으로서 아직 완성되지 않은 상태에 있을 때

넷째, 구매자가 매매계약에 명시된 이유에 의하여 취소권을 행사할 수 있는 권리를 가지고 있고 회계실체가 이를 취소 가능성에 대해서 확신을 하지 못할 때 등이다.

다) 이자 · 로열티와 배당 등

33. 이자 · 로열티 · 배당과 관련된 수익은 각 회계처리방법에 따라 다음과 같은 조건이 충족되었을 때 인식된다.
    (a) 거래와 관련된 경제적 효익이나 서비스잠재력이 회계실체로 유입될 것이라는 실현가능성이 있어야 하며
    (b) 수익금액이 합리적으로 측정이 가능하여야 한다.

34. 수익은 다음 각 회계처리방법을 사용하여 인식되어야 한다.
    (a) 이자는 자산에 대한 유효이익을 고려한 시간배분법(time proportion basis)에 의하여 인식되어야 한다.
    (b) 로열티는 관련 상호합의서의 내용에 따라서 얻어지는 경우에 인식되어야 한다.
    (c) 배당금 등은 주주 또는 회계실체가 받을 수 있는 권리가 부여될 때 인식되어진다.

(2) 비교환수익인식

자산으로 인식되어지는 비교환수익에 의하여 얻어지는 자원의 유입이 발생하는 경우에는 이것이 부채의 증가로 인하여 이루어지는 자원의 유입이 아닌 한 수익으로 인식한다. 그리고 자원유입이 이루어졌는데 부채의 감소가 일어난 경우 역시 수익으로 본다. 그러나 앞의 정의에서 언급한 바와 같이 소유주 출연에 의한 유입은 수익으로 보지 아니한다.[7]

국제공공회계기준에 의하면 조세수익의 인식은 과세사건(taxable event)이 발생한 경우에 그 과세사건이 자산으로서의 인식요건을 갖추게 되면 그 과세사

7) IPSASB, IPSAS 23 *Revenues arising from Non-exchange Transaction*, para. 44-46.

건발생을 기준으로 수익인식해야 한다고 하고 있다. 따라서 소득세나 판매세, 부가가치세 등의 경우 징수결정 이전인 소득이 발생하거나 판매가 이루어진 시기를 기준으로 하고 있다. 이 경우에 과세사건이 발생한 시기와 세금 징수가 이루어지는 시기 간에 시차가 발생하는 경우 과거의 실적을 토대로 한 통계적 방법에 의한 수익, 즉 자산액을 파악할 수 있다고 하였다.[8)]

또한 비교환수익의 하나인 이전수익(transfer)은 그 재원의 이전이 자산의 정의에 부합되고 자산의 인식기준에 부합한 때를 수익으로 인식하도록 하고 있다. 즉 자원의 유입이 확실하고 그 가치를 합리적으로 평가할 수 있을 때를 기준으로 한다.[9)]

3.3 ●● 미국 지방정부의 비교환거래 수익인식

미국 지방정부회계기준(GASB)은 수익인식과 관련하여 비교환거래의 유형을 부과 비교환수익, 유발조세수익, 정부간 비교환거래, 자발적 비교환거래 등으로 나누고 있다.

부과 비교환수익(imposed nonexchange revenue)은 부과함으로써 수익이 인식되는 것으로서 재산세, 벌금 등을 들 수 있다. 유발조세수익(derived tax revenue)은 과세대상이 되는 경제행위가 있음으로써 과세소득이 발생하는 것을 전제로 한 수익으로서 판매세, 소득세 및 법인세 등을 들 수 있다.

정부간 비교환거래(government mandated nonexchange transaction)란 보조금 등과 같이 정부기관 상호간 자금의 이전을 말한다. 자발적 비교환거래(voluntary nonexchange transaction)이란 일방의 의사표시에 의하여 대가없이 지급하거나 수령하는 것으로서 기부금 등을 들 수 있다.

통상 정부부과방식에 의한 조세나 기타 조세외 수익의 경우에는 정부가 과세표준과 세액 또는 납부액을 조사 결정하여 납부 통지함으로써 수익이 확정된다.

3.4 ●● 우리나라 정부회계기준의 수익인식기준

수익의 인식기준에 있어서는 국가회계기준과 지방자치단체회계기준이 거의

8) IPSASB, IPSAS 23 *Revenues arising from Non-exchange Transaction*, para. 65, 68.
9) IPSASB, *ibid.*, para. 76–78.

유사하다. 다만 국가회계기준에서는 수익유형에 따른 세부인식기준을 별도로 제시하고 있다.

▶ 국가회계기준 제29조(수익의 인식기준)

① 교환수익은 수익창출 활동이 끝나고 그 금액을 합리적으로 측정할 수 있을 때에 인식한다.

② 비교환수익은 해당 수익에 대한 청구권이 발생하고 그 금액을 합리적으로 측정할 수 있을 때에 인식하며, 수익 유형에 따른 세부 인식기준은 다음 각 호와 같다.

1. 신고 · 납부하는 방식의 국세 : 납세의무자가 세액을 자진신고하는 때에 수익으로 인식
2. 정부가 부과하는 방식의 국세 : 국가가 고지하는 때에 수익으로 인식
3. 원천징수하는 국세 : 원천징수의무자가 원천징수한 금액을 신고 · 납부하는 때에 수익으로 인식
4. 연부연납(年賦延納) 또는 분납이 가능한 국세: 징수할 세금이 확정된 때에 그 납부할 세액 전체를 수익으로 인식
5. 부담금수익, 기부금수익, 무상이전수입 등 : 청구권이 확정된 때에 그 확정된 금액을 수익으로 인식
6. 제재금 수익 : 벌금이나 과태료 등이 납부되거나 몰수가 집행된 때에 그 확정된 금액을 수익으로 인식

▶ 지방자치단체회계기준 제28조(수익과 비용의 인식기준)

① 수익은 다음과 같이 인식한다.

1. 교환거래로 생긴 수익은 재화나 서비스 제공의 반대급부로 생긴 사용료, 수수료 등으로서 수익창출활동이 끝나고 그 금액을 합리적으로 측정할 수 있을 때에 인식한다.
2. 비교환거래로 생긴 수익은 직접적인 반대급부없이 생기는 지방세, 보조금, 기부금 등으로서 해당수익에 대한 청구권이 발생하고 그 금액을 합리적으로 측정할 수 있을 때에 인식한다.

(1) 교환거래 수익인식

교환거래에 의한 수익의 경우 우선 수익창출활동이 완료되어야 한다는 조건은 위에서 설명한 자산의 인식기준으로서의 실현가능성과 같은 맥락이다.

즉 수익창출활동이란 수익의 원천이 되는 재화나 용역이 제공되어 교환할 수 있는 상태에 있어야 함을 의미한다. 다시 말하면 그 교환이 실현가능성이 있어야 한다는 것이다.

또 하나의 교환거래 수익인식요건으로는 그 금액을 합리적으로 측정할 수 있어야 한다는 것이다. 수익창출활동이 완료되었다 하더라도 그 금액을 산정하기 곤란한 경우에는 수익으로서 인식할 수 없다는 뜻이다.

(2) 비교환거래 수익인식

비교환거래에 의한 수익의 경우 해당 수익에 대한 청구권이 발생하여야 한다. 이는 국가의 공권력에 의하여 법령으로 부과할 수 있는 권한이 부여되어 있거나 기부금 같은 상대방의 자발적인 제공에 의하여 발생하는 수익의 경우 상대방의 제공의사에 의한 취득권리가 주어진 경우를 의미한다.

아울러 교환수익의 인식요건과 마찬가지로 그 금액을 합리적으로 측정할 수 있어야 한다.

국가는 비교환거래수익인식에 대한 세부기준을 별도로 규정하고 있는데 그 내용은 다음 〈표 4-2〉와 같다.

즉 수익을 인식할 때 조세의 유형을 다시 부과방식에 따라 신고납부방식조세, 정부부과방식조세, 원천징수되는 조세, 연부연납 또는 분납가능조세로 분류하여 수익인식을 달리한다.

① 신고납부방식조세

신고납부방식조세란 납세의무자가 세액을 먼저 신고하고 신고에 의하여 과세표준과 세액이 결정되는 조세를 말한다. 따라서 이 신고납부방식의 조세수

●● 표 4-2 비교환거래수익인식 세부기준

구 분	인 식 시 점
신고납부방식 조세수익	납세의무자가 세액을 자진신고한 때
정부부과방식 조세수익	국가가 부과고지한 때
원천징수 조세수익	원천징수의무자가 원천징수금액을 납부하는 때
연부연납 또는 분납 조세수익	징수할 금액이 확정된 때 그 납부할 금액 전체
부담금 등 조세외 비교환수익	정부의 법적 · 행정적 · 계약적 청구권이 확정된 때
제제금수익	납부되거나 몰수가 집행될 때

익은 납세의무자가 세액을 자진신고한 때 수익을 인식한다. 이 방식에 의한 조세로는 법인세, 소득세, 부가가치세, 특별소비세, 주세, 증권거래세 등이 있다.

② 정부부과방식조세

정부부과방식조세란 과세관청이 과세표준과 세액을 조사 · 결정하여 납세액을 고지함으로써 세액이 확정되는 조세를 말한다. 이 방식에 의한 조세로는 상속세 및 증여세, 부당이득세 등이 있다.

●● 그림 4-1 정부 부과방식의 조세납부 절차

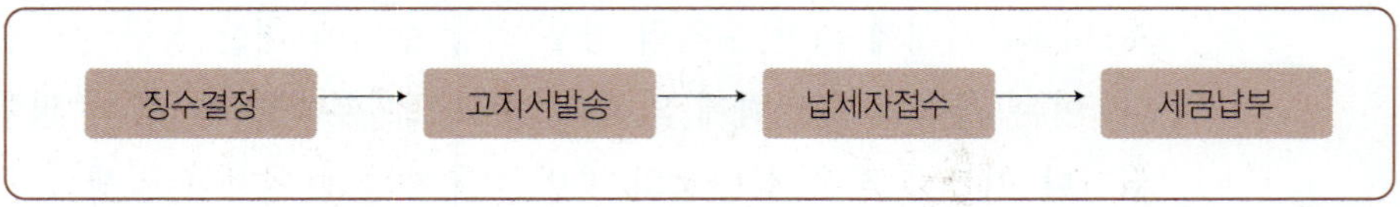

이러한 조세 부과납부 절차와 관련하여 조세수익의 인식을 어느 시점에 의할 것인가에 대하여는 다음과 같은 여러 기준이 있을 수 있다.

첫째 징수결정주의는 징수결정한 시점을 조세수익으로 인식하는 방법이다. 그러나 납세자 입장에서 보면 과세관청의 징수결정행위를 부과고지받기 전에는 알 수 없는 경우가 대부분이다.

둘째 발송주의는 납세고지서를 발송한 때를 기준으로 수익을 인식하는 방법으로서 이 방법을 발송시점에 수익으로 인식하면 법적으로 채권이 생기지 않았는데 가상의 수익을 설정하는 것이 된다.

셋째 도달주의로서 납세고지서가 납세자에게 도달한 때를 기준으로 수익을 인식하는 방법이다. 그러나 납세고지서의 도달시점을 정확하게 파악하는 것이 현실적으로 어렵다.

넷째 납기일주의는 납부 마감한 때를 기준으로 수익을 인식하는 방법으로

●● 표 4-3 조세수익의 인식시점 비교

기 준	인식시점	내 용
징수결정주의	징수결정시점	납세자가 징수내용 파악하기 어려움
발송주의	고지서 발송시점	법적으로 채권이 발생하지 않음
도달주의	고지서 도달시점	도달시점을 정확하게 파악하기 곤란
납기일주의	납기마감일	도달주의 문제점 해소 가능

서 현실적으로 타당한 방법이긴 하나 납기 내에 미리 납부하는 경우 어떻게 처리할 것인지 검토가 필요하다. 현행 '국고금관리법'에서 현금회계방식의 조세수입 중 납기가 정해져 있는 조세는 그 납기에 속한 연도의 수입으로 처리하도록 하고 있다.

현행 국가회계기준에서는 정부부과방식조세수입에 대하여 국가가 부과고지한 시점에 수익으로 인식한다. 이 경우에 발송주의를 채택한 것으로 보아야 한다.

③ 원천징수조세

원천징수조세란 과세대상소득을 납세의무자에게 지급하는 경우 일정세액을 원천징수하여 납부하도록 원천징수의무자에게 의무를 부과하는 조세를 의미한다. 이 경우에는 원천징수의무자가 원천징수금액을 신고 · 납부하는 때에 수익으로 인식한다. 은행에서 예금자에게 예금에 대한 이자를 지급하는 경우 해당액 만큼의 세금을 징수하여 세무관서에 납부하는 경우가 대표적인 예이다.

④ 연부연납 또는 분납조세수익

연부연납 또는 분납가능조세란 조세법령에 의하여 연부로 납부하게 하거나 납부하여야 할 금액이 많아 분납이 허용된 조세를 의미한다. 이 경우에는 징수할 금액이 확정된 때에 납부할 세액 전체를 수익으로 인식한다. 다시 말하면 비록 나누어 납부하더라도 납부하여야 할 금액은 미리 확정되기 때문에 최초에 금액이 확정된 때에 수익으로 한꺼번에 인식하고 차후에 납부하게 되는 연부납금액이나 분납금액에 대하여는 미수채권으로 관리하게 된다.

⑤ 조세외 비교환수익

조세 외의 수익으로서 부담금수익이나 기부금수익 또는 무상이전수입 등의 비교환수익은 정부의 법적 · 행정 · 계약적 청구권이 확정된 때에 그 확정된 금액을 수익으로 인식한다. '청구권이 확정된 때'라는 의미는 법령이나 행정적 관습 또는 계약에 의하여 비로소 청구하고 대금을 수령할 권리가 확정된다는 의미이다.

⑥ 제재금수익

제재금이란 법적 계약적 불이행에 대한 금전적인 제재로서 부과되는 것으로서 벌금이나 과태료 등이 있다. 이들 제재금수익은 이들 제재금이 납부되거나 몰수가 집행된 때 그 확정된 금액을 수익으로 인식한다.

4 수익의 회계처리 사례(국가회계)

(1) 국세수익

국세수익은 대표적인 비교환수익으로서 정부의 공권력에 의하여 강제적으로 징수하는 수익이다.

현행 우리나라 조세의 종류에는 〈표 4-4〉에서와 같이 국세와 지방세로 구분하고, 국세는 내국세, 관세, 목적세로 구분하며 내국세는 다시 직접세와 간접세로 구분한다. 직접세로는 소득세, 법인세, 종합부동산세, 상속세 및 증여세가 있다. 간접세로는 부가가치세, 개별소비세, 주세, 교통 · 에너지 · 환경세, 인지세 및 증권거래세가 있다. 목적세로는 교육세와 농어촌특별세가 있다.

국세수익에 대한 인식기준은 이미 앞에서 설명한 바 대로 신고납부방식의 세액은 신고시점에, 부과과세방식의 세액은 부과고지시에, 원천징수조세수익은 원천징수의무자가 원천징수세액을 납부하는때에 수익을 인식한다.

정부 재무회계에서는 이러한 국세수익을 국가의 재정수입을 위하여 국가가 부과 · 징수하는 국세 등의 회수가능가액을 의미하고 있다. 현행 국세수익은 해당국세총수익에서 국세환급금을 차감한 잔액으로 표시된다. 이 국세수익은 국세청이나 관세청의 수익이 되는 것은 아니다. 국세청 등은 다만 국가의 국세수입을 대행하여 걷어 들이는 것일 뿐이다. 따라서 국세청 등의 재정운영표에는 표시되지 아니하고 국가전체의 재정운영표에 국세수익으로 반영된다. 그러나 국세청이나 관세청은 국세 징수기관으로서 국세를 징수할 경우 해당 회계처리를 하여야 하고 아울러 국세징수활동표를 작성하여야 한다. 국세징수활동표는 국세를 징수하는 활동으로 인해 당해 발생한 회수가능 세금 중 실제로 징수하여 국고에 귀속된 세금이 얼마인지(국고이전지출)를 나타내는 국세청, 관세청 및 기획재정부에서 작성하는 필수보충정보이다.

납세자가 국세나 관세를 국고금수납대리점에 신고, 납부하는 경우 국세청 및 기획재정부 등은 국세징수활동표에 해당세목의 '국세수익'으로 계상함과 동시에 '국고이전지출'로 국고로 이전하는 회계처리를 하고, 국고금회계에서는 이를 받아 현금으로 계상함과 동시에 '국고이전수입'으로 처리한다.

사 례

국세청에서 소득세 1백만원을 신고납부 받았다.

●● 표 4-4 **우리나라 조세 체계**

- 조세
  - 국 세
    - 내국세
      - 직접세
        - 소 득 세
        - 법 인 세
        - 상속세및증여세
        - 종합부동산세
      - 간접세
        - 부가가치세
        - 개별소비세
        - 주 세
        - 교통 · 에너지 · 환경세
        - 인 지 세
        - 증권거래세
    - 관 세
    - 목적세
      - 교 육 세
      - 농어촌특별세
  - 지방세
    - 광역시 · 도세
      - 보통세
        - 취 득 세 ◎
        - 등 록 세 ◎
        - 면 허 세 ★
        - 레 저 세 ◎
      - 목적세
        - 공동시설세 ◎
        - 지역개발세 ◎
        - 지방교육세 ◎
    - 시 · 군세
      - 보통세
        - 주 민 세 ◎
        - 재 산 세 ★
        - 자 동 차 세 ◎
        - 주 행 세 ◎
        - 농업소득세 ◎
        - 담배소비세 ◎
        - 도 축 세 ◎
      - 목적세
        - 도시계획세 ◎
        - 사업소세 ★

(주) 지방세 중 ◎는 특별(광역)시세, ★는 자치구세.

(차) 국고이전지출	1,000,000	(대) 소득세수익	1,000,000

(2) 국고수입 및 국고이전수입

국고수입이란 각 중앙관서가 기획재정부로부터 소관 일반회계와 기타특별회계에 국고금을 배정 받은 경우에 사용하는 계정을 의미한다. 국고금은 '국고금관리법' 에 의하여 각 중앙관서의 일반회계와 특별회계의 자금을 모두 총괄하여 관리하게 된다. 따라서 국고금을 각 국가회계실체 등에서 자금을 집행하고자 할 경우 국고금 자금을 국가회계실체로 이전하는데 이 때 자금을 수취하는 국가회계실체가 국고수입으로 처리한다.

이 경우에 국가회계실체를 행정형회계실체인 일반회계 및 기타특별회계와, 기업형회계실체인 기업특별회계, 책임운영기관특별회계 및 기금으로 2원화하여 달리 처리하게 된다. 일반회계와 기타특별회계인 국가회계실체는 국고수입을 재정운영표상의 수익으로 표시하지 아니하고 순자산변동표에 재원의 조달로 분류하여 표시한다. 그러나 기업특별회계, 책임운영기관 특별회계 및 기금에서는 결산조정분개를 통해 국고이전지출과 상계하여 현금의 증감으로 처리한다.

국고이전수입이란 국고금회계에서 각 국가회계실체의 일반회계, 특별회계 및 기금에서 발생하는 수익을 이전받을 때 발생하는 계정이다. '국고금관리법' 상 국고금의 분류에 포함되는 각 일반회계, 특별회계 및 기금에서 발생하는 수익의 경우 각 해당 회계에서 발생한 후 국고금회계로 국고이전지출로 자원을 이전시키는 회계처리를 하게 된다. 이 때 국고금회계에서 각 국가회계실체가 받은 자금을 국고이전수입으로 회계처리 한다.

이들 국고수입과 국고이전수입은 결국 국가의 순수한 수입이 아닌 정부재원의 조달에 따른 자금의 수입이 된다. 따라서 '수익'이 아닌 '수입'이라는 용어를 사용하고 있다.

사 례

A부처에서 20xx연도 2월 1일에 일반회계 예산으로 자금배정 2백만원을 수령받았다. 같은 해 3월1일에는 소유하고 있는 건물 일부를 임대해 주고 받은 당해 월의 임대료 50,000원를 한국은행 국고금계정으로 수령하였다.

20xx. 2.1 자금수령시

(차) 한국은행국가예금	2,000,000	(대) 국고수입	2,000,000

20xx.3.1 임대료수령시

(차) 한국은행국가예금	50,000	(대) 사용료수익	50,000

위 부처에서 같은 해 5월 1일 일반회계로부터 직원의 해외출장여비로 관서운영비 1백만원을 선지급하였다. 해외출장을 다녀온 직원들의 여비정산결과

900,000원만 사용하고 나머지 100,000원은 5월 15일 반납하였다.

20xx. 5.1 국고로부터 관서운영경비 수령시

(차)국고예금	1,000,000	(대)국고수입	1,000,000

20xx. 5.1 여비 지급시

(차)국내여비	1,000,000	(대)국고예금	1,000,000

20xx. 5.15 여비 정산 및 반납시

(차)국고예금	100,000	(대)국내여비	100,000

(3) 부담금수익

부담금이란 정부의 공익사업과 관련하여 특정 이해관계인에게 그 사업에 필요한 경비의 전부 또는 일부를 부담시키기 위하여 부과하는 일종의 공법상 금전급여의무를 의미한다. 또한 경비의 일부를 분담시키는 경우에 이를 특히 분담금이라고 부르는 경우도 있다.

이는 그 사업과 관련하여 이익을 보는 당사자에게 이익에 비례하여 일정액을 부담시킨다는 점에서 의무위반에 대한 제재적인 성격의 다른 부담금과 다르다. 부담금수익에는 수익자부담금, 원인자부담금, 조세성부담금 등이 있다.

수익자부담금이란 공공시설로 인하여 특별한 이익을 받은자에게 부과하는 법정부담금으로서 석유수입부과금이 대표적인 예이다.

원인자부담금이란 각종 시설의 건설 또는 유지관리비용 충당을 목적으로 사용자에게 부담시키는 법정부담금으로서 폐기물부담금, 개발부담금 등이 있다.

조세성부담금이란 특정 공익사업을 수행하지만 부과대상과 사용내역간의 관계가 직접적이지 않은 법정부담금으로서 국민건강증진부담금, 국외여행자납부금 등이 있다.

부담금수익의 인식시기는 정부의 법적 · 행정적 · 계약적 청구권이 확정된 때 수익으로 인식하여야 한다. 즉 부담금 발생요건이 확정되면 그 즉시 청구권

●● 표4-5 부담금수익의 종류

종 류	예 시
수익자부담금	석유판매부과금, 석유수입부과금, 대체산림자원조성비
원인자부담금	환경개선부담금, 폐기물부담금, 개발부담금, 소음부담금
조세성부담금	국민건강증진부담금, 배출부과금, 장애인고용부담금, 국외여행자납부금

이 발생하지만 현실적으로는 그 청구권에 의하여 징수결의를 하고 부과고지를 할 때 수익으로 인식하게 된다.

(4) 제재금수익

제재금이란 조세와는 달리 정부에 대한 의무를 이행하지 아니하는 경우에 제재적인 성격으로 부담시키는 각종 금전적 부과금을 의미한다. 이에는 변상금, 위약금, 가산금, 벌금, 몰수금으로 구분할 수 있다. 이들 용어는 각각 조금씩 의미상 차이가 있다.

변상금이란 법령 등에 위반에 따른 제재적인 성격으로 부과하는 금전적 보상액을 의미한다. 이에는 국유지 무단사용 변상금 등이 있다.

위약금이란 계약 당사자의 특약으로 채무자가 채무불이행하는 경우에 채권자에게 지급하기로 약정한 금전을 의미한다. 지체상금 등을 예로 들 수 있다.

가산금이란 국가가 부과하는 금전적 의무 즉 세금이나 공공요금 등의 납부의무자가 그 납부의무를 지체하는 경우에 이에 대한 제재로 부과하는 할증된 금액을 말한다. 세법상 각종 가산금이 대표적인 예이다.

벌금은 법령을 위반한 경우에 제재적인 차원에서 부과되는 재정적 벌칙을 말한다. 과징금, 과태료, 벌금, 범칙금 등 여러 명칭으로 사용하고 있다. 이들 용어는 다소간 다른 뜻으로 사용하고 있으나 벌금으로 통일하여 수익처리 한다.

몰수금이란 법령에 의하여 국가가 현장에서 금전이나 물품을 압류한 경우의 금전적 액수를 말한다. '출입국관리법' 위반자에 대한 몰수금 등을 들 수 있다.

제재금수익의 인식시기에 대하여는 변상금 · 위약금 · 가산금수익과 벌금 · 몰수금수익을 구분하여 인식기준을 달리한다. 즉 변상금이나 위약금 그리고 가산금수익은 부담금수입 인식기준과 마찬가지로 정부의 법적 · 행정적 · 계약적 청구권이 확정된 때를 기준으로 수익으로 인식한다. 그러나 벌금이나 몰수금의 경우에는 납부가 완료 되거나 몰수가 집행될때를 수익으로 인식한다.

그런데 몰수품의 경우 통상 현금 등이 아닌 현물인 경우가 많아 회계처리에 의문이 있을 수가 있다. 현금이나 수표등 화폐성자산은 압류 및 몰수 당시의 시장가격으로 평가하여 수익으로 처리하며, 물품 등 비화폐성 자산의 경우에는 판결이나 법령에 따라 국가에 귀속된 때에 감정가액이나 공정가액으로 평가하여 수익으로 계상하여야 한다. 몰수품을 귀속시킨 후 공매절차를 거쳐

처분될 때까지는 다소 시간이 걸리기 때문에 귀속시킨 시점이 제재금 수익인식시점이 된다.

사 례

관세청은 여행자가 입국시 반입이 제한된 양주를 초과하여 소지하고 있어서 허용된 수량을 제외한 초과수량을 모두 압류하고 일정한 절차를 거쳐 국가에 귀속시켰다. 이 물품의 공정가액은 5,000,000원 이었다. 이 몰수품을 공매한 결과 5,200,000원을 수령하였다.

몰수품 국가귀속시

(차) 기타의유동자산 5,000,000 (대) 제재금(몰수금)수익 5,000,000

공매후 대금수령시

(차) 한국은행국가예금 5,200,000 (대) 기타의유동자산 5,200,000

(5) 재화및용역제공수익

재화의 판매나 용역의 제공에 대한 대가를 의미한다. 따라서 대표적인 교환수익의 하나이다.

가) 재화판매수익

재화판매수익은 판매를 위하여 취득한 상품과 판매목적으로 생산한 제품 등을 비롯한 재고자산의 판매에 대한 대가로 국가회계실체의 사업과 관련하여 발생하는 수익을 의미한다. 이에는 양곡관리특별회계의 미곡 · 잡곡 · 기타부산물 판매수입, 조달특별회계의 비축물자 사업수입, 간행물이나 영상물 판매수입 등을 들 수 있다.

국가회계기준에서는 교환수익의 인식기준으로 2가지를 들고 있다. 즉 수익의 창출활동이 끝나고 그 금액을 합리적으로 측정할 수 있어야 한다는 것이다. 「재정운영표 계정과목 회계처리지침」에서는 이를 더 구체화하여 재화판매수익에 대하여는 다음 조건을 모두 충족시킬 수 있어야 수익으로 인식한다고 규정하고 있다.

① 재화의 소유에 따른 위험과 효익의 대부분이 구매자에게 이전한다

② 판매자는 판매한 재화에 대하여 소유권이 있을 때 통상적으로 행사하는 정도의 관리나 효과적인 통제를 할 수 없다.

③ 수익금액을 신뢰성있게 측정할 수 있다

④ 경제적 효익의 유입가능성이 매우 높다

⑤ 거래와 관련하여 발생하였거나 발생할 거래원가와 관련비용을 신뢰성있게 측정할 수 있다.

나) 용역제공수익

용역제공수익은 일반적인 계약에 의하여 합의된 과업을 수행함에 따른 대가로 국가회계실체가 수행하는 주된 사업과 관련하여 발생하는 수익을 의미한다. 예를 들면 병원운영에 따른 용역제공수입, 입학금 및 수업료수익 등을 들 수 있다.

용역수익에 대한 세부적인 수익인식기준 역시 다음과 같은 4가지를 들고 있다.

① 거래전체의 수익금액을 신뢰성있게 측정할 수 있다

② 경제적효익의 유입가능성이 매우 높다

③ 진행률을 신뢰성있게 측정할 수 있다

④ 이미 발생한 원가와 거래를 완료하기 위해 추가로 발생할 원가를 신뢰성있게 측정할 수 있다.

다) 기타사업수익

기타사업수익은 재화판매 및 용역제공 수익 이외 국가회계실체가 부수적으로 수행하는 사업성 성격에 의하여 발생하는 수익으로 사용료수익, 수수료수익, 수익사업이익전입금 등을 들 수 있다.

먼저 사용료수익이란 토지나 건물 등 자산을 타인에게 사용하게 함으로써 발생하는 수익을 말한다. 이에는 입장료수입, 토지 · 건물 대여수입, 기타 관유물대여수입 등을 들 수 있다. 사용료수익을 인식하는 경우에 이들 재산에 대한 사용이 기간단위에 의하여 사용하는 경우에는 기간배분에 의하여 수익을 인식하고, 입장료수입 등 1회성으로 사용과 동시에 대금을 받도록 하는 경우에는 대금을 수납하는 즉시 수익을 인식한다.

수수료수익이란 인허가사무에 대한 반대급부로 받는 수익을 말한다. 일종의 용역수익이라고 할 수 있으나 이 수수료수익이 용역수익과 다른점은 용역수익이 제공하는 용역에 상당하는 대가를 받는 수익이지만 수수료수익은 용역제공에 대한 반대급부라기보다는 용역제공은 국가가 당연히 제공해야하는 의무로서 대가성과 관계없이 제공하되 다만 용역제공에 따른 비용의 일부를 충당하기 위하여 부과하는 금전적 부담이라 할 수 있다. 수수료수익의 예로서는 각종 면허나 증명발급에 부과하는 수수료 등을 들 수 있다. 이들 수수료는 대부분 1회성으로 발생하는 수익이기 때문에 대금수납시점에 수익을 인식한다.

수익사업이익전입금이란 경륜사업전입금과 같이 국가회계실체가 직접 수행하지 않지만 간접적으로 수행하는 수익사업으로부터 받아들이는 이익전입금 등을 말한다.

사 례

A부처(일반회계)는 20xx년 3월 1일 소유건물 일부를 임대하고 보증금 1천만원과 1년간의 임대료 1백만원을 일시에 수령하였다. 1년후 임대보증금을 환불하였다.

20xx. 3.1 임대료 및 보증금수령시

(차) 한국은행국가예금	11,000,000	(대) 기타의선수수익	1,000,000
		임대보증금	10,000,000

20xx.12.31 연말결산시

(차) 기타의선수수익	833,333	(대) 사용료수익	833,333

*당해연도 사용료수익계상 : 1,000,000×10/12=833,333

20xy.3.1임대보증금환급시

(차) 기타의선수수익	166,667	(대) 사용료수익	166,667
임대보증금	10,000,000	한국은행국가예금	10,000,000

(6) 연금수익, 보험수익, 보증수익

이미 앞에서 설명한 바와 같이 연금수익이나 보험수익, 보증수익 등은 국가가 사업주체로서 이들 연금, 보증, 보험사업을 영위하는 경우에 수령하는 연금부담금이나 보험료, 보증수수료, 수수료 등을 말한다.

연금수익의 경우 피고용자로 하여금 기여금을 납부케 하고 고용주로서도 해당액 만큼 고용주부담금을 납부하도록 한다. 연금기금취급기관인 공무원연금관리공단이나 군인연금취급기관인 국방부 등에서는 각부처에 연금기여금 부과고지를 하고 있으므로 부과고지시점을 수익으로 인식하고 아울러 미수연금수익으로 자산계상한다.

이 경우에 공무원연금이나 군인연금의 경우에는 고용주실체가 국가이기 때문에 고용주실체도 지급비용에 대한 회계처리가 필요하다. 즉 고용주실체가 해당기금에 고용주부담금을 지급시 재정운영표상의 복리후생비과목으로 비용처리하여야 한다.

국가결산보고서 재무제표작성시에는 고용주부담액인 복리후생비는 연금기금의 연금수익액과 내부거래이기 때문에 상계하여 제거시킨다.

사학연금에 대해서 국가가 연금액의 일부를 보조해 주는 경우가 있다. 이 경우에는 비배분비용 또는 프로그램총원가의 공공기관보조비로 처리하여야 한다.

사 례

공무원연금기금에서 A부처 공무원들의 기여금납부액이 500,000원이고 A부처의 고용주부담금 액수 역시 500,000원이다.

(공무원연금기금)

고용주부담금 및 피고용자기여금 부과시

(차) 미수연금수익	1,000,000	(대) 연금수익-고용주부담금	500,000
		연금수익-피고용자기여금	500,000

교용주부담금납부시

(차) 현금및현금성자산	500,000	(대) 미수연금수익	500,000

(A부처)

(차) 복리후생비	500,000	(대) 기타재원조달	500,000

(7) 이자수익

이자수익은 외부에 자금을 대여한 경우나 은행에 예치한 경우에 발생하는 이자 및 국채 · 공채 · 지방채 · 회사채 등 장 · 단기 투자증권에서 발생하는 수익을 의미한다.

(8) 평가이익

앞에서 설명한 대로 평가이익이란 파생상품, 외화자산 및 기타자산에 대한 재정상태표일 현재 공정가액평가액과 장부가액과의 차이로 공정가액이 장부가액을 초과시 사용하는 계정을 의미한다. 이 계정에는 파생상품평가이익, 외화환산이익, 기타 자산 등에 대한 평가이익을 포함한다.

파생상품평가이익이란 특정위험으로 인한 예상거래의 미래현금흐름 변동위험을 증가 또는 감소시키기 위하여 파생상품의 평가이익 중 위험회피에 효과적인 부분의 평가이익을 제외한 파생상품평가이익을 말한다. 즉 위험회피에 효과적인 부분에 대한 평가이익은 순자산변동표상 순자산의 증가요인으로 표시하고 위험회피에 효과적이지 못한 부분에 대한 평가이익과 공정가액위험회피회계에 대한 평가이익부분은 당기손익으로 처리하게 된다.이들의 회계처리에 대해서는 별도로 파생상품 회계처리에서 자세한 설명이 있게 된다.

외화환산이익이란 재정상태표일 현재 화폐성외화자산 또는 화폐성외화부채를 환산하는 경우 환율의 변동으로 인하여 발생하는 환산이익을 말한다. 이때에 적용하는 환율은 결산일의 재정환율로 계상한다. 여기에서 외화환산이익과 와환차익은 구분이 되어야 한다. 외환차익은 기타수익중의 한 항목인데 화폐성외화자산을 회수하거나 화폐성외화부채를 상환하는 경우에 환율변동으로 인하여 실제 원화로 수령하거나 지급한 금액과 원화장부가액과의 차이에 의하여 발생한 실현이익을 말한다. 실현이익이라는 점에서 실현되지 아니한 평가이익과는 구별이 된다.

5 수익의 회계처리 사례(지방자치단체)

(1) 지방세수익

지방세는 국세와 마찬가지로 지방자치단체가 과세권한에 의하여 반대급부없이 징수하는 세금을 의미한다. 지방세에는 단일세법인 '지방세법' 에 의하여 운영되고 있는데 앞의 〈표 4-1〉에서와 같이 징수주체에 따라 광역시 · 도세와 시 · 군 · 자치구세로 구분하기도 하고 사용목적에 따라 보통세와 목적세로 구분하고 있다.

비교환수익인 지방세수익은 국세나 지방세를 부과 결정하게 되는 경우(신고납부방식조세의 경우는 납세자가 신고한 때) 우선 수익으로 인식하고 상대과목을 미수세금으로 처리하게 된다.

사 례

① 20xx년 6월 1일에 재산세 100,000원을 징수 결의하고 곧바로 이를 부과고지하다. 납기일은 6월 30일까지이다.

(차) 미수재산세 100,000 (대) 재산세수익 100,000

② 20xx년 6월 30일에 90,000원이 정상적으로 수납되었다.

(차) 현금과예금 90,000 (대) 미수재산세 90,000

③ 20xx년 12월 31일에 미수자동차세의 2%를 대손충당금으로 설정하다.

(차) 미수재산세대손충당금 200 (대) 미수재산세 200

※ (100,000 − 90,000) × 2% = 200

(2) 사용료수익

교환수익의 하나인 사용료수익은 도로, 상하수도 등 공공시설의 사용에 대한 반대급부로서 징수하는 수익을 말한다. 인 · 허가 등 행정서비스를 제공받고 그 비용의 전부 또는 일부를 반대급부형태로 부과시키는 수수료와 성격이 유사하다.

이러한 사용료 등 경상세외 수익은 판매시점이나 서비스 제공이 완료된 시점에 수익을 계상한다.

사 례

① 20xx년 7월 1일에 도로사용료 20,000원(합계 10건)을 징수결의하고 곧바로 이를 부과 고지하다.

(차) 미수사용료수익 20,000 (대) 사용료수익 20,000

② 20xx년 8월 1일에 위 부과액 중 2,000원(10건 중 1건)은 부과가 잘못된 것으로 판단하여 부과 취소를 하였다.

(차) 사용료수익 2,000 (대) 미수사용료수익 2,000

③ 20xx년 9월 30일에 위 부과액 중 15,000원이 수납되었다.

(차) 현금과예금 15,000 (대) 미수사용료수익 15,000

(3) 국고보조금 수익

국고보조금은 지방자치단체가 국가로부터 특정 국가 시책에 대하여 그 사업의 효율적인 시행을 위하여 지원받는 자금으로서 정부간 이전수익의 한 가지 형태이다.

국고보조금은 경상보조금과 자본보조금으로 구분하고 있는데 국고보조금의 회계처리에 있어서 이들 보조금은 성격이 서로 다르므로 그 종류에 따라 별개로 처리해야 할 것인가가 문제가 된다. 현재 지방자치단체회계기준에서는 이들 보조금을 구분하지 아니하고 모든 보조금을 수익으로 처리하도록 하고 있다.

사 례

① 중앙정부로부터 특정사업에 대한 지원 명목으로 국고보조금 100,000원을 수령하기로 중앙정부간 협의에 의하여 의결되었다.

(차) 미수국고보조금	100,000	(대) 국고보조금수익	100,000

② 중앙정부로부터 위의 국고보조금 100,000원을 수령하였다.

(차) 현금과예금	100,000	(대) 미수국고보조금	100,000

③ 위 국고보조금을 사용하고 남은 잔액 5,000원을 반납하다.

(차) 국고보조금수익	5,000	(대) 현금과예금	5,000

(4) 지방교부세수익

지방교부세수익이란 지방자치단체가 '지방교부세법'에 의하여 전국적으로 징수한 국세수입의 일부를 일정한 기준에 따라 중앙정부로부터 교부받은 수익을 말한다. 지방교부세에는 보통교부세, 특별교부세, 분권교부세, 부동산교부세 등이 있다.

보통교부세는 매년도 기준재정수입액이 기준재정수요에 미달하는 지방자치단체에 대하여 그 미달액을 기초로 산출한 금액을 지원하는 금액을 말한다.

특별교부세는 지방자치단체별로 특별한 재정수요가 있거나 재정수입의 감소가 예상되는 경우에 지급하는 교부세를 말한다.

분권교부세는 종전의 국고보조사업으로 시행하던 것을 지방으로 이양된 자치단체에 대하여 지급하는 교부세이다.

부동산교부세는 종합부동산세가 신설되어 시행됨에 따라 해당액을 지방자치단체로 이전시키기 위한 재원이다.

(5) 조정교부금수익 · 재정보전금수익

조정교부금수익이란 자치구가 '지방자치법'에 따라 특별시, 광역시로부터 교부받은 재정조정교부금을 의미한다.[10]

10) 지방자치법 제160조.

재정보전금수익이란 시 · 군이 '지방재정법' 관련 규정[11]에 의하여 광역시 · 도로부터 재정부족분의 보전을 목적으로 교부받은 자금을 의미한다.

6 건설공사계약에 대한 수익비용회계

6.1 •• 건설공사의 의의

건설공사계약(construction contract)은 단일자산이나 또는 디자인, 기술, 기능, 최종목적 등에 있어서 상호연관성 있는 여러 개의 자산을 건립할 목적으로 합의된 계약을 의미한다.

건설공사계약은 확정공사계약과 원가보상공사계약으로 구분한다. 확정공사계약(fixed price contract)이란 고정된 계약가액으로 하거나 산출물 단위당 가격을 정액으로 하는 공사계약을 말한다. 원가보상공사계약(cost plus or cost based contract)이란 허용되거나 확정된 비용을 보상해 주는 계약을 의미하며 상업계약인 경우 이들 비용에 일정율 또는 일정액을 더 해주는 계약을 말한다.

여기에서는 국제공공회계기준(IPSAS) 제11호 '건설공사계약'에 대한 수익비용회계기준을 중심으로 설명한다. 우리나라 국가나 지방자치단체회계기준에서는 이 부분에 대한 상세한 설명이 없기 때문이다.

6.2 •• 공사수익의 구성

(1) 공사수익의 구성

공사수익은 다음 항목으로 구성된다.

① 최초에 합의된 계약금액
② 건설공사 내용의 변동, 손해배상금이나 인센티브 지급액으로서 다음 사항의 범위에 속하는 사항
 i) 수익으로 될 가능성이 높고
 ii) 신뢰성 있는 측정이 가능한 경우

11) 지방자치법 제29조, 지방재정법시행령 제36조.

(2) 공사수익 측정치의 수정

공사수익은 수취하였거나 수취할 공사 대가의 공정가액으로 측정한다. 이러한 공사계약수익의 측정은 미래사건의 경과에 의존하는 여러 불확실성에 의하여 영향을 받는다. 따라서 측정금액은 사건의 발생에 따라 수시로 그리고 불확실성이 해소됨에 따라 변경될 필요가 있다.

다음 사항과 같은 경우 공사수익은 증가되거나 감소될 수 있다.

① 최초 합의된 계약 이후 기간에 공사수익의 증가 또는 감소를 가져오는 변동사항 또는 손해배상 합의
② 물가연동 조항에 따른 공사계약금액 변경
③ 건설사업자의 귀책사유에 의하여 공사완성의 지연에 따른 위약금 지급
④ 확정계약이 산출물단위당 고정가격에 따라 정하여지는 경우 산출물 수량이 증가되거나 감소되는 경우의 공사계약수익의 증감

6.3 •• 공사원가의 구성

공사원가는 다음 사항을 포함한다.

① 특정 공사계약에 직접 관련된 원가
② 공사 활동 전반적으로 관련된 것으로 체계적이고 합리적인 기준에 따라 개별공사에 할당될 수 있는 공사 공통원가
③ 계약조건에 따라 발주자에게 청구할 수 있는 기타 특정 공사원가

먼저 특정 공사에 관련된 공사직접원가의 예는 다음과 같다.

① 현장감독을 포함한 현장노무비
② 건설공사에 사용된 재료비
③ 계약에 사용된 생산설비와 건설장비의 감가상각비
④ 생산설비, 건설장비 및 재료의 건설 현장에로의 또는 건설 현장으로 부터의 운반비
⑤ 생산설비와 건설장비의 임차료
⑥ 계약과 직접 관련된 설계와 기술지원비용
⑦ 기계보증비용을 포함한 수정 및 보증업무에 대한 추정비용

⑧ 제3자로부터의 손해배상

공사 공통원가로는 다음과 같은 예를 들 수 있다.

① 보험료
② 특정 공사에 직접 관련되지 않은 설계비
③ 공사간접비

6.4 공사수익과 비용의 인식

공사결과를 신뢰성 있게 추정할 수 있을 때에는 공사계약과 관련한 수익과 원가는 공사완성도에 따라 보고일에 수익과 비용으로 각각 인식된다.

공사계약의 인식기준은 확정공사계약의 경우와 원가보상공사계약의 경우를 구분하고 있다.

(1) 확정공사계약 인식기준

확정공사계약의 산출은 다음 요건을 모두 갖추었을 때 신뢰성 있게 측정된다.

① 총 공사 수익액을 신뢰성 있게 측정할 수 있다.
② 계약과 관련된 경제적 효익 또는 서비스잠재력이 건설사업자에게 유입 가능성이 높다.
③ 공사완성을 위한 공사원가와 공사완성도를 모두 신뢰성 있게 측정할 수 있다.
④ 공사원가를 명확히 식별할 수 있고 신뢰성 있게 측정할 수 있어서 실제 발생된 공사원가를 총 공사예정원가의 예상치를 비교할 수 있다.

(2) 원가보상공사계약의 인식기준

원가보상공사계약의 산출은 다음의 요건이 모두 충족되었을 때 신뢰성 있게 측정할 수 있다.

① 계약과 관련한 경제적 효익이나 서비스잠재력이 건설사업자에게 유입될 가능성이 높다.
② 공사에 관련된 원가를 변제가능 여부에 불구하고 명확히 식별할 수 있

고 신뢰성 있게 측정할 수 있다.

(3) 공사완성도(공사진행률)

공사완성도에 따른 공사수익비용의 인식은 공사진행률(percentage of completion method)이라고도 한다. 이 방법에서는 공사수익은 발생된 공사원가와 대비되어 공사완성 비율에 따른 수익, 비용과 수익을 나타나게 된다.

통상 공사완성도의 측정은 여러 가지 방법을 적용할 수 있으나 다음 3가지 사항을 대표적으로 들 수 있다.

① 총 예정원가와 이에 관련된 실제공사비 발생액의 비율
② 공사이행수준의 조사(survey)에 의한 방법
③ 공사의 물리적인 형태의 완성도 예컨대 면적이나 물량 등으로 파악할 수 있는 경우를 말한다.

위의 방법을 종합하여 결정하기도 하나 많은 사례에서는 위 첫번째 방법을 많이 사용한다. 따라서 이 방법에 의한 공사진행률 산식은 다음과 같다.

$$공사진행률 = \frac{당기까지의\ 실제\ 발생원가}{총\ 공사예정원가}$$

위의 공사진행율 산식에서 실제 발생원가를 계상할 때에는 당기까지의 작업수행정도를 반영한 비용만 계상이 되며 미래의 공사 활동을 위하여 구입한 재료비 등의 비용이나 하도급업자에게 먼저 지급한 금액 등에 대해서는 실제 발생원가에서 제외된다.

사 례

국토해양부 산하 공공개발사업청은 각 부처의 요구에 의하여 사회간접자본 시설 위주의 공공공사 사업을 수행한다. 일부사업은 정부사업으로서 예산으로 추진하지만 일부 사업은 기업형 사업으로 원가에 일부 이익을 합한 원가보상 방식으로 사업을 추진하고 있다.

국토해양부에서 교량을 건설하도록 요청하여 9,000억원에 계약을 하였고 총 공사예정금액은 8,000억원으로 예상하고 있으며 건설기간은 3년으로 예정되어 있다.

첫해에 총 공사예정액이 8,000억원에서 8,050억원으로 증가될 것으로 판단

하였다. 2년차 되는 해에는 물가변동으로 계약금액이 200억원 증가, 총 공사 예정원가가 150억원의 추가 증가가 예상되어 국토해양부에서는 이 금액을 승인하였다. 2년차의 연말에 발생된 비용 중에는 3차년도에 소요될 재료비 100억원이 포함되었다.

공공개발사업청은 공사진행률을 총 예정원가대비 실제 발생원가를 기준으로 하고 있다. 첫해의 실제 발생공사원가는 2,093억원이고, 2년차에는 6,068억원, 3년차에는 총 공사예정액 8,200억원이 모두 발생하였다(2년차 공사비 6,068억원에는 100억원의 재료비는 제외된 금액이다).

	1년차	2년차	3년차
계약상 당초 수익금액	9,000	9,000	9,000
변 동 액	–	200	200
총 공사수익액(A)	9,000	9,200	9,200
당기까지의 발생공사원가	2,093	6,068	8,200
완성시 부담할 공사원가	5,957	2,132	–
총 공사예정원가(B)	8,050	8,200	8,200
예정손익액(A–B)	950	1,000	1,000
공사진행률	26%	74%	100%

위와 같은 자료에 의하여 3년간의 공공개발사업청의 재무성과보고서상의 수익비용과 손익금액은 다음과 같다.

	누 적 액	전년도까지 인식액	당해연도 인식액
1년차			
수익(9,000 x 0.26)	2,340		2,340
비용(8,050 x 0.26)	2,093		2,093
손익	247		247
2년차			
수익(9,200 x 0.74)	6,808	2,340	4,468
비용(8,200 x 0.74)	6,068	2,093	3,975
손익	740	247	493
3년차			
수익(9,200 x 1.00)	9,200	6,808	2,392
비용(8,200 x 1.00)	8,200	6,068	2,132
손익	1,000	740	260

제2절 발생주의에 의한 비용회계

1 비용의 의의

국제공공회계기준위원회에서는 비용(expenses)의 개념을 다음과 같이 정의하고 있다.[12)]

> 비용(expenses)이란 자산의 소비나 유출 또는 부채의 발생 형식으로 순자산/지분의 감소를 가져오게 하는 회계기간 동안의 경제적 효익 또는 용역잠재력의 감소를 말하며 소유주에 대한 배분은 제외한다(Expenses are decreases in economic benefits or service potential during the reporting period in the form of outflows or consumption of assets or incurrences of liabilities that result in decreases in net assets/equity, other than those relating to distributions to owners).

이러한 비용의 정의는 우리나라의 국가회계기준이나 지방자치단체회계기준에서도 유사한 방식으로 정의되어 있다.

먼저 국가회계기준에서는 비용을 국가재정활동과 관련하여 발생하는 순자산의 감소로 보고 있다. 즉 비용을 다음과 같이 정의하고 있다.

▶ 국가회계기준 제30조(비용의 정의와 인식기준)

> ① 비용은 국가의 재정활동과 관련하여 재화 또는 용역을 제공하여 발생하거나, 직접적인 반대급부없이 발생하는 자원 유출이나 사용 등에 따른 순자산의 감소를 말한다.

지방자치단체회계기준도 비용을 다음과 같이 정의하고 있다.

12) IPSASB, IPSAS 1 *Presentation of Financial Statement*, para 7.

▶ 지방자치단체회계기준 제27조(수익과 비용의 정의)

② 비용이란 자산의 감소나 부채의 증가를 초래하는 회계연도 동안의 거래로 생긴 순자산의 감소를 말한다. 다만 관리전환 등으로 생긴 순자산의 감소는 비용에 포함하지 아니한다.

위의 정의에서 살펴본 바와 같이 지방자치단체회계기준에서는 단서로서 순자산 감소가 일어났다 하더라도 지방정부 상호간의 거래 등으로 발생한 순자산의 감소 즉 관리전환 같은 사항은 비용으로 보지 않도록 명확하게 정의하고 있다.

참고로 미국 지방정부회계기준에서는 비용개념을 expense(비용)과 expenditure(지출)개념으로 구분 사용하고 있다. 미국 지방정부는 아직까지 정부회계에 수정발생주의를 채택하고 있기 때문에 완전발생주의에서 사용되는 경제적자원의 감소를 expense로 보고 있고 수정발생주의에서 사용되는 재무적 자원의 감소 개념을 expenditure로 구분하고 있다.

2 비용의 분류

정부활동이 다양하기 때문에 정부에서 발생하는 비용의 유형도 여러 가지 기준으로 분류할 수 있다. 수익의 경우와 마찬가지로 비용의 경우에도 교환거래비용과 비교환거래 비용으로 나눌 수 있다. 또한 비용의 분류는 기능별, 산출성과물별, 조직별, 품목별 등으로 분류할 수 있다.

일반적인 비용의 유형은 다음과 같이 구분할 수 있다.

- 인건비
- 상품 또는 용역비용
- 유형 자산의 사용(감가상각비와 서비스잠재력의 손실)
- 임차료 및 리스비용
- 관리비용
- 이자
- 재무자산과 관련된 비용
- 정부간 이전비용

• 시장가치의 변동에 따른 손실
• 외환손실
• 기타손실

2.1 •• 국가회계에서의 비용의 분류

국가회계기준에서는 비용의 분류에 대하여 특별히 규정한 내용은 없다. 대신 재정운영표상에 프로그램순원가를 나타내도록 되어 있고 또한 관리운영비와 비배분비용을 별도로 나타내도록 하고 있으므로 결국 프로그램순원가와 관리운영비 그리고 비배분비용으로 구분한다고 할 수 있다.

프로그램순원가란 프로그램, 즉 정책사업 수행과 관련하여 직접적으로 발생된 비용을 합계액에서 다른 회계실체나 프로그램으로부터 배부받거나 배부한 원가를 가감하고 프로그램과 관련하여 발생한 수익을 차감한 순원가를 말한다. 따라서 프로그램과 관련하여 발생한 수익이란 재화나 용역을 제공하고 받는 수익이 되므로 교환수익이 여기에 해당한다.

관리운영비란 프로그램에 직접 관련되지 않고 기관운영과 같이 지원적인 업무수행에서 공통으로 발생하는 인건비나 경비를 의미한다. 관리운영비 역시 프로그램에 배분하기가 곤란하기 때문에 별도로 표시하도록 한다.

비배분비용이란 국가가 투입한 비용 중 프로그램에까지 추적하여 대응하는 것이 불가능하거나 프로그램에 배부하는 것이 합리적이지 않은 교환비용을 말한다. 따라서 정책사업과 관련이 없거나 관련이 적은 비용은 순원가 항목에서 제외하여 별도의 비배분비용으로 표시한다.

또한 프로그램순원가에서 제외되는 다음 각 호의 비교환비용은 비용이 아닌 것으로 보고 순자산변동표의 적절한 과목으로 인식하도록 하고 있다.

• 국고 배정지출
• 국고 이전지출
• 국고금계정내 이전지출
• 관리환 관련 지출
• 기타 위 항목들에 준하는 비용

2.2 ●● 지방자치단체회계에서의 비용의 분류

▶ 지방자치단체회계기준 제34호(비용의 분류)

비용은 「지방재정법 시행령」 제47조의 세출예산 과목구분에 따른다.
[전문개정 2009.12.31]

예산의 분류에서와 같이 비용예산의 분류는 기능별로 또는 성질별로 분류하고 있다. 이와 같은 이유로 지방자치단체회계기준의 비용의 분류는 '지방재

●● 표 4-5 지방자치단체 비용의 기능별 분류

• 일반공공행정	• 환경보호
• 공공질서 및 안전	• 사회복지
• 교육	• 보건
• 문화 및 관광	• 농림해양수산

●● 표 4-6 지방자치단체 비용의 성질별 분류

분 류	내 용
인 건 비	지방자치단체의 공무원 및 기타 비정규직원, 사용인부 등 고용인의 서비스에 대한 반대급부로 제공하는 비용 (예) 급여, 복리후생비, 기타인건비, 퇴직급여
운 영 비	지방자치단체의 행정활동 수행을 위하여 필요한 일반적 경비 (예) 도서구입 및 인쇄비, 소모품비, 홍보 및 광고비, 지급수수료, 일반유형자산수선유지비, 주민편의시설수선유지비, 사회기반시설수선유지비, 기타자산수선유지비, 교육훈련비, 제세공과금, 보험료 및 공제료, 임차료, 출장비, 연구개발비, 이자비용, 업무추진비, 행사비, 의회비, 위탁대행사업비, 예술단운동부운영비, 공익근무요원운영비, 위원회운영비, 주민자치활동운영비, 의료기관운영비, 징수교부금, 기타운영비
정 부 간 이전비용	지방자치단체가 다른 정부조직에 금전 혹은 현물을 대가없이 이전하는 비용 (예) 시도비보조금, 조정교부금, 재정보전금, 자방자치단체간부담금, 국가에 대한 부담금, 교육비특별회계전출금, 교육기관운영비보조금
기 타 이전비용	지방자치단체가 개인이나 민간단체에 금전이나 현물을 대가없이 이전하는 비용 (예) 민간보조금, 민간장학금, 운수업계보조금, 이차보전금, 출연금, 예비군운영보조금, 국제기관부담금, 국외지원금, 전출금비용, 사립학교교직원건강보험부담금, 기타이전비용
기타비용	위 비용을 제외한 비용 (예) 자산처분손실, 자산감액손실, 외화환산손실, 외환차손, 일반유형자산감가상각비, 주민편의시설감가상각비, 사회기반시설감가상각비, 무형자산상각비, 미수세금대손상각비, 미수세외수입금대손상각비, 단기대여금대손상각비, 일반미수금대손상각비, 장기대여금대손상각비, 기타비용

정법 시행령'의 규정[13)]에 의한 과목구분에 따라 기능별로 분류하도록 하고 있다. 다만 비용을 성질별로 분류하는 성질별 재정운영보고서를 필수보충정보로 보고하도록 하고 있다.

기능별 분류는 〈표 4-5〉에서와 같이 일반공공행정, 공공질서 및 안전, 교육 등과 같이 주요 기능별로 구분한다.

성질별 분류는 인건비, 운영비, 정부간이전비용, 기타이전비용, 기타비용으로 구분한다.

3 비용의 인식기준

수익의 인식에서와 마찬가지로 비용의 인식기준에 있어서도 비용으로 인식되려면 ① 비용의 정의에 적합하여야 하고 ② 실현가능(probable)하여야 하며 ③ 합리적으로 측정가능(measure reliably)하여야 하는 3가지 요건을 충족해야 한다.

우리나라의 국가 및 지방자치단체의 회계기준에 의하면 위의 인식기준을 근거로 좀더 구체적으로 규정하고 있다.

(1) 국가회계기준

▶ 국가회계기준 제30조(비용의 정의와 인식기준)

② 비용은 다음 각 호의 기준에 따라 인식한다.

1. 재화나 용역의 제공 등 국가재정활동 수행을 위하여 자산이 감소하고 그 금액을 합리적으로 측정할 수 있을 때 또는 법령 등에 따라 지출에 대한 의무가 존재하고 그 금액을 합리적으로 측정할 수 있을 때에 비용으로 인식
2. 과거에 자산으로 인식한 자산의 미래 경제적 효익이 감소 또는 소멸하거나 자원의 지출없이 부채가 발생 또는 증가한 것이 명백한 때에 비용으로 인식

국가회계기준에서는 수익의 인식기준과 달리 교환거래와 비교환거래를 명

13) 지방재정법 시행령 제47조.

시적으로 표현하지 아니하고 내용적으로 구분하고 있다.

즉 교환거래비용의 경우에는 "재화나 용역의 제공 등 국가재정활동의 수행을 위하여 자산이 감소하고 그 금액을 합리적으로 측정할 수 있을 때"에 비용으로 인식한다. 결국 교환거래비용의 인식요건으로 첫째, 재화나 용역의 제공에 따른 자산이 감소되어야 하고 둘째, 공통요건으로 금액을 합리적으로 측정할 수 있어야 한다는 것이다.

그리고 비교환거래의 경우에는 "법령 등에 따라 지출에 대한 의무가 존재하고 그 금액을 합리적으로 측정할 수 있을 때" 인식하도록 규정하고 있다. 지출이 완료되지 않더라도 지출의무가 존재함으로써 인식요건이 성립한다. 그리고 역시 그 금액을 합리적으로 측정할 수 있어야 함은 당연하다.

교환거래와 비교환거래의 구분과 관계없이 이미 과거에 이미 인식하였던 자산의 미래경제적 효익이 감소 또는 소멸되는 경우가 있다. 또한 자원의 지출을 수반하지 아니하고 부채가 발생하거나 증가한 경우가 있다. 이 두 가지의 경우 모두 비용으로 인식하여야 한다.

(2) 지방자치단체회계기준

▶ 지방자치단체회계기준 제28조(수익과 비용의 인식기준)

② 비용은 다음과 같이 인식한다.

1. 교환거래에 따르는 비용은 반대급부로 발생하는 급여, 지급수수료, 임차료, 수선유지비 등으로서 대가를 지급하는 조건으로 민간부문이나 다른 공공부문으로부터 재화와 서비스의 제공이 끝나고 그 금액을 합리적으로 측정할 수 있을 때에 인식한다.
2. 비교환거래에 의한 비용은 직접적인 반대급부없이 발생하는 보조금, 기부금 등으로서 가치의 이전에 대한 의무가 존재하고 그 금액을 합리적으로 측정할 수 있을 때에 인식한다.

지방지치단체회계기준에서는 비용의 인식기준을 교환거래와 비교환거래로 나누어 좀더 구체화하여 기술하고 있다. 즉 "교환거래에 따르는 비용은 반대급부로 발생하는 급여, 지급수수료, 임차료, 수선유지비 등으로서 대가를 지급하는 조건으로 민간부문이나 다른 공공부문으로부터 재화와 서비스의 제공이 끝나고 그 금액을 합리적으로 측정할 수 있을 때" 인식한다.

위의 정의를 자세히 살펴보면 우선 상대방으로부터 재화나 용역의 제공이 완료되어야 한다는 것이다. 그래야 그 대가로 비용이 지출된다는 것이다.

비교환거래의 경우에는 "직접적인 반대급부없이 발생하는 보조금, 기부금 등으로서 가치의 이전에 대한 의무가 존재하고 그 금액을 합리적으로 측정할 수 있을 때" 인식하도록 하고 있다.

4 비용별 회계처리 사례

4.1 인건비

인건비란 공무원 등이 고용관계 등에 의하여 근로를 제공하고 그 대가로 지급받은 급여, 상여금, 수당 등 일체의 금품을 말한다. 다만 인건비에는 퇴직급여도 포함시키는 것이 원칙이나 여기에서는 제외한다.

급여 및 수당에 대해서 정부회계기준에 특별히 정한 내용은 없으나 국제공공회계기준에서는 종업원급여라는 용어로 자세히 설명되어 있다. 국제공공회계기준 제25호에 의하면 종업원급여(employee benefits)는 단기종업원급여, 기타장기종업원급여, 퇴직 및 해고급여로 구분하도록 하고 있다.[14)]

단기종업원급여는 종업원이 관련 근무용역을 제공한 회계기간의 말부터 12개월 이내에 지급기일이 전부 도래하는 급여를 말한다. 이에는 〈표 4-7〉에서와 같이 임금 및 국민연금같은 사회보장분담금 등이 포함된다.

기타장기종업원급여는 급여 전부나 일부의 지급기일이 종업원의 관련 근무용역이 제공된 회계기간의 말부터 12개월 이내에 도래하지 아니하는 종업원급여를 말한다. 기타종업원장기급여에는 장기근속휴가에 따른 급여나 장기장애급여와 같은 급여가 포함되며 퇴직급여와 해고급여는 제외한다.

퇴직급여는 퇴직 이후에 지급하는 종업원 급여를 말하며 대표적인 급여가 퇴직연금이나 퇴직일시금을 들 수 있다. 해고급여란 통상적인 퇴직시점 이전에 종업원을 해고하고자 하는 기업의 결정이 있거나 일정한 대가와 교환하여 자발적 명예퇴직을 수락하고자 하는 종업원의 결정에 따라 지급하는 종업원급여를 말한다. 우리나라 기업회계기준은 대부분 국제회계기준을 채택하고 있는

14) IPSASB, IPSAS 25 *Employee Benefits*, para 5.

●● 표 4-7 종업원급여의 구분 및 포함범위(국제공공회계기준)

구 분	포함 범위
단기 종업원급여	• 임금 및 사회보장분담금(국민연금) • 회계기간 말로부터 12개월내에 될 것으로 예상되는 단기유급휴가(연차휴가 또는 병가) • 회계기간 말로부터 12개월 이내에 지급될 상여금과 이익분배금 • 비화폐성급여(의료, 주택, 차량, 무상이나 일부보조로 제공되는 재화와 용역)
기타 장기 종업원급여	• 장기근속휴가나 안식년휴가 같은 장기유급휴가 • 장기장애급여 • 회계기간의 말부터 12개월이 지난 후에 지급될 상여금과 이익분배금 • 발생한 회계기간 말부터 12개월이 지난후에 지급될 이연보상 • 새직장 취업전까지의 실업보상
퇴직급여 및 해고급여	퇴직급여의 경우 • 퇴직연금과 같은 퇴직급여 • 퇴직후 생명보험이나 퇴직후 의료급여 같은 그 밖의 퇴직급여

데 이 한국채택국제회계기준에 따르면 퇴직급여와 해고급여를 구분하도록 하고 있다. 마찬가지로 국제공공회계기준에서도 퇴직급여와 별도로 해고급여를 구분하도록 하고 있다. 퇴직급여에 포함되는 사항으로는 퇴직연금이나 일시금, 그리고 퇴직후에 계속적으로 제공되는 생명보험급여나 의료급여 등을 들 수 있다.

우리나라 정부회계기준에서는 국제공공회계기준에서 분류한 단기종업원급여와 장기종업원급여를 별도로 구분하고 있지 아니하다. 대신 국가회계기준 세부처리지침에서는 인건비를 급여와 퇴직급여로 구분하고 복리후생비는 별도로 구분하고 있다. 지방자치단체 회계처리지침에서도 인건비를 급여, 복리후생비, 기타인건비 및 퇴직급여로 구분하고 있다. 특히 인건비는 명목여하에 불구하고 근로제공의 반대급부로 지급되는 것은 전부 인건비로 처리하는 것을 원칙으로 하고 있다.

사 례

A지방자치단체는 매월 7일에 지난달의 봉급을 지급한다. 20xx년 말 봉급은 20xy년 1월 7일에 지급한다. 20xx년 12월분 봉급 및 급여액은 3천만원이다. 연말 분개는 다음과 같다.

(차) 급여	30,000,000	(대) 미지급비용	30,000,000

4.2 ●● 각종 유급휴가(Compensated absences)

정부기관이나 기업은 연차휴가, 병가, 단기장애휴가, 출산 · 육아휴가, 병역 등과 같은 여러 가지 이유로 생기는 종업원의 보상에 대하여 보상할 수 있다. 이 경우에 국제공공회계기준은 누적휴가와 비누적휴가로 구분하여 비용을 인식하도록 하고 있다. 누적유급휴가의 경우에는 종업원이 미래 유급휴가권리를 증가시키는 근무용역을 제공하는 때에 인식하도록 하고 있다. 비누적유급휴가의 경우에는 휴가가 실제로 사용되는 때에 인식하도록 하고 있다.[15)]

미국 지방정부회계기준(GASB)에 의하면 휴가보상이 성립되기 위하여는 첫째, 휴가보상받을 수 있는 권리가 이미 제공된 근로서비스의 제공에 기인되어야 하며 둘째, 사용주는 유급휴가 또는 다른 수단으로 종업원에게 복리혜택을 줄 수 있어야 한다고 하고 있다.

사 례

A지방자치단체의 20xx년 8월 여름휴가 등 각종 연가사용액 지급 대상액은 5천만 원이다. 이중 4천만 원만 지급이 되고 나머지 1천만 원은 이월되었다.

(차) 인건비-연가보상금	50,000,000	(대) 현 금	40,000,000
		미지급비용	10,000,000

미국지방정부회계기준(GASB)에서 병가보상은 다른 유급휴가와 다르게 취급하고 있다. 왜냐하면 다른 휴가보상은 피고용인의 의지에 따라 휴가를 사용하거나 대신 현금보상을 받을 수 있지만 병가보상은 피고용자의 의지와 관계없이 병이 발생하여 군무를 할 수 없을 때 사용하도록 되어 있기 때문이다. 만일 사용할 수 있는데도 사용하지 아니한 병가는 퇴직하거나 일정기간이 만료되어야 미사용된 부분에 대해서 지급의무가 발생되며 이 경우에 비용으로 인식하는 것으로 하고 있다.

우리나라에서는 아직 이 유급휴가에 대하여 구체적인 회계처리 지침이 설정되지 않고 있다. 따라서 국제공공회계기준의 예를 따르는 것이 바람직하다.

사 례

A지방자치단체는 1달에 1일의 병가를 허용하고 있으며 이들을 사용하지 않

15) IPSASB, IPSAS 25 *Employee Benefits*, para. 14-15.

을 경우 적립되도록 하고 있다. 10년간 근무한 후에 미사용 병가를 최고 30일까지 보상하도록 한다. 20xx년에 근로자들의 병가발생액은 3천만원이며 그 중에 2천만원은 장래 병가로 사용될 것으로 예상되며 6백만원만 10년이 된 종업원에게 지급될 것으로 판단되며 나머지는 지급되지 않을 것이다.

(차) 인건비-병가보상 6,000,000 (대) 미지급비용 6,000,000

4.3 ●● 퇴직급여

퇴직급여 등 비용의 인식과 측정에 대해서는 국가나 지방자치단체회계기준에서 퇴직충당부채와 연금충당부채로 구분하여 부채에 대한 평가사항으로 규정하고 있다. 따라서 구체적인 사항은 제6장 부채회계에서 다루고자 한다.

4.4 ●● 소모품비

소모품비의 획득과 사용은 정부회계에 있어서 독특한 회계처리가 요구된다. 영리부문과 달리 정부부문은 생산목적으로 또는 되팔기 위한 목적으로 재고자산을 취득하지 않는다. 그러나 사무용으로 쓰기 위해서, 도로유지관리 기타 일상적인 운영 등을 위해서 재고품을 보유하며 이들을 통상 소모품이라 부른다.

이들 소모품의 회계처리는 두 가지 사항이 주요 이슈가 된다.

첫째는 비용의 인식시점에 관한 사항이다. 소모품을 구입했을 때, 대금을 지급했을 때 또는 사용했을 때 중에서 어느 때로 보아야 하는가 하는 문제이다. 이들 시점에 따라 구매법(purchase method)과 소비법(consumption method)으로 구분할 수 있다. 우리나라 정부회계기준에서는 이 부분에 대하여 구체적인 언급이 없다. 미국정부회계기준(GASB)은 지방정부의 정부기금의 경우 수정발생주의를 채택하고 있기 때문에 두 가지 방법을 다 용인하고 있다. 따라서 어느 방법을 쓰던 문제없다. 그러나 지방정부의 포괄재무제표는 완전발생주의를 채택하였으므로 소모품은 소비법을 적용해야 한다. 따라서 재고문제가 발생하지 않는다.

둘째는 자산으로 기록해야 하는가의 문제이다. 구매법과 소비법 중 어느 방법을 선택하든 기말에 재고품이 남아 있는 경우에는 자산으로 처리해야 한다.

다음은 위 구매법과 소비법에 대한 구체적인 회계처리 예시이다.

① 구매법

구매법은 소모품을 구입했을 때 비용으로 처리하는 방법이다. 따라서 연말에 미사용 소모품이 있는 경우에는 미사용분 만큼 비용에서 차감하지 않고 재고자산으로 자산으로 기록하면서 기금잔액(재고자산유보)으로 대응시킨다. 이 점이 수정발생주의를 채택하여 분개 처리하는 방법이다.

사 례

A지방정부는 20xx년에 2백만원의 소모품을 구입하였고 이 중 1백 8십만원을 현금지급하고 1백 5십만원 상당을 사용하였다.

• 구입시 분개

(차) 운영비-소모품비	2,000,000	(대) 현 금	1,800,000
외상매입금	200,000		

• 연말분개

(차) 재고자산	500,000	(대) 기금잔액-재고자산유보	500,000

• 다음연도초 분개

(차) 기금잔액-재고자산유보	500,000	(대) 재고자산	500,000

위 분개에서 본 바와 같이 구매법에서는 재고자산이 연말에 일시적으로 자산으로 분류하고 동액 만큼 기금잔액을 증가시킨 후 다음연도 초에는 이를 상쇄시켜 재고자산과 기금잔액을 없애 버린다.

② 소비법

소비법은 소모품을 구입했을 때 자산으로 계상하였다가 소비된 만큼 비용으로 대체하는 방법이다. 이 방법이 완전한 발생주의에 의한 회계처리방법이라 할 수 있다.

사 례

위의 구매법에서 제시한 예와 같다.

• 구입시 분개

(차) 소모품재고자산	2,000,000	(대) 현 금	1,800,000
		외상매입금	200,000

• 사용시 분개

(차) 소모품비 1,500,000 (대) 소모품재고자산 1,500,000

• 연말, 다음연도 개시분개 : 없음

4.5 ●● 차입비용-지급이자(IPSAS 5)

(1) 차입비용의 의의

차입비용에 관련하여서도 구체적인 정부회계기준은 규정되지 아니하고 있다. 따라서 여기에서는 국제공공회계기준 제5호의 「차입비용」 관련규정을 소개하고자 한다.

차입비용(borrowing costs)이란 자금의 차입과 관련되어 발생한 지급이자와 그 밖의 비용을 의미한다. 차입비용의 범위에 속하는 비용들은 다음 사항들을 들 수 있다.

① 당좌차월이나 단기 장기차입금에 대한 지급이자
② 차입과 관련되어 발생한 할증 또는 할인액의 상각액
③ 차입거래와 관련하여 발생한 부대비용의 상각
④ 금융리스에 관한 리스료
⑤ 외화차입금으로부터 발생하는 환율변동손익 중 이자비용의 조정으로 볼 수 있는 부분

위의 비용 중 다섯번째 비용, 즉 "환율변동손익 중 이자비용의 조정으로 볼 수 있는 부분"이라 함은 국제공공회계기준 제5호에서 명확하게 설명하지는 않고 있다. 그러나 국제회계기준을 따르고 있는 우리나라 기업회계기준서 제7호 「금융비용의 자본화」에서 이를 명확하게 설명하고 있다. 즉 "환율변동손익 중 이자비용 조정으로 볼 수 있는 부분"이란 해당 외화차입금에 대한 이자 비용에 외화차입금과 관련된 환율변동손익을 가감한 금액이 유사한 조건의 원화차입금에 대한 이자율 또는 원화차입금의 가중평균이자율을 적용하여 계상한 이자비용을 초과하지 않는 범위까지의 금액을 말한다.

아래의 사례 예시에서와 같이 외화환산손실이 200,000원 발생하였으나 이중 40,000원에 대해서는 이자비용의 조정대상으로 하여 외화차입금의 이자비용 60,000원과 합하여 자본화할 수 있는 금융비용이 된다. 외화환산손실 중 나머

지 160,000원(200,000원에서 40,000원을 차감한 금액)에 대해서는 당기 비용으로 처리한다.

사 례 외화차입금의 환산과 이자비용의 조정으로 볼 수 있는 환율변동손익

B지방자치단체는 20xx.1.1일 연리5%(매기말 지급)로 $1,000을 차입하였다. 이 당시의 유사한 조건의 원화차입금의 이자율은 10%(매기말 지급)이다. 차입당시의 환율은 $1당 1,000원이었으나 결산기일인 20xx.12.31일의 환율은 $1당 1,200원이었다.

- 외화환산손실액 계상 : $1,000 × (1,200 − 1,000) = 200,000원(a)
- 외화차입금의 이자비용 : $1,000 × 1,200 × 5% = 60,000원(b)
- 자본화할 수 있는 금융비용의 한도 : $1,000 × 1,000 × 10% = 100,000원(c)
- 이자비용의 조정으로 볼 수 있는 환율변동손실:
  100,000원(c) − 60,000원(b) = 40,000원

(2) 인식기준

차입비용은 발생된 기간에 비용으로서 인식되어야 한다는 것이 이 기준의 기본원칙이다.

가) 선택적 예외

차입비용의 자본화 예외조항으로서 자본화대상자산(qualifying asset)의 취득, 건설 또는 제조와 직접적인 관계가 있는 차입비용은 그 자산의 원가의 일부로서 자본화 하여야 한다. 이 예외조항은 선택사항으로서 회계실체가 이 방법을 사용하기로 결정한 경우에는 일관성 있게 계속 이 방법을 적용하여야 한다.

여기에서 자본화대상자산이라 함은 그 자산의 사용이나 판매할 수 있는 상태가 이루어지기 위해서는 상당한 기간이 소요되는 자산을 의미한다. 직접적인 관계가 있어야 한다는 것은 자본화 대상자산에 대한 지출이 이루어지지 아니하였다면 차입비용도 발생하지 않았을 경우를 지칭할 수 있다.

그러나 이러한 직접적인 관계인지의 여부의 결정은 쉽지 않다. 예컨대 여러 종류의 차입금에 각각 다른 이자율을 차입하고 이들 중 일부를 다른 용도로 사용하는 경우가 있을 수 있고, 외화관련 차입금 사용 시 환율변동으로 인하여 직접적인 차입비용의 계상이 어려운 경우도 있을 수 있다.

자금의 차입은 처음부터 특정 자본화대상 자산만을 취득할 목적으로 한 차입금(특정차입금)과 일반적인 목적으로 차입한 자금 중 자본화 대상자산의 취득에 소요되었다고 볼 수 있는 차입금(일반차입금)에 대한 금융비용으로 나누어 산정한다.

나) 특정차입금

자본화대상사업 취득 목적으로 특정하여 차입된 차입금 관련 차입비용에 관한한 자본화 할 수 있는 차입비용은 그 기간에 실제 발생된 차입비용에서 그 차입금의 일시 운용에서 생긴 투자수익을 차감한 금액으로 한다.

다) 일반차입금

일반적인 목적으로 차입한 자금 중 자본화대상자산의 취득에 소요되었다고 볼 수 있는 차입금 즉 일반차입금 관련 자본화대상차입비용의 계상은 자본화대상자산 금액에 대한 자본화이자율(capitalization rate)을 적용하여 산출한다.

자본화이자율은 차입금의 가중평균차입비용이 되어야 하며 이때에 차입금 중 특정차입금을 제외한 금액을 기준으로 하여야 한다. 그리고 그 기간 동안 자본화된 차입비용은 그 기간 동안 발생한 차입비용을 초과할 수 없다.

(3) 자본화 개시 중지 및 종료

가) 자본화 개시 시점

차입비용의 자본화 시점은

① 자본화대상자산에 대한 지출이 있었고
② 차입비용이 발생하였으며
③ 자본화대상자산을 의도된 용도로 사용하거나 판매하기 위한 취득활동이 진행 중이어야 한다.

여기에서 자본화대상자산에 대한 지출액은 현금지급액, 다른 자산의 이전, 이자부담부차입금액 등을 포함한다. 지난 연도의 자본화된 차입비용도 당연히 이 금액에 포함한다. 자본화대상자산을 당초 의도된 용도로 사용하기 위한 활동 속에는 물리적인 건설 뿐만 아니라 기술적 · 행정적 활동 예컨대 각종 인허가 획득 등의 활동도 포함한다.

나) 자본화 중지

자본화대상사업에 대한 개발활동이 방해되어 중단되는 경우에는 자본화를 중지하고 기간비용으로 인식해야 한다. 그러나 실질적으로 기술적 · 행정적 작업이 진행되고 있는 경우이거나 일시적인 지연이 불가피한 경우에는 자본화를 중지하지 않는다.

다) 자본화 종료

자본화대상자산이 되기 위한 모든 활동이 완료되었을 때 차입비용의 자본화는 종료된다. 자본화대상사업의 건설이 부분별로 완성되었고 다른 부분은 건설 중이면서 그 부분이 사용가능하다면 그 부분에 대한 자본화는 종료되어야 한다.

제3절 현금주의에 의한 수입지출회계

1 수입지출회계의 의의

1.1 수입지출회계의 의의

예산이 성립되면 정부는 이에 따라 반대급부없는 조세부과를 통하여 수입재원으로 하고 예산에서 정한 내역대로 공무원의 봉급 등 인건비, 정부활동에 드는 각종의 경비, 사회간접자본시설 건설을 위한 각종의 자본비용, 방위 및 치안대책비, 지방정부에 대한 이전적경비, 민간인 등에 대한 보조금 등 각종의 지출을 일으킨다.

이에 따라 예산의 세입과 세출을 관리하기 위하여 현금주의 회계(cash accounting)가 이루어지게 되는데 이를 수입지출회계라고도 한다. 또는 예산회계라고도 한다. 현금회계 방식에 의한 수입지출회계는 수입과 지출이 되는 항목의 성격이 어떠하던 관계없이 현금의 수입 지출을 통하여 관리하고 이를 토대로 회계 처리하는 방법이다.

1.2 수익비용회계와의 차이

앞 절에서 설명한 발생주의 방식에 의한 수익비용회계와 수입지출회계는 수익과 비용의 인식 기준에 있어서 차이가 있다. 즉 발생주의회계가 수익(revenue)과 비용(expenditure)의 대응개념을 중심으로 손익계산을 하는데 대하여 현금주의회계는 현금의 수입(receipt)과 지출(disbursement 또는 payment)의 대응개념으로 수지계산을 하게 된다.

수익비용회계와 수입지출회계를 비교해 보면 수익에 있어서 현금수입을 수반하지 아니하는 수익이 있고 비용에 있어서도 현금지출을 수반하지 아니하는 지출이 있다. 전자의 예로서는 외화환산이익, 투자자산 평가이익 등을 들 수 있으며 후자의 예로서는 감가상각비, 대손충당금전입 등이 있다.

따라서 수익비용회계에 있어서 이익개념이 수입지출회계에 있어서 수지 차

●● 그림 4-2 **현금주의 회계와 발생주의 회계의 수지계산**

현금주의 회계 :	수입	–	지출	=	수지차
발생주의 회계 :	수익	–	비용	=	손 익

와 같지는 않다. 우리나라 정부회계에서 수입이 지출보다 많은 경우 잉여금이 발생되는데 이를 세계잉여금이라 하여 각종 법률에 의하여 처분토록 규정되어 있는 대로 처분하거나 지방채 원리금 상환 등 특정용도에 우선 충당하도록 하고 있다. 반대로 지출이 수입을 초과하는 경우에는 이를 보전할 수 있는 보전대책을 세워야 하는데 추가경정예산을 편성하여 일시차입 등으로 충당하여야 한다.

1.3 ●● 현금회계와 국고금회계

현금주의 회계는 현금 또는 현금등가물이 수령되거나 지급되었을 때 거래를 인식하는 방법이므로 현금의 범위를 명확히 할 필요가 있다.

국제공공회계기준위원회의 '현금주의 회계에 의한 재무보고기준'(Financial Reporting under the Cash Basis of Accounting)에 의하면 현금의 범위를 현금과 요구불예금 그리고 현금등가물을 포함하도록 하고 있다. 여기에서 현금등가물(cash equivalent)이란 투자나 기타 다른 목적을 위한 것이 아닌 단기 현금 소요에 충당하기 위하여 보유하는 것들을 총칭한다. 여기에서 단기라 함은 통상 3개월 정도로 볼 수 있다. 따라서 중장기 투자목적으로 보유하는 투자성 예금이나 유가증권 등은 제외한다.

또한 현금은 회계실체가 통제할 수 있어야 한다. 여기에서 현금의 통제란 회계실체가 그 기관의 목적에 맞게 현금을 사용하거나 현금으로부터 독점적으로 이익을 취할 수 있는 상태를 말한다. 따라서 타기관의 현금을 일시적으로 보관하는 등의 현금수입 등은 여기에서의 현금의 수입 등으로 보지 않는다.

때로는 중앙정부에서 기획재정부 등 국고 담당기관이 중앙은행에 국고계정을 설치하여 각 부처의 수입 지출을 일원화하는 경우가 있다. 이를 국고금회계라고 한다. 국고금회계는 기획재정부가 전체적인 현금에 대한 책임을 보유하게 되고 각 부처는 국고금계정을 별도로 수립하게 된다. 따라서 국고금회계는 원칙적으로 각 기관이 현금을 보유하지 아니하고 모두 국고은행에 예금형태로 보관케 함으로써 현금보유에 따른 번잡함을 피하고 장부와 국고금 잔액과의 대조를 용이하게 하기 위한 제도이다.

2 회계연도와 회계연도 소속구분

2.1 회계연도의 의의

사기업과 달리 정부는 그 존재가 영속성을 가지고 있으므로 정부의 재정활동을 일정기간 구분하여 정부 재정상태와 재정수지내용을 나타낼 필요성이 있다. 이와 같이 구분된 기간을 회계연도(fiscal year)라고 한다. 회계연도는 그 기간의 수지 상황을 명확히 하고 국가의 재정을 통일하며 경리의 간편을 도모하기 위하여 채용하는 기술적 방법이라 할 수 있다.

회계연도는 어떤 국가에서나 1년간이지만 회계연도가 시작되는 시점은 여러 형태가 있다. 우리나라의 회계연도는 현재 역년(暦年, calendar year)과 일치하도록 되어있다. 즉 '국가재정법'에서는 "국가의 회계연도는 매년 1월1일에 시작하여 동년 12월 31일에 종료한다"라고 하였고,[16] '헌법' 제54조 제2항에 "정부는 회계연도마다 예산안을 편성하여 회계연도 개시 90일전까지 국회에 제출하고 국회는 회계연도 개시 30일전까지 이를 의결하여야 한다"고 규정하여 예산 및 결산의 작성을 단일연도로 구획하고 있으므로 1년 이상으로 하는 장기간의 회계기간은 인정되지 아니한다. 지방자치단체의 회계연도 역시 국가회계연도와 같이 1월1일에 시작하여 12월 31일에 종료하도록 되어 있다.[17]

2.2 회계연도 소속구분

회계연도 말이 다가오면서 국가의 수입지출행위가 어느 회계연도에 속하는지가 어려운 경우가 많다. 예컨대 어떤 물품을 구입하기 위하여 회계연도 말에

16) 국가재정법 제2조.
17) 지방재정법 제6조.

계약을 한 경우 계약과 동시에 대금지급이 완료되었다면 별 문제가 없다. 그러나 대금 지급이 늦어져 다음 회계연도에 대금지급이 이루어지는 경우가 있는데 이 때에 어느 회계연도에 지급된 것으로 처리하는 가에 대하여 이견이 생기게 된다.

수입지출회계에 있어서는 현금회계방식으로 회계처리하기 때문에 수입과 지출의 연도구분을 현금의 입출금시점으로 하는 것이 원칙이나 이에 대하여 예외를 두고 있는 경우가 있다.

(1) 세입의 회계연도 소속구분[18)]

① 세입 중 납기가 정하여져 있는 수입

이 경우에는 그 납기말일이 속하는 연도에 소속한다. 다만, 그 납기 말일이 속하는 회계연도 내에 납입고지서를 발행하지 아니한 때에는 그 납입고지서를 발행한 날이 속하는 연도의 세입으로 한다.

여기에서 납기가 정하여졌다 함은 통상 법령이나 계약에 의하여 미리 알 수 있게 되지만 징수수속을 위하여 납세고지서를 발행하는 것이 통례다. 그런데 수입징수관이 납기가 소속한 연도에 납입고지서를 발행하는 것을 망각하여 그 이후에 납입고지서를 발행한 경우에는 그 성격이 변하여 다음에 언급하는 수시 수입의 성격을 띠게 된다. 즉 납기 소속의 회계연도 내에 납입고지서를 발행하지 아니하였을 때에는 그 납입고지서를 발행한 날이 속하는 연도에 소속된다. 예컨대 납기가 금년 12월 31일로 되어 있는데 수입징수관이 납입고지서를 금년도에 발행하지 않고 내년 1월 15일에 발행하였다면 이 수입은 금년도가 아닌 내년의 수입으로 된다.

② 수시의 수입으로 납입고지서를 발행한 경우

수시의 수입으로서 납입고지서를 발행하는 것은 그 납입고지서를 발행한 날이 속하는 연도에 소속된다. 납입기일이 일정치 않은 수시 수입에 대하여는 그 수입을 징수할 수 있는 권리의 발생 때마다 수시로 징수할 수 있다. 따라서 당해 권리의 발생시점을 가지고 그 연도의 소속을 결정하는 것이 타당하다.

그러나 실제에 있어서는 권리의 발생 시기에 대하여는 의문이 있기 때문에 비록 실제적으로 권리가 발생하고 있어도 국가가 세입을 징수하는 경우에는 일정한 절차, 즉 수입의 원인이 되는 권리에 의하여 수입징수관이 징수금액을

---

18) 국고금관리법 시행령 제4조 제1항, 지방재정법시행령 제2조.

조사결정하고 납입고지서를 상대방에게 발행하는 것이 원칙이다. 이러한 방식의 수입에 관하여는 징수 수속개시 일에 납입고지서를 발송시킨 것을 가지고 연도소속구분을 표준으로 삼게 된다.

그런데 '지방재정법시행령'에서는 이러한 경우에도 수시수입으로서 기본수입에 부수되는 수입은 그 기본수입이 속하는 연도에 속하도록 단서조항으로 명문화하고 있다.

③ 수시의 수입으로 납입고지서를 발행하지 아니한 경우

수시의 수입으로서 납입고지서를 발행하지 아니한 것은 그 영수한 날이 속하는 연도에 귀속된다. 수시의 수입으로서 납입고지서를 발행하지 않는 경우에는 원칙적으로 권리의 발생과 동시에 또는 발생 후에 직접적으로 현금을 납입하게 하는 성질을 가지므로 현금 영수하는 날을 연도소속구분으로 한다. 이러한 경우의 예로서는 문화재(예컨대 고궁)의 입장료 수입 등을 들 수 있다.

여기에서도 지방자치단체의 경우에는 예외를 두고 있다. 즉 지방채증권 · 차입금 · 부담금 · 교부금 · 보조금 · 기부금 · 상환금 그 밖에 이와 유사한 수입에 대하여는 그 예산이 속하는 연도의 수입으로 하도록 하고 있다.

④ 수시수입으로서 계약에 의하여 출납폐쇄기한까지 수입된 경우

수시수입으로서 계약에 의하여 출납폐쇄기한까지 수입된 것은 위 제2호 및 제3호의 규정에 불구하고 그 계약한 날이 속하는 연도의 수입으로 처리하게 된다.

(2) 세출의 회계연도소속구분[19)]

① 국채(또는 지방채) 및 차입금의 원리금, 연금 등

국채 또는 차입금의 원리금이나 연금 등의 경비는 성질상 계속적으로 급부를 요하는 경비이기 때문에 그 근거가 되는 법령이나 계약으로 되어 있어 지급기일이 일정하게 되어 있다. 이를 위하여 국가에서는 정해진 날짜에 지급하지 않으며 안 되는데 이를 경비의 지급기일이 속하는 연도에 소속되도록 하고 있다.

② 각종 반환금, 결손보전금, 상환금 등

모든 반환금, 결손보전금, 상환금 등은 그 지급결정을 한 날이 속하는 연도에 세출, 즉 비용으로 소속된다. 여기에서 반환금이란 국가가 잘못하여 받아들

19) 국고금관리법 시행령 제4조 제2항, 지방재정법시행령 제3조.

인 과오납금을 환급하는 경우 또는 국가가 부당하게 이득을 취했다가 피해당사자에게 그 소득을 반환하는 경우를 말한다. 결손보전금이란 출납공무원이 그의 보관에 속하는 현금을 망실한 경우에 이를 보전하기 위하여 세출로부터 지출시킨 것을 말한다.

또한 상환금이란 발행 후 1년이 경과하여 수표 소지인으로부터 상환청구 받거나 또는 민법상 이득상환청구에 의하여 지급되는 것을 말한다.

이러한 비용들은 이해관계자들, 즉 청구인으로부터 청구한 날의 회계연도가 지급 결정한 날에 속하는 연도보다 앞선 경우에 있어서도 청구한 날의 회계연도를 기준으로 하는 것이 아니고 지급결정한 날에 속하는 연도의 소속으로 한다.

③ 급여, 여비, 수수료 등

공무원의 근무에 대한 대가로 지급하는 급여, 공무로 여행을 하는 경우 지급해야 할 여비나 위탁사무의 집행에 대하여 지급하게 되는 수수료 등의 경비는 지급을 하여야 할 사실이 생긴 날에 속하는 연도의 비용으로 계상하여야 한다.

여기에서 "지급을 하여야 할 사실이 생긴 날"이라 함은 이들 비용에 대하여 법령의 규정으로서 지급하여야 할 원인이 되는 행위가 이루어진 시점 다시 말하면 봉급이나 급료 또는 수당에 관하여는 공무원이 계속 근무한 사실이 되는 날을 말하며 여비에 관하여는 여행을 한 사실이 있는 날을 의미하며 수수료에 관하여는 위임한 사무를 상대방이 완료한 날을 뜻한다.

④ 사용료, 보관료, 전기료

사용료, 보관료, 전기료 등의 경비는 일정기간에 걸쳐 계속 제공되는 재화나 서비스의 대가로서 사용기간이나 보관기간의 경과 후에 이에 대하여 청구한 경우에 지급하는 것이 통례이다. 이들 비용에 대해서는 그 지급을 하여야 할 사실이 있는 기간이 속하는 연도에 비용으로 계산된다.

지급을 하여야 할 사실이 있는 기간이라 함은 예컨대 전기료 12월분 사용료를 이듬해 1월에 고지하여 납부토록 하고 있으나 사용한 기간은 전년도 12월이므로 전년도 경비로 보게 된다는 것이다. 그러나 이때에 문제가 되는 것은 전화료 등과 같이 고지서가 사용한 달의 다음 달에 나오게 되고 또한 고지서를 발부받은 후에야 납부액을 알 수 있는 경우, 즉 사용시기와 납부시기의 회계연도가 다른 경우 사용한 날의 비용으로 처리하는데 어려움이 있게 된다.

⑤ 공사제조비, 물건구입대가, 운임, 보조금 등

공사제조비, 물건구입대가, 운임 등과 보조금 등으로서 상대방의 행위가 완료된 후 교부하는 것은 그 지급이 확정된 날이 속하는 연도에 소속된다.

이 중 공사제조비, 물건구입대가와 운임에 관한 유형의 비용에 관해서는 이의 채무가 쌍무(雙務)계약에 관한 것으로서 당해대가의 지급의무가 확정된 날에 속하는 연도의 소속구분으로 이루어진다. 국가가 쌍무(雙務)계약을 체결하는 경우에 관해서 그의 계약대가의 지급의 확실을 기하기 위하여 민법에 규정한 동시이행의 원칙을 적용한다. 따라서 대가의 지급 시기는 상대방의 의무이행과 동시 또는 그 후의 기일로 정하여 지급하게 된다. 따라서 '그 지급이 확정된 날이 속하는 연도'라 함은 원칙적으로 상대방이 의무이행을 한 날이라고 해석하는 것이 타당하다.

지방자치단체는 국가의 경우와 달리 여기에서도 예외를 두었다. 즉 출납폐쇄기한까지 상대방의 행위가 완료된 것은 지출원인행위를 한 날이 속하는 연도의 지출로 보게 된다.

⑥ 부담금 · 교부금 · 보조금 · 기부금 그 밖에 이와 유사한 지출의 경우

지방자치단체의 경우 부담금 · 교부금 · 보조금 · 기부금 그 밖에 이와 유사한 지출은 그 예산이 속하는 연도의 지출로 소속되도록 특별히 규정하였다. 이 조항은 국가의 국고금관리법령에는 없는 규정으로서 지방자치단체가 국가로부터 많은 부담금 등을 수령하는 경우가 있어 국가의 예산과 연계되어 회계연도를 일치시킬 필요가 있기 때문에 예산에 속하는 연도소속으로 구분하도록 한 것으로 보인다.

⑦ 그 밖의 경비

위의 각 항의 하나에 해당되지 아니하는 경비는 국고금입금요구서 또는 국고금대체입금요구서를 발행한 날(지방자치단체의 경우에는 지급명령을 발한 날)이 속하는 연도의 비용에 속한다. 모든 경비는 특별한 경우를 제외하고는 요구서를 발행하여 지급하게 되므로 그 요구서 발행일을 기준으로 판단하게 된다.

2.3 •• 출납정리기한

회계연도는 1월 1일에 시작하여 12월 31일에 끝나기 때문에 국가로서는 회계연도 후에 회계연도 중에 일어난 수입 지출을 마감하지 않으면 안 된다. 결산을 하기 위해서는 그 수입 지출의 출납에 관한 사무를 정리할 필요가 있다. 따라서 회계연도 경과 후 수입과 지출의 출납을 정리하기 위하여 마감하는 기한을 출납정리기한이라고 한다.[20)]

(1) 국가의 경우

'국고금관리법'은 "한 회계연도에 속하는 세입세출의 출납에 관한 사무는 다음연도 2월 10일까지 완결하여야 한다"고 규정하여[21)] 출납기한을 다음연도 2월 10일까지로 하여 종전의 3월 10일까지의 기한을 1개월 단축시켰다. 여기에서의 2월 10일은 출납정리의 최종기한을 의미한다. 따라서 회계연도 종료 후 이듬해 2월 10일까지 전년도의 모든 출납업무는 종료되어야 한다.

이 출납기한은 일반회계와 특별회계 모두가 동일하며 개개의 수입 지출의 출납사무는 세입금의 수납기한, 세출금의 지출기한과 지급기한, 지출금의 반납기한, 한국은행과 금고은행 등의 수납기한과 지급기한을 개별적으로 정하여 우선 그 기간 내에 마감하여야 한다.

그리고 기획재정부장관은 감사원이 지정하는 감사위원 기타 공무원의 입회하에 매년 2월 10일 전년도의 총세입부 및 총세출부를 마감하여야 한다.[22)] 이 총세입부와 총세출부 마감의 시기를 일반적으로 출납 폐쇄기한이라고 한다.

그러므로 회계연도 말이 지나면 적어도 다음연도 1월 15일까지는 각 기관의 모든 세입 · 세출금의 출납이 끝나고 2월 10일까지 기획재정부의 총세입부와 총세출부가 마감되며 이로서 전년도의 모든 회계 출납사무가 끝나야 한다는 것을 의미한다.

(2) 지방자치단체의 경우

'지방재정법시행령'에 의하면 지방자치단체의 출납정리기한을 회계연도 종료후 2월 말일까지로 하되 금고에의 납입은 3월 10일까지로 하고 있다. 그리고 세입 세출에 관한 모든 출납사무의 완결은 3월말까지로 하고 있다. 국가의 경우와 비교하여 많은 여유를 두고 있다.

---

20) 지방재정법에서는 출납폐쇄기한으로, 동 시행령에서는 출납정리기한이라는 용어를 사용하고 있다. 즉 출납정리기한이라 함은 출납폐쇄기한내(즉 다음회계연도 2월말까지)에 정리를 완료하되 금고납입과 관련하여 출납폐쇄기한 이후 10일의 여유를 더 주고 있다.

21) 국고금관리법 제4조의2 제1항.

22) 국고금관리법 시행령 제94조 제3항.

3 수입지출기관

3.1 ●● 총괄관리기관 및 그 위임기관

'국고금관리법' 에서는 수입 및 지출에 관한 사무의 총괄적인 관리자는 기획재정부장관이며 각 소관의 수입 및 지출에 관한 사무를 관리하는 자는 각 중앙관서의 장으로 하고 있다.[23]

다시 말하면 수입 지출에 대해서 기획재정부장관이 총괄책임을 지고 각 중앙관서로부터 제출된 수입견적 또는 보고에 의거 수입예산서 및 수입결산서를 작성하게 되며 지출에 있어서도 지출예산서 및 결산서를 작성할 뿐 아니라 자금배정도 하고 있다. 각 중앙관서의 장은 그 소관에 속하는 수입사무를 관리하고 지출사무를 집행하게 되나 그 소관 사무를 소속 직원에게 위임하여 처리하게 하고 있다.

지방자치단체의 경우에는 자치단체의 장이 관리기관으로서 그 소관에 속하는 수입 및 지출 사무를 관장하며 그 소속직원으로 하여금 사무를 처리하도록 위임하고 있다.[24]

3.2 ●● 징수기관

수입의 징수기관으로서 수입징수관이라고 하는 각 중앙관서의 장으로부터 수입징수사무를 위임받은 공무원만이 징수할 수 있도록 되어 있는데 '국고금관리법' 상 수입징수관은 다음과 같다.

(1) 수입징수관(징수관)

수입징수관(지방자치단체의 경우에는 징수관)이란 국가의 수입징수사무를 담당하는 기관이며 '국고금관리법' 에 "수입은 제1항이 규정에 의하여 수입의 징수에 관한 사무의 위임을 받은 공무원이 아니면 이를 징수할 수 없다"[25] 라고 규정하여 모든 세입은 각 중앙관서의 장으로부터 수입징수사무를 위임받은 수

23) 국고금관리법 제6조, 제19조.
24) 지방재정법 제44조, 제49조.
25) 국고금관리법 제9조 제2항.

입징수관 만이 징수할 수 있도록 하고 있다.

이미 앞에서 언급했듯이 각 중앙관서의 장은 그 소관에 속하는 수입사무를 관리하여야 하나 직접 처리하기는 거의 불가능하게 되므로 각 중앙관서의 장이 위임하는 직원으로 하여금 사무를 처리케 하고 있다.

이때 수입징수에 관한 사무의 위임은 각 중앙관서의 장이 소속관서에 설치된 관직을 지정함으로써 이에 갈음할 수 있다.

(2) 대리 · 분임 수입징수관

또한 "각 중앙관서의 장은 필요하다고 인정할 때에는 소속공무원에게 수입징수관, 재무관의 사무의 전부를 대리하거나 그 일부를 분장하게 할 수 있다"[26]고 하여 대리 또는 분임이 가능하도록 하였다. 즉 수입징수관이 사무의 전부를 대리한 경우를 대리수입징수관이라 하고 사무의 일부를 분장하는 경우를 분임수입징수관이라고 한다.

(3) 수납기관

수납기관이라 함은 징수기관이 조사 결정하여 납세고지를 한 세입을 실제로 수령하는 기관을 말하며 직접수납기관으로서 출납공무원이 있고 위탁수납기관으로서 한국은행 및 금고은행이 있다.

① 출납공무원(출납원)

'국고금관리법' 은 "수입은 이를 수납하는 출납공무원(이하 수입금출납공무원이라 한다)이 아니면 수납할 수 없다. 다만 한국은행 또는 금고은행에 수납의 사무를 취급시킬 경우에는 그러하지 아니하다"[27]라고 규정하여 원칙적으로 수납기관은 수입금출납공무원(지방자치단체의 경우에는 수입금출납원)임을 명시하고 있다.

출납공무원의 유형은 취급자금의 성격에 따라 ① 수입금출납공무원, ② 관서운영경비출납공무원, ③ 선사용자금출납공무원 등으로 구분할 수 있다.

② 한국은행 및 금고은행

세입의 수납은 출납공무원이 아니면 이를 수납할 수 없는 것을 원칙으로 하고 있으나 다만 한국은행 또는 금고은행에 수납의 사무를 취급시킬 경우에는 예외로 한다고 하였다. 따라서 한국은행은 수납기관의 일종이며 아울러 지

26) 국고금관리법 제40조 제1항.
27) 국고금관리법 제12조 제1항.

급기관이기도 하다. 한국은행은 중앙은행이면서 국고금 취급기관이므로 모든 국고금은 한국은행에 집결되고 여기에서 지급된다.

지방자치단체의 경우에는 지방자치단체의 장이 현금과 유가증권의 출납과 보관 업무를 취급케 하기 위하여 금융기관을 금고로 지정하도록 하고 있다.

3.3 ●● 지출기관

앞에서 언급한 바와 같이 각 중앙관서의 장은 수입 및 지출의 관리기관으로서 수입뿐만 아니라 지출업무를 관장한다. 수입업무의 경우와 마찬가지로 지출업무에 있어서도 소속 공무원을 임명하여 지출원인행위를 하게 할 수 있도록 하고 있다.

① 재무관(경리관)

지출원인행위는 각 중앙관서의 장이나 지방자치단체의 장이 배정받거나 작성한 세출예산의 집행책임자가 되어 직접 행하는 것이 원칙이나 그 소속공무원 중에서 지출원인행위업무를 위임받은 재무관(지방자치단체의 경우에는 경리관)이 이를 행할 수 있다. 따라서 재무관은 지출의 원인이 되는 행위를 일으키고 이를 지출관에게 통지하게 된다. 재무관도 마찬가지로 대리 및 분임재무관이 인정된다.

② 지출관(지출원)

지출관(지방자치단체의 경우에는 지출원)이란 재무관의 지출원인행위에 대한 지출업무를 담당하는 공무원으로서 지출업무는 현금을 교부하는 채권자 등에게 직접 계좌로 이체하여 지급하는 것을 원칙으로 하고 있다. 지출관에 있어서도 대리지출관, 분임지출관, 대리분임지출관을 임명할 수 있다.

③ 출납기관

현금의 지급은 원칙적으로 한국은행 및 금고은행(지방자치단체의 경우에는 금고)이 담당한다. 그리고 각 기관의 관서를 운영하는 데 드는 경비, 즉 관서운영경비를 지급하는 경우에는 관서운영경비출납공무원만이 그 업무를 취급할 수 있다.

3.4 ●● 기관별 분리원칙

회계에 관련된 오류 또는 부정을 사전에 방지하기 위한 제도적 장치로서 내부통제의 일환으로 각 감당 업무를 겸임하지 못하도록 견제제도를 택하는 경우가 많다. 정부회계에서도 마찬가지로 이 제도가 있는바 '국고금관리법' 에서는 ① 징수기관과 수납기관, ② 지출기관과 출납기관을 분립시키는 제도를 두고 있다.

(1) 징수기관과 수납기관의 분립

수입징수관은 수입금출납공무원의 직무를 겸할 수 없다. 다만 정원의 과소로 인하여 동일인이 그 직무를 겸하여야 할 부득이한 사유가 있는 경우에는 겸할 수 있다.[28)]

(2) 지출기관과 출납기관의 분립

마찬가지로 재무관, 지출관, 출납공무원의 직무는 서로 겸할 수 없도록 하여 상호견제를 통하여 회계관리의 부실을 방지하려는데 그 목적을 두고 있다. 여기에 대한 예외로서 마찬가지로 정원의 과소로 인하여 동일인이 그 직무를 겸하여야 할 부득이한 사유가 있는 경우에는 지출관과 출납공무원의 직무를 각각 동일인이 겸하게 할 수 있다.[29)]

4 수입 · 지출의 유형과 출납절차

4.1 ●● 수입 · 지출의 유형

(1) 수입의 유형

수입의 종류 또는 유형에는 조세수입과 조세외 수입으로 구분할 수 있으며 조세외 수입을 통상 세외수입이라고 부른다. 또한 지방자치단체의 경우에는

28) 국고금관리법 제13조, 국고금관리법시행령 제16조, 지방재정법 제64조, 지방재정법시행령 제80조.
29) 국고금관리법 제27조, 국고금관리법시행령 제16조, 지방재정법 제75조, 지방재정법시행령 제100조.

이밖에도 국가로부터 받는 지방교부세와 국고보조금, 지방교육재정교부금 등도 있다.

① 조세수입

조세수입에는 국가에서 징수하는 국세와 지방자치단체가 징수하는 지방세로 대별된다. 이 부분에 대해서는 앞의 절에서 이미 설명이 되어 있으므로 여기에서는 설명을 생략하기로 한다.

② 세외수입

국가와 지방자치단체의 수입은 조세수입이 주된 것이지만 그 이외에 사용료, 수수료, 재산임대수입, 이자수입 등 개별적인 재화 또는 용역의 제공 대가로서 징수하는 수입을 통틀어 세외수입이라고 한다. 세외수입으로는 다음과 같은 항목들이 있다.

- 재산수입: 정부출자수입 등
- 경상이전: 벌금 및 몰수금
- 재화용역판매
- 수입대체경비
- 관유물매각대
- 융자전대차관원금회수
- 차입금 · 여유자금회수
- 전년도이월금
- 정부내부수익기타: 예수금

③ 지방자치단체의 이전적 수입

지방자치단체의 경우에는 재정자립도가 각 자치단체별로 상이하기 때문에 중앙정부에서 자원해 주는 기금이 주요수입원이 되고 있다. 지방교부세, 보조금 및 지방교육재정교부금 등은 모두 지방재정의 불균형을 해소하기 위하여 국가에서 지방자치단체에게 지원하는 제도로서 지방자치단체의 수입재원의 일부를 구성한다. 따라서 국가, 즉 중앙정부의 입장에서는 지출항목이 된다.

(2) 지출의 유형

예산이 확정되면 지출절차에 따라 지출이 이루어지며 현금회계방식에 따라 기록이 된다. 따라서 예산으로 확정된 예산과목, 즉 성질별 또는 기능별 세출예산으로 분류된 항목들이 대부분 지출과목으로 된다. 성질별 지출의 유형에는 다음과 같이 분류한다.

① 인건비

인건비는 공무원 및 비정규직 직원의 봉급, 상여금, 각종 수당, 그리고 계약직이나 일용직 등에 대한 임금을 말한다. 체력단련비 등 복리후생비는 인건비가 아닌 물건비에 포함시킨다.

② 물건비

물건비에는 사무용품비 등 운영비, 여비, 업무추진비, 특수활동비, 연구개발비 등이 해당된다.

③ 이전지출

이전지출이란 반대급부없이 타회계 또는 타기관이나 민간부문에게 지출되는 비용으로서 보상금, 배상금과 민간경상보조 및 민간자본보조 등 민간이전, 자치단체경상이전, 국제부담금 등 해외이전 그리고 출연금 등이 여기에 포함된다.

④ 자산취득

자산취득이란 국가의 자산을 형성하기 위한 지출을 의미하며, 토지매입비, 건설비, 유형자산취득, 무형자산취득, 융자금, 출자금, 예치금 및 유가증권매입, 예탁금 등이 여기에 속한다.

⑤ 상환지출

상환지출로서는 국내외 차입금 상환, 예수금 상환과 이에 따른 이자지급 등이 포함된다.

⑥ 전출금 등

전출금이란 중앙정부 내부, 즉 각 회계 또는 계정상호간에 무상 또는 유상으로 지원되는 지출을 의미한다. 그리고 감가상각비와 당기순이익도 이 범주에 속한다.

⑦ 예비비 및 기타

예비비와 예비금 그리고 과오납금 등 반환금, 다음회계연도 이월금액을 여기에 포함시킨다.

4.2 ●● 수입 절차

수입은 징수절차와 수납절차로 구분된다.

(1) 수입의 징수와 수납의 원칙

'국고금관리법'은 "수입은 법령의 정하는 바에 의하여 징수 또는 수납하여야 한다"고 규정[30]하여 수입의 근거를 법령에 의하도록 하고 있다.

수입은 법령에 따라 이를 행하게 되는 권한이 발생하는 것으로서 수입의 집행기관은 법령의 명하는 바에 의하여 징수 또는 수납하지 않으면 아니된다. 즉 세입예산은 단순히 당해연도의 수입의 견적에 지나지 않으며 집행기관을 구속하는 것은 아니다. 따라서 수입할 수 있는 것은 예산상 수입할 수 있는 과목이 없어도 수입하지 않으면 안되며 또 예산액 이상을 수입케 하는 것도 무방하다.

(2) 징수절차

수입징수관은 수입을 징수하고자 할 때에는 조사, 결정하여 납세의무자 기타 채무자에 대하여 납입의 고지를 하도록 하고 있어 징수절차로서 ① 수입의 조사결정과 ② 납입의 고지를 들고 있다.

가) 수입의 조사결정

수입징수관이 수입을 징수하려 할 때에는 먼저 이를 조사결정하지 않으면 안된다. 수입의 조사결정은 수입절차의 첫 단계이므로 법령이 정하는 바에 따라서 징수대상금액을 명확히 하여야 한다. 이러한 조사사항이 적절하다고 인정될 때에는 수입징수관은 즉시징수의 결정을 하여야 하는 바 이 때에 조사에서 결정까지의 절차를 조사결정이라고 한다.

나) 납입고지

수입징수관이 수입을 조사결정한 후에는 그 납세의무자 그 밖의 채무자에 대하여 납입의 고지를 하여야 한다. 납입의 고지는 납세의무자 기타 채무자에 대하여 세입과목, 납부할 금액, 납부기한과 납부장소를 기재한 문서로서 하는

30) 지방자치단체의 경우도 마찬가지로 지방세 기타의 세입은 법령과 조례 또는 규칙이 정하는 바에 따라 징수 또는 수납하도록 하고 있다(국고금관리법 제5조, 지방재정법 제61조).

것을 원칙으로 하고 있다. 여기에서 문서라 함은 통상적으로 납입고지서를 지칭하며 국세에서는 납세고지서라고 한다.

(3) 수납 절차

가) 현금출납공무원의 현금의 납부

수입금출납공무원은 수입금을 현금으로 납부 받은 경우에는 납입고지서와 함께 이를 수납한 후 영수증서를 교부하고 그 때마다 영수필통지서를 수입징수관에게 제출하여야 한다.

현금을 수납한 출납공무원은 이를 납부서와 함께 한국은행이나 금고은행에 지체없이 납입하여야 한다. 출납공무원은 수입금을 수납한 때에는 수입징수관에게 수납보고를 하여야 한다.

나) 한국은행 또는 금고은행의 수납

한국은행 또는 금고은행은 납부의무자나 출납공무원으로부터 세입금을 수납하거나 세입금의 납입을 받는 때에는 영수증을 교부하여야 한다.

한국은행이나 금고은행이 수입금을 수납 또는 납입받는 경우에는 마찬가지로 수입징수관에게 그 내용을 보고하여야 한다.

다) 현금 이외의 납부

수입의 수납수단은 현금에 의한 수납이 원칙이나 예외적으로 증권이나, 인지(印紙) 또는 우표에 의하거나 그렇지 않으면 물건에 의한 납부 등이 있을 수 있다.

① 증권에 의한 세입납부

증권에 의한 세입납부는 '증권에 의한 세입납부에 관한 법률'에 의하여 인지 또는 우표로서 납부하여야 할 경우를 제외하고는 증권으로 납입시킬 수 있도록 하고 있다. 현대사회에서는 경제가 발달하고 복잡해짐에 따라 현금을 다루는데 따른 위험성을 피하기 위하여 통화대용으로서 수표 등을 많이 사용하며 현금과 동일하게 취급한다.

② 인지 또는 우표에 의한 세입납부

수입금 중 특정한 사항은 수입인지로 납부하게 하기도 하고 우편물의 배달에 대한 요금은 우표에 의해서 납부하게 하는 제도가 별도로 있어 현금납입의 예외가 된다.

'수입인지에 관한 법률'에 의하면 수입인지는 기획재정부장관이 발행하게 되며 법령에 의하여 조세 또는 기타의 국가수입금을 인지로 납부할 때에는 수입인지를 사용하여야 한다. 특히 국가에 납부할 수수료, 벌금, 과료(科料), 과태료, 형사추징금, 소송비용 및 비송사건의 비용은 수입인지로 납부하게 할 수 있도록 하고 있다.[31)]

정부에서 취급하는 우편사업의 경우에도 사용에 대한 대가를 징수하는 경우에 현금 이외에 우표 또는 우편요금을 표시하는 증표로 납부하는 경우도 있다. 즉 '우편법'에 의하면 요금 등은 현금이나 우표, 우편요금을 표시하는 증표, 신용카드, 전자화폐 등으로 납부토록 하고 있다.[32)]

③ 물납(物納)에 의한 세입납부

수입금의 납부는 또 특수한 경우에 물납이 허용되는 경우가 있다. '국세기본법'과 '상속세 및 증여세법'의 규정에 의하여 인정되는 이 물납제도는 납세담보로 제공되었던 국세와 가산금, 체납처분비 등이 납부되지 아니하였을 때에는 그 담보로써 그 국세, 가산금 및 체납처분비를 납부할 수 있도록 하였다.[33)] 또한 상속세의 경우에도 납세의무자의 신청을 받아 당해 부동산과 유가증권에 의한 상속세의 물납을 허가할 수 있도록 하고 있다.[34)]

4.3 •• 지출절차

지출이 이루어지기 위해서는 먼저 각 중앙관서의 장은 예산배정요구서에 의거하여 월별자금계획서를 기획재정부장관에게 제출하고 기획재정부 장관은 월별자금계획을 세워 대통령의 승인을 얻으며 다시 각 중앙관서의 장은 월별세부자금계획서를 기획재정부장관에게 제출하여야 한다. 기획재정부장관은 월별세부자금계획서를 종합하여 월별세부자금계획을 작성하고 이를 각 중앙관서의 장과 한국은행에 통지함으로써 자금 지출이 가능하게 된다.

자금배정이 이루어지면 재무관등에 의한 지출원인행위가 이루어지며 지출관은 국고금입금요구서 또는 국고금대체입금요구서를 한국은행 등에 송부하고

31) 수입인지에 관한 법률 제5조.
32) 우편법 제20조.
33) 국세기본법 제33조 제2항.
34) 상속세및증여세법 제73조.

한국은행 등은 채권자에게 계좌이체를 통하여 대금이 지급된다. 한국은행은 그 결과를 보고함으로써 지출이 마무리된다.

지방자치단체의 경우에는 지방자치단체의 장의 위임을 받은 공무원, 즉 경리관으로 하여금 배정된 예산의 범위 내에서 지출원인행위를 하도록 하고 경리관은 지출원인행위를 한 때에는 지출원에게 지출원인행위 관계서류를 송부하고 지출원은 지방자치단체의 금고에 지급명령을 발함으로써 지출이 완료된다.

(1) 지출원인행위

지출원인행위란 국가나 지방자치단체의 세출예산, 계속비 또는 국고채무부담행위에 의하여 지출의 원인이 되는 계약 또는 기타의 행위를 하는 것을 말하며 지출부담의 원인이 되는 행위로 볼 수 있다.

지출의 원인이 되는 행위의 대부분은 계약이라고 할 수 있으나 계약 이외에도 보조금결정 같은 채무의 부담행위, 국가의 불법행위에 기인하여 손해배상금의 지출결정, 급여 기타 급부의 지출결정, 회계간 이입(移入)의 결정 등의 행위를 들 수 있다.

지출원인행위는 각 중앙관서의 장이 법령, '국가재정법' 의 규정에 의하여 배정된 예산 또는 기금운용계획의 금액 범위 안에서 하여야 한다.[35]

예산이나 기금운용계획은 국회의 의결을 거쳐서 확정되게 되므로 예산이나 기금운용계획 범위를 넘는 지출원인행위는 허용되지 아니하며 예산을 넘는 지출원인행위를 하기 위해서는 별도의 추가예산 조치가 강구되어야 할 것이다.

(2) 지 출

각 중앙관서의 장 또는 그 위임받은 재무관이 그 소관에 속하는 세출예산에 의하여 지출하고자 할 때에는 지출관에게 지출원인행위관계서류를 송부하여야 한다. 서류를 송부받은 지출관은 중앙관서의 장으로부터 지출관별 월별 지출한도액을 통보받은 후 한국은행 등을 통하여 채권자에게 계좌이체가 이루어지기 전에 예산과목 금액 이내인지 등을 검토하여 정당한 지급이 되도록 하여야 한다.

지출원인행위에 의하여 지출관이 지출하고자 할 때에는 현금을 교부하는 대신 한국은행 등에 국고금입금요구서 또는 국고금대체입금요구서를 송부하여야 한다.

35) 국고금관리법 제20조.

지방자치단체의 경우에도 지출원이 지출원인행위에 의하여 지출을 할 때에는 현금의 지급에 갈음하여 지방자치단체의 금고에 대하여 지급명령을 발하게 된다.[36)]

5 장부의 종류

5.1 장부의 종류

'국가회계법'에 의하면 중앙관서의 장과 기금관리주체는 장부를 비치하고 필요한 사항을 기록하도록 하고 있다.[37)]

장부의 종류는 중앙정부, 즉 국가의 국고총괄기관으로서의 기획재정부장관이 기록 유지하는 장부와 각 조직단위 회계기관, 즉 중앙관서의 장이 비치하는 장부로 구분할 수 있다. 그리고 각 중앙관서의 장 소속으로 각 회계관계 공무원들은 그들 소관에 속하는 장부를 기록 유지하여야 한다. 국고담당기관인 한국은행이나 금고은행 등은 국고금출납내용을 기록하기 위하여 필요한 장부를 비치하여야 한다.

장부 중에서 주요장부로 볼 수 있는 것은 다음 2가지이다.

(1) 세입부, 총세입부

세입부는 중앙관서의 장의 소관에 속하는 세입의 예산액, 징수결정액, 수납액, 불납결손액과 미수납의 내역을 기록하는 장부이며, 총세입부는 국가 전체에 대한 세입예산액과 수납실적을 기록하는 장부로서 기획재정부장관이 기록 관리한다.

(2) 세출부, 총세출부

세출에 관한 주요부로서 세출부는 각 중앙관서의 장이 기록유지하고, 총세출부는 기획재정부장관이 기록 관리한다. 총세출부의 내용은 세출에 대한 세출예산액, 전년도이월액, 예비비사용액, 유용 등 증감액, 이용 및 이체액, 세출

36) 지방재정법 제70조.
37) 국가회계법 제25조.

●● 표 4-8 장부 종류

작성자	장 부 명	내 용
중앙관서의 장	세입부	소관부서의 수입 예산액과 그 집행실적
	세출부	소관부서의 지출 예산액과 그 집행실적
	기금수입부	소관부서의 기금 예산액과 그 수입실적
	기금지출부	소관부서의 기금 예산액과 그 지출실적
	기타보조부	기타 필요로 하는 보조부
기획재정부	총세입부	국가전체의 총세입예산액과 그 집행실적
	총세출부	국가전체의 총세출예산액과 그 집행실적
	기타보조부	기타 필요로 하는 장부
회계직 공무원	수입징수부	수입징수관이 수입징수에 관한 사항 기록
	지출원인행위부	재무관이 지출원인행위에 관한 사항 기록
	지출부	지출관이 지출에 관한 사항기록
	자금출납부	출납공무원이 자금출납에 관한 사항기록
한국은행 및 금융기관 등	국고금총괄장	국가를 위하여 취급하는 국고금의 출납 내용을 기록
	국고금수급내역장	
	당좌예금내역장	
	국고금수급총괄장	
	수입금내역장	
	자금계획내역장 예탁금내역장	

예산현액, 지출액, 다음연도이월액, 불용액 등을 기재한다.

(3) 보고서의 종류

보고서는 회계직공무원들이 작성 · 보고하는 월말 보고서와 연도말 결산을 하고 제출하는 결산보고서가 있다. 연도말 결산보고서는 제9장 결산과 재무보고 편에서 설명하기로 하고 여기에서는 월말보고서에 대해서 살펴본다. 월말보고서는 회계직공무원 들이 매월 작성하여 가 소관 중앙관서의 장에게 보고하고 각 중앙관서의 장은 이를 기획재정부장관에게 보고하여야한다. 이 때에 디지털 예산회계시스템이 설치되어 있으므로 이 시스템을 통하여 장부와 보고서를 제출하여야 한다.[38)]

세 입 부

회계 :

소관 :

월	세입예산액	이체증감액	예산현액	징수결정액	수납액	불납결손액	미수납액
합계							

세 출 부

회계 :

소관 :

월	세출 예산액	수입대체 경비전년도 이월액	예비비 사용액	전용감액 전용증액	이용및이체 감액(증액)	예산현액	지출액	다음연도 이월액 불용액
합계								

38) 국고금관리법시행령 제98조.

① 수입징수보고서

수입징수관이 징수한 수입징수내역을 매월 소관 중앙관서의 장에게 보고하여야 한다.

② 지출원인행위액보고서

재무관이 작성하는 보고서이다. 매월말을 기준으로 지출원인행위실적을 중앙관서의 장에게 보고하여야 한다.

③ 지출액보고서

역시 지출관이 지출내용을 집계하여 중앙관서의 장에게 보고하여야 한다.

④ 자금출납보고서

현금출납공무원이 자기 소관에 속하는 자금출납보고서를 작성하여 수입징수관과 지출관에게 보고하여야 한다.

⑤ 국고금대차대조표 및 월계대사표

한국은행 등이 국고금 취급기관으로서 작성하여 제출하는 보고서이다.

국고금대차대조표는 한국은행이 각 중앙관서별로 매일매일의 국고금 수불내역을 기록하여 기획재정부장관에게 제출하는 보고서이다. 이를 통하여 매일의 국고금 잔액을 파악할 수 있다.

월계대사표는 한국은행 등이 각 수입이나 지출항목별로 디지털예산회계시스템을 이용하여 예산배정액과 수입액 및 지출액을 합계하여 수입징수관 지출관 출납공무원에게 제출하는 보고서이다. 이 월계대사표를 토대로 각 회계직 공무원은 자기소관의 장부와를 비교하여 수입이나 지출의 누락이 있는지의 여부를 확인할 수 있다. 이 월계대사표는 관련 증빙서와 함께 감사원에 제출되어 감사원에서도 정확성여부의 확인이 이루어진다.

6 계산증명

(1) 계산증명의 의의

계산증명이란 감사원의 회계감사를 받는 사람이 그가 취급한 회계사무에 관하여 감사원이 정하는 '계산증명규칙'에 의하여 상시 계산서, 증거서류 및 첨부서류를 감사원에 제출하여 확인받는 것을 말한다. 다시 말하면 계산증명은 '계산증명규칙'에 의하여 증명책임자가 그가 취급하거나 관리하는 회계사무의 집행실적 또는 관리상태를 정리한 계산서를 작성하여 계수의 내용을 설명 또는 입증하는 서류 및 증거서류를 첨부하여 소정의 기한내에 감사원에 제출하거나 일정기간 동안 보관하는 것을 말한다.

계산증명제도는 회계담당자의 입장에서 보면 일정기간 동안 자기가 처리한 회계사무의 정확성, 진실성, 합법성 및 타당성을 입증하기 위해서 필요할 뿐만 아니라 감사원의 입장에서도 계산서를 계속적으로 제출받아 상시적 · 체계적인 서면감사를 실시함으로써 회계감사 또는 결산확인을 하기 위하여 필요한 것이다.

(2) 계산증명서류

'계산증명규칙'이 정하는 계산증명서류에는 크게 나누어 계산서와 증거서류로 구분하며 증거서류는 계산서의 내용을 검증하는 자료가 된다.

① 계산서

계산서라 함은 증명책임자가 소정기간마다 회계사무의 집행실적을 정하여진 형식에 따라 계수로 집계한 서류를 말하며 각 계산서별로 증명기간, 증명책임자, 계산서의 첨부서류의 유형을 지정하고 있다. 여기에서 계산서의 첨부서류라는 것은 계산서 내용의 정확성과 진실성을 입증하고 계산서의 첨부내용중 특수한 것에 관하여 그 내역 또는 사유를 설명할 수 있는 서류이다. 예를 들면 세입징수관은 한국은행으로부터 세입금월계대사표(歲入金月計對査表)를 송부받아 세입징수계산서의 첨부서류를 붙여 감사원에 제출하게 된다.

이러한 계산서는 계산증명기간 중 회계집행 실적이 없는 경우에도 감사원에 제출하여 명확하게 실적이 없는 것으로 처리하도록 하여야 한다.

② 증거서류

증거서류란 계산서의 계수의 내용을 이루고 있는 개개의 회계처리의 정확성, 합법성 및 타당성을 증명하는 성격의 증빙서로서 계산증명규칙에서 계산서의 증거서류로서 규정한 것을 말한다. 예를 들면 지출계산서의 증거서류로서는 지출에 관한 결의서, 견적서, 청구서, 계약서, 검사조서, 영수증 등이 포함되어 지출이 정당한 절차에 의하여 정당한 금액이 이루어졌다는 것을 알 수 있도록 하여야 한다.

이러한 증거서류는 원칙적으로 원본을 감사원에 제출하여야 하며 외국화폐를 기초로 하며 원화로 환산 계산한 것은 그 환산에 관한 증거서류도 아울러 증거서류로서 첨부하여야 한다. 증거서류 역사 증거서류의 내용을 보완 또는 설명하는 성격의 서류를 첨부서류로서 아울러 제출하여야 한다.

●● 표 4-9 계산서의 종류

구분 / 분야	계산서명	증명책임자	증명기간
수입	수입징수액계산서	수입징수관	3월
	물납액계산서	세무서장	1년
	환급금지급액계산서	환급금지급업무관장공무원	3월
지출	지출계산서	지출관	1월
	일상경비출납계산서	일상경비출납공무원	1월
	선사용자금명령액계산서	선사용자금명령관	1월
기금 · 국고금	기금수입계산서	기금수입관장공무원	3월
	기금지출계산서	기금지출관장공무원	3월
	기금운용계산서	기금운용관장공무원	1월
	국고금운용계산서	기금외국고금운용관장공무원	1월
현금출납	수입금출납계산서	수입금출납공무원	3월
	세입세출외현금출납계산서	세입세출외현금출납공무원	1년
	선사용자금출납계산서	선사용자금출납공무원	3월
	수입대체경비출납계산서	수입대체경비출납공무원	3월
채권채무	국가채권관리계산서	채권관리관	1년
	국가채무증감계산서	중앙관서의 장	1년
물품	물품관리계산서	물품관리관	1년
국유재산	국유재산증감 및 현재액 계산서	국유재산관리청	1년
	국유재산무상대부액 계산서	국유재산관리청	1년
유가증권	유가증권증감계산서	유가증권취급공무원	1년
한국은행국고금출납및정부유가증권수불	국고금출납계산서	한국은행총재	1월
	유가증권수불계산서	한국은행총재	1년
	수지계산서	한국은행총재	1월
지방자치단체 세입 · 세출 금고	수입징수액계산서	징수관	3월
	지출계산서	지출원	1월
	금고출납계산서	금고취급점장	1월

CHAPTER 05

자산회계

제 1 절 • 자산회계 개요

제 2 절 • 자산의 측정 및 평가

제 3 절 • 자산별 회계처리

제 4 절 • 특수자산 · 부채회계

제1절 자산회계 개요

1 자산의 의의와 특징

1.1 ●● 자산의 정의

국제공공회계기준 제1호 "재무제표의 표시(Presentation of Financial Statements)"에 의하면 자산을 다음과 같이 정의하고 있다.

> 자산이란 과거 사건의 결과에 의하여 회계실체에 의하여 통제되고 또한 그로부터 미래 경제적 효익이나 서비스 잠재력이 회계실체에의 유입이 기대되는 자원이다(Assets are resources controlled by an entity so a result of past events and from which future economic benefits or service potential are expected to flow to the entity).

이 정의는 국제회계기준위원회(IASB)의 자산에 관한 정의에 관한 기본 틀을 유지하면서 서비스 잠재력이라는 개념을 경제적 효익에 상응하는 개념으로 선택적으로 사용하도록 하였다.[1)]

미래의 경제적 효익과 서비스 잠재력의 차이는 순현금유입의 창출 여부에 달려 있다. 즉 순현금유입을 창출하는 자산은 미래의 경제적 효익을 구현하는 것으로 보고 있고, 순현금유입을 직접 창출하지는 않으나 재화와 서비스를 내주는 자산은 서비스 잠재력을 구현하는 것으로 보고 있다.

우리나라의 국가와 지방자치단체 회계기준도 이와 유사하게 자산을 정의하고 있다. 국가회계기준에 의한 자산의 정의는 다음과 같다.

▶ 국가회계기준 제9조(자산의 정의와 구분)

> ① 자산은 과거의 거래나 사건의 결과로 현재 국가회계실체가 소유(실질적으로

1) IFAC/PSC, Study 11, *Government Financial Reporting: Accounting Issues and Practices*, IFAC, May 2000, p. 71.

소유하는 경우를 포함한다) 또는 통제하고 있는 자원으로서, 미래에 공공서비스를 제공할 수 있거나 직접 또는 간접적으로 경제적 효익을 창출하거나 창출에 기여할 것으로 기대되는 자원을 말한다.

국가회계기준에서는 국제공공회계기준의 자산개념 중에서 '서비스잠재력'이란 용어대신에 '공공서비스를 제공할 수 있는 능력'이란 설명형식으로 표시하였고, 또한 '미래의 경제적 효익'이란 용어 대신에 '직접 또는 간접적으로 경제적 효익을 창출하거나 창출할 것으로 기대되는 자원'으로 표시하고 있다. 그러나 내용면에서는 두 기준에 별다른 차이가 없다.

지방자치단체회계기준에서는 자산의 개념을 다음과 같이 정의하고 있다.

▶ 지방자치단체회계기준 제11조(자산 · 부채 및 순자산의 정의)

① 자산은 회계실체가 소유하고 이들 자산을 일정기간 보유하거나 사용함으로써 공공서비스 잠재력이나 경제적 효익을 창출할 수 있는 자원을 말한다.

국가회계기준에 의한 자산개념과 지방자치단체회계기준상의 자산개념을 비교해 보면 용어상의 일부 차이를 보이고 있다. 즉 국가회계기준은 '회계실체에 의하여 소유 또는 통제되고'라고 되어 있는데 지방자치단체회계기준은 '회계실체가 소유하고 이들 자산을 일정기간 보유하거나 사용함으로써'라고 하였다.

이를 비교해 보면 지방자치단체회계기준에서는 소유를 요건으로 하고 있으나 국가회계기준에서는 소유 또는 통제 중 한 가지 요건만 충족하면 된다는 뜻이다. 다시 말하면 소유하든 또는 소유하지 않는다 하더라도 그 자산에 영향력을 행사하여 자신의 이익을 취할 수 있는 상태에 있으면 자산의 범주에 포함시킬 수 있다는 것이다.

1.2 •• 자산의 특징

국제공공회계기준위원회는 자산의 특징으로서 다음 3가지를 들고 있다.[2)]

① 서비스 잠재력이나 미래 경제적 효익이 존재하고

2) IFAC/PSC Study 2, *Elements of Financial Statements of National Governments*, IFAC, p. 17.

② 서비스 잠재력이나 미래 경제적 효익은 과거의 거래나 사건에서 발생하여야 하며(따라서 미래의 자산은 인식될 수 없음)
③ 서비스 잠재력이나 미래 경제적 효익은 보고일 기준으로 보고실체에 의하여 통제 가능하여야 함.

위의 특징을 살펴보면 먼저 자산은 서비스 잠재력이나 미래의 경제적 효익이 존재하여야 한다는 것이다. 자산은 정부기관의 설치목적에 쓰여지기 위하여 취득된다. 이들 자산을 통하여 정부의 물품이나 서비스를 제공하게 되는데 이때에 제공대가로 현금을 창출하게 되는 경우를 미래의 경제적 효익이라고 하고 현금창출이 없이 서비스 등을 제공하는 경우를 서비스 잠재력이라고 한다.

둘째, 이들 서비스 잠재력이나 미래 경제적 효익은 과거의 거래나 사건의 결과에 따라 발생되어야 한다. 즉 미래에 얻어질 수 있는 서비스 잠재력이나 미래 경제적 효익의 원천은 현재 이미 발생된 거래나 사건이지 앞으로 나타날 거래나 사건이 아니라는 것이다. 따라서 미래자산은 인식될 수 없다는 의미가 바로 여기에 있다.

자산은 또한 회계실체에 의하여 통제될 수 있어야 자산으로 보게 된다. 여기에서 통제(control)란 개념은 앞에서 언급한 바와 같이 다른 회계실체의 재무 및 운영정책을 그 자신의 이익을 위하여 다스릴 수 있는 권능을 의미한다. 특정 자산을 소유하지는 않는다 하더라도 그것을 통제할 수 있는 권한이 있으면 자산으로 보게 된다는 것이다.

2 자산의 인식기준

▶ 국가회계기준 제10조(자산의 인식기준)

① 자산은 공용 또는 공공용으로 사용되는 등 공공서비스를 제공할 수 있거나 직접적 또는 간접적으로 경제적 효익을 창출하거나 창출에 기여할 가능성이 매우 높고 그 가액을 신뢰성 있게 측정할 수 있을 때에 인식한다.
② 현재 세대와 미래 세대를 위하여 정부가 영구히 보존하여야 할 자산으로서 역사적, 자연적, 문화적, 교육적 및 예술적으로 중요한 가치를 갖는 자산(이하 "유산자산"이라 한다)은 자산으로 인식하지 아니하고 그 종류와 현황 등을 필수보충정보로 공시한다.

③ 국가안보와 관련된 자산은 기획재정부장관과 협의하여 자산으로 인식하지 아니할 수 있다. 이 경우 해당 중앙관서의 장은 해당 자산의 종류, 취득시기 및 관리현황 등을 별도의 장부에 기록하여야 한다.

▶ 지방자치단체 회계기준 제12조(자산과 부채의 인식기준)

① 자산은 공공서비스의 잠재력을 창출하거나 미래의 경제적 효익이 회계실체에 유입될 것이 거의 확실하고 그 금액을 신뢰성 있게 측정할 수 있을 때에 인식한다.

발생주의회계에서는 모든 자산을 그 개념정의와 인식기준에 충족되어야 자산으로서 기록이 되고 재정상태보고서에 포함되도록 하고 있다.

국제회계기준위원회의 "재무제표의 작성과 발표에 대한 기본구조(Framework for the Preparation and Presentation of Financial Statement)"에서 자산의 인식기준으로 확실성과 측정가능성의 2가지를 들고 있다. 이들 인식기준은 우리나라 정부회계기준에도 동일하게 규정되었다.

2.1 •• 확실성

확실성(probability)이란 공공서비스의 잠재력을 창출하거나 미래의 경제적 효익이 회계실체에 유입되는 것이 거의 확실해야 한다는 것이다. 따라서 단순히 기대되는 것만으로는 부족하고 그 유입 가능성이 매우 높아야 하는, 즉 확실하여야 하는 것이다.

여기에서 확실성의 대상은 공공서비스의 제공 가능성과 경제적 효익의 창출 또는 유입 가능성이 있어야 한다는 것이다.

2.2 •• 합리적 측정가능성

원가 혹은 가치를 가지고 있는 자산이 합리적으로 측정될 수 있어야(reliable measurement) 자산으로서 인식이 되는 것이다. 그러나 자산에 대한 합리적인 측정은 쉬운 일은 아니다. 공공부문에서는 원가의 기록이나 가치의 평가 또는 시장가치 등이 존재하지 않을 수가 있기 때문이다. 예컨대 유산자산(heritage asset) 같은 경우가 대표적인 예이다.

따라서 역사적·자연적·문화적·교육적·예술적으로 중요한 가치를 갖는 유산자산은 자산으로 인식하지 아니하고 그 대신 그 자산의 종류, 수량, 관리상태 등을 필수 보충정보를 공시하도록 하고 있다.

그리고 합리적 측정 가능성이 있다 하더라도 국가에서 안보상의 필요에 따라 국가안보와 관련된 자산을 자산으로 인식하지 아니할 수 있도록 국가회계기준에서는 규정하고 있다.

3 자산의 분류

자산의 분류기준도 각국마다 다를 수 있으나 일반적으로 재무자산과 비재무자산, 유형자산과 무형자산 등으로 구분할 수 있다.

3.1 재무자산과 비재무자산

재무자산은 현금, 현금 또는 현금 이외의 재무적 자산을 받을 수 있는 계약적 권리, 재무적 수단을 교환할 수 있는 계약적 권리, 다른 기관에 대한 투자수단 등을 포괄한다. 다음 사항들은 재무자산의 범주에 속한다.

- 현금 및 현금등가물
- 미수수익, 미수세금
- 대여금
- 단기투자자산
- 파생상품
- 선급금

여기에서 미수세금은 정부의 공권력에 의하여 발생하는 과세권의 일환으로 발생하는 자산으로서 통상 과세당국에 의하여 세금이 부과될 때 발생한다. 이에는 납세자가 납부기한이 지나지 아니하여 발생하는 일반적인 미수세금(taxation receivable)이 있고 납부기한이 경과한 체납세금도 미수세금으로 간주된다.

비재무자산은 재무자산 이외의 자산으로서 단기에 현금화하기가 쉽지 않은 자산들을 의미한다. 다음에 설명하는 유형자산이나 무형자산은 비재무자산이라고 할 수 있다.

3.2 유형자산과 무형자산

유형자산(physical assets)은 재무자산과 무형자산 이외의 실체가 있는 자산으로서 단기성 유형자산과 비단기성 유형자산, 즉 고정자산으로 구분할 수 있다.

단기성 유형자산으로서 대표적인 자산은 재고자산이 있고 고정자산으로는 일반 유형 고정자산, 사회간접자본자산, 유산자산, 국방자산, 천연자원자산, 투자자산 등을 들 수 있다. 정부는 일반 기업과 달리 기업이 소유하지 않는 특수한 자산들을 보유하고 있다. 예컨대 국방자산, 천연자원자산, 사회간접자본자산 등이 그것이다. 이들 자산을 인식할 것이냐에 관해서는 많은 논란이 있다.

무형자산(intangible assets)은 실체가 없는 자산으로서 법규정이나 관습에 의하여 권리가 인정되어 자산에 준하여 취급하는 자산이다. 기업회계에서 무형자산으로 취급되는 사항들로는 미래의 경제적 효익을 획득할 수 있는 권리로서 특허권, 상품권 기타 여러 형태의 권리를 포함한다. 공공부문은 정부의 권력에 의하여 발생되는 미래의 경제적 효익이 예상되는 권리 등이 많이 있기 때문에 민간부문보다 무형자산의 수가 많다고 할 수 있다. 어업권, 광물채굴권(right of prospect), 통신주파수대역사용권 등이 대표적인 예이다.

무형자산은 식별이 가능한(identifiable) 자산과 식별이 불가능한(non-identifiable)자산으로 나눌 수 있다. 이 경우 무형자산으로 인식하려면 식별이 가능하거나 판매 또는 이전이 가능하여야 하며 식별이 어려운 경우에는 무형자산

표 5-1 유형자산의 분류

단기성 유형자산	장기성 유형자산(고정자산)
• 재고자산	• 일반 유형 고정자산 • 사회간접자본자산 • 유산자산 • 국방자산 • 천연자원자산 • 투자자산

으로 보지 않는다. 예컨대 법에 의하여 권한이 부여된 과세권이나 인적 자원 등은 무형자산으로 인식하지 않는다.

3.3 ●● 우리나라 정부회계기준의 자산분류

▶ 국가회계기준 제9조(자산의 정의와 구분)

② 자산은 유동자산, 투자자산, 일반유형자산, 사회기반시설, 무형자산 및 기타 비유동자산으로 구분하여 재정상태표에 표시한다.

▶ 지방자치단체회계기준 제14조(자산의 분류)

① 자산은 유동자산, 투자자산, 일반유형자산, 주민편의시설, 사회기반시설, 기타 비유동자산으로 분류한다.
② 삭제 〈2009. 12. 31〉

우리나라의 국가와 지방자치단체의 회계기준에 의하면 자산의 분류가 조금 다르게 되어 있다. 유동자산, 투자자산, 일반유형자산, 사회기반시설, 기타 비유동자산으로 분류한 부분은 동일하다. 그러나 국가는 일반유형자산 속에 전비품을 별도항목으로 포함시켜 구분하고 있으나 지방자치단체는 전비품이 없다. 그 대신 지방자치단체에서는 주민편의시설을 별도로 구분하고 있으나 국가에서는 이 분류가 없다. 또한 국가는 무형자산을 별도항목으로 분류하였으나 지방자치단체는 기타비유동자산에 무형자산을 포함시켰다.

이와 같이 분류내용이 다른 이유는 중앙정부와 지방정부의 역할이 다르기 때문이다. 국방 · 외교를 책임지고 있는 중앙정부와 주민복지를 직접 책임지고 있는 지방정부가 그 고유역할을 수행하기 위하여 별개의 자산을 보유하고 있는 것에 따른 분류이다.

그리고 최근에 행정안전부는 '지방자치단체 회계기준에 관한 규칙'을 개정하여 자산과 부채 항목의 과목 분류를 열거주의에서 예시주의로 변경하였다. 이와 같이 예시주의를 채택함으로써 단순명칭변경 등 경미한 사유로 회계기준을 빈번하게 개정하는 것을 미리 예방하고자 하는 취지에서이다.[3]

---

3) 법제처, '지방자치단체 회계기준에 관한 규칙' 개정이유.
http://www.law.go.kr/LSW/RvsDocNRsnP.do

국가와 지방자치단체회계기준에 따른 자산분류 비교 내용은 〈표 5-2〉와 같다.

●● 표 5-2 국가와 지방자치단체의 자산분류 비교

국 가	지방자치단체
유동자산 투자자산 일반유형자산 사회기반시설 무형자산 기타비유동자산	유동자산 투자자산 일반유형자산 주민편의시설 사회기반시설 기타비유동자산

제2절 자산의 측정 및 평가

1 자산의 측정 및 평가방법

자산의 가치는 고정되지 않고 변한다. 이러한 가치변경을 측정하고 이를 장부에 반영하는 것이 중요하다. 그런데 자산의 가치변경을 측정하고 기록하는데 있어서 여러 가지 다른 방법이 사용된다.

재무제표를 작성하는데 있어서 사용되어야 할 측정방법을 선택하는 경우에는 먼저 측정기준을 선정하고 그 다음에 화폐단위를 선택해야 한다. 재무요소의 초기인식은 거래가 발생됨에 따라서 나타난다. 그러므로 최초의 인식에서 측정방법은 원가기준(cost base)에 따르는 경우가 대부분이다. 기말에 회계거래 이외에 변화된 여건이 발생되면 이에 따라 다시 평가를 하여야 한다. 이 경우에 변화된 여건이란 예컨대 시간의 경과에 따라 가치가 감소되어 감가상각할 필요성이 발생하던가 채권의 회수 가능성이 줄어든다던가 시장가치가 있는 유가증권의 시장가격이 변동되는 경우 등 거래 이외의 사건에 의하여 나타나는 경우가 많다.

측정기준의 선택, 재측정여부 결정, 그리고 화폐가치변동회계 등에 관한 사항들은 공공부문에만 독특한 것은 아니고 민간부문에서 더 많이 취급해 왔으므로 민간부문의 내용이 공공부문에도 많이 적용된다. 일반적인 측정기준으로는 다음과 같은 내용들이 있다.

① 역사적원가(historical cost)

자산이 취득 당시에 현금 또는 현금 등가액에 상당하는 금액을 지급한 경우 그 지급액을 역사적원가로 본다.

② 현행원가(current cost)

동일하거나 동등한 가치를 지닌 자산을 현재 시점에서 취득할 경우 지급하여야 할 현금 또는 현금 등가액을 말한다. 현행대체원가(current replacement cost)도 여기에 속한다. 현행투입원가(entry value)라고도 한다.

③ 순실현가능가치(net realizable value)와 상환가액(repayment value)

자산은 정상적인 경영활동 과정에서 미래에 당해 자산이 현금 또는 현금 등가액으로 직접 전환될 때 수취할 것으로 예상되는 금액에서 그러한 전환에 직접 소요될 비용을 차감한 가액으로 측정된다.

④ 현행시장가치(current market value)

자산은 현재의 정상적 처분거래에서 수취될 수 있는 현금이나 현금 등가액으로 측정된다.

⑤ 현재가치(present value)

자산은 정상적인 경영활동과정에서 당해 자산으로부터 발생될 것으로 예상되는 미래 순현금 유입액을 일정한 할인율로 할인한 현재가치로 측정된다.

통상 우리가 사용하고 있는 시가(current value)에 대해서는 투입가치(entry value)와 청산가치(exit value)로 분류하기도 한다.[4]

2 우리나라의 자산평가기준

2.1 평가기준

▶ 국가회계기준 제32조(자산의 평가기준)

① 재정상태표에 표시하는 자산의 가액은 해당 자산의 취득원가를 기초로 하여 계상한다. 다만 무주부동산의 취득, 국가 외의 상대방과의 교환 또는 기부채납 등의 방법으로 자산을 취득한 경우에는 취득 당시의 공정가액을 취득원가로 한다.

② 국가회계실체 사이에 발생하는 관리환은 무상거래일 경우에는 자산의 장부가액을 취득원가로 하고, 유상거래일 경우에는 자산의 공정가액을 취득원가로 한다.

▶ 지방자치단체회계기준 제45조(자산의 평가기준)

① 재정상태보고서에 기록하는 자산의 가액은 당해 자산의 취득원가를 기초로

4) Wolk and et al., *Accounting Theory*(6th ed.), South Western, Hagerstown, 2004, pp. 18–20.

하여 계상함을 원칙으로 한다. 다만, 교환, 기부채납, 관리전환, 기타 무상으로 취득한 자산의 가액은 공정가액을 취득원가로 한다.

(1) 취득원가 원칙

앞에서 설명한 바와 같이 자산의 측정기준으로서 역사적원가와 현행원가 또는 현행시장가치 등 여러 방법이 있는데 역사적원가로 평가하는 방법이 가장 보수적인 방법이 된다.

정부회계의 경우에는 기업회계의 경우와 달리 자산에 대해서 역사적원가 이외에 현행 시장가치, 즉 시가로 평가할 요인이 비교적 적다고 볼 수 있다. 왜냐하면 자산가치를 시가로 즉시 반영하기보다는 원가를 그대로 유지함으로써 투입금액이 최소화되어 외견상 비용발생이 적게 나타나기 때문이다.

따라서 우리나라의 경우도 국가나 지방자치단체 모두 자산의 일반평가기준으로 취득원가를 원칙으로 하고 있다. 다만 취득원가에 대한 예외로서 국가와 지방자치단체회계기준에서는 무주부동산의 취득, 교환, 기부채납, 기타 무상으로 취득한 자산의 가액은 공정가액을 취득원가로 하도록 하고 있다.

그런데 국가회계실체 사이에 발생하는 관리전환, 즉 관리환의 경우에 국가회계기준과 지방자치단체회계기준이 다소 상이하여 주의를 할 필요가 있다.

국가회계기준에서는 두 가지 유형으로 구분하여 평가를 달리하고 있는데 이 관리전환이 무상거래일 경우에는 장부가액을 취득원가로 하고, 유상거래일 경우에는 공정가액을 취득원가로 하도록 하고 있다. 여기에서 무상으로 취득한다는 개념에는 국제공공회계기준에서 나타난 바와 같이 명목적인 가액으로 취득한 경우도 포함해야 할 것이다.

이에 비하여 지방자치단체 회계기준에서 관리전환은 모두 공정가액을 취득원가로 하고 있다.

국가회계기준에 따르면 공정가액이란 "합리적인 판단력과 거래의사가 있는 독립된 당사자 간에 거래될 수 있는 교환가격"을 의미한다고 정의하고 있다.[5] 이러한 개념정의는 다소 추상적이기 때문에 국제공공회계기준에서는 공정가액의 가장 확실한 실례로서 동일한 장소에 있고 동일한 조건에 있으면서 동일한 계약 형태의 유사한 자산에 대한 활동적인 시장에서 형성되는 현행가액을 의미한다고 한다.

5) 국가회계기준 제3조 제5호.

만일 이러한 가격이 형성되지 않는다면 ① 그 자산과 유사한 다른 종류의 자산에 대한 활동적 시장에서의 현행 가액이거나, ② 덜 활동적인 시장에서의 최근의 가격, ③ 미래 현금흐름의 추정에 기초한 할인된 현금추산액 등을 고려하여야 한다고 하였다.[6)]

(2) 손상자산 등의 회수가능가액 평가

▶ 국가회계기준 제32조(자산의 평가기준)

③ 재정상태표에 표시하는 자산은 이 규칙에서 따로 정한 경우를 제외하고는 자산의 물리적인 손상 또는 시장가치의 급격한 하락 등으로 해당 자산의 회수가능가액이 장부가액에 미달하고 그 미달액이 중요한 경우에는 장부가액에서 직접 빼서 회수가능가액으로 조정하고, 장부가액과 회수가능가액의 차액을 그 자산에 대한 감액손실의 과목으로 재정운영순원가에 반영하며 감액명세를 주석으로 표시한다. 다만, 감액한 자산의 회수가능가액이 차기 이후에 해당자산이 감액되지 아니하였을 경우의 장부가액 이상으로 회복되는 경우에는 그 장부가액을 한도로 하여 그 자산에 대한 감액손실환입 과목으로 재정운영순원가에 반영한다.

▶ 지방자치단체회계기준 제45조(자산의 평가기준)

② 재정상태보고서에 기재하는 자산은 자산의 진부화, 물리적인 손상 및 시장가치의 급격한 하락 등의 원인으로 인하여 당해 자산의 회수가능가액이 장부가액에 미달하고 그 미달액이 중요한 경우에는 이를 장부가액에서 직접 차감하여 회수가능가액으로 조정하고 감액내역을 주석(註釋)으로 공시한다. 이 경우 회수가능가액은 당해 자산의 순 실현가능액과 사용가치 중 큰 금액으로 한다.

자산의 진부화, 물리적 손상 및 시장가치의 급격한 하락 등의 원인으로 인하여 당해 자산의 회수가능가액이 장부가액에 미달하고 그 미달액이 중요한 경우에는 이를 장부가액에서 직접 차감하여 회수가능가액으로 조정하여야 한다.

그리고 그 장부가액과 회수가능가액의 차액은 동 자산에 대한 감액손실의 과목으로 재정순원가에 반영하며 그 감액 내역을 주석으로 표시하여야 한다.

이 경우에 회수가능가액이란 당해 자산의 순실현가능액과 사용가치 중 큰

6) IPSAS 16, *Investment Property*, para, 47-48.

금액을 의미한다. 정부회계기준에서는 순실현가능액과 사용가치에 대해서 구체적으로 개념정의를 하지 않았다. 그러나 앞에서 설명한 바와 같이 순실현가액은 처분비용제외 공정가액으로 보고 사용가액은 국제공공회계기준(IPSAS) 제21호 '현금 비창출자산의 손상(Impairment of Non-Cash Generating Assets)' 에서 예시한 상각대체원가법, 복원원가법, 서비스단위법 등의 방법 중에서 택일하여 산정한 가액으로 하면 된다.

그러나 감액손실이 발생하여 이를 당해 자산의 장부가액에서 차감하였으나 차기 이후에 그 회수가능가액이 회복되는 경우가 있다. 이 경우에 국가회계기준에서는 감액된 회수가능가액이 감액되지 않았을 경우의 장부가액 이상으로 회복되는 경우에는 동 장부가액까지를 한도로 하여 동 자산에 대한 감액손실환입의 과목으로 재정운영순원가에 반영하도록 하고 있다. 손상자산에 대한 구체적인 설명은 다음 절에서 있게 된다.

2.2 ●● 자산별 평가기준

국가와 지방자치단체의 각 자산별 평가기준은 다음 〈표 5-3〉과 같다.

●● 표 5-3 국가와 지방자치단체의 자산별 평가기준

구 분	국 가	지방자치단체
유가증권	• 채무증권: 상각후 취득원가 • 지분, 기타장단기투자: 취득원가 • 투자목적장단기투자: 공정가액	• 장기투자증권: 취득원가 (총 평균법)
미수채권	대손충당금감액	(좌동)
재고자산	• 품목별 선입선출법 원칙 예외: 개별법, 이동평균법 • 시가가 취득원가 이하인 경우: 시가	• 품목별 선입선출법 예외: 개별법, 이동평균법
압수품 및 몰수품	• 화폐성자산: 시장가격 • 비화폐성자산: 감정가액, 공정가액	(규정없음)
일반유형자산	• 취득원가후 감가상각 (정액법 등) • 공정가액 또는 상각후대체원가로 재평가 가능	• 취득원가후 감가상각 (정액법)
사회기반시설	• 원칙: 일반유형자산평가와 동일 • 유지보수후영구시설: 감가상각 미실시, 유지비를 감가상각비로 대체 • 공정가액 또는 상각후대체원가로 재평가 가능	(좌동) (재평가 조항은 없음)
무형자산	• 취득시: 취득원가 • 정액법에 의하여 감가상각	(좌동)
주민편의시설	(규정없음)	• 일반유형자산평가와 동일

제3절 자산별 회계처리

1 유동자산

▶ 국가회계기준 제11조(유동자산)

① 유동자산은 재정상태표일부터 1년 이내에 현금화되거나 사용될 것으로 예상되는 자산으로서, 현금 및 현금성자산, 단기금융상품, 단기투자증권, 미수채권, 단기대여금 및 기타 유동자산 등을 말한다.
② 제1항의 단기투자증권은 만기가 1년 이내이거나 1년 이내에 처분 예정인 채무증권, 지분증권 및 기타 단기투자증권을 말하고, 같은 항의 기타 유동자산은 미수수익, 선급금, 선급비용 및 재고자산 등을 말한다.

▶ 지방자치단체회계기준 제15조(유동자산)

유동자산은 회계연도 종료 후 1년 내에 현금화가 가능하거나 실현될 것으로 예상되는 자산으로서 현금 및 현금성 자산, 단기금융상품, 미수세금, 미수세외수입금, 미수징수교부금 등을 말한다. 〈개정 2009. 12. 31.〉

1.1 현금 및 현금성자산

현금 및 현금성자산이란 현금 및 현금등가물과 국고금을 포함한다.

(1) 현금 및 현금성자산

현금은 소유하고 있는 통화와 타인발행수표 등 통화대용증권을 의미한다. 현금성자산이란 현금에 준하여 취급할 수 있는 자산으로서 국고금과 보통예금 등 예금 및 현금등가물을 말한다. 여기에서 현금등가물이라 함은 큰 거래비용 없이 현금으로 전환이 용이하고 이자율변동에 따른 가치변동의 위험이 중요하지 않은 통상 만기 3개월 이내에 도래하는 유가증권이나 3개월 이내의 만기계약을 가진 단기금융상품을 포함한다. 3개월이란 기간 개념은 회계기준에서 특정되어진 것은 아니나 국가 및 지방자치단체회계처리지침에서 3개월 내의 단

기금융상품이나 유가증권을 현금성자산으로 보고 있다.[7)]

국고금은 국가회계에서 자금을 통일적으로 사용하고 관리하기 위하여 만들어진 자금계정이다. 이에는 한국은행국가예금, 금고은행국가예금, 현금성자산, 국고예금, 국고여유자금 운용액 등을 포함한다. 정부회계에 있어서 회계직공무원은 일상출납에 필요한 소액의 자금을 제외하고는 현금을 보유하지 못하고 모두 국고예금으로 입금시키도록 되어 있기 때문에 국고예금은 모두 현금성자산으로 포함시킨다.

그리고 보관금, 보증금 등 세입세출 외로 보관하는 현금 등은 법률 또는 계약상의 원인 등에 의하여 일시적으로 보관하다가 반환하여야 할 의무가 있으므로 별도 과목, 즉 세입세출외보관현금으로 구분계리하고 현금 및 현금성자산이 아닌 기타 비유동자산에 포함시키며 동시에 부채로 인식하여야 한다.

외화, 즉 외국화폐도 현금으로 인식하되, 적정 환율로 환산하여야 한다. 이들 외화자산에 대해서는 별도로 설명한다.

그러나 타인발행차용증서, 수입인지, 부도어음, 부도수표 등은 현금의 범위에 포함되지 아니한다.

사 례

① B청에서 사무용비품을 구입하기 위하여 입찰을 통한 계약을 체결하고 계약보증금 5십만원을 수령하였다.

(차) 세입세출외보관현금	500,000	(대) 계약보증금	500,000

② 사무용비품 1천만원상당을 납품받고 대금을 지급하다.

(차) 집기비품차량운반구	10,000,000	(대) 국고예금	10,000,000
계약보증금	500,000	세입세출외보관현금	500,000

1.2 ●● 단기금융상품

단기금융상품이란 단기에 발생하는 여유자금의 운용을 목적으로 금융기관에 예치한 예금 등으로서 통상 만기일이 1년 이내에 도래하는 상품들을 망라한다. 이에는 정기예금, 정기적금, 양도성예금증서(CD), 환매조건부채권, 어음관리구좌(CMA), 신종기업어음(Commercial paper) 등을 들 수 있다.

7) 기획재정부, 「재정상태표 계정과목 회계처리지침」. 2009. 7, p. 25; 행정자치부, 「지방자치단체 발생주의 복식부기 회계처리지침」, 2006. 11., p. 50.

●● 표5-4 금융상품에 대한 계정과목 구분기준

구 분	상품종류
현금	수시입출식 저축성 예금(MMDA)
금융상품	정기예 · 적금, 양도성예금증서(CD), 환매조건부채권(RP), 신종기업어음(CP), 표지어음, 특정금전신탁, (지역발전) 예탁금, 어음관리구좌(CMA)
채무증권	국채, 공채, 지방채, 회사채
지분증권	장기사모채권투자신탁, MMF, 주가지수연계상품, 연기금 풀에 비율로 투자하는 경우

유가증권과 금융상품의 분류는 증서의 교부 여부에 따라 구분한다. 즉, 증서가 교부될 경우 유가증권으로 구분하고, 그렇지 아니한 경우 금융상품으로 분류한다.

1.3 ●● 단기투자증권

(1) 단기투자증권의 의의

단기투자증권이란 만기가 1년 내 또는 1년내에 처분예정인 채무증권, 지분증권 및 기타단기투자증권을 포함하며 유동자산으로 취급한다.

채무증권이란 확정된 금액을 특정한 날짜(만기)에 갚기로 하고 돈을 빌리는 데 사용되는 광의의 증권을 말한다. 이 증권에 이자율이 명시되어 있거나 할인된 가격으로 이자율이 없이 판매되기도 한다. 예를 들면 단기성 채권(bill), 중기성 채권(note), 장기성 채권(bond) 및 컴머셜페이퍼(commercial paper : CP) 등이 대표적이다. 채무증권은 만기보유 목적에 따라 만기보유증권과 매도가능증권으로 나뉜다.

지분증권이란 피투자기관에 대한 경영권을 확보할 목적으로 투자하에 취득한 증권, 즉 주식이나 출자증권을 말한다. 지분증권은 피투자회사에 중대한 영향력 여부에 따라서 지분법 적용 증권과 단기매매증권, 매도가능 증권으로 나눈다. 그런데 국가회계기준에서는 여기에서 언급한 지분증권 중에서 순수하게 투자목적으로 보유하는 주식을 지분증권에 포함시키지 아니하고 별도로 기타투자증권으로 구분한다.

지분법적용 증권은 주식 또는 출자증권에만 있으며, 만기보유증권은 채권에만 있다. 주식이나 출자증권은 만기가 없는 자기자본 조달의 증권이고 채권은 만기가 있는 타인자본 조달증권이기 때문이다. 채권은 대부분은 시가가 있으며 시장이자율과 채권의 가격이 반비례한다. 시장이자율이 오르면 채권의 가격은 떨어지며 시장이자율이 떨어지면 채권의 가격은 오른다.

그러나 국가나 지방자치단체가 보유하는 주식이나 출자금, 국 · 공채 등은 대부분 장기자금운용목적이므로 투자자산내 장기투자증권으로 분류하는 것이 일반적이다.

(2) 단기투자증권의 취득 및 기말평가

▶ 국가회계기준 제33조 (유가증권의 평가)

① 유가증권은 매입가액에 부대비용을 더하고 이에 종목별로 총평균법 등 적용하여 산정한 가액을 취득원가로 한다.
② 유가증권은 자산의 분류기준에 따라 단기투자증권과 장기투자증권으로 구분한다.
③ 채무증권은 상각후취득원가로 평가하고 지분증권과 기타 장기투자증권 및 기타 단기투자증권은 취득원가로 평가한다. 다만, 투자목적의 장기투자증권 또는 단기투자증권인 경우에는 재정상태표일 현재 신뢰성 있게 공정가액을 측정할 수 있으면 그 공정가액으로 평가하며, 장부가액과 공정가액의 차이 금액은 순자산변동표에 조정항목으로 표시한다.

1년 이내 단기보유목적 유가증권의 취득가액 산정은 매입가액에 부대비용을 가산한 취득원가로 산정한다. 물론 1년 이상 보유를 하고 있는 채무증권이나 지분증권, 장기투자증권 등 모든 유가증권도 마찬가지 방식으로 취득원가를 산정한다. 이때에 여러 종목을 보유하거나 매입이 여러 차례 발생한 경우에는 각 종목별로 총평균법 등을 적용하여 산정한 가액을 취득가액으로 한다.

이 단기투자증권 중 채무증권에 대하여는 상각후 취득원가로 평가하여야 한다. 그리고 지분증권과 기타단기투자증권에 대하여는 취득원가로 평가하는 것을 원칙으로 한다.

다만 투자목적의 단기투자증권에 대한 결산기말 평가는 재정상태표일 현재 신뢰성 있게 공정가액을 측정할 수 있는 경우 공정가액으로 평가하여야 한다. 국가회계기준에서는 이 점을 명백히 규정하였지만 지방자치단체회계기준에서는 언급이 없으나 국가회계기준과 마찬가지로 보아야 할 것이다. 이 점은 지방자치단체의 장기투자증권의 결산기말 평가와 다르다. 장기투자증권의 평가는 공정가액이 아닌 원가법을 원칙으로 하기 때문이다.[8)] 여기에서 공정가액이란 결산기말, 즉 재정상태표일 현재의 시가를 의미하며 시장성 없는 유가증권으로서 신뢰성 있게 공정가액을 측정하기 어려운 경우에는 원가법을 따르도록 하고 있다.

단기투자증권을 공정가액으로 평가한 경우에 장부가액과의 차이금액을 단기매매증권 평가차손, 단기매매증권 평가차익으로 결산 수정분개를 하여야 하며 처분시는 공정가액으로 평가된 금액과 처분가액의 차액을 단기매매증권 처분차손, 단기매매증권 처분차익으로 회계처리한다. 이들 차손익은 재정순원가에 반영하고 그 평가내역을 주석으로 기재한다.

사 례

A지방자치단체는 여유자금으로 갑 주식회사와 을 주식회사의 주식을 나누어 매입하였다. 갑 주식회사 주식은 3차례에 걸쳐 1,000원에 1,000주, 1,100원에 500주, 1,100원에 1,200주를 매입하였고, 을 주식회사 주식은 2차례에 걸쳐 2,000원에 700주, 2,500원에 500주를 매입하였다. 이들 주식의 연말시세는 갑 주식회사 주식이 1,150원, 을 주식회사 주식이 2,100원이었다.

(취득원가의 계상)

갑 주식회사 주식

1,000주	1,000,000원
500주	550,000원
1,200주	1,320,000원
2,700주	2,870,000원

단가 1,063원(2,870,000÷2,700)

을 주식회사 주식

700주	1,400,000원
500주	1,250,000원
1,200주	2,650,000원

단가 2,208원(2,650,000÷1,200)

8) 그러나 국가회계기준에서는 투자목적의 장기투자증권의 경우에는 단기투자증권과 마찬가지로 공정가격측정이 가능한 경우 공정가격을 기준으로 평가하도록 하고 있다. 국가회계기준 제33조 제3항 참조.

(결산기말 평가 및 회계처리)

(차) 단기투자증권 105,000 (대) 단기투자증권 평가이익 105,000

	장부가액	평 가 액	차 액
갑 주식회사 주식	2,870,000	3,105,000	235,000
		(1,150 × 2,700)	
을 주식회사 주식	2,650,000	2,520,000	△130,000
		(2,100 × 1,200)	
계	5,520,000	5,625,000	105,000

(3) 장기간 회복가능성 없는 유가증권의 감액손실

▶ 국가회계기준 제33조(유가증권의 평가)

④ 유가증권의 회수가능가액이 장부가액 미만으로 하락하고 그 하락이 장기간 계속되어 회복할 가능성이 없을 경우에는 장부가액과의 차액을 감액손실로 인식하고 재정운영순원가에 반영한다.

유가증권의 회수가능가액이 장부가액 미만으로 하락하고 그 하락이 장기간 계속되어 회복할 가능성이 없는 경우가 있을 수 있다. 이 때에는 장부가액과의 차액을 감액손실로 인식하고 재정순운영원가에 반영하여야 한다.

1.4 ●● 미수채권

미수채권이란 채무자로부터 특정한 급부를 받을 수 있는 권리가 이미 발생하였으나 아직 수령하지 못한 상태의 채권을 의미한다. 정부회계에 있어서 대표적인 미수채권으로서는 미수세금을 들 수 있다. 그 밖에 미수세외수입금, 미수징수교부금, 미수정부간이전수익 등도 포함된다.

국가회계에서는 미수채권으로 단일 계정과목을 사용하도록 자산 분류가 되고 있으나, 지방자치단체회계에서는 이들 미수채권을 상세화하여 미수세금, 미수세외수입금 등의 계정과목을 각각 두도록 하고 있다.

▶ 국가회계기준 제34조(미수채권 등의 평가)

① 미수채권은 신뢰성 있고 객관적인 기준에 따라 산출한 대손추산액을 대손충당금으로 설정한다.
② 장 · 단기대여금은 제1항의 규정을 준용한다.

▶ 지방자치단체 회계기준 제46조(미수세금 등의 평가)

① 미수세금은 합리적이고 객관적인 기준에 따라 평가하여 대손충당금을 설정하고 이를 미수세금 금액에서 차감하는 형식으로 표시하며, 대손충당금의 내역은 주석(註釋)으로 공시한다.
② 미수세외수입금, 단기대여금, 장기대여금 등에 관하여는 제1항의 규정을 준용한다.

(1) 미수세금

미수세금은 국세나 지방세의 부과징수과정에서 발생한 채권으로서 징수결의는 이루어졌으나 아직 수납되지 아니한 세금을 의미한다. 앞에서 설명한 바와 같이 미수세금은 징수결의는 되어 납세자에게 납부통지서가 발송된 상태에서 아직 납기가 경과하지 아니한 미수세금과 납기가 경과하였는데도 납부하지 아니하여 체납된 세금도 포함된다.

세금이 체납된 경우에는 가산금이 부과된다.[9] 미수세금은 이와 같은 체납된 세금이 포함된 개념이기 때문에 이들 모든 미수세금이 완납되기를 기대하기는 현실적으로 어렵다. 따라서 수납되지 않는 결손부분을 예측하여 대손충당금으로 미수세금에서 공제하도록 하여야 한다. 다시 말하면 미수세금에 대하여 신뢰성 있고 객관적인 기준에 따라 산출한 대손추산액을 대손충당금으로 설정하여 미수세금에 대한 차감항목으로 표시한다.

국가나 지방자치단체회계기준에서는 구체적으로 대손충당금 기준에 대해서는 규정하지 아니하였다. 그러나 하위 지침에서 이를 설명하고 있다. 즉 국가의 「재정상태표 계정과목 회계처리지침」에서는 기말채권잔액에 대한 대손예상액을 추정하는 방법으로 연령분석법, 채권잔액비례법 및 대손실적률법 등 세 가지를 들고 있다.

연령분석법이란 기말 채권잔액을 경과일수에 따라 몇 개의 집단으로 분류

9) 국세기본법 제2조 제5호, 지방세법 제27조. 가산금이란 납부지연에 따라 부과되는 벌과금적 성격의 금액이고 가산세는 조세법령상 의무 위반에 대하여 부과하는 제재적 성격의 금액을 의미한다.

하고 각 집단별로 상이한 대손율을 적용하여 대손예상액을 추산하는 방법을 말한다.

채권잔액비례법이란 기말 채권잔액 전체에 대하여 일정비율, 즉 대손율울 회수불능채권 예상액으로 추정하는 방법이다.

대손실적률법이란 채권에 대한 과거 결손추정률을 산정하여 대손예상액을 추산하는 방법을 말한다.

이러한 방법 중 원칙적으로 대손율의 합리적 추정이 가능한 경우에는 연령분석법 또는 채권잔액비례법을 사용하여 대손예상액을 추산하며, 대손예산율의 합리적 추정이 불가능한 경우에는 대손실적률법을 적용하여 대손예상액을 추산할 수 있도록 하였다. 대손실적률법을 적용하는 경우에 그 실적 산정기간을 얼마까지로 할 것인가가 문제인데 지침에서는 3년을 권고하고 있다.

결손추정률 = (과거 3년간 채권결손처분액/과거 3년간 채권액)×100
대손상각비 = (결손추정률×미수채권잔액(다음연도이월액))
　　　　　　　−결산보정전 대손충당금 잔액

국가와 지방자치단체의 회계처리지침에서는 미수세금 등 미수채권에 대해서 과거 일정기간 예컨대 3년간 평균결손경험률을 기준으로 결손추정률을 산정하여 세목별로 대손충당금을 설정하도록 요구하고 있다.

사 례

A지방자치단체의 취득세에 대한 20xz년말 미수세액과 과거 3개년도의 취득세 미수납액에 대한 결손처분현황은 다음과 같다. 20xz년말 대손충당금을 설정하고 관련 회계처리를 하라.

연도＼구분	미수세액	체납처분액	비 고
20xw	55,000	8,500	
20xx	62,000	11,400	
20xy	58,000	9,600	
20xz	56,000		

(대손충당금 계산)

• 결손추정률(과거 3개년): [(8,500+11,400+9,600) / (55,000+62,000+58,000)]

$\times 100 = (29{,}500 / 175{,}000) \times 100 = 16.8\%$

• 20xz년도 대손충당액 : $56{,}000 \times 16.8\% = 9{,}408$

(회계처리)

(차) 미수세금대손상각비 9,408 (대) 미수세금대손충당금 9,408

(2) 미수세외수입금

지방자치단체의 세외수입, 즉 조세외 수입에 대한 부과징수과정에서 발생한 채권으로서 징수결의는 이루어졌으나 수납되지 아니한 수입금을 의미한다. 이들 세외수입금에는 재산임대료수익, 사용료수익, 수수료수익, 국·공유재산매각대금수입, 전입금, 부담금, 변상금, 위약금, 보상금, 과태료 및 범칙금, 기부금 등 다양하다. 이들 미수세외수입금에는 징수유예, 연부연납액 중 징수결의된 금액도 포함하며 체납된 세외수입도 별도로 구분하지 아니하고 포함한다.

(3) 미수징수교부금

지방세 징수과정에서 시·군·구 등 기초지방자치단체가 시·도 등 광역지방자치단체 소관인 시·도세를 징수 대행하는 경우가 있다. 이 경우에 시·도세 징수액의 일정부분에 해당하는 부분을 징세비 명목으로 보상받아 해당 시·군·구의 재정수입에 포함시키게 되는데 이 징수교부금 수입 중 미수액을 미수징수교부금으로 보아 채권의 일종으로 관리한다.

징수교부금 이외에 시·도의 사용료, 수수료, 부담금 등 세외수입에 대해 시·군·구가 징수를 대행함에 따른 수입액 중 미수액도 이 과목에 포함시킨다.

(4) 미수정부간 이전수익

이 과목도 지방자치단체에서만 사용되는 과목으로서 국가에서 지방자치단체에 지원되는 각종 지방교부세, 조정교부금, 지정보전금과 각종 보조금, 그리고 시·도 등 광역자치단체에서 시·군·구 등 기초자치단체에 지원되는 각종 이전재원 또는 보조금 등을 대상으로 한다.

이를 이전수익에 대해서 교부결정 등의 확정 통지는 되었으나 수납되지 아니한 부분을 미수정부간 이전수익으로 회계처리한다.

1.5 ●● 단기대여금

금전소비대차계약에 의해 일시적으로 대여한 금전에 대한 채권으로서 결산일로부터 회수기한이 1년 이내에 도래하는 대여로 채권 등을 의미한다.

단기대여금의 분류에 대해서는 국가회계와 지방자치단체회계가 다소 상이하다.

국가회계에서는 단기대여금을 정부내 단기대여금과 정부외 단기대여금으로 구분하고 정부내 단기대여금은 단기전대차관대여금과 정부내 단기예탁금을 포함한다. 정부외 단기대여금은 단기전대차관대여금과 단기융자금을 포함한다.

지방자치단체의 단기대여금에는 단기예탁금이나 단기민간융자금 또는 단기자치단체간 융자금 등을 포함한다. 단기예탁금이란 한 회계 실체 내에 다른 회계 즉 일반회계, 특별회계, 기금 등 상호간에 거래관계에서 발생하는 예탁금을 의미한다. 또한 단기대여금에는 장기대여금으로서 상환기한이 1년 이내에 도래하는 부분, 즉 유동성장기대여금도 단기대여금에 포함시켜 회계 처리하여야 한다.

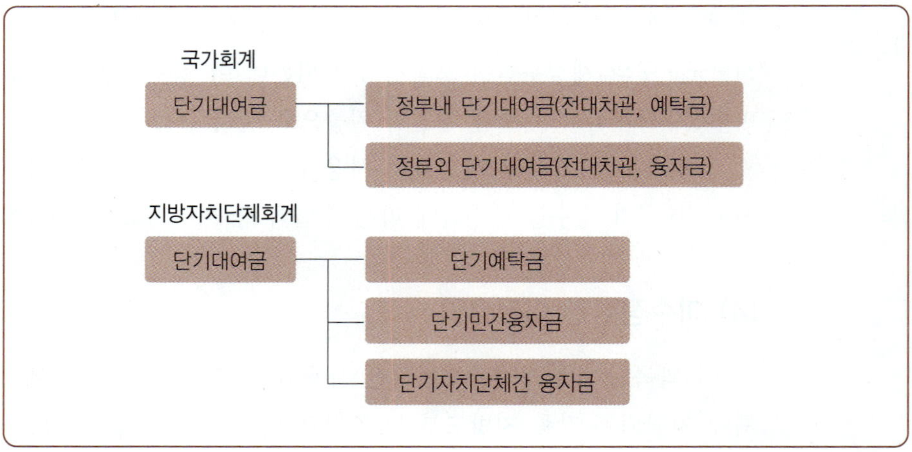

이와 같이 국가회계에서 정부내 단기대여금과 정부외 단기대여금으로 분리하는 이유는 정부내 단기대여금은 주로 예탁금이며 정부외 단기대여금은 융자금이기 때문이다. 융자금에 대해서는 예탁금과 달리 별도로 융자금에 대한 보조원가충당금을 설정하도록 하고 있다.[10] 예탁금에 대해서는 별도로 현재가치

10) 국가의 융자금에 대한 평가는 다음 장에서 상세히 설명된다.

평가를 하지 않는데 그 이유는 정부내부거래이기 때문에 연말 결산에서는 결국 상계되므로 별도의 현재가치평가를 생략하도록 한 것이다.

지방자치단체의 단기대여금 역시 현재가치평가에 대한 규정이 없으므로 현재가치평가는 하지 아니하는 것으로 본다.

단기대여금 역시 미수채권에 준해서 신뢰성 있고 객관적인 기준에 따라 산출한 대손추산액 해당액을 대손충당금으로 설정하여야 한다. 그러나 정부 내 회계 간 거래 또는 정부 간 거래에서 발생하는 대여금에 대해서는 대손의 가능성이 희박하므로 대손충당금 설정 대상에서 제외하도록 한다.[11]

1.6 ●● 재고자산

(1) 재고자산의 의의 및 범위

유형자산은 대부분 장기고정자산의 유형에 속하나 재고자산만은 단기성 유동자산의 범주에 속한다. 기업회계에서 재고자산이라 함은 정상적인 영업과정에서 판매를 위하여 보유하거나 생산과정에 있는 자산 및 생산 또는 서비스제공 과정에 투입될 원재료나 소모품의 형태로 존재하는 자산을 의미한다.[12]

정부부문에서는 재고자산에 포함되는 범위를 기업회계에서의 범위보다 더 넓게 보고 있다. 국제공공회계기준은 재고자산의 범위에 다음 사항을 모두 포함하도록 하고 있다.

- 생산과정에서 소비되는 원재료 또는 소모품
- 서비스제공 과정에서 소비되거나 분배되는 원재료 또는 소모품
- 일상적인 활동에서 판매하거나 분배하기 위하여 보유하는 자산
- 판매 또는 분배를 위한 생산과정에서의 자산

위 재고자산의 범주를 보면 상품이나 토지같이 구입하여 재판매를 할 목적으로 보유하는 것도 포함하며 완성된 제품뿐만 아니라 생산중인 재공품도 포함한다. 또한 생산중이거나 생산된 제품을 다른 기관에 무료로 또는 적은 수수료를 받고 배분하기 위한 물품도 재고자산으로 본다.

그러나 공공부문에 있어서의 재고자산은 생산과 판매보다는 용역의 제공에

---

11) 행정자치부, 「지방자치단체 발생주의 복식부기 회계처리지침」, 2006. 11, p. 168.
12) 한국회계연구원 회계기준위원회, 기업회계기준서 제10호(재고자산) 문단 4.

사용되기 위하여 보유하는 것이 대부분이라 할 수 있다. 따라서 재무자산의 범주보다는 유형자산의 범주로 분류하는 것이 타당하나 용도에 따라 엄격하게 분류할 필요가 있다. 공기업 역할의 일환으로 판매를 목적으로 보유하는 재고자산은 재무자산으로, 생산과정에 있는 재산이나 소모품의 형태로 존재하는 재고자산은 유형자산으로 분류함이 더 타당하다고 본다.

우리나라 국가회계기준에서는 재고자산을 다음과 같이 정의하고 있다.

▶ 국가회계기준 제35조(재고자산의 평가)

① 재고자산이란 판매 또는 용역 제공을 위하여 보유하거나 생산과정에 있는 자산, 생산과정 또는 용역 제공과정에 투입될 원재료나 소모품 형태로 존재하는 자산을 말한다.

공공부문에서 재고자산의 범위에 포함될 수 있는 사항들로서는 탄약, 소모품, 유지보수용자재, 기계부속품, 전략비축품(유류 등), 미유통 통화, 판매용 우편물품(우표 등), 교육용 자재 등 재공품 그리고 판매용 토지 또는 부동산 등을 포함한다.

지방자치단체회계기준에는 명확한 정의가 없으나 국가회계기준에서의 정의와 같다고 할 수 있다.

현행 지방자치단체의 재고자산의 범위는 지방자치단체가 판매를 목적으로 보유하는 자산(판매용 재고자산), 장래 행정서비스 제공을 위해 사용 소모하거나 생산과정에 투입할 목적으로 보유하고 있는 자산(저장품) 및 그 이외의 재고자산(기타 재고자산)을 포함한다.

(2) 재고자산의 측정(국제공공회계기준)

국제공공회계기준 제12호에 의하면 재고자산은 취득원가와 순실현가치(net realizable value) 중 적은 금액을 기준으로 측정하도록 하고 있다.[13] 이 경우에 비교환거래에 의하여 취득된 재고자산은 취득시점의 공정가액으로 측정한다.

그러나 무상이나 명목적인 요금으로 제공된 재고자산 또는 이를 무상 또는 명목요금으로 생산중인 재공품에 투입하여 소비한 재고자산에 대하여는 취득원가와 현행 대체원가 중 적은 금액을 기준으로 측정한다.

---

13) IPSASB, IPSAS 12 *Inventories.*

●● 표 5-5 재고자산의 구분(지방자치단체)

구 분	내 용
판 매 용 재고자산	• 토지구획정리사업 등 개발사업에 따라 지방자치단체가 보유하는 미분양 사업용지와 상가
	• 지방세법 등의 규정에 따라 납부된 물납자산
	• 판매목적으로 보유중인 쓰레기처리 봉투
저장품	• 행정서비스(거리청소) 목적으로 보유중인 쓰레기 봉투와 상업적 생산을 위한 소모성 물품 등
기 타 재고자산	• 위 내용에 포함되지 않는 물품 등

가) 취득원가기준

여기에서 재고자산의 원가는 모든 취득원가, 전환원가, 기타비용 등을 포함한다. 취득원가에는 구매가격에 관세 기타 세금, 운반조작비 등 부대비용을 포함한 가격으로 한다. 또한 외국통화로 거래되었을 경우에 환율변동차액도 부대비용에 포함한다.

재고자산을 완성품으로 전환하는데 따른 전환원가는 직접노무비, 직접경비뿐만 아니라 간접비도 포함시킨다.

기타비용은 이들 비용이 재고자산을 현재의 위치와 상태에 이르도록 하는데 발생된 범위 내에서만 인정된다. 예컨대 특정고객을 위한 비제조원가나 설계비용 등은 재고자산의 비용으로 포함시키는 것이 적정하다.

그러나 다음과 같은 비용항목들은 취득원가에서 제외시키고 결국 기간비용으로 계상하여야 한다.

- 재료비 · 노무비 또는 기타 제조원가 중 비정상적으로 낭비된 부분
- 추가 생산단계에 투입하기 전에 보관이 필요한 경우 외의 보관비용
- 재고자산을 현재의 위치와 상태로 이르도록 하는데 공헌하지 않은 관리 간접비용
- 판매비용

나) 순실현가치기준

순실현가치는 앞에서 언급한대로 정상적인 영업활동에서 추정되는 판매가격에서 판매하거나 교환 또는 분배하기 위하여 소요되는 추정비용과 완성비용

을 공제한 금액을 의미한다. 이러한 순실현가치를 채택하여 취득원가 이하로 평가하는 이유는 재고자산이 시간이 경과함에 따라 손상되거나 진부화 되기도 하고 판매가격이 내려가는 경우도 있어 이들의 판매 · 교환 · 분배에서 얻어지는 미래의 경제적 효익이나 용역잠재력을 초과하여 자산이 평가되어서는 안 된다는 관점에서 볼 수 있다.

(3) 우리나라 재고자산의 취득가격결정 및 평가

▶ 국가회계기준 제35조(재고자산의 평가)

> ② 재고자산은 제조원가 또는 매입가액에 부대비용을 더한 금액을 취득원가로 하고 품목별로 선입선출법을 적용하여 평가한다. 다만, 실물흐름과 원가산정 방법 등에 비추어 다른 방법을 적용하는 것이 보다 합리적이라고 인정되는 경우에는 개별법, 이동평균법 등을 적용하고 그 내용을 주석으로 표시한다.
> ③ 제2항에 따라 선택된 재고자산의 평가방법은 정당한 사유없이 변경할 수 없으며 평가방법의 정당한 변경사유가 발생한 경우에는 제51조에 따라 회계처리한다.
> ④ 재고자산의 시가가 취득원가보다 낮은 경우에는 시가를 재정상태표가액으로 한다. 이 경우 원재료 외의 재고자산의 시가는 순실현가능가액을 말하며, 생산과정에 투입될 원재료의 시가는 현재 시점에서 매입하거나 재생산하는 데 드는 현행대체원가를 말한다.

▶ 지방자치단체 회계기준 제47조(재고자산의 평가)

> 재고자산은 구입가액에 부대비용을 더하고 이에 선입선출법을 적용하여 산정한 가액을 취득원가로 한다. 다만, 실물흐름과 원가산정방법 등에 비추어 다른 방법을 적용하는 것이 보다 합리적이라고 인정되는 경우에는 개별법, 이동평균법 등을 적용하고 그 내용을 주석(註釋)으로 공시한다.

가) 취득원가의 결정

재고자산의 최초 취득원가는 직접 제조하는 경우 제조원가에, 매입하는 경우 매입가액에 부대비용을 가산한 금액을 취득원가로 한다. 여기에서 부대비용에는 매입 관련 지급수수료, 운반비, 보험료, 제세공과금 등을 포함한다. 한편 매입에누리 등이 발생한 경우에는 부대비용에서 공제한다.

나) 재고자산의 평가

기말재고자산을 평가하는데 있어서는 우선 재고자산의 수량을 결정하고 다음에 재고자산의 단가를 결정하여야 한다. 재고자산의 수량결정방법에는 계속기록법과 실지재고조사법이 있다. 실무적으로는 회계연도 등에 재고자산원장에 계속기록법에 의하여 입출내역을 상세히 기록하고 있다가 연말에 실제재고내역을 실지조사를 통하여 장부와 일치여부를 확인하여 모자라든가 남는 사항에 대해서 조정을 시키는 것이 일반적이다.

또한 재고자산의 취득시기에 따라 매입가격이 각각 변동하는 경우가 있다. 이러한 경우에 수량이 많지 않아 정확하게 단가 구별이 가능하고 입출고 상태를 구분할 수 있는 경우에는 개별적으로 처리할 수 있으나 수량이 많은 경우 일일이 개별적으로 식별하여 처리하려면 많은 인력과 시간이 소요된다. 이러한 재고자산의 가격결정방법은 개별법, 선입선출법(FIFO), 후입선출법(LIFO), 이동평균법, 총평균법 등의 방법이 있다.

따라서 정부회계기준(국가, 지방자치단체)에서는 원칙적으로 품목별로 선입선출법을 적용하여 취득원가로 평가하는 것을 원칙으로 하고 있다. 다만 실물흐름 및 원가산정방법에 비추어 다른 방법을 적용하는 것이 보다 합리적이라고 인정되는 경우에는 개별법, 이동평균법 등을 적용하고 그 내용을 주석으로 표시한다.

●● 표 5-6 재고자산 가격결정방법

구 분	내 용	정부회계적용
개별법	• 재고자산을 각 품목별로 개별적으로 파악 • 비교적 고가제품이나 개별품목이 상이한 품목에 용이	예외적용
선 입 선출법	• 먼저 구입한 재고자산부터 먼저 판매되는 것으로 파악 • 기말재고자산이 최근 가격을 반영	원칙적용
후 입 선출법	• 선입선출법의 반대, 최근 구입자산이 먼저 출고되는 것으로 파악 • 보수적으로 평가하는 방법	(적용없음)
이 동 평균법	• 재고자산 입고시마다 기존재고가격과 평균가액 산출 • 계산이 번잡	예외적용
총평균법	• 기말에 이중 총매입가액과 총매입량을 산출하여 평균단가 산정 • 계산이 간편	예외적용

다) 시가평가하는 경우

국가회계기준에서는 재고자산에 대하여 취득원가에 예외규정을 두고 있다. 즉 재고자산은 취득원가를 기준으로 평가하는 것이 원칙이나 시가가 취득원가보다 낮은 경우에는 시가를 재정상태표가액으로 하여야 한다. 이 부분에 대해서 지방자치단체 회계기준은 아무런 언급이 없다.

시가평가를 하는 경우에 원재료와 원재료 이외의 재고자산으로 구분하여 시가의 평가기준을 달리하고 있다. 원재료 이외의 재고자산의 시가는 순실현가능가액을 시가로 보고, 생산과정에 투입될 원재료에 대해서는 현행대체원가를 시가로 본다.[14)]

1.7 ●● 압수품과 몰수품

▶ 국가회계기준 제36조(압수품 및 몰수품의 평가)

① 압수품 및 몰수품은 판결이나 법령의 규정에 따라 국가에 귀속된 때에 다음 각호와 같이 평가한다.
1. 화폐성자산: 압류 및 몰수 당시의 시장가격으로 평가하여 표시
2. 비화폐성자산: 감정가액 또는 공정가액 등으로 평가하여 표시

② 압수품 및 몰수품의 명세는 주석으로 표시한다.

'관세법' 등 규정에 위반하여 유통이 금지된 물품을 반입하다가 세관에 적발되어 해당물품을 압수당하거나 몰수당하는 경우가 흔히 있다. 이러한 압수품이나 몰수품이 몰수판결이나 법령의 규정에 따라 국가에 귀속된 때에는 국가의 소유가 된다. 이 때에 이들 물품에 대하여 자산의 취득으로 회계처리하게 된다.

이들 물품에 대한 평가금액은 화폐성자산과 비화폐성자산으로 구분하여 화폐성자산에 대해서는 압류 및 몰수 당시의 시장가격으로, 비화폐성자산에 대해서는 감정가액 또는 공정가액 등으로 평가하도록 하고 있다. 이들 압수품 및 몰수품은 그 내역을 주석으로 기재하여야 한다.

14) 순실현가능가액과 현행대체원가의 차이에 관해서는 이 절의 첫 부분에서 설명한 내용을 참조하기 바란다.

2 투자자산

▶ 국가회계기준 제12조(투자자산)

① 투자자산은 투자 또는 권리행사 등의 목적으로 보유하고 있는 자산으로서, 장기금융상품, 장기투자증권, 장기대여금 및 기타 투자자산 등을 말한다.
② 제1항의 장기투자증권은 만기가 1년 후이거나 1년 후에 처분 예정인 채무증권, 지분증권 및 기타 장기투자증권을 말한다.

▶ 지방자치단체 회계기준 제16조(투자자산)

투자자산은 회계실체가 투자하거나 권리행사 등의 목적으로 보유하고 있는 비유동자산으로서 장기금융상품, 장기융자금, 장기투자증권 등을 말한다. 〈개정 2009. 12. 31.〉

2.1 •• 투자자산의 의의

투자자산이란 국가나 지방자치단체가 투자 또는 권리행사 등을 목적으로 보유하는 비유동자산을 말한다. 유동자산이 1년 이내의 단기보유목적이라면 투자자산은 1년 이상 장기 보유하고 있는 자산을 의미한다.

투자자산에는 장기금융상품, 장기투자증권, 장기대여금, 기타투자자산 등이 포함된다.

장기금융상품은 금융기관이 취급하는 정기예금, 정기적금 또는 양도성예금증서, 환매채 같은 정형화된 상품을 자금운용 목적으로 보유한 것 중에서 만기가 1년 이후에 도래되는 것을 말한다.

장기투자증권이란 장기투자목적의 자산으로서 이에는 다시 채무증권, 지분증권 및 기타장기투자증권으로 구분한다. 이들 용어에 대해서는 이미 앞에서 설명한 내용과 같다. 특히 지분증권이란 행정목적을 위하여 공기업을 설립하고 이에 대하여 출자를 한 경우의 출자금을 의미한다. 여기에는 지방정부가 민간기업과 공동으로 운영하는 민간공동출자기업, 즉 제3섹터에 대한 출자금도 포함된다.

장기대여금은 민간이나 타 정부기관 또는 타 회계에 대한 자금대여를 하고 결산일로부터 회수기한이 1년 이후에 도래되는 채권을 의미한다. 국가회계에 있어서 장기대여금은 정부내 대여금과 정부외 대여금으로 구분한다. 정부외 대여금 중에서 국가가 장기 저리로 융자사업을 운영하는 경우에는 융자금으로 보아 별도 회계처리하여야 한다.

정부는 또한 투자목적으로 유형자산을 보유할 수 있다. 그 예로서는 토지, 건물 또는 삼림 등을 들 수 있다. 이들 자산은 업무용으로 사용되는 유형자산과 구분하여 기타투자자산으로 표시하여야 한다.

2.2 ●● 투자자산의 취득 및 평가

▶ 국가회계기준 제33조(유가증권의 평가)

① 유가증권은 매입가액에 부대비용을 더하고 종목별로 총평균법 등을 적용하여 산정한 가액을 취득원가로 한다.
② 유가증권은 자산의 분류기준에 따라 단기투자증권과 장기투자증권으로 구분한다.
③ 채무증권은 상각후취득원가로 평가하고 지분증권과 기타 장기투자증권 및 기타 단기투자증권은 취득원가로 평가한다. 다만, 투자목적의 장기투자증권 또는 단기투자증권인 경우에는 재정상태표일 현재 신뢰성 있게 공정가액을 측정할 수 있으면 그 공정가액으로 평가하며, 장부가액과 공정가액의 차이금액은 순자산변동표에 조정항목으로 표시한다.
④ 유가증권의 회수가능가액이 장부가액 미만으로 하락하고 그 하락이 장기간 계속되어 회복될 가능성이 없을 경우에는 장부가액과의 차액을 감액손실로 인식하고 재정운영순원가에 반영한다.

▶ 지방자치단체 회계기준 제48조(장기투자증권의 평가)

장기투자증권은 매입가액에 부대비용을 더하고 이에 종목별로 총평균법을 적용하여 산정한 취득원가로 평가함을 원칙으로 한다.

국제공공회계기준은 투자자산에 대하여 최초로 취득원가에 의하여 측정하도록 하고 있다. 만일 투자자산을 무상 또는 명목적인 가격으로 획득한 경우에는 획득된 날의 공정가치(fair value)로 표시하도록 요구하고 있다.

우리나라의 국가회계기준에서 투자자산의 취득시에는 모두 취득원가를 기준으로 기록한다. 국가회계기준에서 자산 유형별로 평가방법을 달리 규정하지

●● 표 5-7 **투자자산의 평가(국가회계)**

구 분	취득시 평가	연도말 평가
장기금융상품	취득원가	취득원가
장기투자증권		
장기채무증권	취득원가	상각후취득원가
장기지분증권	취득원가	취득원가
투자목적투자증권	취득원가	공정가액
기타투자증권	취득원가	취득원가
장기대여금(융자금)	취득원가	융자보조원가충당금 평가하여 상각
기타투자자산	취득원가	취득원가

아니한 경우에는 자산평가의 기본원칙인 취득원가를 원칙으로 하고 있기 때문이다. 그러나 기말평가에 있어서는 자산의 종류에 따라 평가방법이 달라진다.

장기투자유가증권을 제외한 장기금융상품이나 기타투자자산의 경우에는 취득시의 취득원가를 그대로 적용하면 된다. 장기투자유가증권의 경우에는 그 유형별로 평가방법을 달리하고 있다. 즉 장기채무증권은 상각후 취득원가로, 장기지분증권과 기타장기투자증권은 취득원가로, 순수 투자목적의 장기투자증권은 공정가액으로 평가하여야 한다.

장기대여금의 경우 정부내 대여금에 대해서는 취득원가로 평가하면 되지만 정부외 대여금인 융자금에 대해서는 「융자회계준칙」이 별도로 제정되어 이를 적용토록 하고 있다. 즉 융자금은 현재가치 평가를 하여야 하고 현재가치 평가액과 명목가액과의 차액을 융자보조원가충당금으로 인식하여야 한다. 융자보조원가충당금의 회계처리에 관한 자세한 사항은 부채회계에서 별도로 설명하도록 한다.

사 례

지식경제부는 20xx년 5월에 한국전력주식회사 주식 10,000주를 주당 30,000원에 취득하였다. 이 주식은 증권거래소에 상장되어 있고 20xx년말 시가는 주당 32,000원이다.

(취득시)

(차) 투자유가증권 300,000,000 (대) 한국은행국가예금 300,000,000

(연도말 평가시)

(차) 투자유가증권 20,000,000 (대) 투자유가증권평가이익 20,000,000

지방자치단체회계기준에서는 투자자산의 평가에 대하여 장기투자유가증권에 대한 취득시 총평균법을 적용한 취득원가로 적용할 것을 규정한 것 이외에는 다른 언급이 없다. 따라서 지방자치단체의 경우에는 예외없이 취득시나 기말평가시에 원가법을 적용토록 하고 있다.

3 일반유형자산

3.1 ●● 일반유형자산의 의의

일반유형자산이란 정부가 고유 행정활동에 1년 이상 사용할 목적으로 보유하는 물리적인 실체를 가진 자산을 말한다.

국제공공회계기준에 따르면 일반유형자산을 종전의 자산의 형상에 따른 구분, 즉 토지 · 건물 · 기계장치 등의 개념에서 탈피하여 이들 자산을 집합개념으로 보아 일반유형자산(property, plant and equipment : PPE)으로 부르고 있다. 이들 일반유형자산은 유형자산으로서 ① 재화나 용역을 생산하거나 제공하기 위하여 직접 사용하거나, 타 기관에게 임대하거나 또는 관리를 위하여 직접 보유하는 자산으로서, ② 통상 1년 이상의 기간에 사용되는 자산들을 의미한다.[15)]

국가회계기준에 의한 일반유형자산의 정의를 보면 다음과 같다.

▶ 국가회계기준 제13조(일반유형자산)

① 일반유형자산은 고유한 행정활동에 1년 이상 사용할 목적으로 취득한 자산(제14조에 따른 사회기반시설은 제외한다)으로서, 토지, 건물, 구축물, 기계장치, 집기 · 비품 · 차량운반구, 전비품, 기타 일반유형자산 및 건설중인 일반유형자산 등을 말한다.
② 제1항의 전비품은 전쟁의 억제 또는 수행에 직접적으로 사용되는 전문적인 군사장비와 탄약 등을 말한다.

일반유형자산은 고유한 행정활동에 1년 이상 사용할 목적으로 취득한 자산을 의미한다. 여기에서 고유한 행정활동이란 정부 각 부서가 그 고유 업무영역

15) IPSASB, IPSAS 17 *Property, Plant and Equipment*, para 12.

이 있고 그 업무수행을 위한 활동을 모두 의미한다. 따라서 그러한 업무수행 활동에 직간접적으로 사용되는 유형자산만을 일반유형자산으로 보게 되며 그 업무수행을 위하여 필요한 활동에 사용하지 않는 유형자산은 기타 비유동자산 항목으로 분류하여야 한다.

지방자치단체 회계기준에 의한 일반유형자산의 정의도 이와 비슷하다.

▶ 지방자치단체 회계기준 제17조(일반유형자산)

일반유형자산은 공공서비스의 제공을 위하여 1년 이상 반복적 또는 계속적으로 사용되는 자산으로서 토지, 건물, 입목 등을 말한다. 〈개정 2009. 12. 31.〉

3.2 ●● 일반유형자산의 포함 범위

(1) 일반유형자산

일반유형자산을 어느 범위까지 포함할 것인가에 대해서 국가와 지방자치단체 회계기준에 일부 차이가 있다.

국가회계기준에 의하면 일반유형자산은 토지, 건물, 구축물, 기계장치, 집기 · 비품 · 차량운반구, 전비품, 기타 일반유형자산 및 건설중인 일반유형자산 등을 포함하며, 사회기반시설은 여기에서 제외하여 별도의 자산으로 구분한다.

지방자치단체회계기준에 의하면 일반유형자산은 토지, 입목, 건물, 구축물, 기계장치, 차량운반구, 집기비품, 기타 일반유형자산 및 건설중인 일반유형자산을 일반유형자산의 범주에 속하도록 하고 있다. 따라서 사회기반시설과 주민편의시설은 별도의 유형자산으로 보게 된다.

그리고 국가나 지방자치단체 모두 유산자산에 대하여는 아직 일반 유형자산으로 인식하지 않고 있다. 그 대신 종류 및 현황 등을 필수보충정보로 공시하도록 하고 있다.[16)]

(2) 국방자산

각 국에 따라 다르지만 우리나라를 포함한 많은 국가에서는 정부예산 중 상당부분의 예산을 무기, 탄약, 국방관련 시설자산 등의 구입 등 국방업무에 투입한다.

---

16) 국가회계기준 제9조 제3항, 지방자치단체에 대해서는 유산자산에 대하여 언급이 없다.

이들 국방자산은 일반적인 자산의 요건을 충족시킬 경우 자산으로 인식할 것인가 하는 문제가 제기된다. 전쟁이 발발하거나 이와 유사한 상황이 일어날 경우 이들 국방자산은 한꺼번에 소진될 수도 있기 때문에 일반자산과는 별개로 볼 수도 있다.

유엔 국가별 자산통계(Statistics of National Accounts : SNA)에서는 국방자산 중 주택 · 병원 등 지출은 자본지출로서 고정자산으로, 순수 국방목적 지출은 당기비용으로 보도록 하고 있다.[17)]

우리나라의 경우 군수품관리법상 군수품에 대해서는 전비품과 통상품으로 구분하고 있다.

국가회계기준에서는 이들 국방자산 중 전비품을 일반유형자산의 일종으로 분류하도록 하고 있다. 전비품이란 전쟁의 억제 및 수행에 직접적으로 사용되는 무기 등 전문적인 군사장비를 말한다. 탄약도 전비품에 포함한다. 통상적인 국방자산이란 전비품을 의미하는 경우가 일반적이다. 전비품에는 육군전투장비, 해군전투장비, 공군전투장비, 국방관서전투장비 및 건설중인 전비품을 포함한다.

국방자산으로서 전비품이 아닌 통상품이란 국방목적으로는 사용되더라도 전쟁의 억제 및 수행에 직접 사용되는 전문적인 장비 등이 아닌 자산 예컨대 장병숙소, 휴양시설 등을 들 수 있으며 이들 통상품은 기타 일반유형자산이나 재고자산으로 분류된다.

국방의 기능은 국가의 고유기능이므로 지방자치단체는 이러한 예산이나 자산이 있을 수 없다.

3.3 •• 일반유형자산의 인식

이미 앞에서 언급한 바와 같이 일반유형자산의 인식은 다음 3가지 요건을 충족하여야 한다. 첫째, 회계실체에 의하여 소유 또는 통제될 수 있어야 한다. 둘째, 공용 또는 공공용으로 사용되는 등 공공서비스를 제공할 수 있거나 직접 또는 간접적으로 경제적 효익을 창출하거나 창출에 기여할 가능성이 매우 높아야 한다. 셋째, 그 가액을 신뢰성 있게 측정할 수 있어야 한다.

---

17) IFAC/PSC, Study 11 *Governmental Financial Reporting: Accounting Issues and Practices*, May 2000, p. 93.

3.4 •• 일반유형자산의 취득 및 평가

▶ 국가회계기준 제37조(일반유형자산의 평가)

① 일반유형자산은 해당 자산의 건설원가 또는 매입가액에 취득부대비용을 가산한 금액을 취득원가로 하고, 객관적이고 합리적인 방법으로 추정한 기간 동안 정액법 등을 적용하여 감가상각한다.
② 일반유형자산에 대한 사용수익권은 해당 자산의 차감항목에 표시한다.

▶ 지방자치단체 회계기준 제49조(일반유형자산과 주민편의시설의 평가)

① 일반유형자산과 주민편의시설은 당해 자산의 건설원가나 매입가액에 부대비용을 더한 취득원가로 평가함을 원칙으로 한다.
② 일반유형자산과 주민편의시설 중 상각대상 자산에 대한 감가상각은 정액법을 원칙으로 한다.

(1) 취득시의 평가

일반유형자산은 당해 자산의 건설원가 또는 매입가액에 취득부대비용을 가산한 금액을 취득원가로 평가함을 원칙으로 한다. 물론 교환이나 기부채납 등의 방법으로 취득한 자산의 경우에는 취득 당시의 공정가액으로 평가함은 당연하다.

국제공공회계기준도 일반유형자산의 자산으로서의 인식은 취득원가로 하되 원가없이 취득하거나 명목적인 원가로 취득한 경우에는 취득일 현재의 공정가격으로 취득하도록 요구하고 있다.

취득시에는 취득부대비용을 취득원가에 가산하여야 한다. 다만 건당 취득원가가 50만원 이하의 소액자산인 경우 취득시 소모성물품비용으로 처리한다.

(2) 연도말 평가

취득한 일반유형자산은 연도말에 감가상각을 통하여 평가하게 된다. 즉 연말에 일반유형자산을 평가하는 경우에는 객관적이고 합리적인 방법으로 추정한 기간 동안 정액법 등을 적용하여 감가상각을 한다.

이 때에 일반유형자산에 대하여 민간인 등으로 하여금 사용수익할 수 있는 권한, 즉 사용수익권이 부여된 경우에는 그 해당 자산에 대한 차감항목으로 기재하도록 하고 있다. 최근들어 정부에서 많은 부문에 민자사업으로 공공시설을 건설하고 사업시행자에게 사용수익권을 부여하는 경우가 있다. 따라서 사용수익권 만큼 가치가 줄어드는 것이 당연하다.

그리고 손상된 자산이 있거나 시장가치의 급격한 하락이 있는 경우에는 역시 손상금액이나 하락금액을 차감한 회수가능가액이 장부가액에 미달하고 그 미달이 중요한 경우에는 이를 취득원가에서 차감하여야 한다.

그리고 전비품에 대해서는 자산의 특성상 다른 자산과 동일하게 평가하는 것이 부적절할 수 있으므로 국방부장관이 별도로 정할 수 있게 하였다.[18)]

(3) 재평가

▶ 국가회계기준 제38조의 2(일반유형자산 및 사회기반시설의 재평가 기준)

① 제32조에도 불구하고 일반유형자산과 사회기반시설을 취득한 후 재평가할 때에는 공정가액으로 계상하여야 한다. 다만, 해당 자산의 공정가액에 대한 합리적인 증거가 없는 경우 등에는 재평가일 기준으로 재생산 또는 재취득하는 경우에 필요한 가격에서 경과연수에 따른 감가상각누계액 및 감액손실누계액을 뺀 가액으로 재평가하여 계상할 수 있다.

② 제1항에 따른 재평가의 최초 평가연도, 평가방법 및 요건 등 세부회계처리에 관하여는 기획재정부장관이 정한다.

[본조신설 2010.1.12]

국가회계기준이 만들어지기 전에는 '국유재산법' 등의 관련규정에 따라 5년마다 국유재산가액 등을 재평가하여 재평가금액을 국유재산가액에 반영토록 해왔다. 그러나 국가회계기준이 제정되면서 국유재산의 평가를 일원화하기 위하여 '국유재산법' 등을 개정하여 국유재산의 가격평가 등 회계처리는 국가회계기준으로 일원화하였다.[19)]

이에 따라 일반유형자산과 사회기반시설은 취득한 후 일정기간이 지나 가격변동이 있을 경우에는 가격을 재평가할 수 있다. 이 경우에 공정가액으로 계상하여야 한다. 다만 해당자산의 공정가액에 대한 합리적인 증거가 없는 경우에는 상각후 대체원가(written-down replacement cost)로 평가를 하여 해당자산에 반영하고 당초가액과의 차액은 평가손익으로 처리한다. 여기에서 상각후 대체

18) 국가회계기준 제32조 제4항.
19) 국유재산법 제68조.

원가란 국가회계기준에서 명시하는 바와 같이 재취득하는 경우에 필요한 가격에서 경과연수에 따른 감가상각누계액 및 감액손실누계액을 뺀 가격을 말한다.

3.5 •• 일반유형자산의 감가상각

감가상각이란 자산의 가치가 시간이 경과함에 따라 가치가 감소해 간다는 것을 전제로 하며 자산가액을 그 경제적 사용기간에 걸쳐서 가치를 인위적으로 감소시키는 것을 말한다.

따라서 경제적 사용기간을 내용연수라고 하고 각 자산별로 일정한 내용연수를 책정하여 이들을 상각액을 정액으로 또는 정률 기타 일정한 방법으로 산정하게 된다.

감가상각 방법에는 정액법, 정률법, 생산량 비례법, 연수합계법 등이 있다. 국가의 경우에는 유형자산별로 합리적인 감가상각방법이 있으면 그 방법을 적용하되 합리적으로 결정하기 어려운 경우에는 정액법을 적용할 수 있다. 그리고 지방자치단체회계기준에서는 정액법을 원칙으로 하고 있다.

감가상각비 = (취득원가 - 잔존가액) / 내용연수

정액법에 의한 감가상각비 계산방법은 다음과 같다.

감가상각 대상자산이나 내용연수, 잔존가액을 얼마로 할 것인가에 대해서 국가회계기준에서는 기획재정부장관이 별도로 정하도록 하고 있다.[20] 지방자치단체의 경우 잔존가액에 대해서는 『지방자치단체 발생주의 복식부기 회계처리지침』에서 일괄적으로 1천원으로 하도록 하고 있다. 즉 명목적인 금액으로 남기도록 하여 나중에 내용연수 경과 후 불용처리가 용이하게 하도록 하고 있다.

내용연수에 대해서도 『지방자치단체 발생주의 복식부기 회계처리지침』에 상세하게 규정하고 있다. 이 지침에 의한 감가상각 내용 연수표는 다음 〈표 5-8〉과 같다.

20) 국가의 일반회계 및 특별회계 소관의 자산 중 일반유형자산의 감가상각과 무형자산의 감가상각에 관해서는 2010년까지 유예하고 2011년부터 실시하도록 하고 있다. 국가회계기준 부칙 제5조 참조.

●● 표 5-8 **감가상각 내용 연수표(지방자치단체)**

구 분			구조 또는 종류	내용연수
건 물			철골 · 철근콘크리트조, 철근콘크리트조, 석조, 연와석조, 철골조	40년
			연와조, 블록조, 콘크리트조, 토조, 토벽조, 목조, 목골모르타르조, 기타의 구조	20년
구 축 물			철골 · 철근콘크리트조, 철근콘크리트조, 석조, 연와석조, 철골조	40년
			연와조, 블록조, 콘크리트조, 토조, 토벽조, 목조, 목골모르타르조, 기타의 구조	20년
	상수도 시 설 구축물		토목시설 및 그 밖의 수도시설 (취수 · 도수 · 정수 · 배수지 설비시설 등)	30년
		상수도 관 거	스텐레스관, 주철관, 강관	30년
			PVC관, PE관	20년
			아연도강관	10년
			그 밖의 관(재질에 따라)	20~30년
			수도관 부속설비	20~30년
	수 질 정 화 시 설 구축물	하 수 처리장 시 설	슬러지 처리시설	20년
			그 밖의 수처리시설	30년
			중계펌프장시설	30년
		하수도 관 거	구조물시설(BOX 등)	30년
			그 밖의 하수관거시설 (흄관, PC관, VR관, PE관 등)	20년
			댐 구축물	50년
기계장치			물품관리지침에 규정된 것	물품관리지침준용
			농업 및 임업용기계, 건설기계	5년
			폐기물처리시설 기계장치(소각로 등)	10년
			재활용시설 기계장치	10년
			농수산업 기계장치	10년
			기타의 기계장치	10년
차 량 운 반 구			물품관리지침에 규정된 것	물품관리지침준용
			선박 및 항공기	12년
			기타의 차량운반구	5년
집기비품			물품관리지침에 규정된 것	물품관리지침준용
			기타의 집기비품	5년

3.6 ●● 건설중인 자산의 회계처리

건설중인 일반유형자산이나 사회기반시설, 주민편의시설에 대하여는 구체적인 회계처리기준이 별도로 없고 일반유형자산이나 사회기반시설 그리고 주민편의시설의 일종으로 보아 회계처리를 하도록 하고 있다. 다만 국가회계나 지방자치단체의 회계처리지침 등에서 좀더 자세히 설명하고 있다.

여기에서는 '지방자치단체 회계운영규정'에 설명된 건설중인 자산의 회계처리내용을 소개하기로 한다.

(1) 건설중인 자산의 정의

건설중인 자산이란 건축물, 시설물 등에 대한 공사(工事)가 준공되기 이전까지 임시적으로 회계처리 결과를 집계 · 관리하는 회계 과목이다. 이 경우에 건축물, 시설물 외에 토지 등의 취득, 구입 및 설치에 장기간이 소요되는 기계장치의 경우도 포함한다.

(2) 거래의 인식 및 회계처리시점

건설중인 자산의 취득과정은 예산거래 중 지출거래 유형의 하나로써 지출행위 즉, 예산의 집행과정 중 회계적으로 의미를 가지는 검수 · 검사시점, 지급명령과 지출시점 및 공사완공 후 건설중인 자산 준공시점에 각각 회계 처리하도록 한다.

(3) 항목별 건설비용의 회계처리

가) 건축물 및 시설물의 취득원가에 포함되는 항목

건축물의 공사비와 설계에서 준공 후 등기, 등록까지 과정에 소요되는 취득부대비용은 모두 해당 건축물의 취득원가에 포함한다. 예컨대 설계용역비, 조달수수료, 설계심사회의수당, 환경영향평가 용역비, 공사 감독비, 관급자재구입비, 시설물공사비, 인입선공사비, 감리용역비, 이전등기비용등 소유권이전비용 등도 모두 취득원가에 포함한다.

나) 토지의 취득원가에 포함되는 항목

토지의 구입비와 토지취득에 소요되는 부대비용이 토지의 취득원가로 구성된다. 여기에는 토지구입비, 토지정지비, 지장물보상비, 철거공사비, 폐기물처리비, 이주보상비, 영업손실보상비, 실농보상비, 신문광고료, 각종 수수료(지적측량비, 감정평가비, 문화재지표조사비, 소유권이전비용 등) 및 부담금(농지전용부담금, 하수도원인자부담금 등) 등이 포함된다.

다) 취득원가에 포함되지 않는 항목

위의 취득원가로 볼 수 없는 사항으로서 시설비와 시설부대비에 포함되어 있지 않은 타당성 조사 및 연구용역비, 회의 관련 비용 등은 건설중인 자산에 포함하지 않고 비용으로 회계처리한다.

라) 건물 철거 관련 비용의 회계처리

건물을 신축하기 위하여 사용중인 기존 건물을 철거하는 경우에는 그 건물의 장부가액은 제거하여 처분손실로 반영하고, 폐기물처리비 등 철거비용은 전액 당기비용으로 처리한다. 그리고 새 건물을 신축하기 위하여 기존 건물이 있는 토지를 취득하고 그 건물을 철거하는 경우에는 기존 건물의 철거 관련 비용에서 철거된 건물의 부산물을 판매하여 수취한 금액을 차감한 가액은 토지의 취득원가에 산입한다.

사 례 1

B지방자치단체는 노인종합복지관을 건설하기 위하여 낡은 건물이 달린 토지를 5억원에 구입하였다. 그리고 복지관 건설예산으로 7억원을 확보하고 입찰절차에 의하여 6억5천만원으로 낙찰되었다. 건설을 시작한 업체에 우선 선금급으로 1억원을 지급하고 완공된 후에 나머지 금액을 지급하였다.

① 토지구입시

(차) 건설중인유형자산	500,000,000	(대) 현금과예금	500,000,000

② 선금검수시

(차) 건설중인유형자산	100,000,000	(대) 현금과예금	100,000,000

③ 건물완공하여 대금지급

(차) 건설중인유형자산	550,000,000	(대) 현금과예금	550,000,000

④ 종합복지관으로 등록하고 본계정처리

(차) 일반유형자산-주민편의시설	1,150,000,000	(대) 건설중인유형자산	1,150,000

사례 ❷

B지방자치단체는 복지센터를 건설하기 위하여 낡은 건물이 달린 토지를 구입하였다. 복지센터를 건설하는 과정에서 기존건물을 철거하고 그 철거물 중에서 부산물인 철골을 골라내어 이를 판매하고 2백만원을 징수하였다.

① 징수결의시

(차) 미수기타임시세외수익 2,000,000 (대) 기타임시세외수익 2,000,000

②수납시

(차) 현금과예금 2,000,000 (대) 미수기타임시세액수입 2,000,000

③ 결산정리분개

(차) 기타임시세액수입 2,000,000 (대) 건설중인주민편의시설 2,000,000

4 사회기반시설

4.1 •• 사회기반시설의 의의 및 유형

(1) 의 의

▶ 국가회계기준 제14(사회기반시설)

> 사회기반시설은 국가의 기반을 형성하기 위하여 대규모로 투자하여 건설하고 그 경제적 효과가 장기간에 걸쳐 나타나는 자산으로서, 도로, 철도, 항만, 댐, 공항, 기타 사회기반시설(상수도를 포함한다) 및 건설중인 사회기반시설 등을 말한다.

▶ 지방자치단체 회계기준 제19조(사회기반시설)

> 사회기반시설은 초기에 대규모 투자가 필요하고 파급효과가 장기간에 걸쳐 나타나는 지역사회의 기반적인 자산으로서 도로, 도시철도, 상수도시설, 수질정화시설, 하천부속시설 등을 말한다. 〈개정 2007. 12. 31, 2009. 12. 31.〉

사회기반시설(infrastructure assets)이란 초기에 대규모 투자가 필요하고 파급효과가 장기간에 걸쳐 나타나는 지역사회의 기반적인 자산을 의미한다.

도로, 교량, 상 · 하수도 등과 같은 일반 대중의 이용에 제공하기 위한 사회기반시설 또는 사회간접시설자산은 일반적인 자산개념에 부합하면서도 자산인식에 있어서 원가데이터나 시장가격의 산정이 어려워 합리적인 측정이 쉽지 않은 점이 있어 일반자산과는 동일하게 취급할 수가 없는 문제점이 있다. 따라서 사회기반시설을 자산에 포함할 것인가, 포함한다면 어느 범위까지 포함할 것인가, 그리고 자산으로 인식할 경우 그 기준은 무엇으로 할 것인가에 대하여 논의가 필요하다.

사회기반시설은 다음과 같은 특징을 갖는다.

첫째, 공공용도로 사용하기 위하여 많은 소요재원을 투입하여 만들어진 만큼 다른 목적으로 사용하기 어렵고 처분하는 데도 여러 가지 제약이 있다.

둘째, 내용연수가 길다. 그리고 어떤 자산의 경우는 내용연수를 측정하기가 곤란하다. 왜냐하면 도로의 경우와 같이 계속하여 유지보수가 필요하고 유지보수가 이루어지면 그 수명은 오랫 동안 유지될 수 있기 때문이다.

셋째, 시스템이나 네트워크로 구성되어 있고 장소가 고정되어 있다. 사회간접시설을 시스템 또는 네트웍으로 볼 때 일부 네트웍이 연장되거나 소멸되는 경우가 있으나 전반적으로 고정된 장소에서 그 기능을 수행한다.

(2) 유 형

현재 사회기반시설에 범주에 포함될 수 있는 자산에는 다음 사항 등을 들 수 있다.

- 교량, 구거, 보도 등을 포함한 도로시설
- 철도시설
- 항만시설
- 댐
- 하천시설
- 공항시설
- 상하수도시설
- 쓰레기매립장 등 폐기물처리시설
- 홍수통제시설
- 전력공급시설
- 통신시설

미국에서도 지방정부회계기준(GASB) 제34호의 실행으로 고정자산에 대해서 재무제표에 포함하기 시작하였다. 즉 종전에는 고정자산에 대해서는 별도로 인식하지 아니하고 비망계정으로 관리하던 것을 정부통합재무제표를 발생주의 방식으로 작성하게 되면서 자산을 모두 인식하여 포함하도록 하였다. 이때에 인프라자산, 즉 사회기반시설에 대해서 자산의 범위에 포함시키는데 대해서 많은 반대가 있었다.

그 반대 사유를 보면 첫째, 역사적 원가에 의한 자산인식에 대해서 재무제표 이용자들의 선호가 낮다는 것이다. 둘째, 자산에 대한 회계 통제시스템을 요구하는 이유는 회계부정방지에 주목적이 있는데 사회기반시설의 경우에는 도난을 당하거나 잘못 사용될 우려가 없으므로 굳이 자산으로 계상할 이유가 없다. 셋째, 사회기반시설은 수익 목적으로 설치된 것이 아니므로 회계이용자들에게 이들 자산의 효율적인 사용여부를 평가할 수 있는 정보를 제공하지 못한다. 넷째, 사회기반시설은 팔거나 다른 목적에 사용할 수 없으므로 회계이용자에게 자산의 다른 용도 사용 여부 검토에 관한 빌미를 제공할 수 없다. 다섯째, 사회기반시설의 과거 원가는 의의가 없다. 왜냐하면 이들 자산은 공공 서비스에 제공되기 위하여 끊임없이 확장되고 교체되기 때문에 그 원가도 변한다는 것이다.

4.2 ●● 사회기반시설의 취득 및 평가

▶ 국가회계기준 제38조(사회기반시설의 평가)

① 사회기반시설의 평가에 관하여는 제37조를 준용한다. 이 경우 감가상각은 건물, 구축물 등 세부 구성요소별로 감가상각한다.
② 제1항에도 불구하고 사회기반시설 중 관리 · 유지 노력에 따라 취득 당시의 용역 잠재력을 그대로 유지할 수 있는 시설에 대해서는 감가상각하지 아니하고 관리 · 유지에 투입되는 비용으로 감가상각비용을 대체할 수 있다. 다만, 효율적인 사회기반시설 관리시스템으로 사회기반시설의 용역 잠재력이 취득 당시와 같은 수준으로 유지된다는 것이 객관적으로 증명되는 경우로 한정한다.
③ 사회기반시설에 대한 사용수익권은 해당 자산의 차감항목에 표시한다.

▶ 국가회계기준 제38조의 2(일반유형자산 및 사회기반시설의 재평가기준)

① 제32조에도 불구하고 일반유형자산과 사회기반시설을 취득한 후 재평가할 때에는 공정가액으로 계상하여야 한다. 다만, 해당 자산의 공정가액에 대한 합리적인 증거가 없는 경우 등에는 재평가일 기준으로 재생산 또는 재취득하는 경우에 필요한 가격에서 경과연수에 따른 감가상각누계액 및 감액손실누계액을 뺀 가액으로 재평가하여 계상할 수 있다.
② 제1항에 따른 재평가의 최초 평가연도, 평가방법 및 요건 등 세부회계처리에 관하여는 기획재정부장관이 정한다.
[본조신설 2010.1.12]

▶ 국가회계기준 부칙 제3조(사회기반시설의 인식에 관한 특례)

이 규칙 시행 전에 취득한 사회기반시설의 취득가액을 확인하기 곤란하거나 합리적으로 추정할 수 없는 경우에는 제10조 제1항에도 불구하고 자산으로 인식하지 아니할 수 있다. 이 경우 인식하지 아니하는 사유, 해당 자산의 종류와 취득시기 및 관리상태를 필수보충정보로 표시하여야 한다.

▶ 지방자치단체 회계기준 제50조(사회기반시설의 평가)

① 사회기반시설의 평가에 관하여는 제49조의 규정을 준용한다.
② 사회기반시설 중 유지보수를 통하여 현상이 유지되는 도로, 도시철도, 하천부속시설 등은 감가상각 대상에서 제외할 수 있으며, 유지보수에 투입되는 비용과 감가상각을 하지 아니한 이유를 주석(註釋)으로 공시한다.

(1) 취득 및 평가

사회기반시설의 취득 및 평가는 일반유형자산의 평가방법을 준용하도록 하고 있다. 따라서 사회기반시설의 취득 역시 취득원가를 기초로 계상함을 원칙으로 하고 있다. 이 경우에 있어서 기부채납 등의 방법이나 무상 또는 명목적인 가액으로 취득하는 경우에는 공정가액을 취득원가로 하고 있다.

그리고 대상시설에 대해서 내용연수기간 동안 감가상각을 하여야 한다.

또한 일반유형자산에 대한 재평가를 하는 경우와 같이 사회기반시설에 대해서도 재평가를 할 수 있도록 하였다. 재평가방법 등은 일반유형자산의 경우와 동일하다.

(2) 감가상각대체방법

그러나 앞에서 사회기반시설의 특징에서 살펴본 바와 같이 도로 등의 경우에는 주기적인 포장을 통하여 계속 유지 관리하여야 하고 그렇게 함으로써 그 수명이 오랫동안 지속되므로 감가상각이 필요 없게 되는 경우도 있다.

이와 같이 관리 · 유지 노력에 따라 취득당시의 용역잠재력을 그대로 유지할 수 있는 사회기반시설에 대해서는 감가상각을 생략할 수 있다. 그 대신 유지보수에 투입되는 비용으로 감가상각을 대체하도록 하고 있다. 이 방법을 감가상각대체방법이라고 한다.

그러나 감가상각대체방법의 사용에는 제약이 있다. 즉 도로 등 일부 사회기반시설의 경우 효율적인 사회기반시설 관리시스템으로 인하여 사회기반시설의 용역잠재력이 취득 당시와 동일한 수준으로 유지된다는 것이 객관적으로 증명되는 경우에 한하여 사용할 수 있도록 하고 있다. 왜냐하면 유지보수 등의 경비 지출을 하더라도 사회기반시설의 내용연수가 줄어든다면 별도의 감가상각을 해야 하기 때문에 2중의 절차가 필요하다. 따라서 그러한 조건을 충족할 경우에 한하여 사용하도록 하고 있는 것이다.

(3) 사용수익권 상계

앞의 일반유형자산에 관해서 설명한 바와 같이 사회기반시설에 대한 사용수익권 역시 해당자산에서 차감한 후 계상하여야 한다.

(4) 사회기반시설을 인식하지 아니하는 경우

그런데 도로 등과 같이 오래 전에 건설되어 계속 운영되어 온 많은 사회기반시설은 취득원가를 파악하기가 어렵고 설사 파악한다하더라도 현재 가치를 추정하기가 어려운 경우가 많다. 그리고 앞에서 사회기반시설을 자산으로 인식하는데 대한 부정적 의견도 만만치 않기 때문에 일일이 조사하여 자산으로 인식하고 자산대장에 등재한다는 것이 무의미한 경우도 있어서 국가회계기준에서는 부칙으로 이 규칙 시행 전에 취득한 사회기반시설의 취득가액을 확인하기 곤란하거나 합리적으로 추정할 수 없는 경우에는 자산으로 인식하지 아니할 수 있도록 하였다. 이 경우에는 인식하지 아니하는 사유, 해당 자산의 종류와 취득시기 및 관리상태를 필수보충정보로 표시하여야 한다.

4.3 •• 사용수익권의 회계처리

고속도로나 철도, 댐, 공항 등 대부분의 사회기반시설에 대하여는 국가가 소유하는 것을 원칙으로 하고 있다. 그러나 국가가 이러한 사회기반시설을 모두 건설하고 관리하기에는 어려움이 많다. 따라서 공공기관으로 하여금 이들 사회기반시설을 건설하고 국가에 그 소유권을 넘기도록 하되 국가에서는 이들 기관에게 그 시회기반시설을 관리할 의무와 동시에 사용할 권리를 부여한다. 이와 같이 사용권을 가지고 사회기반시설을 관리 하면서 건설비용등을 충당하도록 하고 있는데 이것이 바로 사용수익권이다.

사회기반시설이 완공되면 국가는 이들 취득원가를 자산으로 등재하고 사용수익할 수 있는 권리만큼의 비율로 사용수익권을 부채로서 인정하여 해당자산에서 차감하는 형식으로 처리한다. 만일 모든 건설비용이 관리기관에서 부담한 경우에는 자산 취득가액전체가 사용수익권으로 인정되므로 정부입장에서는 사실상 사회기반시설의 자산가액은 없게 된다.

사용수익권은 관리기관 입장에서는 일종의 무형자산이기 때문에 관리기간동안 감가상각을 하여야 한다. 이 경우에 정부에서는 관리기관의 감가상각 해당액 만큼 부채항목인 사용수익권을 줄이고 대신 자산수증이익으로 처리하게 된다.

사 례

정부(국토해양부)에서는 한국도로공사로 하여금 서울-평양간 고속도로를 건설하도록 하고 200억원을 출자를 통하여 지원하였다. 고속도로 총 건설비용은 토지매입대금 100억원, 공사비용 200억원이 소요되었다. 한국도로공사는 고속도로관리권에 대하여 이익상각법(통행료총액에서 도로유지비를 제외한 이익총액을 모두 상각액으로 처리)에 따라 첫해에 40억원의 이익을 시현하여 상각을 하게 되었다.

① 출자금 지급시

〈국토해양부〉

(차) 출자금	200억원	(대) 한국은행국고예금	200억원

〈한국도로공사〉

(차) 현금예금	200억원	(대) 자본금	200억원

② 용지비 및 공사비 지출시

〈국토해양부〉

회계처리 없음

〈한국도로공사〉

(차) 선급금	300억원	(대) 현금	300억원

③ 고속도로 완공시

〈국토해양부〉

(차) 사회기반시설-고속도로	300억원	(대) 고속도로사용수익권	300억원

〈한국도로공사〉

(차) 유료도로관리권	300억원	(대) 선급금	300억원

④ 연말감가상각시

〈국토해양부〉

(차) 고속도로사용수익권	40억원	(대) 정부외자산수증	40억원

〈한국도로공사〉

(차) 무형자산상각비	40억원	(대) 유료도로관리권	40억원

5 주민편의시설

▶ 지방자치단체 회계기준 제18조(주민편의시설)

주민편의시설은 주민의 편의를 위하여 1년 이상 반복적 또는 계속적으로 사용되는 자산으로서, 도서관, 주차장, 공원, 박물관 및 미술관 등을 말한다. 〈개정 2007. 12. 31, 2009. 12. 31.〉

정부는 국민의 일상생활 가운데 지역공동체 생활에 있어서 여러 편의시설을 설치하고 제공할 의무가 부여된다. 이들 편의시설은 대부분 중앙정부보다는 지방정부에서 제공하게 된다. 따라서 주민편의시설은 지방자치단체회계 자산과목에 포함되며 국가회계기준에서는 이 계정과목이 사용되지 않는다.

여기에서 주민편의시설이라 함은 지역주민의 편의에 1년 이상 반복적으로 또는 계속적으로 사용되는 편의시설로서 도서관, 주차장, 공원, 박물관 및 미술관 그 밖에 동물원, 수목원 및 휴양림, 체육시설, 문화 및 관광시설, 사회복지시설, 의료시설, 교육 및 연구시설, 기타주민편의시설 등을 포함한다. 여기에는 건설중인 주민편의시설도 자산으로서 포함시킨다.

주민편의시설의 일부가 다른 용도로 사용되는 경우 주된 용도가 주민편의를 위한 것이라면 시설전체를 주민편의시설로 구분하는 것을 원칙으로 한다.[21)]

또한 주민편의시설은 그 시설에 포함된 토지나 건물 이외에 기계장치, 차량운반구, 집기비품 등 그 시설을 구성하는 부속자산도 모두 각각의 해당 주민편의시설에 포함하여 표시한다.

주민편의시설에 대한 평가는 일반유형자산에 대한 평가와 동일하다.

6 유산자산

▶ 국가회계기준 제10조(자산의 인식기준)

> ② 현재 세대와 미래 세대를 위하여 정부가 영구히 보존하여야 할 자산으로서 역사적, 자연적, 문화적, 교육적 및 예술적으로 중요한 가치를 갖는 자산(이하 "유산자산"이라 한다)은 자산으로 인식하지 아니하고 그 종류와 현황 등을 필수보충정보로 공시한다.

유산자산(heritage assets)이란 역사 · 문화 · 환경적으로 중요한 가치를 지닌 자산으로서 계속 보존되어야 할 유형자산을 통상적으로 의미한다. 이러한 자산들은 역사적 건물과 유물, 고고학적으로 보존할 필요성 있는 장소, 박물관 수집품, 자연환경 보전지구, 전적지 등을 들 수 있다.

유산자산의 특징을 보면 첫째, 유산자산의 문화적 · 역사적 · 교육적 · 환경적 가치가 시장가격에 근거한 재무적 가치를 충분히 반영할 수 없다. 즉 이들의 희소성으로 인하여 그 가치를 평가할 수 있는 잣대가 마땅치 않기 때문이다. 둘째, 법령의 규정에 의하여 처분에 제약이 가해지게 된다. 대부분의 유산자산은 매매가 금지되어 있는 경우가 많다. 셋째, 유산자산은 대체될 수 없고 따라서 시간이 지남에 따라 물리적 상태는 퇴화되더라도 가치는 증대된다. 넷째, 그들의 내용연수를 추정하기가 어렵다. 몇몇 유산자산은 몇 백년 이상 보존될 수 있다. 다섯째, 이들을 보존하기 위하여 많은 예산이 소요된다. 이들 자

21) 행정자치부, 「지방자치단체 발생주의 복식부기 회계처리지침」, p. 56.

산을 일반대중에게 공개하더라도 무료로 관람하게 하거나 명목적인 요금을 부과하기 때문에 유지비용에 비하여 턱없이 모자라는 경우가 대부분이다.

이러한 특징들로 인하여 이들 유산자산을 자산으로 볼 것인가에 대하여 일부 논쟁이 야기되고 있다. 쟁점의 하나는 이들 유산자산은 자산이 아니라 오히려 부채로 인식되어야 한다는 주장이다. 부채로 인식되어야 한다는 근거는 이들을 유지하는데 너무 많은 유지비가 소요되고 이들로부터 얻어지는 재무수익은 많지 않기 때문이라는 것이다.[22)]

따라서 이러한 특징으로 인하여 유산자산에 대해서는 자산으로 인식하지 아니하고 그 현황에 대해서만 필수보충정보로 공시하도록 국가회계기준에서 요구하고 있다.

지방자치단체회계기준에서는 유산자산에 대하여 따로 언급한 내용이 없으나 국가회계기준을 따르면 될 것이다.

7 천연자원자산

천연자원자산(Natural Resources)은 미개발상태에서의 경제적 자원으로서 국가가 소유하거나 통제하는 경우 자산에 포함시킬 것인가에 대한 검토가 필요하다. 천연자원의 특징으로는 이들이 개발되지 않은 상태에 있기 때문에 정확한 가치의 측정이 어렵고 이를 관리하는데 지속적인 비용이 소요된다는 점이다.

이러한 천연자원은 경신성자원(renewable resources)과 고갈성자원(depletable resources)으로 구분할 수 있다. 경신성자산의 예로는 경작지, 삼림, 어족자원, 발전용수, 관개 등을 들 수 있고 고갈성자산의 예로는 석유 및 광물보존자원 등을 들 수 있다.[23)]

이들 천연자원이 자산의 개념 기준에 충족되기 위해서는 미래의 경제적 효익이나 공공서비스잠재력이 있어야 하고 이들 자원이 정부의 통제 아래에 있어야 한다. 이러한 자산기준에 맞는 자원으로서는 국가 소유의 석탄매장량, 근해 석유매장량, 재매입한 어업권 등이 있다.

그러나 여기에서 정부통제 아래에 있는 지역에서의 광산물 매장량에 대한

22) Allan D. Barton, "Accounting for public heritage facilities- assets or liabilities of the government?," *Accounting, Auditing and Accountability Journal*, Vol.,13 No.2, pp. 219-215.

23) IFAC/PSC, Study 11, *Government Financial Reporting: Accounting Issues and Practices*, May 2000, pp. 93-94.

권리만 가지고서는 자산으로 인식하기가 어렵다. 매장량이 확인되고 발굴될 수 있어야 미래의 경제적 효익이 있는 것으로 볼 수 있기 때문이다.

이러한 천연자원자산에 대해서 우리나라는 아직 구체적인 자산인식기준으로 설정된 것이 없으므로 자산으로 계상하지 않고 있다. 앞으로 구체적인 기준 설정에 관하여 계속 연구하여야 할 것이다.

8 기타 비유동자산

▶ 국가회계기준 제16조(기타비유동자산)

> 기타비유동자산은 유동자산, 투자자산, 일반유형자산, 사회기반시설 및 무형자산에 해당하지 아니하는 자산을 말한다.

▶ 지방자치단체 회계기준 제20조(기타비유동자산)

> 기타비유동자산은 유동자산, 투자자산, 일반유형자산, 주민편의시설, 사회기반시설에 속하지 아니하는 자산으로서 보증금, 무형자산 등을 말한다. 〈개정 2009. 12. 31.〉

8.1 기타 비유동자산의 의의

기타 비유동자산이란 투자자산, 일반유형자산 및 사회기반시설, 주민편의시설에 속하지 아니하는 비유동자산을 말한다.

여기에는 임차보증금, 장기미수채권, 무형자산 등이 포함된다. 그러나 국가회계기준에서는 무형자산을 기타비유동자산에 포함시키지 아니하고 별도로 구분하도록 하고 있다.

8.2 무형자산

▶ 국가회계기준 제15조(무형자산)

> 무형자산은 일정기간 독점적 · 배타적으로 이용할 수 있는 권리인 자산으로서 산업재산권, 광업권, 소프트웨어, 기타 무형자산 등을 말한다.

(1) 무형자산의 정의

무형자산이란 물리적 실체가 없으나 일정기간 독점적·배타적으로 이용할 수 있는 권리를 말한다. 따라서 무형자산은 식별가능하고 미래 경제적 효익과 공공서비스 잠재력을 창출할 수 있으며 회계실체가 통제하고 있는 자산을 말한다.

(2) 무형자산의 종류

무형자산에는 산업재산권, 컴퓨터소프트웨어, 광업권 등이 있다.

가) 산업재산권

산업재산권이란 법률에 의해서 일정기간 독점적·배타적으로 이용할 수 있는 권리로서 특허권, 실용신안권, 의장권, 상표권 등을 들 수 있다.

나) 컴퓨터소프트웨어

정부에서 유상으로 구입하여 취득한 컴퓨터소프트웨어 및 개발을 의뢰하여 취득한 프로그램을 들 수 있다.

다) 광업권

일정한 구역내에서 광물을 채굴 및 취득할 수 있는 권리를 광업권이라 한다. 따라서 우리나라에서는 채굴되지 아니한 광물은 광업권의 설정없이는 채굴할 수 없도록 '광업법'으로 명문화하고 있다. 다만 석유채굴권은 정부만이 가질 수 있도록 하고 있어서 기타 기관이나 일반인은 허용되지 않는다.

라) 기타 : 영업권

영업권이란 기업을 인수할 때 영업의 대가로 실제 자산가치보다 더 많은 대금을 주고 구입하는 경우 그 차액을 의미한다. 그러나 구입이 아니고 내부적으로 창출된 영업권의 경우 취득원가를 신뢰성 있게 측정할 수 없을 뿐 아니라 식별 가능한 자원도 아니므로 자산으로 보지 않는다.

(3) 무형자산의 인식

무형자산은 물리적 실체가 없으나 식별가능하고(식별가능성), 미리 경제적 효익과 공공서비스 잠재력을 창출할 수 있으며, 회계실체가 통제하고(통제가능성) 있어야 한다.

식별가능성이란 개별적으로 식별할 수 있어야 하는데 예컨대 타인으로부터 유상으로 취득한 경우 식별 가능한 것으로 본다.

통제가능성이란 소유권리자, 즉 회계실체가 통제할 수 있어야 한다는 것이다. 예컨대 저작권 등의 권리를 법률적인 절차에 따라 확보하는 것을 의미한다.

(4) 무형자산의 평가 및 감가상각

▶ 국가회계기준 제39조(무형자산의 평가)

① 무형자산은 해당 자산의 개발원가 또는 매입가액에 부대비용을 더한 금액을 취득원가로 하여 평가한다.
② 무형자산은 정액법에 따라 해당 자산을 사용할 수 있는 시점부터 합리적인 기간 동안 상각한다. 이 경우 상각기간은 독점적 · 배타적인 권리를 부여하고 있는 관계 법령이나 계약에서 정한 경우를 제외하고는 20년을 초과할 수 없다.

▶ 지방자치단체 회계기준 제51조(무형자산의 평가)

① 무형자산은 당해 자산의 개발원가나 매입가액에 취득부대비용을 더한 가액을 취득원가로 한다.
② 무형자산은 정액법에 따라 당해 자산을 사용할 수 있는 시점부터 합리적인 기간동안 상각한다. 다만, 독점적 · 배타적인 권리를 부여하는 관계법령이나 계약에서 정한 경우를 제외하고는 20년을 넘을 수 없다.

무형자산은 개발에 의하여 취득한 경우 당해 자산의 개발원가 매입에 의하여 취득한 경우 그 매입가액에 취득부대비용을 가산한 가액을 취득원가로 한다.

무형자산의 감가상각은 정액법에 의하여 상각한다. 내용연수는 당해 자산의 사용가능한 시점부터 합리적인 기간 동안 상각하도록 규정하여 명확한 내용연수를 규정하지 않고 있다.

따라서 독점적 · 배타적 권리를 부여하고 있는 관계법령이나 계약에 의하여 정해진 경우 그 기간을 내용연수로 하여 상각한다. 다만, 그 경우를 제외하고는 상각기간을 20년 초과할 수 없도록 하고 있다.

현행 지방자치단체의 회계처리지침에 따른 무형자산의 내용연수는 다음과

●● 표 5-9 무형자산의 내용연수(지방자치단체)

구 분	종 류	내용연수
산업재산권	의장권, 실용신안권, 상표권	5년
	특허권	10년
컴퓨터소프트웨어	구입 · 개발	3년
기타 비유동자산	영업권	5년
	어업권, 채취권, 유료도로관리권, 열공급시설이용권, 가스공급시설이용권, 수리권, 공업용수도시설이용권, 수도시설이용권	10년
	광업권, 전신전화전용시설이용권, 전용측선이용권, 수도시설관리권, 하수종말처리장시설관리권	20년
	댐사용권	50년

같다.

그러나 앞에서 언급한 바와 같이 실용신안권, 상표권, 특허권, 광업권 등은 관련법령에 의하여 존속기간이 정해져 있기 때문에 법령에 규정된 존속기간을 내용연수로 할 경우 위 회계지침에 의한 내용연수와 비교하여 차이가 있다.[24]

따라서 여기에 대한 명확한 지침은 없으나 관계 법령에 규정된 존속기간을 내용연수로 하되 존속기간보다 내용연수를 적게 할 경우에 그 내용을 주석 등에 기재하는 것이 바람직하다고 본다.

그리고 무형자산의 잔존가액은 원칙적으로 없는 것으로 한다. 그러나 국가회계에서는 「유 · 무형자산 감가상각 회계처리지침」에 따라 특정 무형자산에 대하여 제3자 구입약정이 존재하거나 또는 잔존가치를 객관적으로 결정할 가능성이 매우 높은 경우에 한하여 잔존가치를 인식할 수 있도록 하였다. 이 경우에도 경제적 내용연수보다 짧은 상각기간을 정한 경우에 한하여 잔존가치 계상이 인정된다.

24) 실용신안권 10년(실용신안법 제22조), 상표권 10년(상표법 제42조), 특허권 20년(특허법 제85조), 광업권 25년(광업법 제14조).

9 손상자산의 평가

▶ 국가회계기준 제32조(자산의 평가기준)

③ 재정상태표에 표시하는 자산은 이 규칙에서 따로 정한 경우를 제외하고는 자산의 물리적인 손상 또는 시장가치의 급격한 하락 등으로 해당 자산의 회수 가능가액이 장부가액에 미달하고 그 미달액이 중요한 경우에는 장부가액에서 직접 빼서 회수가능가액으로 조정하고, 장부가액과 회수가능가액의 차액을 그 자산에 대한 감액손실의 과목으로 재정운영순원가에 반영하며 감액명세를 주석으로 표시한다. 다만, 감액한 자산의 회수가능가액이 차기 이후에 해당 자산이 감액되지 아니하였을 경우의 장부가액 이상으로 회복되는 경우에는 그 장부가액을 한도로 하여 그 자산에 대한 감액손실환입 과목으로 재정운영순원가에 반영한다.

▶ 지방자치단체회계기준제45조(자산의 평가기준)

② 재정상태보고서에 기재하는 자산은 자산의 진부화, 물리적인 손상 및 시장가치의 급격한 하락 등의 원인으로 인하여 당해 자산의 회수가능가액이 장부가액에 미달하고 그 미달액이 중요한 경우에는 이를 장부가액에서 직접 차감하여 회수가능가액으로 조정하고 감액내역을 주석(註釋)으로 공시한다. 이 경우 회수가능가액은 당해 자산의 순실현가능액과 사용가치 중 큰 금액으로 한다.

9.1 •• 손상의 의미

회계실체는 매 회기 말에 자산 중에 장부가치가 손상(impaired)된 경우에는 이를 평가하여 조정하여야 한다. 여기에서 자산이 손상되었다함은 자산의 장부가치가 그 자산의 회수가능가액 또는 회수가능 서비스가액(recoverable service amount)보다 높은 경우를 말한다. 즉 자산의 미래 경제적 효익이나 서비스잠재력이 손실되었음을 의미하며 이는 통상적인 감모에 의한 감가상각의 범위를 넘는 것을 의미한다. 회수가능가액이란 자산의 처분비용을 제외한 공정가치(asset's fair value less costs to sell)와 사용가치(value in use) 중 큰 금액을 의미한다.

9.2 ●● 손상자산의 사례

다음과 같은 내용의 징조가 있는 경우에는 손상여부를 평가하여야 한다.

- 자산에 관한 수요 또는 요구의 중단
- 기술적 · 법적 · 정부 정책적 변경에 의한 부정적 영향
- 물리적 손상
- 건축 중단
- 성능의 악화

9.3 ●● 손상자산금액의 계상

자산의 장부가치보다 그 자산의 회수가능가액이 적을 때 자산손상이 있는 것으로 보고 이를 계상한다고 하였다. 그러나 회수가능가액에 대하여 구체적인 회계처리기준은 없다. 따라서 국제공공회계기준의 내용을 소개하기로 한다.

- 손상금액 = 장부가액 − 회수가능가액
- 회수가능가액 = 처분비용을 제외한 공정가액 ≦ 사용가액
- 사용가액 = 잔존서비스잠재력의 현재가액

(1) 회수가능가액

회수가능가액은 회수가능한 서비스가액을 말하며 ① 처분비용제외 공정가치와 ② 사용가액 중 많은 금액을 기준으로 한다. 따라서 2가지 가액을 측정해야 하는데 만일 두 가지 가액 모두 장부가액보다 높은 경우에는 자산손상이 있다고 할 수 없다. 처분자산의 경우, 즉 처분을 위하여 보유하고 있는 자산의 경우에는 사용가액이란 처분수익이 대부분이기 때문에 사용가액이 처분비용제외 공정가액보다 크다고 볼 수 없는 경우가 있다. 이때에는 처분비용제외 공정가액을 회수가능한 서비스가액으로 본다.

(2) 처분비용제외 공정가액

통상 처분비용제외 공정가액은 시장가격에서 처분비용을 제외한 금액으로 본다. 적정한 시장가치는 현행 적정한 낙찰가격으로 보되 현행 낙찰가격이 마

땅치 아니할 때에는 최근의 거래가격을 처분비용제외 공정가치로 본다.

(3) 사용가액

사용가액이란 잔존용역잠재력의 현재가액으로 본다. 잔존용역잠재력의 현재가액을 산정하기 위한 방법으로는 상각대체원가법, 복원원가법, 서비스단위법 등 3가지 방법 중 하나를 택할 수 있다.

① **상각대체원가법**(Depreciated Replacement Cost Approach)

자산의 대체원가란 자산의 총서비스잠재력 합계액을 대체하기 위한 가액을 말한다. 이 가액은 자산의 기존 사용상태를 반영키 위하여 감가상각시키게 된다. 자산을 대체하는 경우란 기존 자산을 새로 생산하거나 동등한 자산으로 대체시키는 것을 의미하므로 상각대체원가법은 자산의 재생산이나 대체가액 중 적은 가액으로 선정하여 기존 사용분에 대한 감가상각액을 감액시킨 가액을 기준으로 한다.

사 례

A시는 대형컴퓨터를 설치하면서 컴퓨터운용 소프트웨어를 2005년 말에 3억 5천만원에 구입하였다. 이 소프트웨어의 내용연수는 7년이고 7년 동안 정액법에 의하여 상각되어진다. 그런데 2009년 말에 컴퓨터의 기능이 구식화되어 이의 소프트웨어 사용률이 60대로 떨어졌다. 이러한 기능을 동등하게 할 수 있는 다른 소프트웨어로 교체할 경우 비용은 7천만원이다.

a. 취득원가	2005	350,000,000
감가상각누계액	2005(a × 4 ÷ 7)	200,000,000
b. 장부가액	2005	150,000,000
c. 대체원가		70,000,000
감가상각누계액(c × 4 ÷ 7)		40,000,000
d. 회수가능가액		30,000,000
손상손실(b−d)		120,000,000

② **복원원가법**(Restoration Cost Approach)

복원원가법이 앞의 상각대체원가법과 다른 점은 손상 전의 대체자산의 현행가액에서 추정복원비용을 공제한 가액을 자산의 잔여 가치로 보는 것이다.

손상 전의 대체자산의 현행가액은 상각된 재생산가액이나 또는 상각된 대체가액 중 낮은 가액을 적용한다.

사 례

B교육구청은 2004년말에 학생 통학용버스 1대를 20,000,000원에 구입하였다. 이 버스의 내용연수는 10년이다. 2009년에 버스 사고로 일부가 파손되어 복구비용이 4,000,000원 소요되는 것으로 추정되었다. 이와 동등한 버스를 구입하려면 25,000,000원 소요된다.

a. 최초 취득원가	2004	20,000,000
감가상각누계액	2009(a × 5 ÷ 10)	10,000,000
b. 장부잔액		10,000,000
c. 대체가액		25,000,000
감가상각누계액(c × 5 ÷ 10)		12,500,000
d. 상각대체가액		12,500,000
차감 : 복구비용		4,000,000
e. 회수가능가액		8,500,000
손상손실(b−e)		1,500,000

③ 서비스단위법(Service Unit Approach)

이 방법은 자산의 서비스 총용량과 손상된 용량을 알 수 있을 때 사용하는 방법이다. 자산의 손상된 서비스용량에서 손상으로 인하여 감소된 서비스용량에 상당하는 자산가치를 조정하여 회수가능가액을 산정한다.

사 례

1994년에 A시 정부는 20층짜리 청사 건물을 8억원에 신축하였으며 그 건물의 내용연수는 40년으로 보고 있다. 그러나 2009년에 중앙소방방재청의 안전진단결과 건물 상층부 4개층은 사용하지 못하도록 처분을 받았다. 이 건물의 처분비용제외 공정가치는 4억 5천만원이고 이 건물과 동등한 면적의 20층짜리 건물의 현행 대체가액은 8억 5천만원으로 추정된다.

a. 취득가액	1994	800,000,000
감가상각누계액	2009(a × 15 ÷ 40)	300,000,000

b. 장부잔액	500,000,000
c. 대체가액(20층)	850,000,000
감가상각누계(c × 15 ÷ 40)	318,750,000
d. 잔존서비스용량조정전 상각대체가액	531,250,000
e. 안전진단 이후 빌딩의 가치(d × 16 ÷ 20)	425,000,000
f. 안전진단 이후 처분비용제외 공정가치	450,000,000
g. 회송가능서비스가액(e와 f 중 큰 금액)	450,000,000
손상손실(b−g)	50,000,000

10 자본적 지출과 경상적 지출

▶ 국가회계기준 제40조(일반유형자산 및 사회기반시설의 취득 후 지출)

일반유형자산 및 사회기반시설의 내용연수를 연장시키거나 가치를 실질적으로 증가시키는 지출은 자산의 증가로 회계처리하고, 원상회복시키거나 능률유지를 위한 지출은 비용으로 회계처리한다.

▶ 지방자치단체회계기준 제52조(자본적 지출과 경상적 지출)

자산취득 이후의 지출 중 당해 자산의 내용연수를 연장시키거나 가치를 실질적으로 증가시키는 지출은 자본적 지출로 처리하고, 당해 자산을 원상회복시키거나 능률유지를 위한 지출은 경상적 지출로 처리한다.

일반유형자산이나 사회기반시설 그리고 주민편의시설에 대해서 취득 후 추가적인 지출이 일어나게 되는 경우가 많다. 이 경우에 지출된 비용의 성격에 따라 자산의 장부가액을 증가시키는 경우가 있고 그렇지 않고 기간비용으로 처리하는 경우가 있다. 전자를 자본적 지출이라 하고 후자를 경상적 지출이라 한다.

국가나 지방자치단체회계기준이 모두 동일하게 자본적 지출과 경상적 지출로 구분하여 다음과 같이 처리하도록 하고 있다.

자본적 지출에 대해서는 해당자산의 장부가액을 증가시키는 것으로 처리하게 된다. 이와 달리 경상적 지출에 대해서는 장부가액과는 관계없이 지출된 당해 연도의 비용으로 처리한다. 비용으로 처리하는 경우에 사용되는 계정과목

●● 표 5-10 **자본적 지출과 경상적 지출 비교**

자본적 지출	경상적 지출
• 용도변경을 위한 개조 • 건축물의 리모델링과 같은 개축 • 엘리베이터 또는 냉난방장치의 신규 설치 • 빌딩 등에 있어서 피난시설 등의 설치 • 개량, 확장, 증설, 증축, 개축 등 위와 유사한 성질의 것	• 건물 또는 벽의 도장 • 파손된 유리나 지붕의 대체 • 재해를 입은 자산의 외장 복구, 도장, 유리교체 • 기계장치 또는 차량운반구 등의 소모품 대체 • 위와 유사한 자산의 현상유지를 위한 것 • 기타 조업가능한 상태의 유지

자료 : 「지방자치단체 재무회계운영규정」, p. 67.

은 수선유지비 계정으로 처리하여야 한다.

제4절 특수자산 · 부채회계

1 채권 · 채무의 현재가치 평가

▶ 국가회계기준 제46조(채권 · 채무의 현재가치에 따른 평가)

① 장기연불조건의 거래, 장기금전대차거래 또는 이와 유사한 거래에서 발생하는 채권 · 채무로서 명목가액과 현재가치의 차이가 중요한 경우에는 현재가치로 평가한다.
② 제1항에 따른 현재가치 가액은 해당 채권 · 채무로 미래에 받거나 지급할 총 금액을 해당 거래의 유효이자율(유효이자율을 확인하기 어려운 경우에는 유사한 조건의 국채 유통수익률을 말한다)로 할인한 가액으로 한다.
③ 제1항에 따라 발생하는 채권 · 채무의 명목가액과 현재가치 가액의 차액인 현재가치할인차금은 유효이자율로 매 회계연도에 환입하거나 상각하여 재정운영순원가에 반영한다.

▶ 지방자치단체회계기준 제56조(채권 · 채무의 현재가치에 따른 평가)

① 장기연불조건의 매매거래, 장기금전대차거래 또는 이와 유사한 거래에서 발생하는 채권 · 채무로서 명목가액과 현재가치의 차이가 중요한 경우에는 이를 현재가치로 평가한다.
② 제1항의 현재가치는 당해 채권 · 채무로 인하여 받거나 지급할 총금액을 적절한 이자율로 할인한 가액으로 한다.
③ 제2항의 적절한 할인율은 당해 거래의 유효이자율을 적용한다. 다만, 당해 거래의 유효이자율을 확인하기 어려운 경우에는 유사한 조건의 국채수익률을 적용한다.
④ 제1항에 따라 발생하는 채권 · 채무의 명목가액과 현재가치의 차액은 현재가치 할인차금의 과목으로 하여 당해 채권 · 채무의 명목가액에서 빼는 방식으로 기록하고 적용한 할인율, 기간 및 회계처리방법 등은 주석(註釋)으로 공시한다.

1.1 현재가치평가의 의의 및 대상

채권은 자산의 일부로서 원칙적으로 채권의 취득원가를 기초로 계상하도록 되어 있고, 채무는 부채로서 재정상태표에 기재하는 부채는 원칙적으로 만기 상환가액을 기준으로 평가한다.

그러나 채권이나 채무 중에서 장기간에 걸쳐 상환받거나 상환하는 경우 그 거래당시의 명목가치와 대금 결제시의 가치가 현저하게 차이가 나게 된다.

따라서 이러한 장기간에 걸쳐 상환받거나 상환하는 채권 · 채무의 경우에는 이들 명목가치 대신 현재가치를 사용하여 평가할 필요가 있다. 즉 현재가치는 미래에 지급하거나 받는 명목가액을 현재의 시점으로 환산한 가액을 의미한다.

현행 국가 및 지방자치단체 회계기준에서는 위와 같은 이유로 인하여 장기 거래관련 채권 · 채무에 대해서는 현재가치에 의하여 평가하도록 하고 있다. 장기거래 대상 채권 · 채무로서는 장기연불조건의 매매거래, 장기금전대차거래 또는 이와 유사한 거래에서 발생하는 채권 · 채무로서 명목가액과 현재가치의 차이가 중요한 경우를 모두 포함한다.

1.2 현재가치의 인식 및 산정

(1) 현재가치의 인식

현재가치 평가는 해당 채권·채무로부터의 미래 현금흐름을 신뢰성있게 예측할 수 있으며, 명목가액과 현재가치의 차이가 중요한 경우에 인식해야 한다고 국가의 「채권·채무 현재가치평가 회계처리지침」에서 규정하고 있다.

즉 미래 현금흐름을 신뢰성있게 예측하기 위해서는 해당 채권·채무로부터의 현금 유입·유출 일정이 관련 계약서 등을 통하여 확인될 수 있어야 한다. 그리고 중요성은 당해 항목의 성격과 금액의 크기 등을 고려하여 평가하도록 하고 있는데 양적 중요성 판단기준으로서 위 지침에서는 명목가액과 현재가치의 차이가 30%를 초과하는 경우는 차이금액이 중요한 것으로 간주하고 있다. 다만 차이금액이 1억원 미만인 경우에는 30%를 초과해도 평가대상에 포함하지 않는 것으로 한다.

지방자치단체의 경우에도 구체적인 지침이 없으나 국가의 경우에 준하면 될 것이다.

(2) 현재가치의 산정

여기에서 현재가치를 어떻게 산정하여야 하는가가 중요한 이슈가 된다. 현재가치는 당해 채권 · 채무로 인하여 미래에 받거나 지급하는 총금액을 적절한 이자율로 할인한 가액으로 한다. 적절한 이자율 또는 할인율은 당해거래의 유효이자율을 적용하도록 한다.

유효이자율이란 경제학에서 논의되는 개념으로서 당해거래에 내재된 이자율로 해당 자산 · 부채의 공정가치와 그 자산 · 부채로부터 창출될 미래현금흐름을 일치시키는 할인율을 말한다.

그러나 실무상으로는 이러한 이자율을 산출하기가 쉽지 않기 때문에 국가 및 지방자치단체 회계기준에서는 유효이자율을 구하기가 어려운 경우에는 유사한 조건의 국채수익률을 적용하도록 하고 있다.

1.3 ●● 현재가치 평가에 따른 회계처리

장기채권 · 채무의 명목가액과 현재가치와의 차액은 현재가치할인차금이란 계정과목을 사용하며 이를 각 채권과 채무의 가액에서 차감하는 형식을 취한다.

(재정상태표 표시형식)

장기미수금 :	×××	
현재가치할인(할증)차금 :	×××	×××

그리고 이 현재가치할인차금은 유효이자율로 매기 환입 또는 상각하여 재정순원가(국가의 경우) 또는 재정운영보고서(지방자치단체의 경우)에 반영한다.

사 례

A지방정부는 20xw년 1월 1일 기계장치를 ₩200,000,000에 구입하고 대금은 3년 후에 지급하기로 하였다. 유효이자율은 구하기 어렵기 때문에 최근의 국채수익률 연 6%를 적정이자율로 보았다.

(1) 20xw. 1. 1. 현재가치 계산

$$\frac{200,000,000}{(1 + 0.06)^3} = 167,923,857(\text{현재가치})$$

200,000,000 - 167,923,857 = 32,076,143(현재가치할인차금)

(2) 현재가치할인차금의 연도별 상각액 계산

	원 금	이 자(6%)
20xw. 12. 31.	167,923,857	10,075,431
20xx. 12. 31.	177,999,288(전년도원금+이자)	10,679,957
20xy. 12. 31.	188,679,245(전년도원금+이자)	11,320,755
20xz. 10. 1.	200,000,000	

(3) 연도별 회계처리

20xw. 1. 1. (기계구입시)

(차) 기계장치 167,923,857 (대) 장기미지급금 200,000,000
현재가치할인차금 32,076,143

20xw. 12. 31. (연말평가분개)

(차) 지급이자 10,075,431 (대) 현재가치할인차금 10,075,431

20xx. 12. 31. (연말평가분개)

(차) 지급이자 10,679,957 (대) 현재가치할인차금 10,679,957

20xy. 12. 31. (연말평가분개)

(차) 지급이자 11,320,755 (대) 현재가치할인차금 11,320,755

20xz. 10. 1. (대금상환에 따른 분개)

(차) 장기미지급금 200,000,000 (대) 현금예금 200,000,000

2 외화자산 및 외화부채의 환산

▶ 국가회계기준 제47조(외화자산 및 외화부채의 평가)

① 화폐성 외화자산과 화폐성 외화부채는 재정상태표일 현재의 적절한 환율로 평가한다.

② 비화폐성 외화자산과 비화폐성 외화부채는 해당 자산을 취득하거나 해당 부채를 부담한 당시의 적절한 환율로 평가한 가액을 재정상태표 가액으로 한다.

③ 제1항에 따라 발생하는 손익은 외화평가손실 또는 외화평가이익의 과목으로 하여 재정운영순원가에 반영하고, 중요한 외화자산과 외화부채의 내용, 평가

기준 및 평가손익의 내용을 주석으로 표시한다.

④ 화폐성 외화자산과 화폐성 외화부채는 화폐가치의 변동과 상관없이 자산과 부채의 금액이 계약 등에 의하여 일정 화폐액으로 고정되어 있는 경우의 자산과 부채를 말한다. 다만, 화폐성과 비화폐성의 성질을 모두 가지고 있는 외화자산과 외화부채는 해당 자산과 부채의 보유 목적이나 성질에 따라 구분한다.

▶ 지방자치단체회계기준 제57조(외화자산과 외화부채의 평가)

① 화폐성 외화자산과 화폐성 외화부채는 회계연도 종료일 현재의 적절한 환율로 평가한 가액을 재정상태보고서 가액으로 한다.

② 비화폐성 외화자산과 비화폐성 외화부채는 당해 자산을 취득하거나 당해 부채를 부담한 당시의 적절한 환율로 평가한 가액을 재정상태보고서 가액으로 함을 원칙으로 한다.

③ 화폐성 외화자산과 화폐성 외화부채는 외화예금, 외화융자금, 외화차입금 등과 같이 화폐가치의 변동과 상관없이 자산과 부채금액이 계약 및 기타의 원인에 의하여 일정액의 화폐액으로 고정되어 있는 경우의 당해 자산과 부채를 말한다.

2.1 ●● 외화자산 · 부채의 의의

외화자산 · 부채는 화폐성 자산 · 부채와 비화폐성 자산 · 부채로 구분한다. 화폐성 외화자산 · 부채란 화폐가치의 변동과 상관없이 그 자산 · 부채 금액이 계약 등에 의하여 일정액의 화폐액으로 고정되어 있는 경우의 당해 자산 · 부채를 말한다. 예컨대 현금이나 현금 등가물, 매출채권이나 매입채무 등을 들 수 있다.

비화폐성 자산 · 부채란 화폐성이 아닌 자산 · 부채로서 화폐가치의 변동에 불구하고 일정수량의 재화 또는 용역 자체의 거래에 관련된 권리와 의무를 말한다. 예를 들면 건물 등 부동산을 외화를 매매하는 경우를 들 수 있다.

그런데 화폐성과 비화폐성의 성질을 모두 가지고 있는 외화자산과 외화부채는 해당 자산과 부채의 보유 목적이나 성질에 따라 구분한다.

2.2 •• 외화자산 · 부채의 환산

우리나라 국가 및 지방자치단체 회계기준은 화폐성 외화자산과 화폐성 외화부채에 대하여 회계연도 종료일 현재의 적절한 환율로 평가한 가액을 재정상태표(또는 재정상태보고서)에 반영하도록 하고 있다.

여기에서 적절한 환율이란 여러 가지 환율 예컨대 전신환 매매율, 현찰매매율 또는 매매기준율 등 중에서 기준이 되는 환율 즉 매매기준율을 적용하도록 국가와 지방자치단체 회계처리지침에 규정하고 있다.

그리고 환율차이에 대해서는 구체적으로 규정하고 있지 아니하나 외화환산이익 또는 외화환산손실 계정으로 처리하는 것이 타당하다고 본다.

화폐성 자산이 아닌 비화폐성 자산 및 부채에 대해서는 회계연도말이 아닌 당해 자산을 취득하거나 당해 부채를 부담한 당시의 적절한 환율로 평가하여 재무제표에 반영하여야 한다.

2.3 •• 국제공공회계기준의 외화자산 및 외화부채의 환산

최근들어 세계적인 금융위기가 각국의 경제를 어렵게 하고 있는데 특히 환율변동폭이 걷잡을 수 없이 심한 나라의 경우 외화자산이나 부채에 대한 평가가 중요한 이슈로 대두되고 있다. 따라서 국제회계기준의 내용을 정확히 파악하고 우리나라의 기준과 비교하는 것이 중요한 일이라 판단된다.

(1) 국제공공회계기준의 최근 변경내용

국제공공회계기준위원회는 최근에 국제공공회계기준 제4호 "외국환율의 변동효과(The effects of changes in foreign exchange rates)"를 대폭 변경하였다. 그 이유는 민간부문에 적용되는 국제회계기준과의 정합화(convergence)를 위해서이다.

그 주요변경내용은 다음과 같다.

첫째, 재무제표에 보고되는 보고통화(report currency)를 기능통화(functional currency)와 표시통화(presentation currency)로 구분하여 운영하고 있다. 기능통화란 회계실체가 업무적으로 주로 사용하는 통화를 의미한다. 표시통화란 재무제표상에 표시되는 통화를 의미한다.

따라서 보고실체를 포함한 개개의 기관을 기능통화로 어떤 통화를 사용할 것인지를 결정하고 그 통화단위로 재무상태와 재무성과를 측정하도록 하고 있다.

그리고 해외활동과 해외기관에 대한 회계처리 구분을 없앴다.

종전 회계기준에서는 외국 자회사 등 외국기관에 대한 투자와 해외활동에서 일어나는 거래를 구분하여 해외기관에 대한 투자에 따른 화폐성 자산 또는 부채에 대한 환율변동은 자본조정항목으로 분류 후 위 투자자산 또는 부채 처분시 손익으로 인식할 수 있도록 대체안을 허용하였다.

그러나 새로운 회계기준에서는 이들 구분을 없앴고 동일한 기능통화를 사용하여 동일한 방법으로 환산하도록 하고 있다. 그리고 해외기관의 투자활동과 관련하여 헷징을 할 수 있는 수단이 없는 심각한 통화가치의 하락의 경우에는 그 환산손실액을 관련 자산의 장부가액에 포함하여 원가로 간주하던 것을 모두 없애고 당기 손익에 반영토록 하였다.

(2) 기능통화에 의한 외국 통화거래의 보고

각 회계실체가 업무적으로 주로 사용하는 화폐를 기능통화로 본다고 하였다. 그런데 여기에서 각 실체의 여러 부문에서 다양한 해외활동으로 인하여 기능통화를 어느 것으로 사용할 것인가를 결정하는 경우가 있다. 이때에는 ① 주 수입원이 이루어지는 통화, ② 상품이나 서비스의 판매 가격에 주로 영향을 주는 통화, ③ 그 해당 통화당국의 영향력이 상품이나 서비스의 판매가격을 주로 결정하는 통화를 기능통화로 보게 된다.

가) 최초의 인식

다음과 같은 외환거래는 기능통화로 인식되어야 한다.

첫째, 외화로 표시된 재화와 용역의 매매거래
둘째, 외화로 표시된 지급어음이나 받을어음을 통하여 자금의 대여 또는 상환
셋째, 외화로 표시된 자산의 취득이나 처분 또는 부채의 발생이나 상환

이러한 외환거래는 거래일 현재의 기능통화와 외국통화간의 현물외국환율에 의하여 기능통화로 환산하여 인식하고 기록하게 된다.[22)]

이때의 환율은 거래당일의 환율에 의하는 것이 일반적이나 일주일 또는 한 달간의 평균 환율로 하는 것이 실무상 더 타당하다고 인정되는 경우 평균 환

율로 적용할 수 있다. 그러나 환율의 변동폭이 심하게 변동하는 경우에는 평균 환율의 적용은 부적절하다.

나) 회계연도말 보고

매 회계연도 말에 ① 화폐성 외화항목은 연도말 환율을 적용하여 환산하고 ② 역사적 원가로 측정된 외화표시 비화폐성 항목에 대해서는 거래일 현재의 환율을 적용하여 환산하고 ③ 공정가치로 측정된 외화표시 비화폐성 항목에 대해서는 공정가치가 결정된 날의 환율을 적용하여 환산한다.

다) 환율차이에 대한 인식

화폐성 항목에 대한 환율변동의 차이에 대해서는 당기의 손익으로 처리한다. 그러나 유형고정자산의 경우와 같이 비화폐성 외화 자산 · 부채의 평가로부터 발생하는 이득이나 손실에 대해서는 순자산 조정으로 처리하도록 하고 있기 때문에 이들 비화폐성 항목에 대한 이득이나 손실이 순자산 조정으로 된 경우에는 환율변동으로 인한 이득이나 손실 역시 순자산 조정으로 처리한다. 또한 해외 활동에서 화폐성 항목에 대한 투자가 이루어 질 때가 있다. 즉 장기채권이나 장기대여금처럼 단기간에 결제가 예상되지 아니할 때를 의미한다. 이 경우에 나타나는 환율변동은 개별재무제표와 별개의 재무제표상에는 당기의 손익으로 인식하고 전체 재무제표, 즉 결합재무재표에 있어서는 환율차이는 최초 인식시에 순자산으로 분류하고 처분시에 손익으로 인식하도록 한다.

(3) 기능통화 이외의 표시통화의 사용

국제공공회계기준은 회계 실체가 어느 통화를 사용하여 재무제표를 사용하도록 허용하고 있다. 예컨대, 해외활동이 많은 여러 해외 자회사들이 있는 경우 각각 별개의 기능통화를 사용할 수 있다. 이 경우와 같이 기능통화와 다른 표시통화를 사용하게 되는 경우, 재무제표의 재정상태와 운영활동을 표시통화로 환산하여 작성하여야 한다.

이 경우에 기능통화가 변동이 심한 경우와 변동이 심하지 않은 경우로 구분하여 환산절차가 이루어진다. 기능통화가 변동이 심하지 않은 경우에 있어서는

첫째, 각 개별 재정상태표상의 자산과 부채에 대해서는 회계연도말 환율을

25) IPSASB, IPSAS 4 *The Effects of Changes in Foreign Exchange Rates*, para, 23.

●● 표 5-11 기능통화의 구분

구 분	변동성이 적은 기능통화	변동성이 심한 기능통화
기준 환율	자산 · 부채 : 회계연도말 환율 수익 · 비용 : 거래일 환율	자산 · 부채 · 수익 · 비용 : 모두 회계연도 말 환율
환율차이의 회계처리	순자산 조정	당기손익으로 처리 (해외투자에 대해서는 예외로 순자산 조정)

적용하여 환산한다.

둘째, 각 개별 재정상태표상의 수익과 비용에 대해서는 각 거래가 일어난 날의 환율로 환산한다.

셋째, 이들 모든 환율차이는 순자산 항목의 하나로 표시된다.

기능통화가 변동이 심한 경우에 있어서는 모든 금액, 즉 자산, 부채, 순자산 항목, 수익과 비용, 비교항목 등에 대해서는 가장 최근에 만들어진 재정상태표 작성일 현재의 마감 환율을 적용하여 환산하도록 한다.

두 가지 경우의 차이점은 기능통화가 변동가능성이 많은 경우에는 모든 환율을 기말을 기준으로 하여 환산하게 되는 것이고, 기능통화가 변동 가능성이 적은 경우에는 수익과 비용항목에 대해서는 회계연도말이 아닌 거래일의 환율을 적용한다는 것이다.

3 리스거래

▶ 국가회계기준 제48조(리스에 따른 자산과 부채의 평가)

① 리스는 일정 기간 설비 등 특정 자산의 사용권을 리스회사로부터 이전받고, 그 대가로 사용료를 지급하는 계약을 말하며, 다음 각 호와 같이 구분한다.

1. 금융리스: 리스자산의 소유에 따른 위험과 효익이 실질적으로 리스이용자에게 이전되는 리스
2. 운용리스: 제1호 외의 리스

② 금융리스는 리스료를 내재이자율로 할인한 가액과 리스자산의 공정가액 중 낮은 금액을 리스자산과 리스부채로 각각 계상하여 감가상각하고, 운용리스는 리스료를 해당 회계연도의 비용으로 회계처리한다.

▶ 지방자치단체회계기준 제58조(리스에 따른 자산과 부채의 평가)

① 리스는 지방자치단체가 일정기간 설비 등 특정 자산의 사용권을 리스회사로부터 이전 받고, 그 대가로 사용료를 지급하는 계약을 말한다.
② 리스는 금융리스와 운용리스로 구분하며, 금융리스는 리스자산의 소유에 따른 위험과 효익이 실질적으로 리스이용자에게 이전되는 리스이고, 윤용리스는 금융리스 외의 리스를 말한다. 〈개정 2009. 12. 31.〉
③ 금융리스는 리스료를 내재이자율로 할인한 가액과 리스자산의 공정가액 중 낮은 금액을 리스자산과 리스부채로 각각 계상하여 감가상각하고, 윤용리스는 리스료를 해당 회계연도의 비용으로 회계처리한다. 〈신설 2009. 12. 31.〉

3.1 •• 리스의 의의 및 분류

(1) 리스의 의의

리스란 국가가 일정기간 설비 등 특정자산의 사용권을 리스회사로부터 이전받고 그 대가로 사용료를 지급하는 계약을 말한다.

리스거래는 민간부문 뿐만 아니라 공공부문에서도 점점 이용이 일반화되기 시작하였다. 정부가 리스를 이용하는 이유는 여러 가지가 있을 수 있으나 리스를 이용함으로써 정부로서도 많은 초기자본투자의 부담을 줄일 수 있고 때로는 리스를 이용하는 것이 비용을 적게 드는 경우도 있기 때문이다. 전자의 예가 학교시설을 민간업자가 건설하여 정부에 임대하는 형태의 리스, 즉 BTL(Build, Transfer and Lease) 방식에 의한 리스가 있다. 후자의 예로서는 업무용 차량을 임차하여 사용하는 경우를 들 수 있다.

(2) 리스의 분류

리스는 리스자산의 소유에 따른 위험과 효익이 실질적으로 국가에 이전되는지 여부에 따라 금융리스와 운용리스로 분류한다. 즉 금융리스(finance lease)는 리스자산의 소유에 따른 위험과 효익이 실질적으로 국가에 이전되는 리스를 말하며 그 이외의 리스는 운용리스(operating lease)로 본다.

여기에서 위험이란 자산의 운용, 기술적 진부화 또는 경제적 여건 변동에 따른 변화로 인한 손실가능성을 의미한다. 그리고 효익이란 자산의 경제적 내용연수 동안 용역잠재력이나 수익활동에 대한 기대 및 가치증대 또는 잔존가치의 실현에서 발생하는 수익에 대한 기대를 의미한다.

국가회계기준에서는 리스분류에 대해서 금융리스와 운용리스로 분류하는 원칙만 제시하고 있고 그 분류기준에 대하여는 「금융 및 운용리스 회계처리지침」에서 상세하게 규정되어 있다. 지방정부회계기준에서도 마찬가지로 금융리스와 운용리스로 구분하고 있다.

리스의 분류는 계약의 형식보다도 거래의 실질에 따라서 분류하도록 국제공공회계기준이나 우리나라 기업회계기준에서도 요구하고 있다.[26)]

(3) 금융리스요건

『지방자치단체 발생주의 복식부기 회계처리지침』에 의하면 금융리스는 리스기간 동안 실질적인 계약해지금지조건이 부과되어야 하며 이러한 전제조건하에 금융리스로 분리되는 예로서 다음과 같은 사항을 들고 있다.

- 리스기간 종료시 또는 그 이전에 리스자산의 소유권이 무상 또는 일정한 가액으로 정부보고실체 등에 이전하기로 약정한 경우
- 공정가액보다 현저하게 낮은 가액으로 리스자산을 구매하거나 계약을 갱신할 수 있는 권리(염가구매선택권)가 정부보고실체 등에게 주어진 경우
- 리스기간이 리스자산의 내용연수의 100분의 75 이상인 경우
- 리스실행일 현재 기본리스료를 내재이자율로 할인한 현재가치가 리스자산의 공정가액의 100분의 90 이상인 경우
- 리스이용자만이 중요한 변경없이 사용할 수 있는 특수한 용도의 리스자산인 경우

국가의 「금융 및 운용리스 회계처리지침」에서는 금융리스로 분류할 수 있는 기준들로서는 다음과 같은 것들을 들고 있다. 따라서 그 이외의 리스는 운용리스로 계상한다.

- 리스기간종료시 또는 그 이전에 리스자산의 소유권이 리스이용자에게 이전되는 경우
- 리스실행일 현재 리스이용자가 염가매수선택권을 가지고 있고, 이를 행사할 것이 확실시되는 경우
- 리스자산의 소유권이 이전되지 않더라도 리스기간이 리스자산 내용연수

26) 기업회계기준서 제19호 8조 및 IPSASB, IPSAS 13 "Leases", para, 13 참조.

의 상당부분을 차지하는 경우

- 리스실행일 현재에 최소리스료를 내재이자율로 할인한 현재가치가 리스자산 공정가치의 대부분을 차지하는 경우
- 리스이용자만이 중요한 변경없이 사용할 수 있는 특수한 용도의 리스자산인 경우

3.2 ●● 금융리스 채무 인식

리스이용자는 금융리스로 인하여 획득된 자산을 자산으로 인식하고 관련 리스 부채를 부채로 인식하여야 한다. 리스자산과 부채는 리스실행일 현재 리스료를 내재이자율로 할인한 가액 즉 리스료의 현재가치와 리스자산의 공정가액 중 적은 금액에 해당하는 금액으로 각각 인식한다.

최초리스료의 현재가치를 산정함에 있어서 적용되는 할인율은 리스의 내재이자율(interest rate implicit in the lease)이며 만일 이를 산출하는데 어려움이 있는 경우에는 리스이용자의 증분차입이자율(incremental borrowing rate)을 적용하도록 하고 있다.

(1) 내재이자율

내재이자율이란 리스실행일 현재 ① 최초리스료와 ② 리스자산 공정가치에 일치하는 무보증 잔존가치에 대한 총 현재가치를 나타내는 할인율을 의미한다.

(2) 리스이용자의 증분차입이자율

리스이용자의 증분차입이자율이란 리스이용자가 유사한 리스에 대해 부담해야 할 이자율이거나 이러한 이자율을 결정할 수 없는 경우에는 리스 실행일에 리스이용자가 유사한 조건과 유사한 담보로 리스자산 구입에 필요한 자금을 차입할 경우 부담해야 할 이자율을 의미한다.

3.3 ●● 리스료의 회계처리

리스료는 이자비용과 리스부채의 상환액으로 배분한다. 이자비용은 매기 부채 잔액에 대한 일정한 기간이자율이 되도록 리스기간 동안에 걸쳐 배분되

어야 한다.

(1) 운용리스

운용리스의 리스료에 대해서는 당 회계연도 비용으로 처리한다. 그리고 다른 체계적인 인식기준이 없다면 리스기간에 걸쳐 균등하게 배분된 금액을 기준으로 계속적으로 비용으로 처리한다.

(2) 금융리스

가) 최초의 인식

금융리스는 매 회계기간에 이자비용 뿐만 아니라 금융자산의 감가상각비가 발생한다.

금융리스에 대하여는 리스료를 내재이자율로 할인한 가격과 리스자산의 공정가액 중 낮은 금액을 리스자산과 리스부채로 각각 계상하고 이에 대하여 감가상각을 하여야 한다.

여기에서 내재이자율(the interest rate implicit in the lease)이 주어진 경우에 최소 리스료의 현재가치 산식은 다음과 같다.

$$PV = \frac{S}{(1 + r)^n} + \frac{A}{r}\left[1 - \frac{1}{(1 + r)^n}\right]$$

PV : 최소리스료 현재가치
S : 보증잔존가치
A : 정기적인 기간비용(리스료)
r : 내재이자율
n : 리스기간

또한 위 공식에서 최소리스료의 현재가치를 알 수 있다면 이러한 공식에 따라 내재이자율을 산출할 수 있는데 이에는 시행착오법과 보간법 중에서 선택하여 사용할 수 있다.

사 례

정부 x부처에서 업무용차량(승용차)을 임차하여 사용하기로 하였다. 그 승용차의 공정가치는 25백만원이었고, 연간 리스료는 5,429천원이었다. 리스기간은 4년이고, 보증잔존가치는 1천만원이었다. x부처는 보험료 등 유지비용을 모두 부담하여야 한다.

리스계약서에는 내재이자율을 특별히 정한 것은 없고 x부처의 증분이자율은 7%라고 가정한다.

① **시행착오법**(Trial and Error Method)

먼저 7%의 증분이자율을 내재이자율로 보아 계상하여 현재가치를 산정하면

$$PV = \frac{10,000}{(1 + 0.07)^4} + \frac{5,429}{0.07}\left[1 - \frac{1}{(1 + 0.07)^4}\right]$$

$$= 7,629 + 18,390$$

$$= 26,019$$

현재가치가 26,019천원이 되어 공정가치 25,000천원을 초과하므로 증분이자율을 올려 계상하면

7.5%일 때 현재가치 = 25,673

10.0%일 때 현재가치 = 24,040

8.0%일 때 현재가치 = 25,333

8.5%일 때 현재가치 = 25,000

따라서 8.5%일 때 현재가치가 25,000천원으로 일치한다.

② **보간법**(Interpolation Method)

위의 시행착오법에서 7%일 때와 10%일 때의 현재가치를 파악하여 그 차이를 이자율과 비례하여 정확한 내재이자율을 계상한다.

7%시의 현재가지 26,019천원 : 26,019 − 25,000 = 1,019

10%시의 현재가치 24,040천원 : 24,040 − 25,000 = △960

$$r = 7\% + (10\% - 7\%)\frac{1,019}{(1,019 + 960)}$$

$$= 7\% + (3\% \times 0.5)$$

$$= 7\% + 1.5\%$$

$$= 8.5\%$$

리스 실행 일에 금융리스자산과 금융리스부채는 재정상태표에 동일한 금액으로 인식하여야 한다. 그런데 리스개설을 위하여 비용이 발생하는 경우가 있다. 이 경우에 리스이용자의 리스개설직접원가는 금융리스자산으로 인식될 금액에 포함시켜야 한다. 그렇게 될 경우 리스자산금액과 리스부채금액은 일치

하지 않게 된다.

나) 후속 측정

금융리스료의 회계처리는 다음과 같다.

우선 보증잔존가치를 제외한 매기의 리스료는 이자비용과 리스부채의 상환액으로 배분하여 회계처리한다. 이때에 이자비용은 유효이자율법으로 계산한다.

그리고 금융리스자산에 대하여 감가상각을 하여야 하는데 리스이용자가 소유한 다른 유사자산의 감가상각과 일관성 있게 회계처리하여야 한다. 즉 리스이용자가 자산의 소유권을 획득할 것이 확실시 되는 경우에는 자산의 내용연수에 걸쳐서 감가상각을 하고 그렇지 아니한 경우에는 리스기간과 내용연수 중 짧은 기간에 걸쳐 감가상각을 하여야 한다.

구분	상황	감가상각기간
금융리스	리스이용자가 리스기간 종료시 또는 그 이전에 리스자산의 소유권을 획득할 것이 확실시 되는 경우	자산의 내용연수
	상기 이외의 경우	Min[리스기간 자산 내용연수]
운용리스	리스제공자가 감가상각함	

사 례

앞의 사례에서 x부처의 업무용승용차의 임차(임차료 연간 5,429천원)에 대한 내재이자율을 8.5%로 하여 회계처리는 다음과 같다.

이 임차차량과 동종 차량의 x부처에서의 내용연수는 8년이고, 잔존가액은 10%이다(정액법). 우선 리스료의 이자비용과 부채상환액으로 구분한다.

(금액단위 : 천원)

구분 \ 리스연도	초 기	1년차	2년차	3년차	4년차
리스부채 현재가치	25,000	25,000	21,696	18,110	14,221
이자비용	-	2,125[1]	1,844	1,539	1,209
부채감소	-	3,304[2]	3,585	3,890	4,220
기말부채잔액	25,000	21,696	18,110	14,221	-

1) 25,000 × 0.085 = 2,125
2) 5,429 - 2,125 = 3,304

리스계약시 회계처리

(차) 금융리스자산 25,000,000 (대) 금융리스부채 25,000,000

1년차 회계연도말

(차) 지급이자 2,125,000 (대) 현금 5,429,000

(차) 금융리스부채 3,304,000 (대) 리스자산감가충당금 2,812,500

2년차 회계연도말

(차) 지급이자 1,844,000 (대) 현금 5,429,000

금융리스부채 3,585,000

(차) 리스자산감가상각비 2,812,500 (대) 리스자산감가충당금 2,812,500

3년차 회계연도말

(차) 지급이자 1,539,000 (대) 현금 5,429,000

금융리스부채 3,890,000

(차) 리스자산감가상각비 2,812,500 (대) 리스자산감가충당금 2,812,500

4년차 회계연도말

① 리스료 지급 및 감가상각 계상

(차) 지급이자 1,209,000 (대) 현금 5,429,000

금융리스부채 4,220,000

(차) 리스자산감가상각비 2,812,500 (대) 리스자산감가충당금 2,812,500

② 리스계약 종료하고 소유권 이전(잔존가액은 현금지급)

(차) 금융리스부채 10,000,000 (대) 현금 10,000,000

(차) 차량운반구 25,000,000 (대) 리스자산 25,000,000

리스자산감가충당금 11,250,000 감가충당금 11,250,000

3.4 ●● 민간투자사업의 회계처리

(1) 민간투자사업의 의의 및 유형

앞에서 설명한 바와 같이 최근들어 정부사업을 민간인이나 민간기업이 대행하는 경우가 많아지고 있다. 이들 민간투자사업은 민간인의 자본이나 민간인의 기술로 정부가 건설하여야 할 공공시설을 건설하고 정부로부터 이에 대한 일정기간 운영권을 갖거나 정부로부터 정부가 사용하는 대가를 지급받는다.

이러한 민간참여방식은 대표적으로 3가지를 들고 있다.

첫째, BTL(Build-Transfer-Lease)방식 즉 임대형 민자사업이다. 이 방식은 사업시행자가 사회기반시설을 준공한 후 국가 및 지자체에게 그 소유권을 넘기면서 시설사용권을 갖고 그 시설을 정부에 임대하여 투자비를 회수하는 사업방식이다. 최근에 학교시설을 이 방식으로 건설하는 경우가 많다.

둘째, BTO(Build-Transfer-Operation) 방식 즉 수익형 민자사업이다. 이 방식은 사회기반시설의 준공과 동시에 당해 시설의 소유권이 국가 또는 지방자치단체로 귀속되며 사업시행자에게 일정기간의 시설관리 운영권을 인정하는 방식이다. 사업시행자는 시설관리권을 가지고 일정 기간 사업을 영위하게 되며 그 기간 동안 건설비를 충당하게 된다. 대규모 민자도로건설사업 등이 대표적인 예이다.

셋째, BOT(Build-Operate-Transfer) 방식이다. 이 방식도 일종의 수익형 민자사업인데 BTO와 반대로 사회기반시설을 준공하여 일정기간 사업시행자가 시설관리운영권을 부여받아 운영한 후 국가에 그 소유권을 넘기는 방식이다.

(2) 민간투자사업에 대한 회계처리

민간투자사업에 대한 구체적인 회계처리기준에 대하여 국가나 지방자치단체회계기준에서는 규정되어 있지 아니하다. 다만 국가회계에서는 「민간투자사업(BTO · BTL) 회계처리지침」에, 지방자치단체회계에서는 「지방자치단체 재무회계운영규정」에 회계처리 예시를 통하여 설명하고 있다.

그리고 민간투자사업은 궁극적으로 건설비용이 국민의 부담으로 귀결이 되기 때문에 정부로서는 건설비용에 대하여 엄격한 통제를 가하게 된다. 때로는 여러 가지 지원을 통하여 건설이 촉진되도록 한다. 보조금을 지급하는 경우도 있다. 국가나 지방자치단체가 BTL 또는 BTO 사업시행자에 지급하는 건설보조금이나 위탁대행사업자에게 지급하는 위탁대행사업비는 민간투자사업에 따라 취득하는 자산가액에 가산하여야 한다

또한 민간투자사업에 장기간이 소요되어 건설보조금 또는 위탁대행사업비가 연차적으로 발생하는 경우 지출시 건설중인 자산으로 처리한 후 이를 완공시 민간투자사업에 따라 취득하는 자산으로 대체한다.

민간투자사업자가 사회기반시설 등을 건설하여 국가에 기부채납할 때에 BTL의 경우와 BTO의 경우가 다소 다르다.

가) 수익형 민자사업(BTO) 방식 회계처리

BTO방식에 의하여 일반유형자산이나 사회기반시설자산을 취득하는 경우 자산 준공 후에 국가에 기부채납할 때 해당 자산이 취득된 것으로 회계처리한다. 이때에 민간사업자에게 부여된 관리운영권은 자산의 차감계정인 사용수익권으로 계상한다.

자산의 취득원가는 공정가액으로 하되 민간투자비 총액을 공정가액으로 볼 수 있다. 사용수익권은 권리의 제공기간에 걸쳐서 상각한다. 이 경우 취득한 자산의 상각 내용연수는 자산의 내용연수로 하되 사용수익권 제공기간이 자산 내용연수보다 길 경우 사용수익권 제공기간을 내용연수로 한다. 사용수익권의 상각은 정부외자산수증(지방자치단체의 경우 '기부채납에 의한 자산증가')으로 처리한다.

사례 A : 국가

20xx년 A부처는 다음과 같이 민간투자사업 방식으로 건물(내용연수 20년)을 취득하였다. 민간투자비 총액은 100억원이며 사업시행자에게 향후 10년간 사용수익권을 인정해주기로 합의하였다(단위: 억원).

임대기간: 10년
기대수익률: 5.5%
총민간투자비: 100억원
부속사업순이익: 5억원/년
부속사업운영비용: 3억원/년

① 준공후 기부채납시

(차) 건　물	100	(대) 건물사용수익권	100

② 시설임대료지급시: 해당 사항 없음

③ 부속사업수익 및 운영비용 정산시: 해당 사항 없음

④ 감가상각시

(차) 건물감가상각비	5	(대) 건물감가상각충당금	5
건물사용수익권	10	정부외자산수증익	10

나) 임대형민자사업(BTL) 방식 회계처리

BTL방식에 의해 일반유형자산이나 사회기반시설을 취득하는 경우 정부가 민간사업자에게 부여된 관리운영권을 임차한 대가로 지급하는 임대료를 실질적인 자산의 취득대가로 보아 장기연불조건으로 시설물을 취득하는 회계처리를 수행한다.

이 경우에 임대료지급액의 현재가치를 자산의 취득원가로 계상하되 정부지급금을 구성하는 시설임대료(민간투자비에 해당)와 운영비 중 임대료의 현재가치만을 자산의 취득대가에 포함하고 운영비는 지급시점에 비용으로 회계처리한다. 이는 시설임대료는 자산 취득시점에 부채의 요건을 충족하는 것이지만 운영비는 부채의 요건을 충족하지 않기 때문이다.

사례 B : 국가

20xx년 B부처는 다음과 같이 민간투자사업 방식으로 건물(내용연수 20년)을 취득하였다. 이 건물에 대하여 사용수익권을 인정하고 동 건물을 다시 임차하였으며, 향후 10년간 지급하여 연간 지급해야할 시설임대료는 13.27억원이 된다.

임대기간: 10년
연도별임대료지급방식: 매년 동일한 금액
기대수익률: 5.5%
총민간투자비: 100억원
부속사업순이익: 5억원/년
부속사업운영비용: 3억원/년

① 준공후 기부채납시

(차) 건　물*	100	(대) 기타의 장기미지급금**	100
기타의장기미지급금	32.7		
현재가치할인차금			

* 건물사용수익권은 형식적 요건일 뿐 경제적 실질은 임대료 명칭으로 장기연불 조건으로 건물을 취득한 거래로 간주함. 건물의 취득가액 100억원은 연간 지급해야할 시설임대료 13.27억원의 현재가치임.

** 10년 동안 지급해야 할 연간 시설임대료 13.27억원의 명목가치임.

② 시설임대료지급시

(차) 기타의장기미지급금	13.27	(대) 현금및현금성자산	13.27
기타의기타이자비용***	5.5	기타의장기미지급금	5.5
		현재가치할인차금	

③ 부속사업수익 및 운영비용 정산시

(차) 현금및현금성자산	5	(대) 사용료수익	5
운영비용	3	현금및현금성자산	3

④ 건물감가상각시

(차) 감가상각비	5	(대) 감가상각충당금	5

***현재가치할인차금상각표 (단위 : 억원)

연도	현재가치할인차금상각	부채상환액	장부가액
			100.00
2001	5.50	13.27	92.23
2002	5.07	13.27	84.04
2003	4.62	13.27	75.39
2004	4.15	13.27	66.27
2005	3.65	13.27	56.65
2006	3.12	13.27	46.50
2007	2.56	13.27	35.79
2008	1.97	13.27	24.49
2009	1.35	13.27	12.58
2010	0.69	13.27	-

4 파생상품거래

▶ 국가회계기준 제49조(파생상품의 평가)

① 파생상품은 해당 계약에 따라 발생한 권리와 의무를 각각 자산 및 부채로 계상하여야 하며, 공정가액으로 평가한 금액을 재정상태표 가액으로 한다.

② 파생상품에서 발생한 평가손익은 발생한 시점에 재정운영순원가에 반영한다. 다만, 미래예상거래의 현금흐름변동위험을 회피하는 계약에서 발생하는 평가손익은 순자산변동표의 조정항목 중 파생상품평가손익으로 표시한다.

③ 파생상품 거래는 그 거래 목적 및 거래명세 등을 주석으로 표시한다. 이 경우 위험회피 목적의 파생상품 거래인 경우에는 위험회피 대상항목, 위험회피 대상범위, 위험회피 활동을 반영하기 위한 회계처리방법, 이연된 손익금액 등을 표시한다.

4.1 ●● 파생상품의 의의와 종류

파생상품이란 주식이나 채권 같은 전통적인 금융상품 또는 금이나 석유 같은 현물자산을 기초상품으로 하여 새로운 현금흐름을 만들어 내는 자산을 말한다.

파생상품은 선도(forward) · 선물(future) · 옵션(option) · 스왑(swap)의 4가지를 기본으로 한다. 이 4가지에서 다양한 변형이 나온다.

우선 선도거래란 미래의 일정시점에 매매하기로 하고 가격 · 수량 등을 당사자간에 미리 정해놓는 것을 말한다. 야채도매상이 봄에 배추를 재배하는 농부를 찾아가 가을에 배추를 수확할 때 수확량 전부를 일정가격에 미리 사기로 계약을 맺었다고 하면 이것이 선도거래이다. 가을에 배추의 시장가격이 떨어지더라도 농부는 계약된 금액을 받을수 있고 반대로 시장가격이 오른다 해도 상인은 계약된 가격으로 배추를 살 수 있게 된다. 즉 선도거래를 하면 파는 쪽인 농부는 가격 하락의 위험을 없애는 대신 가격이 상승할 때의 이익도 포기하게 된다. 반대로 사는 쪽인 야채도매상은 싸게 살 수 있는 가능성을 포기하는 대신 비싸게 사야하는 위험을 피할 수 있다.

둘째로 선물거래는 수량 · 규격 · 품질 등이 표준화 되어 있는 특정대상에 대하여 현재시점에서 결정된 가격에 의해 미래 일정시점에 인도 · 인수할 것을 약정한 계약으로서 조직화된 시장에서 정해진 방법으로 거래하는 것을 말한다. 이는 선도거래와 유사하지만 사적인 계약이 아닌 정식 거래소에서 규격화된 상품으로 거래한다는 점에서 차이가 있다. 앞의 예에서는 야채상과 농부 사이에 어느 한쪽이 일방적으로 계약을 위반하더라도 상대방은 법원에 소송을 내는 것 외에 다른 대책이 없다. 그러나 선물 거래의 경우는 거래소에서 결제가 반드시 이행되도록 책임을 져준다.

셋째로 옵션거래는 계약 당사자간에 정하는 바에 따라 일정한 기간내에 미리 정해진 가격으로 외화나 유가증권 등을 사거나 팔 수 있는 권리에 대한 계약을 말한다. 위 의 예에서 야채 도매상이 농부로부터 가을에 포기당 1천원에 배추를 살 수 있는 권리(옵션)를 사고, 농부는 옵션을 파는 대신 포기당 1백원을 프리미엄으로 받았다고 하면 이것이 옵션계약이다. 가을이 되어 배추값이 포기당 1천5백원으로 오르면 야채 도매상은 옵션을 행사해서 포기당 1천원에 배추를 살 수 있다. 만일 포기당 5백원으로 떨어지면 야채도매상은 옵션을 포기하면 그만이다. 이 경우 야채도매상은 농부에게 준 프리미엄만큼 손해를 감수해야 한다. 옵션을 행사할지 말지는 전적으로 매수자에게 달려있다. 옵션은 두 종류로 나뉜다. 살 수 있는 권리는 콜(call)옵션, 팔 수 있는 권리는 풋(put)옵션이라고 한다. 위의 예는 콜옵션의 경우다.

마지막으로 스왑거래는 특정기간 동안에 발생하는 일정한 현금흐름을 다른 현금흐름과 교환하는 연속된 선도거래를 말한다. '맞바꿈'이라고 생각하면 이해하기 쉽다.

4.2 ●● 파생상품의 보유목적

파생상품은 보유목적에 따라 매매목적과 위험회피목적으로 구분할 수 있다. 위험회피의 유형은 다시 공정가액 위험회피, 현금흐름 위험회피로 나눌 수 있다.

공정가액 위험회피는 특정위험으로 인한 자산, 부채 및 확정계약의 공정가액변동위험을 상계하기 위하여 파생상품 등을 이용하는 것이다. 예컨대 고정이자율 조건의 대출을 하는 경우를 들 수 있다.

현금흐름 위험회피는 특정위험으로 인한 자산, 부채 및 예상거래의 미래현금흐름변동위험을 상계하기 위하여 파생상품을 이용하는 것이다. 예를 들면 변동이자율 조건의 이자수입액 및 지급액의 변동을 들 수 있다.

●● 표 5-12 공정가액위험회피와 현금흐름 위험회피

구 분	공정가액 위험회피	현금흐름 위험회피
내 용	특정위험으로 인한 자산, 부채 및 확정계약의 공정가액변동위험을 상계하기 위한 것	특정위험으로 인한 자산, 부채 및 예상거래의 미래현금흐름변동위험을 상계하기 위한 것
예 시	고정이자율 조건의 대출금	변동이자율 조건의 이자수입액
평가손익 회계처리	당기손익으로 계상	순자산조정으로 계상

4.3 ●● 파생상품 회계처리의 일반원칙

(1) 파생상품의 인식 및 평가

파생상품은 해당계약에 따라 발생된 권리와 의무를 자산 · 부채로 인식하여 재정상태표에 계상하여야 하며 모든 파생상품은 공정가액으로 평가하여야 한다. 따라서 자산 · 부채로 재정상태표에 계상하여야 할 금액은 계약금액이 아니라 공정가액을 의미한다. 그리고 공정가액으로 평가하는 경우에도 결산시 뿐만 아니라 최초 계약시에도 공정가액으로 평가하여 인식하여야 한다. 그런데 최초 계약시점의 공정가액은 '0'인 경우가 대부분이다. 예를 들어 계약체결 시점의 공정가액인 통화선도가격으로 통화선도거래계약을 체결했을 경우 계약 체결시점에서 해당 통화선도거래로 인하여 지급하거나 수취해야할 원화환산금액이 동액이므로 통화선도거래의 공정가액은 '0'이며 따라서 계약시점에서 자산 · 부채로 계상할 금액은 없게 된다.

(2) 파생상품의 회계처리

가) 일반원칙

위험회피유형이 아닌 매매목적 파생상품에서 발생한 평가손익은 발생한 시점에 재정운영순원가에 반영한다. 즉 당기손익으로 처리한다는 뜻이다. 그리고 위험회피로 지정된 파생상품 중에서도 공정위험회피 파생상품은 매매목적 파생상품과 같이 취급한다.

나) 현금흐름변동회피 파생상품

미래예상거래의 현금흐름변동위험을 회피하는 계약에서 발생하는 평가손익은 순자산변동표의 조정항목 중 파생상품평가손익으로 표시한다.

다) 주석표시

그리고 파생상품 거래는 그 거래 목적 및 거래명세 등을 주석으로 표시한다. 이 경우 위험회피 목적의 파생상품 거래인 경우에는 위험회피 대상항목, 위험회피 대상범위, 위험회피 활동을 반영하기 위한 회계처리방법, 이연된 손익금액 등을 표시한다.

사 례

A 기관은 원화의 평가절하를 예상하고 다음과 같은 통화선도계약을 체결하였다.

- 통화선도계약체결일 : 20xx. 10.1
- 계약기간 : 6개월

- 계약조건: US$1,000을 통화선도환율 @₩1,200/$1로 매입함
- 환율변동내역

일자	현물환율	통화선도환율
20xx.10.1	1,180	1,200(만기6개월)
20xx.12.31	1.190	1,200(만기3개월)
20xy.2.28	1,150	

- 20xx.12.31 현재의 적절한 할인율은 6%

(회계처리)

20xx.10.1 통화선도계약 체결

(공정가액이 '0' 이므로 회계처리 없음)

※ US$ 미수액 1,000 × 1,200 = 1,200,000

₩ 미지급액 1,200,000

20xx.12.31 연말 평가

(차) 통화선도	9,900	(대) 통화선도평가이익	9,900

※ US$미수액 변동액 US$ 1,000 × (1,210 − 1,200) = 10,000

통화선도 평가이익 10,000 / $(1 + 0.06)^{60/366}$ = 9,900

20xy.2.28 계약완료후 청산

(차) 현금및현금성자산	1,150,000	(대) 현금및현금성자산	1,200,000
통화선도거래손실	59,900	통화선도	9,900

※ US$ 1,000 × 1,150 = 1,150,000

CHAPTER 06

부채 및 순자산회계

제1절 부채회계 개요

1 부채의 의의와 특징

국제공공회계기준(IPSAS) 제1호 "재무제표의 표시"에서는 부채(liabilities)를 "과거의 사건으로부터 일어나는 회계실체의 현재의 의무로서 이를 상환하기 위하여는 경제적 효익이나 용역잠재력을 가진 자원의 유출을 가져오는 것"으로 정의하고 있다.

우리나라 국가회계기준에서도 부채를 다음과 같이 정의하고 있다.

▶ 국가회계기준 제17조(부채의 정의 및 인식기준)

① 부채는 과거의 거래나 사건의 결과로 국가회계실체가 부담하고 있는 의무로서, 그 이행을 위하여 미래에 자원의 유출 또는 사용이 예상되는 현재의 의무를 말한다.

이와 마찬가지 의미로 지방자치단체회계기준에서도 부채를 다음과 같이 정의하고 있다.

▶ 지방자치단체회계기준 제11조(자산 · 부채 및 순자산의 정의)

② 부채는 과거 사건의 결과로 회계실체가 부담하는 의무로서 그 이행을 위하여 미래에 자원의 유출이 예상되는 현재 시점의 의무를 말한다.

이러한 부채의 정의를 살펴보면 다음과 같은 기본 특징을 가지고 있다.

부채의 첫째 특징은 과거의 거래사건의 결과로 일어나는 현재의 의무가 존재한다는 것이다. 즉 과거의 거래나 사건들이 제3자에게 의무나 책임이 부여되며 그 의무나 책임은 아직 해결되지 않고 현재까지 남아있다는 것이다. 미래에 일어날 사건으로 의무나 책임이 부여가 예상되는 것은 부채로서 현재의 의무가 발생되지 아니하였기 때문에 부채의 범위에 속하지 않는다.

둘째, 부채는 회계실체에게 재정적인 부담을 지우게 되는 것이다. 회계실체가 의무를 이행하기 위하여는 또 다른 채무를 부담하거나 현금이나 다른 자산을 처분하도록 강제되고 있는 것이다. 즉 미래에 자원의 유출이 예상되거나 기타 희생이 따르게 되며 그것이 현재 시점의 의무로 남아 있다는 것이다.

2 부채의 인식

2.1 •• 국제회계기준위원회의 부채인식기준

부채는 부채의 정의에 적합하고 다음과 같은 부채의 인식기준에 적합해야 부채로서 인식할 수 있다. 국제회계기준위원회(IASB)의 "Framework for the Preparation and Presentation of Financial Statements"에서 제시하고 있는 부채의 인식기준은 확실성과 측정가능성 2가지이다. 이 두 기준은 자산의 인식기준과 같다.

(1) 확실성

부채로 인식하기 위하여는 현재의 의무를 이행하기 위하여 경제적 효익을 가진 자원의 유출이 일어날 것이 확실히 예상되어야 한다는 것이다. 확실하다는 말은 합리적으로 예측될 수 있거나 활용 가능한 증거나 논리에 근거해 볼 때 발생하지 않는 것보다 더 가능성이 많은 것을 말한다.

(2) 측정가능성

장래 지급되어야 할 금액이 합리적으로 측정 가능하여야 한다는 것이다. 그러나 부채의 개념과 인식기준 등 두 가지 사항을 모두 만족시키기 어려운 경우가 있는데 예컨대 우발채무(Contingent Liabilities) 등이 있다. 이러한 부채의 정의나 인식기준에 적합하지 않은 경우 이들은 대개 주석에 포함시키게 된다.

2.2 •• 미국연방정부회계기준의 부채인식기준

미국연방정부회계기준 제5호 "연방정부의 부채회계"에 의하면 부채의 인식기준을 거래(transaction)에 의한 인식기준과 사건(event)에 의한 인식기준으로 구분하고 있다.[1)]

먼저 거래에 의한 부채인식기준은 교환거래에 의하여 발생한 부채와 비교환거래에 의하여 발생한 부채로 구분하고 있다.

교환거래에 의하여 발생한 부채의 경우에는 당사자 일방이 장래에 현금이나 다른 자원을 제공하기로 약속한 대가로 상품이나 용역을 제공받은 때에 인식한다. 예컨대 연방공무원이 보상에 대한 대가로 용역을 제공하는 경우 교환거래로 보게 되며 교환이 이루어졌을 때 정부의 입장에서는 고용주로서 비용으로 인식한다. 이때에 지급하지 못한 봉급이나 미래 지급약속된 퇴직보상금 등은 당기의 부채가 된다.

비교환거래는 당사자 일방이 대가 없이 가치를 주거나 받는 경우를 말하며 이 경우에 보고일 현재 미지급된 금액 모두를 부채로 인식하게 된다. 대부분의 교부금이나 보조금의 경우는 비교환거래의 일종이다. 연방정부가 보조금 등을 지급하는 경우 법령의 규정에 따라 교부하는 것이지 쌍방거래에 의하여 지급하는 것은 아니기 때문이다.

사건에 의한 부채인식기준의 경우 사건을 정부관련(government related) 사건과 정부인정(government acknowledged) 사건으로 나눈다.

정부관련 사건이란 정부와 환경간의 교호작용에 의하여 일어나는 비거래적인 사건을 말한다. 이러한 정부관련 사건에는 정부활동에 의하여 유해폐기물이 발생한 경우 이를 정화시키는 비용의 발생, 연방정부활동 중 비연방정부 재산에 대한 사고에 의한 손상 발생 등을 들 수 있다. 따라서 이 사건은 정부기관의 통제 범위를 넘어서 존재한다. 이때에 부채인식은 교환거래에 의한 인식기준과 같은 방법으로 인식된다. 연방정부기관이 부주의로 민간 재산을 손상시킨 경우에 법령이 허용하는 범위 내에서 그 손상가액의 측정이 가능하며 지급 가능할 때에 부채가 발생한다.

정부인정사건이란 연방정부가 사건에 대응하기로 결정했기 때문에 연방정부에게 재무부담이 되는 비거래 사건이다. 예컨대 민간부문에서 유해환경물질을 배출하였거나 자연재해가 발생하여 손상이 발생된 경우 비용이 요구될 때가 있다. 이 경우에 정부가 공식적으로 비용 부담을 하기로 결정하기 전까지는 부채의 요건으로 볼 수 없으나 결정 이후에는 부채로 인식해야 한다.

부채인식을 Flowchart화 하면 [그림 6-1]과 같다.

---

1) FASAB, SFFAC No. 5 *Accounting for Liabilities of the Federal Government.* Para. 33.

●● 그림 6-1 부채인식 요약

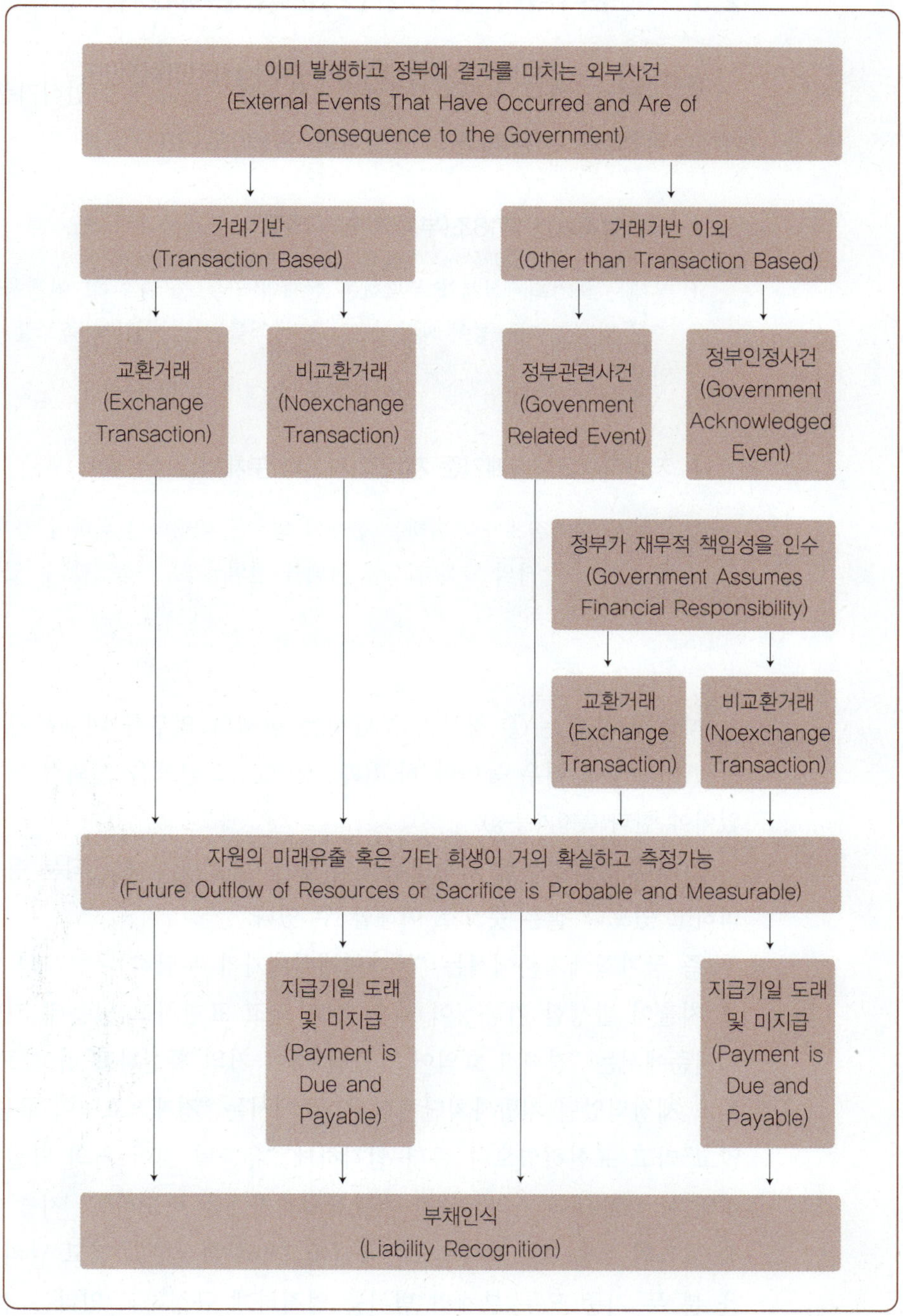
이미 발생하고 정부에 결과를 미치는 외부사건
(External Events That Have Occurred and Are of Consequence to the Government)
거래기반
(Transaction Based)
거래기반 이외
(Other than Transaction Based)
교환거래
(Exchange Transaction)
비교환거래
(Noexchange Transaction)
정부관련사건
(Govenment Related Event)
정부인정사건
(Government Acknowledged Event)
정부가 재무적 책임성을 인수
(Government Assumes Financial Responsibility)
교환거래
(Exchange Transaction)
비교환거래
(Noexchange Transaction)
자원의 미래유출 혹은 기타 희생이 거의 확실하고 측정가능
(Future Outflow of Resources or Sacrifice is Probable and Measurable)
지급기일 도래 및 미지급
(Payment is Due and Payable)
지급기일 도래 및 미지급
(Payment is Due and Payable)
부채인식
(Liability Recognition)

2.3 •• 우리나라 정부회계기준의 부채인식

우리나라 국가나 지방자치단체회계기준에서는 부채의 인식기준으로 국제회계기준위원회의 기준과 거의 동일하게 규정하고 있다.

▶ 국가회계기준 제18조(부채의 인식기준)

① 부채는 국가회계실체가 부담하는 현재의 의무 중 향후 그 이행을 위하여 지출이 발생할 가능성이 매우 높고 그 금액을 신뢰성 있게 측정할 수 있을 때 인식한다.

▶ 지방자치단체회계기준 제12조(자산과 부채의 인식기준)

③ 부채는 회계실체가 부담하는 현재의 의무를 이행하기 위하여 경제적 효익이 유출될 것이 거의 확실하고 그 금액을 신뢰성 있게 측정할 수 있을 때에 인식한다.

따라서 부채는 ① 정부가 부담하는 현재의 의무를 이행하기 위한 지출의 발생 가능성이 매우 높아야 하고(확실성) ② 그 금액을 신뢰성 있게 측정할 수 있어야 한다(측정가능성).

그러나 중앙정부와 지방정부의 부채인식기준에서 사용되는 용어를 다소 달리하고 있으나 같은 뜻으로 이해할 수 있다.

즉 국가회계기준에서는 "국가회계실체가가 부담하는 현재의 의무 중 향후 그 지출이 발생할 가능성이 매우 높고"라고 표현하고 있는데 지방자치단체회계기준에서는 "경제적 효익이 유출될 것이 거의 확실하고"라고 표현하고 있다. 최초 제정되었던 지방자치단체회계기준에서는 "경제적효익이 유출될 가능성이 많고"라고 표현하였으나 좀더 엄격하게 "유출될 것이 거의 확실하고"로 변경하였다. 따라서 국가와 지방자치단체회계기준을 비교하면 '지출' 대신에 '경제적 효익의 유출'로, '매우높고' 대신에 '거의 확실하고'라고 달리 표현하고 있을 뿐 두 기준 모두 부채의 범위를 엄격하게 규정하고 있다는 점에서 차이가 없다.

3 부채의 분류

▶ 국가회계기준 제17조(부채의 정의와 구분)

② 부채는 유동부채, 장기차입부채, 장기충당부채 및 기타비유동부채로 구분하여 재정상태표에 표시한다.

▶ 지방자치단체회계기준 제21조(부채의 분류)

부채는 유동부채, 장기차입부채 및 기타비유동부채로 분류한다.

부채의 분류는 일반적으로 기업회계기준에 의한 분류방법과 별 차이가 없다. 국제공공회계기준에서도 자산과 마찬가지로 부채를 유동부채와 비유동부채로 구분하고 있다.

유동부채의 경우 ① 회계실체의 통상업무 운영주기(operating cycle)내에서 지급될 것으로 기대되거나 ② 회계보고일로부터 12개월 내에 지급되는 것으로 예정되었을 때 유동부채로 분류된다.

유동부채의 범주에 들어가지 않는 경우에는 비유동부채로 분류된다.

●● 부채의 분류 예시

• 유동부채 – 미지급 비용 – 단기차입금 – 유동성 장기차입금 – 기타 유동부채	• 비유동부채 – 장기차입부채(장기차입금, 국공채) – 장기충당부채 – 기타비유동부채

우리나라의 경우 부채의 분류는 국가와 지방자치단체가 일부 다르게 표시하고 있다. 즉 국가회계기준에서는 부채를 유동부채, 장기차입부채, 장기충당부채 및 기타비유동부채로 분류하고 있으나 지방자치단체회계기준에서는 장기충당부채를 기타비유동부채에 포함시켜 유동부채, 장기차입부채 및 기타비유동부채로 분류하고 있다.

표 6-1 국가와 지방자치단체의 부채 분류

중앙정부	지방정부
• 유동부채 - 단기국채 - 단기공채 - 단기차입금 - 유동성장기차입부채 - 기타 유동부채 • 장기차입부채 - 국 채 - 장기차입금 - 기타 장기차입부채 • 장기충당부채 - 퇴직급여충당부채 - 연금충당부채 - 보험충당부채 • 기타 비유동부채 - 장기미지급금 - 기타의 기타비유동부채	• 유동부채 - 단기차입금 - 유동성 장기차입부채 - 기타 유동부채 • 장기차입부채 - 장기차입금 - 지방채증권 • 기타 비유동부채 - 퇴직급여충당부채 - 장기예수보증금 - 장기선수수익

제2절 부채의 평가

1 부채의 일반적 평가기준

▶ 국가회계기준 제41조(부채의 평가기준)

재정상태표에 기재하는 부채의 가액은 이 기준에서 따로 정한 경우를 제외하고는 원칙적으로 만기상환가액으로 평가한다.

▶ 지방자치단체회계기준 제53조(부채의 평가기준)

부채의 가액은 회계실체가 지급의무를 지는 채무액을 말하며, 채무액은 이 규칙에서 정하는 것을 제외하고는 만기상환가액으로 함을 원칙으로 한다.

부채는 회계실체가 지급하여야 할 의무를 부담하는 채무이기 때문에 지급시점에서의 가액이 중요한 평가기준이 된다.

부채금액의 평가방법으로는 일반적으로 3가지 방법이 있다. 즉 만기상환가액에 의한 평가, 역사적 시장이자율에 의한 평가, 현행 시장이자율에 의한 평가 등이 있다.

현행 국가나 지방자치단체 회계기준은 모두 회계기준에서 별도로 규정하는 것을 제외하고는 만기 상환가액을 원칙으로 하고 있다. 즉 부채의 가액은 할인 또는 할증발행차금, 현재가치할인차금 등 발생주의 회계에 근거를 두고 평가하여야 하는 일부 대상을 제외하고는 만기에 상환하여야 할 금액을 원칙으로 하고 있다.

2 부채의 유형별 평가기준

정부회계기준은 일부 부채 항목에 대하여 개별 평가기준을 제시하고 있다. 그 내용은 다음 〈표 6-2〉와 같다.

●● 표 6-2 **부채유형별 평가기준**

구 분	국 가	지방자치단체
국채 · 공채	발행가액(발행비용공제)	좌 동
연금충당부채 보험충당부채	기획재정부장관이 별도 정함.	규정없음
융자보조원가충당금 보증충당부채	융자보조원가충당금 : 융자사업에서 발생한 융자금원금과 추정회수가능액의 현재가치와의 차액으로 평가 보증충당부채 : 보증채무불이행에 따른 추정순현금유출액의 현재가치로 평가	규정없음
퇴직급여충당부채	연금법(공무원연금법 및 군인연금법)적용 제외한 퇴직금 지급대상자가 일시에 퇴직할 경우 지급하여야 할 금액	좌 동
장기연불거래, 장기금전대차거래 등	명목가액과 현재가치의 차이가 중요한 경우 현재가치 평가	좌 동
외화자산 및 외화부채	재정상태표일 현재의 적정 환율로 환산	좌 동
파생상품	공정가액	규정없음

국가가 발행하는 국채와 지방자치단체가 발행하는 지방채에 대한 평가는 발행수수료 및 발행비용을 공제한 발행가액으로 평가한다.

연금충당부채와 보험충당부채의 경우에는 국가회계기준에서만 규정하고 있는데 국가회계기준에서도 기획재정부장관이 별도로 정하도록 위임하고 있다.

융자보조원가충당금과 보증충당부채의 평가 역시 국가회계기준에서만 규정하고 있고 지방자치단체회계기준에는 없는 사항이다. 융자보조원가충당금은 융자사업에서 발생한 융자금원금과 추정 회수가능액의 현재가치와의 차액으로 평가한다. 융자회계에 대한 세부회계처리에 대해서는 별도로 「융자금회계준칙」이 제정되어 운용되고 있다. 보증충당부채는 보증채무불이행에 따른 추정순현금유출액의 현재가치로 평가한다.

퇴직급여충당부채는 공무원이나 군인연금을 받는 자를 제외한 퇴직금지급대상자가 일시에 퇴직할 경우 지급하여야 할 금액을 추계하여 반영하여야 한다. 이규정은 국가와 지방자치단체가 모두 동일하다.

장기연불거래와 장기금전대차거래의 경우에는 현재가치와 명목가치의 차이가 중요한 경우에 현재가치평가를 하도록 하고 있다. 이 규정 역시 국가나 지방자치단체가 모두 같다.

외화자산 및 외화부채의 환산의 경우에는 재정상태표일 현재의 적정한 환율로 환산하여 평가를 하여야 한다. 국가나 지방자치단체가 모두 동일하다.

파생상품에 관해서는 국가회계기준에만 규정되어 있다. 파생상품은 공정가액으로 평가하도록 하고 있다.

제3절 유동부채 회계

▶ 국가회계기준 제19조(유동부채)

① 유동부채는 재정상태표일로부터 1년 이내에 상환하여야 하는 부채로서 단기국채, 단기공채, 단기차입금, 유동성장기차입부채 및 기타유동부채 등을 말한다.
② 제1항의 유동부채는 미지급금, 미지급비용, 선수금, 선수수익 등을 말한다.

▶ 지방자치단체회계기준 제22조(유동부채)

유동부채는 회계연도 종료후 1년 내에 상환되어야 하는 부채로서 단기차입금, 유동성 장기차입부채 등을 말한다. 〈개정 2009. 12. 31.〉

1 단기차입금

차입금이란 정부가 상당한 반대급부를 해야 할 의무가 부담되어 있거나 차입계약으로서 그 권리의무가 증권화 되어 있지 않은 정부의 채무를 말한다. 차입금에는 단기차입금과 장기차입금으로 구분이 되는데 1년 내에 상환을 하여야 할 차입금이 바로 단기차입금이다. 이를 일시차입금이라고도 한다.

차입금이 발생하게 되는 경우는 정부가 국고금의 출납상 부족자금을 충당하기 위하여 한국은행이나 금고은행으로부터 일시 차입하거나 재정증권을 발행하여 국회 또는 지방의회의 의결을 얻어 차입하게 된다.

그러나 매번 차입 또는 발행시 국회나 지방의회 의결을 요하는 것은 아니고 통상 일시차입금의 차입최고액을 매 연도마다 예산총칙에 반영하여 국회 또는 지방의회의 의결을 얻어 필요시 차입이 이루어진다. 일시차입금은 세출의 보조재원으로서 사용되기 위하여 차입된다.

일시차입금의 상환은 당해 연도 세입재원으로 상환하여야 한다.

단기차입금에 대한 회계처리는 단기차입금의 상환기간이 1년 이내이기 때문에 원칙적으로 차입가액이 그대로 상환가액이 되기 때문에 별도로 평가할 실익이 없다. 이 때에 발생하는 이자비용만 당기비용으로 계상하면 된다.

2 재정증권

재정증권(Treasury Bill)이란 국가가 국고금의 출납상 일시적인 자금부족 등의 필요가 생겼을 때 발행하는 유가증권의 일종이다.[2] 재정증권은 일반적으로 재정적자의 보전 또는 일시적인 국고자금 부족의 조달을 위하여 정부가 발행하는 만기 1년 이내의 단기증권으로서 직접적인 통화증발을 수반하지 않고 비인플레적으로서 재원을 조달하는 수단이다. 따라서 단기국채의 범주에 속한다고 할 수 있으나 「재정상태표 회계처리지침」에서는 단기차입금의 하나로 보고 있다.

또한 재정증권은 고도의 안전성과 유동성을 겸비하고 있어 미국, 영국 등 주요 선진국에서는 단기금융시장의 확충을 선도한 대표적인 단기금융자금으로서 중앙은행 공개시장조작의 주요 대상증권으로 활용되고 있다.

재정증권이 다른 국채나 공채와 다른 점은 다음과 같다.

첫째, 재정증권은 단기부채의 일종으로서 재정증권의 상환기한은 발행한 연도내의 세입으로 상환하여야 하므로 만기가 1년 이내가 된다.[3] 이에 비하여 국공채의 경우에는 특수한 경우를 제외하고는 대부분이 중장기채인 점이 다르다.

둘째, 재정증권은 국고금 운용상 일시부족을 충당하기 위하여 발행하는 점이 특수사업상 필요한 재원조달을 위하여 발행하는 국채와 다르다. 따라서 재정증권은 국고금 운용이나 통화조절과 관련이 되므로 국고금 여유자금의 전용이나 일시운용에 관한 사항과 함께 '국고금관리법'에 규정하고 있다.[4]

재정증권은 액면으로 발행하거나 할인의 방법으로 발행하도록 하고 있다. 따라서 이에 대한 회계처리는 국채 · 지방채 회계처리에 준하여 처리하면 된다.

3 미지급비용과 미지급금

미지급비용과 미지급금에는 차이가 있다. 즉 미지급금(payables)의 경우에는 회계연도 말에 지급할 기한과 의무가 이미 발생했으나 아직 지급하지 아니한

2) 정부에서 발행하는 국가채무에 관한 계산서의 내용에는 국채 현재액 속에 재정증권 내용이 포함되어 기록 · 보고 되고 있다.

3) 국고금관리법 제32조 제2항.

4) 국고금관리법 제33조.

부채를 의미하고 미지급비용(accrued expenses)은 회계연도 말에 비용지급의무는 발생했으나 아직 지급기한이 도래되지 아니한 부채를 의미한다. 따라서 지급기한의 도래 여부와 관계없이 지급의무가 발생한 경우에는 부채로 보게 된다. 따라서 연도말에 이들 미지급금과 미지급비용이 계상되지 아니한 경우에는 부채로 계상하여야 한다.

미지급금 중에서 미지급교부금(transfer payable)도 포함된다. 교부상대방이 회계 기간 동안 수령할 수 있는 조건을 일체 갖추었을 경우에는 지급의무가 발생한다. 그러나 기존의 방침에 의하여 결정되었다 하더라도 미래의 사건(예컨대 실업보조금의 경우 해당자가 내년에 퇴직할 예정이라는 등)들에 대한 보조금 지급 예정만 가지고는 지급의무가 발생되었다고 할 수 없다.

4 예수금과 예수보증금

예수금이란 일시적으로 정부가 보관하는 보관금으로서 그 보관금이 국고금으로 입금되었을 경우에 부채로 계상하여야 한다.

예수보증금이란 정부가 제 3자와의 거래에 있어서 거래를 유효하게 하기위한 수단으로서 거래기간동안 보증금을 받도록 하고 있다. 예컨대 건물을 임대해 주고 임대보증금을 받은 경우에는 그 보증금을 국고금으로 입금한 경우에 부채로 계상하여야 한다.

5 화폐발행

화폐발행 권한을 가진 중앙은행이 정부보고실체의 일부를 구성하는 경우에는 발행된 화폐액은 부채로 기록된다. 이는 은행에서 고객으로 부터 받아들인 예금을 부채로 기록하는 것과 마찬가지이다. 화폐발행은 액면금액으로 계상되어야 한다. 우리나라에서는 중앙은행인 한국은행에서 화폐를 발행하는 권한을 가지고 있고 한국은행의 재무제표에 포함되고 있으므로 국가의 채무범위에는 포함되지 않고 있다.

제4절 장기차입 부채 회계

▶ 국가회계기준 제20조(장기차입부채)

장기차입부채는 재정상태표일로부터 1년 후에 만기가 되는 확정부채로서 국채, 공채, 장기차입금 및 기타장기차입부채 등을 말한다.

▶ 지방자치단체회계기준 제23조(장기차입부채)

장기차입부채는 회계연도 종료 후 1년 이후에 상환되어야 하는 부채로서 장기차입금, 지방채증권 등을 말한다. 〈개정 2009. 12. 31.〉

1 국채 · 지방채

국채 또는 지방채는 재정수지상 세입부족액을 보전하고 수지의 균형을 도모하기 위하여 국가 또는 지방자치단체가 발행하는 채권을 말한다. 채권의 발행주체가 누구인가에 따라 국가가 발행하는 경우를 국채라고 하고 지방자치단체가 발행하는 경우를 공채 또는 지방채라고 한다.

국채나 지방채로 발행하는 경우에 증권시장에의 영향이 크므로 발행할 때마다 발행규모, 금리 등을 고려한다. 국채 등의 발행은 액면발행, 할인발행 또는 할증발행으로 구분한다.

1.1 액면발행

국채나 지방채의 액면금액대로 발행하는 방법으로서 국채의 표면이자율이 시장이자율과 같은 경우에 액면발행이 이루어진다. 이 경우에는 액면가액과 발행가액과의 차이인 할인발행차금 또는 할증발행차금이 발생하지 않는다.

① 국채(또는 지방채)증권 발행

(차) 현금	xxx	(대) 국채(지방채)증권	xxx

② 연도말 이자지급

(차) 지급이자	xxx	(대) 현금예금	xxx

③ 국채(또는 지방채)증권 상환

(차) 국채(지방채)증권	xxx	(대) 현금예금	xxx

1.2 ●● 할인발행

할인발행이란 발행가액이 액면가액보다 적게 발행되는 방법을 말한다. 국채 등의 표면이자율이 시장이자율보다 낮은 경우에 할인발행을 하게 된다. 즉 국채를 매입한 사람의 입장에서는 할인발행을 받음으로써 표면이자율대로 이자를 수령하더라도 시장이자율에 근접한 이자수익을 받는 효과를 얻게 되기 때문이다.

국가 및 지방자치단체회계기준에 의하면 증권은 발행가액으로 평가하되, 발행가액은 채권 발행수수료 및 발행과 관련하여 직접 발생한 비용을 차감한 후의 가액으로 하도록 하고 있고, 증권의 액면가액과 발행가액의 차액은 할인(할증)발행차금으로 한다고 하였다. 따라서 할인(할증)발행차금에는 시장이자율과 표면이자율의 차이에 따른 할인(할증)액과 증권발행비용이 모두 포함된 것으로 보게 된다.

종전의 기업회계기준에서는 사채발행비용은 사채발행가액과는 별도로 비용으로 처리하였으나 개정된 기업회계기준에서는 사채발행가액에서 사채발행비용을 차감하도록 하고 있는데 현행 기업회계기준을 그대로 정부회계기준에 도입한 것이다.

▶ 국가회계기준 제42조(국채의 평가)

① 국채는 국채발행수수료 및 발행과 관련하여 직접 발생한 비용을 뺀 발행 후의 가액으로 평가한다.
② 국채의 액면가액과 발행가액의 차이는 국채할인(할증)발행차금 과목으로 액면가액에 빼거나 더하는 형식으로 표시하며, 할인(할증)발행차금은 발행한 때부터 최종상환할 때까지의 기간에 유효이자율로 상각 또는 환입하여 국채에 대한 이자비용에 더하거나 뺀다.

▶ 지방자치단체회계기준 제54조(지방채증권의 평가)

① 지방채증권은 발행가액으로 평가하되, 발행가액은 지방채증권 발행수수료 및 발행과 관련하여 직접 발생한 비용을 뺀 후의 가액으로 한다.
② 지방채증권의 액면가액과 발행가액의 차이는 지방채할인 또는 할증 발행차금으로 하고, 할인 또는 할증 발행차금은 증권 발행시부터 최종 상환시까지의 기간에 유효이자율 등으로 상각 또는 환입하고 그 상각액 또는 환입액은 지방채증권에 대한 이자비용에 더하거나 뺀다.

할인발행차금계정의 잔액은 국채 등의 액면가액으로부터 차감하는 형식으로 기재한다. 할인발행차금은 증권 발행시부터 최종 상환시까지의 기간에 유효이자율 등으로 상각하고 동 상각액은 국채(지방채)증권에 대한 이자비용에 가감하도록 하고 있다. 여기에서 유효이자율이란 국채증권의 현재가치를 취득가액과 일치하도록 하는 이자율을 의미한다. 다시 말하면 일반 사채의 경우 사채권자가 관련사채를 취득할 때 실질적으로 얼마의 이자율로써 이자수익을 얻게 되는가를 나타내주는 이자율을 말한다.

따라서 할인발행차금 상각액은 국채 등의 이자비용에서 실제 이자지급액 즉 액면가격에 표면이자율을 곱하여 산출한 이자액을 차감한 금액으로 한다. 국채 등의 이자비용은 국채 등의 기초장부가액에 유효이자율을 곱하여 계상한다.

- 할인발행차금 상각액 = 국채 등의 이자비용 − 실제이자지급액
- 국채 등의 이자비용 = 국채 등의 기초장부가액 × 유효이자율
- 실제 이자지급액 = 국채 등의 액면가액 × 표면이자율

위의 산식에 의하여 할인발행차금의 연도말 상각액에 대한 분개는 다음과 같다.

(차) 이자비용(*기초장부가액 × 유효이자율) xxx		
	(대) 현금(*액면가액 × 표면이자율)	xxx
	국채(지방채)할인발행차금	xxx

1.3 할증발행

할증발행이란 국채 등의 액면가액보다 발행가액을 높게 하여 발행하는 것을 말한다. 할인발행과 반대의 경우로서 시장이자율보다 표면이자율이 높은 경우에 프리미엄을 붙여 발행하는 방법인 것이다. 이때에 증권의 발행가액은 액면가액에서 발행비용을 차감하도록 하고 있으므로 증권의 할증발행차금은 발행가액에서 액면가액을 차감한 금액이 된다.

할증발행차금은 국채 상환시기까지의 기간 동안 환입하여야 한다. 이 경우에 할인발행차금과 반대로 유효이자율로 계산한 국채 등의 이자비용이 표면이자율에 의한 실제이자율보다 적기 때문에 할증발행차금 환입액은 실제이자지급액에서 이자비용을 차감한 금액이 된다.

- 할증발행차금 환입액 = 실제이자지급액 – 국채 등의 이자비용

매 회계연도말에 국채 등의 장부가액은 최초 발행가액에서 매기 할증발행차금환입액을 차감한 차액으로 계상된다. 이 때문에 매기 장부가액이 줄어들게 되어 만기 상환일에는 액면가액으로 상환이 된다.

2 장기차입금

국채나 지방채 이외의 차입금으로서 만기가 1년이 넘는 차입금을 장기차입금이라 한다. 장기 차입금으로는 국제기구나 외국정부로부터의 차관이 상당부분을 차지한다. 차관의 경우도 차입규모, 지급이자 등이 고려되며 그밖에 결제통화를 무엇으로 할 것인가가 중요한 이슈가 된다. 환율이 수시로 변동되는 상황에서 금리와 환율을 함께 고려해야 하기 때문이다. 이들 장기차입부채에 대해서 기말 평가시 액면 가액으로 할 것인지 현행시장가치로 평가할 것인지에 대해서도 중요한 이슈가 된다.

현행 국가 및 지방자치단체 회계기준에 의하면 장기차입금 같은 장기금전대차거래에 의한 채권 · 채무의 평가는 현재가치로 평가하도록 하고 있다. 현재가치란 당해 채권 · 채무로 인하여 미래에 수취하거나 지급할 총 금액을 당해 거래의 유효이자율로 할인한 가액으로 한다. 만일 당해거래의 유효이자율

을 확인하기 어려운 경우에는 유사한 조건의 국채수익률로 하도록 하고 있다.

채권 · 채무의 명목가액과 현재가치의 차액은 현재가치 할인차금의 과목으로 하여 당해 채권 · 채무의 명목가액에서 차감하는 방식으로 기재한다.

① 장기차입금 차입시

(차) 현금	xxx	(대) 장기차입금	xxxx
현재가치할인차금	xxx		

② 연도말

(차) 지급이자	xx	(대) 현재가치할인차금	xx

3 금융리스채무

리스(lease)란 리스제공자가 특정자산의 사용권을 일정기간동안 리스이용자에게 이전하고 그 대가로 사용료를 제공받는 계약을 의미한다.

민간기업과 마찬가지로 정부도 리스를 이용하는 경우가 있다. 리스를 이용하는 이유는 적은 예산으로 운용이 가능하며 정부의 부채범위를 우회할 수 있는 유용한 수단이 되기 때문이다.

리스에는 운용리스와 금융리스가 있다. 금융리스(finance lease)란 자본리스라고도 하며 리스자산의 소유에 따른 대부분의 위험과 효익이 리스이용자에게 이전되는 리스를 말한다. 운용리스(operating lease)란 금융리스 이외의 리스를 말한다. 리스에 관한 자세한 설명은 이미 앞장에서 설명하였다.

제5절 장기충당부채 및 기타부채 회계

▶ 국가회계기준 제21조(장기충당부채)

장기충당부채는 지출시기 또는 지출금액이 불확실한 부채로서 퇴직급여충당부채, 연금충당부채, 보험충당부채 및 기타 장기충당부채 등을 말한다.

▶ 국가회계기준 제22조(기타비유동부채)

기타비유동부채는 유동부채, 장기차입부채 및 장기충당부채에 해당하지 아니하는 부채를 말한다.

▶ 지방자치단체회계기준 제24조(기타비유동부채)

기타비유동부채는 유동부채와 장기차입부채에 속하지 아니하는 부채로서 퇴직급여충당부채, 장기예수보증금, 장기선수수익 등을 말한다.

1 충당부채의 의의와 인식기준

1.1 충당부채의 의의

충당부채(provisions)란 지급 시기나 금액에 대해서 불확실성이 존재하는 부채를 의미한다. 미지급금(payables)과의 차이는 미지급금이 이미 재화나 용역이 교환되었고 이에 대한 대금 청구가 이루어졌으나 아직 지급되지 아니한 부채인데 대하여 충당부채는 언제 지급하는지 그 금액은 얼마인지에 대하여 불확실성이 존재한다는 것이다.

충당부채와 미지급비용(accrued expenses)의 차이는 미지급비용이 이미 재화나 용역은 교환되었으나 이에 대한 대금청구나 지급이 이루어지지 아니한 경우로서 충당부채에 비하여 불확실성이 적다고 볼 수 있다.

충당부채와 우발부채의 관계는 충당부채가 미래 금액이나 시기에 관해서 불확실성이 있기 때문에 우발채무의 범주에 속한다고 할 수 있다. 그러나 경제

●● 그림 6-2 충당부채와 우발부채의 인식절차

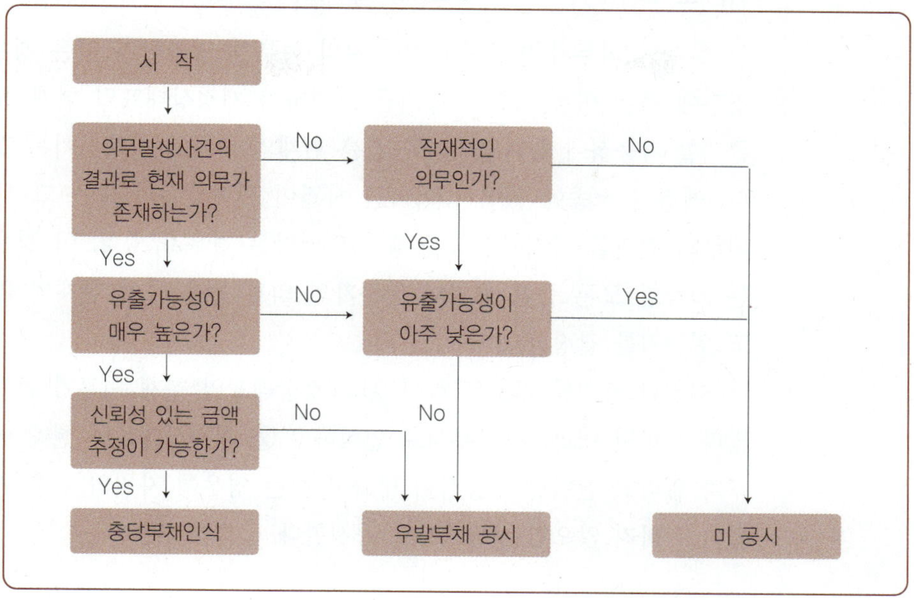

적 효익이나 용역잠재력의 형태로 자원의 유출 가능성이 있는 현재의 의무이기 때문에 부채로서 인식되고 있다. 이에 대하여 우발부채의 경우에는 다음 사항 중의 하나이기 때문에 부채로 인식되지 않고 있다.

첫째, 경제적 효익이나 용역잠재력 등의 형태인 자원의 유출을 초래할 현재의 의무가 존재하는지의 여부가 확인되지 않는 잠재적 부채(possible obligation)이거나, 둘째, 의무이행에 있어서 자원의 유출가능성이 높지 않거나 충분히 신뢰할 수 있는 채무금액의 추정이 어려운 현재의 부채(present obligation)이다.

충당부채와 우발부채를 구별하고 인식하는 기준에 관한 절차도를 표시하면 [그림 6-2]와 같다.

1.2 ●● 충당부채의 인식

국제공공회계기준(IPSAS) 제19호는 충당부채의 인식기준으로서 다음과 같은 3가지를 들고 있다.

(a) 회계실체가 과거 사건의 결과로서 현재의 의무를 지게 되는 경우
(b) 의무이행을 위하여 요구되는 자원의 유출 가능성이 높을 때
(c) 의무에 대한 신뢰할 수 있는 금액측정이 이루어질 때

(1) 현재의무

현재의 의무가 발생하고 있는지의 여부가 명확하지 않은 경우가 많다. 이 경우에 모든 이용 가능한 증거를 고려하여 재정상태표일 현재 현재의 의무가 존재할 가능성이 있다면 과거사건은 현재의 의무를 발생시키는 것으로 간주된다. 예컨대 소송에 있어서 어떠한 사건이 일어났는지 또는 그 사건이 현재의 의무의 결과를 가져왔는지 논쟁이 일어나는 경우가 있다. 이 경우에 회계실체는 가능한 모든 증거 예컨대 전문가의 의견 등을 들어 현재의 의무가 존재하고 있는지를 결정한다.

이러한 증거를 기초로 하여 ① 재정상태표일 현재 의무가 존재할 가능성이 많다고 하면 이를 충당 부채로 인식하고 ② 재정상태표일 현재 어떠한 현재의무가 없다고 판단할 가능성이 많다고 하는 경우에 자원의 유출 가능성이 거의 없다고 하지 않으면 우발채무로 공시한다.

(2) 과거사건

현재 의무로 이어지는 과거의 사건을 의무발생사건(obligating event)이라고 한다. 이러한 의무발생사건이 되기 위해서는 이 의무발생사건을 해결하기 위한 다른 대안이 존재할 수 없어야 한다. 이러한 경우가 나타나는 경우에는 ① 법적으로 의무이행이 강제되는 경우 또는 ② 상대방으로 하여금 의무이행을 할 것이라는 기대감을 주는 사건이 발생하는 의제의무(constructive obligation)인 경우이다.

재무제표는 회계실체의 미래시점의 예상재무상태가 아닌 재정상태표일 현재의 재무상태를 나타내는 것이다. 따라서 과거사건과 관계없이 미래의 지속적인 활동을 위하여 발생된 비용에 대해서는 충당부채로 인식하지 않는다. 재정상태표 현재일에 존재해야만 충당부채로 인식하는 것이다.

과거사건에 의하여 충당부채를 인식하기 위해서는 그 사건이 회계실체의 미래 행위와 독립적이어야만 가능하다. 불법적인 환경 훼손으로 인한 벌과금이나 환경정화비용 등의 경우에는 회계실체의 미래행위와 관계없이 그 의무의 이행에 자원의 유출이 이루어지므로 충당부채로 인식된다.

또 다른 예를 들면 국방시설 또는 정부소유 핵발전소 등에 대한 해체비용 등은 충당부채로 인식된다. 입법예고 된 새로운 법률의 세부내용이 아직 확정되지 않은 경우는 그 예고된 내용대로 시행될 것이 확실한 경우에 한하여 법적 의무가 발생한다.

(3) 경제적 효익이나 서비스잠재력 형태로의 자원의 유출 가능성

충당부채로 인식하기 위해서는 현재의 의무가 존재해야 할 뿐 아니라 그 의무이행을 위한 경제적 효익이나 서비스잠재력 형태의 자원의 유출 가능성이 매우 높아야 한다.

정부소유 병원에서 오염된 피를 수혈한데 대한 배상책임 등과 같이 다수의 유사한 의무가 존재하는 경우 의무이행에 필요한 자원의 유출 가능성을 판단할 때에는 그 유사한 의무 전체에 대하여 판단하여야 한다. 비록 개별 항목의 의무이행에 대한 자원의 유출가능성이 적다하더라도 전체적인 의무이행에 대하여 필요한 자원의 유출은 크다고 볼 수 있는 경우에는 충당부채로 인식된다.

(4) 의무의 신뢰성 있는 추정

재무제표의 작성에 있어서 추정치의 사용은 필수적인 부분이며 재무제표의 신뢰성을 훼손하는 것은 아니다. 이러한 것은 특히 충당부채에서 사실로 나타나는데 충당부채는 특성상 다른 자산이나 부채보다 더 불확실하기 때문이다. 아주 예외적인 경우를 제외하고는 산출결과의 범위를 결정할 수 있고 충당부채로 인식하는데 사용할 수 있는 충분하고 믿을 수 있는 의무금액의 추정을 할 수 있다. 아주 예외적인 경우 즉 신뢰성 있는 추정이 불가능한 경우에는 인식할 수 없는 부채가 존재하므로 우발부채로서 공시되어야 한다.

1.3 •• 충당부채의 측정

(1) 최선의 추정치

추정부채로 인식하는 금액은 현재의 의무의 이행에 소요되는 지출에 대한 재정상태표일 현재의 최선의 추정치(best estimate)이어야 한다. 최선의 추정치란 재정상태표일 현재시점에 의무를 직접 이행하거나 제3자에게 이전시키는 경우에 지급하여야 하는 금액을 말한다. 이 금액을 추정할 때에는 유사한 거래의 경험과 독립적인 전문가의 보고서 등을 토대로 하여 그 기관의 경영층의 판단에 의하여 결정한다.

충당부채에 대한 최선의 추정치금액을 산출하기 위해서는 관련된 많은 사건과 상황에 대한 위험과 불확실성이 고려되어야 한다. 불확실성 아래에서 수익이나 자산이 과대계상 되거나 비용이나 부채가 과소계상 되지 않도록 주의해야 한다.

사 례

정부 의학연구소에서 진단용 초음파 스캐너를 제조하여 각 정부산하 병원이나 개인병원 등에 원가보상 방식으로 공급하고 있다. 각 병원들이 그 장비를 구입한 후 6개월 내에 결함이 발생될 경우에는 그 수리비용을 보상해 주는 보증으로 제공되고 있다. 만일 결함 발생 정도가 크지 않은 경우 1백만 원의 수리비용이 발생될 것으로 예상되며 결함이 중대한 경우에는 4백만 원의 수리비용이 예상된다.

과거의 경험상 그 장비가 공급되고 나서 75% 정도가 결함이 없었고, 20% 정도의 장비가 사소한 결함이 생겼으며 5%의 장비가 중대한 결함이 나타났다. 의학연구소에서 보증의무에 대한 지출 가능성을 평가하면 다음과 같다.

수선비용의 예상가치 = (75% × 0) + (25%× 1백만 원) +
(5%× 4백만 원) = 400,000원

(2) 현재가치

화폐의 시간가치에 대한 영향이 중대한 경우에 충당부채의 금액은 의무이행을 위하여 지급이 예상되는 지출액의 현재가치로 평가되어야 한다. 이때 현재가치평가에 사용되는 할인율은 그 부채의 고유한 위험과 화폐의 시간가치에 대한 현행 시장의 평가를 반영한 세전이율(pretax rate)이어야 한다.

(3) 미래사건

충당부채로 인식되기 위해서는 과거의 사건으로 일어나는 현재의 의무가 존재할 때 인식한다. 그런데 그 금액추정에 있어서는 미래사건도 영향을 미친다. 즉 의무이행에 소요되는 금액의 추정에 영향을 주는 미래의 사건은 그 발생이 예상되는 충분한 객관적 증거가 있는 경우에 충당금액에 반영하여야 한다.

예컨대 어떤 지급의무가 물가와 연동되어 장래 물가가 오를 것이 확실히 예견된다면 이들을 충당부채 측정에 반영하여야 한다.

(4) 자산의 예상 처분 차익

자산의 예상된 처분으로부터 얻어지는 이익은 충당부채금액을 측정하는데 있어서 고려해서는 안된다. 자산처분차익은 충당부채의 인식과 관계없이 자산처분에 따른 이익의 인식요건을 충족시킨 시점에 국제공공회계기준에서 정한 바에 따라 인식한다.

1.4 ●● 충당부채의 변제

공공기관이 충당부채로서 설정된 의무가 현실화되어 그 의무이행을 위하여 지급한 금액에 대해서 제3자가 보험약정이나 보증계약 등에 따라 변제하여 주는 경우가 있다. 이 경우에 변제받은 금액을 어떻게 회계 처리하여야 하는가가 문제가 될 수 있다.

국제공공회계기준 제19호에서는 이 경우에 변제받을 것이 확실한 경우에 그 금액을 자산으로 인식하도록 하고 있다. 이때에 변제금액은 관련 충당부채 금액을 초과할 수 없다. 그러나 재정운영보고서에서는 충당부채에 관련된 비용은 변제금액을 공제한 순비용 금액으로 표시할 수 있다.

제3자의 변제의무의 성격에 따른 회계실체의 충당부채 부담의무간의 관계는 다음과 같이 구분할 수 있다.

먼저 제3자의 변제금액부분에 대하여 지급의무가 없는 경우 변제금액 상당액은 지급의무가 없다. 이 경우에는 공시의무도 없다.

둘째, 변제금액부분에 대한 지급의무가 있고 충당부채가 이행되면 변제받을 수 있는 경우에 변제금액은 별도자산으로 인식하게 된다. 이 경우에 운영보

●● 표 6-3 제3자 변제의무와 충당부채의무와의 관계

구 분	부채인식여부	공시여부
제3자의 변제금액 부분에 대하여 지급의무가 없는 경우	• 변제금액상당액은 부채 의무 없음	공시 없음
변제금액부분에 대한 지급의무가 있고 충당부채가 이행되면 변제 받을 수 있는 경우	• 변제금액은 별도 자산으로 인식 • 운영보고서에는 비용과 상계	변제금액은 공시
변제금액부분에 대한 지급의무가 있고 충당부채가 이행되더라도 변제에 대한 확신이 없는 경우	• 기대변제액은 자산으로 인식 아니함	기대변제액은 공시

고서에는 비용과 상계한다. 그리고 변제금액은 공시하여야 한다.

셋째, 변제금액부분에 대한 지급의무가 있고 충당부채가 이행되더라도 변제에 대한 확신이 없는 경우 기대변제액은 자산으로 인식하지 아니한다. 그러나 기대변제액에 대해서는 공시하여야 한다.

1.5 •• 충당부채의 변동

충당부채는 매 재정상태표일마다 검토되고 현행 최선의 추정치를 반영하도록 조정되어야 한다. 만일 의무이행에 요구되는 자원의 유출이 더 이상 실현가능성이 없으면 충당부채는 환입되어야 한다. 할인율이 사용되는 경우에 충당부채의 장부가액이 기간의 경과에 따라서 매 기간 증가하게 된다. 이때에 증가된 금액은 이자비용으로서 인식된다.

2 연금급여충당부채와 퇴직급여충당부채

우리나라 공무원이 퇴직할 경우 지급하여야 할 퇴직급여에는 퇴직일시금과 퇴직연금이 있다. 미국 등 선진국가에서는 그 밖에도 퇴직 후의 의료보험 혜택 등을 지원하고 있어 이들도 퇴직급여의 범주에 포함시킬 수 있다.

우리나라 정부회계기준에서는 퇴직급여 관련 부채를 연금급여충당부채와 퇴직급여충당부채로 구분하고 있다. 연금급여충당부채는 퇴직연금 급여 수령자에 대하여 고용주로서 국가가 부담하는 채무를 의미한다. 그리고 퇴직급여충당부채는 공무원연금법이나 군인연금법 적용대상자가 아닌 상용인부 등이 퇴직할 때 지급하여야 할 퇴직금상당액을 의미하고 있다.

2.1 •• 연금급여 충당부채

▶ 국가회계기준제44조(연금충당부채 및 보험충당부채의 평가)

연금충당부채 및 보험충당부채는 기획재정부장관이 따로 정하는 방법으로 평가한다.

(1) 확정급여형퇴직금과 확정기여형퇴직금

퇴직연금에는 확정급여형퇴직금과 확정기여형퇴직금으로 구분할 수 있다.

확정급여형 퇴직급여란 퇴직후의 퇴직급여가 확정되어 있는 급여제도이고 확정기여형 퇴직금여란 고용주 또는 사용주가 일정액을 출연하고 종업원도 일정액을 출연하여 그 기금을 운용한 결과 수익액을 토대로 지급하는 퇴직급여 형태이다. 여기에서 확정급여형퇴직금과 확정기여형퇴직금의 차이는 다음과 같다.

확정급여형퇴직금(defined benefit plan)은 퇴직자가 받을 퇴직급여가 미리 확정되고 고용주가 부담할 금액이 퇴직기금의 운용실적에 따라 달라지는 제도이다. 퇴직기금 운용에 따른 리스크나 퇴직자에 대한 최종 지급책임이 모두 고용주에 있다.

확정기여형퇴직금(defined contribution plan)은 고용주가 법령에서 정해진 일정 부담금만큼만 출연하면 채무이행을 모두 면하게 되는 제도이다. 이들 고용주의 부담금을 토대로 별도로 운용한 수익을 합하여 이 금액 범위 내에서 퇴직금지급이 이루어지는 것이다.

현행 우리나라 공무원에 대한 퇴직금은 원칙적으로 고용주로서의 정부와 각 개인이 균등하게 기여금을 분담하여 이를 기금에 적립하고 이들 적립금을 운용하여 얻어진 수익을 합하여 퇴직금 재원이 된다. 이를 좀 더 부연설명하면 우리나라의 경우 퇴직연금이나 퇴직급여는 일정기간 즉 20년 이상 근무를 해야 받을 수 있는 자격요건이 발생하며 연금이나 퇴직일시금을 선택하여 수령할 수 있다. 이 때에는 확정급여형퇴직금이 된다.

그러나 20년이 넘지 않는 경우에는 연금 수령자격은 없고 근무기간동안 불입한 기여금과 정부가 동시에 불입한 기여금을 합하여 일정율을 더하여 지급하고 있다. 따라서 20년 이하 근무자에게 지급하는 퇴직일시금은 기여금 반환이 되며 확정급여형퇴직금이 아닌 확정기여형퇴직금에 유사하다고 볼 수 있다.

(2) 연금급여충당부채 산정기준

고용주의 퇴직연금급여충당부채 산정기준은 보장급부채무, 누적급부채무, 예측급부채무 등 3가지 형태가 있다.

보장급부채무(vested benefit obligation : VBO)란 연금채무의 범위를 현시점에서 연금제도를 종료시킨다고 가정한 경우에 지불해야 할 금액을 의미한다. 따라서 현 시점에서 연금수급권이 법적으로 보장된 채무만 인식하게 된다. 이 방법은 가장 보수적으로 낮게 측정하는 방법이다.

누적급부채무(accumulated benefit obligation : ABO)는 연금채무의 범위를 현시점이 아닌 퇴직시점의 급부액을 산출하되 재정상태표일 현재의 급여 수준액에 기초하여 현재가치를 인식하게 된다.

예측급부채무(projected benefit obligation : PBO)는 누적급부채무와 마찬가지로 연금채무의 범위를 현 시점이 아닌 퇴직시점의 급여액을 산출하되 대차대조표일 현재의 급여수준이 아닌 미래의 급여수준을 반영하여 인식하게 된다. 세 가지 측정방법 중 이 방법이 연금채무를 가장 높게 측정하는 방법이 된다.

●● 표 6-4 **연금급여충당채무의 인식방법**

	개 념	장 · 단점
보장급부채무 (VBO)	• 현시점에서 연금제도 종료 가정 • 현시점에서 보장된 채무만 인식	• 객관적으로 측정 가능 • 연금은 실제 미래에 지급 됨으로 현실과 상이 • 미래 경제적 희생분 채무에서 누락
누적급부채무 (ABO)	• 퇴직시점의 급부 현가액 중 현시점 현재가치로 측정 • 측정일 시점의 급여 수준에 기초	• 연금제도의 계속성 인정 • PBO에 비하여 미래의 급여 인상 수준 미반영
예측급부채무 (PBO)	• 퇴직시점의 급부 현가액 중 현시점 현재 가치로 측정 • 미래의 급여 수준을 반영	• 정부의 계속성을 전제로 한 최종적 채무 개념에 적합 • 미래의 급여수준 등 추정의 신뢰성 문제

●● 그림 6-3 **연금충당채무 인식방법 간의 관계**

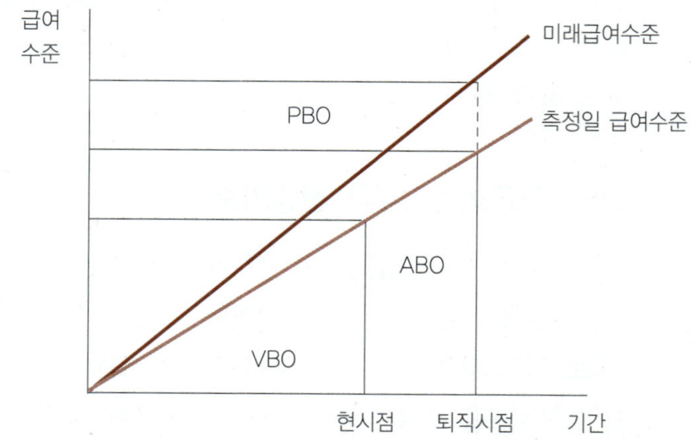

(3) 국가회계기준상의 연금급여충당부채 등의 평가

현재 국가회계기준에서는 연금충당부채와 보험충당부채에 대하여 기획재정부장관이 별도로 정하도록 하고 있다. 따라서 이부분에 대해서는 세부적인 기준이 나와야 설명이 가능하다.

2.2 ●● 퇴직급여충당부채

▶ 국가회계기준 제43조(퇴직급여충당부채의 평가)

① 퇴직급여충당부채는 재정상태표일 현재 「공무원연금법」 및 「군인연금법」을 적용받지 아니하는 퇴직금 지급대상자가 일시에 퇴직할 경우 지급하여야 할 퇴직금으로 평가한다.
② 퇴직금산정명세, 퇴직금추계액, 회계연도 중 실제로 지급한 퇴직금 등은 주석으로 표시한다.

▶ 지방자치단체회계기준 제55조(퇴직급여충당 부채의 평가)

① 퇴직급여충당 부채는 회계연도말 현재 「공무원연금법」을 적용받는 지방공무원을 제외한 무기계약근로자 등이 일시에 퇴직할 경우 지방자치단체가 지급하여야 할 퇴직금에 상당한 금액으로 한다. 〈개정 2009. 12. 31.〉
② 퇴직금 지급규정, 퇴직금 산정내역, 회계연도 중 실제로 지급한 퇴직금 등은 주석(註釋)으로 공시한다.

앞에서 설명한 바와 같이 퇴직급여충당부채는 「공무원연금법」이나 「군인연금법」을 적용받지 아니하는 직원에 대하여 일시에 퇴직할 경우에 지급하여야 할 퇴직금을 의미한다.

따라서 퇴직급여충당부채의 평가는 회계연도말 현재 이들 무기계약근로자(상용인부) 등이 일시에 퇴직할 경우 지급하여야 할 퇴직금에 상당한 금액으로 한다. 매년 퇴직급여충당부채가 설정되어 누적되기 때문에 회계연도말 이들 무기계약근로자 등이 퇴직할 경우 지급하여야 할 퇴직금 총액에서 지금까지 충당 누적액을 차감하여 당해 연도 비용으로 인식하게 된다.

이들 퇴직급지급규정, 산정내역, 회계연도 중 실제로 지급한 퇴직금 등은 주석으로 공시하여야 한다.

3 융자보조원가충당금과 보증충당부채의 평가

▶ 국가회계기준제45조(융자보조원가충당금과 보증충당부채의 평가)

① 융자보조원가충당금은 융자사업에서 발생한 융자금 원금과 추정 회수 가능액의 현재가치와의 차액으로 평가한다.
② 보증충당부채는 보증채무불이행에 따른 추정 순현금유출액의 현재가치로 평가한다.
③ 제1항 및 제2항에서 정한 사항 외에 융자보조원가충당금 및 보증충당부채의 회계처리에 관한 세부사항은 기획재정부장관이 정하는 바에 따른다.

3.1 융자보조원가충당금

(1) 의 의

정부에서 각종 융자사업을 시행하고 있는데 국가정책상 대부분 장기 저리로 융자를 해 주고 있기 때문에 융자시점과 회수시점의 차이로 인하여 현재가치가 많이 줄어들게 되고 그 융자사업에서 발생한 융자금원금이 모두 회수되기 어려운 경우가 많다. 이 경우에 융자금에 대하여 추정회수가능액을 현재가치로 평가하여 원금과의 차액을 부채로 보게 된다. 이를 융자보조원가충당금이라 한다. 일종의 현재가치할인차금과 대손상각충당금을 포함한 성격의 충당금인 셈이다. 대손충당금과 다른점이 있다면 추정회수가능액을 현재가치로 평가한다는 점이다.

융자보조원가충당금에 대한 세부 회계처리기준은 따로 기획재정부장관이 정한 「융자금회계준칙」이 있다. 이 준칙에 적용되는 융자사업이란 국가회계실체가 유효이자율보다 낮은 이자율로 융자를 제공하는 사업을 말하며 국가에 소속되어 근로를 제공하는 공무원에 대한 융자지원비용은 대상에서 제외된다. 따라서 이 기준이 적용되는 대상사업은 시장금리로 대출받기 어려운 농어민, 중소기업이나 학생 등에 정부가 저리로 융자해 주는 창업초기 기업육성자금, 임대주택자금, 개발사업차관 등을 들 수 있다.

(2) 융자보조원가충당금의 인식

융자보조원가충당금을 최초로 인식할 때에는 먼저 융자금 원금에서 추정 회수가능액의 현재가치를 빼서 계산한다. 이 때에 현재가치평가를 위해 적용하는 이자율 즉 유효이자율은 융자금과 유사한 만기를 가진 국채이자율을 적용한다. 다만 직접 재원을 조달하는 경우 해당 재원의 조달이자율을 적용할 수 있다.

융자보조원가충당금 = 융자금 원금 − 추정회수가능액의 현재가치

추정 회수가능액의 현재가치는 융자금으로부터의 추정 순현금유입액을 유효이자율로 할인한 가액으로 한다. 순현금유입액은 융자금 종류별로 원리금 회수액, 채무불이행 예상액, 기타 비용을 고려하여 추정하게 된다. 이 중에서 특히 채무불이행 예상액을 추정할 때에는 과거실적, 현재의 경제상황, 차입자의 경제상태와 담보물 가치를 고려하여야 한다.

이 충당금은 융자금에 대한 평가계정으로 재정상태표 상의 자산과목에서 차감형식으로 표시된다. 아울러 충당금으로 설정한 금액은 재정운영표상의 원가로 계상된다.

(3) 융자보조원가충당금의 상각과 평가

현재가치 평가를 통한 융자보조원가충당금을 인식한 후에는 유효이자율법에 의한 이자인식을 통하여 융자보조원가충당금을 감소시키는 상각절차를 수행하게 된다. 즉 유효이자율에 의하여 계산한 이자수익에서 명목이자금액을 빼서 계산하게 된다.

그리고 융자보조원가충당금은 매년 재정상태표일을 기준으로 현금흐름의 재추정을 통하여 현재가치평가를 다시 수행하게 된다. 융자보조원가충당금 평가에 따라 증가하거나 감소한 금액은 당기 융자보조비용에 더하거나 뺀다. 이 경우에 융자보조비용에서 융자보조원가충당금 감소액을 뺀 금액을 융자보조원가충당금환입액으로 인식하여야 한다.

사 례

A부처에서 담당하고 있는 기금에서 장기임대주택자금을 무주택자에게 대출해 주고 있다. 20xx.1.1 에 1,000,000원을 연리 2%로 10년 후에 상환하는 조건으

로 대출을 해 주었다. 이자는 매년말에 수령하는 것으로 약정하였다. 대출당시 국채이자율을 4%로, 10년후에 원금의 10%는 채무이행이 어려울 것으로 가정한다.

① 융자금 대출시(20xx.1.1)

(차) 융자금	1,000,000	(대) 국고금	1,000,000
융자보조비용	391,974	융자보조원가충당금	391,974

※ 융자금의 현재가치: 1,000,000×(1−0.1)/(1+0.04)10=608,026

융자보조원가충당금: 1,000,000−608,026=391,974

② 연도말 이자수입 및 충당금 상각(20xx.12.31)

(차) 국고예금	20,000	(대) 이자수익	24,321
융자보조원가충당금	4,321		

※ 이자수익: 1,000,000×2%=20,000

유효이자: 608,026×4%=24,321

③ 융자금 평가(20xx.12.31): 채무불이행 예상액이 10%에서 20%로 변경된 경우

(차) 융자보조비용	71,879	(대) 융자보조원가충당금	71,879

※ 융자금의 현재가치: $1{,}000{,}000\times(1-0.2)/(1+0.04)^{10}=540{,}468$

융자보조비용: (1,000,000−540,468)−(391,974−4,321)=71,879

3.2 •• 보증충당부채

(1) 의 의

정부가 정부이외의 기관이나 개인에 대하여 채무를 보증하는 경우 그 채무보증에 대해서는 부채로 계상하지 아니한다. 그러나 많은 경우에 그 보증채무가 이행이 되지 아니한 경우에 정부가 채무이행의 부담을 지게 된다. 이와 같이 보증채무의 불이행에 대비하여 그 채무의 발생가능성이 확실하고 금액을 신뢰성 있게 산출할 수 있을 경우에 충당부채로서 설정하여야 하는데 이를 보증충당부채라 한다.

(2) 평 가

보증충당부채는 보증채무에 대하여 과거의 불이행실적 등을 토대로 불이행

예정액수를 산출한다. 이 금액을 현재가치로 평가하여 비용으로 계상함과 동시에 부채로 기록한다.

4 우발상황(우발부채 및 우발자산)

4.1 ●● 의 의

우리나라 국가 및 지방자치단체회계기준에서는 우발자산과 우발부채를 구분하지 아니하고 우발상황이라는 용어를 사용하고 있으며 이 우발상황의 정의를 다음과 같이 하고 있다.

▶ 국가회계기준 제50조(우발상황)

① 우발상황은 진행 중인 소송사건, 타인의 채무에 대한 지급보증 등 중앙관서의 장 또는 기금관리주체가 통제할 수 없는 불확실한 미래 사건의 발생 여부에 따라 그 의무나 권리의 존재 여부가 확인되는 것으로서 그 발생 여부가 불확실한 현재의 상태 또는 상황을 말한다.

▶ 지방자치단체회계기준 제59조(우발상황)

① 우발상황은 미래에 어떤 사건이 발생하거나 발생하지 아니함으로 인하여 궁극적으로 확정될 손실 또는 이익으로서 발생여부가 불확실한 현재의 상태 또는 상황을 말한다.

우발상황이란 과거사건의 발생이 전제가 되어야 한다. 즉 재무상태표일을 기준으로 그 이전에 어떠한 사건이 발생하였는데 그 사건이 미래에 어떠한 부담이 될지 혹은 반대로 권리획득이 될지에 관해서 그 존재 여부가 현재상태로서는 불확실한 상황인 경우를 말한다. 따라서 회계실체가 이러한 상황을 통제할 수 없는 경우이어야 한다. 통제할 수 있다면 불확실한 상황이 되지 않기 때문이다. 대표적인 사항이 소송에 계류중인 사항을 들 수 있다. 그 소송이 승소하게 될지 혹은 패소하게 될지 모르는 상황에서 소송이 진행중이라면 현재상태로서는 불확실한 상황으로 보아야 할 것이다.

그리고 그 불확실한 상황의 발생여부에 따라 권리나 의무의 존재여부가 확인될 것이 예정되어야 한다. 과거의 사건으로 불확실한 미래의 어떤 사건이 예견 되지만 그 사건이 아무런 권리나 의무의 존재가능성이 없을 것으로 예측된다면 이는 우발상황이라고 할 수 없는 것이다.

이에 대하여 국제공공회계기준 제19호에서는 우발상황을 우발부채와 우발자산으로 구분하고 있다. 그리고 우발부채(contingent liability)를 다음과 같이 정의하고 있다.

> 우발부채란 다음과 같은 잠재의무 또는 현재의무를 말한다.
> (a) 경제적 효익이나 용역잠재력 등 자원의 유출을 초래할 현재의 의무가 존재하는지의 여부가 확인되지 않는 잠재적 의무
> (b) 과거사건으로부터 발생하였으나 ① 그 의무를 이행하기 위하여 자원의 유출 가능성이 높지 않거나 ② 의무이행금액을 충분한 신뢰성을 가지고 측정할 수 없는 현재의 의무

그리고 우발자산(contingent asset)이란 과거사건의 결과로 발생되고 회계실체가 전적으로 통제할 수 없는 불확실한 미래사건의 발생여부에 의해서만 그 존재여부가 확인되는 잠재적 자산을 말한다.

우발자산은 우발부채와 대칭되는 개념으로서 자원의 유출가능성이 높을 경우에 우발부채로서 인식되는 경우와 마찬가지로 자원의 유입가능성이 높은 경우에 우발자산으로 보게 된다.

4.2 ●● 우발부채의 인식

우리나라 정부회계기준에서는 국제공공회계기준과 마찬가지로 우발부채는 부채로 인식하지 아니한다. 현행 국가회계기준을 살펴보면 우발상황을 3가지 형태로 분류하여 우발손실의 경우와 우발이익의 경우로 구분하여 규정하고 있다.

우발손실은 다시 우발손실의 발생이 확실하고 그 손실금액을 합리적으로 추정할 수 있는 경우에는 재정순운영원가에 반영하도록 하고 있다. 이는 다시 말하면 더 이상 우발손실로 보지 아니하고 충당부채로 보게 된다는 뜻이다.

그러나 재정상태표일 현재 우발손실의 발생이 확실하지 않거나 우발손실의 발생이 확실하나 동 우발손실금액을 합리적으로 추정할 수 없는 경우에는 이들 내용을 주석으로 기재하여야 한다.

▶ 국가회계기준 제50조(우발상황)

② 우발상황은 다음 각 호와 같이 처리한다.

1. 재정상태표일 현재 우발손실의 발생이 확실하고 그 손실금액을 합리적으로 추정할 수 있는 경우: 우발손실을 재정운영순원가에 반영하고 그 내용을 주석으로 표시
2. 재정상태표일 현재 우발손실의 발생이 확실하지 아니하거나 우발손실의 발생은 확실하지만 그 손실금액을 합리적으로 추정할 수 없는 경우: 우발상황의 내용, 우발손실에 따른 재무적 영향을 주석으로 표시
3. 우발이익의 발생이 확실하고 그 이익금액을 합리적으로 추정할 수 있는 경우: 우발상황의 내용을 주석으로 표시

▶ 지방자치단체회계기준 제59조(우발상황)

② 우발상황에는 진행 중인 소송사건, 채무에 대한 지급보증, 배상책임 등이 포함되며, 우발상황의 회계처리에 대한 사항에 관하여는 기업회계기준을 준용한다.

지방자치단체회계기준에 의하면 우발상황에 대해서는 기업회계기준을 따르도록 하고 있는데 기업회계기준에서는 〈표 6-5〉에서와 같이 우발손실에 대하여 자원의 유출가능성과 금액의 신뢰성있는 추정여부에 따라 충당부채와 우발부채를 구분하도록 하고 있다.

즉 자원유출가능성이 높고 금액을 신뢰성 있게 추정가능하면 충당부채로 인식하고, 자원유출가능성이 높으나 금액의 신뢰성 있는 추정이 어려운 경우 또는 자원유출가능성이 어느 정도 있으나 금액의 신뢰성 있는 추정이 가능하면 공시를 하여야 한다. 그 밖의 경우에는 인식하거나 공시할 필요가 없다.

●● 표 6-5 자원유출가능성과 금액추정가능성에 따른 회계처리

금액추정가능성 / 자원유출가능성	신뢰성있게 추정 가능	신뢰성 있게 추정 불가능
가능성 높음	충당부채 인식	우발부채(공시)
가능성 어느 정도 있음	우발부채(공시)	미 공시
가능성 낮음	미 공시	미 공시

4.3 ●● 우발자산의 인식

우발자산은 자산으로 인식하지 아니한다. 우발자산은 통상적으로 회계실체의 통제범위를 넘는 예기치 않은 사건으로부터 일어나 경제적 효익이나 용역잠재력 등의 유입가능성을 유발시키는 경우이다. 예컨대 결과예측이 어려운 소송수행중인 청구사항을 들 수 있다.

우발자산은 실현되지 아니할 수도 있기 때문에 재무제표상의 자산으로 인식되지 아니하고 다만 경제적 효익이나 용역잠재력의 유입가능성이 높아 우발이익이 발생할 가능성이 확실하고 이익의 금액을 합리적으로 추정할 수 있는 경우에 한해서 주석으로 기재하도록 하고 있다.

5 환경관련 부채

최근에 일고 있는 환경훼손에 대한 우려는 각국 정부로 하여금 환경보존을 위한 여러 조치를 취하도록 하고 있다. 이에 따라 환경훼손과 관련하여 발생하는 환경관련 부채의 인식이 새로운 이슈로 나타나고 있다.

정부가 환경훼손 등의 당사자인 경우에 이들 복구의무를 어떻게 부채로 계상할 것인지에 대하여 여러 문제점이 나타난다. 그 예로서 정부가 공공시설을 건설하는 과정에서 환경훼손이 일어난 경우 어느 범위까지 훼손으로 보아야 할지, 이들 정화비용은 어느 정도까지 인정해야 할지 등의 인식에 어려움이 나타난다. 만일 이들 비용을 계량화하기 어렵다면 이들을 환경부채로 인식하기는 곤란하다.

미국연방정부의 경우 핵시설을 직접 운영하고 있는데 법으로서 이 시설의 폐쇄시에 유독물질을 정화할 의무를 부여하고 있다. 미국연방정부회계기준(SFFAS) 제6호 "유형고정자산회계"에 정화비용(cleanup cost)에 대한 회계처리기준이 포함되어 있다. 이들 내용을 간단히 소개하면 아래와 같다.

정화비용이란 ① 물품으로부터 나오는 유독폐기물이나 ② 또는 관련된 유형고정자산의 영구적 혹은 일시적인 폐쇄나 중단 상태에 있는 유독물을 구성하는 물질이나 물품을 제거 · 보관 · 처분하는 비용이다.

이들 정화비용에 대하여는 연방회계기준의 부채관련 기준을 적용하도록 하고 있다. 즉 이들 정화비용은 ① 과거 거래나 사건이 발생하였고 ② 자원의 미래유출이나 기타 희생이 거의 확실하며 ③ 자원의 미래유출이나 기타 희생이 측정 가능할 때 부채로 인식하도록 하고 있다.

이들 정화비용의 추정 및 인식은 고정자산이 서비스에 투입되었을 때 추정되어야 하며 이 추정은 '추정 총 정화비용'이라고 한다. 추정액을 인식할 때 일반유형자산의 경우와 수탁유형자산의 경우를 구분하여 인식토록 하고 있다. 왜냐하면 이들 자산의 원가를 처리하는 회계의 차이 때문에 이들 자산의 유형에 따라 정화비용을 운영기간에 배분하는 서로 다른 방법을 채택하였다.

일반유형고정자산에 대한 정화비용은 추정 총 정화비용을 일반유형고정자산이 운영되는 기간 동안 매기에 배분하는 방식으로 비용과 부채로 인식한다.

- 일반유형고정자산 정화비용 : 운영기간 중 매기 비용 · 부채 인식
- 수탁유형고정자산 정화비용 : 서비스투입 초기 모두 비용 · 부채 인식

그러나 수탁유형자산의 정화비용은 그 자산이 서비스에 투입된 시점에 총 추정 정화비용을 모두 인식되어야 한다.

미국연방정부회계기준자문위원회(FASAB)는 또한 2006년 9월 Technical Bulletin 2006-1호 "석면관련 정화비용의 인식과 측정"을 발표하였다. 석면이 포함된 모든 시설에 대하여 정화비용을 인식하도록 하고 있다. 석면 중 건강에 즉시 영향을 미치는 깨지기 쉬운 석면(friable asbestos)과 깨지지 않는 석면(nonfriable asbestos)을 구분하면서도 이를 모두에 대해서 정화비용을 인식하도록 하고 있다.

6 사회보장보험 부채

민간기업과 달리 정부는 사회보장정책의 일환으로 정부가 고용한 공무원과 관련 근로자 이외에 국민전체를 상대로 사회보장보험을 실시하고 있다. 우리나라의 경우 국민연금과 건강보험이 대표적인 제도이다.

이러한 사회보장보험에 대하여 국가가 부담하게 될 부채가 발생한다. 왜냐하면 모든 보험이 수급자의 부담에 의하여 운영될 수가 없고 일정부분 정부의 예산이 소요되기 때문이다. 따라서 이러한 사회보장보험에 대하여 어느 범위

까지 부채를 인식할 것인가가 주요 관심의 대상으로 되고 있다.

미국연방정부회계기준은 이러한 사회보장보험에 대하여 지급의무가 발생된 보험급여를 부채 및 발생비용으로 인식하도록 하고 있다.[5] 그리고 각 보험에 대하여 장래 추정 현금흐름표 등을 필수보충정보로 표시할 것을 요구하고있다. 아울러 사회보험보고서(Statement of Social Insurance)를 재무제표의 하나로서 첨부하여 감사를 받도록 하고 있다.

또한 국제공공회계기준위원회는 이 부분에 대해서 계속 연구가 진행되고 있으며 공개초안을 작성 중에 있다.[6]

우리나라의 경우 현재 4대 사회보험으로 국민연금, 건강보험, 고용보험, 산업재해보상보험을 들 수 있는데 이들 사회보장보험이 모두 기금 형태로 되어 있다. 따라서 이들이 수입과 지출구조상 부족부분에 대해서는 정부가 계속 부담해야 하는 의무가 부여된다. 예를들면 국민연금법에 의하면 국가는 매년 국민연금관리공단이 국민연금사업을 관리 운영하는데 필요한 비용의 전부 또는 일부를 부담하도록 하고 있다.[7]

그러므로 정부가 장래 부담해야 하는 의무가 있는 부분에 대하여는 부채로서 인식하여야 할 범위를 어느 정도까지로 할 것인가에 대해서 확정된 논거는 없으나 이 부분에 대해서는 계속 논의가 필요하다.

7 채무부담행위

채무부담행위(commitment) 또는 지출원인행위에 대한 공식적인 개념정의는 아직 이루어지지 않고 있다. 그러나 현금주의에 의한 예산회계에서는 채무부담행위 개념이 중요하다.

예산회계에 있어서 채무부담행위란 장래 국고부담이 예견되는 행위 예컨대 물품구입비나 장기공사를 위한 계약을 하는 경우 또는 금전의 지급약정을 하

5) FASAB, SFFAS 17 *Accounting for Social Insurance*, para. 22–23.

6) 국제공공회계기준위원회는 사회보장보험에 대한 채무인식 등에 관하여 2가지 보고서를 작성하였다. 하나는 consultation paper이고 다른 하나는 exposure draft이다.
IPSASB, Consultation Paper, *Social Benefits: Issues in Recognition and Measurement* (March 2008).
IPSASB, Exposure Draft 34, *Social Benefits: disclosure of cash payment to individuals or households* (March 2008).

7) 국민연금법 제87조.

는 경우 등을 의미한다.

따라서 채무부담행위가 부채와 다른 점은 부채는 확정된 채무를 의미하고 채무부담행위는 장래의 채무부담이 예견될 뿐 현재로서는 채무가 확정된 것은 아니라는 점이다.

이를 채무부담행위를 부채 항목에 포함시킬 것인가의 여부는 각 나라마다 다르다. 예컨대 캐나다정부의 경우에는 기존의 계약, 협약 또는 법령 규정의 요건에 맞는 경우에는 부채로 보도록 하고 있다. 또한 미국이나 뉴질랜드의 경우에도 장기계약과 미착 주문에 대해서도 부채로 보고 있다.[8)]

우리나라의 경우 예산회계에서 예산의 일부로 포함시켜 국회의 의결을 받아야 한다. 그러나 발생주의에 따른 국가회계기준에서는 세부적인 회계처리지침에서 국고채무부담행위 자체만으로는 거래로 보지 않는 것으로 설명하고 있다. 즉 계약 행위 자체만 가지고는 거래가 있다고 할 수 없고 계약이 실행으로 옮겨져 물품이나 용역을 제공받고 대금지급하여야 할 요건이 충족되었을 때 부채로 보게 된다고 한다.

---

8) Public Sector Committee, Study 6 "*Accounting for and Reporting Liabilities*". International Federation of Accountants, August 1995, pp. 7-9.

제6절 순자산 회계

1 순자산의 정의

▶ 국가회계기준 제23조(순자산의 정의와 구분)

① 순자산은 자산에서 부채를 뺀 금액을 말하며, 기본순자산, 적립금 및 잉여금, 순자산조정으로 구분한다.

▶ 지방자치단체회계기준 제11조(자산 · 부채 및 순자산의 정의)

③ 순자산은 회계실체의 자산에서 부채를 뺀 나머지 금액을 말한다.

정부회계의 경우에는 기업회계와 달리 자본금 개념이 존재하지 않는다. 정부활동을 위하여 필요한 비용은 국민에게 세금을 부과하여 이를 재원으로 충당하기 때문이다.

정부회계를 단식부기회계 형태로 처리하는 경우에는 자본에 상당하는 개념이 불필요하였다. 그러나 발생주의 · 복식부기 회계를 도입함에 따라 대차평균의 원리에 의하여 자산과 부채와의 차액이 발생하게 되고 이를 처리할 계정과목이 필요하게 된다.

미국연방정부회계에서는 자산과 부채의 차액인 순자산을 Net Position이라고 표현한다. Net Position은 다음과 같이 재정운영순원가와 미지출예산액으로 구성된다. 재정운영순원가(cumulative results of operations)란 수입과 지출의 차액을 말하며 미지출예산액(unexpended appropriation)이란 예산배정은 되었으나 지출이 되지 않은 예산액을 말한다.[9)]

한편 미국지방정부회계에서는 자산과 부채의 차액을 Net Asset이라고 표현하고 있다. 이 Net Asset은 아래와 같은 3가지 형태로 구성되도록 하고 있다.[10)]

9) Cornelius E. Tierney and Others, *Federal Accounting Handbook*(2nd ed.), John Wiley & Sons, Inc., 2007, p.163.

10) Robert J. Freeman and Others, *Governmental and Nonprofit Accounting*(8th ed.), Prentice-Hall, 2006, p. 515.

① 순자본투자(관련부채를 차감)

② 특정목적자본(고정자산, 부채상환자금, 지역개발사업, 기타목적)

③ 비특정목적자본(잉여금 또는 결손금)

위에서 순자본투자(Invested in capital asset, net of related debt)는 초기에 고정자본투자를 목적으로 투하된 순자산을 의미하며 이때에 그 관련 고정자본에서 부채액은 제외하고 순투자액으로 표시한다. 특정목적자본(restricted)이란 독립된 회계로 특정목적을 위해서만 사용이 되도록 한 자본으로서 특정고정자산, 부채상환기금, 지역개발사업 등에 적용되는 자산들을 말한다. 비특정목적자본(unrestricted)이란 특정목적으로 한정되지 아니한 순자본으로서 결국 운영결과 잉여금 또는 결손금 등이 될 수 있다.

우리나라 정부회계에서는 이 과목을 순자산(net asset)으로 정의하고 있다. 즉 순자산이란 총자산에서 총부채를 차감한 잔여액을 의미한다.

일반적으로 순자산이 기업회계의 자본과 다른 점은 다음과 같다.

첫째, 기업회계에서의 자본은 부채와 함께 자금조달재원이 된다. 기업의 소유주나 주주가 자기의 자금을 자본형태로 사업에 투자하는 것이다. 이에 비하여 정부의 순자산은 조달재원과는 무관한 개념으로 계산편의를 위하여 설정된 과목이다. 따라서 기업회계에서는 대차대조표 등식을 '자산 = 부채 + 자본' 으로 표기되지만 정부회계에서는 '자산 - 부채 = 순자산' 으로 보게 된다.

둘째, 기업회계에서의 자본의 크기는 재정의 건전성을 나타내는 지표로 사용이 가능하나 정부회계에서의 순자산 규모는 단순한 자산과 부채의 차액개념으로서 재정건전성보다는 장래 향유할 수 있는 순 편익으로 보게 된다.

2 순자산의 분류

2.1 국가의 순자산의 분류

▶ 국가회계기준 제23조 (순자산의 정의와 구분)

① 순자산은 자산에서 부채를 뺀 금액을 말하며, 기본순자산, 적립금 및 잉여금, 순자산조정으로 구분한다.

② 기본순자산은 순자산에서 적립금 및 잉여금과 순자산조정을 뺀 금액으로 표시한다.
③ 적립금 및 잉여금은 임의적립금, 전기이월결손금 · 잉여금, 재정운영결과 등을 표시한다.
④ 순자산조정은 투자증권평가손익, 파생상품평가손익 및 기타 순자산의 증감 등을 표시한다.

국가회계기준에서는 순자산을 기본순자산, 적립금 및 잉여금, 순자산조정으로 구분하도록 하고 있다.

$$순자산 = 기본순자산 + 적립금 및 잉여금 \pm 순자산조정$$

먼저 기본순자산이란 순자산에서 적립금 및 잉여금과 순자산조정금액을 뺀 금액이라고 설명하고 있다. 그러나 그러한 기본순자산이 어떤 형태로 구성되어있는지에 대해서 특별히 설명되지 아니하고 있다. 결국 순자산 중에서 잉여금과 적립금 성격을 제외한 주요 자산 즉 국유토지나 건물 또는 사회기반시설 등을 형성하는 토대를 일컬어서 말한다고 할 수 있다.

적립금 및 잉여금이란 임의적립금, 전기이월결손금 · 잉여금, 재정운영결과 등을 의미한다고 한다. 재정운영결과 지출보다 수익이 많은 경우 잉여금이 발생하게 되고 반대로 수익보다 비용이 많은 경우에는 결손금이 발생하게 된다.

순자산조정은 투자증권평가손익, 파생상품평가손익 및 기타순자산의 증감 등을 나타낸다. 이들 투자증권평가손익이나 파생상품평가손익을 재정운영표상의 원가에 포함시키지 아니하고 순자산조정항목으로 나타내는 이유는 정부활동에 직접적으로 관련된 비용이나 수익이 아닌 투자활동 등으로 인하여 발생된 비용이나 수익이기 때문이다.

2.2 •• 지방자치단체의 순자산 분류

▶ 지방자치단체회계기준 제25조(순자산의 분류)

① 순자산은 지방자치단체의 기능과 용도를 기준으로 고정순자산, 특정순자산 및 일반순자산으로 분류한다.
② 고정순자산은 일반유형자산, 주민편의시설 및 사회기반시설의 투자액에서

그 시설의 투자재원을 마련할 목적으로 조달한 장기차입금 및 지방채증권 등을 뺀 금액으로 한다.

③ 특정순자산은 채무상환 목적이나 적립성기금의 원금과 같이 그 사용목적이 특정되어 있는 재원과 관련된 순자산을 말한다.

④ 일반순자산은 고정순자산과 특정순자산을 제외한 나머지 금액을 말한다.

자산에는 양도와 처분이 제약되는 사회기반시설, 각종 주민편익시설 등이 포함되기 때문에 순자산의 의미를 정확히 파악하기 위해서는 순자산을 그 기능과 용도에 따라 분류하여 표시하는 것이 필요하다.

따라서 지방자치단체회계기준에서는 순자산을 고정순자산, 특정순자산 및 일반순자산으로 분류하도록 하고 있다.

순자산 = 고정순자산 + 특정순자산 + 일반순자산

고정순자산이란 일반유형자산, 주민편의시설 및 사회기반시설의 투자액에서 그 시설의 투자재원을 마련할 목적으로 조달한 장기차입금 및 지방채증권 등을 뺀 금액으로 한다. 여기에서 일반유형자산, 주민편의시설 및 사회기반시설에 대한 투자액을 산정함에 있어서는 관련 감가상각누계액을 차감한 장부가액을 기준으로 하여야 한다. 그리고 조달된 관련 차입금 등은 투입자산에 직접적으로 관련성이 있는 차입금 등에 한하며 나머지 관련성이 적거나 공통된 차입금 등은 제외한다.

특정순자산이란 채무상환 목적이나 적립성기금의 원금과 같이 그 사용목적이 특정되어 있는 재원과 관련된 순자산으로서 고정순자산은 제외된다. 즉 채무상환 목적으로 적립하는 감채기금 등과 같이 적립된 기금원금을 가용자원으로 사용하지 않고 운용자금을 구분하여 기금원금의 운용에 따른 수익으로 관련 사업을 위한 지출을 충당하는 적립성기금이 특정순자산의 대표적인 예라 할 수 있다.

일반순자산은 전체순자산 중에서 고정순자산과 특정순자산을 제외한 나머지 금액을 말한다. 고정순자산과 특정순자산이 용도가 정해진 것인데 비하여 일반순자산은 용도가 정해져 있지 아니하기 때문에 필요시 자유롭게 사용할 수 있는 자산이 된다.

일반순자산 = 순자산총계 – (고정순자산 + 특정순자산)

CHAPTER 07

결산과 재무보고

제 1 절 • 결산 및 재무보고의 개요
제 2 절 • 재무회계 결산과 보고
제 3 절 • 예산회계 결산 및 보고

제1절 결산 및 재무보고의 개요

1 결산과 재무보고의 의의

재무보고(financial reporting)란 일정기간 동안의 재무활동의 결과를 정리하여 보고하는 것을 말한다. 정부나 기업의 활동은 기간 구분 없이 계속 이루어지고 있으나 그 활동성과 내지 결과를 보고하기 위해서는 회계기간을 설정하여 회계연도 말을 기준으로 하여 그 기간 동안의 활동결과와 그 기말의 재정상태를 결산보고서에 나타나도록 한다. 이 결산보고서의 내용 중 대표적인 문서로서는 재무제표(financial statement)와 기타 각종 재무관련 보고자료 등을 통하여 나타나게 된다.

이 재무보고과정에서 연도 말을 기준으로 인위적으로 회계기간을 구분하여 각종 계산을 정리하여 재무상태와 활동성과를 파악하기 위한 일련의 활동을 결산(closing of accounts)이라고 한다. 따라서 결산은 재무보고를 위한 활동수단이라고 할 수 있으며 결산보고서는 결산결과 재무보고를 문서화하기 위한 수단인 동시에 재무보고의 최종 활동의 산출물인 것이다.

현행 국가 결산에 대해서는 '국가재정법'과 '국가회계법'에 모두 규정이 되어 있다. '국가재정법' 상의 결산은 예산과정의 일부로 보아 주로 결산 절차에 관한 사항이 규정되어 있고 결산서 내용에 관해서는 '국가회계법'에 일임하였다. 따라서 '국가회계법'에서는 2가지 방법으로 수행한 결산보고서를 작성하여 첨부하도록 요구하고 있다. 즉 재무회계방식에 의한 재무제표 및 관련 부속서류와 현금회계방식에 의한 세입 · 세출결산보고서를 작성하도록 의무화한 것이다.[1]

지방자치단체의 결산의 경우에도 국가의 결산과 마찬가지로 '지방재정법'에서 예산회계결산과 재무회계결산으로 구분하여 결산서를 만들도록 하고 있다. 예산회계결산은 종전과 마찬가지로 세입 · 세출결산서를 작성하여야 하고 재무회계결산은 발생주의와 복식부기 원리에 의한 재무보고서를 작성하여야 한다.[2]

1) 국가회계법 제14조.
2) 지방재정법 제51조, 제53조.

2 예산회계결산과 재무회계결산의 연계

복식부기회계가 도입되기 이전까지는 현금회계방식의 결산이 이루어져 왔다. 이제 발생주의에 의한 복식부기제도가 도입됨에 따라 결산제도도 더욱 복잡해졌다.

예산회계에 의한 세입 · 세출회계결산보고서는 현금주의 방식에 의하여 처리하기 때문에 자산과 비용, 부채와 지출을 구분하지 아니하고 수입이나 지출로 처리하게 된다. 그런데 새로 도입된 발생주의 복식부기제도의 경우 재무회계과목이 종전의 예산회계과목과 다른 형태로 존재하게 된다. 따라서 예산회계과목과 재무회계과목간에 연계가 있어야 한다.

현행 국가회계나 지방자치단체회계가 자동분개시스템을 채택하여 예산거래와 회계거래 간에 연계시스템을 두고 처리하기 때문에 시스템에서 지시하는 대로 그대로 따라 처리하면 될 것이다.

국가의 경우 예산과목과 재무제표 계정과목 간의 연계는 계정과목 연계표에 따라 dBrain이라고 불리우는 디지털예산회계시스템에서 자동분개 처리된다.

●● 표 7-1 지방자치단체 예산회계결산과 재무회계결산

구 분	예산회계 결산	재무회계 결산
결산서	세입 · 세출결산서 (세입결산서+세출결산서) 기금결산서 채권결산서 채무결산서 공유재산현재액보고서 물품현재액보고서	재정상태보고서 재정운영보고서 순자산변동보고서 현금흐름보고서(작성유예)
회계기간	1.1 ~ 12.31 출납폐쇄기한 포함(다음연도 2월말)	예산회계결산과 동일
기장방식	경상과 자본의 구분이 불명확	경상회계와 자본회계 구분
인식기준	(수정)현금주의	발생주의
과목분류	세입, 세출	자산, 부채, 순자산, 수익, 비용
과목체계	예산과목 (세입 : 장–관–항–목) (세출 : 분야–부문–정책사업–단위사업–세부사업–편성목–통계목)	재무회계과목 (대분류–중분류–회계과목–관리과목)

자료: 지방자치단체 재무회계운영규정(행정안전부 훈령 133호) p. 211.

다만 대손상각비 등과 같이 예산과목과 연계되지 않는 발생주의회계에 따른 계정과목은 별도의 회계처리를 통해 반영하도록 하고 있다.

지방자치단체의 경우 예산회계와 재무회계의 과목을 연계하는 자동분개연계표(Journalizing Mapping Table : JMT)를 작성하여 운영하고 있다. 이 자동분개연계표는 예산회계과목과 재무회계과목과의 연결 및 분개를 위하여 예산집행에 따르는 거래유형을 예산과목, 회계처리유형, 관리과목의 차변과 대변으로 연계시킨 표를 말한다. 자동분개연계표는 거래의 형태에 따라 수입거래연계표, 지출거래연계표, 예산외거래연계표의 3종류로 구분하고 있다.

사 례

A지방자치단체에서 공무원의 기본급을 지출한 경우처리는 다음과 같다.

예산과목은 「10101 기본급」, 회계처리유형은 「일반지출 002 기본급지출」, 관리과목은 차변에 「2199-05 일반미지급비용」, 대변에 「10101-01 현금과예금」으로 회계처리하도록 되어있다.

예산과목	회계처리유형	차변과목	대변과목
10101 기본급	일반지출 002 기본급지출	2199-05 일반미지급비용	1101-01 현금과예금

3 결산 절차

3.1 국가회계의 결산절차

(1) 출납완결 및 장부마감

결산을 위한 첫 단계는 그 회계연도에 속하는 수입 · 지출의 출납사무를 완결하는데 있으며 출납사무의 완결은 결산의 전제가 된다.

'국고금관리법'에서는 출납기한으로서 한 회계연도의 출납에 관한 사무를 2월 10일까지 완결하도록 하고 있다.[3] 출납기한이 지나면 먼저 각급기관이 소관 장부를 정리 마감한 다음 그 실태를 기획재정부장관에게 보고하고 기획재

3) 국고금관리법 제4조의 2.

정부장관은 사후적으로 정부차원의 총세입부와 총세출부를 마감함으로써 사실상 출납사무가 완결되고 폐쇄된다.

여기에서 총세입부와 총세출부는 국가세입 · 세출의 출납사무 일체를 회계별, 소관별, 계정과목별 및 집행월별로 구분 정리하여 기획재정부가 관리하고 있는 주된 장부이다. 이들 장부의 마감이란 장부를 기록한 후 마무리하는 일련의 절차로서 마감권자는 기획재정부장관이며 감사원장이 지정하는 감사위원 1인이 입회하여 마감하게 된다.[4]

총세입부와 총세출부를 마감함으로써 매 회계연도에 속하는 세입세출에 관한 출납사무는 종료되고 사실상 국가의 세입세출계수가 확정되며 이에 따라 세계잉여금을 확정, 공표할 수 있다.

(2) 결산 서류의 작성 및 제출

결산관련서류의 작성은 2단계로 이루어진다. 우선 각 중앙관서의 장은 매 회계연도마다 중앙관서 재무보고서 이외에 그 소관에 속하는 세입 · 세출결산보고서, 계속비결산보고서 및 국고채무부담행위명세서 등 법령 및 규정에서 정한 여러 가지 보고서를 작성하여 다음연도 2월말까지 기획재정부장관에게 제출하여야 한다.[5]

기획재정부장관은 각 중앙관서에서 작성한 재무제표와 세입 · 세출결산보고서 등에 의하여 정부전체의 재무제표와 세입 · 세출결산서 등을 작성하여 국무회의의 심의를 거쳐 대통령의 승인을 얻어 정부안으로 확정한다. 기획재정부장관은 이들 결산서에 국고채무부담행위명세서 등을 첨부하여 다음연도 4월 10일까지 감사원에 제출하여야 한다.[6]

새로 제정된 '국가재정법'에서는 이들 결산 서류의 제출기일을 단축시켰는데 중앙관서의 장이 기획재정부장관에게 제출하는 기한을 2월말까지로, 기획재정부장관이 감사원에 제출하는 기한을 6월 10일에서 2개월 앞당긴 4월 10일까지로 단축시켜 국회에의 제출기한을 앞당기도록 하였다.

(3) 결산의 검사

헌법 제99조에 의하면 "감사원은 세입, 세출의 결산을 매년 검사하여 대통

4) 국고금관리법시행령 제94조.
5) 국가재정법 제58조 제1항.
6) 국가재정법 제59조.

●● 그림 7-1 국가 결산업무의 흐름

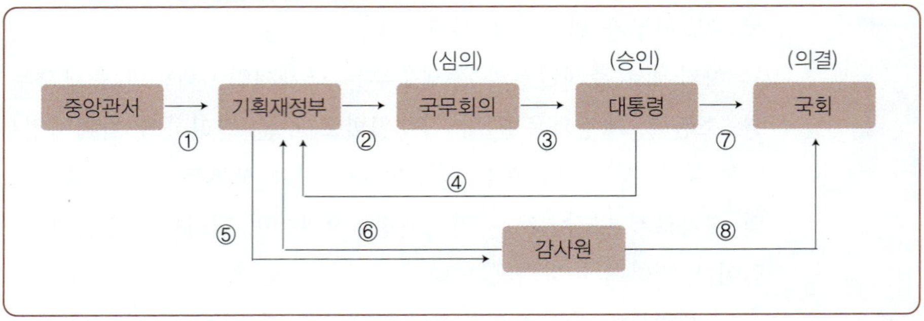

령과 차년도 국회에 그 결과를 보고하여야 한다"고 하여 세입세출에 대한 결산검사는 감사원의 주요임무의 하나일 뿐 아니라 결산절차의 필수과정인 것이다.

정부 측에서 작성 제출한 결산서류를 검사하는 것은 결산내용을 작성자 이외의 제3자에 의한 검증확인기능을 갖는 것으로서 정부회계에서는 이 기능을 독립기관인 감사원에 부여하고 있다. 이와 같이 결산내용에 대한 외부기관의 확인을 거침으로써 국회의 최종승인을 얻을 수 있는 요건이 구비된다고 볼 수 있다.

외국의 경우 정부의 결산에 대한 검사를 대부분 감사원과 같은 기능을 가진 기관에 의하여 수행되기도 하나 공인회계사 등 외부 전문기관에 위탁하여 시행하게 하는 경우도 있다.[7)]

감사원에서는 기획재정부에서 4월 10일까지 감사원에 제출한 재무보고서 및 세입·세출결산 기타 결산서류를 토대로 결산검사를 시작하는 것이나 대부분의 경우에 이들 결산서류제출 이전에 이미 서면감사 또는 실지감사를 통하여 각 기관의 결산검사를 시작한다.

결산검사는 각 기관이 매월 제출하는 각종 계산증명서류와 한국은행의 국고금출납계산서를 대조하여 부합여부를 검토하고 실지감사에서 파악한 예산집행내역과 결산내역을 토대로 결산검사보고서를 작성하게 된다. 작성된 결산검사보고서는 5월 20일까지 다시 기획재정부장관에게 송부하여야 하며 기획재정부장관은 5월 31일까지 국회에 제출하게 된다.[8)]

7) 미국의 경우 지방정부에 대한 재무제표의 감사는 외부 공인회계사의 감사를 받도록 하고 있고 영국의 경우 공기업 중 국영기업에 대해서는 감사원의 감사를 받지 않고 공인회계사의 감사를 받도록 하고 있다.

8) 국가재정법 제60조, 제61조.

(4) 국회의 결산심사

국회에서 의결되어 성립된 예산은 각 부처별로 집행되고 이들 각 중앙관서에서는 결산보고서를 작성하여 기획재정부에 송부하게 된다. 기획재정부에서는 국가전체의 결산서를 작성하여 감사원의 결산검사보고서와 함께 국회에 제출한다.

이러한 결산서가 국회에 제출되어 심사 절차를 거치도록 하는 것은 사기업에서 결산내용을 주주총회의 승인을 받는 것과 같이 국민의 대표기관인 국회로 하여금 정치적인 입장에서 예산의 집행내용을 검토하고 비판하게 하기 위한 것이다.

국회에서의 결산심사는 정부로부터 결산서류가 제출되면 소관 상임위원회에서 예비심사를 하여 그 심사결과에 대한 의견을 첨부하여 예산결산특별위원회에 회부하여 종합심사를 한 후 본 회의에 부의하여 의결하도록 하고 있다.[9]

3.2 ●● 지방자치단체회계의 결산절차

지방자치단체의 결산절차도 국가기관의 결산과 마찬가지로 출납폐쇄 및 출납사무완결, 결산 서류의 작성 및 보고, 결산감사, 결산승인, 고시 등의 단계로 이루어진다.

지방자치단체의 장은 회계연도 종료 후 다음연도 2월말까지 출납을 폐쇄하고[10] 출납사무를 3월말까지 완결하여야 한다.[11] 그런 다음 출납폐쇄후 80일 이내에 결산서 및 증빙서류를 작성하여 검사위원의 검사를 받도록 하여야 한다. 지방의회가 선임한 검사위원의 검사의견서를 첨부하여 다음연도 6월말까지 지방의회에 제출하여 지방의회의 승인을 얻어야 한다.[12]

검사위원은 지방의회가 당해 지방의회의원이나 공인회계사 등 재무관리에 관한 전문지식과 경험을 가진 자 중에서 선임하며 지방자치단체의 상근직원은 검사위원이 될 수 없도록 하고 있다.[13]

검사위원의 결산검사는 ① 세입 · 세출의 결산 ② 계속비 · 명시이월비 및 사고이월비의 결산 ③ 채권 및 채무의 결산 ④ 재산 및 기금의 결산 ⑤ 금고

9) 국회법 제84조.
10) 지방재정법 제8조.
11) 지방재정법시행령 제5조.
12) 지방자치법 제125호 제1항.
13) 지방자치법시행령 제83조 제2항, 제3항.

●● 그림 7-2 지방자치단체의 결산절차

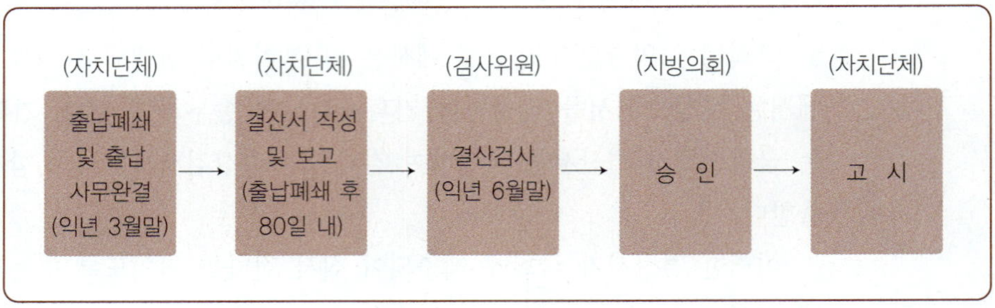

의 결산에 대하여 행한다. 검사위원은 지방자치단체의 장 및 금고에 대하여 검사에 필요한 자료를 요구할 수 있으며 그 요구를 받은 지방자치단체의 장 및 금고는 특별한 사유가 없는 한 이에 협조하여야 한다.[14)]

검사위원은 결산검사 종료 후 10일 이내에 검사의견서를 당해지방자치단체의 장에게 제출하여야 하며 지방의회는 결산 심의시 필요하다고 인정하는 때에는 검사위원을 출석시켜 설명을 들을 수 있다.[15)]

결산서를 작성하는 경우에 세입 · 세출의 결산은 세입 · 세출예산과 동일한 구분에 의하여 작성하여야 하며 작성양식은 국가의 결산내용과 거의 동일하다. 이 때에 세입 · 세출결산서에 첨부하는 보고서에는 세입 · 세출결산보고서, 계속비결산보고서, 지방자치단체의 채권채무에관한보고서 및 발생주의회계에 의한 재무보고서를 첨부하여야 한다.[16)]

지방자치단체의 장이 결산에 대하여 지방의회의 승인을 얻은 때에는 5일 이내에 시도의 경우에는 행정안전부장관에게, 시도 및 자치구의 경우에는 시 · 도지사에게 각각 보고하고 그 내용을 고시하여야 한다.[17)] 재무보고서에는 공인회계사의 검토의견을 첨부하여야 한다.

14) 지방자치법시행령 제84조 제2항.
15) 지방자치법시행령 제84조 제3항.
16) 지방재정법 제53조, 동법시행령 제59조.
17) 지방자치법 제134조 제2항.

4 결산보고서의 종류와 내용

4.1 국제공공회계기준위원회

국제공공회계계기준 제1호 "재무제표의 표시"에 의하면 재무제표의 구성요소로서 ① 재정상태표 ② 재정성과표 ③ 순자산/자본 변동표 ④ 현금흐름표 ⑤ 회계정책과 재무제표에 대한 주석을 들고 있다.[18)]

그 밖에 경영보고서 등에 대해서는 특별한 언급이 없다. 향후 구체적인 기준이 정해질지의 여부는 공공부문의 개념체계 작업이 진행중이므로 이와 관련하여 검토되어질 것으로 보인다.

동 회계기준에서는 재무제표의 각 구성부문은 다음과 같은 내용들이 분명하게 표시되도록 요구하고 있다.

- 보고기관명이나 또는 다른 실체 확인 수단
- 재무제표가 개별기관만을 다루는지 또는 경제실체 즉 개별기관을 포함한 통제기관과 그 산하 통제대상기관을 다루는지
- 재무제표의 보고일 또는 보고기간
- 보고되는 화폐단위
- 화폐표시단위 등

4.2 미 국

(1) 연방정부

이미 앞장에서 설명한 바와 같이 미국연방정부의 회계기준은 대통령직속의 관리예산처(Office of Management and Budget : OMB)와 재무성(Department of Treasury) 그리고 의회 소속의 회계검사원(Government Accountability Office : GAO)이 관장한다. 연방정부에 적용이 되고 있는 회계기준은 이들 기관들이 공동으로 설립한 연방정부회계기준자문위원회(Federal Accounting Standard Advisory Board : FASAB)에서 발생주의에 기초한 회계기준을 만들지만 궁극적으로 이 기준은 이들 기관들이 승인하여야 효력을 발생한다.

18) IPSASB, No. 1, *Presentation of Financial Statements*, Para. 19.

현재 연방정부의 각 기관의 재무보고서는 관리예산처의 Circular No. 136-A, '재무보고요건(Financial Reporting Requirements)'에 따라 작성하도록 하고 있다.[19] 또한 재무성은 연방정부 전체 즉 미국정부의 통합재무보고서를 작성할 책임이 있다. 이들 연방정부 개별기관들이 작성하여야 할 재무보고서와 연방정부 통합재무보고서와의 내용을 비교하면 〈표 7-2〉의 내용과 같다.

먼저 연방정부 각 개별기관들이 작성하는 재무보고서는 경영보고서(MD&A), 재무제표와 주석, 필수보충수탁책임정보 그리고 필수보충정보를 포함한다. 재무제표로는 ① 대차대조표 또는 재정상태표 ② 순원가보고서 ③ 순자산변동보고서 ④ 예산자원보고서 ⑤ 대리징수보고서 ⑥ 사회보험보고서 등이 있다.

대차대조표(Balance Sheet)는 재정상태표(Statement of Financial Position)이라고도 하며 회계연도말의 재정상태를 나타낸다.

순원가보고서(Statement of Net Cost)는 회계연도기간 동안 연방정부 기관이 사용한 프로그램비용이나 관리비용을 집계한 보고서로서 우리나라의 재정운영표와 유사하다.

순자산변동보고서(Statement of Changes in Net Position)란 예산재원과 기타재원을 합한 재무재원에서 순운영원가를 공제한 순자산의 변동을 나타내도록 한 보고서이다.

●● 표7-2 미국연방정부 재무보고서 내용

구 분	개별기관	연방정부 통합
내용	(1) 경영보고서(MD&A) (2) 재무제표 • 대차대조표 • 순원가보고서(SNC) • 순자산변동보고서(SCNP) • 예산자원보고서(SBR) • 대리징수보고서(SCA) • 사회보험보고서(SOSI) (3) 주석 (4) 필수보충수탁책임정보(RSSI) (5) 필수보충정보(RSI)	(1) 경영보고서 (2) 감사보고서 (3) 재무제표 • 대차대조표 • 순원가보고서 • 순자산운영 및 변동보고서 • 순운영수익(비용)과 세계잉여금(결손금) 조정명세서 • 통합예산관련 현금변동명세서 • 사회보험보고서 (4) 주석 (5) 필수보충정보 (6) 수탁책임정보

자료: OMB Circular No. A-136.
US Department of Treasury, 2008 Financial Report of the United States Govenment.

19) Office of Management and Budget, OMB Circular No. A-136 *Financial Reporting Requirement-Revised* 06/10/09.

예산자원보고서(Statement of Budget Resources)란 예산수령과 집행내역을 나타내는 보고서로서 별도로 보고되는 예산집행자료와 같은 데이터에 근거하여 작성된다.

대리징수보고서(Statement of Custodial Activity)란 국세나 벌금 등 비교환수익을 징수할 수 있는 권한을 가진 기관 예컨대 국세청 등이 연방정부의 세금 등 비교환수익을 징수하고 징수활동내역을 나타내는 보고서이다. 이들 징수액이 그 기관의 수입이 되는 것이 아니고 연방정부 전체의 수익으로 되어야 하기 때문에 대리징수권을 가지고 있다고 해서 대리활동에 대한 보고서라 한다. 우리나라의 국세활동징수보고서와 유사하다.

사회보험보고서(Statement of Social Insurance)는 미국연방회계기준 제17호 '사회보험회계(Accounting for Social Insurance)'에 의거하여 노령 및 장애보험 등 사회보장보험, 의료보험, 철도퇴직보험, 폐질보험 등에 대하여 보험으로 지급하여야 할 수리적 지급액을 예측하여 작성하여야 하는 보고서이다. 이들 보험이 장래 정부의 재정부담이 된다는 측면에서 재정 안정성과 지속가능성(sustainability)에 대한 평가를 위하여 작성을 의무화시킨 것이다.[20]

필수보충수탁책임정보(Required Supplemental Stewardship Information : RSSI)란 통상의 기존 재무제표로서는 측정할 수 없는 자원과 의무에 대해서 정부의 수탁책임이 따르고 이를 위하여 활동을 하는 경우가 있다. 여기에서 자원과 의무는 회계기준에 의한 자산이나 부채의 요건에는 충족되지 아니하나 연방정부의 재무상태와 활동에 중요한 영향을 미치는 자원과 의무사항에 대한 보고서이다. 그 예로서는 ① 연방정부에서 재정지원은 하지만 소유권이 없는 물리적 자산, ② 교육훈련활동 등 인적 자산, ③ 연방지원 연구개발 등을 들 수 있다.

연방정부통합재무보고서는 개별기관의 재무보고서와 비슷하나 재무제표의 유형에서 다소 차이가 있다. 즉 연방정부통합재무제표의 유형을 보면 대차대조표나 순원가보고서는 동일하다. 그러나 개별기관이 작성하는 순자산변동보고서의 경우 연방정부통합의 경우에는 순자산 운영 및 변동보고서(Statements of Operations and Changes in Net Position)라는 명칭으로 사용되고 있다. 그 내용에 있어서도 연방정부통합재무제표의 경우 조세수익 등 비교환수익이 있기 때문에 주로 비용만 발생하는 개별기관과 다르게 순자산의 운영란이 추가로 더 있다. 즉 개별기관의 대리징수보고서 내용이 이 보고서에 포함된다고 보면 된다.

20) Office of Management and Budget, OMB Circular No. A-136 *Financial Reporting Requirement-Revised* 06/10/09, pp. 73-76.

연방정부통합보고서는 개별기관보고서에 없는 다음 두 가지 보고서를 요구하고 있다. 그 첫째가 순운영수익(원가)과 세계잉여금(결손금)조정명세서(Reconciliations of Net Operating Revenue(Cost) and Unified Budget Surplus(Deficit))이다. 이 명세서는 바로 예산회계에 의한 세계잉여금(또는 결손금)과 순원가보고서상의 순운영수익(또는 원가) 차이를 조정하는 보고서이다.

둘째는 통합예산관련 현금변동명세서(Statements of Changes in Cash Balances from Unified Budget and Other Activities)로서 예산활동과 현금수지내용과의 차이를 나타내는 보고서이다.

(2) 지방정부

아래 [그림 7-3]에서는 미국 지방정부회계기준위원회(GASB)가 제시한 모델로서 회계책임을 평가하고 자원의 배분, 투자와 기타 정치 · 경제 · 사회적 결정을 위하여 필요하다고 판단되는 재무정보의 유형을 구분하여 표시한 것이다. 즉 회계책임 평가 및 자원배분과 투자 기타 결정을 위한 정보는 모든 재무보고 정보와 기타 비재무적 일반정보를 포함한다. 그리고 모든 재무보고 정보는 다시 일반목적 외부재무보고와 기타 재무보고로 구분한다.

일반목적 외부재무보고는 일반목적재무제표(general purpose financial statement : GPFS)와 기타 보충적 정보(supplementary information)을 포함한다.

최근에 지방정부회계기준위원회(GASB)는 미국의 지방정부 재무보고 모델을 개선하기 위하여 GASB Statement No.34를 발표하였다. 그 주요골자를 보면 종전의 기금회계 중심의 재무제표 이외에 발생주의에 근거한 지방정부 전체의

●● 그림 7-3 재무보고 이용자에 의하여 사용되는 정보

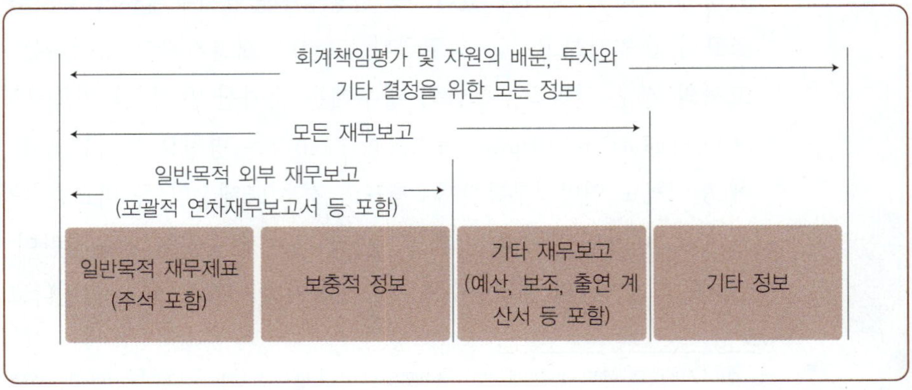

자료 : GASB Codification Section 100, Figure 1.

재무제표(government-wide financial statements)도 작성할 것을 요구하고 있다. 또한 경영보고서(management's discussion and analysis)도 아울러 작성토록 하고 있다. 경영보고서란 지방정부의 재무활동에 대하여 공개된 사실이나 결정 등의 기초에 의하여 객관적이고 간결하게 분석하고 설명한 보고서를 말한다.

여기에서는 복식부기에 의한 재무보고서에 대하여 미국 지방정부의 사례를 중심으로 간단히 소개하기로 한다.[21)]

주정부와 지방정부는 포괄적 연차재무보고서(comprehensive annual financial report : CAFR)를 작성하여 공표하여야 하고 이 보고서는 기금별 일반목적 재무제표와 기금종류별 합계재무제표를 포함하여야 한다. 포괄적 연차재무보고서는 공식적인 연말보고서로서 다음 〈표 7-3〉에서와 같이 개요부문, 재무부문과 통계부문으로 구성된다. 다시 말하면 포괄적 연차재무보고서는 일반 재무제표를 포함한 정부재정 활동내역에 대한 개괄적인 보고서를 의미한다.

표 7-3 미국 지방정부의 포괄적 연차재무보고서 구성

1. 개요
2. 재무부문
   a. 경영보고서(MD&A)
   b. 기본재무제표(BFS)
      1) 정부 전체의 재무제표
         • 순자산보고서
         • 운영보고서
      2) 기금재무제표
         a) 정부기금
            • 대차대조표(순자산보고서)
            • 수입 및 지출과 기금잔액변동보고서
            • 수입 및 지출과 기금잔액변동보고서 : 예산대집행실적
         b) 사업기금
            • 대차대조표(순자산보고서)
            • 수익 및 비용과 순자산변동보고서
            • 현금흐름표
         c) 수탁기금
            • 수탁순자산보고서
            • 수탁순자산변동보고서
      3) 주석
   c. 경영보고서 이외의 필수보충적 정보(RSI)
3. 통계부문

21) Michael H. Granof, *Government and Not-for-profit Accounting : Concepts and Practices*(3rd ed.), John Wiley & Sons, Inc., 2005, pp. 56-61.

●● 표7-4 미국 지방정부 순자산보고서(예시)

ㅇㅇㅇ시
순자산보고서

20xx. 12. 31.

자 산	1차 정부			구성단위
	행정활동	기업활동	소 계	
현금 및 현금등가물	$13,598	$10,517	$24,115	$304
투 자	27,365	65	27,430	7,429
외상매출금	12,833	3,610	16,443	4,042
재고자산	322	127	449	84
토지 및 건설 기계정	28,435	6,408	34,843	751
기타 자본자산	141,588	144,981	286,569	37,013
자산 총계	224,141	165,708	389,849	49,603
부 채				
미지급비용	7,539	787	8,326	1,803
이연수익	1,436	–	1,436	39
장기부채				
1년 내 상환	9,236	4,426	13,662	1,427
1년 후 상환	83,302	74,482	157,784	37,013
부채 총계	101,513	79,695	181,208	49,603
순자산				
자본자산투자	3,711	73,089	176,800	15,906
제한순자산				
자본자산	11,290	–	11,290	492
부채상환	3,077	1,452	4,529	–
사회간접개발	6,887	–	6,887	–
기타목적	3,875	–	3,875	–
비제한 순자산(결손)	(5,897)	11,156	5,259	2,830
순자산 총계	122,943	85,697	208,640	19,228

가) 개요부문

개요부문에는 목차, 제출서한(letter of transmittal)과 기타 경영층이 적당하다고 판단되는 자료를 포함한다. 제출서한에는 전반적인 재무상태와 재무운영에 관한 주요사항을 요약 설명하게 되고 직전연도와 당해연도의 중요한 차이점과 다음연도에 예상되는 변화에 대하여 독자의 관심을 끌도록 한다.

●● 표7-5 미국 지방정부 운영보고서(예시)

OOOO시
운영보고서

20xx. 1. 1. ~ 20xx. 12. 31.

		프로그램 수익		1차 정부 순수익(비용)			구성단위
	비 용	수수료 수 입	이전수입	행정활동	기업활동	계	
1차 정부							
행정활동							
일반행정	86,900			(86,900)			
공공위생	467,000	104,750	120,000	(242,250)			
도 로	377,700		2,066,000	1,688,300			
보건위생	53,400	22,250		(31,150)			
기 타	21,600			(21,600)			
이자및수수료	108,600			(108,600)			
행정활동계	1,115,200	127,000	2,186,000	1,197,800			
기업활동				–			
1차정부합계				1,197,800			
구성단위							
일반수익							
조 세				980,800			
비제한 보조금				105,000			
투자수익 기타				64,500			
이전수익				18,000			
일반및이전수익합계				1,168,300			
순자산증가				2,366,100			
기초순자산				905,514			
기말순자산				3,271,614			

나) 재무부문

포괄적 연차재무보고서의 재무부문에는 ① 경영보고서(management's discussion and analysis : MD&A) ② 기본재무제표 ③ 주석 ④ 필수 보충적 정보 ⑤ 개별 및 결합기금 재무제표와 명세서를 포함한다.

경영보고서는 개별정부 보고실체의 재무제표에 대한 개략적인 설명부분을 나타낸다. 재무제표가 표와 각종 숫자로 표기되어 있기 때문에 이를 개괄적으로 설명해 주는 부분이다.

미국지방정부 회계기준에서는 주정부 및 지방정부의 기본적인 재무제표로서 기금별 재무제표와 지방정부 전체의 재무제표를 제출하도록 요구하고 있다. 기금 중 정부기금(Governmental funds)에는 대차대조표, 수입 및 지출과 기금잔액변동보고서를 제출하여야 하고, 사업기금(Proprietary funds)에는 대차대조표, 수익 및 비용과 순자산 변동보고서를, 수탁기금(Fiduciary funds)에는 수탁순자산보고서, 수탁순자산 변동보고서를 제출하여야 한다. 지방정부 전체의 재무제표는 발생주의에 따라 작성하도록 요구하고 있다. 여기에는 대차대조표에 해당하는 순자산보고서(Statement of net assets)와 수익비용계산서에 해당하는 운영보고서(Statement of activities)가 포함된다.

다) 통계부문

재무제표에 기록된 재무정보이외에 사회경제적 자료, 재정변동추세, 정부의 재정능력(fiscal capacity) 등에 대하여 통계표 형태로 나타내도록 한다.

4.3 ●● 영 국

영국도 2001년에 발생주의회계에 입각한 자원예산 및 회계제도를 채택하였다. 이에 따라 자원예산회계보고서의 구성은 다음과 같다.[22)]

- 머리말
- 재무책임자 책임기술서
- 내부통제기술서
- 감사원장의 감사보고서
- 재무제표
- 주 석

재무제표는 다음과 같은 5가지 개별재무제표로 구성되며 주석이 포함되어야 하며 감사원의 감사보고서가 첨부된다.

- 재원실적개요

22) Her Majesty's Treasury, *Managing Resouces : Implementing resource based financial management*, September 2002, pp. 13–18.

- 운영원가보고서
- 대차대조표
- 현금흐름표
- 부처별 목표와 세부목표에 따른 재원

영국은 자원예산 및 회계제도를 채택하면서 부처별 재무보고서를 모두 포괄하는 정부전체의 재무보고서(Whole of Government Account : WGA)를 도입하여 2005년도부터 작성하도록 하였다.

4.4 ●● 우리나라

(1) 국 가

우리나라 중앙정부의 경우에는 결산보고서로서 결산개요, 세입 · 세출결산, 재무제표, 성과보고서를 포함하도록 하고 있다. 그리고 재무제표로는 재정상태표, 재정운영표, 순자산변동표로 구성된다.[23)]

그리고 종전에 예산회계아래에서 작성하던 국가채무관리보고서, 국가채권현재액보고서 등은 새로이 작성되는 재무제표에 첨부되는 서류로서 함께 보고하여야 한다. 따라서 국가채권과 국가채무에 관해서는 국가회계기준에 따른 채권과 채무에 준해서 작성해야 할 것이다.

●● 표 7-6 중앙정부(중앙관서 · 기금, 국가전체) 결산보고서

- 결산 개요
- 세입 · 세출결산(기금의 수입지출결산을 포함)
- 재무제표
  - 재정상태표
  - 재정운영표
  - 순자산변동표
- 성과보고서
- 재무제표 첨부서류
  - 국가채무관리보고서
  - 국가채권현재액보고서
  - 기타 대통령령으로 정하는 서류

23) 국가회계법 제14조.

(2) 지방자치단체

앞에서 설명한 바와 같이 지방자치단체의 결산에 대하여 '지방재정법'은 예산회계결산과 재무회계결산을 2원화하여 규정하고 있다.[24)]

예산회계의 결산은 세입 · 세출의 결산을 의미하며 세입 · 세출결산보고서는 세입 · 세출의 예산과 동일한 구분에 의하여 작성하여야 한다.

재무회계의 결산은 발생주의와 복식부기 회계원리를 기초로 하여 지방자치단체 회계기준에 따라 거래의 사실과 경제적 실질을 반영하여 회계처리하고 재무보고서를 작성하여야 한다.

결국 결산보고서는 위 중앙정부의 결산보고서의 내용과 같다. 다만 재무재표의 종류에서 재정상태보고서, 재정운영보고서, 순자산변동보고서 이외에 현금흐름보고서를 추가하여 포함된다.

24) 지방재정법 제51조, 제53조.

제2절 재무회계 결산과 보고

1 재무제표 작성절차

발생주의회계와 복식부기를 적용하는 경우에 있어서 결산절차는 단식부기를 적용하는 현금주의 회계에 비하여 더 복잡하고 많은 절차를 요구한다. 즉 ① 결산 때까지의 일상적인 거래에 의한 수행 전 합계잔액 시산표의 작성, ② 자산, 부채, 순자산을 확정하기 위한 정리사항의 조사 및 분개 ③ 결산분개와 장부 마감, ④ 결산시산표 작성 ⑤ 그리고 맨 마지막으로 재무제표 등 결산보고서 작성 등이 주요 내용이다. 특히 결산 정리사항은 자산, 부채, 순자산을 구성하고 있는 각 계정의 금액을 정리하고 필요한 계정에 대해서는 다시 평가하여 가치를 재산정하는 절차가 따르게 된다.

●● 그림7-4 재무제표 작성절차

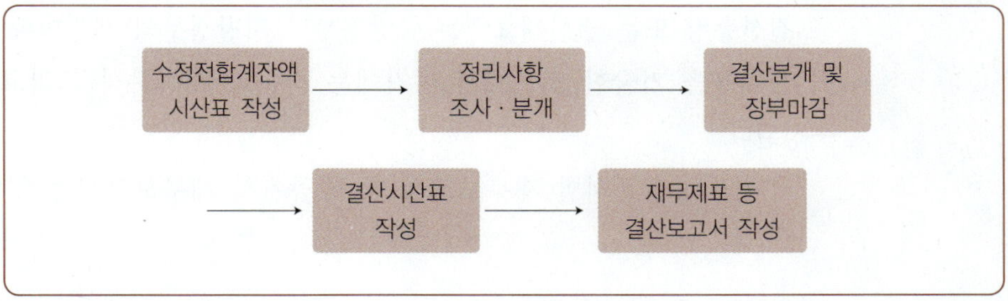

2 재무보고서의 구성

▶ 국가회계기준 제5조(재무제표와 부속서류)

① 재무제표는「국가회계법」제14조제3호에 따라 재정상태표, 재정운영표, 순자산변동표로 구성하되, 재무제표에 대한 주석을 포함한다.
② 재무제표의 부속서류는 필수보충정보와 부속명세서로 한다.

▶ 지방자치단체회계기준 제7조(재무보고서의 구성)

재무보고서는 결산총평 · 재무제표 · 필수보충정보 및 부속명세서로 구성된다.

▶ 지방자치단체회계기준 제8조(재무제표)

재무제표는 지방자치단체의 재정상황을 표시하는 중요한 요소로서 재정상태보고서 · 재정운영보고서 · 현금흐름보고서 · 순자산변동보고서 및 주석(註釋)으로 구성된다.

우리나라 국가 및 지방자치단체회계기준에 의하면 새로운 회계기준이 만들어지면서 재무제표를 포함한 결산보고서를 새로 작성하도록 요구하고 있다. 결산보고서에 포함될 내용 중에서 재무제표에 관련된 재무보고서로는 결산총평(또는 결산개요), 재무제표, 필수 보충정보 및 부속명세서로 구성 되도록 하고 있다.

그러나 국가의 경우 현금회계방식에 의한 결산이 별도로 이루어져야 하기 때문에 재무보고서에 현금회계방식에 의한 세입 · 세출결산보고서와 기금의 수입 및 지출계산서를 포함시키도록 하였다.[25] 아울러 각 중앙관서별 성과보고서를 작성하도록 하고 있다.

결산총평 또는 결산개요[26]는 중앙정부나 지방정부의 재정현황에 대한 개략적인 내용을 기술한 것으로서 여기에는 서문과 재정분석 그리고 통계자료로 구성된다.

국가의 중앙관서별 재무보고서 즉 중앙관서 재무보고서는 일반회계, 특별

●● 그림 7-5 재무보고서의 구성

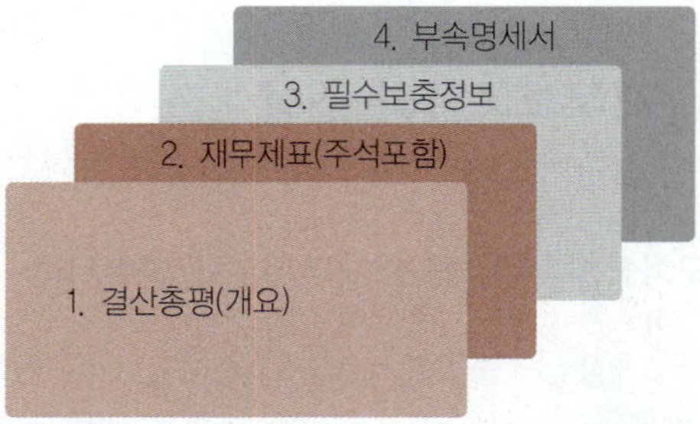

25) 국가회계법 제14조.
26) 국가회계에서는 결산개요라고 하고 지방자치단체회계에서는 결산총평이라고 한다.

●● 표 7-7 재무제표의 종류

구분		재무제표 종류
국가	중앙관서 재무제표	• 재정상태표 • 재정운영표 • 순자산변동표
	국 가 재무제표 (정부통합)	• 재정상태표 • 재정운영표 • 순자산변동표
지방자치단체		• 재정상태보고서 • 재정운영보고서 • 현금흐름보고서 • 순자산변동보고서

회계 및 기금을 통합하여 작성하여야 하며[27] 또한 국가는 정부 전체의 국가통합재무제표를 작성하여야 하는데 작성주체는 정부통합보고실체인 기획재정부 장관이 담당하며 재정상태표, 재정운영표, 순자산변동표를 포함한다.[28]

다만 국가회계기준에서는 위 재무제표의 내용 중 현금흐름보고서는 포함되지 않는다. 중앙정부 각 관서에서는 자주적인 현금의 유입이 없이 주로 세출예산의 집행 위주로 활동이 이루어지고 있고 또 현금기준에 의해 작성되는 세입 · 세출결산보고서가 현금흐름보고서의 기능을 일부 담당하므로 현금흐름보고서를 요구하지 않고 있기 때문이다.

지방자치단체 재무제표는 보고실체의 재정상황을 표시하는 가장 중요한 요소로서 재정상태보고서, 재정운영보고서, 현금흐름보고서 및 순자산변동보고서로 구성되며 여기에 주석이 포함된다.

필수보충정보란 재무제표에 대한 주석이나 부속명세서 이외에 재정상태나 재정운영에 관한 관리적 의사결정을 위해 추가적으로 제공되는 필수정보를 말한다.

부속명세서란 재무제표에 표시된 회계과목에 대한 세부내역을 명시하는 추가 정보를 말한다.

27) 국가회계법 제13조.

28) 국가회계법 제14조 참조. 국가회계법에서는 재무제표의 구성내용을 재정상태표, 재정 운영표, 순자산변동표로 열거하여 국세징수활동표에 해서는 언급이 없다. 그러나 성질상 중앙관서 재무제표에는 국세징수활동표가 재무제표의 하나로 포함될 수 있으나 국가 전체를 나타내는 국가재무보고서에는 국세징수활동표가 재정운영표에 포함되어야 하기 때문에 별도의 재무제표의 하나로 열거할 필요가 없고 다만 필수보충정보사항의 하나로 열거하였다.

3 재무제표의 작성 원칙

▶ 국가회계기준 제6조(재무제표의 작성원칙)

① 재무제표는 다음 각 호의 원칙에 따라 작성한다.

1. 재무제표는 해당 회계연도분과 직전 회계연도분을 비교하는 형식으로 작성한다.
2. 제1호에 따라 비교하는 형식으로 작성되는 두 회계연도의 재무제표는 계속성의 원칙에 따라 작성하며, 「국가회계법」에 따른 적용 범위, 회계정책 또는 이 규칙 등이 변경된 경우에는 그 내용을 주석으로 공시한다.
3. 재무제표의 과목은 해당 항목의 중요성에 따라 별도의 과목으로 표시하거나 다른 과목으로 통합하여 표시할 수 있다.
4. 재무제표를 통합하여 작성할 경우 내부거래는 상계하여 작성한다.

② 「국고금관리법 시행령」 제2장에 따른 출납정리기한 중에 발생하는 거래에 대한 회계처리는 해당 회계연도에 발생한 거래로 보아 다음 각 호와 같이 처리한다.

1. 「국고금관리법 시행령」 제5조제2항 각 호의 어느 하나에 해당하는 납입은 해당 회계연도 말일에 수입된 것으로 본다.
2. 「국고금관리법 시행령」 제6조제1항 각 호의 어느 하나에 해당하는 지출은 해당 회계연도 말일에 지출된 것으로 본다.
3. 「국고금관리법 시행령」 제7조 단서에 따라 관서운영경비출납공무원이 교부받은 관서운영경비를 해당 회계연도 말일 후에 반납하는 경우에는 해당 회계연도 말일에 반납된 것으로 본다.

▶ 지방자치단체회계기준 제9조(재무제표의 작성원칙)

① 지방자치단체의 재무제표는 일반회계 · 기타특별회계 · 기금회계 및 지방공기업특별회계의 유형별 재무제표를 통합하여 작성한다.

② 기타특별회계 · 기금회계 및 지방공기업특별회계의 유형별 재무제표는 해당 유형에 속한 개별 재무제표를 합산하되 내부거래를 빼고 작성한다.

③ 재무제표는 당해 회계연도분과 직전 회계연도분을 비교하는 형식으로 작성되어야 한다. 이 경우 비교식으로 작성되는 양 회계연도의 재무제표는 계속성의 원칙에 따라 작성되어야 하며 회계정책상의 변화 등 회계변경이 발생한 경우에는 그 내용을 주석(註釋)으로 공시하여야 한다.

④ 「지방재정법」 제8조 및 동법 시행령 제4조에 따른 출납폐쇄기한 내의 세입금 수납과 세출금 지출은 당해 회계연도의 거래로 처리한다.

우리나라 국가 및 지방자치단체 회계기준상의 재무제표 작성 기준은 다음과 같다.

① 비교성

재무제표는 당해 회계연도분과 직전 회계연도분을 비교하는 형식으로 작성하여야 한다. 비교표시함으로써 전년도에 비하여 어떻게 변동되었는가를 쉽게 파악할 수 있다.

② 계속성

비교하는 형식으로 작성되는 두 회계연도의 재무제표는 계속성의 원칙에 의하여 작성되어야 하며 회계정책상의 변화 등 회계변경이 발생한 경우에는 그 내용을 주석으로 충분히 공시하여야 한다. 계속성이 유지되지 않는다면 전년도와 비교하기가 어려워진다. 그리고 재무상태와 경영성과를 제대로 파악할 수 없게 된다.

③ 과목의 중요성

재무제표의 과목은 해당과목의 중요성에 따라 별도의 과목으로 표시하거나 다른 과목과 통합할 수 있다.

④ 통합작성 · 내부거래제거

보고실체 즉 중앙정부의 경우 각 중앙관서와 지방정부의 각 지방자치단체는 그에 속한 일반회계, 특별회계, 기금회계, 지방공기업특별회계의 유형별 재무제표를 통합하여 작성한다. 이 경우에 각 회계간의 내부거래는 상계하여 제거하여야 한다.

⑤ 출납정리기한내 발생주의 예외

정부의 결산절차는 복잡하고 따라서 결산기간이 다소 길다. 그래서 출납정리기한 또는 출납폐쇄기한을 두고 세입금과 세출금의 출납을 정리하고 있다. 이 경우에 출납편의상 발생주의의 예외를 두어 반복적으로 일어나거나 그 금액이 소액인 경우 현금의 출납이 이루어지는 회계연도의 세입금이나 세출금으로 처리하도록 허용하는 제도가 있다. 국가회계에 있어서는 '국고금관리법' 에, 지방자치단체에 있어서는 '지방재정법' 에 그 요건을 정하고 있다.

4 재무제표의 종류와 내용

4.1 ●● 재정상태표

(1) 재정상태표의 의의

▶ 국가회계기준 제7조(재정상태표)

① 재정상태표는 재정상태표일 현재의 자산과 부채의 명세 및 상호관계 등 재정상태를 나타내는 재무제표로서 자산, 부채 및 순자산으로 구성된다.
② 재정상태표는 별지 제1호서식과 같다.

▶ 지방자치단체회계기준 제10조(재정상태보고서)

① 재정상태보고서는 특정 시점의 지방자치단체의 자산과 부채의 내역 및 상호관계 등 재정상태를 나타내는 재무제표로서 자산 · 부채 및 순자산으로 구성된다.
② 재정상태보고서는 별지 제1호서식과 같다.

재정상태표(Statement of Financial Position) 또는 재정상태보고서는 특정 시점의 재정상태를 나타내는 재무제표로 자산, 부채 및 순자산으로 구성된다. 이 재정상태표는 기업회계에서의 대차대조표(Balance Sheet)와 같은 역할을 하며 일정기간이 아닌 특정시점을 기준으로 작성되므로 정태적인 표가 된다.

재정상태표는 보고실체의 자산과 부채의 내역 및 상호관계를 체계적으로 나타냄으로써 실질적으로 공공서비스의 공급 능력을 보여 주는데 목적이 있다.

(2) 재정상태표 작성기준

▶ 국가회계기준 제8조(재정상태표 작성기준)

① 자산과 부채는 유동성이 높은 항목부터 배열한다. 이 경우 유동성이란 현금으로 전환되기 쉬운 정도를 말한다.
② 자산, 부채 및 순자산은 총액으로 표시한다. 이 경우 자산 항목과 부채 또는 순자산 항목을 상계함으로써 그 전부 또는 일부를 재정상태표에서 제외해서는 아니 된다.

▶ 지방자치단체회계기준 제13조 (재정상태보고서의 작성기준)

① 자산과 부채는 유동성이 높은 항목부터 배열하는 것을 원칙으로 한다.
② 자산과 부채는 총액에 따라 적는 것을 원칙으로 하고, 자산의 항목과 부채 또는 순자산의 항목을 상계함으로써 그 전부 또는 일부를 재정상태보고서에서 제외하여서는 아니된다.
③ 가지급금이나 가수금 등의 미결산항목은 그 내용을 나타내는 적절한 과목으로 표시하고, 비망계정(備忘計定)은 재정상태보고서의 자산 또는 부채항목으로 표시하지 아니한다.

① 유동성배열 원칙

자산과 부채는 유동성이 높은 항목부터 배열하는 것을 원칙으로 한다. 여기에서 유동성이란 현금화하기 용이한 정도를 말한다. 따라서 자산은 유동자산, 투자자산, 유형자산, 기타 비유동자산 순으로 표시하고 부채는 유동부채, 장기차입부채, 기타 유동부채 순으로 표시한다.

② 총액기재 원칙

자산과 부채는 총액에 의해서 기재함을 원칙으로 한다. 그리고 자산의 항목과 부채 또는 순자산의 항목을 상계함으로써 그 전부 또는 일부를 재정상태보고서에서 제외하여서는 아니 된다.

③ 미결산 항목의 적정표시[29)]

계정과목 중에는 가지급금이나 가수금 등 거래당시 적정한 계정으로 표시할 수 없는 일시적인 미결산 항목이 있게 되는데 이러한 미결산 항목에 대해서는 빠른 시일 내에 그 내용을 나타내는 적절한 과목으로 표시하여야 한다. 따라서 결산 후에 공시되는 재무제표에는 미결산계정이 나타나지 않도록 하여야 한다. 또한 비망계정[30)]에 대해서는 재정상태보고서의 자산 또는 부채항목으로 표시하지 아니한다.

29) 중앙정부 회계기준에서는 이 부분은 재정상태보고서 작성기준으로서 열거되지 않고 있다. 그러나 성질상 당연히 미결산항목은 적정한 계정으로 표시하여야 하기 때문에 작성기준의 하나로 보아도 무리는 없다고 본다.

30) 예컨대 정부가 지급보증을 한 경우 발생가능한 채무가 존재하는 반면 지급보증을 서 준 기관에 대하여는 구상 채권이 발생되는 경우에 차변과 대변에 '지급보증차' '지급보증대'라는 비망계정을 세울 수 있다.

[별지 제1호 서식]

재정상태표
당기: 20xy년 12월 31일 현재
전기: 20xx년 12월 31일 현재

ㅇㅇ기금, ㅇㅇ부처, 대한민국 정부 (단위: 원)

	20xy		20xx	
자 산				
Ⅰ. 유동자산		XXX		XXX
1. 현금 및 현금성자산		XXX		XXX
2. 단기금융상품		XXX		XXX
3. 단기투자증권		XXX		XXX
4. 미수채권	XXX		XXX	
미수채권현재가치할인차금	XXX		XXX	
미수채권대손충당금	XXX	XXX	XXX	XXX
5. 단기대여금	XXX		XXX	
단기대여금대손충당금	XXX	XXX	XXX	XXX
6. 기타 유동자산		XXX		XXX
Ⅱ. 투자자산		XXX		XXX
1. 장기금융상품		XXX		XXX
2. 장기투자증권		XXX		XXX
3. 장기대여금	XXX		XXX	
장기대여금대손충당금	XXX	XXX	XXX	XXX
4. 기타 투자자산		XXX		XXX
Ⅲ. 일반유형자산		XXX		XXX
1. 토지	XXX		XXX	
토지사용수익권	XXX	XXX	XXX	XXX
2. 건물	XXX		XXX	
건물감가상각누계액	XXX		XXX	
건물사용수익권	XXX	XXX	XXX	XXX
3. 구축물	XXX		XXX	
구축물감가상각누계액	XXX		XXX	
구축물사용수익권	XXX	XXX	XXX	XXX
4. 기계장치	XXX		XXX	
기계장치감가상각누계액	XXX		XXX	
기계장치사용수익권	XXX	XXX	XXX	XXX
5. 집기 · 비품 · 차량운반구	XXX		XXX	
집기 · 비품 · 차량운반구감가상각누계액	XXX		XXX	
집기 · 비품 · 차량운반구사용수익권	XXX	XXX	XXX	XXX

과목				
6. 전비품	XXX		XXX	
전비품감가상각누계액	XXX	XXX	XXX	XXX
7. 기타 일반유형자산	XXX		XXX	
기타 일반유형자산감가상각누계액	XXX		XXX	
기타 일반유형자산사용수익권	XXX	XXX	XXX	XXX
8. 건설 중인 일반유형자산		XXX		XXX
Ⅳ. 사회기반시설		XXX		XXX
1. 도로	XXX		XXX	
도로감가상각누계액	XXX		XXX	
도로사용수익권	XXX	XXX	XXX	XXX
2. 철도	XXX		XXX	
철도감가상각누계액	XXX		XXX	
철도사용수익권	XXX	XXX	XXX	XXX
3. 항만	XXX		XXX	
항만감가상각누계액	XXX		XXX	
항만사용수익권	XXX	XXX	XXX	XXX
4. 댐	XXX		XXX	
댐감가상각누계액	XXX		XXX	
댐사용수익권	XXX	XXX	XXX	XXX
5. 공항	XXX		XXX	
공항감가상각누계액	XXX		XXX	
공항사용수익권	XXX	XXX	XXX	XXX
6. 기타 사회기반시설	XXX		XXX	
기타 사회기반시설감가상각누계액	XXX		XXX	
기타 사회기반시설사용수익권	XXX	XXX	XXX	XXX
7. 건설 중인 사회기반시설		XXX		XXX
Ⅴ. 무형자산		XXX		XXX
1. 산업재산권		XXX		XXX
2. 광업권		XXX		XXX
3. 소프트웨어		XXX		XXX
4. 기타 무형자산		XXX		XXX
Ⅵ. 기타 비유동자산		XXX		XXX
1. 장기미수채권	XXX		XXX	
장기미수채권현재가치할인차금	XXX		XXX	
장기미수채권대손충당금	XXX	XXX	XXX	XXX
2. 기타의 기타 비유동자산		XXX		XXX
자산 계		XXX		XXX

부 채				
Ⅰ. 유동부채		XXX		XXX
1. 단기국채	XXX		XXX	
단기국채할증(할인)발행차금	XXX		XXX	
단기자기국채	XXX	XXX	XXX	XXX
2. 단기공채	XXX		XXX	
단기공채할증(할인)발행차금	XXX		XXX	
단기자기공채	XXX	XXX	XXX	XXX
3. 단기차입금		XXX		XXX
4. 유동성장기차입부채		XXX		XXX
5. 기타 유동부채	XXX		XXX	
기타 유동부채현재가치할인차금	XXX	XXX	XXX	XXX
Ⅱ. 장기차입부채		XXX		XXX
1. 국채	XXX		XXX	
국채할증(할인)발행차금	XXX		XXX	
자기국채	XXX	XXX	XXX	XXX
2. 공채	XXX		XXX	
공채할증(할인)발행차금	XXX		XXX	
자기공채	XXX	XXX	XXX	XXX
3. 장기차입금		XXX		XXX
4. 기타 장기차입부채		XXX		XXX
Ⅲ. 장기충당부채		XXX		XXX
1. 퇴직급여충당부채		XXX		XXX
2. 연금충당부채		XXX		XXX
3. 보험충당부채		XXX		XXX
4. 기타 장기충당부채		XXX		XXX
Ⅳ. 기타 비유동부채		XXX		XXX
1. 장기미지급금	XXX		XXX	
장기미지급금현재가치할인차금	XXX	XXX	XXX	XXX
2. 기타의 기타 비유동부채		XXX		XXX
부채 계		XXX		XXX
순자산				
Ⅰ. 기본순자산		XXX		XXX
Ⅱ. 적립금 및 잉여금		XXX		XXX
Ⅲ. 순자산조정		XXX		XXX
순자산 계		XXX		XXX
부채와순자산 계		XXX		XXX

[별지 제1호 서식]

재정상태보고서
당해연도 20xy년×월×일 현재
직전연도 20xx년×월×일 현재

지방자치단체명 (단위: 천원)

과 목	당해연도(20xy년)						직전연도(20xx년)					
	일반회계	기타특별회계	기금회계	지방공기업특별회계	내부거래	계	일반회계	기타특별회계	기금회계	지방공기업특별회계	내부거래	계
자산												
Ⅰ. 유동자산												
현금및현금성자산 단기금융상품 …												
Ⅱ. 투자자산												
장기금융상품 장기융자금 …												
Ⅲ. 일반유형자산												
토지 입목 건물 건물감가상각누계액 …												
Ⅳ. 주민편의시설												
도서관 주차장 …												
Ⅴ. 사회기반시설												
도로 도시철도 …												
Ⅵ. 기타비유동자산												
보증금 무형자산												
자산총계												
부채												
Ⅰ. 유동부채												
단기차입금 유동성장기차입부채 …												
Ⅱ. 장기차입부채												
장기차입금 지방채증권 …												
Ⅲ. 기타비유동부채												
퇴직급여충당부채 …												
부채총계												
순자산												
Ⅰ. 고정순자산 Ⅱ. 특정순자산 Ⅲ. 일반순자산												
순자산총계												
부채와순자산총계												

4.2 ●● 재정운영표

(1) 재정운영표의 의의

▶ 국가회계기준 제24조(재정운영표)

① 재정운영표는 회계연도 동안 수행한 정책 또는 사업의 원가와 재정운영에 따른 원가의 회수명세 등을 포함한 재정운영결과를 나타내는 재무제표를 말한다.
② 중앙관서 또는 기금의 재정운영표는 별지 제2호서식과 같다.
③ 국가의 재정운영표는 별지 제3호서식과 같다.

▶ 지방자치단체회계기준 제26조(재정운영보고서)

① 재정운영보고서는 회계연도 동안의 재정운영에 대한 이익과 손실의 산정이 아닌 수익과 비용의 내역을 일정기준에 따라 체계적으로 표시하는 재무제표로서 수익과 비용으로 구성된다.
② 재정운영보고서에 기록하는 비용은 기능별로 표시하고, 기능별 재정운영보고서는 별지 제2호서식과 같다.

재정운영표(Statement of Performance) 또는 재정운영보고서는 한 회계연도 동안의 재정운영결과를 나타내는 재무제표로 수익 및 비용으로 구성된다. 이는 기업회계에서의 손익계산서(Income Statement)에 대응되는 개념이나 수익 및 비용의 내용에 있어서 기업회계와 상당한 차이를 보이고 있다. 즉 정부의 재정운영표의 목적은 정부기관이나 지방정부 운영에 대한 이익과 손실의 산정이 아닌 정부활동과 관련하여 나타난 수익과 비용의 내역을 일정기준에 따라 체계적으로 보여주는데 목적이 있기 때문이다.

중앙정부나 지방정부의 회계기준에서 모두 재정운영표 또는 재정운영보고서로 표기하고 있으며 재정운영표의 개념 정의에 있어서도 "재정운영의 결과"라고 정의하고 있다.

미국의 경우 연방정부에서는 재정운영표를 Statement of Net Cost 라고 표기하고 있다. 또한 지방정부의 경우 개별기금보고서에는 Statement of Revenue, Expenses and Changes in Net Asset이라고 하고, 지방정부 전체 통합재무제표에는 Statement of Activities 라고 표기하고 있다.

(2) 재정운영표의 구분

정부의 예산서가 기능별 세출예산서와 성질별 세출예산서가 별도로 구분되어 작성되는 것과 마찬가지로 재정운영표의 경우에도 기능별 재정운영표와 성질별 재정운영표로 구분할 수 있다. 정부 재무제표의 하나로 요구하는 재정운영표 또는 재정운영보고서는 기능별 재정운영표를 요구하고 있다. 그리고 성질별 재정운영표 또는 성질별 재정운영보고서는 필수보충사항으로서 첨부하도록 하고 있다.

재정운영표의 구분에 있어서 국가와 지방자치단체가 상이하다. 국가의 경우에는 다시 중앙관서 또는 국가기금의 재정운영표와 국가전체의 재정운영표로 구분하여 작성하여야 하며 이들 내용 역시 다소 상이하다

가) 중앙관서의 재정운영표

▶ 국가회계기준 제25조(중앙관서 또는 기금의 재정운영표)

① 중앙관서 또는 기금의 재정운영표는 프로그램순원가, 재정운영순원가, 재정운영결과로 구분하여 표시한다.

② 프로그램순원가는 프로그램을 수행하기 위하여 투입한 원가 합계에서 다른 프로그램으로부터 배부받은 원가를 더하고, 다른 프로그램에 배부한 원가는 빼며, 프로그램 수행과정에서 발생한 수익 등을 빼서 표시한다.

③ 재정운영순원가는 프로그램순원가에서 제1호 및 제2호의 비용은 더하고, 제3호의 수익은 빼서 표시한다.

1. 관리운영비: 기관운영비와 같이 기관의 여러 정책이나 사업, 활동을 지원하는 비용(「정부기업예산법」 제3조에 따른 특별회계나 기금의 경우에는 관리업무비를 말한다)
2. 비배분비용: 투입한 비용 중 프로그램과 직접적 · 간접적인 대응관계가 없거나, 프로그램에 배분하는 것이 합리적이지 아니한 비용
3. 비배분수익: 프로그램과 관련 없이 발생하거나 프로그램 외의 업무로부터 발생한 수익

④ 재정운영결과는 재정운영순원가에서 비교환수익(제28조제2항제2호의 비교환수익을 말한다. 이하 같다) 등을 빼서 표시한다. 다만, 「국고금관리법 시행령」 제50조의2에 따라 통합관리하는 일반회계 및 특별회계의 자금에서 발생하는 비교환수익 등은 순자산변동표의 재원의 조달 및 이전란에 표시한다.

국가회계 중 각 중앙관서와 기금의 재정운영표에서는 프로그램 즉 정책사업과 관련하여 발생한 프로그램 순원가, 재정운용순원가, 재정운영결과로 구분하여 표시한다. 프로그램은 각 중앙부처에서 부처별로 여러개의 프로그램이 있기 때문에 각 프로그램별로 원가가 집계되어야 한다. 즉 국가의 재정운영표의 근간은 각 프로그램에 얼마만한 비용이 투입되었는가를 파악하는데 주안을 두고 있다고 볼 수 있다.

따라서 비용이나 원가가 주요관심 대상이고 수익은 부수적인 사항이 된다.

① 프로그램 순원가

프로그램 순원가는 각 중앙관서나 기금이 프로그램을 수행하기 위하여 투입한 원가에 다른 프로그램과 연계하여 발생한 원가를 더하거나 차감하여야 한다. 즉 다른 프로그램으로부터 배부받은 원가는 더하여야 하고 다른 프로그램에 배부한 원가는 공제하여야 한다. 그런 다음 본 프로그램과 관련하여 발생한 교환수익은 차감하여 표시한다.

A 프로그램순원가 = A프로그램 총원가
+ (다른프로그램으로부터) 배부받은 원가
− (다른프로그램으로) 배부한 원가
− A 프로그램 관련 교환수익

② 재정운용순원가

재정운용순원가는 각 프로그램 순원가를 합계한 후에 공통적으로 발생하는 관리운영비와 비배분비용을 더하고 비배분수익을 뺀 금액으로 한다.

관리운영비를 더하는 이유는 관리운영비가 여러 정책이나 프로그램 등 뿐만 아니라 기관전체의 운영에 소요되는 비용을 의미하기 때문에 공통비적인 성격으로서 재정운용순원가에 더할 항목이 된다.

비배분비용은 국가가 투입한 비용 중 개별 프로그램에 대응관계가 없거나, 프로그램에 배분하는 것이 합리적이지 않은 비용을 말한다. 그리고 비배분수익은 프로그램에 관련이 없거나 프로그램 이외의 업무로부터 발생한 교환수익을 말한다.

재정운용순원가 = 각 프로그램 순원가 합계
+ 관리운영비 + 비배분비용 − 비배분수익

③ 재정운영결과

재정운영결과는 위의 재정운용순원가에서 비교환수익이 있는 경우 이금액을 뺀 금액을 재정운영결과로 표시한다. 여기에서 비교환수익이란 프로그램 비용과 관련 없이 국가가 공권력에 의하여 징수하는 부담금이나 기타 수익 등을 의미한다.

재정운영결과 = 재정운용순원가 − 비교환수익

나) 국가전체의 재정운영표

▶ 국가회계기준 제26조(국가의 재정운영표)

① 중앙관서 또는 기금의 재정운영표를 통합하여 작성하는 국가의 재정운영표는 다음 각 호와 같이 표시한다.
1. 재정운영표: 내부거래를 제거하여 작성하되 재정운영순원가, 비교환수익 등 및 재정운영결과로 구분하여 표시
2. 재정운영순원가: 각 중앙관서별로 구분하여 표시
3. 재정운영결과: 재정운영순원가에서 비교환수익 등을 빼서 표시

② 제1항에서 정한 사항 외에 국가의 재정운영표 작성 방법은 중앙관서 또는 기금의 재정운영표 작성 방법을 준용한다.

국가의 재정운영표는 각중앙관서와 기금의 재정운영표를 모두 합하여 국가 전체적으로 재정운영을 나타내는 보고서이다. 그러므로 각 중앙관서 및 기금 관련 개별 재정운영순원가를 모두 합계하고 이와는 별도로 비교환수익도 모두 합계한 후 재정운영순원가에서 비교환수익을 차감한 금액을 재정운영결과로 표시한다.

다) 지방자치단체의 재정운영보고서

▶ 지방자치단체회계기준 제26조(재정운영보고서)

② 재정운영보고서에 기록하는 비용은 기능별로 표시하고, 기능별 재정운영보고서는 별지 제2호서식과 같다.

지방자치단체의 재정운영보고서는 비용을 기능별로 표시하도록 하고 있다.

따라서 기능별 재정운영보고서가 주 재무제표의 한 종류가 된다. 재무제표의 구성양식을 보면 수익을 자체조달수익, 정부간이전수익, 기타수익으로 구분하여 표시한다. 수익과 비용의 차액을 운영차액으로 표시한다. 그밖에 비용을 성질별로 분류하여 표시한 성질별 재정운영보고서는 필수 보충정보로 보고하도록 하고 있다. 비용의 성질별 구분은 인건비, 운영비, 정부간 이전비용, 기타이전비용, 기타비용으로 구분한다.

(3) 재정운영표의 작성기준

▶ 국가회계기준 제27조(수익과 비용의 정의)

재정운영표의 모든 수익과 비용은 발생주의 원칙에 따라 거래나 사실이 발생한 기간에 표시한다.

▶ 지방자치단체회계기준 제29조(재정운영보고서의 작성기준)

① 재정운영보고서는 다음 각 호에 따라 작성하여야 한다.
1. 모든 수익과 비용은 이 규칙에서 정하는 경우를 제외하고는 발생주의 원칙에 따라 거래나 사건이 발생한 기간에 표시한다.
2. 수익과 비용은 총액에 따라 기록하는 것을 원칙으로 하고 수익항목과 비용 항목을 직접 상계하여서는 아니 된다.

② 수익과 비용은 그 발생원천에 따라 명확하게 분류하여야 하며, 해당 항목의 중요성에 따라 별도의 과목으로 표시하거나 다른 과목과 통합하여 표시할 수 있다. 이 경우 해당 항목의 중요성은 금액과 질적 요소를 고려하여 판단하여야 한다.

③ 행정활동과 관련한 비용산출을 위한 계산과 배부기준 등에 관한 사항은 행정안전부장관이 정하는 원가계산준칙에 따른다.

국가나 지방자치단체의 재정운영표 작성기준으로서는 발생주의 원칙을 기본으로 천명하고 있다. 아직 공무원들에게는 발생주의 복식부기에 익숙하지 아니하지만 발생주의에 의한 재정운영표를 작성함으로써 정부의 각 프로그램에 대한 원가의식을 높이고 지출의 적법성 여부 보다는 비용의 효율성 측면을 강조할 수 있는 계기가 되기 때문이다.

지방자치단체회계기준에 의한 재정운영보고서 작성기준은 발생주의원칙 이외에, 총액기재 및 수익 · 비용직접상계금지원칙을 들고 있고 수익과 비용의

[별지 제2호 서식]

재정운영표(중앙관서, 기금)
당기: 20xy년 1월 1일부터 20xy년 12월 31일까지
전기: 20xx년 1월 1일부터 20xx년 12월 31일까지

○○기금, ○○부처 (단위: 원)

	20xy			20xx		
	총원가	수익	순원가	총원가	수익	순원가
Ⅰ. 프로그램순원가	XXX	(XXX)	XXX	XXX	(XXX)	XXX
1. 프로그램(A)	XXX	(XXX)	XXX	XXX	(XXX)	XXX
2. 프로그램(B)	XXX	(XXX)	XXX	XXX	(XXX)	XXX
3. 프로그램(C)	XXX	(XXX)	XXX	XXX	(XXX)	XXX
4. 프로그램(D)	XXX	(XXX)	XXX	XXX	(XXX)	XXX
5. ……						
Ⅱ. 관리운영비			XXX			XXX
1. 인건비			XXX			XXX
2. 경비			XXX			XXX
Ⅲ. 비배분비용			XXX			XXX
1. 자산처분손실			XXX			XXX
2. 기타비용			XXX			XXX
3. ……			XXX			XXX
Ⅳ. 비배분수익			XXX			XXX
1. 자산처분이익			XXX			XXX
2. 기타수익			XXX			XXX
3. ……			XXX			XXX
Ⅴ. 재정운영순원가(Ⅰ+Ⅱ+Ⅲ-Ⅳ)			XXX			XXX
Ⅵ. 비교환수익 등			XXX			XXX
1. 부담금수익			XXX			XXX
2. 제재금수익			XXX			XXX
3. 사회보험수익			XXX			XXX
4. 채무면제이익			XXX			XXX
5. 기타비교환수익			XXX			XXX
6. 기타재원조달및이전			XXX			XXX
Ⅶ. 재정운영결과(Ⅴ-Ⅵ)			XXX			XXX

[별지 제3호 서식]

재정운영표(국가전체)
당기: 20xy년 1월 1일부터 20xy년 12월 31일까지
전기: 20xx년 1월 1일부터 20xx년 12월 31일까지

대한민국 정부 (단위: 원)

		20xy		20xx
Ⅰ. 재정운영순원가		XXX		XXX
1. 대통령실		XXX		XXX
2. 행정안전부		XXX		XXX
3. 기획재정부		XXX		XXX
4.…				
Ⅱ. 비교환수익 등		XXX		XXX
1. 국세수익				
(1) 국세수익	XXX		XXX	
(2) 대손상각비	XXX		XXX	
(3) 대손충당금환입	XXX	XXX	XXX	XXX
2. 부담금수익		XXX		XXX
3. 제재금수익		XXX		XXX
4. 사회보험수익		XXX		XXX
5. 채무면제이익		XXX		XXX
6. 기타비교환수익		XXX		XXX
7. 기타재원조달및이전		XXX		XXX
Ⅲ. 재정운영결과(Ⅰ－Ⅱ)		XXX		XXX

분류에 있어서 명확성원칙과 중요성원칙에 입각한 분류를 하도록 요구하고 있다.

4.3 현금흐름보고서

(1) 현금흐름보고서의 의의

▶ 지방자치단체회계기준 제35조(현금흐름보고서)

① 현금흐름보고서는 회계연도 동안의 현금자원의 변동에 관한 정보로서 자금의 원천과 사용결과를 표시하는 재무제표로서 경상활동, 투자활동 및 재무

[별지 제2호 서식]

재정운영보고서(지방, 기능별)
당해연도 20xy년×월×일부터 20xy년×월×일까지
직전연도 20xx년×월×일부터 20xx년×월×일까지

지방자치단체명

(단위: 천원)

과 목	당해연도(20xy년)						직전연도(20xx년)					
	일반회계	기타특별회계	기금회계	지방공기업특별회계	내부거래	계	일반회계	기타특별회계	기금회계	지방공기업특별회계	내부거래	계
Ⅰ. 비용												
일반공공행정												
공공질서 및 안전												
교육												
환경보호												
사회복지												
보건												
농림해양수산												
…												
Ⅱ. 비용총계												
Ⅲ. 지체조달수익												
지방세수익												
경상세외수익												
임시세외수익												
Ⅳ. 정부간이전수익												
지방교부세수익												
국고보조금수익												
…												
Ⅴ. 기타수익												
회계간전입금수익												
기부금수익												
…												
Ⅵ. 수익총계												
Ⅶ. 운영차액(Ⅳ-Ⅵ)												

활동으로 구성된다.
② 현금흐름보고서는 별지 제3호 서식과 같다.

현금흐름보고서(Statement of Cash Flow)는 회계연도 동안의 보고실체의 현금자원의 조달원천과 사용결과를 표시하여 현금유입과 유출에 관한 정보를 나타내는 재무제표를 의미한다.

현금흐름보고서의 작성목적은 사용자로 하여금 회계실체의 현금흐름을 창출할 수 있는 능력을 평가하는데 유용한 정보를 제공함에 있다. 다시 말하면, 현금흐름보고서는 지방정부가 현재 보유하는 현금이 세금의 징수를 통하여 형성되었는지 아니면 차입을 통하여 조달되었는지 등 현금의 조달원천과 운용처를 구체적으로 알려주는 역할을 한다.

현금주의 회계에서는 수입지출계산서가 곧바로 현금흐름보고서의 역할을 하고 있기 때문에 별다른 문제가 없으나 발생주의 회계 아래에서는 현금의 수입 지출과 재정운영보고서 상의 수익 비용이 일치하지 않기 때문에 현금의 흐름에 대한 보고서가 별도로 필요하게 된다.

그러나 현금흐름보고서는 자금의 변동 상황을 행정기본서비스와 관련된 경상활동, 자산의 운용과 관련된 투자활동 및 자금의 조달 및 집행과 관련된 재무활동으로 구분하여 표시한다는 점에서 수입지출계산서와 차이가 있다고 하겠다.

현금흐름보고서는 지방자치단체의 경우에만 기본재무제표의 하나로 작성되어야 하며 국가의 재무제표에는 포함되지 않고 있다. 그 이유는 국가회계의 보고실체인 각 중앙관서의 경우 주로 정부의 세출예산에 의존하여 자금을 집행하는 경우가 대부분이어서 현금흐름에 관한 보고서가 큰 의미가 없기 때문이다.

지방자치단체회계기준 부칙에서는 현금흐름보고서의 작성기준에 대한 시행시기를 행정안전부장관이 별도로 정하도록 하고 있다.

(2) 현금흐름보고서의 구성

▶ 지방자치단체회계기준 제36조(현금흐름의 구분)

① 경상활동은 지방자치단체의 행정서비스와 관련된 활동으로서 투자활동과 재무활동에 속하지 아니하는 거래를 말한다.

[별지 제3호 서식]

현금흐름보고서
당해연도 20xy년×월×일부터 20xy년×월×일까지
직전연도 20xx년×월×일부터 20xx년×월×일까지

지방자치단체명 (단위: 천원)

과 목	당해연도(20xy년)						직전연도(20xx년)					
	일반회계	기타특별회계	기금회계	지방공기업특별회계	내부거래	계	일반회계	기타특별회계	기금회계	지방공기업특별회계	내부거래	계
Ⅰ. 경상활동으로 인한 현금 흐름												
1. 경상활동으로 인한 현금 유입액												
자체조달수익 정부간이전수익 …												
2. 경상활동으로 인한 현금 유출액												
인건비 운영비 정부간이전비용 민간등이전비용 …												
Ⅱ. 투자활동으로 인한 현금 흐름												
1. 투자활동으로 인한 현금 유입액												
융자금의 회수 장기투자증권의 처분 일반유형자산의 처분 …												
2. 투자활동으로 인한 현금 유출액												
대여금의 상환 장기투자증권의 취득 일반유형자산의 취득 …												
Ⅲ. 재무활동으로 인한 현금 흐름												
1. 재무활동으로 인한 현금 유입액												
차입금의 차입 지방채증권의 발행 …												
2. 재무활동으로 인한 현금 유출액												
차입금의 상환 지방채증권의 상환 …												
Ⅳ. 현금의 증가(감소) (Ⅰ+Ⅱ+Ⅲ)												
Ⅴ. 기초의 현금												
Ⅶ. 기말의 현금(Ⅳ+Ⅴ)												

② 투자활동은 자금의 융자와 회수, 장기투자증권 · 일반유형자산 · 주민편의시설 · 사회기반시설 및 무형자산의 취득과 처분 등을 말한다.
③ 재무활동은 자금의 차입과 상환, 지방채의 발행과 상환 등을 말한다.

지방정부의 자금흐름내역은 경상활동, 투자활동 및 재무활동으로 구분하여 표시하도록 하고 있다.

① 경상활동

경상활동은 지방정부의 행정서비스와 관련된 활동을 말하며 투자활동과 재무활동에 속하지 아니하는 거래를 모두 포함한다. 예건대 지방세, 사용료, 지방교부세 등과 같은 자금의 수입과 인건비, 운영비, 이전비용 등과 같은 자금의 지출 활동을 포함한다.

② 투자활동

투자활동은 자금의 융자와 회수, 출자금 · 일반유형자산 · 주민편의시설 · 사회기반시설 및 무형자산의 취득과 처분활동 등을 말한다.

③ 재무활동

재무활동은 자금의 차입 및 상환활동, 지방채의 발행 및 상환활동 등과 같은 부채의 차입과 상환관련 활동을 의미한다.

(3) 현금흐름보고서의 작성방법

현금흐름보고서는 직접법(direct method)과 간접법(indirect method)에 의하여 작성할 수 있다.

직접법은 장부로부터 총 현금수입과 총 현금지급을 각각 산출하는 방법이다.

간접법은 재정운영보고서 상의 순잉여 또는 결손에서 현금의 유입이나 유출이 없는 수익이나 비용, 과거나 미래 일상 현금수입이나 지출의 이연이나 발생, 그리고 재무활동이나 투자활동에 따른 현금흐름 등을 조정하는 방법으로 산출한다.

직접법은 간접법에 비하여 미래의 현금흐름을 예측하는데 더 유용하다고 판단된다. 따라서 국제공공회계기준(IPSAS) 제2호 "현금흐름보고서"에서는 직접법을 사용할 것을 권장하고 있다. 우리나라의 경우에도 직접법에 의한 방법으로 현금흐름보고서를 작성하도록 하고 있다.

(4) 현금흐름보고서의 작성기준

▶ 지방자치단체회계기준 제37조(현금흐름보고서의 작성기준)

① 현금흐름보고서는 회계연도 중의 순현금흐름에 회계연도 초의 현금을 더하여 회계연도 말 현재의 현금을 산출하는 형식으로 표시한다.
② 현금의 유입과 유출은 회계연도 중의 증가나 감소를 상계하지 아니하고 각각 총액으로 적는다. 다만, 거래가 잦아 총 금액이 크고 단기간에 만기가 도래하는 경우에는 순증감액으로 적을 수 있다.
③ 현물출자로 인한 유형자산 등의 취득, 유형자산의 교환 등 현금의 유입과 유출이 없는 거래 중 중요한 거래에 대하여는 주석으로 공시한다.

현금흐름보고서의 양식을 보면 회계기간 중의 순현금흐름을 경상활동, 투자활동, 재무활동으로 인한 현금흐름액으로 구분하여 표시하고 그 순현금흐름액에 기초 현금액을 더하여 기말 현재의 현금액을 산출하는 형식으로 표시하도록 하고 있다.

이 때에 각 구분에 의한 현금흐름액의 계상은 현금의 유입과 유출을 별도로 표시하여야 하며 증가 또는 감소를 상계한 순액으로 표시하여서는 안되고 각각 총액으로 표시하여야 한다.

다만 당좌차월 같은 단기차입금의 경우와 같이 거래가 빈번하여 총금액이 크고 만기가 단기간에 도래하는 현금의 유입과 유출항목은 편의상 순증감액으로 표시할 수 있도록 예외를 두고 있다.

4.4 ●● 순자산변동표

▶ 국가회계기준 제52조(순자산변동표)

① 순자산변동표는 회계연도 동안 순자산의 변동명세를 표시하는 재무제표를 말한다.
② 중앙관서 또는 기금의 순자산변동표는 기초순자산, 재정운영결과, 재원의 조달 및 이전, 조정항목, 기말순자산으로 구분하여 표시한다.
③ 중앙관서 또는 기금의 순자산변동표는 별지 제4호서식과 같다.
④ 중앙관서 또는 기금의 순자산변동표를 통합하여 작성하는 국가의 순자산변동표는 기초순자산, 재정운영결과, 조정항목, 기말순자산으로 구분하여 표시

한다.

⑤ 국가의 순자산변동표는 별지 제5호서식과 같다.

▶ 국가회계기준 제53조(조정항목)

조정항목은 납입자본의 증감, 투자증권평가손익, 파생상품평가손익 및 기타순자산의 증감 등을 포함한다.

▶ 지방자치단체회계기준 제38조(순자산변동보고서)

① 순자산변동보고서는 회계연도 동안의 순자산의 증감 내역을 표시하는 재무제표로서 재정운영에 따른 운영차액과 기타순자산의 변동을 기재한다.

② 순자산변동보고서는 별지 제4호서식과 같다.

▶ 지방자치단체회계기준 제39조(순자산의 증가와 감소)

① 순자산의 증가사항은 전기오류수정이익, 회계기준변경으로 생긴 누적이익 등을 말한다. 〈개정 2009. 12. 31.〉

② 순자산의 감소사항은 전기오류수정손실, 회계기준변경으로 생긴 누적손실 등을 말한다. 〈개정 2009. 12. 31.〉

(1) 순자산변동표의 의의

순자산변동표(Statement of Changes in Net Assets) 또는 순자산변동보고서는 회계연도 동안의 순자산의 증감 내역을 표시하는 재무제표로서 순자산이 무슨 원인으로 변동되었는지를 보여주는 재무제표이다.

순자산이란 이미 앞에서 언급한 것과 같이 자산에서 부채를 뺀 잔여액을 의미한다. 따라서 기업회계에서 자산에서 부채를 뺀 자본과 대비되는 개념이나 그 의미는 사뭇 다르다. 자본을 잔여청구권을 가진 자본개념으로 볼 수 있는데 대해서 출연자본금이 없는 회계실체의 경우 잔여청구권의 소유자가 불분명한 문제가 있기 때문에 잔여청구권으로 보지 않는다.

(2) 순자산변동표의 내용

국가와 지방자치단체의 순자산변동표 내용은 다소 상이하다.

[별지 제4호 서식]

순자산변동표
당기: 20xy년 1월 1일부터 20xy년 12월 31일까지
전기: 20xx년 1월 1일부터 20xx년 12월 31일까지

○○기금, ○○부처 (단위: 원)

	기본순자산	적립금 및 잉여금	순자산조정	합계
Ⅰ. 기초순자산	XXX	XXX	XXX	XXX
1. 보고금액	XXX	XXX	XXX	XXX
2. 전기오류수정손익	XXX	XXX	XXX	XXX
3. 회계변경누적효과	XXX	XXX	XXX	XXX
Ⅱ. 재정운영결과		XXX		XXX
Ⅲ. 재원의 조달 및 이전		XXX		XXX
1. 재원의 조달		XXX		XXX
(1) 국고수입		XXX		XXX
(2) 부담금수익		XXX		XXX
(3) 제재금수익		XXX		XXX
(4) 기타비교환수익		XXX		XXX
(5) 무상이전수입		XXX		XXX
(6) 채무면제이익		XXX		XXX
(7) 기타재원조달		XXX		XXX
2. 재원의 이전		XXX		XXX
(1) 국고이전지출		XXX		XXX
(2) 무상이전지출		XXX		XXX
(3) 기타재원이전		XXX		XXX
Ⅳ. 조정항목	XXX	XXX	XXX	XXX
1. 납입자본의 증감	XXX	-	-	XXX
2. 투자증권평가손익	-	-	XXX	XXX
3. 파생상품평가손익	-	-	XXX	XXX
4. 기타 순자산의 증감	XXX	XXX	XXX	XXX
Ⅴ. 기말순자산(Ⅰ-Ⅱ+Ⅲ+Ⅳ)	XXX	XXX	XXX	XXX

국가의 순자산변동표는 다시 각 중앙관서와 기금의 순자산변동표, 그리고 각중앙관서와 기금을 통합한 국가전체 즉 대한민국정부의 순자산변동표 등 2가지로 구성된다.

가) 중앙관서 및 기금의 순자산변동표

먼저 각 중앙관서와 기금의 순자산변동표는 재정운영에 투입된 원가, 재원의 조달 및 이전 내용, 기타 순자산의 변동 내용을 나타내는 보고서이다. 따라

[별지 제4호 서식]

순자산변동표
당기: 20xy년 1월 1일부터 20xy년 12월 31일까지
전기: 20xx년 1월 1일부터 20xx년 12월 31일까지

대한민국 정부 (단위: 원)

	기본순자산	적립금 및 잉여금	순자산조정	합계
Ⅰ. 기초순자산	XXX	XXX	XXX	XXX
1. 보고금액	XXX	XXX	XXX	XXX
2. 전기오류수정손익	XXX	XXX	XXX	XXX
3. 회계변경누적효과	XXX	XXX	XXX	XXX
Ⅱ. 재정운영결과		XXX		XXX
Ⅲ. 조정항목	XXX	XXX	XXX	XXX
1. 납입자본의 증감	XXX	-	-	XXX
2. 투자증권평가손익	-	-	XXX	XXX
3. 파생상품평가손익	-	-	XXX	XXX
4. 기타 순자산의 증감	XXX	XXX	XXX	XXX
Ⅴ. 기말순자산(Ⅰ-Ⅱ+Ⅲ+Ⅳ)	XXX	XXX	XXX	XXX

서 순자산변동표는 기초순자산, 재정운영결과, 재원의 조달 및 이전, 조정항목, 기말순자산으로 구분하여 표시한다.

위의 구분에서 기초순자산은 전년도말에서 이월되어 온 순자산으로서 그대로 기초순자산이 되어야 하는데 이 기초순자산을 수정하여야 하는 경우가 있다. 즉 전기오류수정이익 또는 손실이 발생한 경우, 그리고 회계변경의 효과가 전기까지 미친 경우 이들을 기초순자산에서 조정하여야 한다. 따라서 기초순자산은 기초 보고금액(전기말 순자산금액)에서 전기오류수정손익이나 회계변경누적효과를 가감하여 기초순자산으로 확정한다.

다음 재정운영결과란 재정운영표에 나타난 바와 같이 재정순원가에서 비교환수익 등을 차감한 금액을 의미한다. 재정운영표상의 금액을 그대로 옮겨 적으면 된다

재원의 조달은 프로그램과 관련된 이전수익을 제외한 자금의 조달로서 국고수입, 부담금수익, 제재금수익, 기부금수익, 기타비교환수익, 무상이전수입, 채무면제이익, 기타재원조달로 구분하여 표시한다.

재원의 이전은 정책사업의 원가를 구성하지 않는 정부실체 간의 재원이전으로서 국고이전지출, 무상이전지출, 기타재원이전으로 구분하여 표시한다. 따

라서 프로그램의 원가를 구성하는 재원사용은 재정운영 순원가에 반영되며 여기에는 포함되지 아니한다.

순자산의 조정은 납입자본의 증감, 투자증권평가손익, 파생상품평가손익 및 기타 순자산의 조정으로 구분하여 표시토록 하고 있다.

이미 앞장에서 순자산의 정의에 관하여 설명한 바와 같이 순자산은 기본순자산, 적립금 및 잉여금, 순자산조정으로 구성된다고 하였다. 따라서 순자산변동표에서도 순자산 변동의 구분을 기본순자산에 영향을 주는 조정항목 중 납입자본의 증감에 대해서는 기본순자산변동으로, 적립금 및 잉여금항목에 영향을 주는 재정운영결과와 재원의 조달 및 이전항목은 모두 적립금 및 잉여금항목의 변동으로, 순자산조정항목은 해당조정항목으로 연관시켜 분류하게 된다.

기말순자산 = 기초순자산 − 재정운영결과
± 재원의조달 및 이전
± 조정항목

나) 국가전체의 순자산변동표

국가 전체의 순자산변동표는 위의 각 중앙관서와 기금의 순자산변동표를 합계한 후 내부거래인 재원의 조달 및 이전에 관한 사항을 상계하여 작성한다. 따라서 순자산변동표는 기초순자산, 운영차액, 조정항목, 기말 순자산의 형태로 표시된다.

기말순자산 = 기초순자산− 재정운영결과
± 조정항목

다) 지방자치단체의 순자산변동보고서

지방자치단체의 순자산변동보고서는 재산운용에 따른 운영차액과 기타 순자산의 변동내용을 나타내는 보고서이다. 따라서 순자산변동보고서는 기초순자산, 운영차액, 순자산의 증가, 순자산의 감소, 기말순자산으로 구분하여 표시된다.

운영차액은 이미 앞에서 설명한 바와 같이 재정운영보고서상에 나타나는 운영차액을 그대로 옮겨 표시하면 된다.

순자산의 증가사항은 전기오류 수정이익, 회계기준변경으로 생긴 누적이익 등을 포함한다.

[별지 제4호 서식]

순자산변동보고서
당해연도 20xy년×월×일부터 20xy년×월×일까지
직전연도 20xx년×월×일부터 20xx년×월×일까지

지방자치단체명 (단위: 천원)

과 목	당해연도(20xy년)						직전연도(20xx년)					
	일반회계	기타특별회계	기금회계	지방공기업특별회계	내부거래	계	일반회계	기타특별회계	기금회계	지방공기업특별회계	내부거래	계
Ⅰ. 기초순자산												
Ⅱ. 운영차액												
Ⅲ. 순자산의 증가												
전기오류수정이익 회계기준변경으로 생긴 누적이익 …												
Ⅳ. 순자산의 감소												
전기오류수정손실 회계기준변경으로 생긴 누적손실 …												
Ⅴ. 기말순자산 (Ⅰ+Ⅱ+Ⅲ−Ⅳ)												

순자산의 감소사항은 전기오류 수정손실, 회계기준변경으로 생긴 누적손실 등을 포함한다.

순자산의 증감에는 관리전환이나 기부채납으로 생긴 순자산의 증감이 있을 수 있는 데 여기에서 관리전환 및 기부채납에 의한 자산증감은 예산에 반영하지 않는 예산외 거래로서 복식부기회계에서는 이들 예산외 거래에 대해서 회계처리에 포함되기 때문에 순자산변동보고서에 표시할 수 있다.

이와 같이 중앙정부의 순자산변동보고서와의 차이는 재원의 조달 및 이전 내용이 따로 표시되지 아니하고 이 부분은 이미 재정운영보고서상의 수익과 비용에 비용의 일부분을 구성하여 그 차액인 순운영차액에 이미 반영되어 있어 순운영차액으로 대신 표시된 것이다. 그리고 중앙정부에서는 순자산의 조정으로 간단하게 표기한 것을 지방정부에서는 순자산의 증가와 순자산의 감소로 구분하여 상세하게 표시하고 있다.

아래 산식과 중앙관서나 기금에 대한 순자산변동표상의 산식을 비교해 보면 차이가 있음을 알 수 있다. 즉 지방자치단체 순자산변동보고서에서의 기말

순자산 산출식에서는 운영차액을 더하도록 되어 있는데 국가 중 중앙관서나 기금의 순자산변동표에서는 반대로 운영차액을 빼도록 되어 있다. 그 이유는 국가의 운영차액은 대부분 비용으로서 순자산 감소요인이기 때문이며, 지방자치단체의 운영차액은 지방세수익과 중앙정부 이전수익이 각지방자치단체의 수익의 일환이기 때문에 적자 운영이 되지 않은 한 잉여금이 발생하기 때문이다.

기말순자산 = 기초순자산 + 운영차액 + 순자산 증가 − 순자산감소

4.5 ●● 결산총평 · 필수보충정보 및 부속명세서

이미 앞에서 설명한 바와 같이 재무보고서에는 위에서 나열한 재무제표 이외에 결산총평, 필수보충정보와 부속명세서도 포함하고 있다.

(1) 결산총평(결산개요)

결산총평이란 정보이용자들이 재무제표에 포함된 중요한 회계정보와 재정상태나 재정성과 등에 대한 분석적인 의견을 설명 형태로 표시한 사항을 의미한다.

정부의 재무제표가 방대한 분량으로 구성되어 있고 내용도 어렵기 때문에 정보이용자들이 이해하기 쉽도록 정형화된 형식으로 설명자료를 작성하여 배포할 필요가 있다. 미국의 지방정부회계기준에서 경영보고서(Management Discussion and Analysis)를 요구하는 것도 같은 맥락이라고 할 수 있다.

결산총평의 내용에 있어서는 국가와 지방자치단체가 많은 차이를 보이고 있다. 국가회계에서는 결산총평이라는 용어 대신에 결산개요라는 용어를 사용하고 있다.

가) 국가의 결산개요

개정전 '국가회계법' 에서는 결산개요에 대해서 자세히 언급이 되어 있었다. 그러나 개정된 현행 '국가회계법' 에서는 그 내용을 대폭 축소하면서 결산개요에 대하여 구체적인 내용을 삭제하였고 다만 결산개요를 세입 · 세출결산, 재무제표, 성과보고서와 함께 결산보고서의 구성내용으로 포함할 것을 규정하였다.

국가회계기준에서도 결산개요에 대해서는 아무런 언급이 없고 「정부결산

지침」에서 각 중앙관서의 결산개요에 포함시킬 사항을 다음과 같이 제시하고 있다.

1. 일반현황
   - 주요기능
   - 조직구조
   - 정원현황
   - ○○○○회계연도 주요 정책 목표
2. 세입 · 세출(수입 · 지출) 결산분석
   - 세입 · 세출 결산분석
   - 수입 · 지출 결산분석
3. 재무제표분석
   - 재정상태분석(최근 5개년간)
   - 재정운영분석(최근 5개년간)
   - 순자산변동분석
4. 성과보고
   - 당년도 성과보고의 주요특징
   - 주요성과결과 및 향후과제
   - 전략목표별 성과보고

그리고 기금을 관리하고 있는 각 기금관리주체는 소관 기금의 결산내용을 요약한 기금 결산개요를 작성하여야 한다. 기금 결산개요는 중앙관서의 결산개요와 비교하여 일반현황 대신 기금개요를 작성하여야 하는데 기금개요에는 다음 내용을 간략히 기술하여야 한다.

- 기금설치근거법률
- 설치연혁
- 주요 기능
- 재원 및 용도
- ○○○○회계연도 주요 정책 목표
- 기금관리주체 및 관리 방식

나) 지방자치단체의 결산총평

▶ 지방자치단체회계기준 제40조(결산총평)

① 결산총평은 정보이용자들이 재무제표에 포함된 중요한 회계정보를 이해할 수 있도록 하기 위한 머리말, 재무분석 등의 설명자료를 말한다. 〈개정 2009. 12. 31.〉
② 머리말은 재무제표를 바탕으로 주요특징사항 및 재무제표에 대한 요약설명으로 구성된다. 〈개정 2007. 12. 31, 2009. 12. 31.〉
③ 주요특징사항은 지방자치단체의 개요, 재무보고와 관련한 회계정책 및 제도의 변화와 관련한 사항을 말한다. 〈개정 2009. 12. 31.〉
④ 재무제표에 대한 요약설명은 당해연도 및 직전연도의 재정상태와 운영활동의 비교 및 변화원인에 관한 설명 등을 말한다.
⑤ 재무분석은 정보이용자들의 의사결정과 재정상황의 판단에 도움이 될 수 있도록 하기 위한 재무분석지표 및 지표에 관한 분석내용을 말한다. 〈개정 2009. 12. 31.〉

지방자치단체의 결산총평은 머리말과 재무분석 등 2가지 부문으로 구성된다.

1. 머리말
   1) 주요특징사항
      • 지방자치단체 개요
      • 회계정책 및 제도의 변경
   2) 재무제표에 대한 요약 설명
2. 재무분석

① 머리말

머리말 즉 서문은 지방정부의 재정상태를 전반적으로 설명하고 재무제표를 해석하는데 도움을 주기 위한 부분이다. 결산총평이 지방정부의 재정상태나 재정성과를 분석적으로 설명하는 것이기 때문에 머리말은 결산총평 중에서 다시 전반적인 재정에 관한 설명내용이 되는 것이다.

머리말은 다시 재무제표에 근거하여 주요특징사항 및 재무제표에 대한 요약설명 등으로 구분하여 설명하도록 하고 있다.

여기에서 주요특징사항은 지방자치단체의 개요와 재무보고와 관련한 회계정책 및 제도의 변화와 관련된 사항 등을 의미한다. 회계정책이나 제도가 변경된 경우에는 주석에 반드시 표시되어야 하지만 주석사항은 쉽게 눈에 띄지 않을 수 있기 때문에 필수적으로 머리말에 포함시켜야 할 것이다.

재무제표에 대한 요약설명은 앞의 머리말에서 개괄적인 내용이 소개되지만 여기에서는 당해연도 및 직전연도의 재정상태와 운영활동을 비교하고 변동된 원인에 대해서 조금 더 자세히 설명되는 형태로 표시되어야 한다.

② 재무분석

결산총평의 다른 구성내용은 재무분석이다. 재무분석은 재무제표의 내용을 중심으로 재정운영의 건전성과 효율성 및 자산 · 부채, 운영성과 등을 분석하여 정보이용자들의 의사결정 및 재정상황의 판단에 도움을 주기 위한 것이며, 대체로 시계열분석자료 및 재무비율지표 등으로 제시된다.

(2) 주석(註釋)

▶ 국가회계기준 제55조(주석)

① 주석은 정보이용자에게 충분한 회계정보를 제공하기 위하여 채택한 중요한 회계정책과 재무제표에 중대한 영향을 미치는 사항을 설명한 것을 말한다.
② 이 규칙에서 규정한 주석사항 외에 필요한 경우에는 다음 각 호의 사항을 주석으로 표시한다.
1. 중요한 회계처리방법
2. 장기차입부채 상환계획
3. 장기충당부채
4. 외화자산 및 외화부채
5. 우발사항 및 약정사항(지급보증, 파생상품, 담보제공자산 명세를 포함한다)
6. 전기오류수정 및 회계처리방법의 변경
7. 순자산조정명세
8. 제1호부터 제7호까지에서 규정한 사항 외에 재무제표에 중대한 영향을 미치는 사항과 재무제표의 이해를 위하여 필요한 사항

▶ 지방자치단체회계기준 제41조(주석)

① 주석(註釋)은 정보이용자에게 충분한 회계정보를 제공하기 위하여 채택한 중요한 회계정책, 회계과목의 세부내역 및 재무제표에 중대한 영향을 미치는

사항을 설명한 것을 말한다.

② 이 규칙에서 규정한 주석(註釋)사항 외에 필요한 경우에는 다음 각 호의 사항을 주석(註釋)으로 공시한다.

1. 지방자치단체 회계실체간의 주요 거래내용
2. 가입하고 있는 보험의 종류, 보험금액 및 보험에 가입된 자산의 내용
3. 타인을 위하여 제공하고 있는 담보보증의 내용
4. 천재지변, 중대한 사고, 파업, 화재 등에 관한 내용과 결과
5. 채무부담행위 및 보증채무부담행위의 종류와 구체적 내용
6. 무상사용허가권이 주어진 기부채납자산의 세부내용
7. 그 밖의 사항으로서 재무제표에 중대한 영향을 미치는 사항과 재무제표의 이해를 위하여 필요한 사항

재무제표에 표시된 숫자만으로는 정부의 재정상태와 운영실적 등을 충분히 나타낸다고 볼 수 없다. 따라서 이러한 재무보고내용과 관련하여 설명이 필요한 사항에 대해서 주석이라는 형태로 해당 재무제표에 부가하는 형식으로 설명 내용을 나타내도록 하고 있다. 따라서 주석이란 정보이용자에게 충분한 회계정보를 제공하기 위하여 채택한 중요한 회계정책, 회계과목의 세부내역과 재무제표에 중대한 영향을 미치는 사항을 설명한 것을 말한다.

주석은 필수적 주석사항과 보충적 주석사항으로 구분할 수 있다.

필수적 주석사항이란 회계기준의 본문 중 개별조항의 특성에 따라 개별항목별로 공시할 것을 요구하는 사항이다. 예를 들어 국가회계기준 제 36조에는 압수품 및 몰수품의 명세를 주석으로 요구하고 있고 지방자치단체 회계기준 제 37조에는 현물출자 등에 관하여 주석으로 기재할 것을 요구하고 있다.

보충적 주석사항이란 필수적 주석사항 이외에 필요한 경우 공시할 것을 요구하는 사항으로서 국가회계의 경우 중요한 회계처리방법, 지방자치단체회계의 경우 각 회계 실체간 주요거래 내용 등을 포함한다.

〈표 7-8〉에서 보는 바와 같이 국가와 지방자치단체의 주석사항들은 상당부분 다르다. 국가에서만 주석으로 요구하는 사항은 압수품 및 몰수품의 명세 등이 있고, 지방정부의 경우는 미수세금에 대한 대손충당금 내역 등을 별도로 들고 있다.

재무제표에 계상되지 않는 우발손실, 우발이익, 회계변경과 오류 등에 대한 주석사항에 대하여는 국가회계기준에서는 필수적 주석사항으로 명백히 요구하

●● 표7-8 국가와 지방자치단체회계의 주석사항

구 분	주석사항내역
국가	(필수적 주석) 1. 국가회계법」에 따른 적용 범위, 회계정책 또는 「국가회계기준에 관한 규칙」 등이 변경된 경우에는 그 내용(제6조 ①) 2. 압수품 및 몰수품의 명세(제36조 ②) 3. 퇴직금산정명세, 퇴직금추계액, 회계연도 중 실지급한 퇴직금(제43조 ②) 4. 중요외화자산과 외화부채의 내용, 평가기준 및 평가손익 내용(제47조 ③) 5. 우발손실과 우발이익의 내용(제50조 ②) 6. 회계정책 또는 회계추정을 변경한 경우 그 변경내용, 변경사유 및 변경에 따라 해당 회계연도의 재무제표에 미치는 영향(제51조 ①) 7. 전 회계연도 이전에 발생한 오류수정사항, 중대한 오류를 수정한 경우에 중대한 오류로 판단한 근거, 비교재무제표에 표시된 과거회계기간에 대한 수정금액, 비교재무제표가 다시 작성되었다는 사실(제51조 ③) (보충적 주석) 1. 중요한 회계처리방법 2. 장기차입부채 상환계획 3. 장기충당부채 4. 외화자산 및 외화부채 5. 우발사항 및 약정사항(지급보증, 파생상품, 담보제공자산 명세 포함) 6. 전기오류수정 및 회계처리방법의 변경 7. 순자산조정명세 8. 기타 재무제표에 중대한 영향을 미치는 사항과 재무제표의 이해를 위하여 필요한 사항
지방자치단체	(필수적 주석) 1. 회계정책상의 변화 등 회계변경이 발생한 경우 그 내용(제9조 ③) 2. 현물출자로 인한 유형자산 등의 취득, 유형자산의 교환 등 현금의 유입과 유출이 없는 거래 중 중요한 거래(제37조 ③) 3. 자산의 회수가능가액이 장부가액에 미달하고 그 미달액이 중요한 경우 그 감액내역(제45조 ②) 4. 미수세금에 대한 대손충당금의 내역(제46조 ①) 5. 재고자산의 선입선출법이외의 평가방법적용(제47조) 6. 감가상각제외 사회기반시설의 상각 제외사유 및 유지보수액(제50조 ②) 7. 퇴직금 지급규정, 퇴직금 산정내역, 회계연도 중 실제 지급 퇴직금 등(제55조 ②) 8. 채권 · 채무의 현재가치평가에 따른 할인율, 기간 및 회계처리방법(제56조 ④) 9. 우발상황에 대한 기업회계기준 준용(제59조 ②) 10. 회계정책이나 추정 변경의 경우 내용 및 영향, 회계변경과 오류수정의 회계처리에 대한 사항(제60조 ①, ③) (보충적 주석) 1. 지방자치단체 회계실체간의 주요 거래내용 2. 가입하고 있는 보험의 종류, 보험금액 및 보험에 가입된 자산의 내용 3. 타인을 위하여 제공하고 있는 담보보증의 내용 4. 천재지변, 중대한 사고, 파업, 화재 등에 관한 내용과 결과 5. 채무부담행위 및 보증채무부담행위의 종류와 구체적 내용 6. 무상사용허가권이 주어진 기부채납자산의 세부내용 7. 그 밖의 사항으로서 재무제표에 중대한 영향을 미치는 사항과 재무제표의 이해를 위하여 필요한 사항

고 있다. 그러나 지방자치단체회계기준에서는 이 부분에 대해서 기업회계기준을 따르도록 하고 있고 기업회계기준에서는 이 부분에 대하여 주석으로 표시할 것을 요구하고 있으므로[31] 결국 필수적 주석사항에 포함된다고 할 것이다.

(3) 필수보충정보

▶ 국가회계기준 제54조(필수보충정보)

① 필수보충정보는 재무제표에는 표시하지 아니하였으나, 재무제표의 내용을 보완하고 이해를 돕기 위하여 필수적으로 제공되어야 하는 정보를 말한다.
② 필수보충정보는 다음 각 호의 정보를 말한다.
1. 유산자산의 종류, 수량 및 관리상태
2. 연금보고서
3. 보험보고서
4. 사회보험보고서
5. 국세징수활동표
6. 총잉여금 · 재정운영결과조정표
7. 수익 · 비용 성질별 재정운영표
8. 그 밖에 재무제표에는 반영되지 아니하였으나 중요하다고 판단되는 정보
③ 필수보충정보의 작성기준과 서식은 기획재정부장관이 정하는 바에 따른다.

▶ 지방자치단체회계기준 제42조(필수보충정보)

① 필수보충정보는 재무제표의 내용을 보완하고 이해를 돕기 위하여 필수적으로 제공되어야 하는 정보를 말한다.
② 필수보충정보는 다음 각 호의 정보를 말한다. 〈개정 2009. 12. 31.〉
1. 예산결산요약표
2. 성질별 재정운영보고서
3. 관리책임자산
4. 예산회계와 재무회계의 차이에 대한 명세서
5. 그 밖에 재무제표에는 반영되지 아니하였으나 중요하다고 판단되는 정보
③ 제2항의 예산결산요약표 및 예산회계와 재무회계의 차이에 대한 명세서는 예산결산이 완료된 후에 첨부할 수 있다.

---

31) 기업회계기준서 제17호, 제59-62항, 제63항.
기업회계기준서 제6호 제14-15항.

필수보충정보란 재무제표에는 별도로 표시되지 아니하였으나 재무제표의 내용을 보완하고 이해를 돕기 위하여 필수적으로, 제공되어야 하는 정보를 말한다. 필수보충정보로 요구하는 사항은 국가와 지방자치단체가 서로 다르다.

국가회계기준에서 필수보충정보로 요구하는 사항에는 유산자산 명세, 연금보고서, 보험보고서, 사회보험보고서, 국세징수활동표, 총잉여금 · 재정운영결과조정표, 수익 · 비용 성질별 재정운영표를 들고 있다.

이 중에서 연금보고서, 보험보고서, 사회보험보고서는 「국가회계기준에 관한 규칙」 부칙 제1조에 의거 기획재정부장관이 정하는 연도부터 작성제출하도록 하고 있다.

국세징수활동표는 국가를 대행하여 국세를 징수 및 수납하고 이를 국고로 이전하는 국가의 국세징수활동을 보고실체의 기타 활동과 구분하여 작성한 보고서를 말한다. 즉 국세청이나 관세청 등이 국세징수 실적을 나타내는 보고서로서 국세청 등 경상적으로 운영하기 위한 활동내용과 구분하여 작성하는 것이다. 이와 같이 국세징수실적을 징수기관의 수입으로 하지 않고 구분하여 작성하는 이유는 국세청에서 국세를 징수하지만 그 국세징수액 모두가 국세청의 수입이 되는 것은 아니고 국가의 수입을 징수하기 위한 대행활동 하는 것이기 때문이다.

총잉여금 · 재정운영결과조정표는 예산결산 기준의 총잉여금과 재정운영표상 발생주의 기준의 재정운영결과와의 차이를 나타내는 표를 말한다.

●● 표7-9 국가와 지방자치단체의 필수보충정보 내용

구 분	내 용
국가	1. 유산자산의 종류, 수량 및 관리상태 2. 연금보고서 3. 보험보고서 4. 사회보험보고서 5. 국세징수활동표 6. 총잉여금 · 재정운영결과조정표 7. 수익 · 비용 성질별 재정운영표 8. 그 밖에 재무제표에는 반영되지 아니하였으나 중요하다고 판단되는 정보
지방자치단체	1. 예산결산 요약표 2. 성질별 재정운영보고서 3. 관리책임자산 4. 예산회계와 재무회계의 차이에 대한 명세서 5. 그 밖에 재무제표에는 반영되지 아니하였으나 중요하다고 판단되는 정보

총잉여금 · 재정운영결과조정표는 국가결산보고서에만 포함되며, 기금 및 중앙관서는 내부보고용으로 작성하여 제출하여야 한다. 차이조정내용과 보고양식은 다음과 같다.

Ⅰ. 총잉여금
Ⅱ. 차이항목
  1. 자산 · 부채의 증감
    (1) 금융상품의 증가(감소)
      ⋮
  2. 발생주의 기간수익 · 비용차이
    (1) 부담금수익 차이
      ⋮
  3. 재원의 조달 및 이전
    (1) 부담금 수익
      ⋮
  4. 국세수익 수납액
    (1) 소득세 수익
      ⋮
  5. 내부거래 차이
Ⅲ. 재정운영 결과(Ⅰ+Ⅱ)

수익 · 비용 성질별 재정운영표는 각 중앙관서에서 운영하고 있는 모든 프로그램에 대한 수익과 비용(원가)의 성질별 구분에 따른 재정운영표를 말한다. 수익 · 비용 성질별 재정운영표가 재무제표의 하나인 재정운영표와 다른 점은 재정운영표에서는 프로그램 등 원가를 각 프로그램별 원가로 표기하는데 대하여 수익 · 비용 성질별 재정운영표에서는 프로그램 총원가를 성질별 비용항목으로 구분하여 표시한다는 점이다.

(4) 부속명세서

▶ 국가회계기준 제56조(부속명세서)

부속명세서는 재무제표에 표시된 회계과목에 대한 세부명세를 명시할 필요가 있을 때에 추가적인 정보를 제공하기 위한 것으로서, 부속명세서의 종류, 작성기준 및 서식은 기획재정부장관이 정하는 바에 따른다.

▶ 지방자치단체회계기준 제43조(부속명세서)

> 부속명세서는 재무제표에 표시된 회계과목에 대한 세부내역을 명시할 필요가 있을 때에 제공되어야 하는 추가적인 정보를 말한다. 〈개정 2008. 12. 31, 2009. 12. 31.〉

부속명세서는 재무제표에 표시된 회계과목에 대한 세부내역을 명시할 필요가 있을 때 추가적인 정보를 제공하기 위하여 첨부하도록 한 명세서를 말한다. 부속명세서가 많을수록 재무정보에 대한 공개범위가 넓어지고 정보이용자들이 각각 필요한 정보를 획득하기 용이하게 하기 위함이다.

국가나 지방자치단체 모두 부속명세서의 내용과 양식은 별도의 지침에서 정하여 이를 따르도록 하고 있다.

5 재무제표 상호간 연계

재무제표 상호간에는 모두 연계되어 있어 상호비교가 가능하며 이로인하여 각 단위재무제표의 숫자의 정확성을 검증할 수 있다.

지방자치단체의 경우 재정상태보고서와 재정운영보고서 그리고 순자산 변동보고서의 상호 연계관계를 보면 [그림 7-6]에서와 같다. 즉 재정상태표상에서 자산은 부채와 순자산으로 구성되어 있고 그 순자산은 순자산변동보고서상

●● 그림 7-6 재무제표간 상호연계

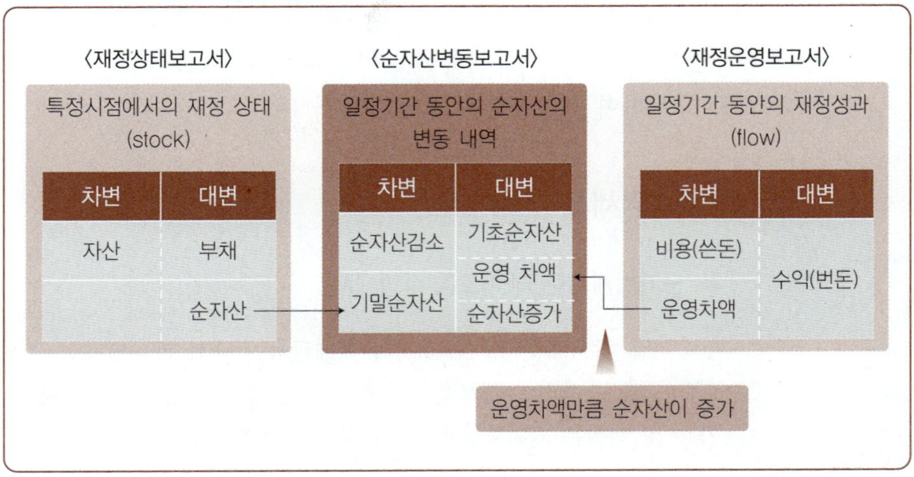

의 기말순자산과 일치하게 된다. 순자산변동보고서상의 기말순자산은 결국 기초순자산에서 운영차액과 기중의 순자산증가분을 더하고 기중순자산감소액을 빼면 기말순자산이 된다. 그리고 순자산변동보고서상의 운영차액은 재정운영표상의 운영차액과 일치하여야 한다. 재정운영보고서상의 운영차액은 그 기간 동안의 수익에서 비용을 공제함으로써 산출된다.

국가 재무제표의 경우에도 재정운영표의 양식만 지방자치단체의 재정운영보고서 양식과 조금 다를 뿐 동일한 원리이다. 즉 국가의 재정운영표상의 재정운영순결과와 지방자치단체의 재정운영보고서상의 운영차액과 같은 개념이므로 3종류의 재무제표의 상관관계 역시 같다.

재정상태보고서: 자산 - 부채 = 순자산
재정운영보고서: 수익 - 비용 = 운영차액
순자산변동보고서: 기초순자산+운영차액+순자산증가-순자산감소
= 기말순자산
순자산(재정상태보고서) = 기말순자산(순자산변동보고서)
운영차액(순자산변동보고서) = 운영차액(재정운영보고서)

6 회계변경과 오류수정

6.1 회계변경

▶ 국가회계기준 제51조(회계변경과 오류수정)

① 회계정책 및 회계추정의 변경은 그 변경으로 재무제표를 보다 적절히 표시할 수 있는 경우 또는 법령 등에서 새로운 회계기준을 채택하거나 기존의 회계기준을 폐지함에 따라 변경이 불가피한 경우에 할 수 있으며, 그 유형에 따라 다음 각 호와 같이 처리한다.

1. 회계정책의 변경에 따른 영향은 해당 회계연도 재정상태표의 순자산에 반영한다. 다만, 회계정책의 변경에 따른 누적효과를 합리적으로 추정하기 어려운 경우에는 회계정책의 변경에 따른 영향을 해당 회계연도와 그 회계연도 후의 기간에 반영할 수 있다.
2. 회계추정의 변경에 따른 영향은 해당 회계연도 후의 기간에 미치는 것으로 한다.

3. 회계정책 또는 회계추정을 변경한 경우에는 그 변경내용, 변경사유 및 변경에 따라 해당 회계연도의 재무제표에 미치는 영향을 주석으로 표시한다.

▶ 지방자치단체회계기준 제60조(회계변경과 오류수정)

① 회계정책과 회계추정의 변경은 그 변경으로 재무제표를 보다 적절히 표시할 수 있는 경우 또는 법령 등에서 새로운 회계기준을 채택하거나 기존의 회계기준을 폐지하여 변경이 불가피한 경우에 할 수 있으며, 그 유형에 따라 다음 각 호와 같이 처리한다. 〈개정 2009. 12. 31.〉

1. 회계정책의 변경에 따른 영향은 해당 회계연도 재정상태보고서의 순자산에 반영한다. 다만, 회계정책의 변경에 따른 누적효과를 합리적으로 추정하기 어려운 경우에는 회계정책의 변경에 따른 영향을 해당 회계연도와 그 회계연도 후의 기간에 반영할 수 있다.
2. 회계추정의 변경에 따른 영향은 해당 회계연도 후의 기간에 미치는 것으로 한다.
3. 회계정책 또는 회계추정을 변경한 경우에는 그 변경내용, 변경사유 및 변경이 해당 회계연도의 재무제표에 미치는 영향을 주석으로 표시한다.

③ 회계변경과 오류수정의 회계처리에 대한 사항은 주석으로 표시하되, 제2항 제1호에 따른 중대한 오류를 수정한 경우에는 다음 각 호의 사항을 주석으로 포함한다. 〈개정 2009. 12. 31.〉

1. 중대한 오류로 판단한 근거
2. 비교재무제표에 표시된 과거회계기간에 대한 수정금액
3. 비교재무제표가 다시 작성되었다는 사실

(1) 회계변경의 의의 및 유형

회계변경에 대한 정의는 회계정책의 변경과 회계추정의 변경을 말하며 따라서 이들 두 개념을 구분하여 정의할 필요가 있다.[32)]

① 회계정책의 변경

회계정책의 변경이란 재무제표의 작성과 보고에 적용하던 회계정책을 다른 회계정책으로 바꾸는 것을 말한다. 회계정책은 정부회계 보고실체가 재무보고의 목적으로 선택한 회계기준과 그 적용방법을 의미한다. 예를 들면 재고자산의 평가방법을 선입선출법에서 총평균법으로 변경한다든지, 고정자산의 감가

32) 현행 정부회계기준에는 이들의 정의가 되어 있지 아니하나 기업회계기준에서 정의하고 있다.

상각 방법을 변경하는 사항들은 회계정책의 변경으로 본다.

② 회계추정의 변경

회계추정의 변경이란 공공부문 환경의 변화, 새로운 정보의 획득 또는 경험의 축적에 따라 지금까지 사용해 오던 회계적 추정치의 근거와 방법을 바꾸는 것을 말한다. 따라서 회계추정은 환경의 불확실성 아래에서 미래의 재무적 결과를 사전적으로 예측하는 것을 말한다.

예컨대 재고자산이 진부화 된 경우 이에 대한 판단과 평가를 하여야 필요가 있을 수 있다. 그 밖에 감가상각자산의 잔존가액을 추정하는 경우 또는 우발채무에 대한 평가 등을 하는 경우에 과거의 추정방식이 현실에 맞지 아니할 때 새로운 추정방식을 적용하게 된다.

(2) 회계변경의 요건

회계변경은 기존의 정책이나 추정을 변경하게 되어 재무제표에 대한 영향이 크므로 신중을 기하여야 한다. 따라서 국가 및 지방자치단체회계기준에서는 회계변경의 요건으로서 다음 2가지를 들면서 이를 선택적으로 적용하도록 하고 있다.

첫째, 회계변경으로 인하여 재무제표를 보다 적절하게 표시할 수 있는 경우이어야 한다. 결국 회계변경의 목적이 재무제표 내용을 가장 적합하게 표시하여야 그 변경의 의미가 있지 그렇지 아니하고 반대의 결과가 된다면 회계변경의 의미가 없어진다는 것이다.

둘째, 법령 등에서 새로운 회계기준을 채택하거나 기존의 회계기준을 폐지하여 변경이 불가피한 경우이어야 한다. 이 경우에는 당연히 바뀐 회계기준을 적용하여야 할 것이다.

(3) 회계변경의 회계처리 방법

회계변경의 회계처리에는 2가지 방법이 있다.

① 소급법

변경된 회계정책과 회계추정을 소급적용하여 그 누적효과를 누적순자산의 기초가액에 대하여 조정하는 방법이다. 따라서 소급적용에 따른 수정사항을 반영하여 최초 회계기간 이전에 대하여 수정하고 당기회계연도에도 변경된 내용으로 순자산을 조정으로 처리한다.

원칙적으로 회계정책의 변경은 변경에 따른 누적효과를 합리적으로 결정하기 어려운 경우를 제외하고는 소급법(retrospective application)을 적용한다.

② 전진법

회계변경내용을 소급하지 아니하고 회계 변경된 시점을 기준으로 변경연도와 변경연도 이후에만 적용하는 방법을 말한다. 따라서 전기 회계연도의 재무제표에 대해서는 수정할 필요가 없다. 원칙적으로 회계추정의 변경은 전진법(prospective application)을 적용한다.

국가 및 지방자치단체회계기준에서는 회계정책의 변경에 따른 회계처리는 원칙적으로 소급법을, 회계추정의 변경에 대해서는 전진법을 적용토록 명문화하였다.

6.2 •• 오류수정

▶ 국가회계기준 제51조(회계변경과 오류수정)

② 오류수정사항이란 회계기준 또는 법령 등에서 정한 기준에 합당하지 아니한 경우로서 전 회계연도 또는 그 전 기간에 발생한 다음 각 호의 오류는 다음 각 호의 구분에 따라 처리한다.

1. 중대한 오류: 오류가 발생한 회계연도 재정상태표의 순자산에 반영하고, 관련된 계정잔액을 수정한다. 이 경우 비교재무제표를 작성할 때에는 중대한 오류의 영향을 받는 회계기간의 재무제표 항목을 다시 작성한다.
2. 제1호 외의 오류: 해당 회계연도의 재정운영표에 반영한다.

③ 전 회계연도 이전에 발생한 오류수정사항은 주석으로 표시하되, 제2항 제1호에 따른 중대한 오류를 수정한 경우에는 다음 각 호의 사항을 주석으로 포함한다.

1. 중대한 오류로 판단한 근거
2. 비교재무제표에 표시된 과거회계기간에 대한 수정금액
3. 비교재무제표가 다시 작성되었다는 사실

▶ 지방자치단체회계기준 제60조(회계변경과 오류수정)

② 오류의 수정은 전년도 이전에 발생한 회계기준적용의 오류, 추정의 오류, 계정분류의 오류, 계산상의 오류, 사실의 누락 및 사실의 오용 등을 수정하는

것으로서 다음 각 호의 구분에 따라 처리한다. 〈개정 2009. 12. 31.〉

1. 중대한 오류: 오류가 발생한 회계연도 재정상태보고서의 순자산에 반영하고, 관련된 계정잔액을 수정. 이 경우 비교재무제표를 작성할 때에는 중대한 오류의 영향을 받는 회계기간의 재무제표 항목을 다시 작성한다.
2. 제1호 외의 오류: 해당 회계연도의 재정운영보고서에 반영

③ 회계변경과 오류수정의 회계처리에 대한 사항은 주석으로 표시하되, 제2항 제1호에 따른 중대한 오류를 수정한 경우에는 다음 각 호의 사항을 주석으로 포함한다. 〈개정 2009. 12. 31.〉

1. 중대한 오류로 판단한 근거
2. 비교재무제표에 표시된 과거회계기간에 대한 수정금액
3. 비교재무제표가 다시 작성되었다는 사실

(1) 오류수정의 의의

회계적 오류란 회계기준 또는 법령 등에서 정한 기준에 합당하지 않은 경우를 말한다. 그리고 오류수정이란 전기 또는 그 이전의 재무제표에 포함된 회계적 오류를 당기에 발견하여 이를 수정하는 것을 말한다.

오류는 여러 원인으로 나타나게 되는데 계산상의 실수, 회계정책의 잘못된 적용, 사실판단의 잘못, 부정이나 과실 등에 의하여 나타나기도 한다.

오류수정은 회계추정의 변경과 구별된다. 〈표 7-10〉에서와 같이 회계추정의 변경은 그 특성상 추가적인 정보를 입수함에 따라 기존의 추정치를 수정하는 것을 말한다. 예를 들면 이전에 합리적으로 예측할 수 없었던 우발채무의

표 7-10 **회계변경과 오류수정 비교**

	회계정책의 변경	회계추정의 변경	오류수정
정의	회계원칙에서 또다른 회계원칙으로의 변경	당초에 타당한 추정에서 새로운 사실 등의 발견으로 인하여 새로운 추정으로의 변경	전기 또는 그 이전에 발견된 회계적 오류를 당기에 발견하여 수정
회계처리 방법	소급법 (예외로 전진법 적용)	전진법	중대한 오류: 해당연도 재정상태표에 반영 경미한 오류: 당기 재정운영표에 반영
비교 재무제표	재작성	수정 아니함	중대한 오류일 경우에만 재작성

결과로 일어난 손익이 새로운 정보에 따라 합리적으로 추정한 금액으로 수정하는 것은 오류수정이 아니라 회계추정의 변경으로 본다.

회계오류 가운데 중대한 오류가 있을 수 있는데 중대한 오류란 재무제표가 더 이상 신뢰할 수 없을 정도의 오류를 의미한다.

(2) 오류의 분류

오류는 발생시기에 따른 분류와 재무제표에 영향을 미치는 정도에 따른 분류로 구분할 수 있다.

먼저 오류는 발생시기에 따라 ① 전기에 발생되어 당기에 발견되는 오류와 ② 당기에 발생되어 당기에 발견된 오류로 구분한다. 이 경우에 당기에 발생되어 당기에 발견된 오류는 문제가 되지 아니한다. 왜냐하면 발견즉시 수정하면 기말에 아무런 영향이 없기 때문이다. 문제가 되는 사항은 전기에 발생되어 당기에 발견한 오류이다. 전기에 발생한 오류의 효과가 당기에 미치기 때문에 기간간 조정이 따라야 하는 문제가 있다. 정부회계기준에서 규정한 오류수정내용은 바로 후자를 의미한다.

또한 오류는 재무제표에 미치는 영향의 정도에 따라 ① 재정상태표에만 미치는 오류 ② 재정운영표에만 미치는 오류 ③ 재정상태표와 재정운영표에 모두 미치는 오류로 구분할 수 있다.

(3) 오류수정의 회계처리

국가 및 지방자치단체회계기준에서는 당기에 발견한 전기 또는 그 이전기간의 오류는 당기 재정운영표(또는 재정운영보고서)상의 재정운영순원가에 반영하여야 하며 따라서 계정과목은 '전기오류수정손익'으로 표시하도록 규정하고 있다. 다만, 오류가 중대한 경우에는 재정상태표(또는 재정상태보고서)상의 순자산의 조정에 반영하고 관련 계정잔액을 수정하도록 한다. 그리고 비교재무제표를 작성하는 경우에 중대한 오류의 영향을 받는 회계기간의 재무제표항목은 재작성하도록 하고 있다.

그런데 정부회계기준에서는 중대한 오류인지 아닌지의 여부에 대한 판단기준은 구체적으로 언급되지 아니하고 있다. 앞으로 세부지침에서 언급되어야 할 것이다.

사 례

A지방자치단체에서 전년도에 발생한 차입금 이자 5,000,000원을 회계처리하지 아니한 사항을 올해에 발견하였다.

① 차입금이자 5,000,000 누락이 중대한 오류가 아닌 경우

(차) 전기오류수정손실 5,000,000 (대) 미지급비용 5,000,000
(재정순원가 또는 운영비용)

② 차입금이자 5,000,000 누락이 중대한 오류인 경우

(차) 전기오류수정손실 5,000,000 (대) 미지급비용 5,000,000
(순자산조정항목)

7 재정상태표일 이후사건의 처리

7.1 의 의

▶ 지방자치단체회계기준 제61조(재정상태보고서일 후 발생한 사건)

① 재정상태보고서일 후 발생한 사건의 회계처리에 대해서는 행정안전부장관이 정한다.

② 재정상태보고서일 후 발생한 사건은 회계연도의 말일인 재정상태보고서일과 「지방재정법」 제8조 및 같은 법 시행령 제4조에 따른 출납폐쇄기한 종료일 사이에 발생한 사건으로서 재정상태보고서일 현재 존재하였던 상황에 대한 추가적 증거를 제공하는 사건을 말한다. [본조신설 2009. 12. 31.]

재정상태표를 포함한 재무제표가 작성된 이후 즉 재정상태표일 이후에 발생된 사건으로 인하여 이미 만들어진 재무제표에 영향을 주는 경우가 발생할 수 있다. 이러한 경우에 이미 만들어진 재무제표에 어떻게 반영하여야 하는지가 문제가 된다. 국가회계기준에는 이 부분에 대해서 아무런 언급이 없으나 지방자치단체는 회계기준을 개정하면서 이 조항을 신설하였다. 그리고 국제공공회계기준이나 기업회계기준에서도 이 부분에 대하여 비교적 자세히 언급되어 있다.

위에서 "재정상태표일 이후 발생한 사건"이란 재정상태표일과 재무제표가

사실상 확정된 날 즉 출납폐쇄기한이 종료한 날 사이에 발생한 국가의 재무상태에 영향을 미치는 사건을 말한다. 여기에서 "재정상태표 일"이란 재정상태표 작성기준일 즉 회계연도말을 의미한다.

7.2 •• 인식과 측정

"재정상태표일 후 발생한 사건"은 재무제표상 금액의 수정여부에 따라 "수정을 요하는 사건"과 "수정을 요하지 않는 사건"으로 구분하여 회계처리한다.

개정된 지방자치단체회계기준에서는 이 부분에 대해서는 행정안전부장관이 정하는 바에 따르도록 하고 있다.

(1) 수정을 요하는 사건

"수정을 요하는 사건"이란 재정상태표일 현재 존재하였던 상황에 대한 추가적인 증거를 제공하는 사건으로서 재무제표상의 금액에 영향을 주는 사건을 말한다. 이 경우에는 그 영향을 반영하여 재무제표를 수정하여야 한다.

국제공공회계기준에 의하면 수정을 요하는 사건에 대한 예시로서 다음 사항을 들고 있다.[33)]

a) 재정상태표일 이전에 존재하였던 소송사건에 대하여 이미 충당부채로서 계상하였으나 그 소송결과가 재정상태표일 이후에 확정됨으로써 그 충당부채 금액을 조정할 필요가 있을 때

b) 자산이 재정상태표일에 손상되었거나 또는 기 인식된 손상자산금액의 조정이 필요하다고 여겨지는 정보를 재정상태표일 이후에 접수한 경우로서 예를 들면

  i) 차주의 파산으로 재정상태표일 현재 외상매출금에 대한 손실이 확인되고 외상매출금 잔액을 모두 조정할 필요가 있을 때

  ii) 재정상태표일 이후에 재고자산을 처분함으로써 재무상태표일의 순실현가치금액에 대한 확증을 뒷받침할 때

c) 재정상태표일 이전에 구입한 자산의 취득원가 또는 매각한 자산의 금액을 재정상태표일 후에 결정할 때

d) 다른 정부기관과 수익배분 약정에 따라 회계연도 중 발생한 수익을 재정상

33) IPSAS 14, *Event After The Reporting Date*, para, 10.

태표일 이후에 확정한 경우
e) 재정상태표일 현재 지급하여야 할 법적 또는 약정상 의무가 있는 경우에 직원에 대한 성과상여금 지급 금액을 재정상태표일 후에 확정한 경우
f) 재무제표가 부정확함을 나타내는 회계부정이나 오류를 발견하는 경우

(2) 수정을 요하지 않는 사건

"수정을 요하지 않는 사건"이란 재정상태표일 현재 존재하지 않았으나 재정상태표일 후에 발생한 상황에 대한 증거를 제공하는 사건을 의미한다. 이 경우에는 재무제표상의 금액을 수정하지 아니하고 단지 주석으로 표시한다.

다음과 같은 사항들이 그 예시가 될 수 있다.[34]

a) 정기적으로 공정가격으로 자산을 평가하는 정책을 채택한 경우에 "재정상태표일"과 "재무제표가 사실상 확정된 날" 사이에 그 자산의 공정가격이 하락한 경우
b) 지역봉사프로그램을 운영하고 있는 기관이 재정상태표일과 재무제표가 사실상 확정된 날 사이에 그 프로그램 참여자에게 직접적이거나 간접적으로 추가적인 보상을 하도록 결정한 경우

7.3 ●● 계속 활동 전제가 부적절한 경우의 처리

정부의 재무제표 역시 기업과 마찬가지로 계속활동 또는 계속기업(going-concern)의 전제아래 재무제표가 작성된다. 그러나 재정상태표일 이후에 재무제표 작성책임자 또는 정책결정자들이 그 회계기관을 해체하거나 활동을 중단시키고자 하는 경우 또는 그 이외의 계속적 운영방법이 없다고 판단할 경우가 있다. 이 경우에 국제공공회계기준은 계속활동을 전제로 한 재무제표를 작성해서는 안 되도록 하고 있다.

34) IPSAS 14, *Event After The Reporting Date*, para, 12.

제3절 예산회계 결산 및 보고

1 예산회계 결산의 의의와 목적

예산회계 또는 현금회계방식에 의한 결산이란 한 회계연도 내의 정부수입 및 지출의 실적을 예산과 대비하여 그 결과를 확인하는 것을 의미한다. 따라서 결산은 예산에 의거하여 행동한 정부의 사후적 재정보고서를 작성하기 위한 과정으로 볼 수 있다.

정부에서 작성한 예산이 심의 의결 절차를 통하여 국회 또는 지방의회의 사전심사를 받게 되는 것과 같이 정부의 예산집행결과는 결산결과보고를 통하여 국회 또는 지방의회의 사후감독을 받게 된다. 여기에서 사후감독이란 승인된 예산과 예산을 통하여 이루고자 하였던 계획에 대한 실적 즉 결산간의 일치여부, 예산집행의 적법성 즉 위법지출의 존재여부 등을 심의 · 검사하여 정부의 예산집행에 대한 감독을 행하고 미래의 재정계획 입안 및 예산편성에 대한 유효한 통제를 가하는 것을 말한다.

그러나 국회의 결산에 대한 심의 및 의결의 효력에 대하여 국회와 행정부간에 이견이 있다. 국회의 입장에서는 결산의 의결이 결산의 최종 승인효력을 갖기 때문에 결산이 의결되지 아니하면 법적인 효력을 갖지 못한다고 보고 있다. 이에 반하여 행정부 입장에서는 결산은 결산안이 작성되고 감사원의 결산검사가 이루어져 국무회의에서 통과되면 당연히 결산의 법적효력이 발생되는 것이고 국회의 사후 심의의결은 행정부에 대한 정치적인 책임논의에 불과하다고 보고 있다.

헌법 제54조에 의하면 국회의 권한으로서 국가 예산안의 심의확정을 국회의 권한으로 부여하였다. 그러나 결산에 대해서는 아무런 언급이 없다. 따라서 국회의 결산의 심의의결은 예산과 달리 정부활동을 규제하는 직접적이고 명백한 법적 성격을 갖지 못한다고 볼 수밖에 없다. 즉 결산의 심의에 있어서 위법 또는 부당한 지출이 지적되어도 그것을 무효로 하거나 취소하는 법적효력이 없다. 결산은 다만 그 집행결과가 정당한 경우, 정부의 예산집행의 책임을 해제하는 법적 효과만을 가지는 것으로 본다. 예산 집행과정에서 부당한 사실이 발견되었을 때에는 감사원과 국회 또는 지방정부의회는 정부에 대하여 그 책임을 추궁하게 된다. 그런 점에서 결산의 의의는 정치적 목적에 있는 것이지만 사후적 감독이 되기 때문에 예산의 경우보다 그 효과는 크지 못하며 따라서 결산승인도 형식적인 면에 치우치는 경향이 있다.

납세자인 국민의 입장에서 결산의 의미를 보면 현금회계방식의 결산이 대단히 중요하다. 국민의 세금이 예산을 통하여 지출될 분야를 예정하게 되고 그 예정대로 쓰여져 있는 지를 확인할 수 있는 서류이기 때문이다.

복식부기에 의한 재무제표가 정부지출의 성과를 염두에 두고 작성한 자료라면 현금회계방식의 세입 · 세출결산보고서는 예산목적대로 쓰여져 있는지를 파악할 수 있는 통제에 초점을 두고 있다고 보아야 할 것이다.

2 예산회계 결산보고서

2.1 ●● 의 의

정부의 결산보고서는 복식부기방식에 의한 재무제표와 현금회계방식에 의한 세입 · 세출결산보고서가 핵심 보고서이다. 재무제표에 대해서는 앞 절에서 자세히 설명이 되었으므로 이 절에서는 세입 · 세출결산보고서를 중심으로 설명한다.

세입 · 세출결산보고서는 한마디로 예산이 어떻게 쓰여 졌는지를 파악하는데 주안점이 있다. 납세자로부터 걷어드린 세금이 어떻게 지출되어야하는 지를 국민을 대표한 국회(또는 지방의회)의 예산승인을 통하여 나타나게 되고 실제로 예산이 집행되면 그 집행 결과를 파악하도록 한 보고서가 바로 세입 · 세출결산보고서이다. 이 세입 · 세출결산보고서는 중앙관서별 세입 · 세출결산보고서와 국가전체로서의 세입 · 세출결산서가 있다.

2.2 ●● 중앙정부의 결산보고서

국가의 예산회계 결산보고서는 재무회계결산보고서와 마찬가지로 일반회계와 특별회계이외에 기금을 포함하여 중앙관서별로 결산보고서를 작성하도록 하고 있다.[35] 여기에서 기금관리주체가 중앙관서가 아닌 경우에는 그 기금관리주체는 기금결산보고서를 작성하여 소관중앙관서의 장에게 보고하고 중앙관서의 장은 이를 중앙관서 세입 · 세출결산보고서에 포함한다.[36] 또한 기획재정부는 중앙관서별 세입 · 세출결산보고서를 통합한 국가전체의 세입세출결산서를 작성하여야 한다.[37]

따라서 예산회계에 의한 결산서의 유형을 보면 〈표 7-11〉에서와 같다. 여기에서 결산보고서는 정부 측에서 작성하여 최종적으로 국회에 보고되어 의결되는 사항을 모두 결산보고서의 내용으로 간주한다.

또한 감사원의 결산검사보고서도 엄격한 의미에서는 결산보고서의 일종으로 보는 것이 타당하다. 왜냐하면 정부에서 작성한 결산서의 적정 여부를 검사한 것이고 또 결산서류와 함께 국회에 보고되어 최종의결을 얻도록 함으로써

●● 표 7-11 중앙정부 예산회계 결산보고서

구분		종류
중앙관서 · 기금	각 중앙관서	세입 · 세출결산보고서 계속비결산명세서 총액계상사업집행명세서 수입대체경비 사용명세서 이월명세서 명시이월비 집행명세서 정부기업특별회계 회전자금운용명세서 성인지 결산서 예비비사용명세서(독립기관은 예비금사용명세서) 수입대체경비세입세출결산보고서 현물출자명세서 재정증권발행 및 한국은행 일시차입금의 운용명세서 기타(대통령령이 정하는 서류)
	기금	수입지출결산 재원조성실적표 기타(대통령령이 정하는 서류)
국가	국가전체	세입세출 결산(국가전체) 통합재정수지표 통합계정자금 운용 및 수익금사용명세서 중앙관서 및 기금의 결산보고서 예비비사용총괄명세서

35) 국가회계법 제13조 제1항.
36) 국가회계법 제13조 제2항.
37) 국가재정법 제59조.

결산이 종결되기 때문에 결산보고서류와 동일부류라 할 수 있기 때문이다.

가) 중앙관서 예산회계 결산보고서

중앙관서의 예산회계 결산보고서로는 〈표 7-12〉에서 보는 바와 같이 기본적인 세입 · 세출결산보고서가 있고 첨부서류로서 계속비결산명세서 등 11개의 보고서를 요구하고 있다.

① 세입 · 세출결산보고서

세입 · 세출결산보고서는 각 중앙관서의 장이 기획재정부장관에게 제출하는 보고서로서 그 내용은 세입 · 세출의 집행실적을 표시하는 기본이 되는 결산보고서이다. 세입 · 세출 결산은 회계별로 세입결산과 세출결산을 구분하여 작성한다. 아래 표는 대표적으로 일반회계 세출결산보고서만 나타내었다.

●● 표 7-12 일반회계 세출결산보고서

과목	세출 예산액 (A)	예산결정 후 증감액(B)				세출예산 현액 (C)=A+B	지출액	차년도 이월액	불용액
		전년도이월액 /초과지출승인액	예비비 사용액	전 용 증감액	이용 및 이체액				

② 계속비 결산명세서

계속비는 그 완성에 수년을 요하는 사업에 대하여 5년의 기한 범위 내에서 정부가 지출할 수 있는 총체적인 금액을 일괄하여 국회가 사전적으로 승인해 준 것이다. 따라서 국회는 각 회계연도의 연부예산의 집행상황을 세출결산을

●● 표 7-13 계속비결산명세서

구분	연 부 예산액 (A)	예산결정 후 증감액(B)				세출예산 현액 (C)=A+B	지출액	다음연도 이 월 액	불용액
		전년도 이월액	예비비사 용액	전 용 증감액	이 용 이체액				

통하여 심의하는 이외에도 계속비의 최종 연부예산이 집행된 다음에는 본 계속비 예산에 대한 총괄적인 결산을 심의함으로써 그 사업의 전모를 명백히 할 필요가 있다.

이와 같은 필요성에 의하여 각 중앙관서의 장은 계속비의 최종 연부액이 지출된 사업에 대한 결산보고서를 작성하여 제출한다.

③ 예비비사용명세서

예비비사용명세서는 각 중앙관서의 장이 소관 회계의 예비비를 배정받아 집행한 경우 그 사용명세서를 작성하여 기획재정부장관에게 제출하여야 한다.

예비비는 집행이 되고 나면 해당 비목으로 기록이 되고 결산보고가 되기 때문에 사용용도를 별도로 보고할 필요가 있다. 따라서 예비비에 관한 사항에 대하여 지출내용을 별도로 표시하게 함으로써 비목이 정하여지지 아니한 돌발적인 사항에 대한 지출내용을 파악하고 통제하기 위한 보고서가 예비비사용명세서이다. 따라서 이 예비비사용명세서 역시 세입 · 세출결산의 부속서류로 보는 것이 타당하다.

국회, 대법원, 헌법재판소 등 독립기관은 예비비가 아닌 예비금을 예산에 계상하여 별도로 사용하고 있다. 이 예비금에 대한 집행명세를 예비금사용명세서라 한다. 이 예비금사용명세서도 세입 · 세출결산보고서의 첨부서류로 제출되어야 한다.

●● 표 7-14 예비비사용명세서

과목	예비비 예산액	증감액			예산현액	지출액	다음년도 이월액	불용액
		지출 결정액	전 용 증감액	이용 및 이체액				

나) 기금 결산보고서

각 중앙관서의 장이 관리하는 기금에 대하여는 그 소관에 속하는 기금의 수입 · 지출결산보고서를 작성하여 기획재정부장관에게 제출하여야 한다. 수입 · 지출결산보고서 양식은 중앙관서의 세입 · 세출결산보고서 양식과 같다.

수입 · 지출결산보고서 이외에 재원조성실적을 별도로 첨부하여 제출하여야 한다. 또한 기금관리주체는 기금별 성과보고서도 작성하여 제출하여야 한다.

다) 국가 결산보고서

기획재정부장관은 중앙관서의 장과 기금관리주체로부터 결산보고서를 제출받아 이들을 통합한 국가전체의 결산보고서를 작성하여야 한다. 이를 국가결산보고서라 한다. 국가결산보고서에는 세입 · 세출결산서에 통합재정수지표, 통합계정자금 운용 및 수익금사용명세서를 첨부하여야한다. 아울러 중앙관서의 장이 제출한 중앙관서 및 기금의 결산보고서를 첨부한다. 그 밖에 별도로 각중앙관서의 예비비사용명세서를 통합한 예비비사용총괄명세서를 작성하여 제출하여야 한다.

① 세입 · 세출결산서

국가의 세입세출결산서는 세입결산과 세출결산을 망라한 총괄결산서라 할 수 있다. 아래 표를 보면 세입은 예산대비 실제 수납액을, 세출은 예산현액 대비 지출액을 비교하도록 하고 있다. 여기에서는 나타나지 아니하고 있으나 수납액에서 지출액을 공제하면 결산상 잉여금이 산출되고 다시 결산상 잉여금에서 차년도 이월액을 공제하면 세계잉여금이 산출된다.

표 7-15 세입 · 세출결산

소관별	세입			세출			차년도이월액(E)		불용액
	예산현액 (A)	수납액 (B)	증감액 (B-A)	예산현액 (C)	지출액 (D)	증감액 (C-D)	명시 이월	사고 이월	

② 통합재정수지보고서

수입과 지출의 차액이 결산상 잉여금이라고 하였는데 통합재정수지보고서는 이미 앞장에서 설명한 대로 일반회계 뿐만 아니라 특별회계와 세입세출외거래, 비금융성기금과 기업특별회계까지를 망라한 재정수지를 파악할 수 있는 보고서이다.

표 7-16 통합재정수지보고서

구분	일반회계	특별회계	세입세출외	비금융성기금	합계	기업특별회계	총계
1. 수입 경상수입 자본수입 2. 지출및순융자 경상지출 자본지출 순융자							
수지차 (1-2)							

③ 통합계정자금 운용 및 수익금사용명세서

국가재정법은 기금 여유자금의 효율적인 관리 · 운용을 위하여 각 기금관리주체가 예탁하는 여유자금을 금융기관으로 하여금 통합하여 운용하게 할 수 있도록 규정하고 있다.[38]

이에따라 통합계정자금으로 운용되는 자금에 대하여 운용실적과 그 운용으로 인하여 발생된 사용실적을 나타내는 보고서가 통합자금운용및수익금사용명세서이다.

이 보고서는 운용실적부문과 사용실적부문으로 구분하여 표시한다. 정형화된 양식은 없다. 운용실적의 경우 운용일자, 운용기간, 운용금액, 운용금리, 운용수익금 등이 표시된다. 운용수익금사용실적도 전년말 잔액, 당년도 운용수익금, 사용금액, 당년도말 잔액 등으로 표시된다.

④ 예비비사용총괄명세서

예비비사용총괄명세서는 기획재정부장관이 각 중앙관서의 장으로부터 소관관서의 예비비 사용내역을 보고 받아 이를 토대로 작성한 것이다. 기획재정부장관은 총괄명세서를 작성하여 국무회의의 심의를 거쳐 대통령 승인을 얻어야 한다. 또한 기획재정부장관은 이를 감사원에 제출하여 사용내역에 대한 회계검사를 받도록 하고 다음연도 개시 5월 31일까지 국회에 제출하여 그 승인을 얻도록 하고 있다.[39]

예비비사용총괄명세서의 양식은 예비비사용명세서 내용과 같고 다만 '과

38) 국가재정법 제81조.
39) 국가재정법 제52조.

목' 대신에 '소관'으로 하여 각 중앙관서별로 표시되도록 하고 있다.

2.3 ●● 지방 정부 결산보고서

지방정부의 예산회계결산보고서는 중앙정부와 마찬가지로 각 지방자치단체별로 세입 · 세출결산서 등을 작성하여 검사위원의 검사의견서를 첨부하여 지방의회에 제출하도록 하고 있다.

●● 표 7-17 지방정부 예산회계결산보고서

- 세입 · 세출결산서
  (첨부)
  - 검사위원 검사의견서
  - 세입세출결산보고서
  - 계속비결산보고서
  - 채권 · 채무에 관한 보고서
  - 재무보고서(공인회계사 검토의견 첨부)

이때에 세입 · 세출결산서에 첨부하는 서류로는 세입 · 세출결산보고서, 계속비결산보고서, 채권 · 채무에 관한 보고서 그리고 발생주의 기준에 따라 별도로 작성한 재무보고서를 포함시켜야 한다.[40] 재무보고서에는 공인회계사의 검토의견이 첨부되어야 한다.[41]

따라서 예산회계 세입 · 세출결산서는 검사위원의 검사의견서가, 재무회계 재무보고서에는 공인회계사의 검토의견이 각각 첨부되어 결산서와 재무보고서의 적정성을 확보하는 기능을 한다.

① 세입 · 세출결산보고서

세입 · 세출결산보고서에는 세입과세출에 관하여 예산대비 집행실적이 명확히 나타나야 한다.[42]

세입의 경우 다음 사항이 대비되어 나타나야 한다

- 세입예산액

---

40) 지방재정법시행령 제59조 제1항, 제2항.
41) 지방재정법 제53조 제2항.
42) 지방재정법 제51조.

- 징수결정액(A)
- 수납액(B)
- 불납결손액(C)
- 미수납액(D = A－B－C)

세출의 경우에도 다음 사항이 대비되어 나타나야 한다.

- 세출예산액
- 전년도 이월액
- 예비비사용액
- 전용 등 증감액
- 초과지출액
- 예산현액
- 지출액
- 다음 회계연도 이월액
- 불용액

참고로 부천시의 세입 · 세출결산보고서 내역을 보면 다음 〈표 7-18〉, 〈표 7-19〉와 같다.

② 계속비 결산명세서

지방자치단체의 계속비 결산명세서의 양식 등은 국가기관의 계속비결산명세서 양식과 내용이 거의 유사하다.

③ 채권채무에 관한 계산서

채권채무에 관한 계산서는 지방재정법령에서 세입세출결산보고서의 첨부자료로 요구하고 있다. 이 보고서가 이해관계자들과 일반주민에게 가장 관심이 많은 보고서의 하나이기 때문이다. 이보고서의 양식이 아직 정착되지 아니한 것은 발생주의와 현금주의 차이 때문이다. 따라서 종전 예산회계방식에 따라 작성하기보다는 발생주의에 입각하여 작성하여야 할 것이다.

●● 표 7-18 세입결산보고서(부천시 2008년)

회계별	구분	예산현액	징수결정액	실제		미수납액		
				수납액	%	계	불납결손액	미수납 이월액
합 계		1,349,053	1,581,096	1,444,547	91.4	136,549	19,049	117,499
일반회계	소계	971,032	1,144,247	1,041,775	91.0	102,471	18,471	84,000
	지방세	234,985	323,089	264,958	82.0	58,131	18,228	39,903
	세외수입	434,613	498,378	454,038	91.1	44,340	243	44,097
	지방교부세	40,158	45,149	45,149	100	–	–	–
	재정보전금	93,137	93,943	93,943	100	–	–	–
	지방양여금	–	–	–	–	–	–	–
	보조금	137,138	137,138	137,138	100	–	–	–
	지방채	31,000	46,600	46,600	100	–	–	–
특별회계		378,021	436,850	402,772	92.2	34,078	579	33,499
공기업	소계	169,502	194,935	190,404	97.7	4,531	162	4,369
	상수도 특별회계	64,083	88,544	86,666	97.9	1,878		1,878
	하수도 특별회계	105,420	106,391	103,738	97.5	2,653	162	2,491
기타	소 계	208,513	241,915	212,368	87.8	29,547	417	29,130
	주택사업 특별회계	36	36	36	100	–	–	–
	의료보호 특별회계	3,766	3,864	3,799	98.3	64	–	64
	영세민생활 안정기금	1,115	1,619	1,239	76.5	380	–	380
	장기미집행 특별회계	1,000	1,482	1,482	100	–	–	–
	도시개발 특별회계	10,898	9,267	9,015	97.3	253	–	253
	도시기반시설 특별회계	2,400	4,438	3,151	71.0	1,287	–	1,287
	교통사업 특별회계	59,760	90,534	62,970	69.6	27,563	417	27,146
	도시철도 특별회계	129,544	130,676	130,676	100	–	–	–

자료: 부천시 홈페이지.

●● 표 7-19 세출결산보고서(부천시 2008년)

회계별	구분	예산현액	지출원인 행위액	지출액	%	다음연도 이월액	집행잔액	%
합계		1,349,053	1,002,822	954,502	70.6	204,144	190,407	14.1
일반회계	소계	971,032	729,711	684,116	70.5	178,171	108,745	11.2
	일반행정비	167,163	160,352	158,461	94.8	2,807	5,895	3.5
	사회개발비	432,050	365,949	342,435	79.3	75,136	14,479	3.4
	경제개발비	254,105	169,506	149,316	58.8	100,228	4,562	1.8
	민방위비	2,337	2,013	2,013	86.1	0	324	13.9
	지원 및 기타경비	115,377	31,892	31,892	27.6	0	83,485	72.4
특별회계		378,021	273,111	270,386	71.5	25,973	81,662	21.6
공기업	소계	169,502	142,812	142,812	84.3	10,888	15,802	9.3
	상수도 특별회계	64,083	60,243	60,243	94.0	141	3,699	5.8
	하수도 특별회계	105,420	82,569	82,569	78.3	10,747	12,103	11.5
기타	소 계	208,519	130,299	127,574	61.2	15,085	65,860	31.
	주택사업 특별회계	36	0	0	0.0	0	36	100
	의료보호 특별회계	3,766	3,707	3,707	98.4	0	59	1.6
	영세민생활 안정기금	1,115	292	292	26.2	0	823	73.
	장기미집행 특별회계	1,000	0	0	0.0	0	1,000	100
	도시개발 특별회계	10,898	1,266	1,266	11.6	0	9,631	88.
	도시기반시설 특별회계	2,400	4	4	0.2	0	2,396	99.
	교통사업 특별회계	59,760	44,714	41,990	70.3	15,085	2,686	4.5
	도시철도 특별회계	129,544	80,315	80,315	62.0	0	49,229	38.0

자료: 부천시 홈페이지.

3 세계잉여금의 처분과 회계처리

3.1 세계잉여금의 의의

세계잉여금(surplus)이란 매 회계연도 세입세출의 결산상 잉여금으로서 1회계연도에 수납된 세입액으로 부터 지출된 세출액을 차감한 잔액을 말하며 결산상 잉여금이라고도 한다. 국가회계기준과 정부결산지침에서는 결산상 잉여금을 '총잉여금'이란 용어를 사용하고 있다. 그러나 엄밀하게 따지면 결산상 잉여금과 세계잉여금은 차이가 있다. 결산상 잉여금은 세입액에서 세출액을 공제한 금액을 의미한다. 세계잉여금은 결산상 잉여금에서 다음연도 이월액을 공제한 금액을 의미한다.

결산상 잉여금(총잉여금) = 세입액 - 세출액
세계잉여금 = 결산상 잉여금 - 이월액

잉여금의 발생 원인을 분석하여 보면 우선 세입예산을 초과하여 수납된 세입액 즉 경기 호전에 따른 조세 등의 초과징수 등이 있을 수 있고 세출 면에서 보면 당초 세출예산에 계상은 되었으나 지출이 이루어지지 아니한 경우 즉 다음연도 이월액이나 불용액 등의 발생에 기인할 수 있다.

예산회계에서 나타나는 결산상 잉여금과 재무회계에서 나타나는 재정운영보고서상의 운영차액과의 관계에 대해서 이해할 필요가 있다. 결국 두 개념은 현금회계와 발생주의회계와의 차이에서 비롯되는 것이기 때문이다. 결산상 잉여금에 발생주의 조정액, 즉 현금수입이 없는 미수세금 등 수익을 가산하고 감가상각비 등 현금지출이 없는 비용을 차감하며 자산의 취득과 매각, 부채의 발생과 상환 등도 조정항목으로 가감하면 운영차액이 된다.

결산상 잉여금(A)
발생주의조정(B)
가산: 징수결정과 수납액의 차이
현금수입 없는 수익(미수세금 등)
자산취득
채무상환

차감 : 현금지출없는 비용(대손상각비 등)
자산매각
채무발생
운영차액(A - B)

결산상 잉여금은 국고여유금과는 구분하여야 한다. 국고여유금이란 국고금 지출에 있어서 일시적으로 발생하는 잉여금인 것이다. 즉 1회계연도의 도중에 세입이 세출을 초과하여 생긴 자금상의 일시적인 현상으로서 국고여유금과 결산상 잉여금은 같은 금액일 수도 있고 다른 금액일 수도 있다. 같은 경우라 함은 세입세출에 미수금이나 미지급이 없이 모두 국고로 환수되었거나 지급된 경우가 된다.

3.2 ●● 세계잉여금의 처리

(1) 국 가

결산 결과 생긴 잉여금 중에서 다음연도에 지출할 명시이월비 및 지방교부세와 지방교부금정산금 지출액을 제외하고는 100분의 30이상을 공적자금상환기금에 우선적으로 출연하고 나머지 금액에서 다시 100분의 30 이상을 국채 또는 차입금의 원리금 상환, '국가배상법' 에 의하여 확정된 국가배상금, '공공자금관리기금법' 에 따른 공공자금관리기금의 융자계정의 차입금의 원리금, 그 밖에 다른 법률에 따라 정부가 부담하는 채무 등에 사용하여야 한다.

위와 같은 용도에 사용하고도 남은 잔액이 있는 경우에는 다음연도의 세입에 이입하여 다음연도의 세출재원으로 사용하도록 하고 있다.[43)]

(2) 지방자치단체

지방자치단체의 결산상 잉여금 처리도 국가기관의 결산상 잉여금 처리와 유사하다. 지방자치단체는 매 회계연도에 있어서 세입 · 세출 결산상 잉여금이 있을 때에는 ① 다른 법률에 의한 금액 ② 세출예산의 이월금에 해당하는 금액을 공제한 잉여금은 그 잉여금이 생긴 연도의 다음연도까지 세출예산에 구

43) 국가재정법 제90조.

애됨이 없이 지방채의 원리금 상환에 이를 사용할 수 있다.[44)]

위의 용도에 사용하고도 남는 잉여금이 있는 경우에는 다음연도 세입에 이입하여야 하나 조례가 정하는 바에 의하여 그 잉여금의 전부 또는 일부를 재산 또는 기금에 편입할 수 있도록 하고 있다.[45)]

지방자치단체의 결산 잉여금 처리에 있어서 특기할 만한 것은 결산상 잉여금의 결산 전 이입제도이다. 이 제도에 따르면 매 회계연도의 결산상 잉여금은 회계연도가 개시된 후 자금형편상 부득이한 때에는 전년도 세입금의 수납액으로써 채무확정액, 다른 법률에 의한 지출액, 명시이월비 해당액과 지방채증권 및 차입금의 상환재원에 충당하고도 잉여금이 있을 것이 확실하다고 인정되는 경우에 한하여 전년도의 세입세출의 결산 이전이라도 이를 당해 연도의 세입에 이입할 수 있도록 하고 있다.[46)]

지방자치단체의 경우에는 국가 결산과 달리 '앞당겨 사용' 이란 제도가 있다. 앞당겨 사용한 당해연도 세입에서는 결함이 생기고 세출은 부득이 지출을 요하며 적자결산이 불가피한 경우에 다음연도 세입재원을 앞당겨 충당 사용하는 것을 말하며 이때에 앞당겨 사용한 금액은 다음연도의 세입 · 세출예산에 편입하여야 한다. '앞당겨 사용' 을 하고자 하는 경우에는 미리 지방의회의 의결을 얻어야 한다.[47)]

44) 지방재정법 제52조.
45) 지방재정법시행령 제60조.
46) 지방재정법 시행령 제61조.
47) 지방재정법 제7조 제2항, 제3항.

CHAPTER 08

관리회계와 성과측정

제1절 관리회계 개요

1 관리회계의 의의와 역할

1.1 ●● 관리회계의 의의

모든 조직이나 기관은 그 조직을 운영하기 위한 목표가 주어지며 그 목표를 달성하기 위하여 조직의 역량을 투입하게 된다. 기관마다 그 목표는 상이하나 한 가지 공통점은 그 목표를 모두 달성하기 위하여 제공되는 재원이 무제한적으로 충분하지는 않다는 것이다. 이러한 한정된 재원 아래서 각 기관은 주어진 목적을 효과적으로 달성하기 위한 여러 의사결정 내지 정책결정을 하게 된다. 그리고 조직내부 정책결정자 내지 경영층의 주된 관심은 합리적인 의사결정을 통하여 가장 바람직한 목표달성, 즉 다른 말로 표현하면 성과달성을 이루느냐 하는 점에 있다. 이러한 능률적이며 효과적인 성과를 달성하기 위하여 필요한 정보를 충분히 제공하는 것이 중요한데 이러한 정보를 제공하는 것이 관리회계(management accounting) 또는 관리원가회계(management cost accounting)의 역할이다.

정부활동에 있어서 관리회계는 이제까지 중요한 도구로서 주목을 받지 못하였다. 재무회계와 마찬가지로 체계적인 원가산정 방법이나 의사결정 모델을 갖고 있지 못하고 있었고 필요시 민간부문의 기법을 원용해 사용해 왔다. 정부부문에 있어서는 생산조직이 아닌 서비스 활동 조직이므로 생산원가는 큰 의미를 갖지 못한다. 대신 서비스제공에 대한 원가계산이나 의사결정형태가 더 큰 비중을 갖게 된다.

세계 각 국에서 얼마전까지 유행처럼 번지고 있었던 정부개혁의 논의의 핵심은 역시 생산성(productivity) 제고방안이었고, 이를 위하여 기업가형 정부(entrepreneurial government)를 지향하도록 노력하고 있는 사례를 흔히 발견할 수 있었다. 이러한 움직임에서 기업회계에서 적용되는 여러 가지 관리회계기법들이 새로운 의미로 부각되고 있음을 알 수 있다. 대표적인 예로서 정부서비스 업무 예컨대 간단한 청소 업무에서부터 교도소관리 업무까지 민간인에게

도급제로 위탁(contract out)하여 시행하게 하는 것이 이제는 낯설지 않은 사례가 되어가고 있다.

미국 연방정부회계기준자문위원회(FASAB)의 연방정부 재무회계개념서 제1호(SFFAC No.1)에 의하면 연방재무보고의 목적의 하나로서 "재무보고서는 정보의 사용자로 하여금 특정사업과 활동에 대한 원가 및 그 구성과 변동내역, 연방사업과 관련한 노력과 성과 및 원가와의 관계, 정부 자산 · 부채관리에서의 효율성과 효과성을 결정하는데 도움을 주는 정보를 제공하여야 한다"고 하였다.[1]. 또한 그 개념서에서는 원가와 성과측정과의 관계에서 원가를 측정함으로서 성과를 측정하고 보고하는데 유용한 수단이 되기 때문에 원가와 성과측정에 관한 사항은 서로 관련이 있다고 지적하였다.[2]

더구나 미국에서는 1990년에 최고재무관법(Chief Financial Officers Act)이 만들어져 재무관의 주요기능 가운데 원가정보의 개발과 보고 및 성과의 지속적 측정을 들고 있다. 또한 1993년에 발표한 정부성과및결과에관한법률(Government Performance and Results Act)에서는 모든 연방정부기관으로 하여금 성과측정을 의무화 하도록 하는 등 원가와 성과측정을 정부회계의 주요한 과제로 삼고 있다.

1.2 ●● 관리회계의 역할

관리회계(management accounting)란 재정관리의 필수적인 한 부분으로서 재무회계(financial accounting)와는 달리 예산 및 재무회계에 관련되는 자료를 뒷받침하고 제공해 주며 내부 또는 외부이용자들에게 유용한 정보를 제공해 주는 회계이다. 관리회계에서 의사결정에 필요한 정보를 제공해 주는 수단으로서 핵심적인 것이 원가정보이다. 공공부문에서 관리회계 또는 원가정보가 여러가지 목적으로 필수적으로 사용되고 있다. 그 예로서는 예산과 원가통제, 성과측정, 공공요금이나 원가보상의 결정, 사업평가, 경제적 의사결정 등을 들 수 있다.[3]

---

1) Office of Management and Budget, FASAB SFFAC No. 1, *Objectives of Federal Financial Reporting Statement of Federal Accounting Concepts*, para. 122–133.
2) Office of Management and Budget, FASAB SFFAC No. 1, *Objectives of Federal Financial Reporting Statement of Federal Accounting Concepts*, para. 192.
3) Office of Management and Budget, FASAB Statement No. 4, *Management Cost Accounting Concepts and Standards for The Federal Government*, pp. 1–15.

(1) 예산 및 원가통제

각종 사업의 원가에 대한 정보는 향후 예산편성에 있어서 장래의 비용을 측정하는데 근거로 사용된다. 그리고 예산이 확정되고 시행이 되면 원가정보는 환류(feedback) 역할을 한다. 따라서 정부 관리자들은 이러한 원가정보를 이용하여 원가를 줄이거나 통제하고 낭비를 발견하고 없앨 수 있다. 예컨대 정부 관리자들은 필요한 원가정보를 이용하여 다음과 같은 행위를 할 수 있다.

- 사업에서 얻어지는 편익과 비용을 비교하고 부가가치사업인가의 여부를 확인한 후 비용 효과적 측면에서 문제가 있는 사업에 대한 사업을 축소하도록 의사결정
- 사업 또는 활동의 예정원가와 실제원가의 차이 분석 및 결정
- 원가 변동요인 비교
- 유사한 활동이나 사업의 원가차이 분석

(2) 성과측정

성과측정은 사업의 경제성, 능률성, 효과성 향상을 위한 수단으로 볼 수 있다. 즉 효율성이나 효과성 측면에서 성과를 측정하는 중요한 수단의 하나가 바로 원가를 측정하는 것이다.

능률성 또는 효율성(efficiency)은 투입물 대 산출물을 비교하여 측정하는데 가끔 단위 산출물에 대한 원가로 표시된다. 효과성(effectiveness)이란 산출물 또는 주어진 목적의 달성정도를 나타내는 것이나 통상 '비용효과성(cost effectiveness)'을 나타내기 위하여 원가정보와 함께 표시되는 경우가 많다. 성과측정에는 재무적 측정뿐만 아니라 측정방법에 있어 원가정보이외의 다른 많은 자료와 정보가 필요하다. 성과측정에 대하여는 제4절에서 다시 설명하기로 한다.

(3) 원가보상과 공공요금의 결정

정부가 제공하는 서비스 예컨대 쓰레기 수거에 대한 비용을 부과하거나 전기 · 전화요금, 수도료, 지하철 요금 같은 공공요금 등을 결정할 때 원가정보가 중요한 근거가 된다.

여기에서 요금결정(pricing)과 비용부과(costing)는 구별되어야 한다. 요금결정은 정책적인 사항(policy matter)으로서 때로는 법령이나 규정, 지침 그리고 정부

의 정책에 의하여 결정되어 진다. 공공재(public goods)는 이용자가 다수라는 특징이 있기 때문에 이러한 공공요금의 결정은 반드시 그 공공재화의 원가와 동일하게 결정되지는 않는다. 즉 원가에 일정율의 이윤을 가산하여 결정되는 경우가 있는가 하면 때로는 원가이하로 결정이 되기도 한다. 원가이하로 결정이 될 경우에 발생하는 손실은 결국 정부재정에서 뒷받침 되거나 다른 수입원을 제공해야 하는 문제가 발생한다. 정부서비스에 대한 비용부과는 서비스이용자가 특정인으로 한정되는 경우가 많고 요금결정과는 다르게 원가의 전부 또는 일부만을 부담시키는 경우가 대부분이다.

(4) 사업평가

정부에서는 각종의 사업을 수행하고 있다. 공항, 고속철도, 댐 등 대형 사회간접자본에서부터 개인이나 단체로 하여금 특정산업을 육성시키기 위하여 또는 정부가 부담해야 할 사회보장 정책수행을 위해서 정부지원을 해주는 경우가 있다.

그러한 사업들에 대해서 정해진 목적대로 달성되었는지 또는 경제 · 능률적으로 수행되었는지에 대해서 평가를 해야 할 필요성이 있으며 이때에 중요한 것이 원가정보와 성과측정 수단이 필요하게 된다. 필요한 원가정보는 자금의 수입 지출이 수반되는 재무적 비용편익분석(financial benefit cost analysis) 뿐만 아니라 국가전체로서 경제와 사회에 미치는 영향까지를 고려한 비용편익분석(social and economic benefit cost analysis)을 하는데 필요하다.

(5) 물품서비스 구매원가 결정과 경제적 의사결정

정부는 국가를 유지하고 국민을 보호하며 경제를 안정적으로 성장시킬 책임이 있으며 이에 따른 정부활동도 재화나 용역을 제조하는 기업 활동과 다르다. 따라서 정부활동을 유지하기 위하여 각종 재화와 용역을 구매하게 되는데 이때에 구입하는 재화 · 용역가격을 가장 합리적이고 적정하게 결정하는 일이 중요하다.

어느 물품은 시장가격으로 그대로 구입하면 되나 정부는 다른 수요자와 달리 독점적 위치에 있는 경우가 많기 때문에 경제적인 가격으로 구입하기 위하여 원가계산 및 원가추정이 필요하다. 또한 때로는 어떤 정부활동과 수반하여 나타나는 여러 활동 중에서 정부가 직접 수행하는 것보다 민간에게 위탁하여 수행하는 것이 경제적인 경우가 있는데 이러한 경우와 같은 의사결정에 비교 방법 등이 동원된다.

2 원가계산

2.1 •• 원가의 의의

원가(cost)란 재화나 용역을 획득하기 위해서 또는 대국민 서비스를 수행하거나 정부활동을 수행하는 과정에서 희생된 자원을 화폐가치로 나타낸 금액을 말한다. 여기에서 희생된 자원을 어느 범위까지 포함하여 이를 원가로 볼 것인가에 대하여는 그리 간단한 문제는 아니다. 정부가 물품을 구입하였을 경우에 그 구입대금이 원가로 된다는 것은 쉽게 이해할 수 있으나 여기에서 과연 그 구입대금만 원가로 할 것인가, 기타 구입과 관련해서 들어가는 비용을 어떻게 할 것인가 하는 문제에 부딪치게 된다. 게다가 구입과 관련해서 간접적으로 소요되는 비용은 어느 범위까지 정하며 그 구입행위와 구입산출가격과의 인과관계는 어떻게 산정해서 그 간접비를 배분할 것인가 등 해결해야 할 과제가 많다.

따라서 원가결정 또는 원가계산은 전문적인 지식이 필요하게 된다. 특히 의사결정과 관련된 원가계산이라면 실제 발생한 원가개념이외에 다른 요소가 고려되어 원가비교가 이루어져야 하며 이때의 원가계산방법은 특수원가계산으로 하여 그때그때 의사결정목적에 맞는 원가계산을 하게 된다.

2.2 •• 원가의 분류

(1) 직접비와 간접비

직접비(direct cost)는 물품이나 용역 또는 각종 활동 중 원가대상에 직접적으로 관련이 되어 발생하고 경제적으로 가능한 방법으로 추적이 가능한 원가를 말한다. 제품제조의 경우 제품생산에 직접 소비된 재료비와 노무비 등을 그 예로 들 수 있다. 이에 대하여 간접비(indirect cost)란 원가대상과 관련하여 발생하나 직접적인 연관관계를 추정할 수 없는 비용을 말한다. 예컨대 생산에 직접 종사하지 아니하는 본부인력 비용이나 이들의 경비 등이 속한 일반관리비는 여기에 속한다고 볼 수 있다.

위에서 경제적으로 가능한 방법으로 추적이 가능하여야 한다는 뜻은 비용이 어느 정도 부담 가능한 범위 내에서 추적이 가능하여야 하며 추적 가능하더라도 비용부담범위를 넘는다거나 추적하기 어려운 사항은 간접비용으로 보게 된다는 것이다.

간접비용은 비용배분(cost allocation) 절차에 따라 원가대상에 할당된다.

(2) 고정비와 변동비

상품 또는 제품의 생산에 있어서 생산량과 비례하여 즉 조업도에 따라 원가가 변동되는 경우 이러한 변동되는 원가를 변동비(flexible cost)라고 하며 이와 반대로 생산량과 관계없이 일정하게 발생하는 비용을 고정비(fixed cost)라 한다. 그러나 변동비라 하더라도 때로는 조업도와 관계없는 경우가 있는데 예컨대 생산량이 감소되었다 하더라도 직접 생산 활동에 투입한 노무자들을 해고할 수 없기 때문에 직접노무비가 변동되지 않는 경우도 있다.

(3) 실제원가와 예정원가

실제원가(actual costs)는 실제로 발생된 원가를 의미하는데 이는 결국 역사적원가(historical cost) 또는 과거원가가 된다. 이에 대하여 예정원가(estimated costs)는 실제원가는 아니지만 계산의 신속성을 위하여 또한 원가능률을 측정하기 위하여 추정하여 만들어진 원가를 말한다. 우리나라 정부에서 물품이나 용

●● 그림 8-1 **고정비와 변동비의 관계**

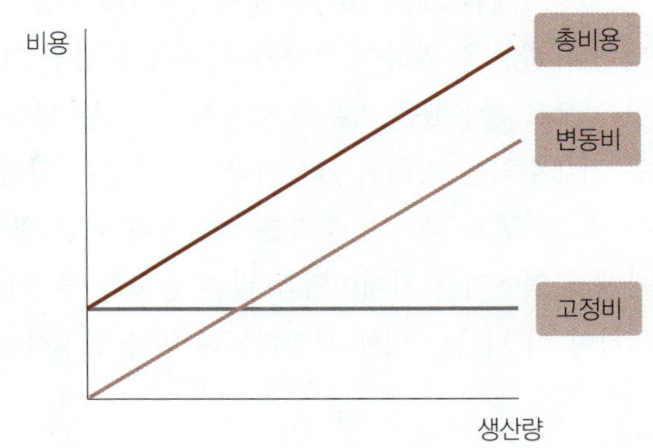

역을 구매하는 경우 예정원가를 토대로 예정가격을 작성하여 이를 근거로 입찰에 의한 구매를 하게 되는데 사용된다.

(4) 회피가능원가와 회피불능원가

경영의사결정을 위하여 구분되는 원가개념으로서 회피가능원가(avoidable cost)란 조업단축 등 의사결정의 변동에 따라 원가를 부담치 아니하고 회피할 수 있는 비용을 말한다. 회피불능원가(unavoidable cost)란 반대로 회피할 수 없는 원가를 말한다. 일반적으로 변동비는 회피가능하고 고정비는 회피불능하다고 보지만 반드시 그런 것은 아니다.

(5) 한계원가와 증분원가

마찬가지로 경영의사결정에 사용되는 원가개념으로서 한계원가(marginal cost)란 제품 한 단위 또는 활동 한 단위를 추가 수행함으로서 파생되는 원가를 말한다. 증분원가(incremental cost)란 원가대상 즉 제품생산단위가 개별단위가 아닌 전체를 기준으로 추가되는 원가를 말한다.

(6) 매몰원가와 기회원가

매몰원가(sunk cost)란 이미 예산을 투입하여 시행하고 있는 사업이나 활동을 변경하거나 취소함으로써 기존의 사업이나 활동이 더 이상 활용할 수 없게 되어 낭비되는 경우에 발생하는 개념이다. 예컨대 유전을 개발하기 위하여 개발비를 투입하였으나 얼마 안 되서 유전이 고갈됨으로서 개발비 미회수분이 있는 경우 이것이 매몰원가가 된다.

기회원가(opportunity cost)란 경제학의 기회비용 개념을 도입한 것으로서 어느 사업이나 활동을 위하여 투자가 이루어진 경우 그 사업을 시행하지 아니하고 다른 곳으로 활용했을 경우에 얻어질 수 있는 미래수익을 잃게 되는데 그 잃게 되는 기대수익을 기회원가라 한다. 이 개념은 실현되지 않은 원가라는 점에서 다른 원가개념과 다르며 투자를 한다든지 어떤 활동을 하고자 하는 경우에 그 투자에서 얻어지는 기대이익과 다른 용도를 투자했을 경우에 기대되는 이익과 비교하여 더 나은 사업에 투자하도록 의사 결정하는 도구로 이용된다.

2.3 ●● 원가계산 방법

(1) 개별(주문별) 원가계산

개별원가계산(job order costing)은 발생되는 원가를 각각의 개별업무 또는 제품에 부과시키는 방법이다. 제품제조원가계산에 있어서는 다품종 소량생산의 경우 이 방법을 적용하는 것이 종합원가계산방식을 적용하는 것보다 더 적합한 방법이다. 따라서 정부부문에서 이 방법을 적용하기에 알맞은 사항은 법률서비스, 감사업무, 연구조사업무, 그리고 항공기 · 선박 · 차량 등의 수리업무 등 개별적으로 다양하게 발생하는 업무에 적합하다.

개별원가계산에서 원가를 산출하기 위해서는 소요된 원가의 3요소(즉 직접재료비, 직접노무비 및 제조간접비)를 누적시켜야 한다. 직접재료비와 직접노무비는 발생될 때마다 직접 개별업무 또는 제품에 부과시키면 별문제가 없으나 제조간접비(overhead costs)는 직접재료비와 직접노무비와는 달리 특정 업무 또는 제품에 할당하기가 어렵다. 따라서 할당하는 방법에 있어서 합리적이고 체계적인 일정기준을 설정하여 배부하여야 한다.

제조간접비 배부기준으로는 직접노무비 또는 기계작업시간이나 직접작업시간 등 여러가지 합리적인 기준을 들 수 있다.

(2) 종합(공정별) 원가계산

종합원가계산(process costing)이란 발생 원가를 개별 공정진행에 따라 공정부문별로 구분하여 원가를 집계하는 방법으로서 공정별 원가계산이라고도 한다. 이 방법은 제품생산기업의 경우 동일한 제품을 연속적으로 반복하여 다량생산하는 제조상황에 적합한 원가계산 방식으로서 그 예로는 정유 · 화학 · 제철, 제분, 시멘트산업 등이 있다. 공공부문에서도 역시 특정물품이나 용역을 대량으로 계속 반복하여 제공하는 사업에 적용되는데 예컨대 생활보호대상자 결정 또는 의료비 청구에 대한 검토 등의 업무의 경우 대상자선정을 위한 서류검토, 의료비 청구액의 의료수가와의 일치여부 확인 등 반복적이고 연속적인 업무를 수행하게 되므로 이들 업무에 대한 원가를 산정하는데 사용된다.

기본적으로 종합원가계산제도에서의 원가의 흐름은 개별원가계산제도에서의 원가의 흐름과 다를 바가 없다. 그러나 종합원가계산은 개별업무 또는 생산제품단위로 원가를 누적시키는 개별원가계산과 달리 기간개념에 따라 원가를 누적시키는데 중점을 두고 있다. 따라서 종합원가계산제도 아래에서는 공정부서별로 업무를 처리하면 그 업무가 부분적으로 완결되고 다음 공정에서는 다른 업무가 수행되어 가면서 점차적으로 완료되는 것이기 때문에 먼저 이루어진 공정의 업무는 그 공정에서는 완성물(output)로 표시되나 다음 공정에서는 투입(input)으로 계산되는 절차를 거쳐서 최종 완성물로 된다. 각 공정마다 그 부서에서 발생하는 비용을 모두 합계하여 완성된 업무량과 함께 다음 부서로 넘겨져 궁극적으로 완성된 활동의 원가에 합해지게 된다. 따라서 원가의 흐름은 그 업무의 흐름과 동일하게 진행된다.

(3) 표준원가계산

표준원가(standard costing)는 정상적인 상태에서 단위업무활동에 소요될 것으로 판단되는 원가를 말한다. 관리회계에 있어서 표준원가는 원가를 통제하고 관리하기 위한 수단으로서 이용된다. 통제수단으로서의 표준원가를 이용하고자 하는 경우에 그 표준은 정확성과 신뢰성을 토대로 만들어져야 한다. 그러므로 그 표준은 앞으로 발생할 것으로 예상되는 원가를 토대로 하여 달성목표를 정해놓고 그 목표범위 내에서 달성 가능한 수준으로 결정되게 한다. 그러나 한번 설정된 표준은 실제 발생된 원가와 비교해서 불합리하다고 여겨지는 경우에는 계속 변경시키도록 하여야 한다.

이러한 표준원가는 관리자로 하여금 예산편성을 하거나 원가통제, 그리고 성과측정을 하는데 도움을 준다. 위에서 언급한 개별원가계산, 공정별원가계산이나 다음에 소개할 활동기준원가계산방법과 병행하여 사용될 수 있다. 표준원가와 실재원가를 비교해서 차이가 나는 원인을 검토하여 비능률적인 활동이나 부서를 발견해 내고 이를 통제할 수 있는 수단을 강구하게 된다. 정부 예산편성시에 난방비, 여비 등 경상경비집행기준을 정할 때 이 표준원가 개념에 의하여 작성된다고 볼 수 있다.

(4) 활동기준 원가계산

최근 기업들이 대규모 설비투자를 통하여 공장자동화를 추진하는 등 제조간접비의 비용이 예전보다 커지고 있는데 이러한 원가구조의 변화에도 불구하고 지금까지의 기업의 전통적 원가계산은 제조간접비를 직접노무비나 기계가동시간을 이용하여 배분하는 방식으로 계산해 오고 있었다.

그러나 이와 같은 전통적인 원가배분방법은 제조간접비의 발생과 인과관계가 적은 배분기준을 이용하여 제조간접비를 배분하기 때문에 개별제품의 제조원가가 정확하게 산정되지 못하고 일부 왜곡되고 있다는 점을 일부 학자들이 주장하게 되었다.

이에 따라 새로운 방법으로 개선하려는 시도가 이루어졌으며 이러한 시도 중의 하나가 활동기준 원가계산(activity based costing : ABC) 방법이다. 활동기준 원가계산이란 생산을 위한 구매에서 소비자에 이르는 전 과정을 각 직무활동(activity)과 관련하여 소비된 자원의 원가를 파악 분석하여 그 원가를 소비된 자원의 사용량에 따라 각 제품별 또는 고객별 등에 귀속시키는 방법이다.

원가계산의 흐름에 따라 전통적 원가계산방법과 활동기준 원가계산방법과의 차이점을 요약하면 다음 〈표 8-1〉과 같다.

이러한 활동기준 원가계산은 제조업을 영위하는 기업에서 먼저 도입하여 이용되고 있었는데 최근 들어서는 서비스부문 및 공공부문에서도 이를 도입하는 추세에 있고 활동기준 원가계산을 토대로 활동기준 경영관리(activity based management : ABM) 또는 활동기준 예산(activity based budgeting : ABB)에 대한 연구와 활동이 많이 이루어지고 있다.

그러나, 서비스기업이나 공공부문의 경우 제조기업에 비해서 ① 산출물의 파악이 어렵고 ② 서비스요구에 대응하는 활동의 예측이 어려우며 ③ 공동시설용량원가(joint capacity costs)가 총원가 중에서 차지하는 비중이 높고 산출물 관련 활동과 직접적으로 관련시키기가 쉽지 않다는 등의 차이점이 있다.

활동기준원가계산시스템의 계산절차를 살펴보면 다음과 같다.

첫째 단계로서 우선 활동분석부터 시작하게 되는데 활동이란 조직의 목표

●● 표 8-1 **전통적원가계산과 활동기준원가계산의 차이**

	전통적 원가계산	활동기준 원가계산
• 기본가정	• 각 제품이 기업의 자원을 소비한다고 가정	• 활동이 기업의 자원을 소비한다고 가정
• 원가의 집계	• 기능별(기능조직 단위중심)	• 업무처리 관점(활동별)
• 원가계산 대상	• 제품, 사업부, 공장 등 한정된 원가를 대상으로 원가 정보의 다양성 제한	• 제품, 모델, 사업(project), 생산라인, 고객, 지역, 국가, 영업소 등 정보이용자별 목적적합한 다양한 원가 정보 제공
• 원가정보유형결정자	• 원가정보 제공자	• 원가정보 이용자

를 달성하기 위해 필요한 산출물을 생산하기 위해 자원을 소비하는 과정이라고 정의할 수 있다. 활동의 분류는 수직적인 기능(function) 관점에서 분석하는 것이 아니라 수평적인 절차(process) 관점에서 분석하는 것이 필요하다.

활동을 분류한 다음에는 활동별로 원가를 집계하는 단계로서 원가 집합(cost pool)을 설정하게 된다. 활동분석에서 규명된 각 활동들이 어느 정도의 자원을 소비하였는지 각 활동별로 총원가를 계산하는 것이다.

세번째 단계는 원가요인(cost driver)을 규명하는 단계로서 원가요인이란 활동을 유발시키는 요인이다. 이는 생산과정에서 특정한 자원을 소비한 제품에 대하여 생산활동 원가를 추적하는데 사용된다. 원가요인을 정확하게 파악하면 원가계산의 정확성도 상승하게 되는데 이들 활동과 자원간의 인과관계가 명확하여야 하며, 예측가능성이 있어야 하며 또한 계량화가 가능해야 한다.

다음 네번째 단계로서는 2단계에서 산출된 활동별 총원가를 3단계에서 규명된 원가요인으로 나누어 한 단위활동당 원가를 산출한 다음 단위당 원가를 각 활동을 사용한 수만큼 곱하여 전체 원가를 산출하게 된다.

대부분의 정부활동은 생산 활동이 아닌 재정, 국방, 외교, 환경보전 등에 대한 정책결정 등 대국민 서비스 활동이 주류를 이루고 있으며, 이러한 서비스 활동 역시 ABC 원가계산 기법을 이용하여 원가를 추정할 수 있다. 예를 들면 정부 부처 내 국세청 서비스업무 중 징세업무, 회계업무, 문서기록 보전업무에 대해서 각 활동내역과 원가요인과의 관계를 알아보면 〈표 8-2〉와 같다.[4]

표 8-2 국세청 서비스업무의 활동내역과 원가요인

부서별	활 동(activities)	원가요인(cost drivers)
징 세 부 서	고지서 발부 수납	고지서 발부 건수 수납 건수
회 계 부 서	영수증 작성 영수증 송부 국고입금 준비	영수증 작성 건수 영수증 송부 건수 국고입금 준비 건수
문서기록부서	수입의 기록 비용의 기록 인건비 지급 물품구매 기록 문서기록	수입거래 건수 지출거래 건수 공무원 수 구매주문 건수 문서량

4) Lawrence P. Grasso, "Is it time to revisit zero-base budgeting?" *Journal of Cost Management* (March/April, 1997), pp. 27–28.

위와 같은 활동내역과 원가요인은 다소 단순하고 불충분하다고 생각될 수 있으나, 이런 방식으로 좀 더 구체적이고 상세하게 분석하여 원가계산을 해 감으로써 내부성과평가를 하거나 타부서에 원가를 부담시키는데 합리적인 근거를 제공할 수 있을 것이다.

사 례 ABC 원가계산

미국 인디애나시에서 제설 및 도로보수작업에 대한 활동기준 원가계산을 실시하였는데, 그 내용을 간추려 설명하면 다음 〈표 8-3〉과 같다.

인디애나시의 특정 구역에서 실시한 2가지 유형의 활동 즉, 제설작업과 파손된 도로보수작업을 수행한 결과 C 노동, D 노동, 소금, 특수차량, 본부의 지

●● 표 8-3 활동기준 원가의 확인

(활 동)	
활 동 별	총 비 용
C 노동	$1,000
D 노동	600
소 금	400
특수차량	400
본부지원활동	200
계	$2,600

→

(활동과 원가요인)	
활 동	원가요인
C 노동	C 시간
D 노동	D 시간
소 금	소금소비량
특수차량	사용시간
본부지원활동	총노무시간

↓

(소 비)			
원가요인	제 설 작 업	도 로 보 수	합계
C 시간	50	50	100
D 시간	10	20	30
소금소비량	500	0	500
운행시간	80	70	150
총노무시간	60	70	130

→

(단위비용)			
활 동	제설작업 (12mile)	도로보수 (14톤)	합 계
C 시간	$500	$500	$1,000
D 시간	200	400	600
소금소비량	400	0	400
운행시간	213	187	400
본부지원활동	92	108	200
계 (단위원가)	$1,405 ($117.08)	$1,195 ($85.36)	$2,600

자료: Bridget M. Anderson, "Using Activity-Based Costing for Efficiency and Quality," *Government Finance Review*, June 1993, p. 8.

표 8-4 제설작업의 원가분석

활 동	지역별 원가 중심점(Cost center)				
	북 서	북 동	중 앙	남 서	동 남
C 노동	0.89	1.19	3.08	0.14	0.42
D 노동	7.27	11.76	25.29	13.21	7.73
E 노동	5.09	5.84	5.59	2.77	1.17
감독자들	2.27	2.69	3.81	6.10	1.81
T 감독	2.60	5.10	2.13	2.06	2.08
인건비	18.12	26.58	39.90	24.28	13.21
칼 슘	0.86			4.86	
소 금	36.18	9.25	20.78	43.96	5.24
모 래				0.14	
직접재료비	37.04	9.25	20.78	48.96	5.24
본부지원	9.35	13.29	19.74	18.63	7.47
장 비	1.84	3.81	0.94	0.59	0.66
고정자산	0.14	0.08	0.05	0.07	0.05
관리비	3.18	4.30	4.98	3.77	2.34
간접비	14.51	21.48	25.71	23.06	10.52
작업자용 픽업	0.01				
로더	8.24	3.83	1.43	4.25	0.77
소형픽업	6.11				
특수차량 90	6.24	6.12	0.50	6.54	2.73
특수차량 85	1.17	1.93	0.88	4.02	1.67
세단승용차	3.31				
TAD	2.87	0.79	3.72	2.98	1.89
TADA	10.41	4.25	1.73	2.98	2.85
덤프트럭	0.01	0.02			
미사용잡비	0.48	0.55	0.13	0.55	1.08
차량경비	38.85	17.49	8.39	21.29	10.99
총 계	$108.52	$74.80	$94.78	$117.59	$39.96
제설거리	1,100	1,000	900	1,000	1,846

자료: Bridget M. Anderson, "Using Activity-Based Costing for Efficiency and Quality", *Government Finance Review*, June 1993, p. 9.

원활동 등의 5가지 활동으로 구분하였다. 각 활동별 원가요인은 표에서 나타난 바와 같이 C 노동과 D 노동은 직접노동시간으로, 소금은 소금소비량, 특수차량은 차량사용시간으로, 본부지원은 총 노동시간으로 확인하였다. 다음 단계는 이들 원가요인을 제설작업과 도로보수 작업으로 나누어 소비된 것으로 계산하였다. 마지막으로 두 작업별로 단위량 원가요인에 각 소비된 활동량을 곱하여 총 비용을 산출하는 기초를 산출하였다. 제설작업의 경우 총비용은 1,405달러이므로 12마일의 작업량에 따라 단위비용은 마일당 117.08달러가 된다. 또 도로보수작업의 경우에는 총비용 1,195달러로서 14톤의 작업량에 따라 단위비용은 85.36달러가 된다.

이러한 방식으로 실제 인디애나시의 5개 구역에서 활동한 제설작업에 대한 단위당 원가를 산출한 결과는 〈표 8-4〉에서 예시한 바와 같다.

산출원가를 비교해보면 많게는 남서구역의 단위원가 117.59달러(작업량 1,000마일)에서부터 적게는 동남구역의 39.96달러(작업량 1,000마일)에 이르기까 지 많은 차이를 보여주고 있다. 인디애나시 교통국에서는 각 원가요소를 분석한 결과 남서지역의 원가부서에서 단위당 기준으로 과다한 소금을 사용하고 있었고 적절한 장비를 동원하여 작업량을 배분하지 못하고 있음을 발견하였다. 중앙지역 원가부서에서는 과다한 노동력을 사용하고 있음을 보여주고 있었다. 따라서 이러한 분석을 통하여 각 지역별 원가 부서 간에 노동인력과 장비의 재배치를 통하여 작업의 질을 떨어뜨리지 아니하고도 효율성을 높일 수 있었다.

제2절 정부구매 원가계산과 공공요금 결정

1 정부구매 원가계산

1.1 •• 정부구매 계약제도 개요

정부가 그 기능을 수행하기 위해서는 필요한 각종의 물품과 용역의 구매 그리고 국가를 유지하기 위한 각종 도로 · 철도 · 항만 등 사회간접자본시설의 건설, 국방유지를 위한 무기의 구입활동을 하여야 한다. 이때에 정부의 구매자로서의 지위는 우월적 지위에서 이루어지는 계약이 아니고 계약의 당사자로서 공급자와 상호 대등한 관계로서 거래가 이루어진다. 그러나 많은 경우에 있어서 정부는 독점적인 위치에 있거나, 또는 공권력 주체로서 특수한 경우가 있기 때문에 일반 개인간의 거래 계약과는 다른 형태로 매매가 이루어진다. 정부는 국민의 세금으로 운영되는 만큼 예산을 집행할 때에는 재무책임성(fiscal accountability)을 확보하기 위하여 공정하고 효율적으로 집행되어야 한다.

따라서 수요자의 입장에서 물품이나 용역을 구매하기 위해서는 엄격한 법령이나 규정에 정해진 절차에 따라야 한다. 종전에는 '예산회계법' 에 계약에 관한 규정이 있었으나, 정부는 이 계약조항을 삭제하고 1994년에 '국가를 당사자로 하는 계약에 관한 법률' 을 새로이 제정하여 1995년부터 시행해오고 있다.

정부가 물품이나 공사 또는 용역 구매를 위해서는 원가계산이 필요한데 이러한 원가계산은 기업 원가계산제도를 토대로 하되 일부 품목에 대한 단가나 원가항목에 대하여 제한하고 있어 이를 명확히 파악할 필요가 있다. 현행 '국가를 당사자로 하는 계약에 관한 법률' 이 정부구매에 관한 기본법령이 되며, 원가계산관련 규정의 대부분은 이 법률의 규정에 의하여 기획재정부의 회계예규(회계예규 2200.04-160-5)로 '예정가격 작성기준' 에 따라 처리하도록 하고 있다. 그리고 방산물자 등 특수한 물품에 대해서는 별도로 '방산물자의 원가계산에 관한 규칙(국방부령)' 에 따라 원가계산이 이루어지고, 용역에 관해서는 종전에는 별도 회계예규인 '학술용역대가기준' '기술용역 대가기준' 등의 적용을 받도록 되었으나, 두 기준을 모두 '예정가격 작성기준' 에 포함시켜 규정하였다. 다만 '소프트웨어사업대가의 기준'(구 정보통신부 고시), '엔지니어링사업대가의 기준'(구 과학기술부고시) '건설사업관리 대가기준'(국토해양부 고시) 등이 별도 규정으로 운영되고 있다.

1.2 ●● 예정가격 결정과 원가계산

(1) 예정가격의 결정

물품 등을 구매하기 위해서 우선 예산의 범위 내에서 계약이 이루어져야 하고 가장 적정한 가격으로 구매하여 정부예산이 낭비되지 않도록 하여야 한다. 이러한 취지에서 계약담당직원이 계약결정기준으로 삼기 위하여 입찰에 앞서 계약금액의 예정액을 작성하여 비치하는데 이를 예정가격(estimated prices)이라 한다. 예정가격이란 확정된 가격은 아니지만, 미리 가격을 추정함으로써 그 범위 내에서 가장 적정한 금액으로 구입하고자 하는 것이기 때문에 그 금액이 상한기준이 되는 경우가 대부분이다. 예정가격이란 말 그대로 가격을 예측하는 것이므로 예측하여 결정하는 기준은 여러 가지 방법이 있다.[5]

첫째, 거래실례가격에 의한 방법이 있다. 즉 시중에 적정한 거래가 형성되어 있는 물품인 경우에는 그 거래실례가격으로 예정가격을 정한다.

둘째, 원가계산에 의한 가격이 있다. 신규개발품이거나 특수한 규격품등의 특수한 물품 · 공사 · 용역 등 계약의 특수성으로 인하여 거래실례가격이 없는 경우 그 물품 등을 대상으로 원가계산을 실시하여 예정가격을 정하는 경우이다.

셋째, 실적공사비 인정가격이 있다. 공사의 경우 이미 수행한 사업을 토대로 축적한 실적공사비로서 중앙관서의 장이 인정한 가격을 예정가격으로 하는 경우이다.

넷째, 유사한 거래실례가격 또는 견적가격에 의한 방법이 있다. 즉, 토지 등의 경우 감정평가사가 평가한 감정가격으로 정하는 경우, 기능과 용도가 유사한 물품이나 공사 또는 용역의 거래실례가격으로 정하는 경우, 그리고 계약상대자 또는 제3자로부터 직접 제출받은 견적서를 토대로 한 견적가격 등을 적용하는 경우 등이다.

---

5) 국가를당사자로하는계약에관한법률시행령 제9조.

(2) 원가계산에 의한 예정가격 결정

앞에서 말한 바와 같이 예정가격은 거래실례가격을 적용하는 경우를 제외하고는 원가계산에 의해 결정되며, 원가계산을 구성하고 있는 원가요소는 통상의 기업회계에서 원가라 할 수 있는 제조원가와는 차이가 있는 것으로 일반관리비 및 이윤을 포함하고 있다. 이윤을 포함해 주는 것은 구입가격(price) 측면에서 적정한 이윤이 보장된 가격으로 구입한다는 뜻이다.

제조원가는 제조부문 즉 공장에서 발생하는 제품원가로서 제품에 1차적으로 집계되는 직접재료비, 직접노무비, 직접경비 등 원가의 3요소와 제조간접비의 합계를 말한다. 이 원가는 기업의 생산현장에서 발생하는 역사적 원가(historical costs)로서 기업이 제품을 판매하기 위해서는 위 제조원가 수준만으로는 부족하며, 판매 및 일반관리활동에 들어가는 비용까지 고려되어야 한다. 그러나 정부부문에서 구입하는 경우 판매비에 대한 비용은 인정하지 아니하고, 일반관리비와 여기에 적정이윤을 감안한 판매가가 바로 관련법령에서 정한 예정가격인 것이다.

원가를 재료비, 노무비, 경비, 일반관리비 및 이윤 등으로 구분하는 것은 원가 집계와 원가계산의 정확성 및 편의성을 위한 것이며, 현재 일반적인 원가분류방법이다. '예정가격작성기준'에서는 원가계산을 제조원가계산과 공사원가계산 그리고 용역원가계산으로 구분하고 재료비, 노무비 및 경비 등 각 비목별로 원가계산을 통하여 가격결정을 하도록 하고 있다.

원가계산을 하는 경우에는 원가계산서를 작성하고 비목별 산출근거를 명시한 기초계산서를 첨부하여야 한다. 제조원가계산서의 작성양식은 〈표 8-5〉와 같다.

●● 그림 8-2 **원가계산에 의한 예정가격 결정체계**

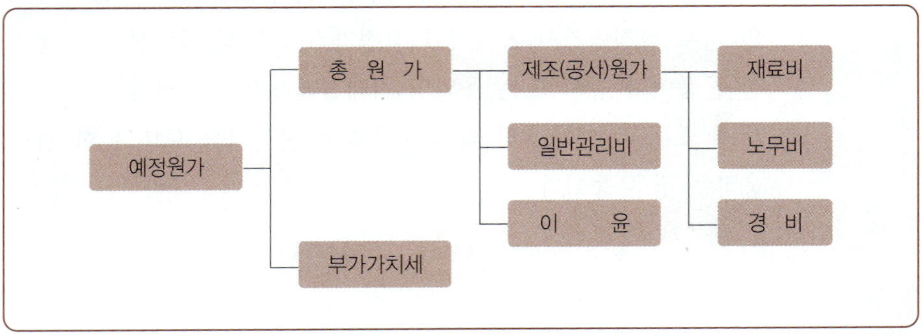

●● 표 8-5 제조원가계산서(예시)

품 명 : 케이블트로프 CT-B형(FRP) 단위 : 원/EA

비 목			금 액	비 고
순제조원가	1) 재료비	직접 재료비	129,144	
		간접 재료비	3,634	
		작업설 · 부산물등		
		소 계	137,778	
	2) 노무비	직접 노무비	9,163	
		간접 노무비	3,029	
		소 계	12,192	
	3) 경비	전력비	630	
		수도광열비	372	
		운반비		
		감가상각비	9,275	
		수리수선비	2,666	
		특허권사용료		
		기술료		
		연구개발비		
		시험검사비		
		지급임차료		
		보험료	443	
		복리후생비	1,850	
		보관비		
		외주가공비		
		안전관리비		
		소모품비		
		여비교통 · 통신비	97	
		세금과 공과	145	
		폐기물처리비	195	
		도서인쇄비		
		지급수수료	779	
		소 계	16,452	
	4) 계		161,422	(1+2+3)
5) 일반관리비(6.66%)			10,750	(4) × 6.66%
6) 이 윤(25%)			9,848	(4+5-1-3항의 기술료 · 외주가공비) × 25%
7) 합 계			182,020	(4+5+6)
8) 관 세			608	
9) 총 원 가			182,628	(7+8)

주) 부가가치세 별도

1.3 ●● 제조 및 공사 원가계산

(1) 재료비

제조원가계산이나 공사원가계산에서 재료비 항목은 주요 구성항목의 하나이다. 제조원가의 재료비는 계약목적물의 실체를 형성하느냐의 여부에 따라 직접재료비와 간접재료비로 구분하고 직접재료비는 계약목적물의 실체를 형성하는 가치로서 주요재료비와 부분품비로 구분한다. 간접재료비는 계약목적물의 실체를 형성하지는 않으나 제조에 보조적으로 소비되는 물품의 가치로서 소모재료비, 소모공구 · 기구 · 비품비, 포장재료비로 나눈다.

재료비계산은 계약목적물의 제조 · 시공 또는 용역 등에 소요되는 규격별 재료량에 그 단위량가격을 곱한 금액으로 한다. 재료소비량은 계약목적물의 규격 등에 의하여 정하여지며 표준소요량에 정상적으로 발생된 공손내역을 감안하여 산출되는 것으로 이는 기업의 축적된 생산 관련 자료에 의하여 산출할 수 있다.

재료비단가의 결정에 있어서는 개별법, 선입선출법, 후입선출법, 총평균법, 이동평균법 등에 의하여 산정할 수 있으나 예정가격 작성을 위한 단가는 거래실례가격 즉 현재가격으로 하되 조달청장이 조사하여 통보한 가격이나 기획재정부장관이 지정하는 전문 가격조사기관이 조사하여 통보한 가격 또는 계약담당공무원이 2 이상의 사업자에 대하여 당해물품의 거래실례를 직접 조사하여 확인한 가격을 적용하고 있다. 이 경우에 구입과정에서 당해 재료비에 직접 관련되어 발생하는 운임, 보험료, 보관비 등의 부대비용은 재료비로 계산한다. 또

●● 표 8-6 재료비 구성 항목

구분	항목	내용
직접재료비		
	주요재료비	계약목적물의 기본적 구성 형태를 이루는 물품의 가치
	부분품비	계약목적물에 원 형태로 부착되어 그 조성부분이 되는 매입부품, 수입부품, 외장재료 및 외주가공비로서 경비로 계상되는 것을 제외한 외주품의 가치
간접재료비		
	소모재료비	기계오일, 접착제, 용접가스, 장갑, 연마제 등 소모성 물품의 가치
	소모공구 · 기구 · 비품비	내용년수 1년 미만으로서 구입단가가 법인세법 또는 소득세법 규정에 의한 상당금액 이하인 감가상각대상에서 제외되는 소모성 공구 · 기구 · 비품의 가치
	포장재료비	제품포장에 소요되는 재료의 가치

한 계약목적물의 제조 중에 발생하는 작업설, 부산품, 연산품 등은 그 매각액 또는 이용가치를 추산하여 재료비로부터 공제하여야 한다.

제조 및 공사 원가계산공사원가계산의 경우 재료비계산은 대부분 제조원가 계산과 동일하나 간접재료비 항목 중 포장재료비 대신 가설재료비를 포함시키도록 하고 있다.

(2) 노무비

예정가격 작성시 노무비는 직접노무비와 간접노무비로 구분하여 계상하여야 한다.

직접노무비는 제조 또는 공사현장에서 계약목적물을 완성하기 위하여 직접 작업에 종사하는 종업원 및 노무자에 의하여 제공되는 노동력의 대가로서 기본급, 제수당, 상여금, 퇴직급여충당금의 합계액으로 한다. 다만, 상여금은 연 400%, 제수당 및 퇴직급여충당금은 '근로기준법' 상 인정되는 범위를 초과하여 계상할 수 없도록 하고 있다. 이와 같이 구성된 직접노무비는 제조공정별로 작업인원, 작업시간, 제조수량을 기준으로 계약목적물의 제조에 소요되는 노무량을 산정하고 노무비단가를 곱하여 계산한다.

간접노무비는 직접 제조 작업에 종사하지는 않으나 작업현장에서 보조 작업에 종사하는 노무자, 종업원과 현장감독자 등의 기본급과 제수당, 상여금, 퇴직급여충당금 등의 합계금액으로 한다. 간접노무비의 내역은 직접노무비와 동일하나 다만, 단위당 노무비금액을 산출하지 않고 간접노무비율을 계산하여 이를 직접노무비에 적용하여 산출하게 된다. 여기에서 간접노무비율이란 직접노무비에 대한 간접노무비의 비율을 말하며 간접노무비는 직접노무비를 초과할 수 없다. 즉 산출된 간접노무비율은 100%를 초과하지 못하게 함으로써 필요이상의 간접인원에 대한 비용을 제한하고 있다.

노 무 비(1) = 직접노무비(2) + 간접노무비(3)

직접노무비(2) = 기본급 + 제수당 + 상여금 + 퇴직급여충당금

간접노무비(3) = 직접노무비(2) × 간접노무비율

$$\text{간접노무비율} = \frac{\text{간접노무비}}{\text{직접노무비}} \times 100$$

(3) 경 비

경비는 제품제조나 공사시공을 위하여 소비된 제조원가 중 재료비, 노무비를 제외한 원가를 말하며 기업의 유지를 위한 관리활동부문에서 발생하는 일반관리비와는 구분이 된다. 예정가격을 작성하기 위해서는 당해계약목적물에 대하여 단위당 소요량을 측정하거나 업체가 제시한 원가계산 자료와 계약서, 영수증 등의 근거에 의하여 산정한다.

원가계산에 의한 '예정가격작성기준' 에서는 경비로 인정할 수 있는 비목을 열거하였다. 따라서 열거되지 아니한 항목은 열거주의에 입각하여 인정되지 아니한다. 예컨대 기업회계에서는 경비에 포함시키나 예정가격 계산에서는 인정되지 않는 비목으로서는 접대비, 행사비, 회의비, 교육훈련비 및 잡비 등 제조와 관련이 없는 항목들이다. 그러나 기업회계기준에 의하여 기업들이 계상하고 있는 계정과목과 준칙에서 열거한 비목에 차이가 있을 수 있으므로 이때에는 유사계정과목을 열거된 항목으로 재분류하는 절차가 필요한데 특정항목의 경우 열거된 비목에 해당되는지의 여부가 애매할 때가 가끔 있다. 이때에는 원칙적으로 그 비목이 특정제품 또는 공사와 관련이 있느냐의 여부를 기준으로 판단하여야 할 것이다. 제조 및 공사원가계산에서 인정되는 경비 비목들은 다음과 같다.

●● 표 8-7 제조 및 공사원가계산에서의 경비 인정 범위

제조원가 인정경비	전력비 · 수도광열비, 운반비, 감가상각비, 수선수리비, 특허권사용료, 기술료, 연구개발비, 시험검사비, 지급임차료, 보험료, 복리후생비, 보관비, 외주가공비, 산업안전보건관리비, 소모품비, 여비 · 교통비 · 통신비, 세금과 공과, 폐기물처리비, 도서인쇄비, 지급수수료, 기타 법정경비(21개 비목)
공사원가 인정경비	전력비 · 수도광열비, 운반비, 기계경비, 특허권사용료, 기술료, 연구개발비, 품질관리비, 가설비, 지급임차료,보험료, 복리후생비, 보관비, 외주가공비, 산업안전보건관리비, 소모품비, 여비 · 교통비 · 통신비, 세금과 공과, 폐기물처리비, 도서인쇄비,지급수수료, 환경보전비, 보상비, 안전관리비, 건설근로자퇴직공제부금비,기타 법정경비(25개 비목)

(4) 일반관리비 및 이윤

일반관리비는 기업의 유지를 위한 관리활동부문에서 발생하는 제비용으로서 제조원가(또는 공사원가)에 속하지 아니하는 모든 영업비용 중 판매비 등을 제외한 다음의 비용, 즉 임원급료, 사무실직원의 급료, 제수당, 퇴직급여충당금, 복리후생비, 여비, 교통통신비, 수도광열비, 세금과 공과, 지급임차료, 감가상각

●● 표 8-8 제조 및 공사원가계산에서의 일반관리비율과 이윤율

	제조원가	공사원가
일반관리비율	업종별 6~14%	공사유형별로 구분하여 금액별 차등(5~6%)
이 윤 율	최고 25%	최고 15%

비, 운반비, 차량비, 경상시험연구개발비, 보험료 등을 말하며 기업 손익계산서를 기준으로 산정한다.

기업회계에서는 통상적으로 판매비와 일반관리비를 같이 취급하고 있으며 때로는 구분하지 않는 경우도 있으나 정부와의 계약서에는 판매관련활동이 불필요하여 관련 비용이 소요되지 않기 때문에 판매비용을 인정하지 않는다.

예정가격작성 시에는 위에서 나열한 일반관리비를 고려하되 일반관리비율(일반관리비가 제조원가 또는 공사원가에서 차지하는 비율)이 '예정가격작성기준'에 규정된 업종별 일반관리비 비율을 초과할 수 없도록 하였다. 특히 공사원가계산에 있어서 일반관리비율의 적용은 공사규모에 따라 체감적용토록 하고 있는데 이는 공사원가 규모가 제조원가 규모에 비하여 상대적으로 크기 때문이다.

이윤은 회계학상으로는 수익에서 비용을 차감한 금액을 의미하나 '예정가격 작성기준'에서 언급하는 이윤은 계약목적물의 제조 또는 공사에 대해 일정의 이익을 보장하기 위해 인정해 주는 부분을 말한다. 따라서 이윤한도액 계산은 제조원가(공사원가의 경우 공사원가) 중에서 재료비를 제외한 노무비, 경비 및 일반관리비(기술료 및 외주가공비 제외)의 합계액에 일정율을 곱한 금액을 초과하지 못하도록 하였다.

1.4 ●● 특수 분야 원가계산

(1) 용역원가계산

용역(service)은 물품이나 시설과 달리 무형의 산출물을 제공하는 것으로서 원가계산에 있어서도 달리 적용하게 된다. '예정가격작성기준'에 있어서도 학술연구용역과 기타용역으로 구분하여 원가계산방법을 규정하고 있다.

우선 학술연구용역은 위탁형, 공동연구형 및 자문형 등 3가지로 구분하고 있다. 먼저 위탁형 연구용역이란 용역계약을 체결한 계약상대자가 자기책임아래 연구를 수행하여 그 연구 결과물을 용역결과보고서 형태로 제출하는 방식

을 말한다. 두번째, 공동연구형 용역이란 용역계약을 체결한 계약상대자와 발주기관이 공동으로 연구를 수행하는 방식을 말한다. 셋째, 자문형 용역이란 용역계약을 체결한 상대자가 발주기관의 특정현안에 대한 의견을 서면으로 제출하는 방식을 의미한다.

학술연구용역원가계산에서 용역원가의 구성항목을 보면 재료비가 없으며 따라서 노무비, 경비, 일반관리비 및 이윤으로 구성된다. 다만 공동연구형 용역 및 자문형용역의 경우에는 일반관리비는 계상하지 아니한다. 재료비 대신에 실험실습을 위해서 기자재가 소요되는 경우 경비의 일부로서 시약 및 연구용재료비 항목에 포함시키면 된다. 인건비는 당해 계약 목적에 직접 종사하는 연구요원의 급료를 말하며 월별기준단가를 규정하여 이를 적용토록 하고 있고 1996년 이후부터는 매년 전년도에 적용한 단가에 전년도 소비자물가 상승율만을 인상한 단가를 기준단가로 적용한다. 경비는 세부비목을 열거하고 있으며 열거된 비목들은 계약 목적을 달성하기 위해 필요한 비목으로서 여비, 유인물비, 전산처리비, 시약 및 연구용재료비, 회의비, 임차료, 교통통신비, 감가상각비를 적용토록 하고 있다. 일반관리비 및 이윤에 있어서 일반관리비용은 용역원가 즉 인건비와 경비의 합계액의 5%를 초과할 수 없도록 하였고 이윤은 총원가의 10%를 한도로 계상토록 하고 있다.

학술연구용역 원가 이외에 엔지니어링사업, 측량용역, 소프트웨어 개발용역 등 특수 분야의 원가계산에 의한 예정가격 결정에 있어서 다른 법령에 그 대가기준을 규정하고 있는 경우에는 그 규정에 따르며 나머지는 학술용역원가계산기준에 준하도록 하고 있다. 따라서 엔지니어링 사업의 경우 노무비 계산에 있어서 학술연구용역 단가와 달리 정한 '엔지니어링사업대가기준'(구 과학기술부 고시) 및 '소프트웨어사업의 대가기준'(구 정보통신부 고시)을 적용토록 하고 있다.

(2) 방위산업물자 원가계산

방위산업관련 원가계산은 정부와의 일반 구매계약체결과는 그 계약목적부터 차이가 있다. 대부분의 계약목적물이 전쟁대비 수행물자로서 그 원가 및 계약대상 등이 국가 대외비인 경우이며 이에 따라 정부는 방위산업물자에 관한 원가계산을 담당하는 기관을 국방부산하에 두고 원가계산방법, 기준 등도 국방부에서 별도로 제정하여 운영한다.

국방부에서 제정한 『방산물자의 원가계산에 관한 규칙』에 의한 원가계산을

●● 그림 8-3 **방위산업물자 제조원가 구성**

원　　가	= 총원가 + 투하자본보상비 + 이윤
총 원 가	= 제조원가 + 일반관리비 = (제조직접비 + 제조간접비) + 일반관리비
제조간접비	= 간접재료비 + 간접노무비 + 간접경비 = 간접재료비(실적배부기준) + (직접노무비 × 간접노무비율) + (직접경비 × 간접경비율)
투하자본보상비	= 총원가 × 투하자본보상비율

요약하면 [그림 8-3]과 같다.[6]

동 규칙에서는 기획재정부의 '예정가격작성기준'과 마찬가지로 원가계산을 방산물자 제조에 관한 원가계산과 방산물자 용역에 관한 원가계산으로 구분하고 있다.

방위산업물자의 제조원가구성요소는 재료비, 노무비, 경비, 일반관리비, 투하자본보상비 및 이윤으로 구성되어 있다. 일반공사나 물자 구입원가계산과 달리 투하자본보상비를 신설하여 지원해 주고 있다. 방위산업의 막대한 투자시설의 특성을 감안한 것으로 보인다.

방위산업물자 제조원가 구성요소의 내용은 다음과 같다.

재료비는 직접재료비와 간접재료비로 나누어지며 '예정가격작성기준' 상의 일반물자의 재료비계산의 경우와 유사하나 방산물자에서는 포장재료비를 직접재료비로 분류하고 있다. 간접재료비는 보조재료비와 소모공구 · 기구 · 비품비 등을 포함한다.

노무비는 직접노무비와 간접노무비로 구성되며, 직접노무비는 기본급, 제수당, 상여금, 퇴직급여를 기준으로 하며, 간접노무비는 역시 제조현장에서 보조작업에 종사하는 노무자, 종업원, 현장 감독자에 의하여 소비되는 노동력의 대가로서 역시 기본급, 제수당, 상여금, 퇴직급여 등을 기준으로 한다.

간접노무비율, 간접경비율 및 일반관리비율을 산출하기 위해 국방부는 각

6) 『방산물자의 원가계산에 관한 규칙』은 과거에 국방부 예규로 운영되어 왔으나 1994. 2. 28일부터 국방부령으로 승격시켜 전문 개정하여 운영해 오고 있다. 이후 1997. 1. 1. 다시 전문 개정하고 2008년 12월까지 5차례에 걸쳐 일부개정이 이루어졌다.

방위산업체로부터 재무제표 및 원가관련 자료를 수집하여 매년 산정 후 각 계약시 적용하고 있다. 이들 비율은 2개년을 통합하여 산출된 것으로 산정년도를 기준으로 직전년도를 포함한 과거 2개년간의 방위산업물자 생산을 위해 투입된 당해 부분 실적치를 활용하여 합리적으로 산정한다.

경비도 일반물자의 경우와 같이 직접경비와 간접경비를 구분한다. 직접경비는 당해 제품에 직접 부과할 수 있는 비용으로서 기계장치 · 금형 · 치공구 · 전용구축물 등의 감가상각비와 지급임차료 · 설계비 · 공사비 · 기술료 · 연구개발비 · 특허권사용료 · 시험검사비 · 외주가공비 · 보관비 · 설치시운전비 · 공식행사비 등을 말한다. 간접경비는 2종 이상의 제품 생산에 공통적으로 발생하는 비용으로서 복리후생비, 여비교통비, 전력비, 통신비, 연료비, 용수비, 감가상각비, 운반비, 지급임차료, 보험료, 지급수수료, 세금과 공과금, 소모품비, 피복비, 수리수선비, 교육훈련비, 도서인쇄비, 차량관리비, 경상시험연구개발비, 조사연구비, 안전관리비, 전산운영비, 폐기물처리비 등을 말한다.

일반관리비는 기업의 유지를 위한 관리활동부문에서 발생하는 비용으로서 제조원가에 속하지 아니하는 모든 영업비용 중 비원가 항목을 제외한 임원급여 등 비용을 말하며 특히 보험료와 지급수수료 등 법령 또는 계약에 의한 것이거나 종류 또는 금액에 있어서 정상적인 비용만 인정된 것에 한한다.

방위산업제조원가에서만 인정되는 투하자본보상비는 총원가에 투하자본보상비율을 곱하여 산출한다. 투하자본보상비율 산정방법에 관해서는 구체적으로 언급되어 있지 아니하나 방위산업청장이 별도로 정하는 방법에 따라야 할 것이다.

이윤은 영업이윤으로서 방산물자의 생산 및 조달을 위하여 투하된 자본에 대한 기회비용과 효율적인 경영노력 및 위험부담에 대한 보상액 등을 합한 금액으로 결정된다.

2 공공요금 결정을 위한 원가계산

2.1 공공요금의 의의 및 특징

공공요금은 공공재(public goods)의 가격 또는 사용대가를 의미한다. 상하수도료, 전기료, 가스료, 지하철 요금 등 정부 또는 공공기관이 공공재를 유상으로 부담시키는 요금을 말한다. 여기에서 공공재란 국가 또는 공공기관이 생산하거나 제공하는 서비스를 지칭하는 것으로 그 범위는 다양하다. 예컨대 주민등록등본을 발급해 준다든가 운전면허시험을 치르게 하고 면허증을 발급해 주는 행위 등 정부가 국민에게 제공하는 서비스를 모두 공공재라고 할 수 있다. 정부는 이러한 행위를 제공하고 그 대가의 일부로 수수료를 받는데 넓은 의미로는 이러한 수수료, 부담금 등도 공공요금에 속한다고 할 수 있다.

공공요금은 일반상품 또는 서비스의 가격처럼 수요공급의 원리에 의하여 결정되지 않고 공공재의 특성에 따라 정부정책에 의하여 인위적으로 결정된다. 대부분의 공공재는 독점으로 공급하게 되므로 결국 자유경제원리에 의한 시장가격이 형성되는 대신 독점가격으로 결정된다. 그러나 그 독점가격이 국민생활에 산업에 미치는 영향이 상대적으로 크므로 독점가격에 대한 통제와 조정이 필수적이며 이러한 통제 조정을 위하여 요금에 대한 원가계산이 필요하게 된다. 정확한 원가계산이 이루어진 후에 요금이 적정하게 결정되어야 공공사업이 재정이나 국민경제에 미치는 영향이 상대적으로 적을 것이다. 따라서 정확한 공공요금 산정의 필요성은 다음 세 가지로 요약할 수 있다.

첫째, 공공사업의 적자를 방지하기 위해 원가계산이 필요하다. 정부가 운영하는 사업요금이 특정 정책목적을 달성하기 위해 지나치게 낮게 설정되어 원가를 보상해 줄 수 없는 경우 그 적자분은 일반재정에서 보전해 줄 수 밖에 없다. 따라서 특정 공공서비스가 일부 국민에게만 효익을 제공할 경우 그 효익을 누리지 못하는 국민의 소득이 효익을 얻는 국민의 소득으로 이전되는 효과를 가져 온다. 이러한 부작용을 방지하기 위해서 균형있는 요금구조가 되어야 한다.

둘째, 독립채산제 및 수익자부담원칙에 따라 원가계산이 필요하다. 대부분의 공공사업은 독립채산제를 채택하고 있으므로 독립채산제가 유지되기 위해서는 적정한 원가선정에 의하여 요금이 결절되어야 한다. 아울러 독립채산제를 유지하기 위해서는 효익을 받는 수혜자가 비용을 부담하는 수익자부담원칙이 이루어져야 하며 이러한 수익자부담에 따른 계산의 필요성이 나타난다.

셋째, 공공요금이 국가경제 및 국민생활에 미치는 영향이 크므로 산업간 기업경쟁력을 향상시키도록 원가계산에 의한 적정가격결정을 통하여 그 부담을 완화시킬 수가 있다. 예컨대, 우리나라의 경우 전기가스요금이 외국의 경우에 비해서 비교적 낮은 수준인데 이들 에너지 요금이 산업에 미치는 영향은 크다고 볼 수 있다. 특히 전기요금의 경우 산업용요금이 업무용요금보다 저렴하게 결정됨으로써 경쟁력을 향상시키는데 큰 역할을 하고 있는 것이다.

2.2 •• 요금결정을 위한 원가계산

요금결정방식에는 비용가산주의와 투자보수주의의 두 가지 방법이 있다. 두 가지 모두 다 실제발생원가에 적정의 이윤을 감안한 수준을 토대로 요금을 결정하는 방법이다. 위 두 가지 방식은 모두 원가주의에 기초를 두게 되므로 서비스원가주의라고 한다. 서비스원가주의와 달리 원가주의 방식이 아닌 이용자의 부담을 고려하여 원가 이하로 결정되는 방식으로 부담력 주의(ability-to-pay principle) 등이 있다.

(1) 비용가산주의

비용가산주의(cost plus principle)방식은 총괄원가방식 또는 원가적상주의라고도 불리우며 이자비용을 포함한 사업운영에서 발생하는 모든 비용이 요금산정대상 원가가 되어야 한다는 원칙이다. 여기서 총괄원가란 사업서비스의 공급원가의 총액으로서 영업비, 감가상각비, 제세금 등 서비스 제공에 필요한 모든 비용에 사채이자, 차입금 이자 및 배당금의 예정액을 합한 것이다.

이와 같은 총괄원가방식은 매우 단순하여 알기 쉽고 적자를 내지 않고 채산이 유지될 수 있는 장점이 있다. 그러나 이 방식에 의하면 자본비용의 높고 낮음에 관계없이 지급이자를 보상해야 하고 배당도 사전에 예정되어 있으므로 영업비율을 낮추는 등의 경영능률화를 위한 노력을 자극하지 못하는 단점이 있다.

(2) 투자보수주의

투자보수주의(return on investment principle)방식은 공정보수방식이라고도 하는데 사업운영에 필요한 기본적인 사업원가를 보상할 뿐만 아니라 서비스를 제공하는 자산에 대한 일정분의 적정투자보수도 인정하여 이를 포함시키는 방식이다. 이러한 원칙은 오늘날 요금산정대상 원가를 결정하는 방식으로 많이 이용되고 있다.

이 방식은 투자된 사업자산에 적정보수를 얻도록 해주기 때문에 적정한 이

●● 그림 8-4 **투자보수주의 방식에 의한 요금 산출**

요금산정원가	= 사업비용 + 투자보수 = 사업비용 + (요금기저 × 투자보수율)
요 금 기 저	= (순고정자산액 + 투자자산 + 적정건설가계정 + 적정운전자본) − (자산수증금액 + 공사부담금)

윤이 보장되기도 하지만 한편으로는 적정투자보수의 산출기초가 서비스자산의 가치이기 때문에 되도록 서비스를 제공하는 자산규모를 크게 하여 불필요하게 설비투자를 하는 경향이 있다는 폐단이 지적되기도 한다. 투자보수주의 방식에 의한 요금 결정산식은 [그림 8-4]와 같다.

요금산정원가는 사업비용과 투자보수의 합계액으로 산출이 된다. 투자보수란 서비스를 제공하는 자산에 대하여 투자한 금액만큼의 기회비용 또는 수익률을 인정하여 준다는 개념으로서 요금기저(rate base)에 적정투자보수율을 곱하여 산출한다.

먼저 사업비용의 산정에 대해서 살펴보기로 한다. 사업비용이란 일반적으로 사업을 운영하는데 필요한 기본적인 운영비, 감가상각비, 세금 등을 의미한다. 기본적인 운영비는 사업을 운영하는데 필요한 시설의 유지 및 조직의 운영을 위하여 발생하는 인건비, 물자비, 경비, 일반관리비 등 모든 비용을 포함한다. 또한 장래의 서비스 품질향상 및 사업운영의 효율화를 위하여 지출된 연구개발비 등도 사업비용에 포함된다.

다음에 투자보수 산정의 기초가 되는 요금기저(rate base)란 서비스 제공에 투자된 자본을 의미한다. 그러나 투자된 자금의 흐름을 파악하는 것이 용이하지 아니하므로 그 서비스제공에 사용된 자산과 부분적으로 장래에 서비스 제공을 위하여 제작, 건설 또는 매입 중에 있는 건설가계정, 미착자산 등은 이미 자본이 투하된 상태이므로 요금기저에 포함된다. 이러한 자산에는 고정자산, 투자자산이 포함될 수 있으며 사업을 수행하기 위하여 일정기간 동안의 적정운전자본이 필요하므로 이러한 적정운전자본도 요금기저에 포함된다.

그러나 이러한 서비스의 제공을 위하여 투하된 자본이라 하더라도 서비스 이용자 또는 다른 이해관계자로부터 일정부분의 자산을 수증하거나 사업비용을 부담하는 경우에는 이 부분에 해당하는 만큼의 자본은 투입되지 않는 것과 같으므로 투자된 자본에서 차감하여야 한다. 즉 공사부담금, 수증된 자산금액 등이 이에 해당된다.

여기에서 순고정자산가액 및 투자자산은 각 자산의 취득금액에서 감가상각충당금 및 평가충당금을 차감한 금액으로서 연평균개념을 적용하여 지난해 장부가액에서 올해 장부가액을 평균한 금액으로 적용한다. 적정 건설가계정은 자산의 건설기간에 따라 요금기저에 적용하는 적용비율은 다르나 통상 1년 기간 내에 건설하는 경우에는 각 연말잔액의 약 50%정도를 적용대상금액으로 하여 그것에 대해 연평균 건설가계정을 산정한다. 적정 운전자본은 사업을 지속적이고 안정적으로 운영하기 위하여 일정분을 보유하여야 할 운전자본으로서 현금, 재료 및 저장품, 기타 유동자산으로서의 선급비용 등이 이에 포함된다.

요금기저가 산출된 후에 결정해야 할 것이 투자보수율(rate of return on investment)의 산정이다. 투자보수율은 사업을 수행하기 위하여 투하된 자본을 운용함으로써 얻어지게 되는 정상적인 수익률을 의미한다. 이러한 투자보수율은 산업별 또는 기관별로 각각 다른 수익률을 나타내고 있기 때문에 여러가지 요인을 토대로 하여 결정을 하여야 한다. 일반적으로 가장 많이 이용되는 것이 금융기관의 금리수준을 기준으로 하는 경우이다. 그 밖에 동종업종의 평균수익률을 기준으로 하는 경우도 있다.

제3절 성과측정

1 성과와 성과측정의 개요

1.1 성과측정의 의의

모든 조직은 영리를 추구하는 기업이든 정부기관이나 대학병원 같은 비영리조직이든 그들이 추구하는 목표가 있고 그 주어진 목표를 향하여 모든 인적 · 물적 자원을 동원하여 활동하고 있다. 사기업부문이나 공공부문이 주어진 목적대로 활동하느냐 하는 것을 파악하기 위한 기본활동이 성과측정(performance measurement)이다.

민간부문에서는 시장경제원리 아래에서 이익의 극대화(maximization of profit)와 비용의 효율화(cost efficiency) 또는 비용의 최소화(cost minimization)를 추구하는 것을 기본이념으로 하고 있어서 이러한 이익과 비용개념은 경영자에게 의사결정을 하는데 중요한 역할을 한다. 민간 기업들이 여러 가지 목적을 추구한다하더라도 이익개념 이외에 투자수익율(return on investments), 시장점유율(market share) 등 여러 가지 성과측정지표를 사용하기도 한다.

반면에 공공부문의 경우에는 이윤추구활동이 거의 없고 그 결과 성과측정이나 성과를 높이려는 활동이 쉽지 않다. 어떤 경우에는 정부기관들이 추진하는 사업마다 여러 사업 목표를 가지고 있으나, 그 목표가 명확하지 않은 경우가 있어 성과측정을 어렵게 하기도 한다. 중 · 고등 과정의 학교교육의 예를 들면 그 교육목표가 일반적인 전인교육과 기본 직업교육, 사회도덕심 함양을 위한 정서교육, 건강 및 체력유지를 위한 활동 등 다양하다. 그러나 이들 목표들 간에 때로는 서로 상충되기도 하고 목표들의 우선순위가 없기 때문에 성과를 평가함에 있어서 어려움이 있을 수 있다. 이러한 어려움에도 불구하고 성과측정과 평가에 대해서는 사회 각 계층으로부터의 요구가 증가하고 있는 실정이다.

오늘날 우리나라를 포함한 각국의 정부들은 정부부문의 고비용 저효율 문제를 해결하기 위하여 많은 노력을 하고 있다. 정부부문의 비효율이 국가경쟁력 발휘에 걸림돌이 되고 있다는 인식에서 어떻게 하면 정부활동의 효율성을 높일 수 있을까 하는데 초점이 모아지고 있다. 국경 없는 경제전쟁의 시대에 정부부문의 비효율을 이대로 방치하고서는 결국 다른 경쟁국보다 뒤진다는 위기감마저 돌고 있는 실정이다.

선진각국에서 추진하고 있는 공공부문의 개혁은 그 형태도 다양하며, 나라에 따라 진전의 속도 및 추진방향도 서로 다르다고 할 수 있다. 그러나 이들 각국의 개혁을 살펴보면 공통점을 찾을 수 있는데 이를 한마디로 요약한다면 생산성(productivity), 성과(performance)의 향상을 도모하고자 하는데 있다.

이러한 생산성 또는 성과향상은 여러 가지 정책수단을 동원하여 이룰 수 있겠지만, 여기서 중요한 것은 이러한 생산성을 적정하게 측정하고 주어진 목표대로 관리할 수 있는 수단이 마련되어야 한다는 것이다. 이러한 수단이 바로 관리회계의 한 분야로서 성과측정인 것이다.

1.2 ●● 성과의 개념

그러면 공공부문의 성과측정에 있어서 성과(performance)를 무엇으로 볼 것이냐 다시 말하면 성과란 무엇을 의미하느냐 하는 점을 살펴볼 필요가 있다. 정부가 특정사업을 위하여 계획을 세우고 세워진 계획에 따라 사업을 추진하여 그 사업이 완성되었을 경우에 주어진 목표대로 달성이 되었다면 통상적으로는 성과가 있다고 말할 수 있다. 그러나 우리는 그 사업이 성과가 있다고 할 수 있는지에 대해서 다시 한번 생각해 보아야 한다. 좀 더 면밀히 살펴보면 그 사업을 추진하기 위하여 투입된 자원들 즉 모든 노력(effort)과 비용(costs)이 발생하므로 이들을 먼저 확인하여야 한다. 이 부분이 순환과정에서 투입(input)으로 보게 된다. 그리고 그 투입에 따라 성취된 산출(output)이 완성물(accomplishment) 또는 편익이나 효익(benefit)의 형태로 나타난다. 따라서 투입과 산출의 양면을 고려하면서 주어진 목적을 얼마만큼 달성하였는가를 성과로 보고 이를 측정하는 데 주안점을 두는 것이 성과 측정이 된다.

따라서 성과란 용어는 영국에서는 value-for-money 라는 말로 표현되기도 하고 다른 한편에서는 경제성 · 능률성 · 효과성을 성과로 보는 경우도 있다. 때로는 경제성(economy) · 능률성(efficiency) · 효과성(effectiveness)의 영문 머리글자를 따서 3E로 표시하는 경우도 있다. 그 개념들 간의 차이가 모호할 수 있으므로 용어의 개념정의를 다시 할 필요가 있다.

첫째, 경제성(economy)이란 주어진 산출물이 일정하다는 전제아래 투입 즉 비용을 최소화하는 것을 의미한다. 다시 말하면 투입비용을 얼마만큼 절감하여 사용하였는가에 초점을 두며, 산출에 대해서는 고려하지 않는다. 예컨대 인원을 과다하게 충원했다든가 필요이상의 고급인력을 사용하거나 비싼 시설물을 설치하여 사용하는 경우는 경제성측면에서 문제가 있다고 보는 것이다.

둘째, 능률성(efficiency)이란 투입 대 산출의 비율을 의미한다. 즉 주어진 산출물을 위하여 투입을 최소화하거나 반대로 일정한 투입을 가지고 산출을 극대화하는 경우 능률적이라고 할 수 있다. 따라서 능률성은 투입요소만 고려하는 경제성과는 달리 투입과 산출의 양 측면을 모두 고려하게 된다. 그러나 일부 견해에 의하면 투입측면은 고려하지 아니하고 산출을 극대화하는 것이 능률성이라고 보는 견해도 있다. 능률성은 생산물의 수익률(rate of return of products), 시간의 경과에 대한 업무만족도, 산출물의 단위당 원가 등의 방법으로 측정할 수 있다.

경제성과 능률성은 이론적으로는 구분할 수 있으나 실제로는 동전의 양면과 같이 동시에 고려되어야 한다.

예컨대 아래 [그림 8-5]에서 보는 바와 같이 최초의 생산함수선이 F_0라고 할 때 투입에 비례하여 산출이 증가하는 비례함수가 된다. 따라서 Q_0를 투입하면 P_0를 산출하게 된다. 그런데 행정개선의 노력으로 생산함수선을 F_0에서 F_1으로 변경시켰다면 P_1의 산출을 위해서 Q_1의 투입이 이루어진 것으로 나타난다. 그 결과 Q_0와 Q_1의 차이가 경제성이 되며, P_0와 P_1과의 차이가 능률성이 되는 것이다.

셋째, 효과성(effectiveness)이란 주어진 목표를 어느 정도 달성하였는가 하는

●● 그림 8-5 **경제성과 능률성의 관계**

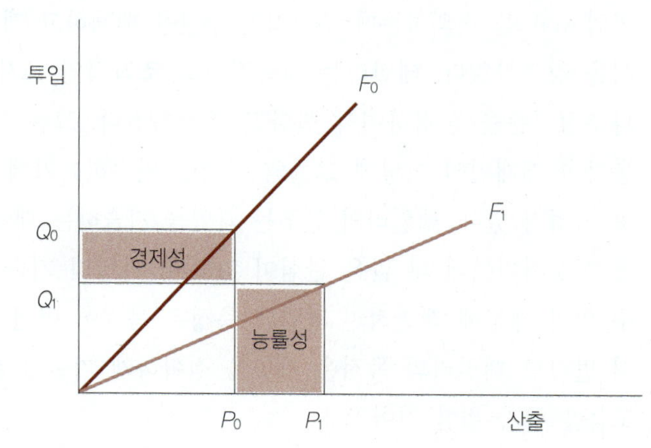

목표달성의 정도를 의미한다. 효과성을 측정하기 위해서는 우선 명확한 주어진 목표가 설정되어야 한다. 그러나 현실적으로는 명확한 목표가 설정되어 있지 않거나 또는 많은 목표가 설정이 되어 있는 경우 그들 목표들 간의 우선순위가 설정되지 않아 일률적인 효과성 측정을 어렵게 하기도 한다. 효과성 측정에 있어서 또 다른 어려움은 주어진 목표가 설정되었다 하더라도 계량화된 목표가 아닌 비계량화 된 목표인 경우에 어떻게 달성정도를 파악하느냐 하는 문제가 발생한다. 비계량화 된 목표의 경우 평가자의 주관성이 개입되어 왜곡되게 평가할 수가 있기 때문이다.

여기서 한 가지 짚고 넘어가야 할 것은 효과성과 능률성과 상충되는 경우가 흔히 있을 수 있다는 것이다. 예컨대 주어진 목표를 달성하였다 하더라도 그것이 당초에 계획된 자원을 훨씬 초과 사용하여 달성한 경우에는 성과가 있다고 할 수 없다. 또한 도로와 같은 사회간접자본의 건설이나 발전소 등을 건설하는 경우 적정수요보다 과다하게 설치한 경우 효과성은 달성할 수 있으나 능률성이 문제가 된다. 반대로 적정수요보다 과소하게 설치한 경우에는 효과성이 문제가 된다. 이와 같이 효과성과 능률성의 개념 역시 독립적인 요소가 아닌 상호 연관되는 요소들인 것이다.

2 각국의 성과측정을 위한 노력

성과측정은 20세기 초에 나타난 사기업부문의 과학적 관리운동으로 거슬러 올라갈 수 있다. 과학적 관리법의 창시자인 프레데릭 테일러(Frederick Taylor)는 과업(work)을 정의하는데 주관적인 수단을 배제하고 객관적인 측정방법의 중요성을 강조하였다. 테일러는 지속적이고 조직적인 조사를 통하여 객관적인 성과측정기준을 설정하여야 한다고 주장하였다. 그는 특히 시간과 동작연구를 통하여 개개인이 어떻게 그들의 과업을 완수하는가에 대하여 연구를 한 것으로 알려져 있다. 테일러의 연구는 과업을 기술하는 데에만 만족하지 않고 성과를 향상시키는데 더 많은 관심이 있었다. 과업의 기술은 생산과정을 향상시킬 수 있기 때문에 객관적인 과업의 측정은 목적이 아닌 수단으로 보게 된다. 다시 말하면 테일러의 목적은 과업을 정확하게 기술할 뿐만 아니라 의사결정에 도움을 주기 위한 것이었다.

(1) 미 국

1990년대에 미국연방정부는 정부의 성과관리를 위해 몇 가지 조치를 취하였는데 대표적인 것이 최고재무관법(Chief Financial Officers Act)과 정부성과및결과에관한법률(The Government Performance and Results Act)의 제정이었다. 1990년에 최고재무관법을 제정하여 각 부처로 하여금 조직적인 성과측정과 시의성 있는 성과보고서를 작성하도록 요구하고 있다. 또한 1993년에 통과된 정부성과및결과에관한법률에서는 각 부처 프로그램 관리자로 하여금 프로그램의 임무 및 전략적 목표를 설정하고 이에 따라 연간 성과계획서와 성과보고서의 작성을 요구하고 있다. 또한 연방정부는 2005년도에 처음으로 성과예산서를 작성하여 의회에 제출하였는데 성과예산서는 정부성과및결과에관한법률에서 정한 성과계획서와 예산내역을 모두 포함하고 있다.

정부성과및관리에관한법률이 제정된 이후 상당시일이 지나도 성과측정이 제대로 이루어지지 아니하게 되자 이 법의 시행에서 소외되었던 관리예산처가 주도적으로 새로운 제도를 도입하게 되었다.

2001년에 관리예산처는 대통령의 경영혁신과제(President's Management Agenda: PMA)를 발표했는데 이는 부시 행정부의 행정개혁의 청사진이 되었다. 이러한 PMA 전략의 일환으로 사업평가도구인 PART(Program Assessment Rating Tool)을 도입하였다. PART는 재정사업의 목적과 전략, 관리방법 및 성과에 대한 다양한 질문을 통해 다차원적인 성과정보를 추출해내는 진단도구이다. 관리예산처는 PART를 이용하여 연방정부의 사업들을 평가하고 대통령 예산요구서를 통해 의회에 그 결과를 보고한다.

주정부를 포함한 지방정부에서도 성과측정이 재무보고서에서 중요한 부분을 차지하게 되었다. 지방정부회계기준위원회(GASB) 역시 지방정부의 공공분야 성과측정제도 개선을 위하여 많은 노력을 해오고 있었다. 1990년에 GASB는 "서비스 노력 및 성과보고 그 시대가 돌아오다"(Service Efforts and Accomplishments Reporting: Its Time Has Come) 이라는 성과측정에 관한 보고서를 발간하였다. 이에 따라 서비스 영역에 대한 세부적인 조사보고서를 작성하여 서비스 분야 성과측정 지표를 개발하게 되었다.[7)]

---

7) Sid R. Elver, "Federal Government Accountability", *The CPA Journal* (March 1997), pp. 22-27.

(2) 호 주

호주의 경우 1980년대에 정부의 두 가지 주요한 개혁조치에 따라 분권화된 성과주의 제도에 중점을 둔 재정관리 제도를 도입하였다. 두 가지 개혁조치의 하나는 재정관리 개혁계획(Financial Management Improvement Program: FMIP)이고 다른 하나는 사업관리와 예산(Program Management and Budgeting: PMB)에 관한 사항이다. 이들 두 가지 조치내용의 근간은 결국 지출제도의 탄력성(spending flexibility) 을 증대시키는 대가로 성과에 입각한 책임제도를 부여함에 있다.[8]

(3) 영 국

영국의 경우 대처(Thatcher) 수상이 집권한 이래 공공부문의 비효율을 제거하고자 일련의 개혁조치들을 단행하기 시작하였다. 그 개혁의 주요내용으로는 경상지출 삭감제도와 자본지출통제제도 등의 각종 재정통제, 시민헌장제도, 성과지표개발, 지방정부 감사제도 등을 들고 있다.[9]

영국 중앙정부에 있어서 성과관리의 핵심은 1998년에 도입된 공공서비스 합의문(Public Service Agreement: PSA)이라고 할 수 있다. PSA는 중앙정부 각 부처로 하여금 임무, 전략목적, 업무성과목표 등을 제시하도록 하고 있다. PSA에 제시된 성과목표를 달성하기 위한 구체적인 방안을 설명하기 위하여 서비스전달계약(Service Delivery Agreement)를 작성하도록 하고 있다.

대처수상 시절의 지방정부에 대한 성과관리는 이중에서 성과측정과 관련된 사항이 시민헌장(citizen's charter)제도와 성과지표(performance indicator)개발이었다. 시민헌장은 지방정부와 주민사이의 일종의 내용과 수준에 대한 구체적인 기준을 설정하여 공포한 기준과 실제업무수행 상태를 비교 평가하여 발표하고 그 기준에 미달할 경우 주민으로 하여금 보상을 청구하거나 민원을 제기할 수 있는 경로를 마련하는 제도이다.

1992년에 개정한 지방정부법(Local Government Act)에 의하면 각 지방정부에 대한 성과관리는 지방감사위원회(Audit Commission)가 담당하도록 하고 있다. 감사위원회는 지방정부의 회계를 감사할 감사관들을 임명하고 개별 지방정부의 공공서비스에 대한 보고서를 생산하여 지방정부들이 그들의 서비스를 개선하도록 도와주는 기능을 담당한다. 성과관리와 직접 관련되는 기능으로서는

8) Thomas D, Lynch and Susan E, Day, "Public Sector Performance Measurement", *Public Administration Quarterly* (Winter 1996), pp. 413-414.

9) 이혜훈, "영국 완즈와스구: 중앙주도 지방정부개혁의 선두주자", 「아래로부터의 정부 개혁」 (서울: 박영사, 1997), pp. 242-243.

베스트 발류(Best Value)제도와 종합성과평가(Comprehensive Performance Assessment: CPA)제도이다. 베스트 발류제도는 지방정부의 개별서비스에 대한 평가제도라고 할 수 있고 종합성과평가제도는 지방정부 전체에 대한 총괄평가라 할 수 있다.

(4) 뉴질랜드

뉴질랜드의 국가개혁은 가장 혁신적이고 성공적인 모델로 널리 알려져 있다. 그 주요 골자를 보면 차관급 고위직 정부공무원을 성과계약(performance agreement)의 내용에 따라 계약제로 임명하고 그 성과에 따라 보상이 되도록 하였으며, 많은 정부기관을 축소하고 민영화하거나 공기업화 하였다. 이러한 정부의 효율성 증진을 위하여 산출예산제도와 함께 발생주의 회계를 도입하며 실시하였다.[10)]

(5) 우리나라

우리나라에서는 구 기획예산처에서 대상부처 또는 기관의 전체 지출을 성과관리의 대상으로 삼고 1999년부터 성과주의 예산제도를 시범적으로 실시해 왔다. 그러다가 성과지표의 개발이 어려운 경우가 발생하자 기획예산처는 방향을 수정하여 성과지표의 개발이 상대적으로 쉽고 중요도가 높은 일부 재정관리사업만을 대상으로 성과관리 대상사업으로 삼아서 성과계획서를 작성하도록 하였다. 2006년 9월에 통과된 '국가재정법'에 따라 2009 회계연도부터는 각 부처가 성과계획서 및 성과보고서를 예산서와 결산서에 첨부하여 제출하도록 하였다. 성과계획서와 성과보고서의 작성에 대한 구체적인 지침은 앞으로 계속 개발되어 제시될 전망이다. 또한 프로그램예산제도가 2007 회계연도 예산안부터 전 부처에 적용하도록 요구하고 있어 각 사업에 대한 성과평가의 기초를 제공할 것으로 보인다.

한편 2006년 4월 '정부업무평가기본법'이 제정되었다.[11)] 그 주요내용을 보면 각 정부부처나 정부기관에서 자체평가위원회를 구성하여 자체평가를 실시하도록 하고, 그 결과에 기초하여 총리실에서 관장하는 정부업무평가위원회가 검증 · 점검하고 필요시 재평가를 실시하도록 하고 있다.

---

10) Ron Mcgrath, "Financial Planning and Control System", *Public Administration and Development*, Vol. 17 (1997), pp. 49-54.

11) 정부업무평가기본법이 제정됨에 따라 종전의 정부업무 등의 평가에 관한 기본법은 폐지되었다.

3 성과측정수단의 개발과 성과지표

(1) 유용한 측정수단의 개발

사업관리자(program managers)는 우선 무엇이 의미 있는 성과에 관한 정보를 제공하는가에 대하여 분명하게 인식할 필요가 있다. 만일 성과측정이 결과를 달성하는데 도움이 된다면 이러한 측정은 사업의 목표 내지 임무와 주요한 결과에 대하여 직접적인 관련이 있어야 한다. 유용하고 의미 있는 성과측정을 위해서는 3단계 절차가 요구되고 있다. 그 절차는 우선 사업의 목표 또는 임무를 정의하고 그 다음에 주요 사업결과를 확인하며, 마지막으로 주요 결과에 대한 측정수단을 선택하는 일이다. 쓰레기 매립사업에 관한 사례를 예로 들면 위와 같다.

사 례 ○○군의 쓰레기 매입 사업

- **목표**(임무): 지역의 주민, 업계 등으로부터 쓰레기를 수거하여 매립(공공보건 및 쾌적한 환경보호를 위하여)
- 사업수행결과 산출물
  - 쓰레기 처리장
  - 처리 톤수
  - 톤당 비용
  - 톤당 장비 사용시간(equipment hours per ton)
- 고객의 편익/영향
  ① 서비스시간의 최소화
    - 처리시까지의 평균대기시간
    - 평균 1회 처리시간

  ② 처리용량의 극대화
    - 평균쓰레기 처리율
    - 1년간 처리용량 추계

이러한 분석방법은 정부의 어떠한 사업에도 적용할 수 있으며, 사업관리자들로 하여금 간단하게 이해할 수 있을 것으로 본다. 각 단계별로 구체적으로 설명하면 다음과 같다.

① 사업의 임무의 정의

모든 사업이나 서비스는 특정 목표가 존재한다. 이 목표 또는 임무는 명백하여야 성과측정이 주어진 목표 또는 임무를 달성하였는가를 확인하는데 도움이 되기 때문이다. 효율적인 임무기술서(mission statement)는 간결하여야 하며, 다음의 질문에 답변할 수 있어야 한다.

- 제공되는 산출물이나 서비스는 무엇인가?
- 수혜자 또는 대상 집단은 누구인가?
- 왜 이 사업이 일반적인 이익을 가져 오는가?

② 사업수행결과의 확인

사업결과란 사업목적이 무엇을 어떻게 성취하였는가를 확인하는 것이다. 따라서, 위에서 언급한 세 가지 질문사항과 직접적으로 관련하여 다음 3가지 형태를 띠게 된다.

- 업무 과정상의 산출물(work process output) : 사업수행활동의 직접 산출물과 효율성
- 수혜자 지향적 결과(client-oriented results) : 수혜자 입장에서 본 편익이나 영향
- 전략적 산출물(strategic outcomes) : 사업이 영향을 미치려고 하는 사회 · 경제 · 문화적 조건들

각각의 형태는 다른 유형의 결정을 내리고 사업 추진하는데 주요할 뿐만 아니라 유용하게 사용된다. 그러나, 그 중에서 중요한 것은 수혜자에 대한 편익이나 영향이라고 할 수 있다. 기업에 있어서 고객이 중요하듯이 정부사업에 있어서도 고객(client) 또는 수혜자는 중요한 대상인 것이다.

③ 산출결과에 대한 성과측정의 개발

성과측정은 사업결과가 계획되고, 검토 · 평가될 수 있도록 하는 수단이 되는 것이다. 업무결과 산출에 대해서 측정은 쉬우나, 고객 편익에 대한 측정은 결코 용이하지 아니하며, 전략적 산출에 대한 측정은 가장 어렵다고 할 수 있다. 따라서 사업관리자는 이 세 가지 분야에 대한 측정방법을 개발함으로써 성과평가가 객관적이고 믿을 수 있는 수단이 될 수 있다. 그러나, 모든 결과물이 계량적으로 측정 가능한 것은 아니다. 때로는 간접적인 성과측정 방법으로 대

용되는 지표(proxy indicator)가 사용되는 경우도 있다. 예컨대 고객 만족도에 대하여 면접조사방식으로 조사할 수 있으나, 여의치 않을 경우 고객의 서비스에 대한 행태(behavior)나 요구수준(demand)으로 대용하여 측정할 수도 있다.

(2) 성과지표

성과를 측정하기 위해서는 성과지표(performance indicator)가 필요하다. 이러한 성과지표는 사업이 시작되기 전에 주어지는 경우도 있고, 그렇지 않은 경우도 있다. 성과지표가 사전에 주어지는 경우는 측정이 용이하겠지만 지표가 사전에 주어지지 않은 경우에는 각 사업에 알맞은 성과지표를 선정하여야 한다.

성과지표는 계량적 지표(quantitative indicators)와 비계량적 지표(non-quantitative indicators)로 구분하며, 계량적 지표는 다시 물량적 지표(physical indicators)와 화폐적 지표(monetary indicators)로 구분한다. 계량적 지표는 성과측정에 별 어려움이 없으나, 비계량적 지표를 설정한 후 이를 평가하기란 결코 쉬운 일이 아니다. 자칫 측정하는 평가자의 주관성이 개입될 여지가 있기 때문이다.

성과지표를 선정하는데 있어서 어려움은 평가 측정하려는 대상사업의 성과를 가장 잘 나타낼 수 있는 성과지표를 선정하는 것이다. 하나의 성과지표가 그 사업의 성과를 모두 명확하게 나타낸다는 것은 실무적으로 상당한 어려움이 있다. 따라서, 사업을 여러 활동분야로 세분화하고 그 세분화된 사업에 따라 성과지표를 다르게 선정하는 방법이 일반적으로 많이 사용된다. 이 경우에 각 성과지표마다 다른 결과를 나타내기 때문에 그 사업을 종합적으로 평가하고자 하는 경우에는 각각의 성과측정 지표를 다시 종합하는 절차가 필요하다. 그러나, 모든 지표가 향상된 성과를 나타난다고 보장할 수 없다. 때로는 어느 분야에서는 부진한 성과를 나타낸 경우도 있기 때문에 각 성과지표의 중요도에 따라 가중치(weight)를 부여하기도 한다. 또한 선정된 성과 지표에 의하여 성과 측정한 결과 전년도보다 향상된 결과를 가져왔다고 해서 좋은 성과를 거두었다고 단정하기 어려운 경우도 있다. 예컨대, 원천적으로 기간 비교의 개념의 허점은 최초의 사업년도부터 타 기관 또는 외국의 동일기관, 동일사업의 성과보다 부진하게 출발한 경우 기간이 지남에 따라 성과가 향상되었다고 하더라도 타기관이나 외국의 성과에 비하여 성과지표 결과가 낮다고 한다면 좋은 성과를 올렸다고 보기 어렵기 때문이다.

CHAPTER 09

기타 비영리기관 회계

제1절 비영리기관 회계개요

1 비영리기관 회계의 특성

이미 제1장에서 설명한 바와 같이 비영리회계는 비영리기관에 대한 회계로서 영리기관인 기업회계에 비하여 많은 차이가 있다.

이 장에서는 비영리기관 중 정부를 제외한 비영리기관 회계의 특성을 살펴보기로 한다.

우선 비영리기관의 유형이 아주 다양하기 때문에 일률적인 회계기준을 정하기가 어렵다. 즉 비영리기관으로서 학교, 의료기관, 종교단체, 사회복지법인, 기타 공공단체 등 유형별로 구분할 수 있는데 이들 활동영역이 서로 다르기 때문에 그에 따른 회계적 특성도 다르다고 본다. 예를 들면 종교단체나 사회복지법인 등의 경우에는 학교나 의료기관보다도 기부금이나 외부 재정적 지원에 의존하는 경우가 더 많으므로 기부금회계처리에 관한 절차 등이 더 중요시된다. 따라서 이들 각 기부금의 유형에 따른 회계처리방법의 원칙과 절차의 확립이 필요하다.

다음에 회계인식 기준에 있어서도 차이가 있다. 비영리기관에 대한 회계는 정부회계에서 설명한 바와 같이 영리성이 없거나 적기 때문에 발생주의회계보다 현금주의회계를 선호하는 경우가 많다. 따라서 비영리기관의 규모가 적은 경우에는 현금주의회계를 선호하나 기관규모가 커질 때에는 발생주의회계로 전환하는 경우가 많다.

2 비영리기관에 대한 회계기준

2.1 미국의 회계기준

미국의 비영리기관에 대한 회계기준의 제정은 재무회계기준위원회(Financial

Accounting Standard Board)의 관할에 속한다. 재무회계기준위원회는 재무회계재단의 지원과 감독을 받으며 기업회계기준서를 제정해오고 있으며 아울러 비영리기관의 회계기준도 제정하고 있다.

재무회계기준위원회가 최초 제정 발표한 비영리회계기준은 재무회계기준 제93호 "비영리기관에 대한 감가상각비의 인식(Recognition of Depreciation by Not-for-profit Organization)"이었다. 그 이후에 제117호 "비영리기관에 대한 재무보고서(Financial Statement of Not-for-profit Organization)"을 발표하여 재무제표에 대한 양식과 내용을 규정하였다.

또한 미국공인회계사회는 재무회계기준위원회가 설립되기 이전에 비영리기관에 대한 감사지침을 제정하여 발표하여 왔다. 이들 공인회계사회의 감사지침 등은 비영리기관에 대한 회계처리방법을 제시하고 이에 대한 감사가이드를 제시함으로써 비영리기관에 대한 일반적으로 인정된 회계기준(Generally Accepted Accounting Principles: GAAP)이 되고 있다.

재무회계기준위원회가 비영리기관에 대한 회계기준 제정기관으로 활동함에 따라 미국공인회계사회에서는 종전의 감사지침 등을 개정하여 의료기관(healthcare organization)에 대한 감사가이드와 기타 비영리기관에 대한 감사가이드로 분류하여 공시하고 있다.

2.2 ●● 우리나라의 회계기준

우리나라에서는 정부회계를 제외하고 기타 비영리기관에 대한 회계기준이 제대로 정립되지 않고 있다.

학교회계를 중심으로 구체적인 회계기준 제정 움직임이 있으나 아직 논의 단계에 불과하다. 다만 의료기관에 대하여 '의료기관회계기준규칙'이 제정되고 세부적으로 재무제표 작성방법을 고시함으로써 어느 정도의 회계기준 체계를 갖추고 있다고 볼 수 있다.

3 비영리회계에 관한 주요쟁점

3.1 ●● 재무제표 양식

비영리기관에 대하여 재무제표를 작성하는 경우에 단식부기에 의한 현금회계방식의 수지계산서를 작성하는 경우와 복식부기에 의한 발생주의 회계방식의 재무제표를 작성하는 경우로 나누어 볼 수 있다.

단식부기에 의한 수지계산서의 경우에는 소규모 비영리기관이나 초·중·고등학교와 같이 수입지출회계가 비교적 단순한 기관에서 주로 사용하는 방식이다. 이 방식은 현금수지항목이 일목요연하게 나타나기 때문에 이해하기 쉽고 따라서 통제하기도 쉽다.

복식부기에 의한 재무제표를 작성하는 경우에는 학교법인이나 대학회계 등의 경우와 같이 수익사업과 기본활동을 구분하여야 할 필요성이 있고 원가분석이나 성과평가를 필요로 하는 비교적 규모가 큰 기관이나 단체에서 필요로 하는 재무제표 방식이다.

3.2 ●● 기부금(후원금)회계

대부분의 비영리기관회계의 특징의 하나가 운영재원이 주로 기부금이나 후원금에 의존하는 경우가 많다는 것은 이미 설명하였다. 따라서 이들 기부금 또는 후원금(contribution)의 성격에 따라 회계처리가 달라져야 하며 명확한 회계기준이 필요한 분야이다.[1)]

(1) 조건 없는 기부금과 조건부 기부금

기부금은 조건 없이 지급되는 기부금과 조건을 붙여 지급하는 기부금으로 구분할 수 있다. 조건이 붙은 기부금이라 함은 기부자가 조건을 붙여 기부를 하든가 또는 기부를 먼저하고 조건이 성취되지 않은 경우 기부금을 되돌려 받는 경우를 말한다. 예컨대 어느 대학동문이 그 대학에 정부의 연구기금을 획득하여 실험실습동 건물을 지을 경우 그에 따른 실험기자재 일체에 대하여 제공

1) Warren Ruppel, *Not-for-Profit Accounting : Made Easy*(2nd ed.), John Wiley & Sons, Inc., 2007, pp. 65-82

한다는 약속은 조건을 붙인 기부금이라 할 수 있다. 이 경우에는 언제 기부금을 수익으로 처리하여야 하는가가 문제가 된다. 조건이 성취된 경우에 기부금으로서 처리하여야 하는 것이 일반적인 회계처리 관례라 할 수 있다.

(2) 사용목적이 제한 없는 기부금과 사용목적이 제한된 기부금

또한 기부금은 사용목적에 제한이 없는 경우와 사용목적이 지정이 되어 있는 경우가 있다. 사용목적을 지정하는 경우에는 그 기부금을 사용이 제한된 기금의 수익으로 입금시켜 관리하고 그 사용목적대로 사용된 시점에 사용이 제한된 기금을 사용이 제한되지 않는 기금으로 전환하고 비용으로 인식하는 것이 바람직하다고 본다.

(3) 기부약정

기부자가 어떤 경우에는 기부약정 또는 약속(pledge)을 하는 경우가 있다. 이 경우에 흔히 기부약정을 해 놓고도 이를 이행하지 않는 경우가 상당수 있을 수 있다. 예컨대 학교동문들을 상대로 기부약정 캠페인을 벌여 많은 동문들로부터 일정기간동안 주기적으로 기부 받아 어느 정도의 기부금 목표를 달성하도록 유도하는 경우가 있다. 이 경우 한꺼번에 기부금이 지급되는 경우가 아니기 때문에 중간에 약정이행이 안되는 경우가 흔히 있다. 따라서 이러한 기부약정은 조건부기부의 경우와 마찬가지로 기부금이 현금으로 입금되었을 때 수익으로 처리하는 것이 관례이다.

그러나 미국재무회계기준위원회는 이들 기부약정에 대하여 약정 이행시까지 기다리지 아니하고 약정이 이루어졌을 때 수익으로 처리함과 동시에 미수채권으로 관리하도록 하고 있다. 따라서 이들 채권에 대해서 연말에 불이행 예상액만큼 상각처리를 하고 장기미수약정에 대해서 할인율을 적용하여 현재가치로 환산하여 적용하도록 하고 있다.

3.3 •• 용역공여회계

비영리기관에 대하여 후원하는 경우에 현금 또는 현물로 이루어지는 것이 대부분이다. 하지만 때로는 이러한 현금이나 현물 대신에 용역을 공여하는 경우가 있다. 제공받는 기관의 입장에서 보면 용역을 공여 받음으로서 그 만큼

혜택을 보고 있기 때문에 그러한 용역을 지속적으로 공여 받을 수 있다면 수익항목의 일종으로 볼 여지가 있다. 그러나 이러한 용역은 그 용역의 가치를 산정하기 어렵고 용역결과가 구체적으로 나타나지 않는 경우가 대부분이다. 이러한 특징을 가지고 있는 용역공여에 대하여 어떻게 처리하여야 하는 가가 문제가 될 수 있다.

일반적으로 용역공여에 대하여는 회계처리를 하지 않는 것이 관행으로 되어 있다. 그러나 미국 재무회계기준에서는 이 경우에도 일정한 조건이 충족되면 수익으로 인식하도록 하고 있다. 즉 용역공여가 전문가적인 용역이어야 하고 만일 그 용역공여가 없었다면 외부 다른 전문가로부터 유료 용역을 받아야 하는 경우에 한하여 수익으로 인식한다는 것이다. 이러한 전문가적 용역은 그 수임받는 비영리기관의 비재무적인 자산을 창조하거나 증진시키는 것이어야 하며 그러한 전문가적 용역은 법률 · 회계 · 의료 · 건축 등 특정 전문가에 의해서만 수행되어야 한다는 것이다. 따라서 이부분에 대해서도 각 비영리기관마다 구체적인 회계기준이 설정되어야 한다.

제2절 학교회계

1 학교회계의 의의 및 특징

학교 역시 공익성을 띠고 인재양성을 하는 비영리조직이다. 학교교육은 국가가 운영하는 공교육과 개인이 육영사업차원에서 운영하는 사교육으로 이원화되어 있다. 인재양성은 국가의 고유 업무의 하나이므로 사교육에서 충당하는 부문을 제외하고는 모두 국가에서 담당하여야 한다. 아울러 국민들은 교육을 받을 권리가 있고 의무교육제도 아래에서는 교육을 받아야 하는 의무도 발생한다. 물론 어느 정도까지 의무교육으로 부담해야할 것인지는 국가의 재정형편과 국가목표에 의하여 결정되게 된다. 사교육이라고 하더라도 국가가 간여하지 아니할 수 없다. 우리나라 대부분의 사학은 역사가 짧고 영세하므로 일정부분 국가의 재정보조를 받을 수 밖에 없다. 따라서 사학에 대해서도 엄격한 감독이 뒤따른다.

학교회계도 전형적인 비영리회계로서 우리나라에서는 다음과 같은 특징을 가지고 있다.

첫째, 국공립학교와 국공립대학들은 국가나 지방정부의 일부 조직이므로 정부회계에 관한 규정을 적용받는다. 이에 대하여 사립학교의 경우에는 재단을 운영하게 하고 그 재단에서 출연한 재원으로 학교를 운영케 하기 때문에 법인회계와 학교회계가 이원화되어 있다.

둘째, 학교에서 산학협동의 일환으로 수익사업을 운영하는 경우가 있고 사학의 경우 법인이 학교에 대한 지원을 계속하기 위하여 수익사업을 영위하는 경우가 많다. 이 경우에 수익사업에 대해서는 별도의 기업회계방식으로 회계처리를 하도록 하고 있다.

2 학교회계에 관한 법령 및 회계기준

학교회계에 관련된 근거법령은 국공립학교와 사립학교로 구분하여 살펴볼 필요가 있다.

우선 국공립학교는 국가기관의 일부를 구성하게 되므로 정부의 회계관련 법규를 적용 받게 된다. 따라서 정부의 기본법령인 '국가회계법'이나 '지방재정법' 등의 적용을 받는다. 따라서 새로이 제정된 발생주의 및 복식부기회계가 학교회계에 적용되어야 한다.

이에 대하여 사립학교의 경우에는 사립학교법에 의하여 운영이 되므로 '사립학교법'이 기본법이 된다. 그리고 구체적인 회계규정으로는 「사학기관 재무 · 회계규칙」과 「사학기관 재무 · 회계규칙에 대한 특례규칙」이 있다. 「사학기관 재무 · 회계규칙」은 각급 사립학교에 대한 회계사항 뿐만 아니라 예산, 재산과 물품, 계약 등 재무관리 전반에 관한 사항을 다루고 있다. 「사학기관 재무 · 회계규칙에 대한 특례규칙」은 각급 사립학교 중에서 규모가 큰 사립대학에 적용하기 위하여 사학기관재무 · 회계규칙에 대한 특례를 만들었다.

최근에 정부의 복식부기제도 도입에 따라 교육과학기술부에서도 국공립학교와 사립학교를 통합한 '학교회계기준'을 제정하려고 추진 중에 있다. 즉 발생주의에 기초한 복식부기제도 도입을 대학 뿐만 아니라 초 · 중등학교 등 각급학교에 공통적으로 적용할 수 있는 기준을 만들기 위하여 2006년에 가칭 "학교회계기준위원회"를 구성하여 운영하고 있다. 그 동안 여기에 대한 진행경과를 보면 2007년에 교육특별회계에 발생주의 예산 및 복식부기를 도입하였고, 2009년부터는 일부학교에 대하여 학교회계기준에 대한 시범운영을 실시하도록 하였다. 전면도입은 2010년에 이루어지도록 계획하고 있다.

또한 정부는 국립대학에 대하여 재정의 자율성을 높이기 위하여 법인화를 추진하고 있다. 현재 국립대학은 국가기관의 하나로 정부의 예산회계시스템을 그대로 적용받아 대학의 중장기적 발전계획에 따른 자율적인 교육 · 연구 수행에 제약이 많다. 또한 국립대학의 회계가 국고회계와 비국고회계로 이원화되어 있어 법인화가 될 경우 국가조직에서 탈피하기 때문에 법인을 영위하기 위해서는 여러 가지 재정적 활동이 수반되어야 하고 이에 따라 독립채산제가 이루어져야 한다. 이러한 국립대학에 대한 개혁의 일환으로 정부에서는 '국립대학 재정 · 회계법' 제정을 추진하고 있다. 이 법을 통하여 국립대학이 법인보다 자율적으로 예산을 편성하고 학내 · 외 인사로 구성된 재정위원회가 심의 · 의결하는 책임 재정운영 체제를 도입하는 한편, 국고회계와 비국고회계인 기성회회계를 통합 · 운영할 수 있도록 함으로써 국립대학의 재정학의 재정 · 회계운영의 자율성과 효율성, 투명성을 제고하려는 취지에 있다.

3 회계 유형과 결산서

3.1 회계의 구분 및 회계방법

'사립학교법'에 따라 학교회계는 학교법인의 회계와 학교회계로 이원화된다. 법인의 회계는 다시 일반업무회계와 수익사업회계로 구분하고, 학교회계는 다시 교비회계, 산학협력단회계, 부속병원회계 등으로 구성된다.

현행 사립대학을 제외한 각급학교의 회계에 관해서는 법인의 업무에 속하는 회계는 복식부기에 의하고 학교에 속하는 회계는 단식부기에 의함을 원칙으로 할 것을 규정하고 있다.

사립대학회계는 원칙적으로 복식부기에 의하여 처리하도록 요구하고 있다. 다만 학교회계 중 교비회계와 법인회계 중 일반업무회계는 규모에 따라 단식부기에 의할 수도 있도록 하고 있다. 그리고 대학부속병원회계는 의료기관회계기준에 따라 회계처리를 하고 법인의 수익사업회계는 일반적으로 인정된 기업회계기준에 따라 회계처리 하도록 하고 있다.

그림 9-1 학교회계의 구분

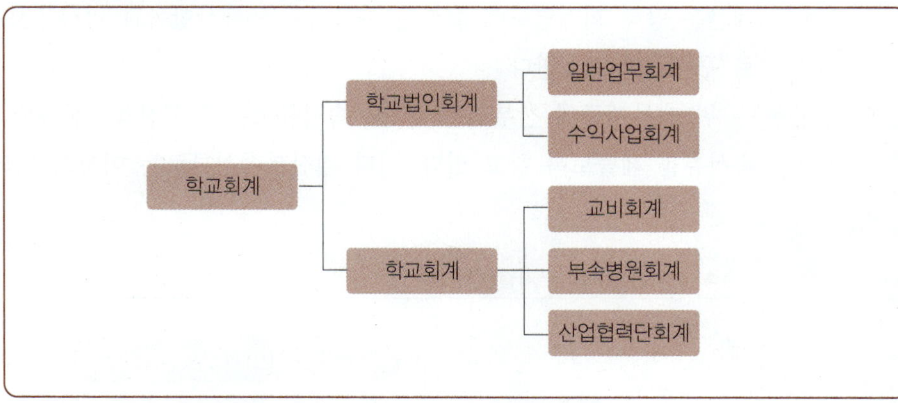

3.2 결산서

결산보고서는 단식부기에 의한 경우와 복식부기에 의한 경우로 나눌 수 있다.

(1) 단식부기에 의한 결산서

현금회계방식에 의한 결산서가 되므로 세입 · 세출결산서를 작성하여야 한다. 예산과목과 동일한 과목에 따라 세입결산과 세출결산을 구분하여야 한다. 그리고 결산서에는 감사의 감사보고서가 반드시 첨부되어야 한다.

(2) 복식부기에 의한 결산서

발생주의회계방식에 따라 회계처리가 되므로 결산서의 종류도 다양하다. 결산서로는 재무제표를 작성하여야 한다. 재무제표는 자금계산서, 대차대조표 및 운영계산서로 한다. 그리고 재무제표는 이를 이용하는 자에게 충분한 회계정보를 제공할 수 있도록 필요한 부속명세서를 작성하고 주기 및 주석을 하여야 한다.

단식부기 방식에 따라 회계처리 할 경우에 세입 · 세출결산서를 제출하도록 되어 있는데 복식부기에 의할 경우 이 세입 · 세출결산서 대신에 자금계산서를 작성하면 된다. 이 자금계산서는 당해회계연도의 활동에 따른 모든 자금수입예산 및 자금지출예산이 실제의 자금수입 및 자금지출의 내용과 명백하게 대비되도록 표시되어야 한다. 자금수입의 계산은 당해 회계연도에 실현된 자금수입을 예산항목과 미사용전기이월자금으로 구분하여 작성하고, 자금지출의 계산은 당해 회계연도에 실현된 자금지출을 예산항목과 미사용차기이월자금으로 구분하여 작성한다

위 재무제표에 첨부되는 결산부속서류로는 합계잔액시산표와 기타 결산부속서류를 제출토록 하고 있다. 기타 결산부속서류로는 이사회 회의록 사본, 예

그림 9-2 복식부기결산서

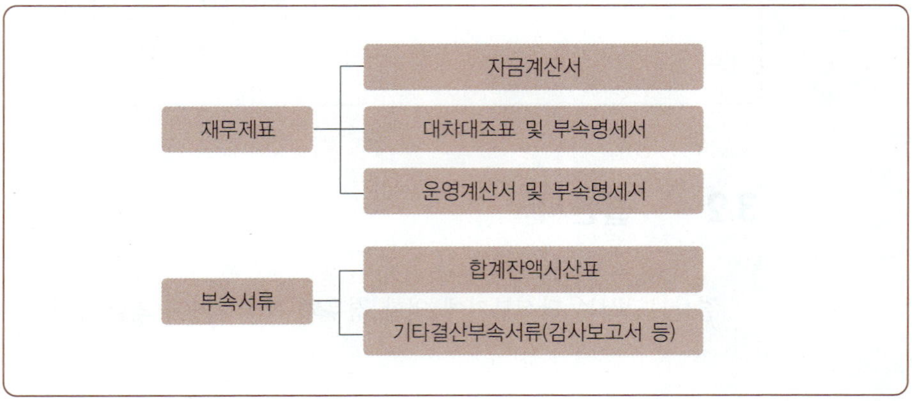

산 · 결산자문위원회 회의록, 감사의 감사보고서, 합산재무제표, 기타 결산과 관련하여 필요한 서류를 첨부토록 하고 있다.

4 주요회계처리내용

여기에서는 발생주의 · 복식부기 회계를 적용하는 사립대학의 회계를 중심으로 「사학기관 재무 · 회계 규칙에 대한 특례규칙」의 규정에 따라 설명하도록 한다.

4.1 자산 · 부채의 평가

(1) 자산 · 부채의 평가원칙

자산평가는 원칙적으로 취득원가에 의하도록 하고 있다. 당해자산의 취득을 위하여 통상적으로 소요되는 가액과 비교하여 현저하게 저렴한 가액으로 취득한 자산 또는 증여받은 자산의 평가는 예외적으로 취득하거나 증여받은 때의 시가로 평가한다. 이 경우에 시가는 감정평가액에 의함을 원칙으로 하되, 토지의 경우에는 공시지가에 의할 수 있다.

때로는 보유재산을 시가에 적합하게 하기 위하여 자산재평가를 실시할 수 있다. 이 때에는 '자산재평가법'의 규정을 준용하여야 한다.

(2) 대손상각 또는 사용불가능 고정자산 폐기

학교법인 이사장 및 학교의 장은 법인회계 및 학교회계의 자산 중 회수 불가능한 것으로 추정되는 부실채권이나 사용이 불가능한 고정자산이 있는 경우에는 이사회의 승인을 얻어 그 부실채권을 대손상각 처리하거나 사용불가능 고정자산을 폐기할 수 있다.

(3) 유가증권의 평가

유가증권 중에서 투자유가증권에 대해서는 취득원가가 아닌 시가주의를 일부 적용토록하고 있다. 즉 대차대조표 기준일 현재의 투자유가증권의 시가가 취득가액의 2분의 1이하로 된 경우에는 시가로 평가하여야 한다. 이때 시가로 평가하는 경우에 발생하는 평가손실은 투자유가증권평가충당금을 설정하여 유가증권에서 차감하는 형식으로 기재한다. 그러나 투자유가증권평가충당금을 계상한 후에 시가가 회복된 경우에는 시가가 회복된 만큼 투자유가증권충당금을 환입한다.

유동자산에 속하는 유가증권에 대한 평가도 투자유가증권에 대한 평가를 준용토록 하고 있으므로 결국 이 평가규정은 유가증권에 모두 해당된다.

(4) 외화 자산 · 부채의 환산

외화자산 및 외화부채는 대차대조표 기준일 현재 한국은행이 고시한 환율로 환산한다. 이 경우에 발생하는 환산차액은 외화환산손실 또는 외화환산이익의 과목으로 운영계산서에 계상한다.

또한 외화자산 및 외화부채의 회수 또는 상환으로 인하여 발생하는 장부가액과 실제회수액 또는 실제상환액과의 차액은 외환차익 또는 외환차손의 과목으로 운영계산서에 계상한다.

4.2 ●● 등록금 수익

학교재정의 주 수입원의 하나가 학생으로부터 걷어드리는 수업료이다. 수업료에 대한 회계처리에 있어서 야기되는 문제는 등록학생이 납부하여야할 수업료 전체를 수익으로 처리하여야 할 것인지, 그리고 학생들에게 지급되는 장학금을 수업료에서 공제하여야 할 것인지, 학비가 면제되는 근로장학생들의 장학금을 수업료에서 공제하는 형태로 하여야 할 것인지 등에 관한 사항들이 있다.

우선 등록금수익은 등록금을 납부고지한 액수를 전체수익으로 처리하는 것이 원칙이다. 그러나 대부분의 대학들은 등록금수입을 납부한 금액 기준으로 수익 처리하는 경우가 일반적이다. 고지액으로 수익을 인식한 경우에 미수등록금에 대해서는 일정율의 대손충당금을 설정하여야 한다.

다음학기 등록금을 먼저 납입한 경우나 등록금을 납입한 후 휴학한 학생들의 등록금에 대해서는 등록금선수금과목으로 처리하여야 한다.

등록금중 장학금으로 지급한 비용의 경우 미국의 학교회계에서는 등록금

수익에서 공제한 순등록금을 수익으로 인식하고 있으나 우리나라에서는 장학금 계정과목으로 별도의 비용으로 처리하는 것이 일반적이다.

그리고 근로장학생에 대하여 장학금을 등록금 면제로 혜택을 주는 경우와 법적으로 학비를 감면해 주는 경우에도 별도의 비용과목으로 하여 등록금수익과 상계처리한다.

사 례

S대학의 20xy년도 등록금 수입액은 235,000,000원이다. 이 중에서 등록직후 휴학한 학생의 등록금은 12,500,000이다. 이 학교는 학생들에게 8,000,000원의 장학금을 지급해 주었고 별도로 근로장학금으로 4,500,000원의 학비 감면이 있었다.

① 등록금 수령시

(차) 현금예금	235,000,000	(대) 등록금수익	222,500,000
		등록금선수금	12,500,000

② 장학금 지급시

(차) 장학금	8,000,000	(대) 현금예금	8,000,000

③ 등록금 감면시

(차) 등록금감면	4,500,000	(대) 등록금수익	4,500,000

4.3 ●● 감가상각

발생주의에 의한 복식부기 방법에 따라 회계처리하는 경우 일반적으로 유형고정자산과 무형고정자산에 대해서 감가상각을 하도록 하고 있다. 그러나 『사학기관재무회계에 대한 특례규칙』에서는 유형고정자산에 대해서는 감가상각을 허용하지 않고 있다. 다만 무형자산에 대해서만 해당 법률이 정한 유효기간 동안에 상각이 허용된다.

유형고정자산에 대하여 감가상각을 허용하지 않는 이유는 실제 지출되지 않는 자산에 대한 기간비용의 성격을 띠고 있는 감가상각비를 비용으로 허용할 경우 과도한 비용이 발생되어 정부의 재정지원액이나 수업료 인상요인이 되고 있기 때문이라고 본다.

4.4 •• 고유목적사업준비금

고유목적사업준비금은 사학기관이나 의료법인 등에서 수익사업을 통하여 벌어들인 자금을 교육이나 의료수준 향상 등 고유목적에 사용하도록 유도하기 위하여 세법상 용인된 제도이다.

따라서 고유목적사업준비금은 법인세법상의 수익사업 소득을 고유목적사업비에 사용할 것을 전제로 하여 수익사업 자산의 처분에 따라 손금으로 인정받기 위하여 설정된 세법상의 계정과목이다.

사 례

A학교법인은 20xx년 중 은행으로부터 예금이자수입 100억원(법인세율 14%)을 수령하였다.

① 20xx년 중 이자수익 수령시의 회계처리

(차) 현금예금	86억원	(대) 이자수익	100억원
선급법인세	14억원*		

② 20xx. 12. 31. 고유목적사업준비금의 설정시 회계처리

(차) 고유목적사업준비금전입액	100억원		
		(대) 고유목적사업준비금	100억원

5 산학협력단회계와 학교기업회계

5.1 •• 산학협력단회계

정부에서는 2003년 '산업교육진흥 및 산학협력촉진에 관한 법률'을 개정하여 산학협력 촉진규정을 신설하였다. 이에 따라 대학내에 산학협력단을 별도의 법인형태로 설치하여 운영할 수 있는 근거를 마련하였고[2] 이를 뒷받침하고자 교육과학기술부 고시로 『산학협력단회계기준규칙』을 제정고시하였다.

산학협력단은 학교회계와 구분하여 별도의 재무제표를 작성하여야 하는데 이 재무제표는 대차대조표, 운영계산서 및 자금계산서로 구성된다. 다만, 산학

2) 산업교육진흥및산학협력촉진에관한법률 제25조 제1항, 제2항.

협력단장이 필요하다고 인정하는 경우에 운영차익처분계산서(또는 운영차손처리계산서)를 추가적으로 작성할 수 있다.[3)]

산학협력단회계에서 중요한 것은 운영수익의 인식기준이다. 산학협력단의 운영수익 인식은 다음 각호의 기준에 따르도록 하고 있다.[4)]

1. 정부출연기관 및 산업체 등으로부터 연구 및 개발을 의뢰받아 이를 수행함으로써 발생하는 수익은 동 연구 및 개발이 제공되는 기간 동안 용역제공의 진행에 따라 인식한다.
2. 계약학과 및 계약에 의한 직업교육훈련과정을 설치 및 운영하거나 산업자문 등의 용역을 제공함에 따라 발생한 수익은 동 용역이 제공되는 기간 동안 용역제공의 진행에 따라 인식한다.
3. 특허권 및 상표권 등과 같은 지적재산권을 이전함에 따라 발생한 수익은 잔금청산일 또는 매입자의 사용가능일 중 빠른 날에 인식한다.
4. 특허권 및 상표권 등과 같은 지적재산권을 대여 또는 사용하게 함으로써 발생한 수익은 동 지적재산권을 대여 또는 사용하는 기간동안 용역제공의 진행에 따라 인식한다.
5. 보조금 및 기부금의 수익은 보조금, 기부금 및 기부금품을 수령한 날에 인식한다.

5.2 ●● 학교기업회계

정부는 또한 '산업교육진흥 및 산학협력촉진에 관한 법률'을 개정하면서 산학협력단 이외에 학교기업제도를 도입하였다. 학교기업이란 학교가 운영하는 기업이다. 즉 산업교육기관 또는 산학협력단은 학생과 교원의 현장실습교육과 연구에 활용하고, 산업교육기관에서 개발된 기술을 민간부문에 이전하여 사업화를 촉진하기 위하여 특정 학과 또는 교육과정과 연계하여 직접 물품의 제조 · 가공 · 수선 · 판매, 용역의 제공 등을 하는 학교기업을 둘 수 있도록 하였다.[5)]

학교기업의 회계에 관해서는 교육과학기술부 고시로 『학교기업회계기준규칙』을 제정하여 운용하고 있다. 어느 학교에서 여러개의 학교기업을 운영하는 경우에 학교기업회계기준에서는 이들 학교기업을 학교기업별로 구분하여 회

3) 산학협력단회계처리규칙 제16조 제1항.
4) 산학협력단회계처리규칙 제25조.
5) 산업교육진흥및산학협력촉진에관한법률 제36조 제1항.

●● 표 9-1 학교회계관련 회계별 재무제표 구성

구분	학교회계(복식부기)	산학협력단회계	학교기업회계
재무제표	대차대조표 운영계산서 자금계산서	대차대조표 운영계산서 자금계산서 운영차익(차손)처분(처리)계산서	대차대조표 운영계산서 현금흐름표 운영차익(차손)처분(처리)계산서

계처리하도록 하고 있다.[6] 여기에서 산업교육기관 즉 고등학교나 대학이 학교기업을 학교직속으로 두는 경우에는 최종적으로는 학교회계로 통합 처리하고 학교기업을 산학협력단 아래에 두는 경우에는 산학협력단 회계로 처리하여야 한다.

학교기업의 재무제표는 대차대조표, 운영계산서 및 현금흐름표로 구성된다. 다만, 학교의 장이 필요하다고 인정하는 경우에는 운영차익처분계산서 또는 운영차손처리계산서를 작성할 수 있도록 하고 있다.

6) 학교기업회계기준규칙 제5조 제2항.

제3절 의료기관회계

1 의료기관의 형태 및 특징

소득이 높아짐에 따라 의료기관의 수도 증가하게 된다. 대표적인 의료기관으로는 병원을 들 수 있다. 병원의 경우도 그 규모에 따라 종합병원에서부터 조그만 동네 의료원까지 다양하다. 최근 들어 건강검진기관이나 의학연구소 등과 같이 병원 이외의 의료기관도 서서히 증가하고 있다.

'의료법'에 의하면 병원이란 입원환자 30인 이상을 수용할 수 있는 시설을 갖추고 있는 의료기관을 말하며 치과병원, 한방병원도 포함된다. 그리고 종합병원이란 입원환자가 100명 이상을 수용할 수 있는 시설 및 내과, 외과 등을 포함 9개 이상의 진료과목 및 전문의를 갖춘 의료기관을 의미한다.[6] 또한 설립주체에 따라 대학의 부속병원 형태로 운영되고 있는 병원이 있는가 하면 '의료법'에 따라 운영되는 일반병원이 있고 기타 특수목적 수행을 위하여 특별법 등에 따라 설립된 병원들이 있다.

의료기관 역시 대표적인 비영리 공익법인으로 인식되고 있다. 의료기관은 인간의 건강 및 생명과 밀접한 관련이 있는 서비스를 제공하고 있으며 인간의 존엄성은 누구나 평등하게 취급되어야 한다는 논리가 밑바탕이 되고 있다. 그러나 최근 들어 우리나라에서는 이들 비영리기관에 대하여 영리성을 인정할 것인지에 대하여 논란이 되어 오고 있다. 즉 영리성을 인정함으로써 보다 질이 나은 의료서비스를 제공할 수 있고 연구개발투자를 증대시켜 난치병에 대한 치료기술을 개발하는 등 국제경쟁력을 갖추겠다는 의도이다. 그러나 병원에 대하여 영리를 허용할 경우 의료수가가 높아지고 결국 서민들에게 균등한 의료수혜기회를 잃을 수 있다는 우려도 만만치 않다.

현행 우리나라 세법에서는 법인형태의 병원에 대해서 이익금을 유출할 수 없도록 하고 있다. 즉 법인이 이익이 발생되는 경우 법인세를 신고 및 납부토록하고 남은 금액은 사내 유보시켜야 한다. 그러나 개인 병원의 경우에는 영리사업과 마찬가지로 이익에 대하여 동일한 세율과 소득세를 신고 납부하도록

6) 의료법 제3조 제3항, 제4항.

하고 이익이 나는 경우 처분이 가능하도록 되어 있다.

비영리회계로서의 의료기관회계의 특성은 다음과 같다.

첫째, 비영리로 운영되면서도 어느 정도의 영리회계의 특성을 반영하고 있다. 즉 의료기관은 본래 '의료법' 이나 기타 특별법에 근거하여 설립된 비영리법인이지만 의료서비스 제공 자체가 환자라는 고객에 대해 대가를 받고 서비스를 제공하는 영리적인 활동에 속하기 때문에 '법인세법' 의 취지에 따라 영리사업으로 구분된다. 따라서 의료기관은 비영리조직과는 달리 영리회계를 적용한다. 즉 감가상각을 실시하며 철저한 발생주의를 적용한다.

둘째, 의료법인이 비영리조직이므로 이익잉여금처분계산서를 작성할 필요가 없고 따라서 지분회계를 적용할 여지가 없다. 이미 앞에서 언급한 바와 같이 병원이익 중 법인세 지급액을 제외한 나머지는 전부 병원에 유보되어 계속 병원운영에 사용하여야 하기 때문이다.

셋째, 의료수익중 제3자 단체를 통하여 지급받는 의료수익의 비중이 크다. 제3자단체란 건강보험공단이나 산업재해보험관리공단 등을 의미한다. 이들 여러 종류의 단체로부터 지급받는 진료비의 비중이 커짐에 따라 병원회계처리에 미치는 영향정도가 높아진다. 이때에 병원의 진료후 진료비를 이들 기관에 청구하면 적정여부를 심사하여 보험료가 지급되는데 일부진료비가 인정되지 아니하여 적게 보상받는 경우가 종종 있다.

2 의료기관회계의 법적근거 및 회계기준

우리나라의 의료기관회계기준은 대한병원협회에서 자율적으로 『병원회계준칙』을 제정하여 병원급 이상의 의료기관을 대상으로 운영해 오다가 1990년에 보건사회부훈령으로 『병원회계처리지침』을 정식 승인을 받아 종합병원급 이상을 대상으로 운영하였다. 그러다가 1998년에 규제개혁 차원에서 이 지침이 폐지되었다. 2002년에 다시 '의료법' 에 의료기관회계기준규칙을 제정하여 공표하도록 하였고 이듬해 보건복지부령으로 『의료기관회계기준규칙』이 제정되었다. 2007년에 『의료기관회계기준규칙』이 개정되어 100병상이상 종합병원에 대해서는 의무적으로 이 규칙을 적용토록 하였다.

또한 재무제표에 대한 세부 작성방법에 대하여는 별도로 고시하여 이에 따라 재무제표를 통일된 기준으로 작성하도록 하였다.

3 회계의 구분과 회계연도

『의료기관회계기준규칙』에서는 회계의 구분을 병원의 개설자인 법인의 회계와 병원의 회계를 구분하도록 하고 있다. 학교회계에서 학교법인의 회계와 학교회계를 구분하는 것과 같은 이치이다. 이들을 엄격하게 구분함으로서 병원에서 얻어지는 수익을 함부로 다른 목적으로 전용되어 사용되지 못하게 엄격하게 규제하고자 함에 있다. 그리고 2개 이상의 병원을 설치 · 운영하는 경우에는 각 병원마다 회계를 구분하도록 하고 있다.

병원의 회계연도는 정부의 회계연도를 따르도록 하고 있어 통상 1월 1일에서 12월 31일이 된다. 다만 '사립학교법'에 따라 설립된 학교법인이 개설자인 병원의 회계연도는 사립학교의 회계연도를 따를 수 있다. 많은 학교가 4월 1일에서 이듬해 3월 31일에 종료하므로 이 회계연도를 따라도 된다.

4 재무제표와 결산서

의료기관의 재무상태와 운영상태를 나타내기 위한 재무제표로는 대차대조표, 손익계산서, 기본금변동계산서, 현금흐름표를 요구하고 있다. 그 밖에 주기 및 주석과 부속명세서도 재무제표의 일부분으로 포함된다. 병원의 개설자가 개인의 경우에는 기본금변동계산서를 작성하지 않아도 된다.

이들 의료기관의 재무제표는 기업이 작성하여야 할 재무제표와 비교하여 이익잉여금처분계산서 대신에 기본금변동계산서를 작성하여야 하며 자본변동표는 작성할 필요가 없다.

의료기관의 장은 매 회계연도 종료일로부터 3월내에 위 재무제표를 첨부한 결산서를 보건복지부장관에게 제출하여야 한다.

4.1 재무제표 작성원칙

『재무제표 세부작성 방법』에 기업회계기준의 일반적 기준과 내용이 동일한 작성원칙을 제시하고 있다. 즉 신뢰성 · 이해가능성 · 충분성 · 계속성 · 중요

●● 표 9-2 의료기관회계 재무제표 유형 비교

기업회계기준	의료기관회계기준	비 고
대차대조표 손익계산서 이익잉여금처분계산서 (결손금처리계산서) 현금흐름표 자본변동표 주석 부속명세서	대차대조표 손익계산서 기본금변동계산서 현금흐름표 주기 및 주석 부속명세서	개인병원의 경우 기본금변동계산서 작성생략

성 · 안정성 · 실질성 등을 들고 있다. 그 밖에 『의료기관회계기준규칙』 및 『재무제표 세부작성 방법』에 정하지 아니한 사항에 대해서는 위 규칙들에 반하지 않는 범위내에서 기업회계기준과 일반적으로 공정 타당하다고 인정되는 회계 관행에 따라서 처리하여야 한다.

아울러 재무제표의 작성 양식은 당해회계연도분과 직전회계연도분을 비교하는 형식으로 하여 보고식으로 작성하여야 한다.

4.2 ●● 대차대조표

대차대조표 항목은 자산 · 부채 · 자본으로 구분한다. 자산과 부채는 1년을 기준으로 하여 유동자산 · 고정자산 및 유동부채 · 고정부채로 각각 구분한다. 자본은 기본금 · 자본잉여금 · 이익잉여금으로 구분한다. 이때에 개인병원의 경우에는 기본금이라는 개념이 없으므로 별도로 구분할 실익이 없이 자산에서 부채를 차감하면 자본이 된다.

대차대조표항목 중 의료법인에 관련된 주요계정과목을 설명하면 다음과 같다.

(1) 의료미수금

의료미수금은 기업의 미수금의 일종으로 진료행위로 인하여 발생한 외상매출금과 받을어음을 의미한다. 따라서 이는 유동자산 중 당좌자산의 범주에 속한다.

『재무제표 세부작성 방법』에서는 의료미수금을 재원미수금 · 퇴원미수금 · 외래미수금 · 기타의료수익미수금 등으로 세분화하도록 요구하고 있다.

재원미수금은 입원환자 재원기간 중에 발생하는 미수금을 의미한다. 재원미수금은 다시 환자종류에 따라 건강보험미수금, 의료급여미수금, 자동차보험미수금, 산재보험미수금, 일반환자미수금 및 건강검진미수금 등으로 구분할 수 있다.

퇴원환자로부터 발생하는 미수금은 퇴원미수금으로 처리하며, 외래환자로부터 발생한 미수금은 외래미수금, 위에서 열거한 아무 곳에도 속하지 않는 경우는 기타의료수익미수금으로 구분한다.

의료보험제도가 일반화 되어 있기 때문에 환자가 진료를 받으면 보험단체 부담분과 환자 본인부담금으로 구분된다. 따라서 의료 미수금도 양 당사자로부터 채권이 발생하게 된다. 따라서 의료미수금은 이들 보험단체로부터의 미수금과 환자 본인부담 미수금액을 모두 포함한다.

의료미수금과 진료수익 회계처리에 있어서 종종 발생하는 문제가 보험자 단체에 청구한 진료비가 삭감되는 경우가 있다. 이 경우에는 당초 청구시 계상하였던 의료미수금과 의료수익을 삭감금액만큼 반대로 상계시켜야 한다. 삭감된 진료비 중 이의가 있을 경우 이의신청을 할 수가 있는데 이의신청을 통하여 일부 또는 전부를 되돌려 받은 때에는 수납된 시점에서 의료수익이 수납액만큼 발생한 것으로 회계처리 한다. 따라서 이의신청시에는 회계처리를 별도로 하지 않으며 다만 이의신청장부에 비망으로 기록하면 된다.

사 례

XX병원은 환자를 진료하고 발생된 진료비 100,000원에 대하여 본인부담분 20,000원을 현금수령하고 건강보험공단에 공단부담분 80,000원을 청구하였다. 그러나 공단에서는 청구된 내역을 심사한 결과 10,000원이 과다청구되었다고 판단하고 70,000원만 인정한다고 통보하였다. 이에 대하여 XX 병원에서는 삭감의료비에 대하여 이의신청을 제기하였고 최종적으로 공단으로부터 삭감된 10,000원 중 4,000원을 추가적으로 진료비로 인정받았다.

① 진료비 청구시

(차) 의료미수금	80,000	(대) 의료수익	100,000
현금	20,000		

② 진료비 삭감에 따른 수납금액 확정시

(차) 의료수익	10,000	(대) 의료미수금	10,000

③ 삭감진료비에 대하여 이의신청시

회계처리 없음

③ 삭감된 진료비의 일부를 진료비로 추인되어 수납된 경우

(차) 현금예금	74,000	(대) 의료수익	4,000
		의료미수금	70,000

(2) 재고자산

『재무제표 세부작성 방법』에서는 재고자산을 진료나 병원운영을 위하여 보관중인유형의 자산으로 규정하고 약품, 진료재료, 급식재료. 저장품 및 의료부대물품 등으로 구분하도록 하고 있다. 환자를 위한 음식재료 및 급식용품도 병원운영의 중요한 비중을 차지하고 있으므로 재고자산으로 분류하는 것이다.

(3) 고유목적사업준비금

고정부채의 한가지 계정과목으로서 고유목적사업준비금이 있다. 고유목적사업준비금이란 비영리 내국법인이 각 사업연도에 그 법인의 고유목적사업 등에 지출하기 위하여 일정한 범위내에서 비용으로 인정하도록 한 준비금을 의미한다.

법인이 고유목적사업인 연구용 진료, 건물 증축, 의료장비 구입, 대학운영 등을 위하여 준비금을 설정한 경우에는 부채과목인 고유목적사업준비금으로, 상대과목으로는 '고유목적사업준비금전입액' 으로 손익계산서에 비용으로 계상된다.

이 고유목적사업준비금은 적립된 후에 일정기간동안 고유목적에 사용하여야 하며 만일 그 기간동안 사용하지 못하게 되면 다시 환입절차를 밟게 된다. 이 경우에는 유예되었던 법인세가 다시 과세된다.

(4) 기본금

기본금은 기업의 자본금에 대칭되는 용어이다. 하지만 자본금과 다른 점은 의료법인이 비영리법인이기 때문에 출자가 아닌 출연이 되며 따라서 자본금의 경우와 같이 지분에 대한 계속적인 권리주장을 할 수 없다는 것이다. 그리고 이익은 계속 이월되어 법인의 기본활동에 사용되게 된다.

기본금은 다시 법인기본금과 기타기본금으로 구분한다. 법인기본금은 병원설립을 위하여 출연한 금액을 말한다. 기타기본금이란 병원증축 등을 위하여 출연한 금액 중 미등기금액 또는 이익잉여금의 기본금 대체액을 의미한다. 여

기에는 정부로부터 받는 보조금으로서 시설과 장비보강 등을 위한 자본적 성질의 보조금도 포함된다.

(5) 증여받은 자산의 평가

자산을 현저하게 적은가격이나 명목적인 가격으로 취득한 경우 또는 증여받은 경우 어떻게 평가하여야 하는가가 문제가 된다. 이 경우에 『재무제표 세부작성 방법』에서는 현저하게 저렴하게 취득하거나 증여받은 때의 시가로 평가하여야 한다. 증여받은 자산 등의 시가는 '지가공시 및 토지 등의 평가에 관한 법률'에 의한 감정평가액으로 함을 원칙으로 한다. 그러나 토지의 경우에는 동 법률에 의한 공시지가를 시가로 보게 된다.

4.3 ●● 손익계산서

손익계산서 작성기준으로서는 기업회계기준에서 요구하는 것과 마찬가지로, 발생주의 원칙, 대응표시의 원칙, 총액기재의 원칙 등을 요구하고 있다. 그리고 손익계산서는 의료이익(손실), 경상이익(손실), 법인세차감전순이익(순손실), 법인세비용 및 당기순이익(손실)으로 구분하여 표시하여야 한다.

(1) 의료수익과 의료비용

수익과목은 의료수익과 의료외수익으로, 비용과목은 의료비용과 의료외비용으로 구분한다.

의료수익은 입원수익, 외래수익, 기타의료수익으로 구분하며 의료수익감면액을 차감한 후의 금액을 기재한다. 의료수익감면액은 다시 진료비에누리 또는 진료비할인, 연구용환자감면 및 자선환자감면 등으로 구분한다. 여기에서 연구용환자나 자선환자에 대하여 진료비를 일부 또는 전부를 감면해 주는 경우 환자로부터 수납한 진료비만을 수익으로 계상하여야 한다.

의료비용은 인건비, 재료비 및 관리비용으로 구분하여 기록한다.

(2) 국고보조금의 수령 : 수익적 지출과 자본적 지출

국립대학교병원이나 지방공사의료원 등의 공공병원이 적자보전이나 운영비보조 등 수익적 지출에 충당하기 위하여 국고보조금을 받았다면 의료외수익

중 기부금수입으로 처리한다. 수익적 지출에 충당한다는 것은 다음의 경우에 해당하는 것으로 『재무제표 세부작성 방법』에 규정하고 있다.

첫째, 지방자치단체에서 지방공사의료원이 의료급여환자를 많이 진료하여 적자가 발생할 경우 건강보험수가와의 수가차액을 보조해 주는 경우

둘째, 공공병원이 차관 등의 이자를 지급할 능력이 충분하지 않은 경우 지방자치단체에서 이자비용을 보조해 주는 경우

셋째, 기타 공공병원의 운영적자를 지방자치단체에서 보조해 주는 경우

그러나 공공병원들이 시설투자목적 등 자본적 지출에 충당할 목적으로 보조금을 받은 경우에는 기타기본금으로 처리하도록 하고 있다.

4.4 •• 기본금변동계산서

기본금변동계산서는 기본금, 자본잉여금, 이익잉여금, 이익잉여금처분액 및 차기이월이익잉여금으로 구분하여 작성한다.

4.5 •• 현금흐름표

현금흐름표는 영업활동으로 인한 현금흐름, 투자활동으로 인한 현금흐름, 재무활동으로 인한 현금흐름, 현금의 증가, 기초의 현금 및 기말의 현금으로 구분한다.

제 4 절 사회복지법인회계

1 사회복지법인회계의 의의 및 특징

사회복지법인은 영리를 추구하지 않는다는 점에서 다른 비영리기관과 유사하지만 특히 사회복지서비스의 제공이 공공성이 강하고 재원제공자의 보조나, 기부 · 기증에 절대적으로 의존하여 재원을 조달한다는 점에서 병원이나 학교 등과 같은 다른 비영리 기관에 비해 비영리적 성격이 더욱 강하다.

사회복지법인은 재원조달을 정부, 개인, 기업들의 보조나 기부 등에 의하므로 자원의 효율적 활용에 대한 사회적 책무와 수탁책임보고가 강조된다. 특히 국가의 보조를 받을 경우 이는 국민의 세금으로 충당되므로 그 경영활동과 재무내역에 대하여 대외적으로 공개할 의무가 있다. 더구나 재원 제공자는 재원을 제공하려고 할 경우에 사회복지법인의 서비스의 제공 능력과 관리자의 수탁책임의 평가에 관한 정보를 필요로 한다. 이러한 정보는 적정한 기준에 의해 작성된 재무보고서와 그 밖의 사업실적 보고서 등의 자료를 통하여 파악할 수 있다.

사회복지법인은 영리기업에 비하여 조직의 존재목적, 재무보고목적, 정보이용자의 욕구가 상이함으로 인하여 회계절차에도 여러 가지 차이가 생긴다.

첫째, 사회복지법인회계에 있어서 가장 큰 특징 중의 하나는 예산회계이다. 사회복지법인에 있어서 예산은 "예산편성- 예산집행- 결산"에 이르는 순환과정을 가지며, 자원조달 계획과 자원통제의 역할을 한다. 예산을 편성할 때에도 수입이 전제되어야 지출계획이 이루어진다. 그러한 의미에서 지출을 세워놓고 수입을 맞추는 정부회계와는 많은 차이가 있다. 편성된 예산은 당해 사회복지기관의 재무활동의 지침이 되므로 모든 회계행위는 이 예산을 준수하여 그 범위 내에서 소비나 지출이 이루어진다.

둘째, 기금회계의 특성이 있다. 기금회계는 기부자나 후원자들이 특정 비영리기관에 기부를 하면서 특정목적이나 용도를 지정하거나 제한하는 경우가 많은데 이러한 조건을 충족하기 위하여 다른 자금과 구분하여 별개로 관리하는 독립된 회계실체이다. 이 경우에 재원제공자가 특정용도에 재원의 사용을 지정할 수도 있고 또한 법률에 의해서도 재원의 사용의 제한될 수도 있다. 이렇게 재원의 사용에 대하여 제약이 있을 경우 재원의 목적별로 기금을 설정하여 기금별로 별도의 계정을 설정하여 유지하며 각 기금에 대한 독자적인 재무보고서를 작성하게 된다.

2 사회복지법인의 회계기준

사회복지법인에 대한 회계기준은 1988년 2월에 보건복지부령으로 「사회복지법인 재무 · 회계규칙」이 제정되어 몇 차례의 개정을 거쳐 지금까지 운용되고 있다.

「사회복지법인 재무 · 회계규칙」내용에 의하면 총칙, 예산과 결산, 회계, 물품, 후원금관리, 감사, 보칙으로 구성되어 있다. 제3장의 회계에서는 총칙, 수입, 지출, 계약으로 이루어져 있다.

이들 규칙내용을 보면 단식부기를 전제로 하고 있으므로 예산과 결산, 수입과 지출, 그리고 계약에 관련된 사항 등을 규정하고 덧붙여 후원금관리에 대하여 특별히 규정하고 있다.

3 회계의 구분과 회계방법

사회복지법인의 회계는 법인회계, 시설회계, 수익사업회계로 구분 된다. 법인회계는 사회복지법인의 업무전반에 관한 회계로서 사회복지법인의 기본이 되는 회계단위이다. 시설회계는 법인회계와는 별도로 당해법인이 설치 · 운영하는 사회복지시설회계을 관장한다. 그리고 법인이 수행하는 수익사업은 별도로 수익사업회계를 설치하여 기록하게 된다. 비영리법인이라 하더라도 수익사업에 대하여는 이익이 발생한 경우 법인세 과세대상이 되기 때문에 구분기록의 필요성이 있다.

회계방법은 원칙적으로 단식부기에 의하도록 하고 있다. 다만 법인회계와 수익사업회계는 필요하다고 인정하는 경우에는 복식부기에 의하여 작성할 수 있다. 이와 같이 단식부기를 원칙으로 천명한 이유는 대다수 사회복지법인이

●● 그림 9-3 사회복지법인 회계의 구분

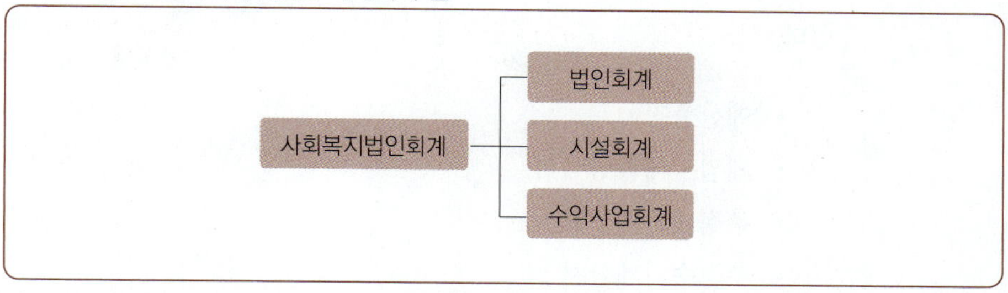

영세하여 복식부기를 채택할 경우 추가적인 비용부담을 우려한 때문인 것으로 보인다.

그러나 최근 들어 사회복지법인의 수가 늘어나고 있고 단위규모도 커지는 추세에 있기 때문에 복식부기에 의한 재무제표 작성 필요성이 증가되고 있다. 따라서 영세 법인을 제외하고는 원칙적으로 복식부기를 채택하여 재무제표를 작성토록 하여야 할 것이다.

4 장부와 예산서 · 결산서

4.1 ●● 장 부

법인이 비치하여야 하는 장부로서는 다음과 같은 내용들이 있다.

- 현금출납부
- 총계정원장
- 총계정원장보조부
- 재산대장
- 비품관리대장
- 소모품대장

4.2 ●● 예 산 서

법인의 예산서는 법인과 시설을 구분하여 세입 · 세출별로 예산서를 작성하여야 한다. 이때에 예산서에 첨부하여야 할 부속서류로는 다음과 같은 것들이 있다.

- 예산총칙
- 세입 · 세출명세서
- 추정대차대조표
- 추정수지계산서
- 임직원 보수일람표
- 당해예산을 의결한 이사회회의록사본

4.3 결 산 서

법인의 결산서로는 세입 · 세출결산보고서와 결산개요, 부속서류로 구분할 수 있다.

(1) 법인과 시설의 세입 · 세출결산보고서

법인이 결산서를 작성하는 경우에는 법인회계에 수익사업회계를 포함시켜서 세입 · 세출 결산보고서를 작성한다. 그러나 이 경우에 시설회계는 포함시키지 아니하고 별도보고서를 작성하여야 한다. 따라서 법인과 시설의 2개의 세입 · 세출결산보고서가 작성된다. 결산보고서는 현금회계위주로 산출되기 때문에 세입결산보고서와 세출결산보고서를 분리하여 작성한다.

(2) 결산개요 및 부속서류

위 세입 · 세출결산보고서에 첨부되는 서류로는 우선 결산개요와 후원금개요가 있다. 결산개요는 법인과 시설의 전반적인 세입 · 세출에 대한 개략적인 총괄 설명내용이 된다. 이 개요를 통하여 그 법인의 한 회계연도의 실적을 파악할 수 있다. 또 후원금에 대해서는 별도로 수입과 사용내역에 대하여 개략적인 설명이 필요하다.

그 밖에 「사회복지법인 재무 · 회계 규칙」에서 결산보고서에 첨부해야 할 부속서류로서는 〈표 9-3〉의 내용과 같다.

표9-3 사회복지법인 결산부속서류

구분	단식부기 사용시	복식부기사용시(추가서류)
부속 서류	세입세출결산서 과목전용조서 예비비사용조서 기본재산수입명세서 사업수입명세서 정부보조금명세서 후원금수입 및 사용결과보고서 인건비명세서 사업비명세서 기타비용명세서 감사보고서 법인세신고서	대차대조표 수지계산서 현금 및 예금명세서 유가증권명세서 미수금명세서 재고자산명세서 기타유동자산명세서 고정자산명세서 부채명세서 제충당금명세서

4.4 예산서와 결산서의 제출과 공시

「사회복지법인 재무 · 회계규칙」에 의하면 사회복지법인의 대표이사는 예산을 편성하여 이사회의 의결을 거쳐 예산으로 확정된 이후에는 이를 매 회계연도 개시 5일전까지 관할 시장 · 군수 · 구청장에게 제출하도록 하고 있다. 또한 결산서의 경우에도 결산서가 완성되면 이사회의 의결을 거쳐 시장 · 군수 · 구청장에게 다음연도 3월 31일까지 제출하도록 하고 있다.

그리고 위 예산서나 결산서를 제출받은 지방자치단체 장은 예산인 경우 법인과 시설의 세입 · 세출 예산개요를, 결산인 경우 이들 세입 · 세출 결산개요와 후원금개요를 시 · 군 · 구의 게시판에 20일 이상 게시하고 당해법인은 그 법인과 법인 시설의 게시판에 20일 이상 공고하도록 하고 있다. 이러한 공고는 일간신문이나 정기간행물에 게시해도 된다.

5 주요 회계처리 사항

사회복지법인의 주요 수입재원은 정부보조금과 후원금이다. 기본재산이 있어 이 기본재산에서 발생하는 과실이 있는 경우에는 그 재원도 주요 수입원이 될 수 있으나 그 액수는 미미한 경우가 많다. 따라서 정부보조금과 후원금에 대한 회계처리가 필요하다. 정부보조금 역시 관련법령에 의하여 보조목적에 사용하여야 하고 사용내역을 명확히 하여 보고해야 하기 때문이다.

사 례

B사회복지법인은 중증 장애인을 수용하여 보호하고 있다. 정부부로부터 수용인원에 대하여 보조금을 받고 있다. 20xy년에 수령한 보조금은 2,000,000원이다.

(차) 정부보조금	2,000,000	(대) 현금예금	2,000,000

후원금의 경우 후원자로부터 후원금 약정을 받는 경우도 많다. 이 경우에 약정액에 대하여 어떻게 회계처리하여야 하는지에 대해서 「사회복지법인 재무 · 회계규칙」에 대해서는 특별한 설명이 없다. 현금회계에서는 약정에 대해서 별다른 회계처리를 할 필요는 없다. 그러나 복식부기를 사용할 경우 후원금약정에 대해서 그 약정이 실현가능성이 높다면 약정시에 받을채권으로 기록하여야 한다.

사 례

B사회복지법인은 어느 기업후원자로부터 5년간 10억원을 후원하겠다는 약속을 받고 그중 첫해 후원금으로 2억원을 현금수령하였다.

(차) 현금예금	200,000,000	(대) 후원금수익	1,000,000,000
후원금채권	800,000,000		

제 5 절 종교단체회계

1 종교단체의 특징

종교법인이나 종교단체는 그들의 종교를 선교하고 전파하기 위하여 설립되었고 최근에는 종교뿐만 아니라 사회단체의 일원으로 많은 활동을 수행하기도 한다.

종교단체는 그 활동을 전개하기 위해 필요한 재원을 일반 신자의 헌금, 기부금 등을 통해 조달하며, 재원제공자들은 일반적으로 제공한 재원에 대해 경제적 효익을 요구하지 않는다. 그러나 종교단체의 규모가 커지고 활동분야도 많아짐에 따라 회계의 기록과 공개의 필요성이 점점 늘어나고 있다. 더구나 종교단체에 기부하는 헌금이나 기부금은 세법상 소득공제혜택이 있기 때문에 많은 사람들이 헌금이나 기부금을 제공하면서 아울러 세제 혜택을 받고자 종교단체로부터 헌금납부증명서를 받고자 한다. 이러한 여건에 따라 회계처리의 투명성 요구가 더욱 늘어나고 있다.

종교단체회계의 특징을 정리해 보면 다음과 같다.

첫째, 종교단체는 이윤동기가 없으며, 종교고유의 목적을 달성하기 위해 재원을 일방적으로 소비, 지출한다.

둘째, 종교단체는 사적 소유에 속하는 지분이 없기 때문에 지분의 매매, 교환, 상속, 배당, 잔여재산의 처리 등에 관한 회계가 성립될 수 없다.

셋째, 종교단체의 재원조달은 교인들의 헌금, 기부금 등에 의해 이루어지며 재원제공자들은 제공한 재원의 대가로 어떤 경제적 효익을 요구하지 않는다.

넷째, 종교단체는 종교활동을 위한 교화, 선교, 전도를 목적으로 하는 종교단체 또는 종교법인을 회계실체로 하여 성립한다.

2 종교단체회계기준

다양한 종교단체가 존속하고 있는 우리나라에서 아직 통일된 회계처리기준이 실행되지 않고 있다. 다만 주요 종교단체별로 나름대로의 회계처리 및 재무보고 기준을 만들어 사용하도록 권장해 왔다. 천주교에서는 1984년도에 회계처리기준을, 기독교계에서는 1987년도에 대한예수교 장로회 측을 중심으로 교회회계기준을 마련하였으며, 불교계에서는 1995년도에 대한불교조계종의 법령집에서 회계보고 기준을 정립하여 재정활동에 대하여 적용하고 있다.

3 종교단체 회계처리

여기에서는 한국 기독교회 교단 가운데 유일하게 회계기준을 제정한 대한예수교장로회 회계기준을 검토하기로 한다. 앞에서 설명한 바와 같이 1987년 대한예수교장로회 총회에서는 '교회회계기준'을 제정하여 이를 자율적으로 채택하여 사용하도록 하였다. 이 기준은 총칙, 예산, 회계, 계약, 감사기준 등 5개의 장과 부칙으로 되어 있으며, 총 36조로 구성되어 있다.

3.1 재무제표의 구성

'교회회계기준'에서는 재무제표를 자금수지계산서와 대차대조표 및 동 부속명세서로 규정하고 있다

(1) 자금수지계산서

자금수지계산서는 현금주의로 자금의 수지에 관한 자료를 작성하게 된다. 따라서 발생주의로 인해 자금을 수반하지 아니하는 수입과 지출, 그리고 이미 수입과 지출에 반영된 자금은 현금주의에 의해 감액 조정하여야 당해 연도의 자금수지의 전체 금액이 정확하게 된다.

(2) 대차대조표

대차대조표는 교회의 일정시점의 재무상태를 명확히 보고하기 위하여 보통 12월31일 기준으로 하여 모든 자산, 부채 및 자본을 표시하는 재무보고서이다. 기업회계와 차이점은 자산 중 자금과목을 신설하여 경상운영 활동에 지출할 수 있는 자금과 특정 목적을 위하여 조성한 자금으로 분류하여 전자를 유동자

금, 후자를 고정자금으로 구분 표시하여 관리하도록 하고 있다.

3.2 ●● 자산의 평가, 대손상각, 감가상각

(1) 자산의 평가

자산의 평가는 취득가액으로 하고 증여받은 자신의 평가는 증여시 자산의 시가로 평가한다. 다만 부동산의 시가는 지방세법에 의한 과세시가 표준액으로 한다. 많은 경우에 있어서 자산을 헌납 받는 경우가 있기 때문에 이경우에는 현물로 헌납된 것, 무상으로 얻은 집기 등 평가가 곤란한 것은 비망가액으로 평가할 수 있도록 규정하였다.

(2) 대손상각

교회에서는 미수채권이 거의 발생되지 아니하지만 대차대조표에 표시된 미수채권이 장기간 회수되지 아니할 경우와 회수불능으로 판단되면 당회의 승인을 얻어 대차대조표에 표시된 부실채권을 직접 감액하는 형식으로 표시하면 된다.

(3) 감가상각

교회에 귀속되는 고정자산에 대하여는 감가상각을 하지 아니하고, 그 자산의 기능이 소멸되어 폐기처분 할 때에 당해 자산의 장부가액을 기준으로 자산의 감소와 기본금의 감소로 회계처리 한다. 그러나 수익사업을 위한 자산은 기업회계기준에 따라 감가상각을 당연히 해야 한다. 목적사업인 경상회계에 대하여는 감가상각을 하지 않는 대신에 해당 유형고정자산이 기능이 소멸되어 폐기처분할 때에 해당자산의 장부가액을 감소하고 기본금을 조정한다.

3.3 ●● 각종 적립금의 적립

교회는 교회건물 신축기금, 선교기금, 구제기금 등 특별한 사업계획을 수립하고 그 사업을 완성하기 위해서는 기금조성을 하게 된다. 이 때에는 자금수지계산서의 자본의 지출란에 지출로 계상하고 특정목적적립금으로 계상하여 적립금을 적립할 수 있도록 한 것이다.

이들 적립기금은 대부분 별도 예금형태로 적립하여 운영하는 경우가 많기 때문에 특정예금으로 표시하여 관리한다.

3.4 ●● 기본금의 회계처리

교회회계에서 기본금이란 기업회계에서 자본금과 같은 성격이다. 즉 기본금은 총 자산에서 부채를 차감한 순 자산 중에서 교회의 계속적인 투입 운영되는 기본적인 자산의 가액을 말한다. 교회가 특정한 목적으로 경상활동 과정에서 고정자산을 취득하거나 투자자산에 투자할 때에는 그 자산의 증가는 결국 기본금의 증가로 가져온다. 반대로 교회가 보유한 고정자산 등을 처분할 때에는 기본금의 감소를 계산한다. 이 경우 회계처리 방법을 자금수지계산서에서는 매각수입으로 계상하고, 경상수지계산서에서 기본금환입으로 계상하며, 대차대조표에서는 기본금을 감소 표시한다.

4 종교단체 회계제도의 문제점

(1) 회계처리기준의 적용

각 종교단체들은 자율적으로 운영되기 때문에 정부에서 일관된 회계기준을 작성하여 이를 이행하도록 강요하기가 어려운 실정이다. 자칫 종교억압으로 비추어질 염려가 있기 때문이다. 따라서 각 종교단체로 하여금 자율적으로 기업회계기준을 준용하거나, 자체의 규정을 제정하여 사용하도록 유도하는 것이 바람직하다. 그러나 현재 종교단체에게 적용할 만한 일반적으로 인정된 회계원칙이 없기 때문에 각 종교단체마다 내부보고서 형태의 재정보고서 등을 만들고 있다.

(2) 회계기장방법

대부분의 종교단체는 회계의 처리에 있어 단식부기와 복식부기 또는 단식과 복식을 혼용하고 있다. 단식부기는 일정한 원리원칙이 없이 모든 거래를 현금의 수입과 지출, 재산의 증감만을 기록하는 것으로 현금주의에 기초하고 있다. 이러한 단식부기는 실무상 간단하여 회계처리가 쉽다는 이유로 선호되어 왔다. 그러나 종교단체의 재정규모가 커짐에 따라 단식부기에 의한 회계처리를 실시할 경우 많은 문제점이 발생하게 된다. 예컨대 현금지출에 의하여 고정자산을 취득했을 경우 이를 지출로 처리하기 때문에 취득한 고정자산이 부외자산으로 관리되어 고정자산의 적정한 관리 및 감가상각회계를 적용하기 어렵다.

(3) 회계공시

앞에서 언급한 바와 같이 종교단체에 대한 회계공시의 요구가 점점 커지고 있는 것이 사실이다. 어떤 형태의 회계보고서가 작성되든지 얼마의 수입을 가지고 어떻게 쓰여졌는지가 제대로 밝혀져야 헌금하는 신자들도 마음 놓고 헌금활동에 참여할 수 있기 때문이다.

CHAPTER 10

회계감사

제 1 절 • 회계감사 개요
제 2 절 • 감사의 품질확보와 감사기준
제 3 절 • 감사절차와 방법 및 감사결과보고

제1절 회계감사 개요

1 감사와 회계감사

1.1 감사의 의의

일반적으로 감사(audit)의 정의는 특정업무나 행위에 대하여 당사자 이외의 제3자가 그 내용의 적정여부 내지 옳고 그름을 조사하여 그 결과를 보고하는 것이라고 할 수 있다.

이를 자세히 설명해 보면 우선 특정업무나 행위란 감사대상이 되는 업무내지 행위를 말한다. 정부부문에 대한 감사대상으로서는 정부기관의 업무활동 전반에 대한 사항을 감사하는 업무감사가 될 수 있고, 특정사항 예컨대 재무 및 회계사항을 감사하는 회계감사도 될 수 있다.

당사자 이외의 제3자란 그 행위내지 업무를 담당하지 않는 독립된 제3자를 의미한다. 독립된 제3자란 그 당사자와는 이해관계가 없고 업무적으로 연관을 갖고 있지 않는 제3자를 말한다.

적정여부 내지 옳고 그름에 대한 조사라 함은 감사자가 독립된 제3자로서 그 감사 대상 업무에 대하여 정당하게 처리하였는지의 여부 또는 정상적인 처리라 하더라도 좀더 나은 개선대안이 없는지에 대한 비판적인 내용을 파악하는 것이다.

그 결과를 보고한다는 것은 감사가 제3자에 의하여 행하여지고 감사대상기관과 감사대상기관의 감독기관, 예컨대 국회 등에 보고할 의무가 있게 된다. 보고를 통하여 감사의 결과가 외부에 공표됨으로서 감사결과에 대한 비판도 아울러 받게 하고 보고함으로써 책임이 면제되는 것이다.

1.2 감사와 회계감사

회계감사란 감사의 대상을 정부 회계활동에 대하여만 감사하는 경우를 말한다. 따라서 감사영역을 재무 및 회계분야에 한정된다고 할 수 있다. 일반적으로 감사라 하면 회계감사를 연상하게 된다. 전통적으로 정부 재정활동을 통제하기 위하여 제3자로 하여금 회계내용에 대한 감사를 하도록 해왔기 때문이다.

국가의 재정활동의 중심은 예산편성과 집행에 있다고 볼 수 있다. 국가의 예산은 그 재원을 부담하는 국민의 사전승인을 받는다는 의미에서 국민의 대표로 구성된 국회에서 심의 확정된다. 그러나 확정된 예산을 실제로 집행하는 것은 정부이므로 국회에서 아무리 엄밀하게 예산을 심의하고 그 집행에 까다로운 제약을 가한다 하더라도 정부가 이를 제대로 이행하지 않으면 그 효과를 거두기 어렵게 된다. 이러한 상황아래에서 예산집행의 합법성과 결산의 적정성을 확인하여 국회의 재정 감독의 실효를 거둘 수 있는 제도를 마련할 필요가 있고 그 제도로 하여금 특별한 지위에서 정부의 재정활동에 대하여 통제를 가할 수 있게 한 수단이 바로 회계감사이다.

2 감사의 목적

국가발전은 필연적으로 행정수요의 양적팽창과 질적 증대를 가져오게 되었으므로 이에 따라 통제의 필요성도 아울러 커지게 되었다. 국가의 기능이 단순한 치안유지를 위한 소극적 기능에서 경제사회개발을 조장하고 촉진시키기 위한 적극적 기능으로 발전됨에 따라 감사의 기능과 목적도 종래의 부정, 비리 적발위주의 소극적 목적에서 경제성, 효과성 측정을 통한 성과확보를 위한 적극적 목적으로 변천되어 오고 있다.

① 관계법령과 규정의 준수

정부활동이 재정의 직접 집행을 통하여 그 성과를 확보하였는가를 파악하기 위해서 감사대상기관의 업무가 관계법령과 규정을 준수하였는가를 판단하는데 감사의 목적이 있다.

② 비위 · 부정의 적발

초기의 감사는 피감사자의 비위 또는 부정행위를 적발하는 자체를 감사목적으로 하는 경우도 있다. 이 경우는 행정제도가 정비되어 있지 아니하고 공무원의 윤리의식이 약하여 사회전체가 부정과 부조리가 만연된 경우에 행하는 감사의 경우에 이 목적을 가지게 된다. 그러나 정부조직이 정비되고 공무원이나 회계담당자의 책임과 윤리의식이 확립되고 있는 행정환경에서는 이 목적이 그리 큰 비중을 차지하지 못하고 있다.[1)]

③ 회계보고의 적정성 유지

재정규모가 팽창하고 이에 따라 관계자의 범위가 확대됨으로 인하여 정부에서 작성한 회계보고의 정확성이 요구되며 이 정확한 자료를 토대로 정책결정 내지 경영의사결정을 적정하게 할 수 있다.

④ 정책집행내지 경영의 효율성 확보

감사의 또 하나의 주목적은 정부의 정책집행이나 일상 업무 처리가 예산집행을 수반하게 되며 이러한 예산집행이 능률적, 경제적, 효과적으로 사용되었는가의 여부를 판단하며 감사자의 입장에서 그렇지 못하다고 판단하였을 때 문제점을 파악하여 좀더 나은 대안을 제시해 주는데 있다.

3 감사의 유형

3.1 내부감사와 외부감사

(1) 내부감사

내부감사(internal audit)란 감사대상기관 내부에 자체 감사기관이 있어 이 자체 감사기구에 의해서 행해지는 감사를 의미한다. 중앙부처의 경우 감사관이, 공공기관의 경우 감사(監事) 밑에 감사실이 있어 자체감사 즉 내부감사를 실시하고 있다.

오늘날 행정기능의 확대에 따라 감사대상기관과 업무대상이 아울러 증대됨으로써, 내부감사의 중요성이 증대되고 있는 것이 공통적인 현상이다. 미국은 이미 1950년 내부감사제도를 도입하였으며, 우리나라는 1974년 3월 행정감사규정(대통령령 제7082호)을 마련함으로써 내부감사를 제도화 하였다.[2)]

1) 과거의 감사의 주목적은 부정이나 오류 등 부실행위를 발견함으로써 감사인의 책임이 이행되는 것으로 보았다. Cook and Winkle, *Auditing*(3rd ed.) (Boston: Houghton Mifflin Company, 1984), pp. 12-13.

2) 농림수산식품부는 1987년 7월에 농림수산식품부 장관이 감독하는 농림수산식품부를 비롯한 산하기관에 대한 감사기준을 규정하기 위하여 부령으로 '농림수산부식품부 행정감사규칙'(구농림부령 제984호)을 제정하여 운영해 오고 있다.

내부감사의 장점은 그 기관의 내부사정을 어느 정도 파악할 수 있기 때문에 감사가 필요한 부분에 감사인력을 집중 투입하여 감사의 능률성을 확보할 수 있다. 반면에 단점으로서는 같은 직장내에서 동료직원을 대상으로 감사를 실시하여야 하므로 적극적인 감사활동을 벌이지 않는 경우가 많다. 또한 감사담당자도 순환보직으로 임명되는 경우가 대부분이라 감사의 전문성에서도 취약하다고 할 수 있다.

(2) 외부감사

외부감사(external audit)란 내부감사기관이 아닌 제3자적 입장에 있는 외부의 감사담당기관이 실시하는 감사이다. 우리나라의 경우 국회의 국정감사와 감사원에 의한 감사가 외부감사의 전부는 아니다. 주무부처장관도 산하기관에 대하여 외부감사를 실시할 수 있다.

외부감사는 내부감사보다 강력하고 객관적일 수 있다는 장점이 있다. 그러나 감사대상기관을 전체적으로 파악하는데 필요한 시간과 인력을 지니지 못하며 피상적인 경우가 많다는 결함이 있다.

3.2 •• 서면감사와 실지감사

감사를 현장 또는 대상기관에 직접 나가서 실시하느냐 아니면 사무실에서 서류로서 실시하느냐에 따라 서면감사와 실지감사로 구분할 수 있다.

(1) 서면감사

서면감사(voucher audit)라 함은 주로 장부 · 증빙서류 · 기표 등의 거래기록에 의존하는 감사를 말한다. 감사원법 제25조는 "감사원의 회계감사 및 직무감찰을 받는 자는 감사원규칙이 정하는 바에 의하여 계산서 · 증거서류 · 조서 기타의 서류를 감사원에 제출하여야 한다"라고 규정하고, 제26조는 "감사원은 전조의 규정에 의하여 제출된 서류에 의하여 상시 서면감사를 하는 외에 필요한 때에는 직원을 현지에 파견하여 실지감사를 할 수 있다"고 규정하여 서면감사를 원칙으로 하고 있다.

(2) 실지감사

실지감사(field audit)라 함은 감사기관이 직원을 현지에 파견하여 그 직원으로 하여금 실지로 감사를 행하게 하는 것이다.

앞에서도 언급한 바와 같이 실지감사는 보충적 성격을 지니나, 그렇다고 실지감사의 필요성이 경시되는 것은 아니다. 실지감사를 해야 할 필요성은 첫째, 서면감사를 통하여 감사기관에서 조사 · 검토한 사항에 관하여 실제로 검증 · 확인하고 또한 현지의 서류를 통하여 실제로 깊이 검토 · 검사하는 것이다. 둘째, 단순한 서류감사에 의하여 검토한 사항 뿐만 아니라 서면감사시에는 볼 수 없는 서류 및 사항에 대해서도 실지감사시에는 여러 가지의 서류를 보고 그 내용을 검토하는데 있다. 그러나 실지감사가 위와 같이 서류감사보다 감사의 신뢰성을 높일 수 있는 장점은 있으나, 감사자나 감사대상자 모두에게 많은 부담을 안겨주는 단점이 있다.

3.3 ●● 회계감사 · 업무감사 · 정책감사

감사대상 업무의 내용에 따른 분류 방식으로서 주로 회계사항을 감사하는 회계감사와 업무전반에 대한 업무감사, 또한 정부주요정책을 대상으로 하는 정책감사가 있다.

(1) 회계감사

회계감사(financial audit)란 감사의 주 대상이 회계 및 재무 분야로서 정부재정자금을 규정에 따라 적정한 절차를 거쳐 사용했는지, 그리고 그 사용 등 회계처리 내용을 적정하게 기록 · 관리 · 보고하고 있는지를 판단하는 감사의 일종으로서 종래에 감사하면 회계감사를 의미해 왔다. 공기업에서나 사기업의 경우 재무제표감사(financial statement audit)도 이 분야에 속한다. 또한 정부기관에 대한 결산검사도 회계감사의 범위에 속한다고 볼 수 있다.[3)]

영국에서는 재무제표감사를 또한 증명감사(certification audit)라고도 한다.[4)]

3) 감사원의 기능으로서는 국가의 세입 · 세출의 결산, 국가 및 법률이 정한 단체의 회계검사와 행정기관 및 공무원의 직무에 대한 감찰로 3분하고 있으나(헌법 제97조 및 감사원법 제20조), 회계검사의 결과에 의하여 결산을 확인하도록 하고 있으므로 (감사원법 제21조) 결산확인검사를 회계감사의 일종으로 볼 수 있다.

4) National Audit Office, *Public Audit Manual* (London: NAO, 1988).

왜냐하면 재무제표가 관련된 회계기준 등에 맞게 작성 되었는지를 확인하고 이를 증명하도록 하고 있기 때문이다.

(2) 업무감사

업무감사(operational audit)는 감사의 대상을 회계분야 뿐만 아니라 국가와 공공분야의 업무전반을 대상으로 하는 감사를 말한다. 이를 또한 직무감사라고도 하며 공기업 등에서는 경영감사(management audit)라고도 한다. 업무감사에 있어서 감사자는 각 업무에 대한 객관적인 관찰을 통하여 업무에 대한 종합적이고 체계적인 분석을 통하여 감사를 수행한다. 업무감사는 각 업무에 대하여 분석을 하고 문제점을 발견하면 이에 대한 개선대안을 제시하는 절차로 이루어지는 것이 통상적이다.[5)]

(3) 정책감사

정책감사(policy audit)란 정부정책에 대하여 감사를 하는 것을 뜻하는데 구체적으로 정책이 무엇을 의미하는지, 과연 정책에 대해서 감사할 수 있는지에 대한 의문이 생긴다.

여기에서 정부의 정책이란 정부활동의 목표들 또는 이런 목표에 도달하는 주요방법이라고 할 수 있다.[6)] 이는 정책을 결정한 자들의 가치(value)판단에 의하여 결정되는 것이 되므로 다른 가치관을 가진 정책결정권자는 다른 정책을 내놓게 된다.

Geist에 의하면 정책을 상위정책(big policy)과 하위정책(small policy)으로 구분하고 상위정책이란 중요한 국가적 정책으로서 예컨대 기본외교정책, 국방정책 등과 같이 주로 대통령이나 수상, 집권당의 결정에 의하여 이루어지는 주요결정사항이며 이는 당연히 감사범위를 넘는 영역이라고 한다. 대신 감사는 상위 정책을 규범(norm)으로 삼아 하위정책을 감사해야 한다고 주장한다.[7)] 하위정책은 상위정책을 시행하기 위한 구체적인 각 영역별 정책으로서 각 정부부처나 공기업 등에서 결정하게 되므로 정책감사의 주 대상이라고 볼 수 있다.

---

5) W.Kell, W. Boynton and R. Ziegler, *Modern Auditing* (3rd ed.)(New York: John Wiley & Sons, 1986), p. 6.

6) Benjamin Geist, "Auditing Government Policies", *International Journal of Government Auditing* (October, 1984), p. 9.

7) *Ibid.*, p. 10.

3.4 • • 합법성감사와 성과감사

감사의 목적을 법령의 준수여부에 두느냐 또는 사업이나 정책의 성과확보에 두느냐에 따라 합법성감사와 성과감사로 구분할 수 있다.

(1) 합법성감사

합법성감사(compliance audit)란 피감사기관과 그 소속직원이 수행한 제반활동의 적정성을 검토하고, 이러한 활동들이 그것을 규제하는 법률이나 규정 및 예산 등에 합치되게 이루어졌는지의 여부를 검사하는 것을 말한다. 합법성감사의 기준으로서 『법』에는 법률뿐만 아니라 행정규칙 등의 행정내부규범, 그리고 예산이나 구속력 있는 행정계획, 또는 불문의 관습법 · 판례법 · 조리 등도 이에 포함된다고 보아야 할 것이다.

(2) 성과감사

성과감사(performance audit)는 피감사기관의 업무수행이 의도했던 목표를 달성했는지의 여부를 사후에 검토하고 문제점을 파악하여 이에 대한 개선대안을 제시하는 감사를 말한다. 성과감사는 이를 효율성감사(effectiveness)라고도 하나 일부에서는 효과성(effectiveness), 능률성(efficiency), 경제성(economy)감사를 모두 포함하는 의미로도 사용되기도 하고[8] 영국에서는 Value for Money Audit이라고도 한다. 이 경제성, 능률성(또는 효율성), 효과성을 영어의 첫머리를 인용하여 3E라고도 부르며 합법성 감사에 대응되는 용어로 사용되고 있다.

우선 경제성(economy)이란 투입비용을 얼마만큼 절감하여 사용하였는가에 초점을 두는 개념이며 따라서 산출에 대해서는 크게 고려하지 않는다. 다시 말하면 산출이 거의 동일한 경우에는 투입이 적을수록 경제적이라고 할 수 있다.

능률성(efficiency)이란 투입(input)대 산출(output)의 비율로서 표현될 수 있는 것이며 일정한 산출을 위해 투입을 극소화시키거나 또는 일정한 투입으로 산출을 극대화시킴으로서 능률성을 향상시킬 수 있다. 엄격하게 정의할 경우 경제성은 투입요소만 고려하고 능률성은 투입과 산출을 모두 고려한다는 점에서 차이가 있으나 실무상 두 용어에는 차이가 없어 혼용하고 있는 실정이다.

---

8) 미국의 정부감사기준에서는 감사업무와 증명업무(attestation engagement)로 나누고 다시 감사의 종류로서 재무감사와 성과감사로 나누고 있다. United States Government Accountablility Office, *Government Auditing Standards*, July 2007. para. 1.28. http://www.gao.gov/govaud/ybk01.htm.

효과성(effectiveness)이란 계획된 목표를 어느 정도 달성하였는가 하는 목표 달성 정도를 의미한다. 목표는 수량적으로 표시된 목표도 있을 수 있으나, 수량화 할 수 없는 목표도 있으므로 비수량화 된 목표달성정도의 측정은 여러 주관적인 측정척도를 이용할 수밖에 없다. 그런데 효과성을 측정하기 위하여는 산출(output)과 결과(outcome)를 구분할 필요가 있다. 재원을 투입하여 산출한 산출물을 토대로 정책이나 사업이 의도했던 목표에 대한 결과가 어느 정도 되는지를 파악할 수 있는 결과물을 다시 한번 파악하여 그 결과를 토대로 계획대비 실적을 비교하여야 한다.

이들 3E의 개념을 좀더 명확하게 구분하기 위하여 宮川公男교수가 인용한 다음 [그림 10-1]을 보면 이해하기 쉽다.[9)]

그림 10-1 개념상으로서의 3E

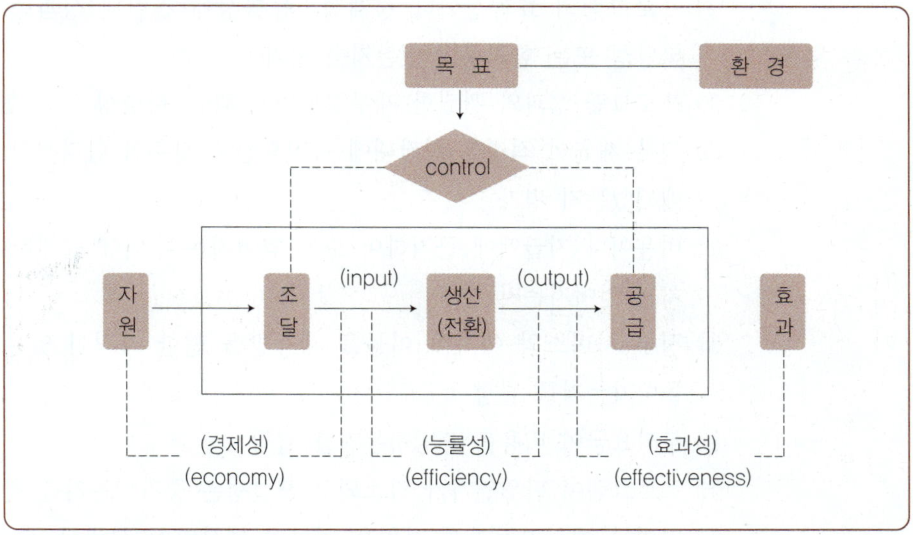

미국 회계검사원(Government Accountability Office)는 회계감사기준에서 채택하고 있는 성과감사를 종전의 프로그램에 대한 경제 · 능률 · 효과성 평가 뿐만 아니라 더 나아가 내부통제, 합법성 검토, 그리고 예측분석(prospective analysis)을 망라한 개념을 보고 있다.[10)]

그리고 미국회계검사원의 회계감사기준은 효과성 감사와 경제 · 능률성 검토는 상호 연관되어 있으며 다음과 같은 예시들이 이 범주에 속한다고 설명하

9) 宮川公男, “新レム 會計檢査の 確立に 向にて”, 『會計監査硏究』(創刊号), 日本會計檢査院, 1989. 9, pp. 9–10.

10) United States General Accountability Office, *Government Auditing Standards*. para 1.25–1.32.

하고 있다.

① 법령에서 정해지거나 기관에서 정한 목표를 어느 정도 달성했는지의 평가
② 더나은 성과를 나타낼 수 있는 대안제시나 성과를 저해하는 요인의 발굴
③ 프로그램의 비용효과 분석검토
④ 산출된 프로그램이 당초의 프로그램 목표와 일치하지 않는지의 검토
⑤ 법적 요건이행에 따른 프로그램 활동상황 및 진로 파악
⑥ 프로그램이 공정한 사용권리가 확보되고 법적 한도내에서 적정한 배분이 이루어지는지의 결정
⑦ 다른 연관 프로그램과 중복 또는 상충되는 사항이 없는지 평가
⑧ 감사대상기관이 건전한 구매절차를 따르고 있는지를 평가
⑨ 프로그램의 효과성이나 경제성 · 능률성에 관련된 성과측정이 신뢰성, 타당성 또는 합리성이 있는지를 평가
⑩ 프로그램 성과와 관련한 재무정보의 신뢰성, 타당성 또는 합리성 평가
⑪ 정부 재원이 적정한 시간내에 품질요건을 갖추어 합리적인 가격으로 구매되었는지 평가
⑫ 비용이나 지급액에 근거하여 또는 얻어지는 수익에 근거하여 적정한 가치가 얻어지는지 평가
⑬ 정부 서비스와 이득이 이들을 제공받을 만한 자격이 있는 개인들에게 돌아가는지를 결정
⑭ 부과요금이 비용을 충당하는지를 결정
⑮ 프로그램이 단위원가가 감소되고 생산성은 증가되는지를 결정
⑯ 입법부 예산결정과정 지원을 위하여 예산안이 신뢰성, 타당성 또는 합리성이 있는지를 평가

각 나라의 감사기관은 종전의 합법성감사에서 최근에는 성과감사 위주로 감사 방향을 전환하는 추세에 있다. 그러나 성과감사가 제대로 이루어지기 위해서는 여러 전제조건이 이루어져야 한다. 우선 그 성과를 과학적으로 측정할 수 있는 제도적인 장치가 있어야 한다. 계량적인 성과측정은 용이하나 비계량적 성과측정은 감사담당자의 주관에 따라 변할 수 있기 때문이다. 두번째로 감사담당자의 전문지식이 갖추어져야 한다. 모든 감사에 있어서 감사인의 자질과 능력이 충분히 갖추어 질 것을 요구하지만 성과감사에서는 특히 감사적인

전문적 지식이 풍부하여야만 추진되고 있는 정부사업에 대한 현실적인 문제점을 분석하고 합리적인 대안을 제시할 수 있게 되기 때문이다.

4 국가감사제도와 감사원 감사

4.1 국가감사기구의 지위

대부분의 나라에서는 정부활동에 대한 감사업무를 전담하는 감사기구를 독립적으로 운영하고 있다. 이러한 국가 최고감사기구(supreme audit institution)는 그 지위를 어디에 두어야 할 것인가에 따라 입법부 소속형, 행정부 소속형, 독립형으로 구분할 수 있다. 그러나 각국의 행정 및 정치문화와 역사배경이 다르기 때문에 획일적으로 구분하기는 어려움이 있다. 예컨대 독립형이라 하더라도 완전한 독립기구로 존재하는 경우도 있는가 하면 기능적으로 독립기구로 되는 경우도 있기 때문이다.

(1) 입법부 소속형

최고감사기구를 입법부 소속으로 하는 경우로서 미국과 영국이 대표적인 예에 속한다. 최고감사기구를 입법부에 소속시킴으로써 국회의 행정통제기능을 감사를 통하여 이루려는 통제목적이 강하다고 볼 수 있다. 입법부 소속 형태를 취하고 있는 국가의 경우에도 대부분의 나라의 경우 직무상으로는 독립적으로 운영되는 경우가 많다.

(2) 행정부 소속형

최고감사기구를 행정부 소속으로 하는 형태로서 이에는 다시 대통령 또는 수상의 직속으로 하는 경우와 각 부처와 동등한 형태의 조직으로 구성되는 경우가 있다. 우리나라의 감사원은 대통령 직속기구이며 중국의 심계서(審計署)는 내각에 소속되어 있어 일반 타부서와 동등한 취급을 받고 있다.

최고감사기구가 행정부에 소속된 경우에는 행정부의 최고책임자인 대통령이나 수상의 지휘아래에 있게 되므로 행정부 내의 다른 기관을 감사하는데 애로요인이 될 수 있다. 따라서 한국의 경우와 같이 행정부 소속형태를 띠고 있

●● 표 10-1 각국의 최고감사기구의 지위 및 의사결정형태

지위 \ 의사결정형태	단 독 제	합 의 제
입법부 소속형	미국, 영국, 캐나다, 호주	-
행정부 소속형	중국, 필리핀	한 국
독립형	이스라엘, 러시아	일본, 인도네시아, 대만, 독일, 프랑스

는 국가에서도 이러한 영향력을 줄이기 위하여 직무 등에 대해서는 독립성을 보장하는 경우가 있다.

(3) 독립형

최고감사기구를 입법 · 사법 · 행정 3부 중 어느 것에도 속하지 않고 독립된 기관으로 유지하고 있는 형태를 말한다. 이처럼 독립적으로 운영되는 경우에도 그 지위(status)를 3권 분립에 준하여 4권 내지 5권 분립 기관의 하나로 되어 있는 경우도 있고, 또는 부처 형태에 준하여 독립적으로 운영되고 있는 경우도 있어 나라마다 상이하다. 전자의 형태를 취하는 국가로서 대만과 인도네시아를 들 수 있다. 대만의 경우에는 입법원, 사법원, 행정원, 고시원 및 감찰원으로 5권 분립이 되어 있으며 인도네시아의 경우에는 행정부, 입법부, 사법부 및 최고자문회의와 감사원이 동격으로 운영되고 있다.[11]

후자의 형태를 취하고 있는 국가는 프랑스, 독일, 일본 등의 예를 들 수 있다. 프랑스의 경우 감사원은 국회, 참사원 및 파기원(대법원 해당)과 같이 국정 최고기관의 하나로서 일반부처보다 우월한 지위를 가지고 있으나 회계업무에 대한 재판기능까지 가지고 있고 구성원이 판사와 동등한 신분보장을 받고 있는 점 등으로 인하여 독립된 사법부의 일종으로도 볼 수 있다.[12]

4.2 ●● 감사원 감사

(1) 감사원 감사의 의의

감사원 감사란 감사원이 외부 제3자의 입장에서 독립적으로 국가의 회계 및 업무에 대하여 행하는 감사를 말한다. 감사원이 국가기관의 구성체로서 다

11) 윤영일, 공공감사제도론, 도서출판 구암, 2003. 3, p. 46-53.
12) 김영호, "프랑스회계감사원", 「감사」(1990 봄호), 감사원, p. 57.

른 국가기관을 감사함으로서 재정의 공공책임성(public accountability)을 확보하고 나아가서 업무 전반의 불합리 요소를 제거하기 위한 것이다. 우리 나라 뿐만 아니라 각 국에서 독립된 최고감사기구를 설치하여 공공감사(public audit)로서의 기능을 수행하고 있다.

감사원은 헌법에 그 설립근거를 둔 헌법기관으로서 국가의 모든 업무를 감사하는 최고감사기관이 된다. 감사원은 비록 대통령에 소속된 기관이나 그 직무에 대해서 독립된 지위를 갖도록 '감사원법'에 규정하고 있다.

(2) 감사원의 기능

감사원이 행하는 기능은 크게 기본기능과 부수기능으로 나눌 수 있으며 기본기능은 헌법 및 '감사원법'에 임무로 규정된 세입세출의 결산확인 및 회계검사와 직무감찰로 구분되며 부수기능으로서는 심사청구, 의견표시 등을 들 수 있다.

① 결산확인 및 검사

감사원은 국가의 세입세출의 결산을 매년 검사하여 대통령과 차년도 국회에 그 결과를 보고하여야 할 의무가 있다. 이와 같은 보고의무를 감사원이 갖게 된 이유는 독립적 지위에 있는 회계검사의 전문기관인 감사원으로 하여금 국회의 의사대로 정부가 예산을 사용하였는지, 또는 예산집행 과정에 있어서 정부의 위법 부당한 사항이 없었는지 등을 가려서 국민의 대표기관인 국회에 보고하게 함으로써 국회로 하여금 예산집행에 관한 정부의 정치적, 행정적 책임을 추궁케 하여 위법 부당한 예산집행을 하지 못하도록 예방적 효과를 얻고자 하는데 있다.

② 회계검사

감사원은 국가 및 법률이 정한 단체 등에 대한 회계를 계속 검사하여야 할 임무가 있다. 우리나라 헌법이 이와 같은 임무를 감사원에 부여한 것은 국민의 대표기관인 국회에서 예산을 심의하고, 그 집행을 제약하는 조건을 붙여서 예산을 결정하더라도 이를 집행하는 정부가 목적 외에 예산을 사용하는 등의 위법 부당한 집행을 한다면 국회의 재정 감독의 실효를 거둘 수 없게 되기 때문에 이를 방지하기 위해서이다. 그러므로 독립적 지위에 있는 감사원은 예산의 집행실적인 결산을 회계검사 결과에 의하여 검사확인하고 이에 수반하여 정부 각 기관 및 이와 밀접한 관련이 있는 기관 또는 단체의 회계를 상시 검사 감독하여 국가재정 등의 건전한 발전을 도모케 하는 역할을 맡고 있다.

'감사원법'은 회계검사의 범위를 필수적 검사사항과 선택적 검사사항으로 구분하고 필수적 검사사항으로서는 ① 국가의 회계 ② 지방자치단체의 회계 ③ 한국은행의 회계와 국가 또는 지방자치단체가 자본금의 2분의 1 이상을 출자한 법인의 회계 ④ 다른 법률에 의하여 감사원의 회계검사를 받도록 규정된 단체의 회계에 대하여 검사하도록 규정하였다. 그 밖에 선택적 검사사항으로서는 감사원이 필요하다고 인정된 때 또는 국무총리가 요구한 경우에 일정요건을 갖춘 기관의 회계에 대해서 검사할 수 있다.

③ 직무감찰

직무감찰이란 회계사항이 아닌 정부활동 등에 대하여 행정통제 수단으로서의 기능을 말한다. 그러나 직무감찰의 정의가 무엇이냐에 대하여는 의견이 각기 다르나 직무에 관련된 감사 뿐만 아니라 공무원의 비위활동을 적발하여 이를 바로잡는 행위까지 포함된다고 할 수 있다.[13)]

④ 심사결정

'감사원법'은 또한 행정구제 내지 행정작용 타당성 보장의 일환으로 심사청구제도를 설치하고 있다. 이 제도에 의하면 감사원의 감사를 받는 자의 직무에 관한 처분 기타 행위에 관하여 이해관계 있는 자는 감사원에 심사청구를 할 수 있고, 감사원은 이를 심사하여 그 결과 시정을 요한다고 인정될 때에는 그 결정을 관계기관의 장에게 통지하고, 관계기관의 장으로 하여금 그 결정에 따라 조치를 취하도록 요구하는 결정을 내릴 수 있다.

⑤ 의견표시

감사원은 회계경리의 적정을 제도면에서 보장하고 회계처리사항의 비위를 사전에 방지하기 위하여 국가의 각 기관이 회계경리에 관한 법령 등을 제정·개폐할 때나, 감사원의 검사를 받는 회계사무담당자가 회계 관계 법규의 해석상 의문이 있어서 감사원에 의견을 구했을 때에는 그 의견을 표시한다.

(3) 감사원의 감사활동과 결과처리

가) 감사방법 및 절차

'감사원법'은 서면감사와 실지감사의 두 가지 종류의 감사방법을 규정하고

13) 감사원 감사교육원, 감사원법의 이해, 2006.8, p. 89.

있다.

서면감사는 일상적인 회계서류를 검토하는 것으로서 감사원의 감사를 받는 국가기관 등은 세입세출계산서 및 동 증거서류 등을 감사원에 정기적으로 제출하도록 되어 있고, 현금이나 물품 등의 망실 또는 훼손사건이 발생하였을 때에는 그 사실을 감사원에 서면으로 통보하도록 되어 있다.

실지감사는 필요하다고 인정하는 경우 직원을 현지에 파견하여 감사를 실시하는 것으로서 대부분의 감사는 실지감사에 의하여 실시하고 있다.

나) 감사결과의 처리

검사결과 위법부당 사항에 관하여는 감사위원회의의 의결을 거쳐 관계기관에 필요한 조치를 취하도록 처분요구를 하고 있다. 처분요구 종류는 ① 변상판정, ② 징계 및 문책요구, ③ 시정 · 주의 등의 요구, ④ 개선요구, ⑤ 권고 또는 통보 등이 있다. 그리고 감사결과 범죄혐의가 있다고 인정될 경우에는 이를 수사기관에 고발하도록 되어 있다.

다) 감사결과 보고

감사원의 감사결과 보고의 종류에는 정기보고와 수시보고로 구분한다. 정기보고에는 '헌법' 및 '감사원법' 등 관련 법령에 따라 다음 연도에 대통령과 국회에 보고하는 결산검사보고와 '공공기관의운영에관한법률' 에 따라 정부에 제출하는 공공기관 중 공기업과 준정부기관에 관한 결산검사보고 등이 있다.

감사원은 정기보고 이외에 필요하다고 인정되는 사항에 관하여 수시로 대통령에게 감사결과를 보고한다. 수시보고는 감사결과 중요하다고 인정되는 사항뿐만 아니라 '감사원법' 에 따라 감사원의 중요처분요구에 대하여 2회 이상 독촉 받고도 집행하지 아니한 사항도 포함한다.

제2절 감사의 품질확보와 감사기준

1 감사의 품질 확보

1.1 •• 감사의 품질 확보의 의의, 목적

감사의 품질(quality of audit)을 높이고 성과를 확보하기 위해서는 감사기관 내의 여러 제도가 확립되어 효율적으로 운영되고 또한 환경변화에 대응되어야 한다. 이러한 제도의 완비나 환경변화에의 적응은 하루아침에 이루어지는 것이 아니기 때문에 계속적인 개선노력이 있어야만 그 목표를 달성할 수 있다.

제12차 세계최고감사기구(International Organization of Supreme Audit Institutions : INTOSAI)에서 제정한 일반헌장에서 인식된 것처럼 감사의 품질 확보에 영향을 미칠 수 있는 특징으로서는 다음과 같은 것들을 들 수 있다.[14)]

① 최고감사기관의 규모
② 각국 최고감사기관의 다양한 감사기관 법규에 영향을 미칠 문화적 · 국민적 특성
③ 최고감사기관의 법적근거

감사의 품질통제(quality control)에 대한 용어정의에 대하여 미국공인회계사회(AICPA)의 견해에 의하면 공인회계사 또는 회계법인들이 모든 감사계약에 계속적으로 적용할 기준을 준수하기 위한 절차라고 해석하고 있다.[15)] 따라서 국가감사제도에 있어서 감사의 품질통제란 감사가 규정된 기준에 따라 감사결과의 이해관계자 및 피감사자들의 요구에 합치되도록 하는 수단이라고 할 수 있다. 따라서 감사의 품질통제의 목적은 다음 사항을 만족시키는 것이라고 볼 수 있다.

① 감사수행이 적정한 기준에 따라 이루어지고 있는지

14) Australian Audit Office, *General Statement on Performance Audit : Audit of Public Enterprises and Audit Quality*(Sydney: AAO, 1987), p. 9.
15) Arens and Loebbecke, *Auditing : An Integrated Approach*(3rd Ed)(New Jersey: Prentice-Hall, Inc., Eaglewood Cliffs, 1984), p. 29.

② 감사결과가 만족스러운 방법으로 나타났는지

③ 감사업무가 전반적으로 피감사기관 및 감사결과에 이해관계가 있는 자 즉 국회, 감사기관과 언론 등의 관심과 요구에 부응하는지

1.2 ●● 감사의 품질확보 방안

감사의 품질을 높이는 방안에는 여러 가지가 있을 수 있다. 미국공인회계사회는 미국 회계법인에 대하여 법인내에 규정 및 절차를 수립할 때에 다음과 같은 9가지 요소를 고려하도록 요구하고 있다.[16)]

① 감사인의 독립성 확립

② 자질과 능력을 갖춘 감사인 선임

③ 전문가 또는 상급자의 적정한 조언

④ 적정한 감독

⑤ 자격을 갖춘 직원의 고용

⑥ 계속적인 전문기술 함양

⑦ 합리적인 승진관리

⑧ 피감사기관 관리 강화

⑨ 규정 및 절차의 타당성의 지속적 검토

이러한 고려사항은 국가기관에 대한 최고감사기구의 감사의 품질 확보방안

●● 그림 10-2 감사의 품질 확보수단

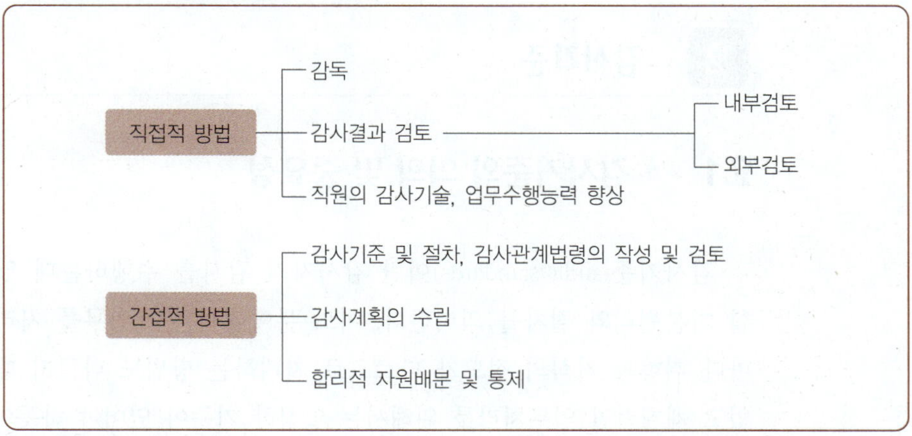

16) *Ibid*, p. 21.

에도 적용되어야 한다.

위 [그림 10-2]에서와 같이 품질확보수단은 직접적으로 품질의 확보수단으로 이용되고 있는 방법과 간접적으로 품질의 향상을 지속적으로 유지하기 위한 수단으로 구분할 수 있다.

감사업무의 품질 확보를 위한 가장 효율적인 방법은 감사의 모든 단계에서 적절한 감독을 하는 것이다. 필요한 감독정도를 결정하는 데에는 모든 조직단위의 감독관이 직원의 교육, 능력, 경험 및 자질을 검토하는 것이 기대된다.

품질확보 수단으로서 가장 필수적인 사항이 감사결과를 철저히 검토하는 것이다. 감사결과 검토는 ① 조직내에서 임시특별팀을 구성하여 검토하거나 ② 별도 독립된 조직을 설정하여 상시운영하거나 ③ 외부전문가에 의한 검토를 하는 경우가 있다. 감사결과 검토는 다시 내부검토(internal review)와 외부검토(external review)로 구분할 수 있다.

첫째, 내부검토는 검토기관이 일시적이던 상설조직이던 기관내부에서 감사자 이외의 제3자가 감사결과를 검토하는 방안으로서 우리나라의 감사원에서는 내부조직인 품질담당부서가 설치되어 있어 모든 감사결과 보고서를 검토하고 있으며 최종적으로 감사위원회의의 의결을 거쳐서 확정된다.

둘째, 회계책임을 확보하고 감사의 질을 높이기 위하여는 감사결과 처리안에 대한 객관적인 의견을 제시할 수 있는 외부 제3자의 검토 즉 외부검토가 필요하다. 제3자란 전문적인 지식이나 기술을 가진 공인회계사, 변호사 등 개인이나 또는 전문가 집단으로 구성된 위원회(committee)의 형태로서 검토가 이루어질 수 있다.

2 감사기준

2.1 •• 감사기준의 의의 및 중요성

감사기준(audit standards)이란 감사자가 감사를 수행하는데 있어서 따라야 할 기본원리와 절차를 의미한다. 어느 분야에서든지 업무를 처리하려면 사람마다 취향과 지식의 정도가 다르므로 처리하는 방법도 다르기 때문에 일관성 있고 체계적인 업무처리를 위해서는 일정한 기준이 있어야 하듯이 감사분야에 있어서도 감사결과에 대한 품질을 향상시키기 위해서는 감사기준이 필요하다.

따라서 감사기준은 감사의 품질을 높이기 위한 간접적인 수단의 하나로서 각국에서는 이 감사기준의 제정에 많은 노력을 기울이고 있다.

감사기준은 감사업무에 있어서 제정한 특정규정이나 절차와는 거리가 있다. 감사기준은 명확하고 간결한 일반화된 원리를 포함해야 하며[17)]감사인에게 일반적으로 수용될 수 있는 보편 타당성 있는 원리가 되어야 한다. 따라서 이러한 보편타당성 있는 일반적인 감사기준을 '일반적으로 인정된 감사기준(generally accepted auditing standards : GAAS)' 이라고 한다.[18)]

각국이 모두 경험하는 바와 같이 정부의 역할이 증대하면서 정부부문의 기능이 복잡화되어 감에 따라 통제수단으로서의 감사의 기능이 아울러 증대되고 있다. 따라서 감사기준은 정부기능의 확대와 다변화에 대응하여 전문 감사인으로서 감사계획, 실시 및 보고에 관하여 기본적인 원칙과 요건을 숙지하고 이행하도록 하는 중요한 수단이 되는 것이다. 감사의 범위와 질은 공공분야에 있어서 책임성(accountability), 효율성(efficiency)과 효과성(effectiveness)을 증진시키는데 중요한 역할을 한다.

감사기준은 다음과 같은 4가지 목적을 가지고 있다고 할 수 있다.[19)]

① 감사기준은 감사인이 갖추어야 할 전문적인 자질 및 감사에서 조성되어야 할 업무의 질을 구체화한다.
② 감사기준은 감사인의 감사결과를 평가하는데 사용되는 기준을 설정한다.
③ 감사기준은 감사인의 감사결과 사용자 사이에 의사소통수단을 제공한다. 의사소통의 결과 신뢰성이 증진된다.
④ 감사기준은 전문 감사인에 대한 성숙도를 나타내며 전문 직업 능력의 발전을 촉진시킨다.

2.2 •• 세계최고감사기구와 미국의 감사기준

(1) 세계최고감사기구의 감사기준

세계최고감사기구(International Organization of Supreme Audit Institution :

17) United Nations, *Audit Standards in the Public Sector : An Analysis of Comparative Experience*(New York: UN, 1987), p. 5.
18) 정부감사기준에 대하여 『일반적으로 인정된 정부감사기준(generally accepted government auditing standard: GAGAS)』라는 용어를 사용하기도 한다. The United States Government Accountability Office, *Government Auditing Standards*, July 2007 Revision, para 1.03.
19) United Nations, *op. cit*, p. 21.

●● 그림 10-3 INTOSAI 감사기준의 체계

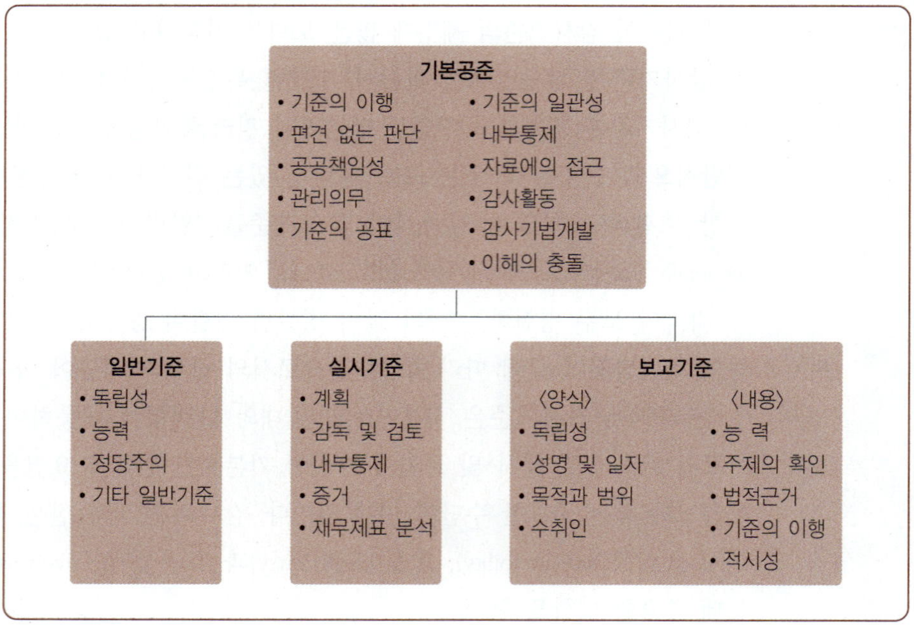

INTOSAI)는 각국의 최고감사기구 상호간의 의견 및 경험의 교환을 목적으로 UN 산하의 준 국제기구로 1953년 설립되어 회계 및 감사분야에 대한 훈련기회를 제공하고 연구 사업을 추진하는 등의 활동을 해오고 있다. 이러한 활동 중에서도 각국에 공통적으로 적용할 수 있는 감사기준의 제정 필요성이 회원국 간에 오래전부터 인정되어 INTOSAI 감사기준이 만들어졌다.

INTOSAI 감사기준은 기본공준, 일반기준, 실시기준 및 보고기준 등 4부문으로 구성되어 있다. 대부분의 감사기준이 일반기준, 실시기준 및 보고기준으로 구성된 데에 비하여 INTOSAI 감사기준에는 기본공준이 더 첨가되어 있는 점이 특징이다.[20]

(2) 미국의 정부감사기준

미국의 정부감사기준은 1972년에 미국회계검사원이 「정부기관, 사업, 활동 및 기능에 대한 감사기준」(Standards for Audit of Governmental Organizations Programmes, Activities and Functions)을 제정한 이래 이를 정부감사기준으로 채택하여 운영해 오고 있다. 이 기준은 흔히 "Yellow Book"이라고 부르는데 그 이유는 책자표지가 노란색으로 되어 있기 때문이다.

20) INTOSAI, *INTOSAI Auditing Standards*, 1989, p. 9.

●● 그림 10-4 **미국 정부감사기준**

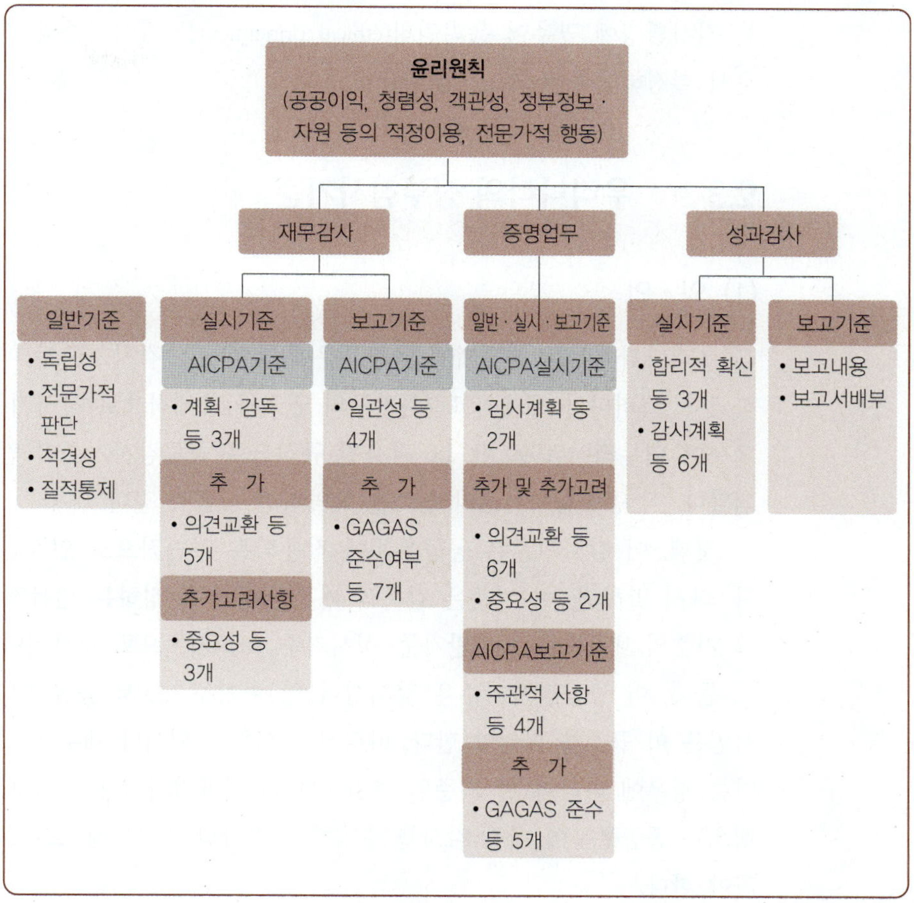

이 감사기준은 연방정부기관에 대해서 준수하도록 하고 있지만 연방정부의 지원을 받는 기관의 감사에 대해서도 이 감사기준을 충족시키는지를 검토하도록 되어 있으므로 실질적으로 주정부나 지방정부 기타 공공기관에 대해서도 이 감사기준이 적용된다고 본다.[21)]

이 정부감사기준은 미국공인회계사의 감사기준의 일부를 수용하여 정부감사기준의 일부분으로 채택하였고, 거기에 정부부문에 적합한 추가적인 기준을 포함시키고 있다.

최근에 2003년과 2007년 2차례에 걸쳐 정부감사기준도 대폭 개정되었다. 2003년에 개정된 주요내용으로서는 감사의 종류를 재무감사와 성과감사로 구분해오던 것을 증명업무(attestation engagement)를 별도의 업무로 신설하여 감사

21) Michael H. Granof, *Government and Not-for-project Accounting: Concepots and Practices* (3rd ed.) John Wiley & Sons, 2005, p. 605.

기준에 반영하였다. 그리고 2007년에는 최근의 투명성과 책임성 강조를 요구하는 감사환경에 맞추어 윤리원칙(ethical principles)을 감사기준의 기초내지 원리로서 설정하였다.[22)]

2.3 ●● 우리나라의 정부감사기준

(1) 의 의

우리나라에서는 최근까지 공공부문에 대해서는 감사기준이 마련되지 아니하였다. 그러다가 세계최고감사기구의 권고와 자체적으로 감사기준의 제정 필요성이 대두되어 1999. 8. 28. 감사원 규칙으로 공공감사기준이 만들어져 공포되었다. 이 공공감사기준의 성격을 요약하면 다음과 같다.

첫째, 이 감사기준은 공공부문에 적용되는 일반적으로 인정된 감사기준이다. 다시 말하면, 이 기준은 감사의 기본적 사항을 정하는 법률적인 기준이다. 그 기준의 내용으로는 일반기준, 실시기준, 보고기준으로 구분되어 있다.

둘째, 이 공공감사기준은 강제성이 있는 기준으로서 공공감사기관이나 감사인은 이 규정을 따라야 한다. 따라서 감사원 직원이나 내부에서 감사를 실시하는 경우에 따라야 할 기준일 뿐만 아니라 자체감사기구나 기타 위탁이나 대행으로 공공부문에 대한 감사를 수행하는 감사의 경우에도 모두 이 기준을 따라야 한다.

(2) 내 용

공공감사기준은 총칙 · 일반기준 · 실시기준 · 보고기준 · 보칙 등 모두 5개장으로 구성되어 있다.

먼저 제1장 총칙에서는 공공감사기준의 목적과 정의, 적용범위, 공공감사기준의 준수 등을 규정하고 있어 공공부문의 일반적 감사기준으로서 이 기준을 적용할 것을 요구하고 있다.

제2장에서는 일반기준을 나타내고 있다. 일반기준으로서는 독립성, 전문성, 감사자세, 정당한 주의의무, 감사업무에 대한 조정 · 통제, 감사정보의 보안유지와 공개 등을 들고 있다. 여기에서 감사업무의 조정 · 통제란 감사업무에 대한 신뢰를 확보하기 위하여 감사기관 내부에서 감사업무에 참여하지 않은 다른

22) United States General Accounting Office, *Government Auditing Standards*(2007 Revision), pp. 25–28.

●● 그림 10-5 우리나라 공공감사 기준

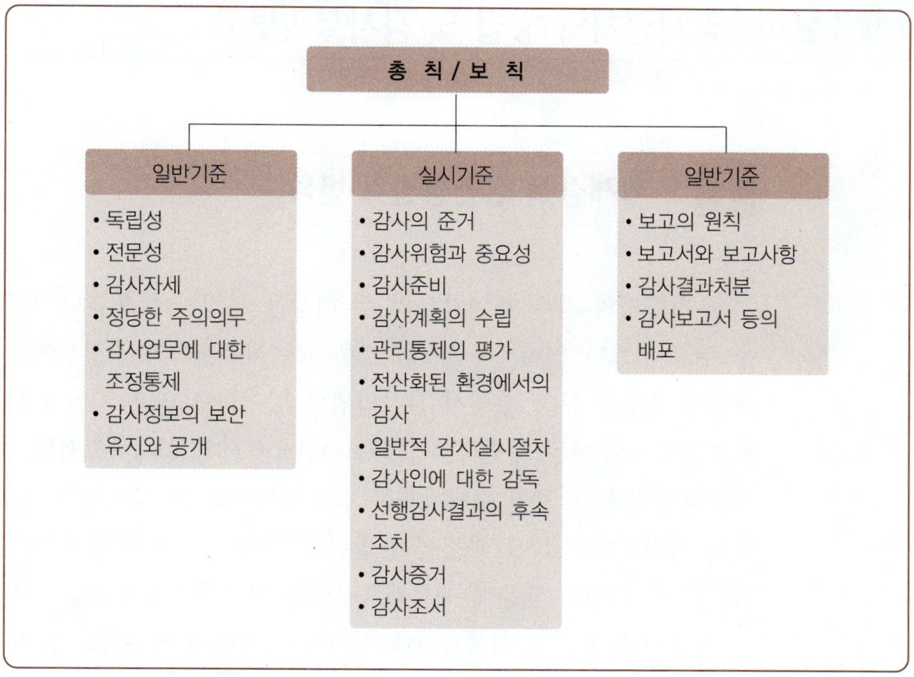

동료가 감사업무에 대해서 수행하는 심리절차를 말한다.

제3장에서는 실시기준을 나타내고 있다. 실시기준으로서는 감사의 준거, 감사위험과 중요성, 감사준비, 감사계획의 수립, 관리통제의 평가, 전산화된 환경에서의 감사, 일반적 감사실시 절차, 감사인에 대한 감독, 선행감사결과의 후속조치, 감사증거, 감사조서 등을 들고 있다. 따라서 감사를 실시하는 경우 자체감사 등 내부통제를 포함한 관리통제의 실태를 충분히 이해한 후 감사계획을 수립하여야 하고 관리통제의 위험에 대해서 평가한 후 이를 보고서에 포함시켜야 한다.

제4장에서는 보고기준을 다루고 있다. 보고기준에서는 보고의 원칙으로서 적시성 · 완전성 · 간결성 · 논리성 · 정확성 · 공정성 등 6개 원칙을 들고 있다. 그 다음에 보고서와 보고사항, 감사결과 처분, 감사보고서의 배포에 대해서 규정하고 있다.

마지막 제5장 보칙에서는 회계감사기준의 준용에 대해서 언급하고 있는데, 공공감사의 대상이 기업회계기준 또는 이와 유사한 기준에 의하여 처리되고 있는 경우에는 공공감사기준에 저촉되지 않는 범위내에서 공인회계사의 감사준거가 되는 회계감사기준을 준용할 수 있도록 하고 있다.

제3절 감사절차와 방법 및 감사결과보고

1 회계감사 접근방법의 변화

우리나라의 경우 회계감사의 주 대상은 부정이나 오류의 적발에 감사중점을 두고 있으나 영미계통국가의 경우에는 재무제표의 적정성여부에 대한 의견표명에 중점을 두고 있어서 감사방법에 있어서도 많은 차이가 나타난다. 영미국가들의 경우에는 재정책임성 확보수단으로서의 회계보고서인 재무제표를 체계화하여 많은 정보를 수록하도록 제도화하였고 그 제도화된 재무제표를 감사하여 의견표명하고 그 과정에서 발견된 부정이나 오류 등은 개별적으로 처리하도록 하고 있기 때문에 재무제표감사는 회계감사의 주류를 이루고 있다.

재무제표 중심의 회계감사에 있어서 과거에는 거래규모가 적기 때문에 모든 거래내역을 모두 확인하는 형태로 감사를 실시하였으나 거래규모와 자료가 증대됨에 따라 모든 자료나 거래를 대상으로 감사를 실시할 수가 없어 자연적으로 시사(sampling) 방법에 의한 회계감사 위주로 시행되게 되었다. 시사중심 감사방법은 감사자의 주관성을 배제하기 위하여 통계학적인 표본조사 방법 등을 동원하는 이른바 시스템중심 감사(system-based auditing)로 정착되었다.

그러나 1980년대 후반부터 영미국가를 중심으로 시스템중심 감사접근 방법이 급변하는 감사환경의 변화에 능동적으로 대응하지 못한다고 판단하고 환경변화에 따라서 수시로 변하는 여러 종류의 위험에 올바르게 대처하고 동시에 효과적인 회계감사를 수행해야 한다는 주장이 대두되어 새로운 방법이 실무에서 활용되고 있는데 이 접근방법이 위험중심 감사(risk-based auditing)이다.

현행 회계감사를 수행하는데 있어서는 위 두 가지 방법이 명백히 구분되는 것이 아니고 각 접근방법의 단점을 보완하기 위하여 혼용하여 사용하고 있는 실정이다.

1.1 ●● 시스템중심 감사

재무거래 규모가 증대됨에 따라 이들 재무거래 모두를 감사할 경우 시간과

●● 그림 10-6 시스템중심 감사의 기본모델

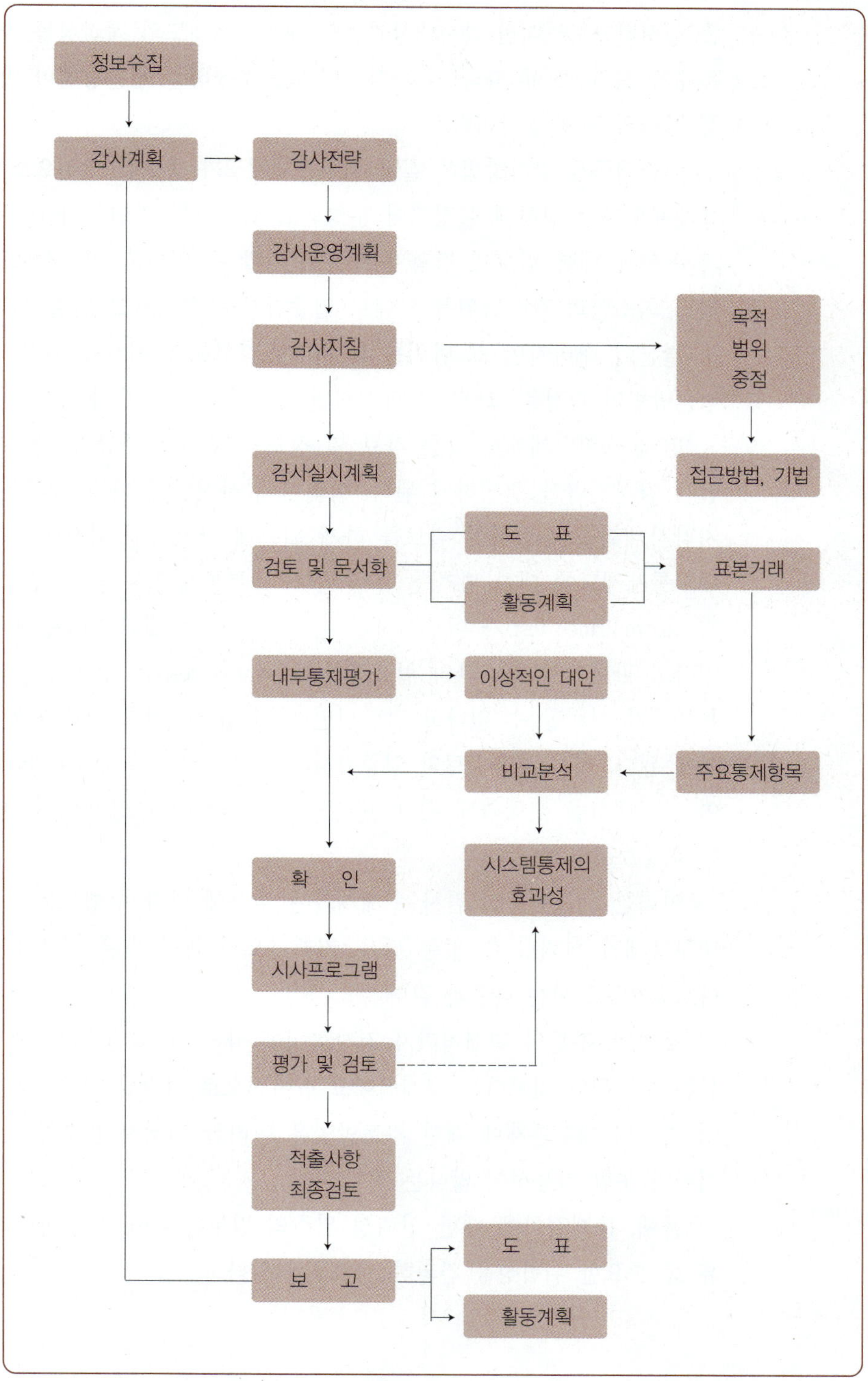

자료: Australian Audit Office, *Elements of Efficiency Auditing : A Basic Guide*, 1986, p. 100.

비용이 막대하게 발생되므로 일부 내용에 대해서만 시사(試査) 중심으로 감사를 실시하고 그 대신 감사대상기관의 내부통제제도의 적정성을 파악하여 내부통제의 신뢰여부에 따라 입증 감사범위를 조정하는 접근방법이 바로 시스템중심 감사의 주요 골자이다.

시스템중심 감사방법은 결국 내부통제제도가 중요한 고려요소가 되며 내부통제제도가 적정하게 설정되어 운영되고 있는가를 확인하여 내부통제의 설정과 운영에 대한 검토의 결과가 모두 신뢰할 수 있다고 최종적으로 결론을 내리면 최소한의 감사범위를 토대로 입증감사를 실시하고 만일 신뢰할 수 없다는 결론이 내려지면 그 범위를 확대하여 감사를 실시하게 된다. 이러한 감사접근방법의 과정을 그림으로 표시하면 앞의 [그림 10-6]과 같다.

먼저 계획단계에서 각종 자료 및 정보를 토대로 해당기관을 이해한 후 전반적 감사전략을 결정하게 된다. 이러한 감사전략에 따라 감사운용계획과 실지감사계획을 수립하여 검토를 하게 되는데 구체적인 감사에 들어가기 전에 내부통제제도에 대한 평가를 하게 된다. 내부통제제도 평가방법으로서는 운용검토(compliance test)가 이루어지게 된다. 운용검토 결과 내부통제가 신뢰할 수 있다고 판단되면 최소한의 입증감사(substantive test)을 수행하게 되고 만일 내부통제가 신뢰할 수 없다고 판단되면 다시 감사범위를 확대하여 운용 검토를 하게 된다. 이들 운용검토와 입증감사의 경우에 표본조사(sampling)기법을 통하여 감사대상을 선택하게 된다. 마지막으로 감사결과 평가를 통하여 적정여부를 최종보고하게 된다.

이러한 시스템중심 감사는 체계화된 절차에 따라 수행되는 것이기 때문에 내부통제가 신뢰할 수 없는 경우, 거래규모가 극히 작은 경우에는 효과가 적다. 그 이유로서는 다음과 같다.

첫째, 대부분의 회계처리가 전산화됨에 따라 그 회계처리상에 발생되는 오류는 무작위인 것보다는 체계적이고 반복적으로 나타날 가능성이 많은데 비하여 기존의 내부통제에 대한 검토방법은 이러한 체계적인 오류에 대하여 효과적이지 못할 가능성이 많다는 점이다.

둘째, 통제절차에 대한 신뢰성 위주의 검토는 관리자의 판단과 관련된 오류 등 중요한 위험성을 간과하는 경우가 있다.

1.2 ●● 위험중심 감사

위와 같은 시스템중심 감사의 단점을 보완하기 위하여 나타난 것이 위험중심 감사방법이다. 위험중심 감사란 고유위험, 통제위험, 적발위험 등 감사위험 요소를 고려하여 회계감사 증거를 획득하는 감사절차를 정하는 의사결정형태이다. 이 방법이 종래의 시스템중심 감사방법과 다른 점은 시스템중심 감사의 경우 감사계획에 통제위험만 고려하고 통제대상은 통제절차를 주 대상으로 하는데 대하여 위험중심 감사의 경우에는 감사계획에 통제위험, 적발위험, 고유위험을 모두 고려하고 통제대상도 통제절차 뿐만 아니라 통제환경, 회계제도 등을 포괄적으로 검토한다는 점에서 다르다.

따라서 위험중심 감사에서는 위험 즉 재무제표에 포함될 수 있는 중요한 오류(material error)의 위험을 우선 고려해서 감사목적을 설정하고 수행할 감사절차, 감사시기, 감사범위를 결정하게 된다.

위험중심 감사에서는 감사위험 모형에 대한 설명이 필요한데 이를 간단히 설명하면 우선 감사위험을 고유위험(inherent risk), 통제위험(control risk), 적발위험(detection risk)로 구분하고 이들 감사위험 요소들 간의 수학적인 결합모형을 다음과 같이 설명하고 있다.

감사위험(AU) = 고유위험(IR) × 통제위험(CR) × 적발위험(DR)

고유위험이란 내부통제제도(internal control system)가 없다고 가정할 때 계정과목의 성격 등 각 부문의 본질적인 요인에 의하여 계정거래에 부정이나 오류가 내재될 위험을 말한다. 통제위험이란 회계기록에 포함되어 있는 중요한 오류나 부정을 내부통제제도에 의하여 방지하지 못하거나 발생된 부정 또는 오류를 적시에 발견하여 수정하지 못할 위험을 말하며 이는 내부통제제도의 유효성에 의하여 결정된다. 적발위험이란 재무제표에 포함되어 있는 부정 또는 오류를 감사인이 입증절차를 통하여 적발하지 못할 위험을 말한다.

결국 감사위험모형은 위 감사위험 요소 중 고유위험과 통제위험 수준을 먼저 평가한 후 이들 위험은 변경될 수 없는 것으로 전제로 하여 목표 감사 위험수준 아래에서 어느 정도의 적발위험이 수용가능한지를 결정하게 되는 의사결정형태를 띄게 된다. 다시 말하면 위의 감사위험모형을 다음과 같이 변경할 수 있다.

$$\text{적발위험}(DR) = \frac{\text{감사위험}(AR)}{\text{고유위험}(IR) \times \text{통제위험}(CR)}$$

위 식에서 감사위험을 일정한 수준으로 하기 위하여 목표감사위험(desired audit risk)이 제시되면 목표적발위험(desired detection risk)수준이 산출된다.

이러한 위험중심감사 접근방법의 경우도 현실적으로 적용하는 데는 어려움이 있다. 즉 위험의 평가가 주관적이어서 감사인마다 달리 평가할 수 있다. 또한 감사인이 재무제표에 대한 적정의견을 표명하는데 필요한 감사위험의 수준이 아직까지 명쾌하게 결정된 바가 없다.

2 감사계획과 감사과정의 문서화

2.1 •• 감사과정과 감사계획

감사과정(audit process)을 살펴보면 감사전략에 따라 감사계획을 수립하고 감사를 실시하며 감사실시결과에 따라 감사결과를 보고하고 감사결과 조치내용을 확인하는 순환과정이 된다.

감사전략은 감사계획의 일부분으로 볼 수도 있으나 합리적인 감사계획을 수립하기 위한 전략수립차원에서 감사위험수준, 중요성(materiality) 판단수준, 내부통제제도에 대한 의존여부, 외부전문가의 활용여부 등 감사계획수립 이전단계에서 전반적인 감사전략을 수립하게 된다.

감사계획(audit planning)은 감사인이 감사목적을 효율적으로 달성하기 위하여 사전에 준비하는 과정이다. 훌륭한 감사계획은 감사성과를 확보할 수 있는 중요한 수단이기 때문에 모든 감사기관은 감사계획을 수립하게 된다. 감사계획은 중장기 감사계획, 연간 감사계획과, 분기별 · 월별 감사계획 등 기간에 따라 계획을 수립하는 경우가 일반적이며 개별 감사대상기관에 대해서는 감사목적과 범위를 확정하고, 감사일정과 장소계획, 감사담당자의 구성과 업무를 분담하는 전반적인 기관(또는 사항) 감사계획을 수립하고 이에 따라 각 계정과목별 또는 감사항목별로 감사증거를 수집하기 위한 세부감사계획을 세우게 된다. 세부감사계획은 내부통제제도를 평가하기 위한 계획과 입증감사 세부계획으로 구성된다. 이러한 감사계획의 구조를 투입, 수단, 산출의 과정으로 살펴보면 다

●● 그림 10-7 **감사계획의 구조**

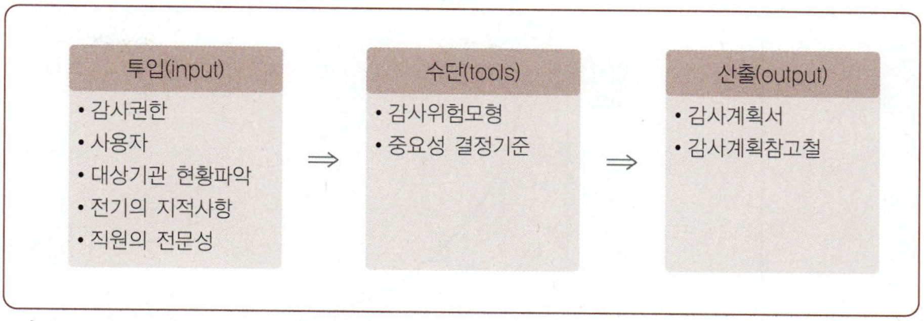

자료: IDI, *Workshop on Audit Management and Supervision.*

음과 같다.

투입단계의 고려요인은 감사권한(audit mandate)의 유무, 사용자가 누구인지 여부, 대상기관의 현황 파악, 전기 감사에 지적된 사항, 직원의 전문성 확보여부 등을 토대로 감사계획이 수립된다. 감사수단(planning tools)으로서 들 수 있는 것은 이미 앞에서 설명한 감사위험 모형에 의한 각 위험들의 수준과 중요성(materiality)의 수준에 따라 계획이 각각 달라지게 된다.

2.2 ●● 중요성과 감사위험

감사계획과정에서 감사목적이 정하여지면 중요성의 계획금액(planned materiality) 수준이 결정되어야 한다. 감사담당자가 모든 회계자료를 검토할 수 없기 때문에 감사목적에 비추어 어느 정도의 검토 수준이 필요한가를 결정해야 하는데 여기에서 중요성(materiality)과 감사위험(audit risk) 개념이 적용된다.

(1) 감사위험

감사위험이란 감사자가 잘못 판단할 가능성을 말한다. 따라서 재무제표감사에 있어서 위험성이란 감사자가 중대한 오류가 포함되어 있는 재무제표에 대한 의견을 적정하게 표시하지 못할 위험성을 말한다.[23] 이러한 위험이 내재되고 있는 원인은 현대감사의 특징인 시사(sampling test)가 내포하고 있는 본질적인 통계적 한계점의 결과로 나타나기도 하며 때로는 감사담당자의 경험과 능력부족에서 발생하는 경우도 있다.

23) 이창우 · 송혁준 · 전규안 · 권오상, 회계감사(제2판), 경문사, 2005.1., p. 211.

●● 그림 10-8 **감사위험과 감사범위와의 관계**

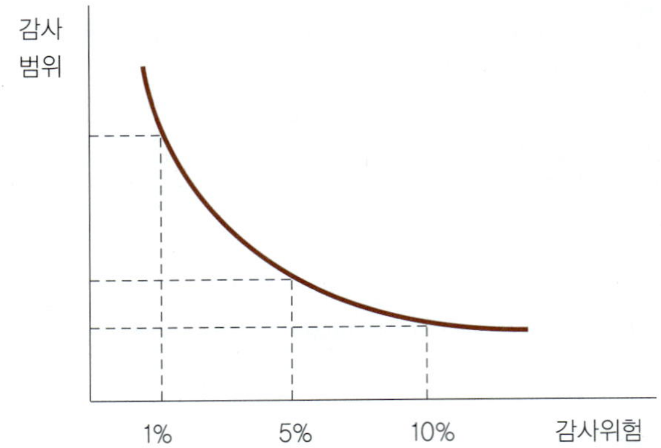

감사위험모형은 이미 앞에서 설명하였으나 감사위험의 통제에 대해서 알아보면 다음과 같다. 즉 고유위험은 계정과목의 성격 등 본질적인 요인에 의하여 내재될 위험이므로 감사와 관계없이 발생하게 되어 통제가 불가능하다. 통제위험의 경우에는 내부통제제도의 유효성에 의하여 결정되므로 내부통제제도를 개선함으로써 어느 정도 통제할 수 있다고 본다. 적발위험의 경우에는 재무제표에 포함되어 있는 부정이나 오류를 감사인이 입증감사(substantive test)를 통해서도 발견되지 못하는 위험이므로 입증감사절차를 재설계하고 감사자에 대한 적절한 훈련과 감독, 감사에 대한 질적 통제(quality control)를 통하여 위험을 통제할 수 있다.

회계감사에서 감사위험수준은 감사확신수준과 역상관 관계에 있어 감사확신수준을 향상시키기 위해서는 감사위험수준을 낮추어야 한다. 그러나 감사위험수준의 변경은 또한 감사비용과 관계가 있기 때문에 감사확신수준과 감사비용을 고려하여 목표 감사위험수준을 결정한다.

감사확신수준과 감사위험의 예를 들면 재무제표에 대한 감사의견이 95%의 확신수준에서 감사의견을 형성하기를 원하는 경우에는 5%의 목표감사위험을 토대로 하여 감사절차를 설계하게 된다. 95% 확신수준이 통상 재무제표감사에 많이 적용하고 있는 수준이라고 할 수 있다. 그러나 좀더 정확한 감사의견을 구하고자 하는 경우에는 97%의 확신수준으로 하거나, 아주 정밀한 재무제표를 감사를 요구하는 경우에는 99%의 확신수준을 요구하는 경우도 있다. 99%의 확신 수준이라고 하면 1%의 감사위험이 요구된다는 뜻인데 이러기 위하여는 감사범위를 확대하여야 한다. 이 경우에 감사비용은 더욱 늘어난다고 본다.

(2) 중요성

중요성은 감사에 있어서 두 가지 면을 의미한다. 그 첫째는 일반적으로 사용되는 용어로서 감사의견에 영향을 주는 오류의 규모와 그 심각성(sensitivity) 정도를 의미하며 다른 한 면은 감사에서 어느 정도의 조사의 깊이(depth of search)로 수행하여야 하는가를 나타내기도 한다.[24] 근본적으로 중요성이란 감사자가 감사목적에 영향을 준다고 판단하는 수준의 금액을 말한다. 예컨대 재무제표 감사의 주목적은 그 재무제표가 감사대상기관의 재무상태와 경영활동성과를 적정하게 표시하였는가의 여부를 판단하는 것이므로 적정하다고 판단할 수 없는 부정이나 오류의 최소수준을 결정하고 그 중요성 금액의 아래에서 오류가 적발된 경우에는 "재무제표가 적정하게(fairly)표시되었다"는 감사의견을 낼 수 있는 것이다. 이러한 중요성 개념은 감사자에게는 다소 주관적이며 감사상황에 따라서 그 기준은 달라지게 된다.

중요성 판단기준은 양적 기준과 질적 기준으로 구분할 수 있으나 통상 양적 기준 또는 금액적 기준으로 적용하는 경우가 많다.

양적 기준으로 판단하는 경우에 적용될 수 있는 것으로서는 총자산, 자기자본, 총수익, 총비용, 매출총이익, 당기순이익 규모를 대상으로 설정한다. 예컨대 매출액 규모의 1%로 한다든지, 당기순이익 규모의 10%로 한다든지 하는 경우가 많다.

질적기준으로 고려되는 것은 특정항목이나 사항에 포함된 오류가 전체 재무제표에 미치는 영향이 금액의 많고 적음보다도 중요하다고 판단되는 경우에 고려된다. 감사결과 오류금액의 총계가 중요성 판단금액 수준 이상일 경우에는 재무제표에 대한 적정의견(unqualified opinion)을 낼 수 없고 한정의견 대상이 되며 오류금액이 상당한 경우에는 부적정 의견까지 제시될 수 있다.

영국감사원(NAO)의 경우 중요성기준을 아래 〈표 10-3〉과 같이 수입 및 지출계정과 발생주의 계정으로 구분하여 각 대상기준을 토대로 중요성 정도를 계정성격에 따라 대단히 민감(very sensitive), 민감(sensitive), 민감하지 아니함(not sensitive)으로 구분하여 퍼센트에 차등을 두고 있다. 예컨대 발생주의회계를 채택하는 여러 계정들에 대한 중요성 판단은 감사대상계정이 대단히 민감한 경우 즉 중요성 정도가 크다고 판단하는 경우에는 정상적인 순잉여액(normal net

24) P.C. Jones and J.G. Bates *Public Sector Auditing*(London: Chapman and Hall, 1990), p. 55.

●● 표 10-3 영국 감사원의 중요성 판단기준

	기 준	대단히 민감	민 감	민감치 않음
수입지출계정	총비용/수익	0.5%	0.5 ~ 2%	2%
발생주의계정	정상 순잉여액	5%	5 ~ 10%	10%
	총수익/비용	0.5%	0.5 ~ 2%	2%
	이직율	0.5%	0.5 ~ 2%	2%
	총자산	0.5%	0.5 ~ 1%	1%
	순자산	1%	1 ~ 2%	2%

자료: NAO, *public Audit Manual*(part I), 8/1.

surplus)의 5%로, 보통의 민감한 계정에는 5~10%로, 민감하지 않은 계정에는 10%에 해당하는 금액이 중요성의 판단이 된다. 순잉여액이 백만파운드라고 가정할 경우, 임대수익의 경우가 대단히 민감한 계정과목이라고 판단하면 5%인 5만 파운드가 중요성의 기준이 된다는 것이다.

2.3 ●● 감사과정의 문서화

감사는 감사증거를 수집하기 위한 과정이라고 할 수 있으며 감사실시 과정에서 표준화된 문서화가 필요로 하게 된다. 이러한 감사실시과정을 문서화한 것이 바로 감사조서(working paper)라고 한다.

감사과정을 문서화하는 목적 다시 말하면 감사조서를 작성하는 목적은 첫째, 감사담당자가 감사기준이나 절차에 따라서 감사를 실시하였는지의 여부를 확인하기 위하여 둘째, 감사에 대한 결론 및 의사결정을 나타내는 감사증거의 기록을 위하여 셋째, 상급자가 감사업무의 진행내용을 검토하기 위하여 넷째, 감사결과 책임한계를 구분하기 위하여 다섯째, 향후 계속 감사를 위한 참고자료로 사용하기 위하여 작성된다.

감사조서의 유형에는 기본조서 또는 영구조서(permanent audit file), 당기조서(current audit file)로 구분할 수 있다. 영구조서에는 대상기관의 기본이 되는 서류로서 감사대상기관의 기본정보에 관한 서류, 재무통제 내지 내부감사서류, 회계정책 등을 들 수 있으며 특히 공공기관의 경우에는 이사회 의사록이나 주주총회의사록, 정부승인서 등 중요계약서 등도 포함된다. 당기조서는 감사인이 감사과정에서 수행하는 모든 작업결과를 문서화한 것으로서 내부통제평가서, 계정과목별 입증감사조서, 분석적검토절차조서, 기타 조회확인서와 관련 증빙

등 감사와 관련된 조서를 모두 망라한다.

3 운용감사와 입증감사

감사계획이 수립되면 내부통제의 평가를 위한 운용감사(compliance testing)가 이루어지고 다음단계로 재무제표 거래내역과 계정잔액 등에 대한 입증감사(substantive testing)가 이루어지게 된다.

3.1 ●● 운용감사

운용감사는 운용검토 또는 운용시사라고도 하며 감사대상기관 내부통제제도에 대한 평가방법으로서 회계거래가 주어진 절차나 규정에 따라 이루어지고 있는지에 대하여 검토하는 방법이다. 내부통제가 규정에 따르지 아니하고 이탈되게 운용되고 있거나 정확하지 않게 기록된 경우의 이탈률(deviation rate)이나 오류율(error rate)을 파악하여 내부통제가 어느 정도 이루어지고 있는지를 파악하게 된다.

(1) 운용감사의 계획

운용감사는 일반적으로 다음 사항들에 대하여 미리 계획을 세워야 한다.

첫째, 운용검토의 목적을 분명히 한다. 예컨대 정부의 예산중 접대성 경비 집행이 규정대로 운영되고 있는지, 정당한 예산액 범위내에서 정당한 승인권자의 승인아래 사용되어 있는지를 검토하고자 한다든지 하는 등의 구체적인 목적이 기술되어야 한다.

둘째, 내부통제가 제대로 되지 아니하는 사항이 무엇인지 어느 정도의 범위 내에서 통제실패(control failure)가 허용되는지 명확히 한다.

셋째, 내부통제의 이행여부 확인에 대한 기법을 구체화한다. 즉 검토되어야 할 서류명세는 무엇이며, 확인되어야 할 통제절차와 확인하여야 할 검토절차를 명백하게 하여야 하며, 인터뷰대상자와 질문내용에 대해서도 미리 확정하여야 한다.

넷째, 검토대상 규모를 확정하고 표본을 추출한다.

(2) 운용감사의 실시 및 평가

위와 같은 방법으로 설정된 운용감사계획에 따라 규정된 절차의 이행여부와 이행방법을 구체적으로 조사한다. 운용감사는 통상 표본조사 방법으로 실시되므로 통계적기법이나 비통계적기법에 따라 표본을 추출하고 추출된 항목에 대해서 절차의 이행여부를 검토하여 그 결과를 해석하여야 한다.

운용검토를 위한 표본조사는 그 실시방법과 실시시기 등에 있어서 입증감사와 많은 관련을 지닌다. 감사절차는 결국 대차대조표일 현재 감사대상기관의 재무제표에 표시된 수치나 회계기간 동안의 경비집행 등의 적정여부에 대한 합리적인 확신을 얻기 위한 작업으로서 금액에 대한 감사가 아니라 내부통제구조에 따라 거래가 이루어졌는지를 확인하는 감사에 불과하다. 따라서 이를 속성표본조사(attribute sampling)라고 부른다.

그러나 운용 검토시 규정된 절차대로 따르지 아니한 이탈사항이 발견된 경우에는 거래금액이나 회계기록에 있어서도 오류가 발생할 가능성이 크다고 예상할 수 있다. 이러한 경우에는 이탈된 거래에 대하여 통제절차의 이행여부 뿐만 아니라 회계기록이나 금액의 적정성까지 감사를 동시에 수행하는 표본감사를 이중목적감사(dual purpose test)라고 부른다.

3.2 • • 입증감사

입증감사는 감사대상 재무제표나 결산서 등이 적정하게 표시되고 있는지의 여부를 확인하고 입증하는 절차를 말한다. 입증감사절차는 계정잔액이 적정한지 그리고 거래내용이 모두 포함되어 있고 정당하게 처리되어 있는지 등에 대하여 구체적으로 검토되므로 재무제표 전체에 대해서 종합적인 판단에 따라 주요거래 유형별로 나누어 모두 검토하게 된다. 주요거래유형은 감사대상회사의 특정에 따라 달리 구분할 수 있으나 일반적으로 ① 현금 및 예금거래 ② 매출 및 매출채권거래 ③ 구매 및 취득거래 ④ 재고자산취득 및 보관거래 ⑤ 급여 및 인사활동거래 ⑥ 자금조달 및 상환거래 등으로 유형화 할 수 있다.

입증감사의 감사목적은 재무제표의 계정잔액 및 거래내역과 이들에 대한 공시(disclosure)가 회계기준에 따라 적정하게 처리되어 있는지의 여부에 관하여 ① 계산의 정확성(accuracy) ② 실재성과 발생사실(existence or occurrence) ③ 기록의 완전성(completeness) ④ 권리와 의무의 타당성(rights and obligations) ⑤ 평가와 배분의 적정성(valuation and allocation) ⑥ 공시의 적정성(disclosure)에 대해서 검토하는데 이들 감사목적은 상호연관성을 가지고 있다.

따라서 입증감사의 절차는 위 거래유형을 중심으로 각 계정과목별로 감사목적에 적합한지를 확인하게 된다. 대부분의 회계감사가 바로 입증감사에 의한 재무제표의 계정잔액 및 거래내역과 이들에 대한 공시의 적정여부에 중점을 두고 시행하고 있다.

4 감사증거와 감사기법

4.1 •• 감사증거

감사증거(audit evidence)란 감사인에게 감사결과(재무제표감사의 경우에는 재무제표)에 대한 의견제시를 위한 합리적인 확신(reasonable assurance)을 제공해 줄 수 있는 자료를 의미한다. 따라서 감사 수행절차는 감사증거를 수집하기 위한 절차라고 볼 수 있다.

회계감사에 있어서 감사증거는 회계증거와 구분된다. 회계증거란 거래의 개시부터 재무제표작성에 이르기까지 거래를 정확하게 기록하고 회계원칙에 따라 재무제표를 작성하는데 이용되는 자료를 의미한다. 이에 대하여 감사증거란 회계처리과정에서 이용된 회계증거를 대상으로 하지만 이에 한정하지 않고 감사인이 스스로 입수한 증거 또는 계정분석이나 회계기록의 대조 등의 기술을 이용하여 입수한 자료를 포함한다.

감사증거는 물리적 성질과 존재형태에 따라 물리적증거, 문서적증거, 구두적증거, 상황적증거로 구분하고 원천별 분류에 따라 외부증거와 내부증거로 구분하고 직접적으로 입증되는가의 여부에 따라 직접증거와 간접증거로 구분할 수 있다.

감사증거는 감사의견형성에 뒷받침되는 중요한 근거가 되므로 감사의견형성에 적격하여야 하고 충분한 양의 증거를 수집하여야 한다. 따라서 적격성(질적요건)과 충분성(양적요건)이 감사증거의 2대 요건이 된다. 감사증거가 적격하여야 하기 위해서는 목적에 적합(relevance)하고 신뢰성(reliability)이 있어야 한다. 즉 목적적합성이란 입증대상과 증거사이에 직접적인 관련성이 있어야 한다는 것이다. 신뢰성은 증거원천에 따라 신뢰성의 정도가 다르므로 신뢰성 있는 증거원천을 선택하여야 하며 또한 적시성을 갖추고 객관적인 증명이 될 수 있는 자료를 획득하여야 한다. 양적 요건으로서는 모집단의 규모와 특성, 그리고 증거수집 비용과 시간을 고려하여 충분한 증거력이 될 수 있도록 증거를 확보하여야 한다.

4.2 •• 감사기법

감사기법이란 감사인이 감사의견표명을 필요로 하는 감사 수집방법을 말하며 감사기술이라고 한다.

원래 기법이니 기술이니 하는 용어는 일반적으로 특수한 비결을 의미하나 여기에서는 감사인이 재무제표에 대한 감사의견을 표명하기 위하여 뒷받침되는 객관적인 증거를 수집하는 방법 내지 절차를 의미한다.

① 실사(physical inspection)

실사란 해당자산이 실지 존재하는가의 여부와 그 수량이 얼마나 되는가에 대하여 확인하기 위하여 감사인 자신이 실물에 대해서 물리적 존재를 확인하고 조사하는 방법을 말한다. 실사 대상은 현금, 받을어음, 유가증권, 재고자산 그리고 각종 수입인지 등 증표류를 대상으로 한다.

② 입회(observation)

실물자산에 대하여 실지 존재하는가의 여부를 감사대상기관에서 실사하는 경우에 감사인이 옆에서 직접 관찰함으로써 해당자산에 대한 적정성 등을 확인하는 방법이다. 입회는 실물 확인의 대용수단으로 재고자산 확인에 주로 이용된다.

③ 조회(confirmation)

감사인이 직접 외부거래처에 조회확인서를 보내어 일정한 사실이나 계산의 정확성 여부를 확인하는 방법을 말한다. 이 방법은 채권이나 채무 또는 타처에 보관중인 자산 등에 대하여 권리의무관계나 실지 존재여부에 대하여 확인하는 방법이다.

④ 문서검증(vouching)

피감사자의 각종 문서나 증빙서를 기록내용과 대조하여 정확성 여부를 확인하는 방법이다. 이 방법은 문서로 정리되었을 경우에 적용되는 방법이나 최근 들어 문서를 복사하여 사용하는 경우가 많은데 원본 아닌 사본에 의한 증빙은 허위 또는 오류가 많을 가능성이 있다.

⑤ 계산검증(mathematical verification)

각종 장부와 각종 증빙서류에 대하여 합계액, 잔액 등의 계산을 검증하여 정확성을 확인하는 방법으로서 검산이라고 한다. 최근에는 대부분의 회계기록을 전산에 의존하기 때문에 각 계정과목 내용의 합계와 잔액에 대해서는 자동적으로 검증하도록 시스템화하고 있어 큰 문제는 없다.

⑥ 질문(inquiry)

감사를 실시함에 있어 특정사항에 대하여 명확하지 못한 점이나 의문점이 제기될 때 감사대상기관 임원 또는 종업원에게 구두 또는 문서로 질문을 행하여 설명 또는 회답을 구하는 방법이다. 예컨대 우발채무의 존재여부나 채권회수가능성 여부 또는 분쟁중인 소송사건에 대한 진행상황 등에 대하여 책임 있는 관리자에게 질문을 할 수 있다. 질문에 대한 답변은 문서적 증거보다 증거력이 약하기 때문에 독립된 증거가 되지 못하고 다만 중요한 사실을 발견할 수 있는 단서를 제공받거나 다른 증거를 보충하여 설명할 수 있는 근거가 된다.

⑦ 개관(scanning)

개관이란 감사자의 오랜 경험에 의한 직관(intuition)을 이용하여 여러 회계장부나 문서 등을 개략적으로 관찰하여 문제점이나 중요한 변경사항 등을 발견하는 방법이다. 이 방법은 과학적이거나 체계적이지는 못하지만 때로는 한정된 시간과 제약조건 아래 유용하게 활용하는 경우도 있다.

⑧ 분석적 검토(analytical review)

분석적 검토란 재무적 또는 비재무적 자료나 항목에 대하여 중요한 비율과 추세 등을 분석하고 그 결과 이상 항목이 있는 경우 이를 조사하는 절차를 의미한다. 이 방법은 각 계정이나 항목간의 비교, 비율분석, 추세변동분석 등을 통하여 상호 연관관계를 규명하고 변동요인을 파악하기도 한다. 종전의 계정분석(account analysis) 방법도 이 분석적 검토의 일환으로 행하여진다. 분석적 검토에 적용되는 기법으로는 각종의 재무비율 분석기법이나 시계열 분석 등 추세분석, 상관관계 등을 나타내는 회귀분석 등을 활용할 수 있다.

분석적 검토절차(analytical review procedures)는 감사 계획단계와 입증감사 수행단계 그리고 감사 완결단계에 각각 이 방법이 적용된다. 감사 계획단계에 있어서는 피감사기관의 업무전반 그리고 전기 감사일 이후 발생한 거래나 사건에 대한 감사인의 이해를 증진시키기 위한 절차 및 감사와 관련하여 구체적으로 감사위험이 있는 분야를 파악하기 위하여 필요하다. 입증감사 수행단계에 있어서는 분석적 검토를 거쳐 그 변동정도가 큰 경우 그 요인을 분석하고 조사하며 입증감사를 위한 감사증거 수집범위를 결정하는데 이용된다. 마지막으로 감사 완결단계에 있어서는 감사실시단계에서 발견된 이상항목의 발생 원인을 규명하기 위하여 수집한 감사증거의 적정성 여부를 검토하고 감사실시 전 과정에서 발견하지 못하였던 이상항목을 발견하기 위해서 이용된다.

5 감사결과보고

5.1 감사보고서의 의의

감사결과 최종산출물이 감사보고서(audit report)이다. 감사실시를 잘 하는 것도 중요하지만 그 감사실시결과를 잘 요약하여 보고하는 것도 감사실시 못지않게 중요하다. 재무제표 감사의 경우에 있어서 감사보고서란 회계거래 및 재무제표 등에 대해서 감사인이 감사기준에 의하여 독립적인 감사를 실시하였고 그 실시한 내용에 대한 의견표시의 수단이 된다. 다시 말하면 재무제표에 대한 감사보고서의 성격은 감사인의 감사보고서에 대한 의견표시의 수단이 될 뿐만 아니라 아울러 감사보고서를 통하여 책임한계를 표시하는 수단이 되기도 한다.

최근 들어 사기업 분야에서는 공인회계사 등 외부감사인이 감사를 잘못함으로써 공인회계사의 감사보고서를 믿고 투자를 했다가 손해를 입은 투자자가 공인회계사를 상대로 소송을 제기하여 승소한 사례가 빈번하게 나타나기 시작하고 있다. 그러나 정부부문의 경우 감사결과에 대해서 손해배상 등의 책임문제까지 거론되는 경우는 거의 없지만 최근 들어 국회나 언론에서 자주 정부재정 또는 행정 분야의 문제점을 지적하면서 그 분야에 대한 감사결과가 어떻게 되었는지에 대해서 관심이 증대되고 있음을 알 수 있다. 이 경우에 감사보고서를 통하여 그 부분에 대해서 어느 정도의 감사를 실시하였고 얼마만큼의 문제점과 개선 대안을 제시하였으며 그 감사내용이 적정하였는지에 대해서 비판과 검토의 대상이 된다.

감사보고서의 유형은 일반적인 분류방법에 따르면 ① 내부보고와 외부보고 ② 정기보고와 수시보고 ③ 개별보고와 종합보고 ④ 증명감사보고(certification audit report)와 자문형태감사보고(consultative audit report)로 구분할 수 있다.

5.2 •• 감사보고서의 요건과 형식

(1) 요 건

앞에서 말한바와 같이 감사보고서는 감사인의 의견표시의 수단이 되므로 감사정보이용자들에게 정확히 전달되어야 한다. 그러기 위해서 감사보고서가 일반적으로 갖추어야 할 요건은 다음과 같다.[28)]

① **완전성**: 감사목적을 만족시킬 만한 모든 정보가 감사보고서에 포함되어야 함

② **정확성**: 감사증거가 사실에 입각하여 채증되었고 감사지적사항이 정확하게 열거되어야 함

③ **객관성**: 보고서 전체가 내용(content)이나 강도(tone)에 있어서 균형되게 제시되어야 함

④ **신뢰성**: 감사결과는 감사목적에 부응되고, 감시지적사항은 납득할 만하게 설명되고 결론과 건의는 사실에 입각하여 논리적으로 제시되어야 함

⑤ **명확성**: 보고서를 읽거나 이해하는데 용이해야 함

⑥ **간결성**: 전달하려는 내용만 간결하게 표시되어야 함

⑦ **적시성**: 감사결과가 정보로서 의사결정이나 필요한 조치의 시행 등 적기에 활용되어야 함

(2) 형 식

감사보고서의 형식과 내용은 나라마다 다양하다. 일반적으로 감사보고서에 수록되는 내용은 감사실시의 범위와 방법, 감사기간과 투입인원, 감사결과 지적사항과 이에 대한 개선대안 등이 포함된다. 이러한 내용은 일반적인 업무감사 내지 성과감사보고서에 포함되어야 할 사항이다.

이와는 달리 재무제표의 적정여부에 대한 인증 또는 증명감사(attestation

28) 미국 GAO의 성과감사보고서 작성기준임. The United States Government Accountability Office, *Government Auditing Standards*, pp. 195–198.

audit, certification audit)에 대한 보고서의 경우에는 일반적으로 표준화된 감사보고서 형태를 채택하고 있다. 즉 보고서 내용에는 감사범위문단(audit scope paragraph)과 감사의견문단(audit opinion paragraph)으로 대별된다.

감사범위 문단에서는 ① 회계감사를 실시한 재무제표의 범위를 나타내고 ② 감사를 일반적으로 인정된 감사기준(generally accepted auditing standards)에 의하여 실시하였다는 사실을 나타낸다.

감사의견 문단에서는 감사실시결과 ① 감사대상이 된 재무제표가 정부의 회계기준 또는 일반적으로 인정된 회계기준에 따라 작성되었는지 ② 그리고 적용되어야 할 관련 법령에 따라 적정하게 수행되었는지에 관한 의견표명을 하게 된다.

일반적으로 감사의견의 종류에는 다음과 같다.

① **적정의견**(unqualified opinion) : 감사범위에 제한이 없었고 재무제표가 회계기준과 관련 법령에 따라 적정하게 작성된 경우

② **한정의견**(qualified opinion) : 감사범위에 제한이 있거나 또는 재무제표가 회계기준이나 관련법령에 위배되게 작성된 경우

③ **부적정의견**(adverse opinion) : 회계처리방법이나 재무제표 표시방법이 회계기준에 위배되어 재무제표에 특히 중요한 영향을 미치는 경우

④ **의견거절**(disclaimer of opinion) : 감사자가 독립성을 결여하여 감사를 실시하였거나 감사범위에 중요한 제한이 있어 감사의견표명이 곤란한 경우

위와 같은 형식으로 감사보고서가 작성되게 되므로 감사보고서는 간단하다. 그러나 의견표명을 뒷받침할 만한 충분한 증거가 확보되어야 한다. 그 밖에 감사실시과정에서 나타난 특기하여야 할 사항이 있으면 위 보고서 내용에 부가적으로 나타낼 수 있다.

부 록

- 국가회계기준에 관한 규칙
- 지방자치단체 회계기준에 관한 규칙
- 국가회계법
- 지방재정법

부록 1 국가회계기준에 관한 규칙[일부개정 2010.1.12 기획재정부령 제126호]

제1장 총 칙

제1조(목적) 이 규칙은 「국가회계법」 제11조제1항에 따라 국가의 재정활동에서 발생하는 경제적 거래 등을 발생 사실에 따라 복식부기 방식으로 회계처리하는 데에 필요한 기준을 정함을 목적으로 한다.

제2조(정의) 이 규칙에서 사용하는 용어의 뜻은 다음과 같다.

1. "국가회계실체"란 「국가재정법」 제4조에 따른 일반회계, 특별회계 및 같은 법 제5조에 따른 기금으로서 중앙관서별로 구분된 것을 말한다.
2. "재정상태표일"이란 제7조에 따른 재정상태표의 작성 기준일을 말한다.
3. "공정가액"이란 합리적인 판단력과 거래의사가 있는 독립된 당사자 간에 거래될 수 있는 교환가격을 말한다.
4. "내부거래"란 재무제표를 작성할 때 상계(相計)되어야 하는 국가회계실체 간의 거래를 말한다.
5. "회수가능가액"이란 순실현가능가치와 사용가치 중 큰 금액을 말한다.

제3조(적용범위 등) ① 이 규칙은 「국가재정법」 제4조에 따른 일반회계, 특별회계 및 같은 법 제5조에 따른 기금의 회계처리에 대하여 적용한다.

② 이 규칙의 해석과 실무회계처리에 관한 사항은 기획재정부장관이 정하는 바에 따른다.

③ 이 규칙에서 정하는 것 외의 사항에 대해서는 일반적으로 인정되는 회계원칙과 일반적으로 공정하고 타당하다고 인정되는 회계관습에 따른다.

제4조(일반원칙) 국가의 회계처리는 복식부기·발생주의 방식으로 하며, 다음 각 호의 원칙에 따라 이루어져야 한다.

1. 회계처리는 신뢰할 수 있도록 객관적인 자료와 증거에 따라 공정하게 이루어져야 한다.
2. 재무제표의 양식, 과목 및 회계용어는 이해하기 쉽도록 간단명료하게 표시하여야 한다.

3. 중요한 회계방침, 회계처리기준, 과목 및 금액에 관하여는 그 내용을 재무제표에 충분히 표시하여야 한다.
4. 회계처리에 관한 기준 및 추정(推定)은 기간별 비교가 가능하도록 기간마다 계속하여 적용하고 정당한 사유 없이 변경해서는 아니 된다.
5. 회계처리와 재무제표 작성을 위한 계정과목과 금액은 그 중요성에 따라 실용적인 방법으로 결정하여야 한다.
6. 회계처리는 거래 사실과 경제적 실질을 반영할 수 있어야 한다.

제5조(재무제표와 부속서류) ① 재무제표는 「국가회계법」 제14조제3호에 따라 재정상태표, 재정운영표, 순자산변동표로 구성하되, 재무제표에 대한 주석을 포함한다.

② 재무제표의 부속서류는 필수보충정보와 부속명세서로 한다.

③ 재무제표는 국가의 재정활동에 직접적 또는 간접적으로 이해관계를 갖는 정보이용자가 국가의 재정활동 내용을 파악하고, 합리적으로 의사결정을 할 수 있도록 유용한 정보를 제공하는 것을 목적으로 한다.

④ 재무제표는 국가가 공공회계책임을 적절히 이행하였는지를 평가하는 데 필요한 다음 각 호의 정보를 제공하여야 한다.

1. 국가의 재정상태 및 그 변동과 재정운영결과에 관한 정보
2. 국가사업의 목적을 능률적, 효과적으로 달성하였는 지에 관한 정보
3. 예산과 그 밖에 관련 법규의 준수에 관한 정보

제6조(재무제표의 작성원칙) ① 재무제표는 다음 각 호의 원칙에 따라 작성한다.

1. 재무제표는 해당 회계연도분과 직전 회계연도분을 비교하는 형식으로 작성한다.
2. 제1호에 따라 비교하는 형식으로 작성되는 두 회계연도의 재무제표는 계속성의 원칙에 따라 작성하며, 「국가회계법」에 따른 적용 범위, 회계정책 또는 이 규칙 등이 변경된 경우에는 그 내용을 주석으로 공시한다.
3. 재무제표의 과목은 해당 항목의 중요성에 따라 별도의 과목으로 표시하거나 다른 과목으로 통합하여 표시할 수 있다.
4. 재무제표를 통합하여 작성할 경우 내부거래는 상계하여 작성한다.

② 「국고금관리법 시행령」 제2장에 따른 출납정리기한 중에 발생하는 거래에 대한 회계처리는 해당 회계연도에 발생한 거래로 보아 다음 각 호와 같이

처리한다.

1. 「국고금관리법 시행령」 제5조제2항 각 호의 어느 하나에 해당하는 납입은 해당 회계연도 말일에 수입된 것으로 본다.
2. 「국고금관리법 시행령」 제6조제1항 각 호의 어느 하나에 해당하는 지출은 해당 회계연도 말일에 지출된 것으로 본다.
3. 「국고금관리법 시행령」 제7조 단서에 따라 관서운영경비출납공무원이 교부받은 관서운영경비를 해당 회계연도 말일 후에 반납하는 경우에는 해당 회계연도 말일에 반납된 것으로 본다.

제 2 장 재정상태표

제1절 총 칙

제7조(재정상태표) ① 재정상태표는 재정상태표일 현재의 자산과 부채의 명세 및 상호관계 등 재정상태를 나타내는 재무제표로서 자산, 부채 및 순자산으로 구성된다.

② 재정상태표는 별지 제1호서식과 같다.

제8조(재정상태표 작성기준) ① 자산과 부채는 유동성이 높은 항목부터 배열한다. 이 경우 유동성이란 현금으로 전환되기 쉬운 정도를 말한다.

② 자산, 부채 및 순자산은 총액으로 표시한다. 이 경우 자산 항목과 부채 또는 순자산 항목을 상계함으로써 그 전부 또는 일부를 재정상태표에서 제외해서는 아니 된다.

제2절 자 산

제9조(자산의 정의와 구분) ① 자산은 과거의 거래나 사건의 결과로 현재 국가회계실체가 소유(실질적으로 소유하는 경우를 포함한다) 또는 통제하고 있는 자원으로서, 미래에 공공서비스를 제공할 수 있거나 직접 또는 간접적으로 경제적 효익을 창출하거나 창출에 기여할 것으로 기대되는 자원을 말한다.

② 자산은 유동자산, 투자자산, 일반유형자산, 사회기반시설, 무형자산 및 기타 비유동자산으로 구분하여 재정상태표에 표시한다.

제10조(자산의 인식기준) ① 자산은 공용 또는 공공용으로 사용되는 등 공공

서비스를 제공할 수 있거나 직접적 또는 간접적으로 경제적 효익을 창출하거나 창출에 기여할 가능성이 매우 높고 그 가액을 신뢰성 있게 측정할 수 있을 때에 인식한다.

② 현재 세대와 미래 세대를 위하여 정부가 영구히 보존하여야 할 자산으로서 역사적, 자연적, 문화적, 교육적 및 예술적으로 중요한 가치를 갖는 자산(이하 "유산자산"이라 한다)은 자산으로 인식하지 아니하고 그 종류와 현황 등을 필수보충정보로 공시한다.

③ 국가안보와 관련된 자산은 기획재정부장관과 협의하여 자산으로 인식하지 아니할 수 있다. 이 경우 해당 중앙관서의 장은 해당 자산의 종류, 취득시기 및 관리현황 등을 별도의 장부에 기록하여야 한다.

제11조(유동자산) ① 유동자산은 재정상태표일부터 1년 이내에 현금화되거나 사용될 것으로 예상되는 자산으로서, 현금 및 현금성자산, 단기금융상품, 단기투자증권, 미수채권, 단기대여금 및 기타 유동자산 등을 말한다.

② 제1항의 단기투자증권은 만기가 1년 이내이거나 1년 이내에 처분 예정인 채무증권, 지분증권 및 기타 단기투자증권을 말하고, 같은 항의 기타 유동자산은 미수수익, 선급금, 선급비용 및 재고자산 등을 말한다.

제12조(투자자산) ① 투자자산은 투자 또는 권리행사 등의 목적으로 보유하고 있는 자산으로서, 장기금융상품, 장기투자증권, 장기대여금 및 기타 투자자산 등을 말한다.

② 제1항의 장기투자증권은 만기가 1년 후이거나 1년 후에 처분 예정인 채무증권, 지분증권 및 기타 장기투자증권을 말한다.

제13조(일반유형자산) ① 일반유형자산은 고유한 행정활동에 1년 이상 사용할 목적으로 취득한 자산(제14조에 따른 사회기반시설은 제외한다)으로서, 토지, 건물, 구축물, 기계장치, 집기 · 비품 · 차량운반구, 전비품, 기타 일반유형자산 및 건설 중인 일반유형자산 등을 말한다.

② 제1항의 전비품은 전쟁의 억제 또는 수행에 직접적으로 사용되는 전문적인 군사장비와 탄약 등을 말한다.

제14조(사회기반시설) 사회기반시설은 국가의 기반을 형성하기 위하여 대규모로 투자하여 건설하고 그 경제적 효과가 장기간에 걸쳐 나타나는 자산으로서, 도로, 철도, 항만, 댐, 공항, 기타 사회기반시설(상수도를 포함한다) 및 건설 중인

사회기반시설 등을 말한다.

제15조(무형자산) 무형자산은 일정 기간 독점적·배타적으로 이용할 수 있는 권리인 자산으로서, 산업재산권, 광업권, 소프트웨어, 기타 무형자산 등을 말한다.

제16조(기타 비유동자산) 기타 비유동자산은 유동자산, 투자자산, 일반유형자산, 사회기반시설 및 무형자산에 해당하지 아니하는 자산을 말한다.

제3절 부 채

제17조(부채의 정의와 구분) ① 부채는 과거의 거래나 사건의 결과로 국가회계실체가 부담하는 의무로서, 그 이행을 위하여 미래에 자원의 유출 또는 사용이 예상되는 현재의 의무를 말한다.

② 부채는 유동부채, 장기차입부채, 장기충당부채 및 기타 비유동부채로 구분하여 재정상태표에 표시한다.

제18조(부채의 인식기준) ① 부채는 국가회계실체가 부담하는 현재의 의무 중 향후 그 이행을 위하여 지출이 발생할 가능성이 매우 높고 그 금액을 신뢰성 있게 측정할 수 있을 때 인식한다.

② 국가안보와 관련된 부채는 기획재정부장관과 협의하여 부채로 인식하지 아니할 수 있다. 이 경우 해당 중앙관서의 장은 해당 부채의 종류, 취득시기 및 관리현황 등을 별도의 장부에 기록하여야 한다.

제19조(유동부채) ① 유동부채는 재정상태표일부터 1년 이내에 상환하여야 하는 부채로서 단기국채, 단기공채, 단기차입금, 유동성장기차입부채 및 기타 유동부채 등을 말한다.

② 제1항의 기타 유동부채는 미지급금, 미지급비용, 선수금, 선수수익 등을 말한다.

제20조(장기차입부채) 장기차입부채는 재정상태표일부터 1년 후에 만기가 되는 확정부채로서 국채, 공채, 장기차입금 및 기타 장기차입부채 등을 말한다.

제21조(장기충당부채) 장기충당부채는 지출시기 또는 지출금액이 불확실한 부채로서 퇴직급여충당부채, 연금충당부채, 보험충당부채 및 기타 장기충당부채 등을 말한다.

제22조(기타 비유동부채) 기타 비유동부채는 유동부채, 장기차입부채 및 장기충당부채에 해당하지 아니하는 부채를 말한다.

제4절 순 자 산

제23조(순자산의 정의와 구분) ① 순자산은 자산에서 부채를 뺀 금액을 말하며, 기본순자산, 적립금 및 잉여금, 순자산조정으로 구분한다.

② 기본순자산은 순자산에서 적립금 및 잉여금과 순자산조정을 뺀 금액으로 표시한다.

③ 적립금 및 잉여금은 임의적립금, 전기이월결손금 · 잉여금, 재정운영결과 등을 표시한다.

④ 순자산조정은 투자증권평가손익, 파생상품평가손익 및 기타 순자산의 증감 등을 표시한다.

제 3 장 재정운영표

제1절 총칙

제24조(재정운영표) ① 재정운영표는 회계연도 동안 수행한 정책 또는 사업의 원가와 재정운영에 따른 원가의 회수명세 등을 포함한 재정운영결과를 나타내는 재무제표를 말한다.

② 중앙관서 또는 기금의 재정운영표는 별지 제2호서식과 같다.

③ 국가의 재정운영표는 별지 제3호서식과 같다.

제25조(중앙관서 또는 기금의 재정운영표) ① 중앙관서 또는 기금의 재정운영표는 프로그램순원가, 재정운영순원가, 재정운영결과로 구분하여 표시한다.

② 프로그램순원가는 프로그램을 수행하기 위하여 투입한 원가 합계에서 다른 프로그램으로부터 배부받은 원가를 더하고, 다른 프로그램에 배부한 원가는 빼며, 프로그램 수행과정에서 발생한 수익 등을 빼서 표시한다.

③ 재정운영순원가는 프로그램순원가에서 제1호 및 제2호의 비용은 더하고, 제3호의 수익은 빼서 표시한다.

1. 관리운영비: 기관운영비와 같이 기관의 여러 정책이나 사업, 활동을 지원하는 비용(「정부기업예산법」 제3조에 따른 특별회계나 기금의 경우에는 관리업무비를 말한다)

2. 비배분비용: 투입한 비용 중 프로그램과 직접적 · 간접적인 대응관계가 없거나, 프로그램에 배분하는 것이 합리적이지 아니한 비용
3. 비배분수익: 프로그램과 관련 없이 발생하거나 프로그램 외의 업무로부터 발생한 수익

④ 재정운영결과는 재정운영순원가에서 비교환수익(제28조제2항제2호의 비교환수익을 말한다. 이하 같다) 등을 빼서 표시한다. 다만, 「국고금관리법 시행령」 제50조의2에 따라 통합관리하는 일반회계 및 특별회계의 자금에서 발생하는 비교환수익 등은 순자산변동표의 재원의 조달 및 이전란에 표시한다.

제26조(국가의 재정운영표) ① 중앙관서 또는 기금의 재정운영표를 통합하여 작성하는 국가의 재정운영표는 다음 각 호와 같이 표시한다.

1. 재정운영표: 내부거래를 제거하여 작성하되 재정운영순원가, 비교환수익 등 및 재정운영결과로 구분하여 표시
2. 재정운영순원가: 각 중앙관서별로 구분하여 표시
3. 재정운영결과: 재정운영순원가에서 비교환수익 등을 빼서 표시

② 제1항에서 정한 사항 외에 국가의 재정운영표 작성 방법은 중앙관서 또는 기금의 재정운영표 작성 방법을 준용한다.

제27조(재정운영표의 작성기준) 재정운영표의 모든 수익과 비용은 발생주의 원칙에 따라 거래나 사실이 발생한 기간에 표시한다.

제2절 수익과 비용

제28조(수익의 정의와 구분) ① 수익은 국가의 재정활동과 관련하여 재화 또는 용역을 제공한 대가로 발생하거나, 직접적인 반대급부 없이 법령에 따라 납부의무가 발생한 금품의 수납 또는 자발적인 기부금 수령 등에 따라 발생하는 순자산의 증가를 말한다.

② 수익은 그 원천에 따라 다음 각 호와 같이 구분한다.

1. 교환수익: 재화나 용역을 제공한 대가로 발생하는 수익
2. 비교환수익: 직접적인 반대급부 없이 발생하는 국세, 부담금, 기부금, 무상이전 및 제재금 등의 수익

제29조(수익의 인식기준) ① 교환수익은 수익창출 활동이 끝나고 그 금액을 합리적으로 측정할 수 있을 때에 인식한다.

② 비교환수익은 해당 수익에 대한 청구권이 발생하고 그 금액을 합리적으로 측정할 수 있을 때에 인식하며, 수익 유형에 따른 세부 인식기준은 다음 각 호와 같다.

1. 신고 · 납부하는 방식의 국세: 납세의무자가 세액을 자진신고하는 때에 수익으로 인식
2. 정부가 부과하는 방식의 국세: 국가가 고지하는 때에 수익으로 인식
3. 원천징수하는 국세: 원천징수의무자가 원천징수한 금액을 신고 · 납부하는 때에 수익으로 인식
4. 연부연납(年賦延納) 또는 분납이 가능한 국세: 징수할 세금이 확정된 때에 그 납부할 세액 전체를 수익으로 인식
5. 부담금수익, 기부금수익, 무상이전수입 등: 청구권이 확정된 때에 그 확정된 금액을 수익으로 인식
6. 제재금 수익: 벌금이나 과태료 등이 납부되거나 몰수가 집행된 때에 그 확정된 금액을 수익으로 인식

제30조(비용의 정의와 인식기준) ① 비용은 국가의 재정활동과 관련하여 재화 또는 용역을 제공하여 발생하거나, 직접적인 반대급부 없이 발생하는 자원 유출이나 사용 등에 따른 순자산의 감소를 말한다.

② 비용은 다음 각 호의 기준에 따라 인식한다.

1. 재화나 용역의 제공 등 국가재정활동 수행을 위하여 자산이 감소하고 그 금액을 합리적으로 측정할 수 있을 때 또는 법령 등에 따라 지출에 대한 의무가 존재하고 그 금액을 합리적으로 측정할 수 있을 때에 비용으로 인식
2. 과거에 자산으로 인식한 자산의 미래 경제적 효익이 감소 또는 소멸하거나 자원의 지출 없이 부채가 발생 또는 증가한 것이 명백한 때에 비용으로 인식

제31조(원가계산) ① 원가는 중앙관서의 장 또는 기금관리주체가 프로그램의 목표를 달성하고 성과를 창출하기 위하여 직접적 · 간접적으로 투입한 경제적 자원의 가치를 말한다.

② 원가 집계 대상과 배부기준 등 원가계산에 관한 세부적인 사항은 기획재정부장관이 정하는 바에 따른다.

제 4 장 자산과 부채의 평가

제32조(자산의 평가기준) ① 재정상태표에 표시하는 자산의 가액은 해당 자산의 취득원가를 기초로 하여 계상(計上)한다. 다만, 무주부동산의 취득, 국가 외의 상대방과의 교환 또는 기부채납 등의 방법으로 자산을 취득한 경우에는 취득 당시의 공정가액을 취득원가로 한다.

② 국가회계실체 사이에 발생하는 관리환은 무상거래일 경우에는 자산의 장부가액을 취득원가로 하고, 유상거래일 경우에는 자산의 공정가액을 취득원가로 한다.

③ 재정상태표에 표시하는 자산은 이 규칙에서 따로 정한 경우를 제외하고는 자산의 물리적인 손상 또는 시장가치의 급격한 하락 등으로 해당 자산의 회수가능가액이 장부가액에 미달하고 그 미달액이 중요한 경우에는 장부가액에서 직접 빼서 회수가능가액으로 조정하고, 장부가액과 회수가능가액의 차액을 그 자산에 대한 감액손실의 과목으로 재정운영순원가에 반영하며 감액명세를 주석으로 표시한다. 다만, 감액한 자산의 회수가능가액이 차기 이후에 해당 자산이 감액되지 아니하였을 경우의 장부가액 이상으로 회복되는 경우에는 그 장부가액을 한도로 하여 그 자산에 대한 감액손실환입 과목으로 재정운영순원가에 반영한다.

④ 「군수품관리법」에 따라 관리되는 전비품 등의 평가기준은 국방부장관이 따로 정하는 바에 따를 수 있다.

제33조(유가증권의 평가) ① 유가증권은 매입가액에 부대비용을 더하고 종목별로 총평균법 등을 적용하여 산정한 가액을 취득원가로 한다.

② 유가증권은 자산의 분류기준에 따라 단기투자증권과 장기투자증권으로 구분한다.

③ 채무증권은 상각후취득원가로 평가하고 지분증권과 기타 장기투자증권 및 기타 단기투자증권은 취득원가로 평가한다. 다만, 투자목적의 장기투자증권 또는 단기투자증권인 경우에는 재정상태표일 현재 신뢰성 있게 공정가액을 측정할 수 있으면 그 공정가액으로 평가하며, 장부가액과 공정가액의 차이금액은 순자산변동표에 조정항목으로 표시한다.

④ 유가증권의 회수가능가액이 장부가액 미만으로 하락하고 그 하락이 장기간 계속되어 회복될 가능성이 없을 경우에는 장부가액과의 차액을 감액손실로

인식하고 재정운영순원가에 반영한다.

제34조(미수채권 등의 평가) 미수채권, 장기대여금 또는 단기대여금은 신뢰성 있고 객관적인 기준에 따라 산출한 대손추산액을 대손충당금으로 설정하여 평가한다.

제35조(재고자산의 평가) ① 재고자산은 판매 또는 용역제공을 위하여 보유하거나 생산과정에 있는 자산, 생산과정 또는 용역제공과정에 투입될 원재료나 소모품 형태로 존재하는 자산을 말한다.

② 재고자산은 제조원가 또는 매입가액에 부대비용을 더한 금액을 취득원가로 하고 품목별로 선입선출법(先入先出法)을 적용하여 평가한다. 다만, 실물흐름과 원가산정 방법 등에 비추어 다른 방법을 적용하는 것이 보다 합리적이라고 인정되는 경우에는 개별법, 이동평균법 등을 적용하고 그 내용을 주석으로 표시한다.

③ 제2항에 따라 선택된 재고자산의 평가 방법은 정당한 사유 없이 변경할 수 없으며, 평가 방법의 정당한 변경 사유가 발생한 경우에는 제51조에 따라 회계처리한다.

④ 재고자산의 시가(時價)가 취득원가보다 낮은 경우에는 시가를 재정상태표가액으로 한다. 이 경우 원재료 외의 재고자산의 시가는 순실현가능가액을 말하며, 생산과정에 투입될 원재료의 시가는 현재 시점에서 매입하거나 재생산하는 데 드는 현행대체원가를 말한다.

제36조(압수품 및 몰수품의 평가) ① 압수품 및 몰수품은 판결이나 법령에 따라 국가에 귀속된 때에 다음 각 호와 같이 평가한다.

1. 화폐성자산: 압류 또는 몰수 당시의 시장가격으로 평가하여 표시
2. 비화폐성자산: 감정가액 또는 공정가액 등으로 평가하여 표시

② 압수품 및 몰수품의 명세는 주석으로 표시한다.

제37조(일반유형자산의 평가) ① 일반유형자산은 해당 자산의 건설원가 또는 매입가액에 부대비용을 더한 금액을 취득원가로 하고, 객관적이고 합리적인 방법으로 추정한 기간에 정액법(定額法) 등을 적용하여 감가상각한다.

② 일반유형자산에 대한 사용수익권은 해당 자산의 차감항목에 표시한다.

제38조(사회기반시설의 평가) ① 사회기반시설의 평가에 관하여는 제37조를 준용한다. 이 경우 감가상각은 건물, 구축물 등 세부 구성요소별로 감가상각

한다.

② 제1항에도 불구하고 사회기반시설 중 관리 · 유지 노력에 따라 취득 당시의 용역 잠재력을 그대로 유지할 수 있는 시설에 대해서는 감가상각하지 아니하고 관리 · 유지에 투입되는 비용으로 감가상각비용을 대체할 수 있다. 다만, 효율적인 사회기반시설 관리시스템으로 사회기반시설의 용역 잠재력이 취득 당시와 같은 수준으로 유지된다는 것이 객관적으로 증명되는 경우로 한정한다.

③ 사회기반시설에 대한 사용수익권은 해당 자산의 차감항목에 표시한다.

제38조의2(일반유형자산 및 사회기반시설의 재평가 기준) ① 제32조에도 불구하고 일반유형자산과 사회기반시설을 취득한 후 재평가할 때에는 공정가액으로 계상하여야 한다. 다만, 해당 자산의 공정가액에 대한 합리적인 증거가 없는 경우 등에는 재평가일 기준으로 재생산 또는 재취득하는 경우에 필요한 가격에서 경과연수에 따른 감가상각누계액 및 감액손실누계액을 뺀 가액으로 재평가하여 계상할 수 있다.

② 제1항에 따른 재평가의 최초 평가연도, 평가방법 및 요건 등 세부 회계처리에 관하여는 기획재정부장관이 정한다. [본조 신설 2010.1.12]

제39조(무형자산의 평가) ① 무형자산은 해당 자산의 개발원가 또는 매입가액에 부대비용을 더한 금액을 취득원가로 하여 평가한다.

② 무형자산은 정액법에 따라 해당 자산을 사용할 수 있는 시점부터 합리적인 기간 동안 상각한다. 이 경우 상각기간은 독점적 · 배타적인 권리를 부여하고 있는 관계 법령이나 계약에서 정한 경우를 제외하고는 20년을 초과할 수 없다.

제40조(일반유형자산 및 사회기반시설의 취득 후 지출) 일반유형자산 및 사회기반시설의 내용연수를 연장시키거나 가치를 실질적으로 증가시키는 지출은 자산의 증가로 회계처리하고, 원상회복시키거나 능률유지를 위한 지출은 비용으로 회계처리한다.

제41조(부채의 평가기준) 재정상태표에 표시하는 부채의 가액은 이 규칙에서 따로 정한 경우를 제외하고는 원칙적으로 만기상환가액으로 평가한다.

제42조(국채의 평가) ① 국채는 국채발행수수료 및 발행과 관련하여 직접 발생한 비용을 뺀 발행가액으로 평가한다.

② 국채의 액면가액과 발행가액의 차이는 국채할인(할증)발행차금 과목으로

액면가액에 빼거나 더하는 형식으로 표시하며, 그 할인(할증)발행차금은 발행한 때부터 최종 상환할 때까지의 기간에 유효이자율로 상각 또는 환입하여 국채에 대한 이자비용에 더하거나 뺀다.

제43조(퇴직급여충당부채의 평가) ① 퇴직급여충당부채는 재정상태표일 현재 「공무원연금법」 및 「군인연금법」을 적용받지 아니하는 퇴직금 지급대상자가 일시에 퇴직할 경우 지급하여야 할 퇴직금으로 평가한다.

② 퇴직금산정명세, 퇴직금추계액, 회계연도 중 실제로 지급한 퇴직금 등은 주석으로 표시한다.

제44조(연금충당부채 및 보험충당부채의 평가) 연금충당부채 및 보험충당부채는 기획재정부장관이 따로 정하는 방법으로 평가한다.

제45조(융자보조원가충당금과 보증충당부채의 평가) ① 융자보조원가충당금은 융자사업에서 발생한 융자금 원금과 추정 회수가능액의 현재가치와의 차액으로 평가한다.

② 보증충당부채는 보증채무불이행에 따른 추정 순현금유출액의 현재가치로 평가한다.

③ 제1항 및 제2항에서 정한 사항 외에 융자보조원가충당금 및 보증충당부채의 회계처리에 관한 세부 사항은 기획재정부장관이 정하는 바에 따른다.

제46조(채권 · 채무의 현재가치에 따른 평가) ① 장기연불조건의 거래, 장기금전대차거래 또는 이와 유사한 거래에서 발생하는 채권 · 채무로서 명목가액과 현재가치의 차이가 중요한 경우에는 현재가치로 평가한다.

② 제1항에 따른 현재가치 가액은 해당 채권 · 채무로 미래에 받거나 지급할 총금액을 해당 거래의 유효이자율(유효이자율을 확인하기 어려운 경우에는 유사한 조건의 국채 유통수익률을 말한다)로 할인한 가액으로 한다.

③ 제1항에 따라 발생하는 채권 · 채무의 명목가액과 현재가치 가액의 차액인 현재가치할인차금은 유효이자율로 매 회계연도에 환입하거나 상각하여 재정운영순원가에 반영한다.

제47조(외화자산 및 외화부채의 평가) ① 화폐성 외화자산과 화폐성 외화부채는 재정상태표일 현재의 적절한 환율로 평가한다.

② 비화폐성 외화자산과 비화폐성 외화부채는 해당 자산을 취득하거나 해당 부채를 부담한 당시의 적절한 환율로 평가한 가액을 재정상태표 가액으로 한다.

③ 제1항에 따라 발생하는 손익은 외화평가손실 또는 외화평가이익의 과목으로 하여 재정운영순원가에 반영하고, 중요한 외화자산과 외화부채의 내용, 평가기준 및 평가손익의 내용을 주석으로 표시한다.

④ 화폐성 외화자산과 화폐성 외화부채는 화폐가치의 변동과 상관없이 자산과 부채의 금액이 계약 등에 의하여 일정 화폐액으로 고정되어 있는 경우의 자산과 부채를 말한다. 다만, 화폐성과 비화폐성의 성질을 모두 가지고 있는 외화자산과 외화부채는 해당 자산과 부채의 보유 목적이나 성질에 따라 구분한다.

제48조(리스에 따른 자산과 부채의 평가) ① 리스는 일정 기간 설비 등 특정자산의 사용권을 리스회사로부터 이전받고, 그 대가로 사용료를 지급하는 계약을 말하며, 다음 각 호와 같이 구분한다.

1. 금융리스: 리스자산의 소유에 따른 위험과 효익이 실질적으로 리스이용자에게 이전되는 리스
2. 운용리스: 제1호 외의 리스

② 금융리스는 리스료를 내재이자율로 할인한 가액과 리스자산의 공정가액 중 낮은 금액을 리스자산과 리스부채로 각각 계상하여 감가상각하고, 운용리스는 리스료를 해당 회계연도의 비용으로 회계처리한다.

제49조(파생상품의 평가) ① 파생상품은 해당 계약에 따라 발생한 권리와 의무를 각각 자산 및 부채로 계상하여야 하며, 공정가액으로 평가한 금액을 재정상태표 가액으로 한다.

② 파생상품에서 발생한 평가손익은 발생한 시점에 재정운영순원가에 반영한다. 다만, 미래예상거래의 현금흐름변동위험을 회피하는 계약에서 발생하는 평가손익은 순자산변동표의 조정항목 중 파생상품평가손익으로 표시한다.

③ 파생상품 거래는 그 거래 목적 및 거래명세 등을 주석으로 표시한다. 이 경우 위험회피 목적의 파생상품 거래인 경우에는 위험회피 대상항목, 위험회피 대상범위, 위험회피 활동을 반영하기 위한 회계처리방법, 이연(移延)된 손익 금액 등을 표시한다.

제50조(우발상황) ① 우발상황은 진행 중인 소송사건, 타인의 채무에 대한 지급보증 등 중앙관서의 장 또는 기금관리주체가 통제할 수 없는 불확실한 미래사건의 발생 여부에 따라 그 의무나 권리의 존재 여부가 확인되는 것으로서 그 발생 여부가 불확실한 현재의 상태 또는 상황을 말한다.

② 우발상황은 다음 각 호와 같이 처리한다.

1. 재정상태표일 현재 우발손실의 발생이 확실하고 그 손실금액을 합리적으로 추정할 수 있는 경우: 우발손실을 재정운영순원가에 반영하고 그 내용을 주석으로 표시
2. 재정상태표일 현재 우발손실의 발생이 확실하지 아니하거나 우발손실의 발생은 확실하지만 그 손실금액을 합리적으로 추정할 수 없는 경우: 우발상황의 내용, 우발손실에 따른 재무적 영향을 주석으로 표시
3. 우발이익의 발생이 확실하고 그 이익금액을 합리적으로 추정할 수 있는 경우: 우발상황의 내용을 주석으로 표시

제51조(회계 변경과 오류 수정) ① 회계정책 및 회계추정의 변경은 그 변경으로 재무제표를 보다 적절히 표시할 수 있는 경우 또는 법령 등에서 새로운 회계기준을 채택하거나 기존의 회계기준을 폐지함에 따라 변경이 불가피한 경우에 할 수 있으며, 그 유형에 따라 다음 각 호와 같이 처리한다.

1. 회계정책의 변경에 따른 영향은 해당 회계연도 재정상태표의 순자산에 반영한다. 다만, 회계정책의 변경에 따른 누적효과를 합리적으로 추정하기 어려운 경우에는 회계정책의 변경에 따른 영향을 해당 회계연도와 그 회계연도 후의 기간에 반영할 수 있다.
2. 회계추정의 변경에 따른 영향은 해당 회계연도 후의 기간에 미치는 것으로 한다.
3. 회계정책 또는 회계추정을 변경한 경우에는 그 변경내용, 변경사유 및 변경에 따라 해당 회계연도의 재무제표에 미치는 영향을 주석으로 표시한다.

② 오류수정사항이란 회계기준 또는 법령 등에서 정한 기준에 합당하지 아니한 경우로서 전 회계연도 또는 그 전 기간에 발생한 다음 각 호의 오류는 다음 각 호의 구분에 따라 처리한다.

1. 중대한 오류: 오류가 발생한 회계연도 재정상태표의 순자산에 반영하고, 관련된 계정잔액을 수정한다. 이 경우 비교재무제표를 작성할 때에는 중대한 오류의 영향을 받는 회계기간의 재무제표 항목을 다시 작성한다.
2. 제1호 외의 오류: 해당 회계연도의 재정운영표에 반영한다.

③ 전 회계연도 이전에 발생한 오류수정사항은 주석으로 표시하되, 제2항제1호에 따른 중대한 오류를 수정한 경우에는 다음 각 호의 사항을 주석으로 포함한다.

1. 중대한 오류로 판단한 근거

2. 비교재무제표에 표시된 과거회계기간에 대한 수정금액

3. 비교재무제표가 다시 작성되었다는 사실

제 5 장 순자산변동표

제52조(순자산변동표) ① 순자산변동표는 회계연도 동안 순자산의 변동명세를 표시하는 재무제표를 말한다.

② 중앙관서 또는 기금의 순자산변동표는 기초순자산, 재정운영결과, 재원의 조달 및 이전, 조정항목, 기말순자산으로 구분하여 표시한다.

③ 중앙관서 또는 기금의 순자산변동표는 별지 제4호서식과 같다.

④ 중앙관서 또는 기금의 순자산변동표를 통합하여 작성하는 국가의 순자산변동표는 기초순자산, 재정운영결과, 조정항목, 기말순자산으로 구분하여 표시한다.

⑤ 국가의 순자산변동표는 별지 제5호서식과 같다.

제53조(조정항목) 조정항목은 납입자본의 증감, 투자증권평가손익, 파생상품평가손익 및 기타 순자산의 증감 등을 포함한다.

제 6 장 필수보충정보, 주석 및 부속명세서 등

제54조(필수보충정보) ① 필수보충정보는 재무제표에는 표시하지 아니하였으나, 재무제표의 내용을 보완하고 이해를 돕기 위하여 필수적으로 제공되어야 하는 정보를 말한다.

② 필수보충정보는 다음 각 호의 정보를 말한다.

1. 유산자산의 종류, 수량 및 관리상태

2. 연금보고서

3. 보험보고서

4. 사회보험보고서

5. 국세징수활동표

6. 총잉여금 · 재정운영결과조정표

7. 수익 · 비용 성질별 재정운영표

8. 그 밖에 재무제표에는 반영되지 아니하였으나 중요하다고 판단되는 정보

③ 필수보충정보의 작성기준과 서식은 기획재정부장관이 정하는 바에 따른다.

제55조(주석) ① 주석은 정보이용자에게 충분한 회계정보를 제공하기 위하여 채택한 중요한 회계정책과 재무제표에 중대한 영향을 미치는 사항을 설명한 것을 말한다.

② 이 규칙에서 규정한 주석 사항 외에 필요한 경우에는 다음 각 호의 사항을 주석으로 표시한다.

1. 중요한 회계처리방법
2. 장기차입부채 상환계획
3. 장기충당부채
4. 외화자산 및 외화부채
5. 우발사항 및 약정사항(지급보증, 파생상품, 담보제공자산 명세를 포함한다)
6. 전기오류수정 및 회계처리방법의 변경
7. 순자산조정명세
8. 제1호부터 제7호까지에서 규정한 사항 외에 재무제표에 중대한 영향을 미치는 사항과 재무제표의 이해를 위하여 필요한 사항

제56조(부속명세서) 부속명세서는 재무제표에 표시된 회계과목에 대한 세부명세를 명시할 필요가 있을 때에 추가적인 정보를 제공하기 위한 것으로서, 부속명세서의 종류, 작성기준 및 서식은 기획재정부장관이 정하는 바에 따른다.

제 7 장 보칙 <신설 2010.1.12>

제57조(국유재산관리운용보고서 등의 작성) 「국유재산법」 제69조에 따른 국유재산관리운용보고서, 「물품관리법」 제21조에 따른 물품관리운용보고서 및 「국가채권관리법」 제36조에 따른 채권현재액보고서 작성을 위한 세부회계처리지침은 기획재정부장관이 정한다. [본조신설 2010.1.12]

제58조(세부회계처리기준) ① 중앙관서의 장과 기금관리주체는 기획재정부장관과 협의하여 이 규칙의 시행에 필요한 세부회계처리기준을 정할 수 있다. 이 경우 세부회계처리기준은 이 규칙의 범위에서 작성되어야 한다.

② 중앙관서의 장과 기금관리주체는 해당 국가회계실체의 특성 등을 고려하여 불가피하다고 인정되는 경우에는 기획재정부장관의 승인을 받아 이 규칙과 다른 내용의 세부회계처리기준을 정할 수 있다. [본조신설 2010.1.12]

부칙 〈제60호,2009.3.19〉

제1조(시행일) 이 규칙은 공포한 날부터 시행하되, 2009년 1월 1일부터 적용한다. 다만, 제14조, 제38조, 제44조 및 제45조(보증충당부채 부분에 한정한다)는 기획재정부장관이 정하는 회계연도부터 적용한다.

제2조(재무제표 작성에 관한 특례) 2009 회계연도의 재무제표는 제6조제1항제1호에도 불구하고 비교하는 형식으로 작성하지 아니할 수 있다.

제3조(사회기반시설의 인식에 관한 특례) 이 규칙 시행 전에 취득한 사회기반시설의 취득가액을 확인하기 곤란하거나 합리적으로 추정할 수 없는 경우에는 제10조제1항에도 불구하고 자산으로 인식하지 아니할 수 있다. 이 경우 인식하지 아니하는 사유, 해당 자산의 종류와 취득시기 및 관리상태를 필수보충정보로 표시하여야 한다.

제4조(일반유형자산과 사회기반시설의 자산가액에 관한 특례) 이 규칙 시행 전에 「국유재산법」 제47조에 따라 가격개정한 일반유형자산과 사회기반시설에 대하여는 이 규칙 제37조 및 제38조에도 불구하고 가격개정한 금액을 이 규칙 시행 당시의 자산가액으로 본다.

제5조(감가상각 또는 상각에 관한 특례) 「국가재정법」 제4조에 따른 일반회계 및 특별회계(「정부기업예산법」 제3조에 따른 특별회계와 「책임운영기관의 설치 · 운영에 관한 법률」 제27조에 따른 책임운영기관특별회계는 제외한다)의 자산 중 일반유형자산의 감가상각과 무형자산의 상각에 관하여는 제37조 제1항 및 제39조 제2항에도 불구하고 2011년 회계연도부터 감가상각 또는 상각처리한다. 이 경우 해당 중앙관서의 장 및 기금관리주체는 감가상각 또는 상각을 유예한 사실 및 이유와 합리적인 추정이 가능한 경우 그 금액 등을 재무제표의 주석에 적어야 한다. [본조 신설 2010.1.12]

서식1 재정상태표

서식2 재정운영표

서식3 재정운영표

서식4 순자산변동표

서식5 순자산변동표

부칙 〈제126호,2010.1.12〉

이 규칙은 공포한 날로부터 시행한다.

부록 2 지방자치단체 회계기준에 관한 규칙[일부개정 2009.12.31 행정안전부령 제124호]

제1장 총 칙

제1조(목적) 이 규칙은 지방자치단체의 회계처리 및 재무보고의 통일성과 객관성을 확보함으로써 정보이용자에게 유용한 정보를 제공하고, 지방자치단체의 재정 투명성과 공공 책임성을 제고함을 목적으로 한다.

제2조(적용대상) ① 이 규칙은 지방자치단체가 수행하는 모든 일반적인 거래의 회계처리와 재무보고에 대하여 적용한다.

② 실무회계처리에 관한 구체적인 사항은 행정안전부장관이 정한다. 〈개정 2009.12.31〉

③ 이 규칙에서 정하는 것 외의 사항에 대하여는 일반적으로 인정되는 회계원칙과 일반적으로 공정하며 타당하다고 인정되는 회계관습에 따른다. 〈신설 2009.12.31〉

제3조(정의) 이 규칙에서 사용하는 용어의 정의는 다음과 같다.

1. "경제적 자원"이라 함은 지방자치단체의 행정활동에 직접 또는 간접적으로 투입하여 사용하거나 소비할 수 있는 경제적 가치를 지닌 모든 자원을 말한다.
2. "공정가액"이라 함은 합리적인 판단력과 거래의사가 있는 독립된 당사자간에 거래될 수 있는 교환가격을 말한다.
3. "내부거래"라 함은 재무제표를 작성하는 경우 상계되어야 하는 지방자치단체 내의 각 회계실체간의 거래를 말한다.

제4조(재무보고의 목적) ① 재무보고는 지방자치단체와 직간접적 이해관계가 있는 정보이용자가 재정활동 내용을 파악하여 합리적인 의사결정을 하는 데에 유용한 정보를 제공하는 것을 목적으로 한다.

② 재무보고는 지방자치단체가 공공회계책임을 적절히 이행하였는가 여부를 평가하는 데에 필요한 다음 각호의 정보를 제공하여야 한다.

1. 재정상태 · 재정운영성과 · 현금흐름 및 순자산 변동에 관한 정보
2. 당기(當期)의 수입이 당기(當期)의 서비스를 제공하기에 충분하였는지 또는

미래의 납세자가 과거에 제공된 서비스에 대한 부담을 지게 되는지에 대한 기간간 형평성에 관한 정보

3. 예산과 그 밖의 관련 법규의 준수에 관한 정보

제5조(일반원칙) 지방자치단체의 회계처리와 재무보고는 발생주의 · 복식부기 방식에 의하며 다음 각 호의 일반원칙에 따라 이루어져야 한다.

1. 회계처리와 보고는 신뢰할 수 있도록 객관적인 자료와 증거에 의하여 공정하게 처리하여야 한다.
2. 재무제표의 양식 및 과목과 회계용어는 이해하기 쉽도록 간단명료하게 표시하여야 한다.
3. 중요한 회계방침과 회계처리기준 · 과목 및 금액에 관하여는 그 내용을 재무제표상에 충분히 표시하여야 한다.
4. 회계처리에 관한 기준과 추정은 기간별 비교가 가능하도록 기간마다 계속하여 적용하고 정당한 사유 없이 이를 변경하여서는 아니된다.
5. 회계처리를 하거나 재무제표를 작성할 때 과목과 금액은 그 중요성에 따라 실용적인 방법을 통하여 결정하여야 한다.
6. 회계처리는 거래의 사실과 경제적 실질을 반영할 수 있어야 한다.

제6조(회계실체) ① 회계실체는 지방자치단체의 회계구분에 따라 일반회계, 기타특별회계, 기금회계 및 지방공기업특별회계의 유형으로 구분한다.

② 회계실체는 그 활동의 성격에 따라 행정형 회계실체와 사업형 회계실체로 구분할 수 있다.

1. 행정형 회계실체는 지방자치단체의 일반적이고 고유한 행정활동을 수행하는 회계실체를 말한다.
2. 사업형 회계실체는 개별적 보상관계가 적용되는 기업적인 활동을 주된 목적으로 하는 회계실체를 말한다.

③ 지방공기업특별회계는 「지방공기업법」에서 따로 정한 경우 이 기준을 적용하지 아니한다.

제 2 장 재무보고서

제7조(재무보고서의 구성) 재무보고서는 결산총평 · 재무제표 · 필수보충정보 및 부속명세서로 구성된다.

제8조(재무제표) 재무제표는 지방자치단체의 재정상황을 표시하는 중요한 요소로서 재정상태보고서 · 재정운영보고서 · 현금흐름보고서 · 순자산변동보고서 및 주석(註釋)으로 구성된다.

제9조(재무제표의 작성원칙) ① 지방자치단체의 재무제표는 일반회계 · 기타특별회계 · 기금회계 및 지방공기업특별회계의 유형별 재무제표를 통합하여 작성한다.

② 기타특별회계 · 기금회계 및 지방공기업특별회계의 유형별 재무제표는 해당유형에 속한 개별 재무제표를 합산하되 내부거래를 빼고 작성한다.

③ 재무제표는 당해 회계연도분과 직전 회계연도분을 비교하는 형식으로 작성되어야 한다. 이 경우 비교식으로 작성되는 양 회계연도의 재무제표는 계속성의 원칙에 따라 작성되어야 하며 회계정책상의 변화 등 회계변경이 발생한 경우에는 그 내용을 주석(註釋)으로 공시하여야 한다. 〈개정 2007.12.31〉

④ 「지방재정법」 제8조 및 동법 시행령 제4조에 따른 출납폐쇄기한 내의 세입금 수납과 세출금 지출은 당해 회계연도의 거래로 처리한다.

제 3 장 재정상태보고서

제10조(재정상태보고서) ① 재정상태보고서는 특정 시점의 지방자치단체의 자산과 부채의 내역 및 상호관계 등 재정상태를 나타내는 재무제표로서 자산 · 부채 및 순자산으로 구성된다.

② 재정상태보고서는 별지 제1호서식과 같다.

제11조(자산 · 부채 및 순자산의 정의) ① 자산은 회계실체가 소유하고 이들 자산을 일정기간 보유하거나 사용함으로써 공공서비스 잠재력이나 경제적 효익을 창출할 수 있는 자원을 말한다.

② 부채는 과거 사건의 결과로 회계실체가 부담하는 의무로서 그 이행을 위하여 미래에 자원의 유출이 예상되는 현재 시점의 의무를 말한다.

③ 순자산은 회계실체의 자산에서 부채를 뺀 나머지 금액을 말한다.

[제목개정 2007.12.31]

제12조(자산과 부채의 인식기준) ① 자산은 공공서비스의 잠재력을 창출하거나 미래의 경제적 효익이 회계실체에 유입될 것이 거의 확실하고 그 금액을 신뢰

성 있게 측정할 수 있을 때에 인식한다.

② 문화재, 예술작품, 역사적 문건 및 자연자원은 자산으로 인식하지 아니하고 필수보충정보의 관리책임자산으로 보고한다.

③ 부채는 회계실체가 부담하는 현재의 의무를 이행하기 위하여 경제적 효익이 유출될 것이 거의 확실하고 그 금액을 신뢰성 있게 측정할 수 있을 때에 인식한다. 〈개정 2007.12.31〉

제13조(재정상태보고서의 작성기준) ① 자산과 부채는 유동성이 높은 항목부터 배열하는 것을 원칙으로 한다.

② 자산과 부채는 총액에 따라 적는 것을 원칙으로 하고, 자산의 항목과 부채 또는 순자산의 항목을 상계함으로써 그 전부 또는 일부를 재정상태보고서에서 제외하여서는 아니된다.

③ 가지급금이나 가수금 등의 미결산항목은 그 내용을 나타내는 적절한 과목으로 표시하고, 비망계정(備忘計定)은 재정상태보고서의 자산 또는 부채항목으로 표시하지 아니한다.

제14조(자산의 분류) ① 자산은 유동자산, 투자자산, 일반유형자산, 주민편의시설, 사회기반시설, 기타비유동자산으로 분류한다.

② 삭제 〈2009.12.31〉

제15조(유동자산) 유동자산은 회계연도 종료 후 1년 내에 현금화가 가능하거나 실현될 것으로 예상되는 자산으로서 현금 및 현금성 자산, 단기금융상품, 미수세금, 미수세외수입금 등을 말한다. 〈개정 2009.12.31〉

제16조(투자자산) 투자자산은 회계실체가 투자하거나 권리행사 등의 목적으로 보유하고 있는 비유동자산으로서 장기금융상품, 장기융자금, 장기투자증권 등을 말한다. 〈개정 2009.12.31〉

제17조(일반유형자산) 일반유형자산은 공공서비스의 제공을 위하여 1년 이상 반복적 또는 계속적으로 사용되는 자산으로서 토지, 건물, 입목 등을 말한다. 〈개정 2009.12.31〉

제18조(주민편의시설) 주민편의시설은 주민의 편의를 위하여 1년 이상 반복적 또는 계속적으로 사용되는 자산으로서, 도서관, 주차장, 공원, 박물관 및 미술관 등을 말한다. 〈개정 2007.12.31, 2009.12.31〉

제19조(사회기반시설) 사회기반시설은 초기에 대규모 투자가 필요하고 파급효과가 장기간에 걸쳐 나타나는 지역사회의 기반적인 자산으로서 도로, 도시철도, 상수도시설, 수질정화시설, 하천부속시설 등을 말한다. 〈개정 2007.12.31, 2009.12.31〉

제20조(기타비유동자산) 기타비유동자산은 유동자산, 투자자산, 일반유형자산, 주민편의시설, 사회기반시설에 속하지 아니하는 자산으로서 보증금, 무형자산 등을 말한다. 〈개정 2009.12.31〉

제21조(부채의 분류) 부채는 유동부채, 장기차입부채 및 기타비유동부채로 분류한다.

제22조(유동부채) 유동부채는 회계연도 종료 후 1년 내에 상환되어야 하는 부채로서 단기차입금, 유동성 장기차입부채 등을 말한다. 〈개정 2009.12.31〉

제23조(장기차입부채) 장기차입부채는 회계연도 종료 후 1년 이후에 상환되어야 하는 부채로서 장기차입금, 지방채증권 등을 말한다. 〈개정 2009.12.31〉

제24조(기타비유동부채) 기타비유동부채는 유동부채와 장기차입부채에 속하지 아니하는 부채로서 퇴직급여충당부채, 장기예수보증금, 장기선수수익 등을 말한다.

제25조(순자산의 분류) ① 순자산은 지방자치단체의 기능과 용도를 기준으로 고정순자산, 특정순자산 및 일반순자산으로 분류한다.

② 고정순자산은 일반유형자산, 주민편의시설 및 사회기반시설의 투자액에서 그 시설의 투자재원을 마련할 목적으로 조달한 장기차입금 및 지방채증권 등을 뺀 금액으로 한다.

③ 특정순자산은 채무상환 목적이나 적립성기금의 원금과 같이 그 사용목적이 특정되어 있는 재원과 관련된 순자산을 말한다.

④ 일반순자산은 고정순자산과 특정순자산을 제외한 나머지 금액을 말한다.

제 4 장 재정운영보고서

제26조(재정운영보고서) ① 재정운영보고서는 회계연도 동안의 재정운영에 대한 이익과 손실의 산정이 아닌 수익과 비용의 내역을 일정기준에 따라 체계적

으로 표시하는 재무제표로서 수익과 비용으로 구성된다.

② 재정운영보고서에 기록하는 비용은 기능별로 표시하고, 기능별 재정운영보고서는 별지 제2호서식과 같다.

③ 비용을 성질별로 분류하는 성질별 재정운영보고서는 필수보충정보로 보고하며, 성질별 재정운영보고서는 별지 제5호서식과 같다.

제27조(수익과 비용의 정의) ① 수익은 자산의 증가 또는 부채의 감소를 초래하는 회계연도 동안의 거래로 생긴 순자산의 증가를 말한다. 다만, 관리전환이나 기부채납 등으로 생긴 순자산의 증가는 수익에 포함하지 아니한다.

② 비용은 자산의 감소나 부채의 증가를 초래하는 회계연도 동안의 거래로 생긴 순자산의 감소를 말한다. 다만, 관리전환 등으로 생긴 순자산의 감소는 비용에 포함하지 아니한다.

제28조(수익과 비용의 인식기준) ①수익은 다음과 같이 인식한다.

1. 교환거래로 생긴 수익은 재화나 서비스 제공의 반대급부로 생긴 사용료, 수수료 등으로서 수익창출활동이 끝나고 그 금액을 합리적으로 측정할 수 있을 때에 인식한다.
2. 비교환거래로 생긴 수익은 직접적인 반대급부 없이 생기는 지방세, 보조금, 기부금 등으로서 해당수익에 대한 청구권이 발생하고 그 금액을 합리적으로 측정할 수 있을 때에 인식한다.

② 비용은 다음과 같이 인식한다.

1. 교환거래에 따르는 비용은 반대급부로 발생하는 급여, 지급수수료, 임차료, 수선유지비 등으로서 대가를 지급하는 조건으로 민간부문이나 다른 공공부문으로부터 재화와 서비스의 제공이 끝나고 그 금액을 합리적으로 측정할 수 있을 때에 인식한다.
2. 비 교환거래에 의한 비용은 직접적인 반대급부 없이 발생하는 보조금, 기부금 등으로서 가치의 이전에 대한 의무가 존재하고 그 금액을 합리적으로 측정할 수 있을 때에 인식한다.

제29조(재정운영보고서의 작성기준) ① 재정운영보고서는 다음 각 호에 따라 작성하여야 한다.

1. 모든 수익과 비용은 이 규칙에서 정하는 경우를 제외하고는 발생주의 원칙에 따라 거래나 사건이 발생한 기간에 표시한다.
2. 수익과 비용은 총액에 따라 기록하는 것을 원칙으로 하고 수익항목과 비

용항목을 직접 상계하여서는 아니 된다.

② 수익과 비용은 그 발생원천에 따라 명확하게 분류하여야 하며, 해당 항목의 중요성에 따라 별도의 과목으로 표시하거나 다른 과목과 통합하여 표시할 수 있다. 이 경우 해당 항목의 중요성은 금액과 질적 요소를 고려하여 판단하여야 한다.

③ 행정활동과 관련한 비용산출을 위한 계산과 배부기준 등에 관한 사항은 행정안전부장관이 정하는 원가계산준칙에 따른다. 〈개정 2008.12.31〉

제30조(수익의 분류) 수익은 재원조달의 원천에 따라 자체조달수익, 정부간이전수익, 기타수익으로 분류한다.

제31조(자체조달수익) ① 자체조달수익은 지방자치단체가 독자적인 과세권한과 자체적인 징수활동을 통하여 조달한 수익으로서 지방세수익, 경상세외수익, 임시세외수익 등을 말한다.

② 지방세수익은 지방세법 제5조에 규정한 세목으로서 지방자치단체가 과세권을 바탕으로 반대급부 없이 징수하는 세금을 말한다.

③ 경상세외수익은 경상적이고 반복적으로 재화나 서비스를 제공하고 그에 대한 반대급부로 발생하는 세외수익으로서, 재산임대료수익, 사용료수익, 수수료수익, 사업수익, 징수교부금수익, 이자수익 등을 말한다.

④ 임시세외수익은 세외수익 중 비경상적이고 비반복적으로 발생하는 수익으로서, 국·공유재산매각수수료수익, 재고자산매각이익, 일반유형자산처분이익, 주민편의시설처분이익, 사회기반시설처분이익, 기타임시세외수익 등을 말한다.

제32조(정부간이전수익) 정부간이전수익은 지방자치단체가 국가 등의 교부를 통하여 조달한 수익으로서, 지방교부세수익, 조정교부금수익, 재정보전금수익, 국고보조금수익, 시도비보조금수익 등을 말한다.

제33조(기타수익) 기타수익은 제31조와 제32조에서 열거되지 아니한 수익으로서, 회계간전입금수익, 기부금수익, 외화환산이익, 외환차익 등을 말한다.

제34조(비용의 분류) 비용은 「지방재정법 시행령」 제47조의 세출예산 과목구분에 따른다. [전문개정 2009.12.31]

제 5 장 현금흐름보고서

제35조(현금흐름보고서) ① 현금흐름보고서는 회계연도 동안의 현금자원의 변동에 관한 정보로서 자금의 원천과 사용결과를 표시하는 재무제표로서 경상활동, 투자활동 및 재무활동으로 구성된다.

② 현금흐름보고서는 별지 제3호서식과 같다.

제36조(현금흐름의 구분) ① 경상활동은 지방자치단체의 행정서비스와 관련된 활동으로서 투자활동과 재무활동에 속하지 아니하는 거래를 말한다.

② 투자활동은 자금의 융자와 회수, 장기투자증권 · 일반유형자산 · 주민편의시설 · 사회기반시설 및 무형자산의 취득과 처분 등을 말한다.

③ 재무활동은 자금의 차입과 상환, 지방채의 발행과 상환 등을 말한다.

제37조(현금흐름보고서의 작성기준) ① 현금흐름보고서는 회계연도 중의 순현금흐름에 회계연도 초의 현금을 더하여 회계연도 말 현재의 현금을 산출하는 형식으로 표시한다.

② 현금의 유입과 유출은 회계연도 중의 증가나 감소를 상계하지 아니하고 각각 총액으로 적는다. 다만, 거래가 잦아 총 금액이 크고 단기간에 만기가 도래하는 경우에는 순증감액으로 적을 수 있다.

③ 현물출자로 인한 유형자산 등의 취득, 유형자산의 교환 등 현금의 유입과 유출이 없는 거래 중 중요한 거래에 대하여는 주석(註釋)으로 공시한다.

제 6 장 순자산변동보고서

제38조(순자산변동보고서) ① 순자산변동보고서는 회계연도 동안의 순자산의 증감 내역을 표시하는 재무제표로서 재정운영에 따른 운영차액과 기타순자산의 변동을 기재한다.

② 순자산변동보고서는 별지 제4호서식과 같다.

제39조(순자산의 증가와 감소) ① 순자산의 증가사항은 전기오류수정이익, 회계기준변경으로 생긴 누적이익 등을 말한다. 〈개정 2009.12.31〉

② 순자산의 감소사항은 전기오류수정손실, 회계기준변경으로 생긴 누적손실 등을 말한다. 〈개정 2009.12.31〉

제 7 장 결산총평, 주석(註釋), 필수보충정보 및 부속명세서

제40조(결산총평) ① 결산총평은 정보이용자들이 재무제표에 포함된 중요한 회계정보를 이해할 수 있도록 하기 위한 머리말, 재무분석 등의 설명자료를 말한다. 〈개정 2009.12.31〉

② 머리말은 재무제표를 바탕으로 주요특징사항 및 재무제표에 대한 요약설명으로 구성된다. 〈개정 2007.12.31, 2009.12.31〉

③ 주요특징사항은 지방자치단체의 개요, 재무보고와 관련한 회계정책 및 제도의 변화와 관련한 사항을 말한다.

④ 재무제표에 대한 요약설명은 당해연도 및 직전연도의 재정상태와 운영활동의 비교 및 변화원인에 관한 설명 등을 말한다.

⑤ 재무분석은 정보이용자들의 의사결정과 재정상황의 판단에 도움이 될 수 있도록 하기 위한 재무분석지표 및 지표에 관한 분석내용을 말한다. 〈개정 2009.12.31〉

제41조(주석) ① 주석(註釋)은 정보이용자에게 충분한 회계정보를 제공하기 위하여 채택한 중요한 회계정책, 회계과목의 세부내역 및 재무제표에 중대한 영향을 미치는 사항을 설명한 것을 말한다.

② 이 규칙에서 규정한 주석(註釋)사항 외에 필요한 경우에는 다음 각 호의 사항을 주석(註釋)으로 공시한다.

1. 지방자치단체 회계실체간의 주요 거래내용
2. 가입하고 있는 보험의 종류, 보험금액 및 보험에 가입된 자산의 내용
3. 타인을 위하여 제공하고 있는 담보보증의 내용
4. 천재지변, 중대한 사고, 파업, 화재 등에 관한 내용과 결과
5. 채무부담행위 및 보증채무부담행위의 종류와 구체적 내용
6. 무상사용허가권이 주어진 기부채납자산의 세부내용
7. 그 밖의 사항으로서 재무제표에 중대한 영향을 미치는 사항과 재무제표의 이해를 위하여 필요한 사항

제42조(필수보충정보) ① 필수보충정보는 재무제표의 내용을 보완하고 이해를 돕기 위하여 필수적으로 제공되어야 하는 정보를 말한다.

② 필수보충정보는 다음 각 호의 정보를 말한다. 〈개정 2009.12.31〉

1. 예산결산요약표

2. 성질별 재정운영보고서

3. 관리책임자산

4. 예산회계와 재무회계의 차이에 대한 명세서

5. 그 밖에 재무제표에는 반영되지 아니하였으나 중요하다고 판단되는 정보

③ 제2항의 예산결산요약표 및 예산회계와 재무회계의 차이에 대한 명세서는 예산결산이 완료된 후에 첨부할 수 있다.

제43조(부속명세서) 부속명세서는 재무제표에 표시된 회계과목에 대한 세부내역을 명시할 필요가 있을 때에 제공되어야 하는 추가적인 정보를 말한다. 〈개정 2008.12.31, 2009.12.31〉

제44조(결산총평 등의 작성지침) 제40조부터 제43조의 규정에 따른 결산총평, 주석(註釋), 필수보충정보 및 부속명세서의 내용과 양식은 행정안전부장관이 정한다. 〈개정 2008.12.31, 2009.12.31〉

제 8 장 자산 및 부채의 평가

제45조(자산의 평가기준) ① 재정상태보고서에 기록하는 자산의 가액은 당해 자산의 취득원가를 기초로 하여 계상함을 원칙으로 한다. 다만, 교환, 기부채납, 관리전환, 기타 무상으로 취득한 자산의 가액은 공정가액을 취득원가로 한다.

② 재정상태보고서에 기재하는 자산은 자산의 진부화, 물리적인 손상 및 시장가치의 급격한 하락 등의 원인으로 인하여 당해 자산의 회수가능가액이 장부가액에 미달하고 그 미달액이 중요한 경우에는 이를 장부가액에서 직접 차감하여 회수가능가액으로 조정하고 감액내역을 주석(註釋)으로 공시한다. 이 경우 회수가능가액은 당해 자산의 순 실현가능액과 사용가치 중 큰 금액으로 한다.

제46조(미수세금 등의 평가) ①미수세금은 합리적이고 객관적인 기준에 따라 평가하여 대손충당금을 설정하고 이를 미수세금 금액에서 차감하는 형식으로 표시하며, 대손충당금의 내역은 주석(註釋)으로 공시한다.

②미수세외수입금, 단기대여금, 장기대여금 등에 관하여는 제1항의 규정을 준용한다.

제47조(재고자산의 평가) 재고자산은 구입가액에 부대비용을 더하고 이에 선입선출법을 적용하여 산정한 가액을 취득원가로 한다. 다만, 실물흐름과 원가산정방법 등에 비추어 다른 방법을 적용하는 것이 보다 합리적이라고 인정되는 경우에는 개별법, 이동평균법 등을 적용하고 그 내용을 주석(註釋)으로 공시한다.

제48조(장기투자증권의 평가) 장기투자증권은 매입가격에 부대비용을 더하고 이에 종목별로 총평균법을 적용하여 산정한 취득원가로 평가함을 원칙으로 한다.

제49조(일반유형자산과 주민편의시설의 평가) ① 일반유형자산과 주민편의시설은 당해 자산의 건설원가나 매입가액에 부대비용을 더한 취득원가로 평가함을 원칙으로 한다.

② 일반유형자산과 주민편의시설 중 상각대상 자산에 대한 감가상각은 정액법을 원칙으로 한다.

제50조(사회기반시설의 평가) ① 사회기반시설의 평가에 관하여는 제49조의 규정을 준용한다.

② 사회기반시설 중 유지보수를 통하여 현상이 유지되는 도로, 도시철도, 하천부속시설 등은 감가상각 대상에서 제외할 수 있으며, 유지보수에 투입되는 비용과 감가상각을 하지 아니한 이유를 주석(註釋)으로 공시한다.

제51조(무형자산의 평가) ① 무형자산은 당해 자산의 개발원가나 매입가액에 취득부대비용을 더한 가액을 취득원가로 한다.

② 무형자산은 정액법에 따라 당해 자산을 사용할 수 있는 시점부터 합리적인 기간동안 상각한다. 다만, 독점적 · 배타적인 권리를 부여하는 관계법령이나 계약에서 정한 경우를 제외하고는 20년을 넘을 수 없다.

제52조(자본적 지출과 경상적 지출) 자산취득 이후의 지출 중 당해 자산의 내용연수를 연장시키거나 가치를 실질적으로 증가시키는 지출은 자본적 지출로 처리하고, 당해 자산을 원상회복시키거나 능률유지를 위한 지출은 경상적 지출로 처리한다.

제53조(부채의 평가기준) 부채의 가액은 회계실체가 지급의무를 지는 채무액을 말하며, 채무액은 이 규칙에서 정하는 것을 제외하고는 만기상환가액으로

함을 원칙으로 한다.

제54조(지방채증권의 평가) ①지방채증권은 발행가액으로 평가하되, 발행가액은 지방채증권 발행수수료 및 발행과 관련하여 직접 발생한 비용을 뺀 후의 가액으로 한다.

②지방채증권의 액면가액과 발행가액의 차이는 지방채할인 또는 할증 발행차금으로 하고, 할인 또는 할증 발행차금은 증권 발행시부터 최종 상환시까지의 기간에 유효이자율 등으로 상각 또는 환입하고 그 상각액 또는 환입액은 지방채증권에 대한 이자비용에 더하거나 뺀다.

제55조(퇴직급여충당 부채의 평가) ① 퇴직급여충당 부채는 회계연도말 현재 「공무원연금법」을 적용받는 지방공무원을 제외한 무기계약근로자 등이 일시에 퇴직할 경우 지방자치단체가 지급하여야 할 퇴직금에 상당한 금액으로 한다. 〈개정 2009.12.31〉

② 퇴직금 지급규정, 퇴직금 산정내역, 회계연도 중 실제로 지급한 퇴직금 등은 주석(註釋)으로 공시한다.

제56조(채권 · 채무의 현재가치에 따른 평가) ① 장기연불조건의 매매거래, 장기금전대차거래 또는 이와 유사한 거래에서 발생하는 채권 · 채무로서 명목가액과 현재가치의 차이가 중요한 경우에는 이를 현재가치로 평가한다.

② 제1항의 현재가치는 당해 채권 · 채무로 인하여 받거나 지급할 총금액을 적절한 이자율로 할인한 가액으로 한다.

③ 제2항의 적절한 할인율은 당해 거래의 유효이자율을 적용한다. 다만, 당해 거래의 유효이자율을 확인하기 어려운 경우에는 유사한 조건의 국채수익률을 적용한다.

④ 제1항에 따라 발생하는 채권 · 채무의 명목가액과 현재가치의 차액은 현재가치 할인차금의 과목으로 하여 당해 채권 · 채무의 명목가액에서 빼는 방식으로 기록하고 적용한 할인율, 기간 및 회계처리방법 등은 주석(註釋)으로 공시한다.

제57조(외화자산과 외화부채의 평가) ① 화폐성 외화자산과 화폐성 외화부채는 회계연도 종료일 현재의 적절한 환율로 평가한 가액을 재정상태보고서 가액으로 한다.

② 비화폐성 외화자산과 비화폐성 외화부채는 당해 자산을 취득하거나 당해

부채를 부담한 당시의 적절한 환율로 평가한 가액을 재정상태보고서 가액으로 함을 원칙으로 한다.

③ 화폐성 외화자산과 화폐성 외화부채는 외화예금, 외화융자금, 외화차입금 등과 같이 화폐가치의 변동과 상관없이 자산과 부채금액이 계약 및 기타의 원인에 의하여 일정액의 화폐액으로 고정되어 있는 경우의 당해 자산과 부채를 말한다.

제58조(리스에 따른 자산과 부채의 평가) ① 리스는 지방자치단체가 일정기간 설비 등 특정 자산의 사용권을 리스회사로부터 이전받고, 그 대가로 사용료를 지급하는 계약을 말한다.

② 리스는 금융리스와 운용리스로 구분하며, 금융리스는 리스자산의 소유에 따른 위험과 효익이 실질적으로 리스이용자에게 이전되는 리스이고, 운용리스는 금융리스 외의 리스를 말한다. 〈개정 2009.12.31〉

③ 금융리스는 리스료를 내재이자율로 할인한 가액과 리스자산의 공정가액 중 낮은 금액을 리스자산과 리스부채로 각각 계상하여 감가상각하고, 운용리스는 리스료를 해당 회계연도의 비용으로 회계처리한다. 〈신설 2009.12.31〉

제59조(우발상황) ① 우발상황은 미래에 어떤 사건이 발생하거나 발생하지 아니함으로 인하여 궁극적으로 확정될 손실 또는 이익으로서 발생여부가 불확실한 현재의 상태 또는 상황을 말한다.

② 우발상황에는 진행 중인 소송사건, 채무에 대한 지급보증, 배상책임 등이 포함되며, 우발상황의 회계처리에 대한 사항에 관하여는 기업회계기준을 준용한다.

제60조(회계변경과 오류수정) ① 회계정책과 회계추정의 변경은 그 변경으로 재무제표를 보다 적절히 표시할 수 있는 경우 또는 법령 등에서 새로운 회계기준을 채택하거나 기존의 회계기준을 폐지하여 변경이 불가피한 경우에 할 수 있으며, 그 유형에 따라 다음 각 호와 같이 처리한다. 〈개정 2009.12.31〉

1. 회계정책의 변경에 따른 영향은 해당 회계연도 재정상태보고서의 순자산에 반영한다. 다만, 회계정책의 변경에 따른 누적효과를 합리적으로 추정하기 어려운 경우에는 회계정책의 변경에 따른 영향을 해당 회계연도와 그 회계연도 후의 기간에 반영할 수 있다.
2. 회계추정의 변경에 따른 영향은 해당 회계연도 후의 기간에 미치는 것으로 한다.

3. 회계정책 또는 회계추정을 변경한 경우에는 그 변경내용, 변경사유 및 변경이 해당 회계연도의 재무제표에 미치는 영향을 주석으로 표시한다.

② 오류의 수정은 전년도 이전에 발생한 회계기준적용의 오류, 추정의 오류, 계정분류의 오류, 계산상의 오류, 사실의 누락 및 사실의 오용 등을 수정하는 것으로서 다음 각 호의 구분에 따라 처리한다. 〈개정 2009.12.31〉

1. 중대한 오류 : 오류가 발생한 회계연도 재정상태보고서의 순자산에 반영하고, 관련된 계정잔액을 수정. 이 경우 비교재무제표를 작성할 때에는 중대한 오류의 영향을 받는 회계기간의 재무제표 항목을 다시 작성한다.
2. 제1호 외의 오류 : 해당 회계연도의 재정운용보고서에 반영

③ 회계변경과 오류수정의 회계처리에 대한 사항은 주석으로 표시하되, 제2항 제1호에 따른 중대한 오류를 수정한 경우에는 다음 각 호의 사항을 주석으로 포함한다. 〈개정 2009.12.31〉

1. 중대한 오류로 판단한 근거
2. 비교재무제표에 표시된 과거회계기간에 대한 수정금액
3. 비교재무제표가 다시 작성되었다는 사실

제61조(재정상태보고서일 후 발생한 사건) ① 재정상태보고서일 후 발생한 사건의 회계처리에 대해서는 행정안전부장관이 정한다.

② 재정상태보고서일 후 발생한 사건은 회계연도의 말일인 재정상태보고서일과 「지방재정법」 제8조 및 같은 법 시행령 제4조에 따른 출납폐쇄기한 종료일 사이에 발생한 사건으로서 재정상태보고서일 현재 존재하였던 상황에 대한 추가적 증거를 제공하는 사건을 말한다. [본조신설 2009.12.31]

부칙 〈제348호, 2006.10.17〉

① (시행일) 이 기준은 2007년 1월 1일부터 시행하되, 제29조제3항려¶35조 및 제56조는 행정자치부장관이 정하는 회계연도부터 적용한다.

② (재정상태보고서에 관한 경과조치) 이 규칙 시행당시 보유하고 있는 자산과 부채에 대한 개시재정상태보고서는 행정자치부장관이 따로 정하는 바에 따라 작성한다.

③ (사회기반시설의 구분보고에 관한 경과조치) 이 규칙 시행 이전에 취득한 사회기반시설의 재정상태보고서 계상은 행정자치부장관이 따로 정하는 회계연도부터 적용하며, 사회기반시설 중 이미 조사된 내역은 주석(註釋)으로 공시할

수 있다.

부칙 〈제414호,2007.12.31〉

이 규칙은 공포한 날부터 시행한다.

부칙(행정안전부와 그 소속기관 직제 시행규칙) 〈제54호, 2008.12.31〉

제1조(시행일) 이 규칙은 공포한 날부터 시행한다. 〈단서 생략〉

제2조 생략

제3조(다른 법령의 개정) ① 부터 ⑧ 까지 생략

⑨ 지방자치단체 회계기준에 관한 규칙 일부를 다음과 같이 개정한다.

제29조제3항, 제43조 및 제44조 중 "행정자치부장관"을 각각 "행정안전부장관"으로 한다.

⑩ 생략

부칙 〈제124호,2009.1.12〉

이 규칙은 공포한 날로부터 시행하되, 2009 회계연도부터 적용한다.

서식1 재정상태보고서
서식2 재정운영보고서[기능별]
서식3 현금흐름보고서
서식4 순자산변동보고서
서식5 재정운영보고서[성질별]

부록 3 국가회계법[일부개정 2008.12.31 법률 제9279호]

제1장 총 칙

제1조(목적) 이 법은 국가회계와 이와 관계되는 기본적인 사항을 정하여 국가회계를 투명하게 처리하고, 재정에 관한 유용하고 적정한 정보를 생산 · 제공하는 것을 목적으로 한다.

제2조(정의) 이 법에서 사용하는 용어의 정의는 다음과 같다.

1. "중앙관서의 장"이란 다음 각 목의 어느 하나에 해당하는 자를 말한다.
   가. 「헌법」이나 「정부조직법」, 그 밖의 법률에 따라 설치된 중앙행정기관의 장
   나. 국회사무총장, 법원행정처장, 헌법재판소사무처장 및 중앙선거관리위원회사무총장
2. "기금관리주체"란 법률에 따라 기금(제3조제2호의 기금을 말한다. 이하 이 호에서 같다)을 관리 · 운용하는 자(기금의 관리업무나 운용업무를 위탁받은 자를 제외한다)를 말한다.
3. 삭제 〈2008.12.31〉

제3조(적용범위) 이 법은 다음 각 호의 회계 및 기금에 대하여 적용한다.

1. 「국가재정법」 제4조에 따른 일반회계 및 특별회계
2. 「국가재정법」 제5조제1항에 따라 설치된 기금(이하 "기금"이라 한다)

제4조(국가회계의 원칙) 국가회계는 다음 각 호의 원칙에 따라 처리되어야 한다.

1. 국가회계는 신뢰할 수 있도록 객관적인 자료와 증빙에 의하여 공정하게 처리되어야 한다.
2. 국가회계는 재정활동의 내용과 그 성과를 쉽게 파악할 수 있도록 충분한 정보를 제공하고, 간단 · 명료하게 처리되어야 한다.
3. 삭제 〈2008.12.31〉

제5조(회계연도) 국가의 회계연도는 매년 1월 1일에 시작하여 12월 31일에 종

료한다.

제6조(국가회계에 관한 사무의 관장 등) ① 기획재정부장관은 국가회계에 관한 사무를 총괄하고, 중앙관서의 장과 기금관리주체는 그 소관의 회계에 관한 사무를 관리한다. 〈개정 2008.2.29〉

② 중앙관서의 장은 제1항에 따른 사무에 관한 법령을 제정 · 개정 또는 폐지하려는 때에는 기획재정부장관 및 감사원과 협의하여야 한다. 〈개정 2008.2.29〉

제7조(회계책임관의 임명 등) ① 중앙관서의 장은 그 소관에 속하는 회계업무를 총괄적으로 수행하도록 하기 위하여 회계책임관을 임명하여야 한다.

② 회계책임관은 다음 각 호의 업무를 수행한다.

1. 제24조에 따른 내부통제 등 회계업무에 관한 사항
2. 회계 · 결산 및 분석에 관한 사항
3. 제1호 및 제2호의 업무와 관련된 공무원에 대한 지도 · 감독
4. 그 밖에 회계업무의 수행에 관하여 대통령령으로 정하는 사항

③ 회계책임관의 임명은 중앙관서의 장이 소속 관서에 설치된 직위를 지정하는 것으로 갈음할 수 있다.

제8조(국가회계제도심의위원회의 설치 등) ① 국가회계업무의 수행과 관련하여 다음 각 호의 사항을 심의하기 위하여 기획재정부에 국가회계제도심의위원회(이하 이 조에서 "위원회"라 한다)를 둔다.

1. 국가회계제도와 그 운영
2. 국가회계의 처리 또는 결산 관련 법령의 제정 · 개정 및 폐지
3. 국가와 지방자치단체 및 공공기관(「공공기관의 운영에 관한 법률」 제4조부터 제6조까지의 규정에 따라 지정 · 고시된 공공기관을 말한다) 간 회계제도의 연계
4. 그 밖에 국가회계제도의 운영에 관한 사항으로서 대통령령으로 정하는 사항

② 위원회는 위원장 1인을 포함한 15인 이내의 위원으로 구성한다.

③ 위원회의 위원장은 기획재정부장관이 지명하는 기획재정부차관이 되고, 위원은 감사원, 행정안전부 등 관계 부처 3급 공무원 또는 고위공무원단에 속하는 일반직 공무원과 회계업무에 관한 학식과 경험이 풍부한 사람 중에서 기획재정부장관이 임명 또는 위촉한다.

④ 그 밖에 위원회의 조직과 운영 등에 관하여 필요한 사항은 대통령령으로

정한다.
[전문개정 2008.12.31]

제9조 삭제 〈2008.12.31〉

제10조(다른 법률과의 관계) 이 법은 일반회계 · 특별회계 및 기금의 회계 및 결산에 관하여 다른 법률에 우선하여 적용한다.
[전문개정 2008.12.31]

제 2 장 회계처리의 기준

제11조(국가회계기준) ① 국가의 재정활동에서 발생하는 경제적 거래 등을 발생 사실에 따라 복식부기 방식으로 회계처리하는 데에 필요한 기준(이하 "국가회계기준"이라 한다)은 기획재정부령으로 정한다. 〈개정 2008.12.31〉

② 국가회계기준은 회계업무 처리의 적정을 기하고 재정상태 및 재정운영의 내용을 명백히 하기 위하여 객관성과 통일성이 확보될 수 있도록 하여야 한다.

③ 삭제 〈2008.12.31〉

④ 기획재정부장관은 국가회계기준에 관한 업무를 대통령령으로 정하는 바에 따라 전문성을 갖춘 기관 또는 단체에 위탁할 수 있다. 〈개정 2008.2.29〉

제12조 삭제 〈2008.12.31〉

제 3 장 결 산

제13조(결산의 수행) ① 중앙관서의 장은 회계연도마다 제14조 · 제15조 및 제15조의2에 따라 그 소관에 속하는 일반회계 · 특별회계 및 기금을 통합한 결산보고서(이하 "중앙관서결산보고서"라 한다)를 작성하여야 한다.

② 중앙관서의 장이 아닌 기금관리주체는 회계연도마다 제14조 · 제15조 및 제15조의2(세입세출결산에 관한 부분은 제외한다)에 따라 기금에 관한 결산보고서(이하 "기금결산보고서"라 한다)를 작성하여 소관 중앙관서의 장에게 제출하여야 한다. 이 경우 기금운용규모 등을 고려하여 대통령령으로 정하는 기준에 해당하는 기금은 기금결산보고서에 「공인회계사법」제23조에 따른 회계법인의 감사보고서를 첨부하여야 한다.

③ 기획재정부장관은 회계연도마다 중앙관서결산보고서를 통합하여 국가의 결산보고서(이하 "국가결산보고서"라 한다)를 작성한 후 국무회의의 심의를 거쳐 대통령의 승인을 받아야 한다.

④ 제2항 후단에 따른 회계감사의 방법 · 절차 등에 관하여 필요한 사항은 대통령령으로 정한다.

[전문개정 2008.12.31]

제14조(결산보고서의 구성) 결산보고서는 다음 각 호의 서류로 구성된다.

1. 결산 개요
2. 세입세출결산(중앙관서결산보고서 및 국가결산보고서의 경우에는 기금의 수입지출결산을 포함하고, 기금결산보고서의 경우에는 기금의 수입지출결산을 말한다)
3. 재무제표
   가. 재정상태표
   나. 재정운영표
   다. 순자산변동표
4. 성과보고서

[전문개정 2008.12.31]

제15조(결산보고서의 작성) ① 제14조제1호에 따른 결산 개요는 결산의 내용을 요약하여 예산 및 기금의 집행 결과, 재정의 운영 내용과 재무상태를 분명하게 파악할 수 있도록 작성하여야 한다.

② 제14조제2호에 따른 세입세출결산은 세입세출예산 또는 기금운용계획과 같은 구분에 따라 그 집행 결과를 종합하여 작성하여야 한다. 이 경우 구체적인 작성사항은 대통령령으로 정한다.

③ 제14조제3호에 따른 재무제표는 국가회계기준에 따라 작성하여야 한다.

④ 제14조제4호에 따른 성과보고서는 「국가재정법」 제8조에 따른 성과계획서에서 정한 성과목표와 그에 대한 실적을 대비하여 작성하여야 한다.

[전문개정 2008.12.31]

제15조의2(결산보고서의 부속서류) ① 제14조제2호에 따른 세입세출결산(기금의 수입지출결산은 제외한다)에는 다음 각 호의 서류가 첨부되어야 한다.

1. 계속비 결산명세서
2. 총액계상 사업집행명세서
3. 수입대체경비 사용명세서

4. 이월명세서

5. 명시이월비 집행명세서

6. 정부기업특별회계 회전자금운용명세서

7. 성인지(성인지) 결산서

8. 예비금 사용명세서

9. 「국가재정법」 제53조제2항에 따른 현물출자명세서

10. 「국고금관리법」 제32조제1항에 따른 재정증권의 발행 및 한국은행 일시 차입금의 운용명세서

11. 그 밖에 대통령령으로 정하는 서류

② 기금의 수입지출결산에는 다음 각 호의 서류가 첨부되어야 한다.

1. 재원조성실적표

2. 그 밖에 대통령령으로 정하는 서류

③ 국가결산보고서의 세입세출결산에는 제1항 및 제2항에 따른 서류 외에 다음 각 호의 서류가 첨부되어야 한다.

1. 통합재정수지표

2. 통합계정자금 운용 및 수익금사용명세서

④ 제14조제3호에 따른 재무제표에는 다음 각 호의 서류가 첨부되어야 한다.

1. 국가채무관리보고서

2. 「국가채권관리법」 제36조에 따른 국가채권현재액보고서

3. 그 밖에 대통령령으로 정하는 서류

⑤ 제1항제7호에 따른 성인지 결산서의 작성에 관한 구체적인 사항은 대통령령으로 정한다.

[본조신설 2008.12.31]

제16조(예비비 사용명세서의 작성) ① 중앙관서의 장은 예비비로 사용한 금액의 명세서를 작성하여야 한다.

② 기획재정부장관은 제1항에 따른 예비비 사용명세서를 통합하여 예비비로 사용한 금액의 총괄명세서를 작성하여야 한다.

[전문개정 2008.12.31]

제17조 삭제 〈2008.12.31〉

제18조 삭제 〈2008.12.31〉

第19조 삭제 〈2008.12.31〉

第20조 삭제 〈2008.12.31〉

第21조 삭제 〈2008.12.31〉

第22조 삭제 〈2008.12.31〉

第23조 삭제 〈2008.12.31〉

제 4 장 보 칙

第24조(내부통제) ① 중앙관서의 장은 회계처리의 적정 여부와 결산보고서의 신뢰성을 평가하기 위하여 회계책임관으로 하여금 이에 관한 사항을 관리 · 감독하는 등 내부통제를 하게 하여야 한다. 〈개정 2008.12.31〉

② 중앙관서의 장은 제1항에 따른 내부통제를 위하여 필요한 절차와 방법을 정하여야 한다.

③ 제2항에 따른 절차와 방법에 관한 기본적인 사항은 기획재정부장관이 감사원과 협의하여 정한다. 〈개정 2008.2.29〉

第25조(회계장부의 비치) 중앙관서의 장과 기금관리주체는 대통령령으로 정하는 바에 따라 회계장부를 비치하고, 필요한 사항을 기록 · 관리하여야 한다.

第26조(회계처리 및 결산보고서 작성에 대한 감독) ① 기획재정부장관은 국가회계업무를 적정하게 관리하기 위하여 필요한 경우에는 대통령령으로 정하는 바에 따라 소속 공무원으로 하여금 회계처리 및 결산보고서 작성에 관한 실지지도 및 조사를 하게 할 수 있다.

② 기획재정부장관은 결산보고서를 적정하게 작성하도록 결산에 관한 지침을 작성하여 각 중앙관서의 장에게 통보할 수 있다.

③ 기획재정부장관은 국가결산보고서의 작성을 위하여 필요한 자료를 관계 중앙관서의 장에게 요구할 수 있다.

[전문개정 2008.12.31]

第27조(회계관계공무원 등의 교육) 기획재정부장관은 국가회계업무 수행의 전문성을 향상시키기 위하여 대통령령으로 정하는 바에 따라 회계관계공무원 등

에 대한 교육을 실시할 수 있다. 〈개정 2008.2.29〉

제28조(회계관계공무원 등의 책임) 회계관계공무원 등의 책임에 관하여는 다른 법률로 정하는 바에 따른다.

부칙 〈제9279호,2008.12.31〉

① (시행일) 이 법은 2009년 1월 1일부터 시행한다.

② (결산보고서의 작성에 관한 적용례) 제13조부터 제15조까지 및 제15조의2의 개정규정은 2009회계연도 결산부터 적용한다. 다만, 제15조의2제1항제7호 및 제5항의 개정규정은 2010회계연도 결산부터 적용한다.

부록 4 지방재정법[시행 2010.1.1] [법률 제9926호, 2010.1.1, 일부개정]

제1장 총 칙

제1조(목적) 이 법은 지방자치단체의 재정 및 회계에 관한 기본원칙을 정함으로써 지방재정의 건전하고 투명한 운용과 자율성을 보장함을 목적으로 한다.

제2조(정의) 이 법에서 사용하는 용어의 정의는 다음과 같다.

1. "지방재정"이라 함은 지방자치단체의 수입 · 지출 활동과 지방자치단체의 자산 및 부채를 관리 · 처분하는 일체의 활동을 말한다.
2. "세입"이라 함은 한 회계연도의 모든 수입을 말한다.
3. "세출"이라 함은 한 회계연도의 모든 지출을 말한다.
4. "채권"이라 함은 금전의 지급을 목적으로 하는 지방자치단체의 권리를 말한다.
5. "채무"라 함은 금전의 지급을 목적으로 하는 지방자치단체의 의무를 말한다.

제3조(지방재정운용의 기본원칙) 지방자치단체는 주민의 복리증진을 위하여 그 재정을 건전하고 효율적으로 운용하여야 하며, 국가의 정책에 반하거나 국가 또는 다른 지방자치단체의 재정에 부당한 영향을 미치게 하여서는 아니 된다.

제4조(지방재정제도의 연구 · 개발 등) 행정안전부장관은 이 법의 목적을 달성하기 위하여 다음 각 호의 사항을 연구 · 개발하여 시행하여야 한다. 〈개정 2008.2.29〉

1. 지방재정조정제도와 지방세 제도간의 조화로운 발전방안
2. 합리적 · 효율적인 예산편성 · 관리기법 및 지방재정운용상황의 측정기법
3. 지방재정의 건전성 확보를 위한 지방채무관리방안
4. 지방재정운용의 자율성 보장을 위한 제도개선방안
5. 지방재정운용의 효율성 · 투명성 증대를 위한 전산정보처리장치의 개발 · 보급방안
6. 국가의 실효성 있는 지방재정지원방안
7. 그 밖에 지방재정발전을 위하여 필요한 사항

제5조(성과중심의 지방재정운용) ① 지방자치단체의 장은 지방재정을 운용함에 있어서 지출성과의 극대화를 위하여 노력하여야 한다.

② 행정안전부장관은 성과중심의 지방재정운용을 위하여 필요한 사항을 정하여 지방자치단체의 장에게 통보할 수 있다. 〈개정 2008.2.29〉

제6조(회계연도) ① 지방자치단체의 회계연도는 매년 1월 1일에 시작하여 12월 31일에 종료한다.

② 세입과 세출의 회계연도 소속구분은 대통령령으로 정한다.

제7조(회계연도 독립의 원칙) ①각 회계연도의 경비는 당해 연도의 세입으로 충당하여야 한다.

② 당해 회계연도 내의 수입으로 경비를 충당함에 있어서 부족이 생긴 때에는 다음 연도의 수입을 앞당기어 이에 충당 · 사용할 수 있다. 이 경우 앞당기어 충당 · 사용한 금액은 다음 연도의 세입세출예산에 편입하여야 한다.

③ 지방자치단체의 장이 제2항의 규정에 의하여 다음 연도의 수입을 앞당기어 충당 · 사용하고자 할 때에는 미리 지방의회의 의결을 얻어야 하며, 다음 연도의 수입을 앞당기어 충당 · 사용한 때에는 시 · 군 및 자치구에 있어서는 특별시장 · 광역시장 및 도지사(이하 "시 · 도지사"라 한다)에게, 특별시 · 광역시 · 도 · 특별자치도(이하 "시 · 도"라 한다)에 있어서는 행정안전부장관에게 즉시 보고하여야 한다. 〈개정 2007.1.3, 2008.2.29〉

제8조(출납폐쇄기한) 지방자치단체의 출납은 회계연도 종료 후 2월로 폐쇄한다.

제9조(회계의 구분) ① 지방자치단체의 회계는 일반회계와 특별회계로 구분한다.

② 특별회계는 「지방공기업법」에 의한 지방직영기업 그 밖의 특정사업을 운영할 때 또는 특정자금이나 특정세입 · 세출로서 일반세입 · 세출과 구분하여 계리(계리)할 필요가 있을 때에 한하여 법률 또는 조례로 설치할 수 있다.

제10조(교육 · 과학 및 체육 등에 관한 사항의 적용) 이 법에서 교육 · 과학및 체육에 관한 사항 또는 교육비특별회계에 관하여는 "지방자치단체의 장" 또는 "시 · 도지사"는 "교육감"으로, "행정안전부장관"은 "교육과학기술부장관"으로, "행정안전부"는 "교육과학기술부"로, "지방재정"은 "지방교육재정"으로 각각 본다. 〈개정 2008.2.29〉

제11조(지방채의 발행) ① 지방자치단체의 장은 그 지방자치단체의 항구적 이익이 되거나 긴급한 재난복구 등의 필요가 있는 때에는 지방채를 발행할 수 있다.

② 지방자치단체의 장은 제1항의 규정에 의하여 지방채를 발행하고자 하는 경우에는 재정상황 및 채무규모 등을 고려하여 대통령령이 정하는 지방채 발행 한도액의 범위 안에서 지방의회의 의결을 얻어야 한다. 다만, 지방채 발행 한도액의 범위 안이라도 외채를 발행하는 경우에는 지방의회의 의결을 거치기 전에 행정안전부장관의 승인을 얻어야 한다. 〈개정 2008.2.29〉

③ 지방자치단체의 장은 제2항의 규정에 불구하고 당해 지방자치단체의 발전과 관계 있는 사업을 위한 경우 등 대통령령이 정하는 사유가 발생하는 경우에는 행정안전부장관의 승인을 얻은 범위 안에서 지방의회의 의결을 얻어 제2항의 규정에 의한 지방채발행 한도액의 범위를 초과하여 지방채를 발행할 수 있다. 〈개정 2008.2.29〉

④ 「지방자치법」 제159조의 규정에 의한 지방자치단체조합(이하 "조합"이라 한다)의 장은 그 조합의 항구적 이익이 되거나 긴급한 재난복구 등의 필요가 있는 때 또는 지방자치단체에 대부할 필요가 있는 때에는 지방채를 발행할 수 있다. 이 경우 행정안전부장관의 승인을 얻은 범위 안에서 조합의 구성원인 각 지방자치단체의 지방의회의 의결을 얻어야 한다. 〈개정 2007.5.11, 2008.2.29〉

⑤ 제4항의 규정에 의하여 발행한 지방채에 대하여는 조합과 그 구성원인 지방자치단체가 그 상환과 이자의 지급에 관하여 연대책임을 진다.

제12조(지방채발행의 절차) ① 제11조의 규정에 의한 지방채의 발행, 원금의 상환, 이자의 지불, 증권에 관한 사무절차 및 사무취급기관은 대통령령으로 정한다.

② 제11조제1항 및 제4항의 규정에 의한 지방채 중 증권발행의 방법에 의한 지방채(이하 "지방채증권"이라 한다)의 발행에 관하여는 「상법」 제479조려¶484조려¶485조 및 제487조의 규정을 준용한다. 이 경우 「상법」의 규정 중 "사채"는 "지방채증권"으로, "사채권자"는 "지방채권자"로, "채권"은 "증권"으로 보고, 제479조중 "기명사채"는 "기명지방채증권"으로, "사채원부"는 "지방채증권원부"로, "회사"는 "지방자치단체"로 각각 본다.

제13조(보증채무부담행위) ① 「지방자치법」 제124조제3항의 규정에 의하여 채무의 이행에 대한 지방자치단체의 보증을 받고자 하는 자는 대통령령이 정하

는 바에 따라 사업의 내용과 그 보증을 받고자 하는 채무의 범위(이하 "주채무"라 한다) 등을 명시하여 지방자치단체의 장에게 미리 채무보증신청을 하여야 한다. 〈개정 2007.5.11〉

② 제1항의 규정에 의한 채무보증신청을 받은 지방자치단체의 장은 지방자치단체가 그 주채무를 보증할 필요가 있다고 인정하는 때에는 지방의회의 의결을 얻어 대통령령이 정하는 바에 따라 그 주채무의 이행을 지방자치단체가 보증한다는 뜻을 신청인에게 서면으로 통지하여야 한다.

③ 채권자 또는 채무자가 사업의 내용 또는 보증받은 내용을 변경하고자 하는 때에는 지방자치단체의 장의 승인을 얻어야 한다. 이 경우 지방자치단체의 장은 그 변경사항이 주채무의 범위 등 당해 계약의 중요한 부분에 관한 것인 때에는 미리 지방의회의 의결을 얻어야 한다.

④ 지방자치단체의 장은 보증채무의 관리에 관한 사항을 매년 세입세출결산과 함께 지방의회에 보고하여야 한다.

제14조(일시차입금) ①지방자치단체의 장은 예산에 계상된 범위 안의 지출을 위하여 일시차입금이 필요한 때에는 그 한도액을 회계연도마다 회계별로 미리 지방의회의 의결을 얻어야 한다.

② 일시차입금은 당해 회계연도의 수입으로 상환하여야 한다.

제15조(수입의 직접 사용금지) 지방자치단체의 장, 그 보조기관 및 소속 행정기관은 그 관할에 속하는 지방자치단체의 모든 수입을 지정된 수납기관에 납부하여야 하며, 이 법 또는 다른 법률에 달리 정하고 있는 경우를 제외하고는 직접 사용하여서는 아니 된다.

제16조(수입대체경비의 직접사용) ① 용역 및 시설을 제공하여 발생하는 수입과 관련되는 경비로서 대통령령이 정하는 경비(이하 "수입대체경비"라 한다)에 있어서는 지방자치단체의 장 및 소속 행정기관은 제15조 및 제63조의 규정에 불구하고 그 수입이 확보되는 범위 안에서 직접 지출할 수 있다. 다만, 수입이 예산을 초과하거나 초과할 것이 예상되는 경우에는 그 초과수입을 대통령령이 정하는 바에 의하여 당해 초과수입에 직접 관련되는 경비 및 이에 수반되는 경비에 초과지출할 수 있다.

② 지방자치단체의 장은 제1항의 규정에 의한 수입대체경비의 별도 계리를 위하여 수입대체경비출납원을 따로 임명할 수 있다.

제17조(기부 또는 보조의 제한) ① 지방자치단체는 다음 각 호의 어느 하나에 해당하는 경우에 한하여 개인 또는 공공기관이 아닌 단체에 기부 · 보조 또는 그 밖의 공금의 지출을 할 수 있다.

1. 법률에 규정이 있는 경우
2. 국고보조재원에 의한 것으로서 국가가 지정한 경우
3. 용도를 지정한 기부금에 의한 경우
4. 보조금을 지출하지 아니하면 사업의 수행이 불가능한 경우로서 지방자치단체가 권장하는 사업을 위하여 필요하다고 인정되는 경우

② 제1항의 규정에 의한 공공기관의 범위는 대통령령으로 정한다.

제18조(출자의 제한) ①지방자치단체는 법령의 규정에 의하여 출자할 수 있도록 정하여진 단체, 「지방공기업법」에 의한 지방공사 · 지방공단 또는 지방자치단체를 회원으로 하는 공익법인 외의 단체에 대하여는 출자를 할 수 없다. 다만, 지방자치단체가 「지방공기업법」 제2조의 규정에 의한 사업을 지방자치단체 외의 자와 공동으로 하고자 하는 경우에는 그러하지 아니하다.

② 지방자치단체가 제1항의 규정에 의하여 출자를 하고자 하는 때에는 미리 당해 지방의회의 의결을 얻어야 한다.

제19조(지방재정운용에 대한 자문) ① 행정안전부장관은 지방재정운용에 대한 업무를 효과적으로 수행하기 위하여 필요한 경우 분야별 자문기구를 둘 수 있다. 〈개정 2008.2.29〉

② 제1항의 규정에 의한 자문기구의 구성 및 운영 등에 관하여 필요한 사항은 대통령령으로 정한다.

제 2 장 경비의 부담

제20조(자치사무에 관한 경비) 지방자치단체의 관할 구역의 자치사무에 관하여 필요한 경비는 당해 지방자치단체가 그 전액을 부담한다.

제21조(부담금과 교부금) ① 지방자치단체 또는 그 기관이 법령에 의하여 처리하여야 할 사무로서 국가와 지방자치단체 상호간에 이해관계가 있는 경우에, 그 원활한 사무처리를 위하여 국가에서 부담하지 아니하면 아니되는 경비는 국가가 그 전부 또는 일부를 부담한다.

② 국가가 스스로 행하여야 할 사무를 지방자치단체 또는 그 기관에 위임하여 수행하는 경우에, 그 소요되는 경비는 국가가 그 전부를 당해 지방자치단체에 교부하여야 한다.

제22조(경비부담의 비율 등) ① 제21조제1항의 규정에 의하여 국가와 지방자치단체가 부담할 경비 중 지방자치단체가 부담할 경비의 종목 및 부담비율에 관하여는 대통령령으로 정한다.

② 지방자치단체의 장은 제1항의 규정에 의한 지방비 부담액을 다른 사업에 우선하여 당해 회계연도의 예산에 계상하여야 한다.

제23조(보조금의 교부) ① 국가는 시책상 필요하다고 인정되는 때 또는 지방자치단체의 재정사정상 특히 필요하다고 인정되는 때에는 예산의 범위 안에서 지방자치단체에 보조금을 교부할 수 있다.

② 시 · 도는 시책상 필요하다고 인정되는 때 또는 시 · 군 및 자치구의 재정사정상 특히 필요하다고 인정되는 때에는 예산의 범위 안에서 시 · 군 및 자치구에 보조금을 교부할 수 있다.

③ 제1항 및 제2항의 규정에 의하여 지방자치단체에 보조금을 교부하는 경우에는 법령 또는 조례가 정하는 경우와 국가시책상 부득이한 경우 외에는 재원부담지시를 할 수 없다.

제24조(보조금의 신청 등) 지방자치단체의 장이 「보조금의 예산 및 관리에 관한 법률」에 의하여 중앙행정기관의 장에게 보조금의 예산계상을 신청한 때에는 그 내용을 당해 회계연도의 전년도 5월 31일까지 행정안전부장관에게 보고하여야 한다. 이 경우 시장 · 군수 및 자치구의 구청장은 시 · 도지사를 경유하여야 한다. 〈개정 2008.2.29〉

제25조(지방자치단체의 부담을 수반하는 법령안) 「정부조직법」 제2조의 규정에 의한 중앙행정기관의 장(이하 "중앙행정기관의 장"이라 한다)은 그 소관 사무로서 지방자치단체의 경비부담을 수반하는 사무에 관한 법령을 제정 또는 개정하고자 하는 때에는 미리 행정안전부장관의 의견을 들어야 한다. 〈개정 2008.2.29〉

제26조(지방자치단체의 부담을 수반하는 경비) 중앙행정기관의 장은 그 소관에 속하는 세입 · 세출 및 국고채무부담행위의 요구안중 지방자치단체의 부담을 수반하는 사항에 대하여는 「국가재정법」 제31조의 규정에 의한 서류 또는 동법 제51조제2항의 규정에 의한 명세서를 기획재정부장관에게 제출하기 전에

행정안전부장관의 의견을 들어야 한다. 〈개정 2006.10.4, 2008.2.29〉

제27조(지방자치단체의 부담을 수반하는 국고보조) 중앙행정기관의 장은 그 소관에 속하는 세출예산 중에서 지방자치단체의 재정적 부담을 수반하는 보조금 등을 지방자치단체에 교부하기로 결정 · 통지한 때에는 즉시 기획재정부장관과 행정안전부장관에게 통지하여야 한다. 다만, 보조금 등의 교부결정에 있어서 제26조의 규정에 의한 행정안전부장관의 의견을 듣지 아니하는 부분에 대하여는 그 교부결정을 통지하기 전에 미리 행정안전부장관과 협의하여야 한다. 〈개정 2008.2.29〉

제28조(시 · 도의 사무위임에 수반하는 경비부담) 시 · 도 또는 시 · 도지사가 시 · 군 및 자치구 또는 시장 · 군수 · 자치구의 구청장으로 하여금 그 사무를 집행하게 하는 때에는 시 · 도는 그 사무집행에 소요되는 경비를 부담하여야 한다.

제29조(시 · 도의 시 · 군에 대한 재정보전 등) ① 시 · 도지사(특별시장을 제외한다. 이하 이 조에서 같다)는 다음 각호의 금액의 27퍼센트(인구 50만 이상의 시와 자치구가 아닌 구가 설치되어 있는 시의 경우에는 47퍼센트)에 해당하는 금액을 시 · 군에 대한 재정보전금의 재원으로 확보하여야 한다.

1. 시 · 군에서 징수하는 광역시세 · 도세(원자력발전에 대한 지역개발세, 공동시설세 및 지방교육세는 제외한다)의 총액
2. 해당 시 · 도(특별시는 제외한다. 이하 이 조에서 같다)의 지방소비세액을 전년도 말의 해당 시 · 도의 인구로 나눈 금액에 전년도 말의 시 · 군의 인구를 곱한 금액

② 시 · 도지사는 제1항에 따른 재정보전금의 재원을 인구, 징수실적(지방소비세는 제외한다), 해당 시 · 군의 재정사정, 그 밖에 대통령령으로 정하는 기준에 따라 해당 시 · 도의 관할구역의 시 · 군에 배분한다.

③ 시 · 도지사는 원자력발전에 대한 지역개발세의 100분의 65에 해당하는 금액(「지방세법」 제53조 제2항에 따른 징수교부금을 교부한 경우에는 그 금액을 뺀 금액을 말한다)을 원자력발전소가 있는 시 · 군에 배분하여야 한다. [전문개정 2010.1.1]

제30조(시 · 도가 시행하는 토목 그 밖의 건설사업에 대한 시 · 군 및 자치구의 부담) ① 시 · 도가 시행하는 토목 그 밖의 건설사업으로서 그 구역 안의 시 ·

군 및 자치구에 이익이 되는 것에 대하여는 시·도는 당해 건설사업으로 인한 수익의 한도 내에서 그 시·군 및 자치구에 대하여 그 건설사업에 소요되는 경비의 일부를 부담시킬 수 있다.

② 제1항의 규정에 의하여 시·군 및 자치구가 부담하여야 하는 금액은 당해 시·군 및 자치구가 동의한 한도 내에서 이를 정하여야 한다.

③ 시·군 및 자치구가 시행할 토목 그 밖의 건설공사를 국가기관, 다른 지방자치단체 또는 공공단체에 위탁하여 시행하는 경우에는 시·군 및 자치구는 그 소요경비를 수탁기관에 납부하고 수탁기관은 공사집행 후 잔액이 있는 때에는 이를 당해 시·군 및 자치구에 정산환급하여야 한다.

제31조(국가의 공공시설에 관한 사용료) ① 지방자치단체 또는 그 장이 관리하는 국가의 공공시설로서 지방자치단체가 그 관리에 소요되는 경비를 부담하는 것에 대하여는 법령에 특별한 규정이 있는 경우를 제외하고는 당해 지방자치단체 또는 그 장은 조례 또는 규칙이 정하는 바에 의하여 당해 공공시설의 사용에 대한 사용료를 징수할 수 있다.

② 제1항의 규정에 의하여 징수한 사용료는 당해 지방자치단체의 수입으로 한다.

제32조(사무위임에 따른 과태료 등 수입의 귀속) 지방자치단체가 국가 또는 다른 지방자치단체의 위임사무에 대하여 법령이 정하는 바에 의하여 과태료 또는 과징금을 부과·징수한 경우 그 수입은 사무위임을 받은 지방자치단체의 수입으로 한다. 다만, 다른 법령에 특별한 규정이 있거나 「비송사건절차법」이 정하는 바에 의하여 부과·징수한 과태료의 경우에는 그러하지 아니하다.

제3장 예 산

제33조(중기지방재정계획의 수립 등) ① 지방자치단체의 장은 재정을 계획성 있게 운용하기 위하여 매년 중기지방재정계획을 수립하여 지방의회에 보고하고, 이를 행정안전부장관에게 제출하여야 한다. 〈개정 2008.2.29〉

② 지방자치단체의 장은 중기지방재정계획을 수립하는 때에는 행정안전부장관이 정하는 계획수립절차 등에 의하여 당해 중기지방재정계획이 관계 법령에 의한 국가계획 및 지역계획과 연계되도록 하여야 한다. 〈개정 2008.2.29〉

③ 행정안전부장관은 제1항의 규정에 의한 각 지방자치단체의 중기지방재정

계획을 기초로 관계 중앙행정기관의 장과의 협의를 거쳐 매년 종합적인 중기 지방재정계획을 수립하고, 이를 국무회의에 보고하여야 한다. 〈개정 2008.2.29〉

④ 제1항 내지 제3항의 규정은 중기지방재정계획을 변경하는 경우에 이를 준용한다.

⑤ 중기지방재정계획의 수립에 관한 지방자치단체의 장의 자문에 응하기 위하여 각 지방자치단체에 지방재정계획심의위원회를 둔다.

⑥ 제5항의 규정에 의한 지방재정계획심의위원회의 구성 및 운영 등에 관하여 필요한 사항은 당해 지방자치단체의 조례로 정한다.

제34조(예산총계주의의 원칙) ① 한 회계연도의 모든 수입을 세입으로 하고 모든 지출을 세출로 한다.

②세입과 세출은 모두 예산에 편입하여야 한다.

③ 지방자치단체가 현물로 출자하는 경우와 「지방자치법」 제142조제1항 및 「지방자치단체 기금관리기본법」의 규정에 의하여 설치된 기금을 운용하는 경우 그 밖에 대통령령이 정하는 사유로 보관할 의무가 있는 현금 또는 유가증권이 있는 경우에는 제2항의 규정에 불구하고 이를 세입·세출예산 외로 처리할 수 있다. 〈개정 2007.5.11〉

제35조(세출의 재원) 지방자치단체의 세출은 지방채 외의 세입을 그 재원으로 하여야 한다. 다만, 부득이한 경우에는 제11조의 규정에 의한 지방채로 충당할 수 있다.

제36조(예산의 편성) ① 지방자치단체는 법령 및 조례가 정하는 범위 안에서 합리적인 기준에 의하여 그 경비를 산정하여 예산에 계상하여야 한다.

② 지방자치단체는 모든 자료에 의하여 엄정하게 그 재원을 포착하고 경제의 현실에 적응하도록 그 수입을 산정하여 이를 예산에 계상하여야 한다.

③ 지방자치단체의 장이 예산을 편성하는 때에는 제33조의 규정에 의한 중기지방재정계획과 제37조의 규정에 의한 재정투·융자사업에 대한 심사결과를 기초로 하여야 한다.

제37조(재정투·융자사업에 대한 심사) 지방자치단체의 장은 재정투·융자사업에 관한 예산을 편성하고자 하는 경우에는 대통령령이 정하는 바에 의하여 그 사업의 필요성 및 사업계획의 타당성 등에 대한 심사를 하여야 한다.

제38조(지방자치단체재정운용업무편람 등) ① 행정안전부장관은 국가 및 지방

재정의 운용 여건, 지방재정제도의 개요 등 지방자치단체의 재정운용에 필요한 정보로 구성된 회계연도별 지방자치단체재정운용업무편람을 작성하여 지방자치단체에 보급할 수 있다. 〈개정 2008.2.29〉

② 지방재정의 건전한 운용과 지방자치단체간 재정운용의 균형을 확보하기 위하여 필요한 회계연도별 지방자치단체예산편성기준은 행정안전부령으로 정한다. 〈개정 2008.2.29〉

제39조(지방예산편성과정에 주민참여) 지방자치단체의 장은 대통령령이 정하는 바에 따라 지방예산편성과정에 주민이 참여할 수 있는 절차를 마련하여 시행할 수 있다.

제40조(예산의 내용) ① 예산은 예산총칙, 세입 · 세출예산, 계속비, 채무부담행위 및 명시이월비를 총칭한다.

② 산총칙에는 세입 · 세출예산, 계속비, 채무부담행위 및 명시이월비에 관한 총괄적 규정과 지방채 및 일시차입금의 한도액 그 밖에 예산집행에 관하여 필요한 사항을 정하여야 한다.

제41조(예산의 과목구분) ① 지방자치단체의 세입예산 및 세출예산은 그 내용의 성질과 기능을 고려하여 장 · 관 · 항으로 구분하며, 세출예산의 경우 세항 및 목으로 세분화할 수 있다.

② 제1항의 규정에 의한 각 과목의 구분과 설정 등 지방자치단체의 예산과목의 운용에 관하여 필요한 사항은 대통령령으로 정한다.

제42조(계속비) ① 지방자치단체의 장은 공사나 제조 그 밖의 사업으로서 그 완성에 수년을 요하는 것은 소요경비의 총액과 연도별 금액에 대하여 지방의회의 의결을 얻어 계속비로서 수년도에 걸쳐 지출할 수 있다.

② 제1항의 규정에 의하여 계속비로 지출할 수 있는 연한은 당해 회계연도부터 5년 이내로 한다. 다만, 필요하다고 인정되는 때에는 지방의회의 의결을 거쳐 다시 그 연한을 연장할 수 있다.

제43조(예비비) 지방자치단체는 예측할 수 없는 예산 외의 지출 또는 예산초과지출에 충당하기 위하여 예비비로서 상당하다고 인정되는 금액을 예산에 계상하여야 한다. 다만, 특별회계(교육비특별회계를 제외한다)의 경우에는 예비비를 계상하지 아니할 수 있다.

제44조(채무부담행위) ① 지방자치단체의 장은 다음 각 호의 어느 하나에 해당하는 것을 제외하고 지방자치단체의 채무부담의 원인이 될 계약의 체결 그 밖의 행위를 하고자 할 때에는 미리 예산으로 지방의회의 의결을 얻어야 한다. 이 경우 제11조제2항의 규정에 의한 지방채발행한도액의 산정에 있어서 채무부담행위에 의한 채무가 포함되어야 한다.

1. 법령 또는 조례에 의한 것
2. 세출예산 · 명시이월비 또는 계속비 총액의 범위 안의 것

② 제1항의 규정에 의하여 채무부담이 되는 행위를 한 때에는 상환하는 회계연도 세출예산에 반드시 계상하여야 한다.

③ 제1항의 규정에 의한 채무부담행위의 경우에는 당해 회계연도와 다음 회계연도에 걸쳐 지출하여야 할 지출원인행위를 할 수 있다.

제45조(추가경정예산의 편성 등) 지방자치단체의 장은 이미 성립된 예산에 변경을 가할 필요가 있는 때에는 추가경정예산을 편성할 수 있다. 다만, 시 · 도의 경우 국가로부터, 시 · 군 및 자치구의 경우 국가 또는 시 · 도로부터 그 용도가 지정되고 소요전액이 교부된 경비와 재해구호 및 복구와 관련하여 교부된 경비는 추가경정예산의 성립 이전에 이를 사용할 수 있으며, 이는 동일 회계연도내의 차기 추가경정예산에 계상하여야 한다.

제46조(예산 불성립시의 예산집행) ① 지방의회에서 부득이한 사유로 회계연도가 개시될 때까지 예산안이 의결되지 못한 때에는 지방자치단체의 장은 「지방자치법」 제131조의 규정에 의하여 예산을 집행하여야 한다. 〈개정 2007.5.11〉

② 제1항의 규정에 의하여 집행된 예산은 당해 회계연도의 예산이 성립되면 그 성립된 예산에 의하여 집행된 것으로 본다.

제47조(예산의 목적 외 사용금지와 예산이체) ① 지방자치단체의 장은 세출예산에 정한 목적 외에 경비를 사용하거나 세출예산이 정한 각 장 · 관 · 항 사이에 상호 이용할 수 없다. 다만, 예산집행상의 필요에 의하여 미리 예산으로서 지방의회의 의결을 얻은 때에는 이용할 수 있다.

② 지방자치단체의 기구 · 직제 또는 정원에 관한 법령이나 조례의 제정 또는 개폐로 인하여 관계 기관 사이에 직무권한 그 밖의 변동이 있는 때에는 그 예산을 상호 이체(이체)할 수 있다.

제48조(예산절약에 따른 성과금의 지급 등) ① 지방자치단체의 장은 예산의

집행방법 또는 제도의 개선 등으로 예산이 절약되거나 수입이 증대된 경우에는 절약된 예산 또는 증대된 수입의 일부를 이에 기여한 자에게 성과금으로 지급하거나 다른 사업에 사용할 수 있다.

② 지방자치단체의 장이 제1항의 규정에 의한 성과금을 지급하거나 다른 사업에 사용하고자 하는 경우에는 예산성과금심사위원회의 심사를 거쳐야 한다.

③ 제1항의 규정에 의한 성과금의 지급 및 다른 사업에의 사용, 제2항의 규정에 의한 예산성과금심사위원회의 구성 · 운영 등에 관하여 필요한 사항은 대통령령으로 정한다.

제49조(예산의 전용) ① 지방자치단체의 장은 대통령령이 정하는 바에 의하여 각 항 내의 예산액 범위 안에서 각 세항 또는 목의 금액을 전용할 수 있다.

② 제1항의 규정에 의하여 전용한 경비의 금액은 세입 · 세출결산서에 이를 명시하고, 그 이유를 기재하여야 한다.

제50조(세출예산의 이월) ① 세출예산 중 경비의 성질상 당해 회계연도 내에 그 지출을 끝내지 못할 것이 예상되어 명시이월비로서 특히 그 취지를 세입 · 세출예산에 명시하여 미리 지방의회의 의결을 얻은 금액은 이를 다음 회계연도에 이월하여 사용할 수 있다.

② 세출예산 중 다음 각 호의 어느 하나에 해당하는 경비의 금액은 사고이월비로서 다음 회계연도에 이월하여 사용할 수 있다.

1. 회계연도 내에 지출원인행위를 하고 불가피한 사유로 인하여 회계연도 내에 지출하지 못한 경비와 지출하지 아니한 그 부대경비
2. 지출원인행위를 위하여 입찰공고를 한 경비 중 입찰공고 후 지출원인행위까지 장기간이 소요되는 경우로서 대통령령이 정하는 경비
3. 공익 · 공공사업의 시행에 필요한 손실보상비로서 대통령령이 정하는 경비
4. 경상적 성격의 경비로서 대통령령이 정하는 경비

③ 계속비의 회계연도별 소요경비의 금액 중 당해 회계연도 내에 지출하지 못한 금액은 당해 계속비의 사업완성연도까지 차례차례로 이월하여 사용할 수 있다.

④ 제1항 내지 제3항의 규정에 의하여 예산을 이월하는 때에는 그 이월하는 과목별 금액은 이월예산으로 배정된 것으로 본다.

제 4 장 결 산

제51조(예산회계의 결산) 세입 · 세출의 결산은 세입 · 세출의 예산과 동일한 구분에 의하여 작성하며, 다음 사항을 명백히 하여야 한다.

1. 세입
   가. 세입예산액
   나. 징수결정액
   다. 수납액
   라. 불납결손액
   마. 미수납액
2. 세출
   가. 세출예산액
   나. 전년도 이월액
   다. 예비비사용액
   라. 전용 등 증감액
   마. 제16조제1항 단서의 규정에 의한 초과지출액
   바. 예산현액
   사. 지출액
   아. 다음 회계연도 이월액
   자. 불용액

제52조(결산상 잉여금의 처리) 지방자치단체는 매 회계연도에 있어서 세입 · 세출결산상 잉여금이 있는 때에는 다음 각 호의 어느 하나에 해당하는 금액을 공제한 잉여금은 그 잉여금이 생긴 회계연도의 다음 회계연도까지 세출예산에 구애됨이 없이 지방채의 원리금의 상환에 이를 사용할 수 있다.

1. 다른 법률에 의한 금액
2. 제50조의 규정에 의한 이월금

제53조(재무회계의 결산) ① 지방자치단체의 장은 당해 지방자치단체의 재정상태 및 운용결과를 명백히 하기 위하여 발생주의와 복식부기 회계원리를 기초로 하여 행정안전부장관이 정하는 회계기준에 따라 거래의 사실과 경제적 실질을 반영하여 회계처리하고 재무보고서를 작성하여야 한다. 〈개정 2008.2.29〉

② 지방자치단체의 장은 「지방자치법」 제134조제1항의 규정에 의한 검사위

원에게 결산검사에 필요한 서류를 제출하는 때에는 제1항의 규정에 의한 재무보고서에 「공인회계사법」에 의한 공인회계사의 검토의견을 첨부하여야 한다. 〈개정 2007.5.11〉

③ 제1항 및 제2항의 규정에 의한 재무보고서의 작성 및 제출 등에 관하여 필요한 사항은 대통령령으로 정한다.

제 5 장 재정분석 및 공개

제54조(재정운용에 관한 보고 등) 지방자치단체의 장은 대통령령이 정하는 바에 의하여 재정보고서를 행정안전부장관에게 제출하여야 한다. 이 경우 시·군 및 자치구에 있어서는 시·도지사를 경유하여야 한다. 〈개정 2008.2.29〉

제55조(재정분석 및 재정진단 등) ① 행정안전부장관은 대통령령이 정하는 바에 의하여 제54조의 규정에 의한 재정보고서의 내용을 분석하여야 한다. 〈개정 2008.2.29〉

② 행정안전부장관은 제1항의 규정에 의한 재정분석결과 재정의 건전성과 효율성 등이 현저히 떨어지는 지방자치단체에 대하여는 대통령령이 정하는 바에 의하여 재정진단을 실시할 수 있다. 〈개정 2008.2.29〉

③ 행정안전부장관은 제2항의 규정에 의한 재정진단결과를 토대로 해당 지방자치단체에 대하여 재정건전화계획의 수립 및 이행을 권고하거나 재정건전화를 위하여 필요한 사항을 지도할 수 있다. 〈개정 2008.2.29〉

④ 행정안전부장관은 제1항 또는 제2항의 규정에 의한 재정분석 및 재정진단결과를 공개할 수 있으며, 재정분석 및 재정진단결과의 중요한 사항에 대하여는 국무회의에 보고하여야 한다. 〈개정 2008.2.29〉

제56조(지방재정분석·진단위원회 설치 및 운영) ① 행정안전부장관은 제55조의 규정에 의한 재정분석 및 재정진단 등에 관한 사항을 심의하기 위하여 지방재정에 관한 전문가 등으로 구성되는 지방재정분석·진단위원회를 설치·운영할 수 있다. 〈개정 2008.2.29〉

② 제1항의 규정에 의한 지방재정분석·진단위원회 구성 및 운영 등에 관하여 필요한 사항은 대통령령으로 정한다.

제57조(지방재정분석 또는 진단결과에 따른 조치 등) 행정안전부장관은 제55조

제1항의 규정에 의한 재정분석결과 건전성과 효율성 등이 우수한 지방자치단체와 제55조제3항의 규정에 의한 권고 및 지도사항의 이행결과가 우수한 지방자치단체에 대하여는 「지방교부세법」 제9조의 규정에 의한 특별교부세를 별도로 교부할 수 있다. 〈개정 2008.2.29〉

제58조(지방재정에 대한 특별지원 등) 행정안전부장관은 현저하게 낙후된 지역의 개발이나 각종 재난으로 인하여 특별한 재정수요가 있다고 판단되는 지방자치단체 또는 전국에 걸쳐 시행하는 국가시책사업과 밀접한 이해관계가 있는 지방자치단체에 대하여 따로 재정지원계획을 수립하여 시행할 수 있다. 〈개정 2008.2.29〉

제59조(통합재정정보의 제공) ① 지방자치단체의 장은 회계연도마다 일반회계 및 기금 등을 포함한 당해 지방자치단체의 재정운용상황을 통합적으로 분석한 정보(이하 "통합재정정보"라 한다)를 행정안전부장관에게 제출하여야 한다. 〈개정 2008.2.29〉

② 행정안전부장관은 제1항의 규정에 의한 통합재정정보의 작성에 필요한 기준 등을 정한 지방자치단체통합재정분석업무편람을 작성하여 지방자치단체에 통보할 수 있다. 〈개정 2008.2.29〉

제60조(재정운용상황의 공시 등) ① 지방자치단체의 장은 회계연도마다 1회 이상 다음 각 호의 사항을 주민에게 공시하여야 한다.

1. 세입 · 세출예산 집행상황
2. 발생주의와 복식부기에 의한 재무보고서
3. 지방채 · 일시차입금 등 채무의 현재액
4. 채권관리현황
5. 기금운용현황
6. 공유재산의 증감 및 현재액
7. 제59조의 규정에 의한 통합재정정보
8. 그 밖에 대통령령이 정하는 재정운용에 관한 중요사항

② 제1항의 규정에 의한 재정운용상황의 공시방법 · 시기 등에 관하여 필요한 사항은 대통령령으로 정한다.

제6장 수 입

제61조(세입의 징수와 수납) 지방세 그 밖의 세입은 법령과 조례 또는 규칙이 정하는 바에 의하여 징수 또는 수납하여야 한다.

제62조(세입의 징수기관과 징수의 방법) ① 지방세 그 밖의 세입의 징수는 지방자치단체의 장이 하되, 소속 공무원에게 위임하여 징수하게 할 수 있다.

② 지방자치단체의 장 또는 그 위임을 받은 공무원(이하 "징수관"이라 한다)이 지방세 그 밖의 세입을 징수하는 때에는 징수원인 및 금액에 대한 조사·결정을 한 후 납부의무자에 대하여 납입의 고지를 하여야 한다.

제63조(수납기관) ① 지방세 그 밖의 세입은 이를 수납하는 출납공무원(이하 "수입금출납원"이라 한다)이 아니면 수납할 수 없다. 다만, 지방자치단체에서 설치한 금고(교육비특별회계금고를 포함한다. 이하 같다) 또는 체신관서에 수납사무를 위탁하는 경우에는 그러하지 아니하다.

② 수입금출납원이 지방세 그 밖의 세입을 직접 수납하는 때에는 지체 없이 그 수납금을 당해 지방자치단체의 금고에 납입하여야 한다.

제64조(징수기관과 수납기관의 분립) 징수관은 현금출납의 직무를 겸할 수 없다. 다만, 특별한 사유가 있는 경우에는 대통령령으로 따로 정할 수 있다.

제65조(지난 회계연도 수입과 지출금의 반납) 출납이 완결된 회계연도에 속하는 수입 또는 예산 외의 수입은 모두 현 회계연도의 세입에 편입하여야 한다. 다만, 세출로서 지출된 금액은 제8조의 규정에 의한 출납폐쇄기한이 경과되지 아니한 때에는 각각 지출한 세출의 당해 과목에 반납할 수 있다.

제66조(과오납금의 반환) 과오납금의 반환은 환부하는 회계연도의 수입금 중에서 환부한다. 다만, 과오납된 회계연도의 출납폐쇄기한이 경과되지 아니한 때에는 과오납된 회계연도의 수입금 중에서 환부한다.

제7장 지 출

제67조(지출원인행위) ① 지방자치단체의 지출의 원인이 되는 계약 그 밖의 행위(이하 "지출원인행위"라 한다)는 지방자치단체의 장이 하되, 소속 공무원에게

위임하여 지출원인행위를 하게 할 수 있다.

② 지방자치단체의 장 또는 그 위임을 받은 공무원(이하 "경리관"이라 한다)이 지출원인행위를 하는 때에는 법령려떱 및 규칙이 정하는 바에 의하여 배정된 예산의 범위 안에서 하여야 한다. 다만, 다른 법률에 별도의 규정이 있는 경우에는 그러하지 아니하다.

제68조(명시이월비의 다음 회계연도에 걸친 지출원인행위) 경리관은 명시이월비에 대하여 예산집행상 부득이한 사유가 있는 때에는 당해 회계연도와 다음 회계연도에 걸쳐 지출하여야 할 지출원인행위를 할 수 있다.

제69조(지출의 절차) 경리관이 그 소관에 속하는 세출예산에 의하여 지출원인행위를 한 때에는 지방자치단체의 장이 임명한 공무원(이하 "지출원"이라 한다)에게 지출원인행위 관계 서류를 송부하여야 한다.

제70조(지급명령) 지출원이 지출원인행위에 의하여 지출을 하는 때에는 현금의 지급에 갈음하여 그 지방자치단체의 금고(금고)에 대하여 지급명령을 발하여야 한다.

제71조(지급명령의 제한) 지출원은 법령 · 조례 · 규칙 또는 계약 그 밖의 정당한 사유로 그 지방자치단체에 대하여 채권을 가진 자에게 지급하기 위한 경우 외에는 지급명령을 발할 수 없다. 다만, 출납원이나 그 지방자치단체의 금고에 대하여 자금을 교부하는 경우에는 그러하지 아니하다.

제72조(관서의 일상경비 등의 지급) ① 지방자치단체의 장은 관서를 운영하는데 드는 경비 또는 일상경비(이하 "일상경비"라 한다)로서 그 성질상 출납원으로 하여금 현금지급을 시키지 아니하면 사무수행에 지장을 초래할 우려가 있다고 인정되는 경우에는 일상경비출납원에게 현금을 지급하게 하기 위하여 필요한 자금을 지출원으로 하여금 교부하게 할 수 있다.

② 지방자치단체의 장은 제1항의 규정에 의한 일상경비에 한하여 특히 필요하다고 인정되는 경우에는 회계연도 개시 전에 지출원으로 하여금 일상경비출납원에게 그 자금을 교부하게 할 수 있다.

③ 지방자치단체의 장은 지방채 원리금의 지급사무를 취급하게 하기 위하여 필요한 자금을 지출원으로 하여금 그 지방자치단체의 금고에 교부하게 할 수 있다.

④ 일상경비의 범위 및 지급절차 등은 대통령령으로 정한다.

제73조(선금급과 개산급) 지출원은 운임 · 용선료 · 여비 그 밖에 대통령령이 정하는 경비로서 그 성질상 선금급 또는 개산급으로서 지급하지 아니하면 사무 또는 사업에 지장을 초래할 우려가 있는 경우에는 선금급 또는 개산급으로 지급할 수 있다.

제74조(도급경비) 지출원은 읍 · 면 · 동의 출장소 그 밖에 특수한 경리를 필요로 하는 기관의 경비로서 특히 필요하다고 인정되는 것에 대하여는 대통령령이 정하는 바에 의하여 사무비의 전부 또는 일부를 도급경비(도급경비)로 지급할 수 있다.

제75조(지출기관과 출납기관의 분립) 경리관 · 지출원 및 현금출납의 직무는 서로 겸할 수 없다. 다만, 대통령령이 따로 정하는 경우에는 그러하지 아니하다.

제76조(지난 회계연도 지출) 지난 회계연도에 속하는 채무확정액으로서 지출하지 아니한 경비는 현 회계연도의 세출예산에서 지출할 수 있으며, 그 지출액은 경비 소속 회계연도의 각 항 금액 중 불용으로 된 금액을 초과하지 못한다. 다만, 경비의 성질상 따로 대통령령이 정하는 보충적 용도에 속하는 것은 그러하지 아니하다.

제 8 장 현금과 유가증권

제77조(금고의 설치) ① 지방자치단체의 장은 「은행법」에 의한 금융기관으로 하여금 소관 현금과 그의 소유 또는 보관에 속하는 유가증권의 출납 및 보관 그 밖의 금고업무를 취급하게 하기 위하여 금고를 지정하여야 한다.

② 제1항의 규정에 의하여 금고를 지정하거나 지정한 금고를 변경한 때에는 이를 공고하고, 시럿동° 있어서는 행정안전부장관, 시 · 군 및 자치구에 있어서는 시 · 도지사에게 즉시 보고하여야 한다. 〈개정 2008.2.29〉

③ 금고의 지정기준 등에 관하여 필요한 사항은 대통령령으로 정한다.

제78조(세계현금의 전용) 지방자치단체의 회계에 있어서 세계현금(세계현금)에 부족이 생긴 회계는 동일 회계연도에 한하여 다른 회계로부터 자금을 전용할 수 있으며, 전용한 자금은 그 회계연도의 수입으로 변제하여야 한다. 이 경우 전용자금에 대하여는 이자를 붙이지 아니할 수 있다.

제79조(금고에 대한 검사) 지방자치단체의 장은 금고가 취급하는 지방자치단체 소관의 현금 및 유가증권의 출납 · 보관에 관하여 검사를 할 수 있다.

제80조(금고의 배상책임) 금고가 지방자치단체를 위하여 취급하는 현금 또는 유가증권의 출납 · 보관에 관하여 지방자치단체에 손해를 끼친 경우에 금고의 배상책임에 관하여는 「민법」 및 「상법」을 적용한다.

제81조(공금취급의 제한) 지방자치단체의 장은 공금의 징수 · 수납 · 보관 · 관리 또는 지출에 관한 사무를 법령이 정하거나 법령의 규정에 의하여 위임받은 자 외의 자에게 취급하게 할 수 없다.

제 9 장 시 효

제82조(금전채권과 채무의 소멸시효) ① 금전의 지급을 목적으로 하는 지방자치단체의 권리로서 시효에 관하여 다른 법률에 특별한 규정이 없는 것은 5년간 이를 행사하지 아니하면 소멸시효가 완성한다.

② 금전의 지급을 목적으로 하는 지방자치단체에 대한 권리도 제1항과 같다.

제83조(소멸시효의 중단과 정지) ① 「민법」중 소멸시효의 중단 및 정지에 관한 규정은 다른 법률에 특별한 규정이 있는 경우를 제외하고는 금전의 지급을 목적으로 하는 지방자치단체의 권리에 이를 준용한다.

② 금전의 지급을 목적으로 하는 지방자치단체에 대한 권리도 제1항과 같다.

제84조(납입고지의 효력) 법령 또는 조례의 규정에 의하여 지방자치단체가 행하는 납입의 고지는 시효중단의 효력이 있다.

제 10 장 채권과 채무

제85조(채권 · 채무의 관리와 그 사무의 위임) ①지방자치단체의 장은 대통령령이 정하는 바에 의하여 그 소관에 속하는 채권 및 채무를 관리하되, 소속 공무원에게 위임하여 관리하게 할 수 있다.

② 제1항의 규정에 의하여 위임받은 공무원을 각각 "채권관리관" 및 "채무

관리관"이라 한다.

③ 채권관리관은 현금수납의 직무를 겸할 수 없으며 채무관리관은 현금출납의 직무를 겸할 수 없다. 다만, 정원과소로 인하여 동일인이 당해 직무를 겸하여야 할 부득이한 사유가 있는 경우에는 그러하지 아니하다.

제86조(채권의 보전) 지방자치단체는 법령 또는 조례에 의하지 아니하고는 채권의 전부 또는 일부를 면제하거나 당해 지방자치단체에 불리하게 효력을 변경할 수 없다.

제87조(관리의 방법 등) ① 채권의 관리에 관한 사무는 채권의 발생원인 또는 내용에 따라 지방자치단체의 이익에 가장 적합하도록 처리하여야 한다.

② 지방자치단체의 장은 그 소관에 속하는 채권이 생긴 때에는 지체없이 채무자 · 채권금액 및 이행기한 그 밖에 관련되는 모든 사실을 확인하여 장부에 기재하고, 그 관리의 철저를 기하여야 한다.

③ 제1항 및 제2항의 규정은 채무의 관리에 관하여 이를 준용한다.

④ 관리대상이 되는 채권 및 채무의 범위, 채권의 보전 그 밖에 채권관리에 관하여 필요한 사항은 대통령령으로 정한다.

제 11 장 복 권

제88조(복권기금으로부터의 전입금의 배분) 지방자치단체는 「지방자치법」 제152조의 규정에 의한 행정협의회를 구성하여 「복권 및 복권기금법」 제23조제1항의 규정에 의하여 배분되는 복권수익금의 지방자치단체별 배분비율을 정하고 이를 행정안전부장관의 승인을 얻어 「복권 및 복권기금법」 제13조의 규정에 의한 복권위원회에 통보하여야 한다. 〈개정 2007.5.11, 2008.2.29〉

제 12 장 회계관계공무원

제89조(출납원) ① 출납원은 지방자치단체의 장 또는 그 위임을 받은 공무원이 소속공무원 중에서 임명한다.

② 출납원은 법령 · 조례 및 규칙이 정하는 바에 의하여 현금 또는 물품을 출납 · 보관하여야 한다.

③ 출납원은 수입대체경비출납원, 수입금출납원, 일상경비출납원, 세입세출외 현금출납원 및 물품출납원 등으로 구분한다.

제90조(재정의 통합지출) ① 지방자치단체의 장은 재정자금의 효율적인 사용을 위하여 관서별 분산지출을 통합하여 운용하도록 노력하여야 한다.

② 지방자치단체의 장은 재정지출의 통합적인 운용을 위하여 대통령령이 정하는 바에 의하여 통합지출관을 둘 수 있다.

제91조(회계관계공무원의 임명 또는 위임) 징수관 · 경리관 · 재산관리관 · 채권관리관 · 채무관리관 · 지출원 또는 출납원과 그 대리자 · 분임자 등(이하 "회계관계공무원"이라 한다)의 임명 또는 위임은 지방자치단체의 장이 소속 기관에 설치된 관직을 지정함으로써 이에 갈음할 수 있다.

제92조(회계관계공무원의 대리와 분임) 지방자치단체의 장 또는 그 위임을 받은 공무원은 필요하다고 인정하는 때에는 회계관계공무원의 사무의 전부를 대리하거나 그 일부를 분임하는 공무원을 임명 또는 위임할 수 있다.

제93조(회계관계공무원의 임명특례) ① 지방자치단체의 장은 사무 수행상 필요한 경우에 국가기관 또는 다른 지방자치단체의 공무원을 당해 소속 기관의 장의 동의를 얻어 회계관계공무원으로 임명할 수 있다.

② 제1항의 규정에 의한 회계관계공무원에 대하여는 이 법을 적용하며, 회계에 관한법령 중 당해 사무의 취급에 관한 규정을 준용한다.

제94조(회계관계공무원의 책임) ① 회계관계공무원이 그 직무를 행함에 있어서 고의 또는 중대한 과실로 그 지방자치단체에 손해를 끼친 때에는 변상의 책임을 진다.

② 출납원과 그 출납사무를 대리 또는 분임하는 자가 그 보관에 속하는 현금을 망실하거나 훼손한 경우에 선량한 관리자의 주의를 태만히 하지 아니한 증명을 하지 못한 때에는 변상의 책임을 진다.

제95조(회계관계공무원의 재정보증) ① 회계관계공무원(「회계관계직원 등의 책임에 관한 법률」 제2조제2호 나목의 규정에 해당하는 자를 포함한다)은 재정보증이 없이는 그 직무를 담당할 수 없다.

② 제1항의 규정에 의한 재정보증의 한도는 대통령령으로 정한다.

제13장 보　칙

제96조(장부의 비치와 보고 등) 회계관계공무원과 지방자치단체의 금고는 대통령령이 정하는 바에 의하여 장부를 비치하여 필요한 사항을 기재하고, 지방자치단체의 장에게 소관 사무에 관하여 보고서를 제출하여야 한다.

부칙(정부조직법) 〈제8852호,2008.2.29〉

제1조(시행일) 이 법은 공포한 날부터 시행한다. 다만, …〈생략〉… 부칙 제6조에 따라 개정되는 법률 중 이 법의 시행 전에 공포되었으나 시행일이 도래하지 아니한 법률을 개정한 부분은 각각 해당 법률의 시행일부터 시행한다.

제2조부터 제5조까지 생략

제6조(다른 법률의 개정) ① 부터 〈230〉 까지 생략

〈231〉 지방재정법 일부를 다음과 같이 개정한다.

제4조 각 호 외의 부분, 제5조제2항, 제7조제3항, 제11조제2항부터 제4항까지, 제19조제1항, 제24조 전단, 제25조, 제26조, 제27조 본문 및 단서, 제33조제1항부터 제3항까지, 제38조제1항, 제53조제1항, 제54조 전단, 제55조제1항부터 제4항까지, 제56조제1항, 제57조, 제58조, 제59조제1항 · 제2항, 제77조제2항 및 제88조 중 “행정자치부장관”을 각각 “행정안전부장관”으로 한다.

제38조제2항 중 “행정자치부령”을 “행정안전부령”으로 한다.

제10조 중 ““행정자치부장관”은 "교육인적자원부장관”으로”를 ““행정안전부장관”은 “교육과학기술부장관”으로”로 하고, ““행정자치부”는 “교육인적자원부”로”를 ““행정안전부”는 “교육과학기술부“로“로 한다.

제26조 및 제27조 본문 중 “기획예산처장관”을 각각 “기획재정부장관”으로 한다.

〈232〉 부터 〈760〉 까지 생략

제7조 생략

부칙 〈제9926호,2010.1.1〉

이 법은 2010년 1월 1일부터 시행한다.

국문 찾아보기

[ㅇ]

[ㅈ]

[t]

[u]

[v]

[w]

[y]

[z]

[저자 약력]

성균관대학교 졸업(경영학사)
서울대학교 행정대학원 수료
미국 Georgia State University 대학원 졸업(MBA)
성균관대학교 대학원(경영학박사)
행정고등고시합격(제18회)
건설부 · 감사원 근무
감사원 국장, 기획관리실장, 감사위원 역임
미국 뉴욕주립대학교(SUNY Stony Brook) 객원연구원
딜로이트 안진회계법인 부회장(현)
기획재정부 회계제도 심의위원회 위원(현)
국회 예산정책처 예산정책자문위원(현)
학교법인 경기학원(경기대학교) 감사(현)
학교법인 고양학원(고양예술고등학교) 이사(현)
한국 폴리텍바이오대학 발전위원회 위원(현)
국제 공공회계기준위원회(IPSASB) 자문그룹 위원(현)
정부회계학회 고문(현)
공인회계사

정부 및 비영리회계

2010년 2월 23일 초판 인쇄
2010년 2월 28일 초판 1쇄 발행

저 자 편 호 범
발행인 배 효 선
발행처 도서출판 法 文 社

413-756 경기도 파주시 교하읍 문발리 526-3
등록 1957년 12월 12일 / 제2-76호(윤)
전화 (031) 955-6500~6 Fax (031) 955-6525
e-mail(영업): bms@bobmunsa.co.kr
(편집): edit66@bobmunsa.co.kr
홈페이지 http : //www.bobmunsa.co.kr
조 판 한 미 문 화 사

정가 38,000원 ISBN 978-89-18-14176-3